E. SICÉ

RECUEIL

DE LÉGISLATION

ET DE JURISPRUDENCE EN SOMMAIRES

RELATIVES AUX CHEMINS DE FER

IMPRIMERIE TONKINOISE
BẠCH-THÁI-BƯỞI & Cie
14-16, Rue du Coton, 14-16
HANOI

1913

E. Sicé

RECUEIL

DE LÉGISLATION

ET DE JURISPRUDENCE EN SOMMAIRES

RELATIVES AUX CHEMINS DE FER

IMPRIMERIE TONKINOISE
BẠCH-THÁI-BƯỞI & Cie
14-16, Rue du Coton, 14-16
HANOI

1913

AVERTISSEMENT

Le présent récueil a pour but de mettre à la portée de tous les principaux textes régissant actuellement les chemins de fer et disséminés dans différents ouvrages d'un prix parfois très élevé et dont la multiplicité occasionnait toujours de longues recherches. Le groupement de ces textes a été réalisé ici d'après un plan divisé en quatre parties principales se succédant dans l'ordre suivant :

1re partie — Législation des chemins de fer.

2e » — Droit commum des transports. — Du contrat de transport. — Tribunaux compétents.

3e » — Jurisprudence en sommaires.

4e » — Notions de droit pénal et d'instruction criminelle.

Enfin une 5e partie spéciale «*Principes généraux d'organisation judiciaire*» a été ajoutée pour être le plus possible utile aux agents.

La troisième partie présente le résumé de certains cas litigieux qui ont déterminé la jurisprudence des tribunaux de lá métropole et qui ont paru particulièrement intéressants pour les chemins de fer de l'Indochine.

Ainsi établi, ce recueil représente un travail modeste et perfectible et dont l'utilité sera confirmée s'il peut amorcer un ouvrage mieux organisé.

1ère PARTIE

LÉGISLATION DES CHEMINS DE FER

La législation des chemins de fer procède d'actes organiques et d'actes spéciaux.

I. — Actes organiques.

Les principaux sont :

1° — Lois et règlements sur le Domaine Public et la Grande Voirie; (voir page 5).

2° — Loi du 11 Juin 1842 sur l'établissement des grandes lignes de chemin de fer ;

3° — Loi du 15 Juillet 1845 sur la police des chemins de fer qui constitue, aujourd'hui encore, la charte fondamentale qui régit les lignes d'intérêt général. Cette loi a été successivement modifiée par celle du 26 Mars 1897, qui a autorisé des dérogations à l'article 4, et par le décret du 23 Décembre 1908 qui la rend, de plus, applicable en Indochine, et elle a été surtout développée et mise en œuvre par l'ordonnance du 15 Novembre 1846 portant règlement d'administration publique sur la police, la sûreté et l'exploitation des chemins de fer, qui a été elle-même modernisée par le décret du 1er Mars 1901, modifié par celui du 21 Avril 1912. (1)

4° — Cahier des charges annexé à la Concession de chaque ligne.

---

(1) **Sont seuls applicables en Indochine en ce qui concerne la police des chemins de fer :**

1° Lois des 15 Juillet 1845 et 26 Mars 1897.

2° Décret du 23 Décembre 1908.

3° Arrêtés des 18 Février 1904, 20 Juillet 1905, 11 Avril et 3 Juillet 1912.

DOMAINE PUBLIC - GRANDE VOIRIE

Les nombreux textes organiques régissant une matière aussi complexe que celle que représentent le « *Domaine Public* » et « *la Grande Voirie* », ne peuvent trouver place ici.

Il suffit, semble-t-il, d'indiquer seulement, l'existence de l'étude détaillée faite à ce sujet le 23 Mars 1908 par M. GALUSKI, ancien Vice-Président de Conseil de Préfecture, chef des services administratifs et contentieux aux Travaux Publics de l'Indochine, formant à elle seule un ouvrage complet.

On ne trouvera donc uniquement reproduits dans le présent recueil que les arrêtés locaux des :

15 Janvier 1903, portant nouvelle réorganisation du Domaine en Indochine ;

4 Mars 1912 modifiant le No 1 de l'article 8 de l'arrêté précité ;

et 3 Juillet 1912 portant fixation de la consistance de la grande voirie en Indochine.

LOI
du 11 Juin 1842

ÉTABLISSEMENT DES GRANDES LIGNES DE CHEMIN DE FER

TITRE PREMIER

DISPOSITIONS GÉNÉRALES

Art. 8. — Des ordonnances royales règleront les mesures à prendre pour concilier l'exploitation des chemins de fer avec l'exécution des lois et règlements sur les douanes.

Art. 9. — Des règlements d'administration publique détermineront les mesures et les dispositions nécessaires pour garantir la police, la sûreté, l'usage et la conservation des chemins de fer et de leurs dépendances.

LOI
15 Juillet 1845

POLICE DES CHEMINS DE FER

TITRE PREMIER

MESURES RELATIVES A LA CONSERVATION DES CHEMINS DE FER

Classification des chemins de fer.

Article premier. — Les chemins de fer construits ou concédés par l'Etat font partie de la grande voirie.

Lois et règlements applicables aux chemins de fer.

Art. 2. — Sont applicables aux chemins de fer les lois et règlements sur la grande voirie qui ont pour objet d'assurer la conservation des fossés, talus, levées et ouvrages d'art dépendant des routes, et d'interdire, sur toute leur étendue, le pacage des bestiaux et les dépôts de terre et autres objets quelconques.

Servitudes imposées aux propriétés riveraines.

Art. 3. — Sont applicables aux propriétés riveraines des chemins de fer les servitudes imposées par les lois et règlements sur la grande voirie et qui concernent l'alignement, — l'écoulement des eaux, — l'occupation temporaire des terrains, en cas de réparation, — la distance à observer pour les plantations et l'élagage des arbres plantés, — le mode d'exploitation des mines, minières, tourbières, carrières, et sablières dans la zone déterminée à cet effet.

Sont également applicables à la confection et à l'entretien des chemins de fer les lois et règlements sur l'extraction des matériaux nécessaires aux travaux publics.

Art. 4. — Tout chemin de fer sera clos des deux côtés et sur toute l'étendue de la voie.

Clotures-Barrières (Voir Loi du 26 Mars 1897 et décret du 23 Décembre 1908).

L'administration déterminera, pour chaque ligne, le mode de cette clôture et, pour ceux des chemins qui n'y ont pas été assujettis, l'époque à laquelle elle devra être effectuée.

Partout où les chemins de fer croiseront de niveau les routes de terre, des barrières seront établies et tenues fermées, conformément aux règlements.

Art. 5. — A l'avenir, aucune construction autre qu'un mur de clôture ne pourra être établie dans une distance de 2 mètres d'un chemin de fer.

Constructions.

Cette distance sera mesurée, soit de l'arête supérieure du déblai, soit de l'arête inférieure du talus du remblai, soit du bord extérieur des fossés du chemin et, à défaut, d'une ligne tracée à 1 m50 à partir des rails extérieurs de la voie de fer.

Les constructions existantes, au moment de la promulgation de la présente loi ou lors de l'établissement d'un nouveau chemin de fer, pourront être entretenues dans l'état où elles se trouveront à cette époque.

Un règlement d'administration publique déterminera les formalités à remplir, par les propriétaires, pour faire constater l'état desdites constructions, et fixera le délai dans lequel ces formalités devront être remplies.

Art. 6. — Dans les localités où le chemin de fer se trouvera en remblai de plus de 3 mètres au-dessus du terrain naturel, il est interdit aux riverains de pratiquer sans autorisation préalable des excavations dans une zone de largeur égale à la hauteur verticale du remblai, mesurée à partir du pied du talus.

Excavations.

Cette autorisation ne pourra être accordée sans que les concessionnaires ou fermiers de l'exploitation du chemin de fer aient été entendus ou dûment appelés.

Art. 7. — Il est défendu d'établir, à une distance de moins de 20 mètres d'un chemin de fer desservi par des machines à feu, des couvertures en chaume, des meules de paille, de foin, et aucun autre dépôt de matières inflammables.

Couvertures en chaume - meules de paille, de foin, et dépôt de matières inflammables - dépôts de récoltes.

Cette prohibition ne s'étend pas aux dépôts de récoltes faits seulement pour le temps de la moisson.

Dépôt de pierres ou objets non inflammables.

Art. 8. — Dans une distance de moins de 5 mètres d'un chemin de fer, aucun dépôt de pierres ou objets non inflammables ne peut être établi sans l'autorisation préalable du préfet. — Cette autorisation sera toujours révocable.

L'autorisation n'est pas nécessaire :

1° – Pour former, dans les localités où le chemin de fer est en remblai, des dépôts de matières non inflammables dont la hauteur n'excède pas celle du remblai du chemin ;

2° — Pour former des dépôts temporaires d'engrais et autres objets nécessaires à la culture des terres.

Exceptions

Art. 9. — Lorsque la sûreté publique, la conservation du chemin et la disposition des lieux le permettront les distances déterminées par les articles précédents pourront être diminuées, en vertu d'ordonnances royales rendues après enquêtes.

Indemnités éventuelles pour destruction de constructions, plantations. excavations, etc.. existant dans les zones prévues.

Art. 10. — Si, hors des cas d'urgence prévus par la loi des 16-24 Août 1790, la sûreté publique ou la conservation du chemin de fer l'exige, l'administration pourra faire supprimer, moyennant une juste indemnité, les constructions, plantations, excavations, couvertures en chaume, amas de matériaux combustibles ou autres, existant dans les zones ci-dessus spécifiées, au moment de la promulgation de la présente loi et, pour l'avenir, lors de l'établissement du chemin de fer.

L'indemnité sera réglée, pour la suppression des constructions, conformément aux titres IV et suivants de la loi du 3 Mai 1841, et, pour tous les autres cas, conformément à la loi du 16 Septembre 1807.

Constatations, poursuites, répression des contraventions.

Art. 11. — Les contraventions aux dispositions du présent titre seront constatées, poursuivies et réprimées comme en matière de grande voirie.

Elles seront punies d'une amende de 16 à 300 francs, sans préjudice, s'il y a lieu, des peines portées au code pénal et au titre III de la présente loi. Les contrevenants seront, en outre, condamnés à supprimer, dans le délai déterminé par l'arrêté du conseil de préfecture, les excavations, couvertures, meules ou dépôts faits contrairement aux dispositions précédentes.

A défaut par eux de satisfaire à cette condamnation dans le délai fixé, la suppression aura lieu d'office et le montant de la dépense sera recouvré contre eux par voie de contrainte, comme en matière de contributions publiques.

TITRE II

DES CONTRAVENTIONS DE VOIRIE COMMISES PAR LES CONCESSIONNAIRES OU FERMIERS DES CHEMINS DE FER.

Contraventions aux clauses du cahier des charges relatives à la voirie.

Art. 12 — Lorsque le concessionnaire ou le fermier de l'exploitation d'un chemin de fer contreviendra aux clauses du cahier des charges ou aux décisions rendues en exécution de ces clauses, en ce qui concerne le service de la navigation, la viabilité des routes royales, départementales ou vicinales, ou le libre écoulement des eaux, procès-verbal sera dressé de la contravention, soit par les Ingénieurs des Ponts et Chaussées ou des mines, soit par les conducteurs, gardes-mines et piqueurs dûment assermentés.

Notification des procès-verbaux.

Art. 13. — Les procès-verbaux, dans les quinze jours de leur date, seront notifiés administrativement au domicile élu par le concessionnaire ou le fermier, à la diligence du préfet, et transmis, dans le même délai, au conseil de préfecture du lieu de la contravention.

Pénalités.

Art. 14. — Les contraventions prévues à l'article 12 seront punies d'une amende de 300 francs à 3000 francs.

Mesures provisoires-Frais.

Art. 15. — L'administration pourra, d'ailleurs, prendre immédiatement toutes mesures provisoires pour faire cesser le dommage, ainsi qu'il est procédé en matière de grande voirie.

Les frais qu'entraînera l'exécution de ces mesures seront recouvrés, contre le concessionnaire ou fermier, par voie de contrainte, comme en matière de contributions publiques.

TITRE III

DES MESURES RELATIVES A LA SURETÉ DE LA CIRCULATION SUR LES CHEMINS DE FER

Entraves à la marche des convois-Pénalités.

Art. 16. — Quiconque aura volontairement détruit ou dérangé la voie de fer, placé sur la voie un objet faisant obstacle à la circulation, ou employé un moyen quelconque pour entraver la marche des convois ou les faire sortir des rails, sera puni de la réclusion.

S'il y a eu homicide ou blessures, le coupable sera, dans le premier cas, puni de mort, et, dans le second, de la peine des travaux forcés à temps.

Entraves à la marche des convois-Réunion séditieuse-Rebellion-Pillage.

Art. 17. — Si le crime prévu par l'article 16 a été commis en réunion séditieuse, avec rébellion ou pillage, il sera imputable aux chefs, auteurs, instigateurs et provocateurs de ces réunions, qui seront punis comme coupables du crime et condamnés aux mêmes peines que ceux qui l'auront personnellement commis, lors même que la réunion séditieuse n'aurait pas eu pour but direct et principal la destruction de la voie de fer.

Toutefois, dans ce dernier cas, lorsque la peine de mort sera applicable aux auteurs du crime, elle sera remplacée, à l'égard des chefs, auteurs, instigateurs et provocateurs de ces réunions, par la peine des travaux forcés à perpétuité.

Menaces par écrit anonyme ou signé (avec ordre sans ordre ou condition). Menaces verbales (avec ordre ou condition)-Pénalités.

Art. 18. — Quiconque aura menacé, par écrit anonyme ou signé, de commettre un des crimes prévus en l'article 16, sera puni d'un emprisonnement de trois à cinq ans, dans le cas où la menace aurait été faite avec ordre de déposer une somme d'argent, dans un lieu indiqué, ou de remplir toute autre condition.

Si la menace n'a été accompagnée d'aucun ordre ou condition, la peine sera d'un emprisonnement de trois mois à deux ans et d'une amende de 100 à 500 francs.

Si la menace avec ordre ou condition a été verbale, le coupable sera puni d'un emprisonnement de quinze jours à six mois et d'une amende de 25 à 300 francs.

Dans tous les cas, le coupable pourra être mis par le jugement sous la surveillance de la haute police, pour un temps qui ne pourra être moindre de deux ans ni excéder cinq ans.

Accident causé involontairement (Blessures-Mort) — Pénalités.

Art. 19. — Quiconque, par maladresse, imprudence, inattention, négligence ou inobservation des lois ou règlements, aura involontairement causé sur un chemin de fer, ou dans les gares ou stations, un accident qui aura occasionné des blessures, sera puni de huit jours à six mois d'emprisonnement et d'une amende de 50 à 1.000 francs.

Si l'accident a occasionné la mort d'une ou plusieurs personnes, l'emprisonnement sera de six mois à cinq ans, et l'amende de 300 à 3000 francs.

Abandon de poste par mécanicien ou garde-frein-Pénalités

Art. 20. — Sera puni d'un emprisonnement de six mois à deux ans tout mécanicien ou conducteur garde-frein qui aura abandonné son poste pendant la marche du convoi.

Art. 21. — Toute contravention aux ordonnances royales portant règlement d'administration publique sur la police, la sûreté et l'exploitation du chemin de fer, et aux arrêtés pris par les préfets, sous l'approbation du Ministre des Travaux Publics, pour l'exécution desdites ordonnances, sera punie d'une amende de 16 à 3000 francs.

Contraventions aux ordonnances royales et aux arrêtés pris par les préfets sous l'approbation du ministre des travaux publics-Pénalités-Récidive-Pénalités.

En cas de récidive dans l'année, l'amende sera portée au double et le tribunal pourra, selon les circonstances, prononcer en outre un emprisonnement de trois jours à un mois.

Art. 22. — Les concessionnaires ou fermiers d'un chemin de fer seront responsables, soit envers l'État, soit envers les particuliers, du dommage causé par les administrateurs, directeurs ou employés à un titre quelconque au service de l'exploitation du chemin de fer.

Responsabilités des concessionnaires ou fermiers de chemins de fer.

Responsabilité de l'État exploitant à ses frais.

L'État sera soumis à la même responsabilité envers les particuliers, si le chemin de fer est exploité à ses frais et pour son compte.

Art. 23. — Les crimes, délits ou contraventions, prévus dans les titres 1er et III de la présente loi, pourront être constatés par des procès-verbaux dressés concurremment par les officiers de police judiciaire, les ingénieurs des ponts et chaussées ou des mines, les conducteurs, gardes-mines, agents de surveillance et gardes nommés ou agréés par l'administration et dûment assermentés.

Fonctionnaires qualifiés pour la constatation des crimes, délits ou contraventions-Mode de constatation.

Les procès-verbaux des délits et contraventions feront foi jusqu'à preuve contraire.

Au moyen du serment prêté devant le tribunal de première instance de leur domicile, les agents de surveillance de l'administration et des concessionnaires ou fermiers pourront verbaliser sur toute la ligne du chemin de fer, auquel ils seront attachés.

Art. 24. — Les procès-verbaux dressés en vertu de l'article précédent seront visés pour timbre et enregistrés en débet.

Visas-Enregistrement-Affirmation des procès-verbaux.

Ceux qui auront été dressés par des agents de surveillance et gardes assermentés devront être affirmés, dans les trois jours, à peine de nullité, devant le juge de paix ou le maire, soit du lieu du délit ou de la contravention, soit de la résidence de l'agent.

Attaque-Résistance avec violence-Voies de fait envers les agents

Art. 25. — Toute attaque, toute résistance avec violence et voies de fait envers les agents des chemins de fer, dans l'exercice de leurs fonctions sera punie des peines appliquées à la rébellion, suivant les distinctions faites par le code pénal.

Application de l'article 463 du code pénal.

Art. 26. — L'article 463 du code pénal est applicable aux condamnations qui seront prononcées en exécution de la présente loi.

Application de la peine maxima et cumul des peines.

Art. 27. — En cas de conviction de plusieurs crimes ou délits prévus par la présente loi ou par le code pénal, la peine la plus forte sera seule prononcée.

Les peines encourues pour des faits postérieurs à la poursuite pourront être cumulées, sans préjudice des peines de la récidive.

LOI
26 mars 1897.

Ayant pour objet d'autoriser des dérogations à l'article 4 de la loi du 15 Juillet 1845. en ce qui concerne les clôtures et barrières de chemin de fer.

Article premier. — Par dérogation à l'article 4 de la loi du 15 Juillet 1845 sur la police des chemins de fer, le Ministre des Travaux Publics peut, sur tout ou partie des Chemins de fer d'intérêt général, dispenser d'établir ou de maintenir des clôtures fixes le long des voies ferrées et des barrières mobiles à la traversée des routes de terre peu fréquentées, toutes les fois que cette mesure lui paraît compatible avec la sûreté de l'exploitation et la sécurité du public.

Art. 2. — La dispense de clôture ne peut pas être accordée:

1o — Sur les lignes ou sections de lignes où circulent plus de trois trains en une heure ;

2o — Dans la traversée des lieux habités ;

3o — Dans les parties contiguës à des chemins publics lorsque la voie ferrée est en déblai, à niveau, ou en remblai de moins de 2 mètres;

4o — Sur cinquante mètres de longueur au moins de chaque côté des passages à niveau ;

5o — Aux abords des stations, haltes ou arrêts.

Art. 3. — Pour les chemins de fer dont les projets n'ont pas encore fait l'objet d'une enquête d'utilité publique, en vertu des ordonnances du 18 Février 1834 ou du 15 Février 1835, si le Ministre se propose d'accorder des dispenses de clôtures ou de barrières, mention en est faite dans les pièces de l'enquête.

Pour les chemins de fer déjà construits ou qui ont déjà fait l'objet d'une enquête d'utilité publique, la décision ministérielle n'est rendue qu'après une instruction dans laquelle l'administration exploitante, le préfet et le Conseil général du département traversé, ainsi que le conseil général des ponts et chaussées, sont appelés à donner leur avis.

Art. 4. — Les dispenses accordées n'ont qu'un caractère provisoire, le Ministre des Travaux Publics conservant le droit de prescrire, à toute époque et lorsqu'il le reconnaît nécessaire, l'établissement ou le rétablissement des clôtures fixes et de barrières mobiles sur toute ligne ou section de ligne.

Art. 5. — La loi du 27 Décembre 1880 est abrogée.

DÉCRET
23 Décembre 1908

Rendant applicable en Indochine la loi du 15 Juillet 1845

Article premier. — Est abrogé le décret survisé du 24 Septembre 1897.

Art. 2. — Est rendu applicable dans toute l'étendue de l'Indochine, la loi du 15 Juillet 1845 sur la police des Chemins de fer, à l'exception de l'article 4 de ladite loi qui sera remplacé par les dispositions indiquées dans l'article suivant.

Art. 3. — Les Chemins de fer ne recevront obligatoirement de clôtures que sur les parties expressément désignées par le Gouverneur Général, qui pourra procéder à cette désignation, soit par la voie de dispositions générales concernant diverses parties de même nature, soit par indication de sections particulières.

La clôture pourra n'être prescrite que d'un seul côté de la voie.

Les mêmes dispositions sont applicables aux barrières qui pourraient être établies au croisement à niveau du chemin de fer et des routes de terre. Le Gouverneur Général règlera de la même façon tout ce qui concerne le mode de fermeture, le gardiennage et l'éclairage desdites barrières.

Art. 4. — Les attributions conférées par la loi du 15 Juillet 1845 au ministre des travaux publics et aux préfets seront exercées respectivement par le Gouverneur Général de l'Indochine et par les Résidents Supérieurs ou le Lieutenant-Gouverneur de la Cochinchine.

Art. 5. — Le Ministre des Colonies est chargé de l'exécution du présent décret.

ORDONNANCE
15 Novembre 1846

PORTANT RÈGLEMENT SUR LA POLICE, LA SURETE ET L'EXPLOITATION DES CHEMINS DE FER

TITRE PREMIER

DES STATIONS ET DE LA VOIE DES CHEMINS DE FER

SECTION PREMIÈRE

Des stations

Police des cours des stations

Art. premier. — L'entrée, le stationnement et la circulation des voitures publiques ou particulières destinées soit au transport des personnes, soit au transport des marchandises, dans les cours dépendantes des stations des chemins de fer, seront réglées par des arrêtés du préfet du département. Ces arrêtés ne seront exécutoires qu'en vertu de l'approbation du Ministre des Travaux Publics.

SECTION II

De la voie

Entretien du chemin de fer

Art. 2. — Le chemin de fer et les ouvrages qui en dépendent seront constamment entretenus en bon état.

La Compagnie devra faire connaître au Ministre des Travaux Publics les mesures qu'elle aura prises pour cet entretien.

Dans le cas où ces mesures seraient insuffisantes, le Ministre des Travaux Publics, après avoir entendu la Compagnie prescrira celles qu'il jugera nécessaires.

Manœuvre des aiguilles

Art. 3. — Il sera placé, partout où besoin sera, des gardiens, en nombre suffisant, pour assurer la surveillance et la manœuvre des aiguilles des croisements et changements de voie ; en cas d'insuffisance le nombre de ces gardiens sera fixé par le Ministre des Travaux Publics, la Compagnie entendue.

Mode, garde et service des P. N.

Art. 4. — Partout où un chemin de fer est traversé à niveau, soit par une route à voitures, soit par un chemin destiné au passage des piétons, il sera établi des barrières.

Le mode, la garde et les conditions de service des barrières seront réglés par le Ministre des Travaux Publics sur la proposition de la Compagnie.

Art. 5. — Si l'établissement de contre-rails est jugé nécessaire dans l'intérêt de la sûreté publique, la Compagnie sera tenue d'en placer sur les points qui seront désignés par le Ministre des Travaux Publics.

Etablissement éventuel de contre-rails.

Art. 6. — Aussitôt après le coucher du soleil et jusqu'après le passage du dernier train, les stations et leurs abords devront être éclairés.

Eclairage des stations et de leurs abords ainsi que des P à N.

Il en sera de même des passages à niveau pour lesquels l'administration jugera cette mesure nécessaire.

TITRE II

DU MATÉRIEL EMPLOYÉ A L'EXPLOITATION

Art. 7. — Les machines locomotives ne pourront être mises en service qu'en vertu de l'autorisation de l'administration et après avoir été soumises à toutes les épreuves prescrites par les règlements en vigueur.

Autorisation de mise en service des machines locomotives.

Lorsque par suite de détérioration ou pour toute autre cause, l'interdiction d'une machine aura été prononcée, cette machine ne pourra être remise en service qu'en vertu d'une nouvelle autorisation.

Art. 8. — Les essieux des locomotives, des tenders et des voitures de toute espèce entrant dans la composition des convois de voyageurs ou dans celle des trains mixtes de voyageurs et de marchandises allant à grande vitesse devront être en fer martelé de premier choix.

Qualité des essieux de locomotives, tenders et voitures.

Art. 9. — Il sera tenu des états de service pour toutes les locomotives. Ces états seront inscrits sur des registres qui devront être constamment à jour, et indiquer, à l'article de chaque machine, la date de sa mise en service, le travail qu'elle a accompli, les réparations ou modifications qu'elle a reçues et le renouvellement de ses diverses pièces.

Tenue de registres pour les états de service des locomotives et pour les essieux de toute nature

Il sera tenu, en outre, pour les essieux des locomotives, tenders et voitures de toute espèce, des registres spéciaux sur lesquels, à côté du numéro d'ordre de chaque essieu, seront inscrits sa provenance, la date de sa mise en service, l'épreuve qu'il peut avoir subie, son travail, ses accidents et ses réparations ; à cet effet, le numéro d'ordre sera poinçonné sur chaque essieu.

Les registres mentionnés aux deux paragraphes ci-dessus seront représentés, à toute réquisition, aux Ingénieurs et agents chargés de la surveillance du matériel et de l'exploitation.

Interdiction de l'usage des roues en fonte, etc..

Art. 10. — Il est interdit de placer, dans un convoi comprenant des voitures de voyageurs, aucune locomotive, tender ou autre voiture d'une nature quelconque, montés sur des roues en fonte.

Toutefois, le Ministre des Travaux Publics pourra, par exception, autoriser l'emploi des roues en fonte, cerclées en fer, dans les trains mixtes de voyageurs et de marchandises et marchant à la vitesse d'au plus vingt-cinq kilomètres à l'heure.

Appareils pour prévenir les incendies suscités par les locomotives.

Art. 11. — Les locomotives devront être pourvues d'appareils ayant pour objet d'arrêter les fragments de coke tombant de la grille et d'empêcher la sortie des flammèches par la cheminée.

Conditions à remplir par les voitures à voyageurs.

Art. 12. — Les voitures destinées au transport des voyageurs seront d'une construction solide; elles devront être commodes et pourvues de ce qui est nécessaire à la sûreté des voyageurs.

Les dimensions de la place affectée à chaque voyageur devront être d'au moins quarante-cinq centimètres en largeur, soixante-cinq centimètres en profondeur et un mètre quarante-cinq centimètres en hauteur; cette disposition sera appliquée aux chemins de fer existants, dans un délai qui sera fixé pour chaque chemin par le Ministre des Travaux Publics.

Autorisation de leur mise en service.

Art. 13. — Aucune voiture pour les voyageurs ne sera mise en service sans une autorisation du préfet, donnée sur le rapport d'une commission constatant que la voiture satisfait aux conditions de l'article précédent.

L'autorisation de mise en service n'aura d'effet qu'après que l'estampille prescrite pour les voitures publiques par l'article 117 de la loi du 25 Mars 1817, aura été délivrée par le directeur des contributions indirectes.

Indication du nombre des places de ces voitures.

Art. 14. — Toute voiture de voyageurs portera, dans l'intérieur, l'indication apparente du nombre des places.

Art. 15. — Les locomotives, tenders et voitures de toute espèce devront porter : 1° le nom ou initiales du nom du chemin de fer auquel ils appartiennent ; 2° un numéro d'ordre. Les voitures de voyageurs, porteront en outre, l'estampille délivrée par l'administration des contributions indirectes. Ces diverses indications seront placées d'une manière apparente sur la caisse ou sur les côtés des châssis.

Marques distinctives des locomotives, tenders et voitures.

Art. 16. — Les machines, locomotives, tenders et voitures de toute espèce, et tout le matériel d'exploitation, seront constamment maintenus dans un bon état d'entretien.

Entretien du matériel (locomoteur ou roulant).

La compagnie devra faire connaître au ministre des Travaux Publics les mesures adoptées par elle à cet égard, et en cas d'insuffisance, le ministre, après avoir entendu les observations de la compagnie, prescrira les dispositions qu'il jugera nécessaires à la sûreté de la circulation.

TITRE III

DE LA COMPOSITION DES CONVOIS

Art. 17. — Tout convoi ordinaire de voyageurs devra contenir, en nombre suffisant, des voitures de chaque classe, à moins d'nne autorisation spéciale du Ministre des Travaux Publics.

Composition normale des trains de voyageurs, quant aux classes.

Art. 18. — Chaque train de voyageurs devra être accompagné :

Personnel obligatoire de ces trains (mécanicien, chauffeur, gardes - freins) ; nombre maximum des voitures.

1° D'un mécanicien et d'un chauffeur par machine : le chauffeur devra être capable d'arrêter la machine en cas de besoin ;

2° Du nombre de conducteurs gardes-freins qui sera déterminé pour chaque chemin, suivant les pentes et suivant le nombre de voitures, par le ministre des Travaux Publics sur la proposition de la compagnie.

Sur la dernière voiture de chaque convoi ou sur l'une des voitures placées à l'arrière, il y aura toujours un frein et un conducteur chargé de le manœuvrer.

Lorsqu'il y aura plusieurs conducteurs dans un convoi, l'un d'entre eux devra toujours avoir autorité sur les autres.

Un train de voyageurs ne pourra se composer de plus de ving-quatre voitures à quatre roues. S'il entre des voitures à six roues dans la composition du convoi le maximum du nombre de voitures sera déterminé par le ministre.

Les dispositions des paragraphes précédents sont applicables aux trains mixtes de voyageurs et de marchandises, marchant à la vitesse des voyageurs.

Quant aux convois de marchandises qui transportent en même temps des voyageurs et des marchandises, et qui ne marchent pas à la vitesse ordinaire des voyageurs, les mesures spéciales et les conditions de sûreté auxquelles ils devront être assujettis seront déterminées par le ministre, sur la proposition de la Compagnie.

Place que la locomotive doit normalement occuper dans les trains.

Art. 19. — Les locomotives devront être en tête des trains.

Il ne pourra être dérogé à cette disposition que pour les manœuvres à exécuter dans le voisinage des stations ou pour le cas de secours. Dans ces cas spéciaux, la vitesse ne devra pas dépasser vingt-cinq kilomètres par heure.

Remorquage d'un train de voyageurs par une seule machine, par deux machines au plus, avec certaines précautions et formalités.

Art. 20. — Les convois de voyageurs ne devront être remorqués que par une seule locomotive, sauf les cas où l'emploi d'une machine de renfort deviendrait nécessaire, soit pour la montée d'une rampe de forte inclinaison, soit par suite d'une affluence extraordinaire de voyageurs, de l'état de l'atmosphère, d'un accident ou d'un retard exigeant l'emploi de secours, ou de tout autre cas analogue ou spécial préalablement déterminé par le ministre des Travaux Publics.

Il est, dans tous les cas, interdit d'atteler simultanément plus de deux locomotives à un convoi de voyageurs.

La machine placée en tête devra régler la marche du train.

Il devra toujours y avoir en tête de chaque train, entre le tender et la première voiture de voyageurs, autant de voitures ne portant pas de voyageurs qu'il y aura de locomotives attelées.

Dans tous les cas où il sera attelé plus d'une locomotive à un train, mention en sera faite sur un registre à ce destiné, avec indication du motif de la mesure, de la station où elle aura été jugée nécessaire, et de l'heure à laquelle le train aura quitté cette station.

Ce registre sera représenté à toute réquisition aux fonctionnaires et agents de l'administration publique chargés de la surveillance de l'exploitation.

Art. 21. — Il est défendu d'admettre dans les convois qui portent des voyageurs, aucune matière pouvant donner lieu soit à des explosions, soit à des incendies.

Interdiction d'admettre, dans les trains transportant des voyageurs, aucune matière explosible ou inflammable.

Art. 22. — Les voitures entrant dans la composition des trains de voyageurs seront liées entre elles par des moyens d'attache tels que les tampons à ressort de ces voitures soient toujours en contact.

Mode d'attelage des voitures etc.

Les voitures des entrepreneurs de messageries ne pourront être admises dans la composition des trains qu'avec l'autorisation du ministre des Travaux Publics, et que moyennant les conditions indiquées dans l'acte d'autorisation.

Art. 23. — Les conducteurs gardes-freins seront mis en communication avec le mécanicien, pour donner, en cas d'accident, le signal d'alarme, par tel moyen qui sera autorisé par le ministre des Travaux Publics, sur la proposition de la compagnie.

Mise en communication des gardes-freins et du mécanicien.

Art. 24. — Les trains devront être éclairés extérieurement pendant la nuit. En cas d'insuffisance du système d'éclairage, le ministre des Travaux Publics prescrira, la compagnie entendue, les dispositions qu'il jugera nécessaires.

Eclairage intérieur et extérieur des trains de voyageurs.

Les voitures fermées, destinées aux voyageurs, devront être éclairées intérieurement pendant la nuit et au passage des souterrains qui seront désignés par le ministre.

TITRE IV.

DU DÉPART, DE LA CIRCULATION ET DE L'ARRIVÉE DES CONVOIS

Art. 25. — Pour chaque chemin de fer, le ministre des Travaux Publics déterminera, sur la proposition de la compagnie, le sens du mouvement des trains et des machines isolées sur chaque voie, quand il y a plusieurs voies, ou les points de croisement quand il n'y en a qu'une.

Sens du mouvement des trains sur les lignes à double voie et croisement sur celles à voie unique.

Il ne pourra être dérogé, sous aucun prétexte, aux dispositions qui auront été prescrites par le ministre, si ce n'est dans le cas où la voie serait interceptée, et, dans ce cas, le changement devra être fait avec les précautions indiquées en l'article 34 ci-après.

Vérifications préalables à la mise en marche d'un train, par le mécanicien et les gardes-freins ; signal du départ.

Art. 26. — Avant le départ du train, le mécanicien s'assurera si toutes les parties de la locomitive ou du tender sont en bon état, si le frein de ce tender fonctionne convenablement.

La même vérification sera faite par les conducteurs gardes-freins, en ce qui concerne les voitures et les freins de ces voitures.

Le signal du départ ne sera donné que lorsque les portières seront fermées.

Le train ne devra être mis en marche qu'après le signal du départ.

Circulation des trains (intervalle à maintenir entre deux trains consécutifs, signaux des stations et de la voie).

Art. 27. — Aucun convoi ne pourra partir d'une station avant l'heure déterminée par le règlement de service.

Aucun convoi ne pourra également partir d'une station avant qu'il se soit écoulé, depuis le départ ou le passage du convoi précédent, le laps de temps qui aura été fixé par le ministre des Travaux Publics, sur la proposition de la compagnie.

Des signaux seront placés à l'entrée de la station pour indiquer aux mécaniciens des trains qui pourraient survenir, si le délai déterminé en vertu du paragraphe précédent est écoulé.

Dans l'intervalle des stations, des signaux seront établis afin de donner le même avertissement au mécanicien sur les points où il ne peut pas voir devant lui à une distance suffisante. Dès que l'avertissement lui sera donné, le mécanicien devra ralentir la marche du train. En cas d'insuffisance des signaux établis par la compagnie, le ministre prescrira, la compagnie entendue, l'établissement de ceux qu'il jugera nécessaires.

Interdiction d'arrêter les trains ailleurs qu'aux stations etc...

Art. 28. — Sauf le cas de force majeure ou de réparation de la voie, les trains ne pourront s'arrêter qu'aux gares ou lieux de stationnement autorisés pour le service des voyageurs ou des marchandises.

Les locomotives ou les voitures ne pourront stationner sur les voies du chemin de fer affectées à la circulation des trains.

Vitesse maximum des trains, circulation sur les plans inclinés et dans les souterrains.

Art. 29. — Le ministre des Travaux Publics déterminera, sur la proposition de la compagnie, les mesures spéciales de précautions relatives à la circulation des trains sur les plans inclinés et dans les souterrains à une ou deux voies, à raison de leur longueur et de leur tracé.

Il déterminera également, sur la proposition de la Compagnie, la vitesse maximum que les trains de voyageurs pourront prendre sur les diverses parties de chaque ligne et la durée du trajet.

Expédition des trains extraordinaires.

Art. 30. — Le ministre des Travaux Publics prescrira, sur la proposition de la Compagnie, les mesures spéciales de précaution à prendre pour l'expédition et la marche des convois extraordinaires.

Dès que l'expédition d'un convoi extraordinaire aura été décidée, déclaration devra en être faite immédiatement au commissaire spécial de police (1), avec indication du motif de l'expédition du convoi et de l'heure du départ.

Personnel de la voie pour assurer la circulation des trains au moyen de signaux.

Art. 31. — Il sera placé le long du chemin, pendant le jour et pendant la nuit soit pour l'entretien, soit pour la surveillance de la voie, des agents en nombre assez grand pour assurer la libre circulation des trains et la transmission des signaux ; en cas d'insuffisance, le ministre des Travaux Publics en réglera le nombre, la compagnie entendue.

Ces agents seront pourvus de signaux de jour et de nuit à l'aide desquels ils annonceront si la voie est libre et en bon état, si le mécanicien doit ralentir sa marche ou s'il doit arrêter immédiatement le train.

Il devront, en outre, signaler de proche en proche l'arrivée des convois.

Signaux d'arrêt pour le cas d'accident.

Art. 32. — Dans le cas où, soit un train, soit une machine isolée s'arrêterait sur la voie pour cause d'accident, le signal d'arrêt indiqué en l'article précédent devra être fait à cinq cents mètres au moins à l'arrière.

Les conducteurs principaux des convois et les mécaniciens conducteurs des machines isolées devront être munis d'un signal d'arrêt.

Cas d'ateliers de réparation établis sur la voie.

Art. 33 — Lorsque des ateliers de réparation seront établis sur une voie, des signaux devront indiquer si l'état de la voie ne permet pas le passage des trains, ou s'il suffit de ralentir la marche de la machine.

(1) La déclaration doit être faite aujourd'hui au commissaire de surveillance.

Cas d'une circulation momentanée sur une seule des voies d'une ligne à double voie.

Art. 34. — Lorsque, par suite d'un accident, de réparation ou de toute autre cause, la circulation devra s'effectuer momentanément sur une voie, il devra être placé un garde auprès des aiguilles de chaque changement de voie.

Les gardes ne laisseront les trains s'engager dans la voie unique ré-ervée à la circulation, qu'après s'être assurés qu'ils ne seront pas rencontrés par un train venant dans un sens opposé.

Il sera donné connaissance au commissaire spécial de police du signal ou de l'ordre de service adopté pour assurer la circulation sur la voie unique.

Système des signaux adoptés dans l'intérêt de la circulation.

Art. 35. — La compagnie sera tenue de faire connaître au ministre des Travaux Publics le système de signaux qu'elle a adoptés ou qu'elle se propose d'adopter pour les cas prévus par le présent titre. Le ministre prescrira les modifications qu'il jugera nécessaires.

Attention que le mécanicien doit porter constamment sur l'état de la voie

Art. 36. — Le mécanicien devra porter constamment son attention sur l'état de la voie, arrêter ou ralentir la marche en cas d'obstacles, suivant les circonstances, et se conformer aux signaux qui lui seront transmis ; il surveillera toutes les parties de la machine, la tension de la vapeur et le niveau d'eau de la chaudière. Il veillera à ce que rien n'embarrasse la manœuvre du frein du tender.

Précautions qu'il doit prendre à l'approche des stations et des points de croisement.

Art. 37. — A cinq cents mètres au moins avant d'arriver au point où une ligne d'embranchement vient croiser la ligne principale, le mécanicien devra modérer la vitesse de telle manière que le train puisse être complètement arrêté avant d'atteindre ce croisement, si les circonstances l'exigent.

Au point d'embranchement ci-dessus désigné, des signaux devront indiquer le sens dans lequel les aiguilles sont placées.

A l'approche des stations d'arrivée, le mécanicien devra faire les dispositions convenables pour que la vitesse acquise du train soit complètement amortie avant le point où les voyageurs doivent descendre, et de telle sorte qu'il soit nécessaire de remettre la machine en action pour atteindre ce point.

Cas où il doit se servir du sifflet à vapeur, comme moyen d'avertissement de l'approche du train.

Art. 38. — A l'approche des stations, des passages à niveau, des courbes, des tranchées et des souterrains, le mécanien devra faire jouer le sifflet à vapeur, pour avertir de l'approche du train.

Il se servira également du sifflet comme moyen d'avertissement, toutes les fois que la voie ne lui paraîtra pas complètement libre.

Personnel admis à monter sur les locomotives, avec le mécanicien et le chauffeur.

Art. 39. — Aucune personne autre que le mécanicien et le chauffeur ne pourra monter sur la locomotive ou sur le tender, à moins d'une permission spéciale et écrite du directeur de l'exploitation du chemin de fer.

Sont exceptés de cette interdiction les ingénieurs des ponts et chaussées, les ingénieurs des mines chargés de la surveillance, et les commissaires spéciaux de police. Toutefois, ces derniers devront remettre au chef de la station ou au conducteur principal du convoi une réquisition écrite et motivée.

Service des machines de secours ou de réserve.

Art. 40. — Des machines dites de secours ou de réserve devront être entretenues constamment en feu et prêtes à partir, sur les points de chaque ligne qui seront désignés par le ministre des Travaux Publics, sur la proposition de la compagnie.

Les règles relatives au service de ces machines seront également déterminées par le ministre, sur la proposition de la compagnie.

Existence, pour le cas d'accident, des outils nécessaires, soit dans les trains, soit aux dépôts de machines.

Art. 41. — Il y aura constamment, au lieu de dépôt des machines, un wagon chargé de tous les agrès et outils nécessaires en cas d'accident.

Chaque train devra d'ailleurs être muni des outils les plus indispensables.

Registres de retards des trains

Art. 42 — Aux stations qui seront désignées par le ministre des Travaux Publics, il sera tenu des registres sur lesquels on mentionne les retards excédant dix minutes pour les parcours dont la longueur est inférieure à cinquante kilomètres et quinze minutes pour les parcours de cinquante kilomètres et au delà. Ces registres indiqueront la nature et la composition des trains, le nom des locomotives qui les ont remorqués, les heures de départ et d'arrivée, la cause et la durée du retard.

Ces registres seront représentés à toute réquisition aux ingénieurs, fonctionnaires et agents de l'administration publique, chargés de la surveillance du matériel et de l'exploitation.

Approbation ministérielle des tableaux de la marche des trains du service ordinaire et affichage de ces tableaux dans les stations

Art. 43. — Des affiches placées dans les stations feront connaître au public les heures de départ des convois ordinaires de toute sorte, les stations qu'ils doivent desservir, les heures auxquelles ils doivent arriver à chacune des stations et en partir.

Quinze jours au moins avant d'être mis à exécution, ces ordres de service seront communiqués en même temps aux commissaires royaux (1), au préfet du département et au ministre des travaux publics, qui pourra prescrire les modifications nécessaires pour la sûreté de la circulation, ou pour les besoins du public.

TITRE V

DE LA PERCEPTION DES TAXES ET DES FRAIS ACCESSOIRES.

Nécessité de l'homologation ministérielle pour la perception d'une taxe quelconque.

Art. 44. — Aucune taxe, de quelque nature qu'elle soit, ne pourra être perçue par la compagnie, qu'en vertu d'une homologation du ministre des Travaux publics.

Les taxes perçues actuellement sur les chemins dont les concessions sont antérieures à 1835, et qui ne sont pas encore régularisées, devront l'être avant le 1er Avril 1847.

Tableau à dresser, par les compagnies pour la perception des prix de transport des personnes et des choses.

Art. 45. — Pour l'exécution du paragraphe 1er de l'article qui précède, la compagnie devra dresser un tableau des prix qu'elle a l'intention de percevoir, dans la limite du maximum autorisé par le cahier des charges, pour le transport des voyageurs, des bestiaux, marchandises et objets divers, et en transmettre en même temps des expéditions au ministre des Travaux publics, au préfet des départements traversés par le chemin de fer et aux commissaire royaux.

Propositions à soumettre au ministre, par les compagnies, pour les prix de transport non déterminés par le cahier des charges.

Art. 46. — La compagnie devra, en outre, dans le plus court délai et dans les formes énoncées en l'article précédent, soumettre ses propositions au ministre des Travaux publics pour les prix de transport non déterminés par le cahier des charges, et à l'égard desquels le ministre est appelé à statuer.

Propositions semblables et annuelles pour la détermination des frais accessoires et des taxes dites « exceptionnelles ».

Art. 47. — Quant aux frais accessoires, tels que ceux de chargement, de déchargement et d'entrepôts dans les gares et les magasins du chemin de fer et quant à toutes les taxes qui doivent être réglées annuellement, la Compagnie devra en soumettre le règlement à l'approbation du ministre des Travaux publics, dans le dixième mois de chaque année. Jusqu'à décision, les anciens tarifs continueront à être perçus.

(1) V. plus loin le note sous l'article 51.

Art. 48. — Les tableaux des taxes et des frais d'accessoires approuvés seront constamment affichés dans les lieux les plus apparents des gares et stations des chemins de fer.

Affichage constant, dans les stations, des tableaux des taxes et des frais accessoires qui ont reçu l'homologation ministérielle.

Art. 49. — Lorsque la compagnie voudra apporter quelques changements aux prix autorisés, elle en donnera avis au ministre des Travaux Publics, aux préfets des départements traversés et aux commissaires royaux.

Formalités administratives de la modification, par une compagnie, des prix homologués.

Le public sera en même temps informé par des affiches des changements soumis à l'approbation du ministre.

A l'expiration du mois à partir de la date de l'affiche, lesdites taxes pourront être perçues, si dans cet intervalle, le ministre des Travaux Publics les a homologuées.

Si des modifications à quelques-uns des prix affichés étaient prescrites par le ministre, les prix modifiés devront être affichés de nouveau, et ne pourront être mis en perception qu'un mois après la date de ces affiches.

Art. 50. — La compagnie sera tenue d'effectuer avec soin, exactitude, célérité et sans tour de faveur, les transports des marchandises, bestiaux et objets de toute nature, qui lui seront confiés.

Obligations des compagnies pour le transport des choses ; enregistrement, délivrance de récépissés ou de lettres de voiture ; communication des registres au service du contrôle.

Au fur et à mesure que des colis, des bestiaux ou des objets quelconques arriveront au chemin de fer, enregistrement en sera fait immédiatement, avec mention du prix total dû pour le transport. Le transport s'effectuera dans l'ordre des inscriptions, à moins de délais demandés ou consentis par l'expéditeur, et qui seront mentionnés dans l'enregistrement.

Un récépissé devra être délivré à l'expéditeur, s'il le demande, sans préjudice, s'il y a lieu, de la lettre de voiture. — Le récépissé énoncera la nature et le poids des colis le prix total du transport et le délai dans lequel ce transport devra être effectué.

Les registres mentionnés au présent article seront représentés à toute réquisition des fonctionnaires et agents chargés de veiller à l'exécution du présent règlement.

TITRE VI

DE LA SURVEILLANCE DE L'EXPLOITATION

Ennumération des fonctionnaires et agents de ce service.

Art. 51 (1). — La surveillance de l'exploitation des chemins de fer s'exercera concurremment :

Par les commissaires royaux ;

Par les ingénieurs des ponts et chaussées, les ingénieurs des mines et par les conducteurs, les gardes-mines et autres agents sous leurs ordres ;

Par les commissaires spéciaux de police et les agents sous leurs ordres.

Attributions du service de contrôle de l'exploitation commerciale.

Art. 52. — Les commissaires royaux seront chargés :

De surveiller le mode d'application des tarifs approuvés et l'exécution des mesures prescrites pour la réception et l'enregistrement des colis, leur transport et leur remise aux destinataires.

De veiller à l'exécution des mesures approuvées ou prescrites pour que le service des transports ne soit pas interrompu aux points extrêmes de lignes en communication l'une avec l'autre.

De vérifier les conditions des traités qui seraient passés par les compagnies avec les entreprises de transport par terre ou par eau en correspondance avec les chemins de fer et de signaler toutes les infractions au principe de l'égalité des taxes.

De constater le mouvement de la circulation des voyageurs et des marchandises sur les chemins de fer, les dépenses d'entretien et d'exploitation et les recettes.

Communication des registres y relatifs au personnel de ce service.

Pour l'exécution de l'article ci-dessus, les compagnies seront tenues de représenter à toute réquisition aux commissaires royaux leurs registres de dépenses et de recettes, les registres mentionnés à l'article 50 ci-dessus.

Attributions financières du personnel spécial.

Art. 54. — A l'égard des chemins de fer pour lesquels les Compagnies auraient obtenu de l'Etat, soit un prêt avec intérêt privilégié, soit la garantie du minimum d'intérêt, ou pour lesquels l'État devrait entrer en partage des produits nets, les commissaires royaux exerceront toutes les autres attributions qui seront déterminées par les règlements spéciaux à intervenir dans chaque cas particulier.

---

(1) La surveillance de l'exploitation constitue ce qu'on appelle aujourd'hui le service du contrôle.

Art. 55. — Les ingénieurs, les conducteurs et autres agents du service des ponts et chaussées seront spécialement chargés de surveiller l'état de la voie de fer, des terrassements et des ouvrages d'art et des clôtures.

Surveillance de la voie par le service des ponts et chaussées.

Art. 56. — Les ingénieurs des mines, les gardes-mines et autres agents du service des mines seront spécialement chargés de surveiller l'état des machines fixes et locomotives employées à la traction des convois, et, en général, de tout le matériel roulant servant à l'exploitation.

Clôture de l'exploitation technique par le service des mines.

Ils pourront être suppléés par les ingénieurs, conducteurs et autres agents du service des ponts et chaussées et réciproquement.

Art. 57. — Les commissaires spéciaux de police et les agents sous leurs ordres sont chargés particulièrement de surveiller la composition, le départ, l'arrivée, la marche et les stationnements des trains, l'entrée, le stationnement et la circulation des voitures dans les cours et stations, l'admission du public dans les gares et sur les quais des chemins de fer.

Attributions du personnel des commissaires de surveillance administrative des chemins de fer en exploitation.

Art. 58. — Les compagnies sont tenues de fournir des locaux convenables pour les commissaires spéciaux de police et les agents de surveillance.

Locaux à fournir par les compagnies à ce dernier personnel

Art. 59. — Toutes les fois qu'il arrivera un accident sur le chemin de fer, il en sera fait immédiatement déclaration à l'autorité locale et au commissaire spécial de police. à la diligence du chef du convoi. Le préfet du département, l'ingénieur des ponts et chaussées et l'ingénieur des mines chargés de la surveillance, et le commissaire royal. en seront immédiatement informés par les soins de la compagnie.

Avis à donner à l'administration en cas d'accident.

Art. 60. — Les compagnies devront soumettre à l'approbation du ministre des Travaux Publics leurs règlements relatifs au service et à l'exploitation des chemins de fer.

Approbation ministérielle des règlements intérieurs des compagnies.

TITRE VII

DES MESURES CONCERNANT LES VOYAGEURS ET LES PERSONNES ÉTRANGÈRES AU SERVICE DU CHEMIN DE FER

Art. 61. — Il est défendu à toute personne étrangère au service du chemin de fer :

Interdictions contre toute personne étrangère au service du chemin de fer.

1° — De s'introduire dans l'enceinte du chemin de fer, d'y circuler ou stationner ;

2° — D'y jeter ou déposer aucuns matériaux ou objets quelconques ;

3° — D'y introduire des chevaux, bestiaux ou animaux d'aucune espèce ;

4° — D'y faire circuler ou stationner aucunes voitures, wagons ou machines étrangères au service.

Exceptions à l'interdiction de circuler sur la voie ferrée, prononcées en faveur du personnel de certains services publics.

Art. 62. — Sont exceptés de la défense portée au premier paragraphe de l'article précédent, les maires et les adjoints, les commissaires de police, les officiers de gendarmerie, les gendarmes et autres agents de la force publique, les préposés aux douanes, aux contributions indirectes et aux octrois, les gardes champêtres et forestiers dans l'exercice de leurs fonctions et revêtus de leurs uniformes ou de leurs insignes.

Dans tous les cas, les fonctionnaires et les agents désignés au paragraphe précédent seront tenus de se conformer aux mesures spéciales de précaution qui auront été déterminées par le ministre, la compagnie entendue.

Interdictions édictées contre les voyageurs, dans l'intérêt pécuniaire des compagnies ou pour la sécurité des voyageurs ; défense de fumer dans ou sur les voitures et dans les gares, avec dérogations prévues pour les voitures.

Art. 63. — Il est défendu :

1° — D'entrer dans les voitures sans avoir pris un billet, et de se placer dans une voiture d'une autre classe que celle qui est indiquée par le billet ;

2° — D'entrer dans les voitures et d'en sortir autrement que par la portière qui fait face au côté extérieur de la ligne du chemin de fer ;

3° — De passer d'une voiture dans une autre, de se pencher au dehors.

Les voyageurs ne doivent sortir des voitures qu'aux stations, et lorsque le train est complètement arrêté.

Il est défendu de fumer dans les voitures ou sur les voitures et dans les gares ; toutefois, à la demande de la compagnie et moyennant des mesures spéciales de précautions, des dérogations à cette disposition pourront être autorisées.

Les voyageurs sont tenus d'obtempérer aux injonctions des agents de la compagnie pour l'observation des dispositions mentionnées aux paragraphes ci-dessus.

Interdiction d'admettre, dans les voitures, plus de voyageurs qu'elles ne doivent en contenir.

Art. 64. — Il est interdit d'admettre dans les voitures plus de voyageurs que ne le comporte le nombre de places indiqué, conformément à l'article 14 ci-dessus.

Art. 65. — L'entrée des voitures est interdite :

1° A toute personne en état d'ivresse ;

2° A tous individus porteurs d'armes à feu chargées ou de paquets qui, par leur nature, leur volume ou leur odeur, pourraient gêner ou incommoder les voyageurs.

Tout individu porteur d'une arme à feu devra, avant son admission sur les quais d'embarquement, faire constater que son arme n'est point chargée.

Interdiction des voitures aux voyageurs soit ivres, soit porteurs d'armes à feu ou de paquets incommodes par nature, volume ou odeur.

Art. 66. — Les personnes qui voudront expédier des marchandises de la nature de celles qui sont mentionnées à l'article 21, devront les déclarer au moment où elles les apporteront dans les stations du chemin de fer.

Des mesures spéciales de précaution seront prescrites, s'il y a lieu. pour le transport desdites marchandises, la compagnie entendue.

Déclaration à faire par les expéditeurs de marchandises explosibles ou inflammables, dont le transport doit être règlementé.

Art 67. — Aucun chien ne sera admis dans les voitures servant au transport des voyageurs ; toutefois, la compagnie pourra placer dans des caisses de voitures spéciales les voyageurs qui ne voudraient par sé séparer de leurs chiens, pourvu que ces animaux soient muselés, en quelque saison que ce soit.

Transport des chiens accompagnant les voyageurs.

Art 68. — Les cantonniers, gardes-barrières et autres agents du chemin de fer devront faire sortir immédiatement toute personne qui se serait introduite dans l'enceinte du chemin, ou dans quelque portion que ce soit de ses dépendances où elle n'aura pas le droit d'entrer.

En cas de résistance de la part des contrevenants, tout employé du chemin de fer pourra requérir l'assistance des agents de l'administration et de la force publique.

Les chevaux ou bestiaux abandonnés qui seront trouvés dans l'enceinte du chemin de fer seront saisis et mis en fourrière.

Expulsion, par les agents des compagnies, des personnes qui n'ont pas le droit d'entrer dans l'enceinte du chemin de fer ; mise en fourrière des animaux qui y sont trouvés.

TITRE VIII

DISPOSITIONS DIVERSES

Art. 69. — Dans tous les cas où, conformément aux dispositions du présent règlement, le ministre des Travaux Publics devra statuer sur la proposition d'une compagnie, la compagnie sera tenu de lui soumettre cettre proposition dans le délai qu'il aura déterminé, faute de quoi le ministre pourra statuer directement.

Procédure à suivre, par le ministre, pour vaincre l'inertie d'une compagnie qui ne lui soumettrait pas ses propositions règlementaires.

Si le ministre pense qu'il y a lieu de modifier la proposition de la compagnie, il devra, sauf les cas d'urgence, entendre la compagnie avant de prescrire les modifications.

Nécessité d'une autorisation préfectorale pour exercer la profession de crieur, vendeur ou distributeur d'objets dans les stations.

Aucun crieur, vendeur ou distributeurs d'objets quelconques ne pourra être admis par les compagnies à exercer sa profession dans les cours ou bâtiments des stations et dans les salles d'attente destinées aux voyageurs, qu'en vertu d'une autorisation spéciale du préfet du département.

Centralisation éventuelle des attributions préfectorales dans les mains de l'un des préfets des départements traversés par un chemin de fer.

Art. 71. — Lorsqu'un chemin de fer traverse plusieurs départements, les attributions conférées aux préfets par le présent règlement pourront être centralisées en tout ou en partie dans les mains de l'un des préfets des départements traversés (1).

Attributions du préfet de police pour le département de la Seine et une partie de Seine-et-Oise.

Art. 72. — Les attributions données aux préfets des départements par la présente ordonnance seront, conformément à l'arrêté du 3 brumaire an IX, exercées par le préfet de police dans toute l'étendue du département de la Seine, et dans les communes de Saint-Cloud, Meudon et Sèvres, département de Seine-et-Oise.

Uniformes, signes distinctifs et armement éventuel du personnel des compagnies.

Art. 73. — Tout agent employé sur les chemins de fer sera revêtu d'un uniforme ou porteur d'un signe distinctif; les cantonniers, gardes-barrières et surveillants pourront être armés d'un sabre.

Certificats de capacité dont doivent être pourvus les mécaniciens.

Art. 74. — Nul ne pourra être employé en qualité de mécanicien conducteur de trains, s'il ne produit des cerficats de capacité délivrés dans les formes qui seront déterminées par le ministre des Travaux Publics.

Médicaments et moyens de secours que les compagnies doivent entretenir aux stations, pour le cas d'accidents

Art. 75. — Aux stations désignées par le ministre, les compagnies entretiendront les médicaments et moyens de secours nécessaires en cas d'accident.

---

(1) Cette disposition est abrogée aujourd'hui ; on n'a conservé de la loi de 1845, en ce qui concerne la surveillance et les mesures de police, que les grandes lignes.

Art. 76. — Il sera tenu, dans chaque station, un registre coté, parafé, à Paris, par le préfet de police, ailleurs, par le maire du lieu, lequel sera destiné à recevoir les réclamations des voyageurs qui auraient des plaintes à former, soit contre la compagnie, soit contre ses agents. Ce registre sera présenté à toute réquisition des voyageurs.

Registres des plaintes à mettre, par les compagnies à certaines stations, à la disposition des voyageurs.

Art. 77. — Les registres mentionnés aux articles 9, 20 et 42 ci-dessus, seront cotés et parafés par le commissaire de police.

Obligation, pour les compagnies, de faire coter et parafer par le commissaire de surveillance administrative les registres du matériel, de retards et des plaintes.

Art. 78. — Des exemplaires du présent règlement seront constamment affichés, à la diligence des compagnies, aux abords des bureaux des chemins de fer et dans les salles d'attente.

Le conducteur principal d'un train en marche devra également être muni d'un exemplaire du règlement.

Des extraits devront être délivrés, chacun pour ce qui le concerne, aux mécaniciens, chauffeurs, gardes-freins, cantonniers, gardes-barrières et autres agents employés sur le chemin de fer.

Des extraits, en ce qui concerne les règles à observer par les voyageurs pendant le trajet, devront être palcés dans chaque caisse de voiture.

Affichage, à la diligence des compagnies, du présent règlement ; extraits dont doivent être respectivement porteurs leurs agents.

Art. 79. — Seront constatées, poursuivies et réprimées conformément au titre III de la loi du 15 Juillet 1845, sur la police des chemins de fer, les contraventions au présent règlement, aux décisions rendues par le ministre des Travaux Publics, et aux arrêtés pris, sous son approbation, par les préfets, pour l'exécution dudit règlement.

Rédaction de l'art. 21 de L. 1845 approprié au changement de régime administratif qui, entre les promulgations de L. 1845 et de O. 1846 avait été reconnu nécessaire.

DÉCRET
1er Mars 1901.

Modifiant l'ordonnance du 15 Novembre 1846 portant règlement d'administration publique sur la police, la sûreté et l'exploitation des chemins de fer (1)

Article premier. — Les titres I à IV (art. 1er à 43) et VI à VIII (art. 51 à 80) de l'ordonnance du 15 Novembre 1846, portant règlement d'administration publique sur la police, la sûreté et l'exploitation des chemins de fer sont modifiés de la façon suivante :

TITRE I

DES GARES ET DE LA VOIE

Article premier. — Les mesures de police destinées à assurer le bon ordre dans les parties des gares et de leurs dépendances accessibles au public seront réglées par des arrêtés du préfet du département.

Cette disposition s'appliquera notamment à l'entrée, au stationnement et à la circulation des voitures publiques ou particulières, destinées, soit au transport des personnes, soit au transport des marchandises, dans les cours dépendant des gares de chemins de fer.

Les arrêtés ainsi pris par les préfets ne seront exécutoires qu'en vertu de l'approbation du ministre des Travaux Publics.

Art. 2. — Le chemin de fer et les ouvrages qui en dépendent seront constamment entretenus en bon état. La compagnie devra faire connaître au ministre des Travaux Publics, dans la forme que celui-ci jugera convenable, les mesures qu'elle aura prises pour cet entretien.

Les voies et autres installations des gares devront être convenablement disposées pour la sûreté des manœuvres et de la circulation des trains.

Dans le cas où les mesures prises seraient insuffisantes pour assurer le bon entretien du chemin de fer, la sûreté de la circulation et la sécurité publique, le ministre, après avoir entendu la compagnie, prescrira celles qu'il juge nécessaires.

Dans le cas où, par suite de l'insuffisance des installations, le service ne serait pas régulièrement assuré, il sera procédé conformément aux dispositions de l'article 65.

Art. 3. — Il sera placé, partout où besoin sera, des agents en nombre suffisant pour assurer la surveillance et la manœuvre des signaux, aiguilles et autres appareils de la voie ; en cas d'insuffisance, le nombre de ces agents sera fixé, la compagnie entendue, par le ministre des Travaux Publics, qui pourra prescrire que ceux de ces agents dont le service intéressant la sécurité aurait une importance particulière ne soient employés à aucun autre travail.

---

(1) Ce décret inséré au Journal Officiel du 23 Août 1901, remplace celui qui a été publié dans le numéro du Journal Officiel du 4 Mars 1901 et qui contenait diverses erreurs.

Art. 4. — Partout où un chemin de fer sera traversé à niveau par une voie de terre, il sera établi des barrières, sauf les exceptions autorisées par le ministre des Travaux Publics, conformément aux lois.

Le mode, la garde et les conditions de service des barrières seront réglés par le ministre des Travaux publics, sur la proposition de la compagnie.

Lorsque le ministre autorisera la traversée à niveau du chemin de fer par un autre chemin de fer ou par un tramway, il arrêtera, après avoir entendu les deux compagnies, les dispositions techniques à prendre pour l'établissement et l'exploitation de ces traversées.

Art. 5. — Si l'établissement de contre-rails est jugé nécessaire dans l'intérêt de la sûreté publique la compagnie sera tenue d'en placer sur les points qui seront désignés par le ministre des Travaux publics.

Art. 6. — Les gares et leurs abords devront être éclairés la nuit pendant la durée du service.

Le ministre des Travaux publics fixera, la compagnie entendue, les conditions dans lesquelles les passages à niveau et les tunnels, s'il y a lieu, devront être éclairés.

TITRE II

DU MATÉRIEL EMPLOYÉ A L'EXPLOITATION.

Art. 7. — Les locomotives, les tenders et les véhicules de toute espèce entrant dans la composition des trains seront construits, après autorisation du ministre des Travaux publics, suivant les meilleurs modèles, avec des matériaux de première qualité. La compagnie devra produire, à l'appui de sa demande en autorisation, les plans, dessins et tous documents indiqués par le ministre.

Le ministre déterminera les conditions auxquelles le matériel n'appartenant pas à la compagnie exploitante pourra être admis à circuler sur le réseau de cette compagnie.

Art. 8. — Les locomotives, tenders ou véhicules de toute espèce entrant dans la composition des trains devront remplir les conditions que le ministre des Travaux publics jugera nécessaires pour assurer la sécurité des voyageurs et des agents pendant la circulation des trains et pendant leur formation.

Art. 9. — Il sera tenu des états de service pour toutes les locomotives. Ces états seront inscrits sur des registres qui devront être constamment à jour, indiquer, pour chaque machine, la date de sa mise en service, le travail qu'elle a accompli, les réparations ou modifications qu'elle a reçues et le renouvellement de ses diverses pièces.

Il sera tenu en outre, pour les essieux de locomotives et tenders, des registres spéciaux sur lesquels, à côté du numéro d'ordre de chaque essieu, seront inscrits sa provenance, la date de sa mise en service, l'épreuve qu'il peut avoir subie, son travail, ses accidents et ses réparations.

Les registres mentionnés aux deux paragraphes ci-dessus seront représentés, à toute réquisition, aux Ingénieurs et agents chargés de la surveillance du matériel et de l'exploitation.

Les essieux des véhicules de toute espèce porteront une marque au poinçon faisant connaître la provenance et la date de la fourniture.

Art. 10. — Les locomotives ne pourront être mises en service qu'en vertu de l'autorisation délivrée par le service du contrôle et après avoir été soumises à toutes les épreuves prescrites par les règlements en vigueur.

Art. 11. — Les locomotives devront être pourvues, sauf exception autorisée par le ministre des Travaux publics, d'appareils ayant pour objet d'arrêter les fragments de combustible tombant de la grille et d'empêcher la sortie des flammèches par la cheminée, ainsi que de diminuer la production de fumées incommodes pour les voyageurs ou pour le voisinage.

Art. 12. — Les voitures destinées au transport des voyageurs devront être commodes et présenter les dispositions que le ministre des Travaux Publics jugera nécessaires pour assurer la sécurité des voyageurs.

Le ministre déterminera, la compagnie entendue, quelles devront être les dimensions minima de la place affectée à chaque voyageur.

Toute voiture à voyageurs portera, dans l'intérieur, l'indication en chiffres apparents du nombre des places.

Art. 13. — Aucune voiture pour les voyageurs ne sera mise en service sans autorisation délivrée par le service du contrôle ; après qu'il aura été constaté que la voiture satisfait aux conditions de l'article précédent.

L'autorisation de mise en service n'aura d'effet qu'après que l'estampille prescrite pour les voitures publiques par l'article 117 de la loi du 25 Mars 1817 aura été délivrée par le directeur des contributions indirectes.

Art. 14. — Les locomotives, les tenders et les véhicules de toute espèce devront porter : 1° la désignation en toutes lettres ou par initiales, du chemin de fer auquel ils appartiennent ; 2° un numéro d'ordre. Les voitures de voyageurs porteront, en outre, l'indication de la classe de chaque compartiment et l'estampille délivrée par l'Administration des contributions indirectes. Ces diverses indications seront placées d'une manière apparente sur la caisse ou sur les côtés du châssis.

Art. 15. — Les locomotives, tenders et véhicules de toute espèce, et tout le matériel d'exploitation seront constamment maintenus dans un bon état d'entretien.

La compagnie devra faire connaître au ministre des Travaux Publics dans la forme que celui-ci jugera convenable, les mesures adoptées par elle à cet égard ; en cas d'insuffisance, le ministre, après avoir entendu les observations de la compagnie, prescrira les dispositions qu'il jugera nécessaires au point de vue de la sécurité ou de l'hygiène publique.

Le ministre, la compagnie entendue, pourra faire retirer de la circulation les locomotives, tenders et autres véhicules qui ne se trouveraient pas dans des conditions suffisantes pour assurer la sécurité de l'exploitation, ou exclure d'un train déterminé les véhicules qui, pour une cause quelconque, n'offriraient pas les garanties voulues pour la sûreté de l'exploitation.

TITRE III

DE LA COMPOSITION DES TRAINS

Art. 16. — Tout train ordinaire de voyageurs devra contenir, en nombre suffisant, des voitures de chaque classe, à moins d'une autorisation spéciale du ministre des Travaux Publics.

Art. 17. — Chaque train de voyageurs, de marchandises ou mixte devra être accompagné :

1°. — d'un mécanicien et d'un chauffeur par machine ; le chauffeur devra être capable d'arrêter la machine, de l'alimenter et de manœuvrer les freins.;

2°. — Du nombre de conducteurs et de gardes-freins qui sera déterminé, suivant le nombre de véhicules, suivant les pentes et suivant les appareils d'arrêt ou de ralentissement, par le ministre des Travaux publics, sur la proposition de la compagnie.

Sur le dernier véhicule de chaque train ou sur l'un des véhicules placés à l'arrière, il y aura toujours un frein et un conducteur chargé de le manœuvrer.

Lorsqu'il y aura plusieurs conducteurs dans un train l'un d'entre eux devra toujours avoir autorité sur les autres.

Le maximum du nombre de véhicules pour chaque nature de trains transportant des voyageurs sera déterminé par le ministre des Travaux publics, sur la proposition de la compagnie.

Art. 18. — Par dérogation à l'article précédent, l'obligation d'avoir sur la machine un mécanicien et un chauefieur ne sera pas applicable aux trains légers, dont la mise en marche sera autorisée par le ministre des Travaux publics, sous la réserve que le conducteur chef du train se tiendra habituellement soit sur la machine, soit dans le premier véhicule du train, qu'il pourra dans tous les cas accéder facilement à la machine et qu'il sera en état de l'arrêter en cas de besoin.

En outre, lorsque les véhicules à voyageurs et à marchandises dont se compose un train léger seront tous munis d'un frein continu, le ministre pourra autoriser la suppression de l'obligation d'avoir, sur le dernier véhicule ou sur l'un des derniers véhicules, un conducteur spécial chargé de la manœuvre du frein.

Ne pourront être considérés comme trains légers que ceux dont les véhicules sont portés sur seize essieux au plus, non compris les essieux de la locomotive, s'il y en a une, et de son tender, mais y compris les essieux de la voiture motrice, si l'appareil moteur est contenu dans un des véhicules portant des voyageurs ou des marchandises.

Art. 19. — Les locomotives devront être en tête des trains. Il ne pourra être dérogé à cette disposition que pour les manœuvres à exécuter dans les gares ou dans leur voisinage, pour les trains de service, et pour le cas de secours ou de renfort. Dans ces cas spéciaux, la vitesse ne devra pas dépasser les limites fixées par le ministre des Travaux publics.

Art. 20. — Les trains de voyageurs ne devront être remorqués que par une seule locomotive, sauf les cas où l'emploi d'une machine de renfort deviendrait nécessaire, soit pour la montée d'une rampe de forte inclinaison, soit par suite d'une affluence extraordinaire de voyageurs, de l'état de l'atmosphère, d'un accident ou d'un retard exigeant l'emploi de secours, ou de tout autre cas préalablement déterminé par le ministre des Travaux publics.

Il sera, dans tous les cas, sauf le cas de secours, interdit d'atteler simultanément plus de deux locomotives à un train de voyageurs.

La machine placée en tête devra régler la marche du train.

Il devra toujours y avoir en tête de chaque train, entre le tender et la première voiture de voyageurs, au moins un véhicule ne portant pas de voyageurs, cette obligation ne s'applique ni aux trains légers, ni aux trains de secours, ni aux trains de composition spéciale qui en auront été dispensés par le ministre des Travaux Publics.

Dans tous les cas où il sera attelé plus d'une locomotive à un train, mention en sera faite sur un registre à ce destiné, avec indication du motif de la mesure, de la gare où elle aura été jugée nécessaire et de l'heure à laquelle le train aura quitté cette gare.

Ce registre sera représenté, à toute réquisition, aux fonctionnaires et agents du contrôle.

Art. 21. — Le ministre des Travaux Publics, la compagnie entendue, arrêtera les règles à suivre pour le transport des matières dangereuses (explosibles, inflammables, vénéneuses, etc.) et des matières infectes; il déterminera notamment les cas dans lesquels le transport de ces marchandises dans un train de voyageurs est interdit.

Art. 22. — Le ministre des Travaux Publics déterminera, la compagnie entendue, les précautions à prendre dans la formation des trains pour éviter, soit au départ, ou à l'arrivée, soit pendant la marche, toute réaction dangereuse ou incommode entre les divers véhicules.

Art. 23. — Le conducteur de tête et, sauf les exceptions autorisées par le ministre, les gardes-freins seront mis en communication avec le mécanicien pour donner, en cas d'accident, le signal d'alarme par tel moyen qui sera autorisé par le ministre des Travaux Publics, sur la proposition de la Compagnie.

Sauf les exceptions autorisées par le ministre des Travaux Publics, les compartiments des voitures à voyageurs seront tous mis en communication avec le mécanicien ou le conducteur chef de train par un signal d'alarme en bon état de fonctionnement.

Art. 24. — Pendant la nuit et, pendant le jour, au passage des souterrains désignés par le ministre des Travaux Publics, les fanaux des trains devront être allumés, et les voitures destinées aux voyageurs devront être éclairées intérieurement.

Ces voitures devront être chauffées pendant la saison froide dans les conditions approuvées par le ministre.

En cas d'insuffisance des mesures adoptées par la compagnie en ce qui concerne l'éclairage ou le chauffage des trains et voitures, le ministre prescrira, la compagnie entendue, les dispositions qu'il jugera nécessaires.

Tout train transportant des voyageurs sera muni, sauf exception autorisée par le ministre, d'une boite de secours dont la composition sera approuvée par le ministre.

TITRE IV

DU DÉPART, DE LA CIRCULATION ET DE L'ARRIVÉE DES TRAINS.

Art. 25. — Le ministre des Travaux publics déterminera, sur la proposition de la compagnie, pour les lignes à plusieurs voies, celles de ces voies qui seront affectées à la circulation de chaque sens, et, pour les lignes à une voie, les points de croisement.

Il ne pourra être dérogé, sous aucun prétexte, aux dispositions qui auront été prescrites par le ministre, si ce n'est dans le cas où la voie serait interceptée, et, dans ce cas, le changement devra être fait avec les précautions spéciales qui seront indiquées par les règlements de la compagnie dûment homologués.

Art. 26. — Avant le départ du train, le mécanicien s'assurera si toutes les parties de la locomotive et du tender sont en bon état.

En ce qui concerne les voitures et leurs freins, la même vérification sera faite dans les conditions déterminées par le règlement homologué de la compagnie.

Le signal du départ ne sera donné que lorsque les portières seront fermées.

Le train ne devra être mis en marche qu'après le signal du départ.

Art. 27. — Aucun train ne pourra partir d'une gare ni y arriver avant l'heure déterminée par l'horaire de la marche des trains.

Toutefois, pour l'arrivée, une tolérance pourra être accordée par le ministre.

Les mesures propres à maintenir, entre les trains qui suivent, l'intervalle de temps ou d'espace nécessaire pour assurer la sécurité de la circulation seront déterminées par le ministre des Travaux publics, la compagnie entendue.

Des signaux seront placés à l'entrée des gares, dans les gares et sur la voie, partout où cela sera jugé utile pour faire connaître aux mécaniciens s'ils doivent arrêter ou ralentir leur marche.

En cas d'insuffisance des signaux établis par la compagnie, le ministre prescrira, la compagnie entendue, l'établissement de ceux qu'il jugera nécessaires.

Art. 28. — Sauf le cas de force majeure ou de réparation de la voie, les trains ne pourront s'arrêter qu'aux gares ou aux lieux de stationnement autorisés.

Les voies affectées à la circulation des trains devront être couvertes par des signaux, ainsi qu'il est dit à l'article 32, dans les cas où il y aura nécessité absolue d'y faire stationner momentanément des machines, des voitures ou des wagons.

Art. 29 — Le ministre des Travaux publics déterminera, sur la proposition de la compagnie, les mesures spéciales de précaution relatives à la circulation des trains sur les parties du chemin de fer qui offriraient un danger particulier.

Il déterminera également, sur la proposition de la compagnie, la vitesse maximum que les trains de toute nature pourront prendre sur les diverses parties de chaque ligne.

Art. 30. — Le ministre des Travaux publics prescrira, sur la proposition de la compagnie, les mesures spéciales de précaution à prendre pour l'expédition et la marche des trains extraordinaires.

Dès que l'expédition d'un train extraordinaire aura été décidée, déclaration devra en être faite immédiatement aux agents du contrôle et aux fonctionnaires désignés par le ministre des Travaux publics, avec indication du motif de l'expédition du train et de son horaire.

Art. 31. — Des agents chargés de l'entretien et de la surveillance de la voie seront placés sur la ligne en nombre suffisant pour assurer la libre circulation des trains.

Ces agents seront pourvus, le jour et la nuit, de signaux d'arrêt et de ralentissement.

Des agents seront en outre placés à des endroits déterminés pour la manœuvre des signaux fixes et, s'il y a lieu, pour l'annonce des trains de proche en proche.

En cas d'insuffisance, le ministre des Travaux publics réglera le nombre des agents de ces diverses catégories, la compagnie entendue.

Art. 32. — Dans le cas où soit un train, soit une machine isolée s'arrêterait accidentellement sur la voie, des signaux de protection seront faits dans les conditions déterminées par les règlements de la compagnie dûment homologués.

Les mécaniciens, les conducteurs chefs et les conducteurs devront être munis pendant leur service des signaux indiqués par ces règlements.

Des précautions spéciales seront prises pour garantir la sécurité des trains, dans le cas où il deviendrait impossible de maintenir leur vitesse normale.

Art. 33. — Lorsque les travaux de réparation effectués sur une voie seront de nature à en altérer momentanément la stabilité, ils devront être protégés par des signaux d'arrêt ou de ralentissement.

Art. 34. — Lorsque, par suite d'un accident, de réparation ou de toute autre cause, la circulation devra s'effectuer momentanément sur une seule voie, il devra être placé un garde auprès des aiguilles de chacun des changements de voie extrêmes.

Les gardes ne laisseront les trains s'engager dans la voie unique réservée à la circulation que dans les conditions prescrites par les règlements homologués ou les ordres de service de la compagnie.

Il sera donné connaissance au service du contrôle des mesures prises pour assurer la circulation sur la voie unique.

Art. 35. — La compagnie sera tenue de faire connaître au ministre des Travaux publics le système de signaux qu'elle aura adopté ou qu'elle se propose d'adopter pour les cas prévus par le présent titre. Le ministre prescrira les modifications qu'il jugera nécessaires.

Art. 36. — Le mécanicien devra porter constamment son attention sur l'état de la voie, arrêter ou ralentir la marche en cas d'obstacles, suivant les circonstances, se conformer aux signaux qui lui seront transmis et signaler au premier arrêt les anomalies qu'il aura remarquées ; il surveillera toutes les parties de la machine, la tension de la vapeur et le niveau d'eau de la chaudière. Il veillera à ce que rien n'embarrasse la manœuvre des freins dont il a disposition.

Art. 37. — Les mesures de précaution à observer par le mécanicien aux approches et au passage des bifurcations, embranchements ou traversées de voies seront fixées par des règlements approuvés par le ministre des Travaux publics.

Aux points de bifurcation, des signaux devront indiquer le sens dans lequel les aiguilles sont placées.

A l'approche des gares où le train doit s'arrêter, le mécanicien devra prendre les dispositions convenables pour qu'il ne dépasse pas le point où les voyageurs doivent descendre.

Art. 38. — Avant la mise en marche, à l'approche des gares, des passages à niveau en courbe, ainsi que des autres passages à niveau et bifurcation désignés par le ministre des Travaux Publics, à l'entrée et à la sortie des tranchées en courbe et des souterrains, le mécanicien devra faire jouer le sifflet pour avertir de l'approche du train.

Il se servira également du sifflet comme moyen d'avertissement, toutes les fois que la voie ne lui paraîtra pas complètement libre.

Le sifflet pourra être remplacé par un autre signal acoustique approuvé par le ministre des Travaux Publics.

Art. 39. — Aucune personne autre que le mécanicien et le chauffeur ne pourra monter sur la locomotive ou sur le tender, à moins d'une permission spéciale et écrite du Directeur du chemin de fer ou de son délégué.

Seront exceptés de cette interdiction les Ingénieurs des ponts et chaussées et les Ingénieurs des mines chargés du contrôle et les agents du contrôle technique. Les commissaires de surveillance administrative pourront également monter sur la locomotive ou le tender, en remettant au chef de la gare ou au conducteur principal du train une réquisition écrite et motivée.

Art. 40. — Sur des points qui seront désignés par le ministre des Travaux publics, la compagnie entendue, des machines de secours ou de réserve devront être constamment entretenues en feu et prêtes à partir.

Les règles relatives au service de ces machines seront déterminées par le ministre, sur la proposition de la compagnie.

Art. 41. — Il y aura constamment, aux lieux de dépôt des machines, un wagon chargé de tous les agrès et outils nécessaires en cas d'accident.

Chaque train devra, d'ailleurs, être muni des outils les plus indispensables.

Art. 42. — Aux gares qui seront désignées par le ministre des Travaux publics, il sera tenu des registres sur lesquels on mentionnera les retards de trains excédant des limites déterminées par le ministre. Ces registres indiqueront la nature et la composition des trains, les points extrêmes de leur parcours, le numéro des locomotives qui les ont remorqués, les heures de départ et d'arrivée, les causes et la durée du retard.

Ces registres seront représentés, à toute réquisition, aux agents du contrôle.

Art. 43. — Les horaires fixant la marche des trains ordinaires de toute nature seront soumis par la compagnie à l'approbation du ministre des Travaux publics : à cet effet, avant leur mise en vigueur et dans les délais prescrits par le ministre, la compagnie les lui communiquera, ainsi qu'aux fonctionnaires désignés par lui et au service du contrôle.

Si, à la date annoncée pour la mise en vigueur de nouveaux horaires, le ministre n'a pas notifié à la compagnie son opposition, ces horaires pourront être appliqués à titre provisoire.

A toute époque, le ministre des Travaux publics pourra prescrire d'apporter aux horaires des trains les modifications ou additions qu'il jugera nécessaires pour la sûreté de la circulation ou les besoins du public.

Les horaires des trains transportant des voyageurs seront portés à la connaissance du public, avant leur mise en vigueur, par des affiches placées dans les gares, dans les conditions fixées par le ministre des Travaux publics. Ces affiches devront mentionner ceux des trains contenant des voitures de toutes classes pour lesquels la compagnie sera dispensée de faire le service des messageries.

TITRE V

DE LA PERCEPTION DES TAXES ET DES FRAIS ACCESSOIRES

Art. 44. — Aucune taxe, de quelque nature qu'elle soit, ne pourra être perçue par la compagnie qu'en vertu d'une homologation du ministre des Travaux Publics.

Les taxes perçues actuellement sur les chemins, dont les concessions sont antérieures à 1835 et qui ne sont pas encore régularisées, devront l'être avant le 1er Avril 1847.

Art. 45. — Pour l'exécution du paragraphe 1er de l'article qui précède, la compagnie devra dresser un tableau des prix qu'elle a l'intention de percevoir, dans la limite du maximum autorisé par le cahier des charges, pour le transport des voyageurs, des bestiaux, marchandises et objets divers ; et en transmettre en même temps des expéditions au ministre des Travaux Publics, aux préfets des départements traversés par le chemin de fer et au service de contrôle.

Art. 46. — La compagnie devra, en outre, dans le plus court délai et dans les formes énoncées en l'article précédent, soumettre ses propositions au ministre des Travaux Publics pour les prix de transport non déterminés par le cahier des charges et à l'égard desquels le ministre est appelé à statuer.

Art. 47. — Quant aux frais accessoires, tels que ceux de chargement, de déchargement et d'entrepôt dans les gares et magasins du chemin de fer, et quant à toutes les taxes qui doivent être réglées annuellement, la compagnie devra en soumettre le règlement à l'approbation du ministre des Travaux Publics, dans le dixième mois de chaque année. Jusqu'à décision, les anciens tarifs continueront à être perçus.

Art. 48. — Les tableaux des taxes et des frais accessoires approuvés seront constamment affichés dans les lieux les plus apparents des gares et stations des chemins de fer.

Art. 49. — Lorsque la compagnie voudra apporter quelques changements aux prix autorisés, elle en donnera avis au ministre des Travaux Publics, aux préfets des départements traversés et au service de contrôle.

Le public sera en même temps informé, par des affiches, des changements soumis à l'approbation du ministre.

A l'expiration du mois à partir de la date de l'affiche, les dites taxes pourront être perçues si, dans cet intervalle, le ministre des Travaux Publics les a homologuées.

Si des modifications à quelques-uns des prix affichés étaient prescrites par le ministre, les prix modifiés devront être affichés de nouveau et ne pourront être mis en perception qu'un mois après la date de ces affiches.

Art. 50. — La compagnie sera tenue d'effectuer avec soin, exactitude et célérité, et sans tour de faveur, les transports des marchandises, bestiaux et objets de toute nature qui lui seront confiés.

Au fur et à mesure que des colis, des bestiaux et des objets quelconques arriveront au chemin de fer, enregistrement en sera fait immédiatement, avec mention du prix total dû pour le transport. Le transport s'effectuera dans l'ordre des inscriptions, à moins de délais demandés ou consentis par l'expéditeur, et qui seront mentionnés dans l'enregistrement.

Un récépissé devra être délivré à l'expéditeur, s'il le demande, sans préjudice, s'il y a lieu, de la lettre de voiture. Le récépissé énoncera la nature et le poids des colis, le prix total du transport et le délai dans lequel ce transport devra être effectué.

Les registres mentionnés au présent article seront représentés à toute réquisition des fonctionnaires et agents chargés de veiller à l'exécution du présent règlement.

TITRE VI

POLICE ET SURVEILLANCE

Art. 51. — La surveillance de l'exploitation des chemins de fer s'exercera concurremment :

Par les Ingénieurs des ponts et chaussées ou des mines, les conducteurs des ponts et chaussées, les contrôleurs des mines ;

Par les fonctionnaires du contrôle de l'exploitation commerciale ;

Par les commissaires de surveillance administrative ;

Et par les autres agents du contrôle.

Art. 52. — Les attributions de ces agents et l'organisation du service de contrôle sont définies par les règlements spéciaux.

Art. 53. — Les compagnies seront tenues de représenter, à toute réquisition, aux directeurs des services de contrôle ou à leurs délégués, leurs registres et pièces de dépenses et de recettes, leurs circulaires et ordres de services, les traités qu'elles ont passés avec d'autres entreprises de transport, et, en général, tous les documents nécessaires à l'exercice de la mission confiée aux services de contrôle.

Art. 54. — Les compagnies seront tenues de fournir des locaux convenables pour les commissaires de surveillance administrative.

Art. 55. — Toutes les fois qu'il arrivera un accident sur le chemin de fer, il en sera fait immédiatement déclaration par la compagnie ou par ses agents au commissaire de surveillance administrative de la circonscription.

Lorsque l'accident aura une certaine gravité, la compagnie exploitante avisera en outre, par la voie la plus rapide, le ministre des Travaux publics, le directeur du service de contrôle, le préfet du département, les ingénieurs du contrôle de la voie et de l'exploitation.

Lorsqu'il se produira un fait de nature à donner ouverture à l'action publique, et, en tous cas, s'il y a mort ou blessure, cet avis devra être également transmis au procureur de la République.

Art. 56. — Les compagnies devront soumettre leurs règlements relatifs au service à l'approbation du ministre des Travaux publics qui prescrira les modifications qu'il jugera nécessaires.

Art. 57. — Il est défendu à toute personne étrangère au service du chemin de fer :

1°. — De pénétrer, sans y être autorisée régulièrement, dans l'enceinte du chemin de fer, d'y circuler ou stationner ;

2°. — D'y jeter ou déposer aucuns matériaux ni objets quelconques ;

3°. — D'y introduire des chevaux, bestiaux ou animaux d'aucune espèce ou de laisser s'y introduire ceux dont elle a la garde ;

4°. — D'y faire circuler ou stationner aucuns véhicules étrangers au service ;

5°. — De manœuvrer les appareils qui ne sont pas à la disposition du public, de les déranger ou d'en empêcher le fonctionnement ;

6°. — De dégrader les clôtures, barrières, talus, bâtiments et ouvrages d'art.

Art. 58. — Il est défendu :

1°. — D'entrer dans les voitures sans avoir pris un billet, de se placer dans une voiture d'une classe supérieure à celle qui est indiquée par le billet et de prendre une place déjà régulièrement retenue par un autre voyageur ;

2°. — D'entrer dans les voitures ou d'en sortir autrement que par la portière qui se trouve du côté où se fait le service du train ;

3°. — De passer d'une voiture dans une autre autrement que par les passages disposés à cet effet, de se pencher au dehors, d'occuper une place destinée aux voyageurs ou de se placer indûment dans les compartiments ayant une destination spéciale :

4°. — De se servir sans motif plausible du signal d'alarme mis à la disposition des voyageurs pour faire appel aux agents de la compagnie.

Les voyageurs ne devront monter dans les voitures ou en descendre qu'aux gares et lorsque le train sera complètement arrêté.

Il est défendu de fumer dans les salles d'attente, ainsi que dans les voitures, exception faite des compartiments portant la plaque indicative : « fumeurs ».

Il est défendu de cracher ailleurs que dans les crachoirs disposés à cet effet.

Les voyageurs seront tenus d'obtempérer aux injonctions des agents de la compagnie pour l'observation des dispositions mentionnées aux paragraphes ci-dessus.

Art. 59. — Il est interdit d'admettre dans les voitures plus de voyageurs que ne le comporte le nombre de places indiqué, conformément à l'article 12.

Art. 60. — L'entrée des voitures est interdite :

1° — A toute personne en état d'ivresse;

2° — A tous individus porteurs d'armes à feu chargées ou d'objets qui, par leur nature, leur volume ou leur odeur, pourraient gêner ou incommoder les voyageurs.

Tout individu porteur d'une arme à feu doit, avant son admission sur les quais d'embarquement, faire constater que son arme n'est point chargée.

Toutefois, lorsqu'ils y sont obligés par leur service, les agents de la force publique peuvent conserver avec eux, dans les voitures, des armes à feu chargées, à condition de prendre place dans des compartiments réservés.

Pourront être exclues des compartiments affectés au public les personnes atteintes visiblement et notoirement de maladies dont la contagion serait à redouter pour les voyageurs. Les compartiments dans lesquels elles auront pris place seront, dès l'arrivée, soumis à la désinfection.

Art. 61. — Les personnes qui voudront expédier des matières de la nature de celles qui sont mentionnées à l'article 21 devront les déclarer au moment où elles les apporteront dans les gares du chemin de fer.

Art. 62. — Aucun animal ne sera admis dans les voitures servant au transport des voyageurs.

Toutefois, la compagnie pourra placer dans des compartiments spéciaux les voyageurs qui ne voudraient pas se séparer de leurs chiens, pourvu que ces animaux soient muselés, en quelque saison que ce soit.

En outre, des exceptions pourront être autorisées pour les animaux de petite taille convenablement enfermés.

Art. 63. — Les cantonniers, gardes-barrières et autres agents du chemin de fer devront faire sortir immédiatement toute personne qui se serait introduite dans l'enceinte du chemin ou dans quelque portion que ce soit de ses dépendances où elle n'aurait pas le droit d'entrer.

En cas de résistance de la part des contrevenants, tout employé du chemin de fer pourra requérir l'assistance des agents de la force publique.

Les animaux abandonnés, qui seront trouvés dans l'enceinte du chemin de fer, seront saisis et mis en fourrière.

TITRE VII

DISPOSITIONS DIVERSES

Art. 64. — Dans tous les cas où, conformément aux dispositions du présent règlement, le ministre des Travaux publics devra statuer sur la proposition d'une compagnie, la compagnie sera tenue de lui soumettre cette proposition dans le délai qu'il aura déterminé, faute de quoi le ministre pourra statuer directement.

Si le ministre pense qu'il y a lieu de modifier la proposition de la compagnie, il devra, sauf le cas d'urgence, entendre la compagnie avant de prescrire les modifications.

Art. 65. — Si les installations de certaines gares, leur personnel ou le matériel roulant sont insuffisants pour permettre à la compagnie d'assurer dans les circonstances normales la marche régulière du service, en observant les conditions et délais déterminés par les règlements et les tarifs, la compagnie, sur la mise en demeure qui lui sera adressée par le ministre, devra prendre les mesures nécessaires pour y pourvoir.

Faute par elle d'avoir présenté au ministre, dans le délai imparti par la mise en demeure, des propositions ou des projets suffisants, le ministre statuera directement.

Art. 66. — Aucun crieur. vendeur ou distributeur d'objets quelconques ne pourra être admis par les compagnies à exercer sa profession dans les cours ou bâtiments des gares qu'en vertu d'une autorisation spéciale du préfet du département.

Art. 67. — Les attributions données aux préfets des départements par le présent décret seront exercées par le préfet de police dans toute l'étendue de son ressort.

Art. 68. —Le ministre des Travaux publics déterminera, la compagnie entendue, les dispositions relatives à la durée du travail des agents qu'il jugera nécessaires à la sécurité de l'exploitation.

Art. 69. — Tout agent employé sur les chemins de fer sera revêtu d'un uniforme ou porteur d'un signe distinctif.

Art. 70. — Nul ne peut être employé en qualité de mécanicien conducteur de train ou de chauffeur, s'il ne produit des certificats de capacité délivrés dans les formes qui seront déterminées par le ministre des Travaux publics.

Art. 71. — Aux gares désignées par le ministre, les compagnies entretiendront les médicaments et moyens de secours nécessaires en cas d'accident.

Art. 72. — Il sera tenu dans chaque gare un registre destiné à recevoir les réclamations des voyageurs, expéditeurs ou destinataires qui auraient des plaintes à former, soit contre la compagnie, soit contre ses agents. Ce registre sera présenté à toute réquisition des voyageurs, expéditeurs ou destinataires, et communiqué sur place aux fonctionnaires et agents du contrôle.

Dès qu'une plainte aura été inscrite sur le registre, le chef de gare devra en envoyer copie au commissaire de surveillance administrative de la circonscription.

Art. 73. — Les registres mentionnés aux articles 9, 20, 42 et 72 seront cotés et paraphés par le commissaire de surveillance administrative,

Art. 74. — Des exemplaires du présent décret seront constamment affichés dans les gares, à la diligence des compagnies.

Le conducteur principal d'un train en marche devra également être muni d'un exemplaire du décret.

Des extraits devront être délivrés, chacun pour ce qui le concerne, aux mécaniciens, chauffeurs, gardes-freins, cantonniers, gardes-barrières et autres agents employés sur le chemin de fer.

Des extraits, en ce qui concerne les règles à observer par les voyageurs pendant le trajet, devront être placés dans chaque compartiment.

Art. 75. — Sur les lignes où il sera fait usage de l'énergie électrique pour la traction des trains, le ministre des Travaux publics pourra autoriser des dérogations au présent décret, justifiées par ce mode spécial de traction.

Art. 76. — Seront constatées, poursuivies et réprimées, conformément au titre III de la loi du 15 Juillet 1845 sur la police des chemins de fer, les contraventions au présent décret, aux décisions rendues par le ministre des Travaux publics, et aux arrêtés pris sous son approbation, s'il y a lieu, par les préfets, pour l'exécution du dit décret.

Art. 77. — Pour l'application du présent décret aux chemins de fer d'intérêt local, les attributions conférées au ministre des Travaux publics seront exercées par le préfet, si elles ne sont déjà réservées, soit au ministre, soit à d'autres autorités, par les lois et règlements.

Art. 78. — Le présent décret ne sera pas applicable aux tramways, qui resteront soumis aux règlements d'administration publique pris en exécution de la loi du 11 Juin 1880.

Art. 2. — Est abrogé le décret du 9 Mars 1889.

Art. 3. — Le ministre des Travaux publics est chargé........etc.

DÉCRET
21 avil 1912.

Modifiant le décret du 1er Mars 1901 sur la police, la sûreté et l'exploitation des chemins de fer en vue de défendre la vente des objets divers dans les trains.

Article premier. — L'article 66 du décret du 1er Mars 1901 est modifié de la manière suivante :

« Aucun crieur, vendeur ou distributeur d'objets quelconques ne pourra être admis, par les compagnies à exercer sa profession, dans les cours ou bâtiments des gares, qu'en vertu d'une autorisation spéciale du préfet du département, et, dans les trains, qu'en vertu d'une autorisation spéciale du ministre des Travaux Publics ».

Art. 2. — Le Ministre des Travaux Publics, des Postes et des Télégraphes est chargé de l'exécution du présent décret, qui sera publié au Journal Officiel et inséré au Bulletin des lois.

CAHIER DES CHARGES

On désigne par cette expression les documents qui sont annexés à tout acte de concession d'une voie ferrée et qui règlent les conditions, tant techniques que commerciales, dans lesquels la ligne ou le réseau seront contruits et exploités, documents qui ont un caractère contractuel très accusé, mais qui n'en participent pas moins de la force attachée à l'acte de puissance publique (loi ou décret) dans lequel ils sont inclus. Les cahiers des charges approuvés par l'autorité supérieure ont force de loi pour et contre les compagnies de Chemins de fer.

Il n'y a pas de formule-type règlementaire de cahier des charges pour les chemins de fer d'intérêt général, contrairement à ce qui existe pour les chemins de fer d'intérêt local et les tramways ; en fait, les cahiers des charges des réseaux principaux et secondaires d'intérêt général sont établis sur un modèle uniforme dont le type est constitué par le cahier des charges annexé à la loi du 4 Décembre 1875 concernant l'établissement du chemin fer d'Alais au Rhône. (Annexe 1).

Ce type commun donc à nos réseaux d'intérêt général est le texte d'un contrat régi par l'article 1134 § 1 du code civil.

CHEMINS DE FER D'INTÉRÊT LOCAL — CHEMINS DE FER INDUSTRIELS — TRAMWAYS.

Bien que les chemins de fer d'intérêt local, les chemins de fer industriels et les tramways ne soient pas l'objet du présent recueil, notons en passant que l'acte organique qui les régit est :

la loi du 11 Juin 1880 dont l'article 37 ainsi conçu :

« La loi du 15 Juillet 1845, sur la police des chemins de fer, est « applicable aux tramways, à l'exception des articles 4,5,6,7,8,9 et 10 ».

a été rendu applicable en Indochine par décret du 23 Novembre 1902 promulgué par arrêté du 28 Janvier 1903.

II. — Actes spéciaux

Au-dessous des précédentes dispositions organiques applicables à tous les grands réseaux indistinctement et contenant des prescriptions de tous ordres, il y a lieu de mentionner l'existence de dispositions plus spéciales, dont les unes ne concernent qu'un réseau ou une ligne déterminés, dont les autres se réfèrent à un ordre d'idées précis.

Telles sont celles contenues dans les tarifs et les règlements généraux et dans les actes qui vont suivre dont la plupart émanent des autorités locales désignées à l'art. 4 du décret du 23 Décembre 1908 pour exercer respectivement en Indochine les attributions conférées au Ministre des Travaux Publics et aux Préfets par la loi du 15 Juillet 1845.

TARIFS

Le tarif c'est le règlement qui détermine les conditions auxquelles s'effectueront les transports ; loin de se confondre avec la taxe, il la fixe ; elle est le contenu alors qu'il est le contenant. Et ce n'est pas exclusivement qu'il s'occupe d'elle; il réglemente l'opération dans tous ses éléments et dans ses diverses modalités ; il traite de l'itinéraire à suivre, des délais à observer, de la responsabilité à encourir, aussi bien que du prix à percevoir : il est la charte du transport. Si les conditions de prix ne sont pas les seules qui puissent figurer dans un tarif, ce sont du moins les seules qui doivent y trouver place nécessairement : un document de ce genre sera parfois muet sur la responsabilité du voiturier, sur le parcours à suivre, voire même sur les délais à observer ; il ne pourra pas l'être sur la taxe dûe, sinon les opérations auxquelles il servirait de base, se trouvant privées de l'un des éléments constitutifs du transport, ne rentreraient plus dans le cadre de ce contrat.

La détermination de la taxe est la raison d'être constante de tout tarif ; il est donc naturel que les deux notions s'évoquent réciproquement et qu'une étude du prix de transport s'élargisse en une étude des tarifs.

Les tarifs homologués et régulièrement affichés ont force de loi tant contre les Compagnies de chemins de fer que dans leur intérêt. Les tarifs sont des actes administratifs. Les Compagnies prennent part à leur établissement en faisant des propositions au ministre; mais ils n'ont d'existence qu'après l'approbation ministérielle. C'est l'homologation qui crée le tarif et elle lui confère le caractère d'acte administratif. Généralement adoptée dans la doctrine cette solution n'est contredite qu'en apparence par la cour de cassation.

Quand celle-ci dit, en effet, que les tarifs ont force de loi, etc..., ou qu'ils font la loi des parties, elle n'assimile les tarifs, dans les formules toujours brèves dont elle use, ni aux lois proprement dites, ni aux conventions qui, d'après l'article 1134 c. civ. tiennent lieu de loi à celles qui les ont faites. Elle se borne à constater la force qu'ils tirent à la fois de leur sanction administrative et du choix des parties(1) et les conséquences qui en découlent s'expliquent sans que les tarifs soient de véritables lois ou de simples conventions.

Parmi les tarifs qui contiennent les types des contrats offerts au public et dont celui-ci peut imposer la conclusion aux compagnies, il y a lieu de citer les suivants qui ont un caractère de généralité très accusé, en ce sens qu'ils régissent tous les grands réseaux.

Tarif légal ou tarif du cahier des charges (presque jamais appliqué)

—	général pour les transports à grande vitesse.			
—	id	id	petite	id
—	spécial	id	grande	id
—	id	id	petite	id

(1) Cf. Josserand, op. cit., n° 226. La Cour de Cassation parait bien aujourd'hui l'entendre ainsi. On lit dans un de ses arrêts : « ... Les tarifs homologués ont le caractère d'une loi en ce sens qu'il ne peut y être dérogé par des conventions particulières ».

RÈGLEMENTS GÉNÉRAUX

Une partie toute spéciale de la législation des chemins de fer se trouve dans les règlements généraux d'exploitation.

Aux termes de l'article 56 du décret de 1901 ces règlements doivent être soumis à l'approbation du Ministre des Travaux Publics qui peut prescrire d'y apporter toutes modifications utiles ; ils sont obligatoires non seulement pour le chemin de fer mais encore pour toutes les personnes qui emprunteraient l'usage du chemin de fer.

Au premier abord, il semble anormal de voir les règlements des compagnies donner naissance à des obligations qui lient le public, mais il convient de remarquer que leurs dispositions se concilient avec les règlements d'Administration publique et que la force exécutoire leur est conférée par l'approbation ministérielle c'est ce qui explique que les infractions à leurs dispositions tombent sous le coup des pénalités de l'article 21 de la loi de 1845.

DÉCRET
9 Mars 1889

TRAINS LÉGERS

Article premier. — Le Ministre des Travaux Publics peut autoriser la mise en circulation des trains dits légers, sous les conditions déterminées par le présent décret.

Art. 2 — Les trains légers sont ceux dont les véhicules sont portés sur seize essieux au plus ; ils peuvent être remorqués soit par une locomotive, soit par un moteur contenu dans un de ces véhicules. Dans ce dernier cas, les essieux de la voiture motrice comptent dans le nombre de seize.

Art. 3. — Pour tous les trains légers, les compagnies de chemins de fer sont dispensées de l'obligation prévue par l'article 20 de l'ordonnance du 15 Novembre 1846, d'interposer un fourgon ou une voiture ne portant pas de voyageurs entre le moteur et la première voiture à voyageurs.

Art. 4. — Pour les trains légers dont tous les véhicules à voyageurs sont munis du frein continu, le ministre des Travaux Publics peut autoriser la suppression du chauffeur prévu par l'article 18, de la même ordonnance, sous la réserve que le conducteur chef du train se tiendra habituellement soit sur la machine, soit dans la première voiture du train, qu'il pourra, dans tous les cas, accéder facilement à la machine, et qu'il sera en état de l'arrêter en cas de besoin. Lorsque les véhicules à voyageurs et à marchandises dont se compose un train léger sont tous munis de freins continus, le ministre peut en outre autoriser la suppression de l'obligation, imposée par le même article 18, d'avoir sur le dernier véhicule, ou sur l'un des derniers véhicules, un conducteur spécial chargé de la manœuvre du frein.

Art. 5. — La mise en circulation des trains légers reste soumise aux prescriptions de l'ordonnance du 15 Novembre 1846 et du décret du 23 Janvier 1889 pour toutes les dispositions auxquelles il n'est pas dérogé par le présent décret.

Art. 6. — Les décrets du 30 Mai 1880 et du 19 Septembre 1887 sont abrogés.

LOI
10 février 1896

Autorisant le Protectorat de l'Annam et du Tonkin à contracter un emprunt de quatre-vingts millions.

Article premier. — Le Protectorat de l'Annam et du Tonkin est autorisé à réaliser, par voie d'emprunt, une somme de quatre-vingts millions (80.000.000 fr.) affectée à la liquidation définitive de sa situation financière et à l'exécution de divers travaux d'utilité publique.

Art. 2. — L'emprunt sera contracté, avec la garantie du Gouvernement de la République française, à un taux d'intérêt qui ne pourra dépasser trois vingt-cinq (3,25) p. 100 et sera remboursable en soixante ans.

L'annuité nécessaire pour assurer le service des intérêts et de l'amortissement sera inscrite obligatoirement au budget annuel du Protectorat.

Cet emprunt sera réalisé par voie de souscription publique, avec faculté d'émettre des obligations au porteur ou nominatives. Les conditions de la souscription à ouvrir seront préalablement soumises à l'approbation des Ministres des Colonies et des Finances.

Art. 3. — Sur le produit de l'emprunt, il sera d'abord prélevé les sommes nécessaires pour ;

1° Les frais de négociation et l'impôt du timbre ;

2° Le remboursement des avances temporaires du Trésor.

Il sera prélevé ensuite, s'il y a lieu, les sommes nécessaires pour :

1° La liquidation du compte du chemin de fer de Phu-Lang-Thuong à Lang-Son ;

2° La conversion des annuités résultant d'anciens contrats ;

3° Le règlement de tous les comptes arriérés au 31 Décembre 1895.

Les payements indiqués aux trois paragraphes précédents pourront être effectués, savoir :

Pour les créances non litigieuses, aussitôt après la réalisation de l'emprunt ;

Pour les créances litigieuses, seulement à la suite d'une transaction motivée ou d'une décision de justice passée en force de chose jugée.

Trente-sept millions (37.000.000 fr.) seront affectés aux travaux ci-après :

20 millions aux travaux que le Gouvernement est, dès à présent, autorisé à entreprendre, de construction des chemins de fer de Hanoi à Phu-Lang-Thuong, de Lang-Son à la frontière de Chine, et de transformation de la ligne de Phu-Lang-Thuong à Lang-Son ;

8 millions aux travaux maritimes, soit :

A l'éclairage et au balisage des côtes, 1.250.000 fr.

A l'amélioration du port de Haiphong, 6.750.000 fr. ;

2 millions à la transformation de l'armement des tirailleurs tonkinois ;

4 millions aux bâtiments civils ;

3 millions à la construction des routes dans les territoires militaires,

Si les dépenses ou payements visés au présent article, tant du chef des travaux que du chef des créances litigieuses, demeurent inférieurs aux prévisions, la somme restant disponible ne pourra être employée sans une autorisation du Parlement.

Le Protectorat est dès à présent autorisé à concéder, pour une durée limitée, l'exploitation de tout ou partie de la ligne de chemin de fer de Hanoi à la frontière de Chine à la société française qui obtiendrait du Gouvernement Chinois la concession du prolongement de la ligne sur son territoire.

Si la concession faite par le Protectorat comporte une subvention ou une garantie d'intérêt, les conditions financières devront en être approuvées par une loi spéciale.

Art. 4. — Les dispositions des articles 49 de la loi de finances du 26 Décembre 1890 et 58 de la loi de finances du 16 Avril 1895 sont remplacées par les dispositions suivantes :

« Le projet de budget du Protectorat de l'Annam et du Tonkin et les situations provisoires ou définitives des budgets antérieurs seront communiqués, chaque année, au Parlement à l'appui du projet de loi de finances.

« Tout emprunt contracté par le Gouvernement de l'Indochine devra être approuvé par une loi. Est assimilé à un emprunt tout contrat impliquant pour le Protectorat le payement par annuités des dépenses que ce contrat comporte.

« Aucun chemin de fer ne pourra être établi en Indochine qu'en vertu d'une loi. L'exploitation ne pourra en être concédée que dans la même forme ».

LOI

25 Décembre 1898.

Sur les chemins de fer de l'Indochine

Article premier. — Le Gouvernement général de l'Indochine est autorisé, à réaliser par voie d'emprunt, une somme de deux cents millions de francs, (200.000.000 fr.) remboursable en soixante-quinze ans au plus et affectée exclusivement à la construction de chemins de fer en Indochine.

Les conditions de l'émission seront soumises à l'approbation du Ministre des Colonies et du Ministre des Finances.

Les frais de négociation et l'impôt du timbre seront prélevés sur le produit de l'emprunt.

L'annuité nécessaire pour assurer le service des intérêts et de l'amortissement sera inscrite obligatoirement au budget annuel de l'Indochine.

Art. 2. — La construction, sur les fonds de l'emprunt, des lignes de chemins de fer désignées ci-après est, dès à présent, autorisé :

Haiphong à Hanoi et à Lao-kay ;
Hanoi à Nam-Dinh et à Vinh ;
Tourane à Hué et Quang-Tri ;
Saigon au Khanh-Hoa et au Lang-Bian ;
My-Tho à Cân-Tho.

L'ouverture des travaux de chacune des lignes ou portions de lignes aura lieu, sur la proposition du Gouverneur général de l'Indochine, en vertu d'un décret rendu sur le rapport du Ministre des Colonies, après avis du Ministre des Finances.

Le rapport à l'appui du décret devra établir :

1· Que les projets définitifs de la nouvelle ligne à entreprendre et les projets des contrats relatifs à son exécution ont été approuvés par le Ministre ;

2· Que l'évaluation des dépenses des nouveaux ouvrages à entreprendre, augmentée de l'évaluation rectifiée des dépenses des ouvrages déjà exécutés, ou en cours d'exécution, ne dépasse pas l'ensemble des allocations prévues par la présente loi ;

3· Que le service des emprunts déjà contractés et à contracter pour couvrir l'ensemble des susdites dépenses est assuré par les ressources disponibles du budget général de l'Indochine.

Ce rapport sera publié au Journal Officiel en même temps que le décret autorisant l'ouverture des travaux.

Les émissions des différentes parties de l'emprunt à contracter seront autorisées par décret rendu sur la proposition des Ministres des Finances et des Colonies. Le rapport à l'appui fera connaître l'emploi des fonds antérieurs, les noms des parties prenantes, des frais de publicité, l'avancement des travaux, les dépenses restant à effectuer et la situation complète du budget de la colonie ; il sera publié au Journal Officiel.

L'exploitation de tout ou partie des lignes désignées au présent article pourra être concédée pour une durée limitée par le Gouverneur général de l'Indochine.

Les conventions réglant les conditions de l'exploitation ne deviendront définitives qu'après avoir été ratifiées par une loi. La ratification devra être demandée dans le délai de six mois, à dater du jour de la signature de la convention.

Art. 3. — Le Gouverneur général de l'Indochine est autorisé à accorder une garantie d'intérêts à la compagnie qui serait concessionnaire de la ligne du chemin de fer de Lao-Kay à Yunnan-sen et prolongement, sans que le montant annuel des engagements puisse excéder trois millions de francs (3.000.000 fr.) et leur durée soixante-quinze ans.

Le versement des sommes que le Gouvernement général de l'Indochine pourra être appelé à fournir, en vertu du paragraphe précédent, à la compagnie concessionnaire, sera garanti par le Gouvernement de la République française.

Les clauses et conditions de la convention à passer entre le Gouverneur général de l'Indochine et la compagnie concessionnaire seront approuvées par une loi.

Art. 4. — Tout le matériel destiné à l'exploitation des lignes à concéder en vertu de la présente loi et les matériaux nécessaires à leur construction, qui ne se trouveront pas dans le pays, devront être d'origine française et devront être transportés sous pavillon français.

Art. 5. — Les actes susceptibles d'enregistrement auxquels donnera lieu l'exécution des dispositions de la présente loi seront passibles du droit fixe de trois francs (3 francs).

ARRÊTÉ

6 Janvier 1903

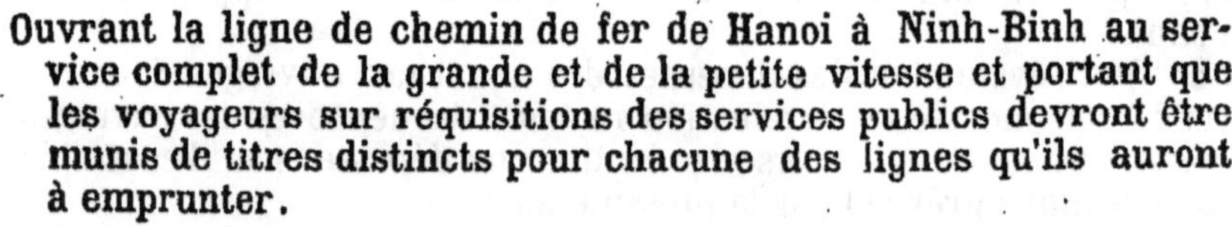
Ouvrant la ligne de chemin de fer de Hanoi à Ninh-Binh au service complet de la grande et de la petite vitesse et portant que les voyageurs sur réquisitions des services publics devront être munis de titres distincts pour chacune des lignes qu'ils auront à emprunter.

....

....

....

Art 4. — Les voyageurs en provenance de la ligne de Hanoi à Ninh-Binh, à destination des lignes de Hanoi au Quang-si ou de Hanoi à Haiphong, et inversement recevront des billets de leur point d'embarquement à la gare de Hanoi où ils prendront un nouveau billet pour leur destination définitive.

Art. 5. — Les voyageurs circulant sur réquisitions des services civils ou militaires devront quand ils auront à emprunter plusieurs lignes être porteurs de titres distincts pour chaque ligne qu'ils auront à emprunter.

Art. 6. — Le Directeur général des Travaux Publics est, chargé de l'exécution du présent arrêté.

ARRÊTÉ

15 Janvier 1903

Portant nouvelle réorganisation du domaine.

TITRE PREMIER

DU DOMAINE PUBLIC

Article premier. — Le domaine public en Indochine se compose de l'ensemble des choses qui ont pour destination d'être asservies à l'usage ou à la protection de tous et sur lesquelles la puissance publique exerce sa souveraineté.

Art. 2. — Le domaine public comprend essentiellement :

1° Les chemins, routes, rues et leurs dépendances ;

2° Les chemins de fer et autres voies ferrées et leurs dépendances ;

3° Les fleuves et rivières navigables ou flottables, dans les limites déterminées par la hauteur des eaux coulant à pleins bords avant de déborder, les lacs et étangs communiquant avec les fleuves et rivières navigables ou flottables dans les mêmes limites, les canaux de navigation, les ports fluviaux, digues, quais, barages et écluses des rivières canalisées ; les épis destinés à améliorer le mouillage ou à protéger les rives contre les corrosions des eaux ;

4° Les ports maritimes, hâvres et rades ;

5° Les rivages de la mer jusqu'à la limite des plus hautes marées et les étangs salés qui communiquent directement avec elle ;

6° Les portes, murs, fossés, remparts des places de guerre, forteresses et batteries avec leurs dépendances ;

7° Les lignes télégraphiques et téléphoniques.

Art. 3. — Il est fait réserve, sur les bords des fleuves et rivières navigables ou flottables, des lacs et étangs communiquant avec ces fleuves et rivières et des canaux, d'un chemin de halage d'une largeur de 10 mètres.

Art. 4. — Il est fait également réserve, le long du rivage de la mer, d'une zône de 81 mètres, dite des cinquante pas géométriques.

Art. 5. — Le domaine public est inaliénable et imprescriptible.

Art. 6. — Les droits privés de propriété, d'usufruit et d'usage pouvant exister sur les zônes réservées de 10 et 81 mètres, sont reconnus et maintenus à la condition toutefois d'avoir été acquis légalement et antérieurement à la promulgation de l'arrêté du 22 Décembre 1899, le tout sans préjudice, pour l'Administration, du droit d'expropriation pour cause d'utilité publique.

Art. 7. — Les tribunaux de droit commun restent seuls juges des contestations qui pourront s'élever relativement aux droits précités.

Art. 8. — L'administration, la conservation et l'entretien du domaine public appartiennent, sous la haute direction du Gouverneur Général :

1° Aux Chefs des Administrations locales, et aux chefs de province, avec le concours du service des Travaux Publics, en ce qui concerne les parties du Domaine définies aux paragraphes 1, 2, 3, 4 et 5 de l'article 2 ci-dessus ;

2° A l'autorité militaire, conformément aux lois, décrets et règlements en vigueur, pour les établissements qui font l'objet du paragraphe 6 de l'article 2 ;

3° Au service de la Marine pour les ports militaires, leurs rades et arsenaux ;

4° Au service des Postes et des Télégraphes pour les lignes télégraphiques et téléphoniques (article 2, paragraphe 7).

Art. 9. — La police du domaine public est faite suivant les dispositions des règlements particuliers à chaque nature de biens constituant ce domaine.

Art. 10. — En cas de doutes ou de contestations sur les limites du domaine public, il est statué par arrêté du Chef de l'administration locale, pris sur l'avis de l'Ingénieur en chef des Travaux Publics, sauf recours au Conseil du Contentieux administratif.

Art. 11. — Les portions du domaine public devenues inutiles peuvent être déclassées par arrêté du Gouverneur Général en Commission permanente du Conseil Supérieur.

Lorsqu'il s'agit du domaine public militaire, les déclassements doivent être, au préalable, autorisés par le Ministre des Colonies, et les portions déclassées rentrent dans le domaine de l'état.

Art. 12. — Les produits industriels du domaine public, tels que ceux provenant des chemins de fer ou tramways, des lignes télégraphiques ou téléphoniques et des concessions temporaires profitent au budget général, sans préjudice des droits qui reviennent aux communes.

Les produits naturels du domaine public, tels que ceux provenant de la vente d'herbages, de la location des pêcheries et des redevances pour extraction de pierres, sables ou amendements marins, profitent aux budgets locaux.

Les produits du domaine public militaire appartiennent au budget de l'état.

Art. 13. — Le Chef de l'Administration locale accorde les autorisations d'occuper le domaine public et d'y édifier des établissements quelconques suivant les conditions ci-après déterminées.

Art. 14. — Les demandes d'occupation temporaire du domaine public sont rédigées sur papier timbré et adressées à l'ingénieur en chef des Travaux Publics. Elles doivent indiquer l'objet et la durée de l'occupation.

Lorsqu'une demande est susceptible d'être accueillie, l'ingénieur en chef fait souscrire par le pétitionnaire une soumission de payer au domaine une redevance dont il indique le montant, et transmet le dossier au Chef de l'Administration locale avec un projet d'arrêté accordant l'autorisation.

Art. 15. — Ampliation de l'arrêté est remise au service des Travaux Publics, qui est chargé de surveiller l'exécution des conditions auxquelles l'occupation est subordonnée.

Deux ampliations et l'original de la soumission sont adressés au receveur des Domaines chargé du recouvrement de la redevance. L'une de ces ampliations est remise à la partie, après avoir été timbrée à ses frais. La soumission est enregistrée, dans le délai de 20 jours, à compter de la notification à la partie de l'arrêté d'autorisation, sous peine d'un droit en sus.

La date de la notification est mentionnée sur les ampliations par le Chef de l'Administration locale.

Art. 16. — Si la redevance n'excède pas 40 piastres par an, elle est payable par année; si elle excède 40 piastres par an, elle est payable par semestre.

Tout terme de la redevance est payable d'avance.

Art. 17. — A défaut de paiement d'un terme de la redevance, le recouvrement en est poursuivi par voie de contrainte administrative.

La contrainte est décernée par le receveur des Domaines et rendue exécutoire par le Chef de l'Administration locale.

L'instance est suivie et jugée comme en matière de droits d'enregistrement.

Art. 18. — L'autorisation d'occupation est accordée à titre précaire, elle est révocable, sans indemnité, au gré de l'Administration.

La révocation est encourue notamment en cas de retard dans le paiement de la redevance ou d'inexécution des conditions, sans préjudice des poursuites pour les délits qui auraient pu être commis.

Elle est prononcée par arrêté du Chef de l'Administration locale.

Tout terme de la redevance acquitté avant le retrait de l'autorisation demeure définitivement acquis au Trésor, quand même il serait afférent à une période postérieure au retrait.

Art. 19. — En cas d'abandon volontaire ou de retrait d'autorisation, le concessionnaire ne peut réclamer aucune indemnité pour les améliorations ou installations qu'il a pu faire sur le domaine public.

Art. 20. — Les dispositions des articles 14 à 19 ci-dessus sont applicables aux extractions de pierres calcaires, sables, coquilles et amendements marins.

TITRE II

DU DOMAINE DE L'ÉTAT

Art. 21. — Le domaine de l'Etat en Indochine comprend les arsénaux, casernes, manutentions, hôpitaux, magasins, prisons, poudreries, manufactures d'armes, champs de manœuvre, champ de tir et généralement tous établissements militaires ne concourant pas matériellement et directement à la défense du territoire.

Art. 22. — Son administration est soumise aux règlements ministériels.

Art. 23. — Les produits dont il est susceptible profitent au budget métropolitain.

TITRE III

DU DOMAINE PRIVÉ DE L'INDOCHINE OU DOMAINE COLONIAL

Art. 24. — Le domaine privé de l'Indochine ou domaine colonial comprend :

1° Les immeubles qui sont occupés par le Gouvernement Général et les services généraux et ceux qui ont été ou seront acquis pour son compte, soit à titre gratuit, soit à titre onéreux, aux frais du budget général ;

2° Les biens des personnes qui décèdent sans héritiers ou dont les successions sont abandonnées ;

3° Les épaves maritimes, fluviales et terrestres ;

4° Les objets déposés dans les greffes des tribunaux, dans les lazarets et dans les bureaux de Douanes, les colis confiés aux entrepreneurs de roulage ou de messageries ; les sommes versées dans les caisses des agents des Postes et les valeurs déposées ou trouvées dans les boîtes et guichets des bureaux de Poste, lorsque ces objets, sommes et valeurs ne sont pas réclamés par les ayants-droit dans les délais règlementaires ;

5° Les objets et valeurs dont la confiscation est prononcée par les tribunaux.

Art. 25. — Le Secrétaire général de l'Indochine représente le domaine colonial. A ce titre, il stipule et s'engage dans les actes et dans les instances intéressant ledit domaine.

Art. 26. — Les aliénations et les échanges des immeubles du domaine colonial ne peuvent avoir lieu qu'en vertu d'un arrêté du Gouverneur Général pris en Commission permanente du Conseil supérieur.

Art. 27. — Les chefs des services généraux passent, par délégation du Secrétaire général de l'Indochine, les actes d'acquisition des immeubles, dont le prix est payable sur les crédits qu'ils administrent.

Art. 28. — Les actes d'acquisition sont dressés en double original ; ils ne deviennent définitifs qu'après avoir été approuvés par le Gouverneur Général en Commission permanente du Conseil supérieur.

Après les formalités d'enregistrement et de transcription, l'un des originaux est remis au vendeur, l'autre est déposé aux archives du chef du service des Domaines qui en délivre toutes expéditions utiles.

Art. 29. — Lors de la transcription hypothécaire, le conservateur ne fait d'office l'inscription du privilège du vendeur que s'il en est expressément requis par une clause de l'acte.

Article 30. — Il n'est pas procédé à la purge des hypothèques légales lorsque le prix de l'acquisition n'est pas supérieur à 250 piastres ou 500 francs.

Il n'y est pas procédé, quel que soit le prix de l'acquisition, lorsque le vendeur et les précédents propriétaires sont des Asiatiques soumis à la loi indigène.

TITRE IV

DU DOMAINE LOCAL

Art. 31. — Dans chacun des pays de l'Union indochinoise, le domaine local comprend :

1° Les immeubles occupés par les services locaux et ceux qui ont été ou seront acquis pour son compte, soit à titre gratuit, soit à titre onéreux, aux frais du budget local ;

2° Les terrains vacants et sans maître ;

3° Les bois et forêts sous réserve des droits de propriété et d'usages régulièrement acquis ;

4° Les lais et relais de la mer, les îles, îlots, et atterrissements qui se forment dans le lit des fleuves et rivières navigables ou flottables.

Art. 32. — Les bois et forêts restent soumis aux réglements généraux relatifs à leur exploitation et à leur conservation, mais leurs produits profitent au budget local.

Art. 33. — Le Chef de l'Administration locale représente le domaine local. A ce titre, il stipule et s'engage dans les actes et dans les instances intéressant le dit domaine.

Art. 34. — La procédure des aliénations et des concessions des immeubles dépendant du domaine local est régie par les règlements particuliers qui existaient dans chaque pays de l'Union indochinoise, antérieurement à l'arrêté du 5 Février 1902.

A défaut de règlementation particulière, il est procédé suivant les dispositions de l'arrêté de Cochinchine, en date du 22 Août 1882.

Art. 35. — Les règlements maintenus ou remis en vigueur par l'article précédent ne peuvent être modifiés que par arrêtés du Gouverneur général pris en Commission permanente du Conseil supérieur.

Art. 36, — Les actes d'acquisition des immeubles, dont le prix est payé par le budget local, sont définitifs par l'approbation du Chef de l'Administration locale, en Conseil privé ou en Conseil du Protectorat.

Ces actes sont établis en double original. Après les formalités d'enregistrement et de transcription, l'un des originaux est remis au vendeur, l'autre déposé aux archives du Conseil privé ou du Conseil du Protectorat.

Les dispositions des articles 29 et 30 ci-dessus leur sont applicables.

Art. 37. — Les baux des immeubles dépendant du domaine local sont établis en double original.

Les baux de gré à gré deviennent définitifs par l'approbation du Chef de l'Administration locale en Conseil privé ou en Conseil du Protectorat.

Les baux par adjudication ont lieu suivant la procédure tracée, en qui ce concerne les ventes, par l'arrêté du 22 Août 1882.

Le locataire ne peut prétendre à aucune indemnité ou diminution du prix pour stérilités, inondation et autres cas fortuits prévus ou imprévus.

Les loyers sont payables par semestre et d'avance à la caisse du receveur des Domaines ou du percepteur, suivant la situation des biens.

Le recouvrement du prix est poursuivi par voie de contrainte administrative.

La contrainte est décernée par le receveur des Domaines ou par le chef de province et rendue exécutoire par le Chef de l'Administration locale.

L'instance est instruite et jugée comme en matière de droits d'enregistrement.

Art. 38. — En cas de non-paiement des sommes dûes par le preneur ou locataire. dans les 15 jours qui suivent la signification de la contrainte, la résiliation du bail peut être prononcée par arrêté du Chef de l'Administration locale, en Conseil privé ou en Conseil du Protectorat.

Art. 39. — En tout ce qui n'est pas contraire aux dispositions qui précèdent les baux sont soumis aux règles du Code civil et les tribunaux ordinaires sont compétents pour connaître des contestations auxquelles ils peuvent donner lieu.

TITRE V

AFFECTATIONS ET DÉSAFFECTATIONS

Art. 40. — Les affectations et désaffectations sont prononcées :

En ce qui concerne les immeubles du domaine de l'Etat et du domaine colonial, par arrêté du Gouverneur général, sur la proposition du Général commandant supérieur des troupes, ou, suivant le cas, du Secrétaire général de l'Indochine.

En ce qui concerne les immeubles du domaine local, par arrêté du Chef d'Administration locale.

Art. 41. — Lorsqu'il sera nécessaire d'affecter un immeuble du domaine local à un service militaire ou à un service général, il y aura lieu, au préalable, de procéder à la cession de l'immeuble par le domaine local au domaine de l'Etat ou au domaine colonial, soit à titre gratuit, soit par voie d'échange ; l'affectation en sera ensuite prononcée par arrêté du Gouverneur général.

Art. 42. — Les contestations qui pourraient surgir entre les Administrations intéressées, au sujet de la cession d'immeubles prévue à l'article précédent, seront soumises à la décision du Gouverneur général.

Art. 43. — Les terrains vacants du domaine local peuvent être occupés sans concession ni autorisation préalables pour les routes, canaux, chemins de fer, lignes télégraphiques et téléphoniques et autres travaux d'utilité publique.

TITRE VI

TABLEAU DES IMMEUBLES AFFECTÉS

Art. 44. — Il sera établi un tableau des immeubles du domaine colonial et des domaines locaux affectés aux services publics.

Ce tableau devra indiquer :

1° La superficie et la consistance de l'immeuble, et, s'il y a lieu, sa désignation cadastrale ;

2° L'usage auquel il est affecté :

3° Sa valeur approximative ;

4° La date de son affectation..

Art. 45. — Il sera tenu :

En ce qui concerne le domaine colonial, par le Secrétaire général de l'Indochine ;

En ce qui concerne les domaines locaux, par les Chefs des Administrations locales,

Art. 46. — Il devra être dressé et arrêté avant le 1er Juillet 1903, à l'aide des états qui seront fournis par les chefs de service ou de province.

Art. 47. — Les changements qui surviendront chaque année dans la consistance des immeubles affectés, soit par additions ou nouvelles constructions, soit par distraction ou démolition, seront indiqués sur le tableau au moyen d'états supplémentaires fournis par les chefs de service ou de province.

Art. 48. — A dater du 1er Juillet 1903, aucun paiement pour acquisition d'immeuble sur les fonds du budget général ou des budgets locaux, ne pourra avoir lieu, sans que le mandat fasse mention du numéro sous lequel l'immeuble acquis aura été immatriculé au tableau.
Toutefois, cette disposition ne sera pas applicable aux acquisitions de terrains destinés aux travaux d'utilité publique.

DISPOSITIONS TRANSITOIRES.

Art. 49. — Pendant l'année 1903, les produits des bois et forêts seront perçus au profit du budget général.

Art. 50. — Sont abrogés l'article 7 de l'arrêté du 13 Février 1899, et les arrêtés des 22 décembre 1899 et 5 Février 1902.

ARRÊTÉ

15 Janvier 1903.

Fixant la part contributive du service des Travaux Publics dans la construction des lignes télégraphiques à établir pour desservir les chemins de fer en Indochine

Article premier. — La part contributive du service des Travaux Publics dans la construction des lignes télégraphiques à établir, pour desservir les chemins de fer en construction ou à construire en Indochine, est fixée à forfait à la somme de cinq cent cinquante francs par kilomètre.

Art. 2. — Le montant de la dépense d'établissement de ces lignes télégraphiques sera imputé sur le chapitre III de l'emprunt de 200 millions, sous la rubrique « Lignes télégraphiques », et réparti par articles au prorata des longueurs kilométriques.

Art. 3. — Le service des Postes et télégraphes sera chargé de l'exécution des travaux et en sera remboursé par celui des Travaux Publics, sur état dressé contradictoirement par les deux services pour constatation du kilométrage effectué.

Art. 4. — Le Secrétaire Général de l'Indochine, le Directeur général des Travaux Publics, le Directeur général des Postes et Télégraphes sont chargés, chacun en ce qui le concerne, de l'exécution du présent arrêté.

ARRÊTÉ
22 Juin 1903

Sur la délivrance des réquisitions et bons de chemins de fer

Article premier. — Ne seront acceptés par les services de l'exploitation des chemins de fer comme donnant droit aux transports sur réquisition que les bons de chemin de fer ou réquisitions délivrés par les chefs de services généraux et locaux ou leurs délégués dûment autorisés, et sous condition expresse que ces titres mentionneront exactement le budget auquel ils sont imputables; ils devront, en outre, être revêtus du cachet du service conférant l'authenticité au titre.

Art. 2. — Les signataires des titres seront responsables pécuniairement vis-à-vis de leur Administration, de leur imputation et de l'opportunité de leur délivrance.

Art. 3. — Les réquisitions et bons de chemin de fer seront classés, chaque mois, par les services de l'exploitation des chemins de fer suivant les imputations portées par les signataires et répartis avec les factures correspondantes, conformément aux indications suivantes :

IMPUTATION DES TITRES	SERVICE AUQUEL LES TITRES ET FACTURES DOIVENT ÊTRE ADRESSÉS
Budget Général....................	Secrétariat Général de l'Indochine
Budgets locaux de l'Indochine et de Kouang-tchéou-Wan..............	Résident Supérieur au Tonkin
Budgets locaux des autres colonies..	
Budgets municipaux.	
Budgets provinciaux...............	
Emprunt de 80 millions...........	Direction Générale des Travaux Publics
Emprunt de 200 millions...........	
Budget colonial....................	Services administratifs militaires
Transports militaires...............	

Art. 4. — Le mandatement des factures, au nom du Chef de l'Exploitation des chemins de fer de l'Indochine ou de la compagnie française des chemins de fer de l'Indochine et du Yunnan, devra être effectué dans le délai de un mois après leur présentation.

ARRÊTÉ
18 février 1904

Portant règlement sur la police, la sûreté et l'exploitation des chemins de fer de l'Indochine.

TITRE PREMIER

DES GARES ET DE LA VOIE

(1) Police des gares et de leurs dépendances.

Article premier. — Les mesures de police, destinées à assurer le bon ordre dans les parties des gares et de leurs dépendances accessibles au public, seront réglées par arrêtés des Chefs d'administration locale, sur la proposition des Maires ou des Chefs de province et l'avis du service du contrôle.

Cette disposition s'appliquera notamment à l'entrée, au stationnement et à la circulation des voitures publiques ou particulières, soit au transport des personnes, soit au transport des marchandises dans les cours dépendant des gares de chemins de fer.

Entretien du chemin de fer.

Art. 2. — Le chemin de fer et les ouvrages qui en dépendent seront constamment entretenus en bon état. La compagnie devra faire connaître au Gouverneur général, dans la forme que celui-ci jugera convenable, les mesures qu'elle aura prises pour cet entretien.

Les voies et autres installations des gares devront être convenablement disposées pour la sûreté des manœuvres et de la circulation des trains.

Dans les cas où les mesures prises seraient insuffisantes pour assurer le bon entretien du chemin de fer, la sûreté de la circulation et de la sécurité publique, le Gouverneur général, après avoir entendu la compagnie, prescrira celles qu'il jugera nécessaires.

Dans le cas où, par suite de l'insuffisance des installations, le service ne serait pas régulièrement assuré, il sera procédé conformément aux dispositions de l'article 59.

Manœuvre des signaux, aiguilles et autres appareils de la voie.

Art. 3. — Il sera placé partout où besoin sera, des agents en nombre suffisant pour assurer la surveillance et la manœuvre des signaux, aiguilles et autres appareils de la voie ; en cas d'insuffisance le nombre de ces agents sera fixé, la compagnie entendue, par le Gouverneur Général, qui pourra

(1) Les indications marginales n'existent pas dans le texte officiel.

prescrire que ceux de ces agents, dont le service intéressant la sécurité aurait une importance particulière, ne soient employés à aucun autre travail.

Mode, garde et service des P à N.

Art. 4. — Partout où un chemin de fer sera traversé à niveau par une voie de terre, il sera établi des barrières, sauf les exceptions autorisés par le Gouverneur général, conformément aux lois et règlements.

Le mode, la garde et les conditions de service des barrières seront réglés par le Gouverneur général, sur la proposition de la compagnie.

Lorsque le Gouverneur général autorisera la traversée à niveau du chemin de fer par un autre chemin de fer ou par un tramway, il arrêtera, après avoir entendu les deux compagnies, les dispositions techniques à prendre pour l'établissement et l'exploitation de ces traversées.

Établissement éventuel de contre-rails.

Art. 5. — Si l'établissement de contre-rails est jugé nécessaire dans l'intérêt de la sûreté publique, la compagnie sera tenue d'en placer sur les points qui seront désignés par le Gouverneur général.

Eclairage des gares et de leurs abords ainsi que des P à N.

Art. 6. — Les gares et leurs abords devront être éclairés la nuit pendant la durée du service.

Le Gouverneur général fixera, la Compagnie entendue, les conditions dans lesquelles les passages à niveau et les tunnels, s'il y a lieu, devront être éclairés.

TITRE II

DU MATÉRIEL EMPLOYÉ A L'EXPLOITATION

Autorisation de mise en service des machines locomotives, tenders et véhicules de toute espèce entrant dans la composition des trains.

Art. 7. — Les locomotives, les tenders et les véhicules de toute espèce, entrant dans la composition des trains, seront construits, après autorisation du Gouverneur général, suivant les meilleurs modèles, avec des matériaux de première qualité. La Compagnie devra produire, à l'appui de sa demande en autorisation, les plans, dessins et tous les documents indiqués par le Gouverneur général.

Le Gouverneur général déterminera les conditions auxquelles le matériel n'appartenant pas à la Compagnie exploitante pourra être admis à circuler sur le réseau de cette Compagnie.

Conditions à remplir par les locomotives, tenders ou véhicules de toute espèce.

Art. 8. — Les locomotives, tenders ou véhicules de toute espèce entrant dans la composition des trains devront remplir les conditions que le Gouverneur général jugera nécessaires pour assurer la sécurité des voyageurs et des agents pendant la circulation des trains et pendant leur formation.

Art. 9. — Il sera tenu des états de service pour toutes les locomotives. Ces états seront inscrits sur des registres qui devront être constamment à jour et indiquer, pour chaque machine, la date de sa mise en service, le travail qu'elle a accompli, les réparations ou modifications qu'elle-a reçues et le renouvellement de ses diverses pièces.

Tenue de registres pour les états de service des locomotives et pour les essieux de toute nature.

Il sera tenu, en outre, pour les essieux de locomotives et tenders, des registres spéciaux sur lesquels, à côté du numéro d'ordre de chaque essieu, seront inscrits sa provenance, la date de sa mise en service, l'épreuve qu'il peut avoir subie, son travail, ses accidents et ses réparations.

Les registres mentionnés aux deux paragraphes ci-dessus seront représentés, à toute réquisition, aux ingénieurs et agents chargés de la surveillance du matériel et de l'exploitation.

Les essieux des véhicules de toute espèce porteront une marque au poinçon faisant connaître la provenance et la date de la fourniture.

Art. 10. — Les locomotives ne pourront être mises en service qu'en vertu de l'autorisation délivrée par le service du contrôle et après avoir été soumises à toutes les épreuves prescrites par les règlements en vigueur.

Autorisation de mise en service des machines locomotives.

Art. 11. — Les locomotives devront être pourvues, sauf exception autorisée par le Gouverneur général, d'appareils ayant pour objet d'arrêter les fragments de combustible tombant de la grille et d'empêcher la sortie des flammèches par la cheminée, ainsi que de diminuer la production de fumées incommodes pour les voyageurs ou pour le voisinage.

Appareils pour prévenir les incendies suscités par les locomotives.

Art. 12. — Les voitures destinées au transport des voyageurs et les wagons des marchandises seront de bonne et solide construction et de types conformes aux exigences du trafic et du climat. Elles présenteront les dispositions que le Gouverneur général jugera nécessaires pour assurer la sécurité des voyageurs.

Conditions à remplir par les voitures à voyageurs - Indication du nombre des places de ces voitures.

Le Gouverneur déterminera, la compagnie entendue, quelles devront être les dimensions minima de la place affectée à chaque voyageur.

Toute voiture à voyageurs portera dans l'intérieur l'indication en chiffres apparents du nombre des places.

Autorisation de mise en service des voitures à voyageurs.

Art. 13. — Aucune voiture pour les voyageurs ne sera mise en service sans une autorisation délivrée par le service du Contrôle, après qu'il aura été constaté que la voiture satisfait aux conditions de l'article précédent.

La compagnie devra, chaque fois qu'elle a l'intention de commander un nouveau type de voitures ou de wagons, aviser le service du Contrôle et fournir à l'appui de son projet les dessins ou tous autres documents nécessaires.

Marques distinctives des locomotives, tenders et véhicules de toute espèce.

Art. 14. — Les locomotives, les tenders et les véhicules de toute espèce devront porter :

1° La désignation en toutes lettres ou par initiales du chemin de fer auquel ils appartiennent.

2° Un numéro d'ordre. Les voitures des voyageurs porteront en outre, l'indication de la classe de chaque compartiment. Ces diverses indications seront placées d'une manière apparente sur la caisse ou sur les côtés du châssis.

Entretien du matériel roulant et de tout le matériel d'Exploitation.

Art. 15. — Les locomotives, tenders et véhicules de toute espèce et tout le matériel d'exploitation seront constamment maintenus dans un bon état d'entretien et de propreté.

La compagnie devra faire connaître au Gouverneur général, dans la forme que celui-ci jugera convenable, les mesures adoptées par elle à cet égard ; en cas d'insuffisance, le Gouverneur Général, après avoir entendu les observations de la compagnie, prescrira les dispositions qu'il jugera nécessaires au point de vue de la sécurité ou de l'hygiène publique.

Le Gouverneur général, la compagnie entendue, pourra faire retirer de la circulation les locomotives, tenders et autres véhicules qui ne se trouveraient pas dans des conditions suffisantes pour assurer la sécurité de l'exploitation.

TITRE III

DE LA COMPOSITION DES TRAINS

Composition normale des trains de voyageurs quant aux classes.

Art. 16, — Tout train ordinaire de voyageurs devra contenir en nombre suffisant des voitures de chaque classe, à moins d'une autorisation spéciale du Gouverneur général.

Art. 17. — Chaque train de voyageurs, de marchandises ou mixte devra être accompagné :

Personnel obligatoire des trains de vogageurs (mécanicien-chauffeur.garde-freins.) - Nombre maximum des véhicules.

1° D'un mécanicien et d'un chauffeur par machine (Le chauffeur devra être capable d'arrêter la machine, de l'alimenter et de manœuvrer le frein) ;

2° Du nombre de conducteurs et garde-freins qui sera déterminé, suivant le nombre de véhicules, suivant les pentes et suivant les appareils d'arrêt ou de ralentissement, par le Gouverneur général, sur la proposition de la compagnie.

Sur le dernier véhicule de chaque train ou sur l'un des véhicules placés à l'arrière, il y aura toujours un frein et un conducteur chargé de le manœuvrer.

Lorsqu'il y aura plusieurs conducteurs dans un train l'un d'entre eux devra toujours avoir autorité sur les autres.

Le maxmium du nombre de véhicules pour chaque nature de trains transportant des voyageurs sera déterminé par le Gouverneur général, sur la proposition de la compagnie.

Art. 18. — Par dérogation à l'article précédent, l'obligation d'avoir sur la machine un mécanicien et un chauffeur ne sera pas applicable aux trains légers dont la mise en marche sera autorisée par le Gouverneur général ; sous la réserve que le conducteur chef du train se tiendra habituellement soit sur la machine, soit dans le premier véhicule du train, qu'il pourra dans tous les cas accéder facilement à la machine et qu'il sera en état de l'arrêter en cas de besoin.

Trains légers. (Personnel obligatoire. Nombre d'essieux).

En outre, lorsque les véhicules à voyageurs et à marchandises, dont se compose un train léger, seront tous munis d'un frein continu, le Gouverneur général pourra autoriser la suppression de l'obligation d'avoir, sur le premier véhicule ou sur l'un des derniers véhicules un conducteur spécial chargé de la manœuvre du frein.

Ne pourront être considérés, comme trains légers que ceux dont les véhicules sont portés sur seize essieux au plus, non compris les essieux de la locomotive, s'il y en a une et de son tender, mais y compris les essieux de la voiture motrice si l'appareil moteur est contenu dans un des véhicules portant des voyageurs ou des marchandises.

Place que la locomotive doit normalement occuper dans les trains.

Art. 19. — Les locomotives devront être en tête des trains. Il ne pourra être dérogé à cette disposition que pour les manœuvres à exécuter dans les gares ou dans leur voisinage, pour les trains de service et pour le cas de secours ou de renfort. Dans ces cas spéciaux, la vitesse ne devra pas dépasser les limites fixées par le Gouverneur général.

Remorquage d'un train de voyageurs par une seule machine, par deux machines auplus, avec certaines précautions et formalités.

Art. 20. — Les trains de voyageurs ne devront être remorqués que par une seule locomotive, sauf les cas où l'emploi d'une machine de renfort deviendrait nécessaire soit pour la montée d'une rampe de forte inclinaison, soit par suite d'une affluence extraordinaire de voyageurs, de l'état de l'atmosphère, d'un accident ou d'un retard exigeant l'emploi de secours ou de tout autre cas préalablement déterminé par le Gouverneur général.

Il sera, dans tous les cas, sauf le cas de secours, interdit d'atteler simultanément plus de deux locomotives à un train de voyageurs.

La machine placée en tête devra régler la marche du train.

Il devra toujours y avoir en tête de chaque train entre le tender et la première voiture de voyageurs au moins un véhicule ne portant pas de voyageurs; cette obligation ne s'applique ni aux trains légers, ni aux trains de secours, ni aux trains de composition spéciale qui en auront été dispensés par le Gouverneur général.

Dans tous les cas où il sera attelé plus d'une locomotive à un train, mention en sera faite sur un registre à ce destiné avec indication du motif de la mesure, de la gare où elle a été jugée nécessaire et de l'heure à laquelle le train aura quitté cette gare.

Ce registre sera présenté, à toute réquisition, aux fonctionnaires et agents du Contrôle.

Transport des matières dangereuses et des matières infectées.

Art. 21. — Le Gouverneur général, la compagnie entendue, arrêtera les règles à suivre pour le transport des matières dangereuses (explosibles, inflammables, vénéneuses, etc...) et des matières infectées; il déterminera notamment les cas dans lesquels le transport de ces marchandises dans un train de voyageurs est interdit.

Précautions à prendre dans la formation des trains-Mode d'attelage.

Art. 22. — Le Gouverneur général déterminera, la compagnie entendue, les précautions à prendre dans la formation des trains pour éviter, soit au départ ou à l'arrivée, soit pendant la marche, toute réaction dangereuse ou incommode entre les divers véhicules.

Art. 23. — Le conducteur de tête et, sauf les exceptions autorisées par le Gouverneur général, les garde-freins seront mis en communication avec le mécanicien pour donner, en cas d'accident, le signal d'alarme par tel moyen qui sera autorisé par le Gouverneur général, sur la proposition de la Compagnie.

Mise en communication du conducteur de tête des gardes-freins et du mécanicien

Sauf les exceptions autorisées par le Gouverneur général, les compartiments des voitures à voyageurs seront tous mis en communication avec le conducteur chef de train par un signal d'alarme en bon état de fonctionnement.

Cette prescription pourra ne pas être suivie si les trains sont composés de voitures à couloir central ou latéral et disposés de telle façon qu'il soit possible aux voyageurs de passer d'une voiture à une autre sans aucun danger.

Art. 24. — Pendant la nuit et pendant le jour, au passage des souterrains désignés par le gouverneur général, les fanaux des trains devront être allumés, et les voitures destinées aux voyageurs devront être éclairées intérieurement.

Eclairage intérieur et extérieur des trains de voyageurs.

En cas d'insuffisance des mesures adoptées par la compagnie en ce qui concerne l'éclairage des trains ou voitures, le Gouverneur prescrira, la compagnie entendue, les dispositions qu'il jugera nécessaires.

Tout train transportant des voyageurs sera muni, sauf exception autorisée par le Gouverneur général, d'une boite de secours dont la composition sera approuvée par le Gouverneur général.

TITRE IV

DU DÉPART, DE LA CIRCULATION ET DE L'ARRIVÉE DES TRAINS

Art. 25. — Le Gouverneur général déterminera, sur la proposition de la Compagnie, pour les lignes à plusieurs voies celles de ces voies qui seront affectées à la circulation dans chaque sens et, pour les lignes à une voie, les points de croisement.

Sens du mouvement des trains sur les lignes à double voie et croisement sur celles à voie unique.

Il ne pourra être dérogé, sous aucun prétexte, aux dispositions qui auront été prescrites par le Gouverneur général, si ce n'est dans le cas où la voie serait interceptée, et dans ce cas, le changement devra être fait avec les précautions spéciales qui seront indiquées par les réglements de la compagnie dûment homologués.

Vérifications préalables à la mise en marche d'un train par le mécanicien et les gardes-freins, signal du départ.

Art. 26. — Avant le départ du train, le mécanicien s'assurera si toutes les parties de la locomotive et du tender sont en bon état.

En ce qui concerne les voitures et leurs freins, la même vérification sera faite dans les conditions déterminées par le règlement homologué de la compagnie.

Le signal du départ ne sera donné que lorsque les portières seront fermées.

Le train ne devra être mis en marche qu'après le signal du départ.

Circulation des trains (intervalle à maintenir entre deux trains consécutifs, signaux des stations et de la voie).

Art. 27. — Aucun train ne pourra partir d'une gare ni y arriver avant l'heure déterminée par l'horaire de la marche des trains.

Toutefois pour l'arrivée, une tolérance pourra être accordée par le Gouverneur général.

Les mesures propres à maintenir, entre les trains qui se suivent, l'intervalle de temps ou d'espace nécessaire pour assurer la sécurité de la circulation seront déterminées par le Gouverneur général, la compagnie entendue.

Des signaux seront placés à l'entrée des gares, dans les gares ou sur la voie, partout où cela sera jugé utile pour faire connaître aux mécaniciens s'ils doivent arrêter ou ralentir leur marche.

En cas d'insuffisance des signaux établis par la Compagnie le Gouverneur général prescrira, la compagnie entendue, l'établissement de ceux qu'il jugera nécessaires.

Interdiction d'arrêter les trains ailleurs qu'aux stations, etc...

Art. 28. — Sauf le cas de force majeure ou de réparation de la voie, les trains ne pourront s'arrêter qu'aux gares ou aux lieux de stationnement autorisés.

Les voies affectées à la circulation des trains devront être couvertes par des signaux, ainsi qu'il est dit à l'article 32, dans les cas où il y aura nécessité absolue d'y faire stationner momentanément des machines, des voitures ou des wagons.

Vitesse maximum des trains. - Précautions à prendre sur les parties dangereuses (plans inclinés. souterrains).

Art. 29. — Le Gouverneur général déterminera, sur la proposition de la Compagnie, les mesures spéciales de précaution relatives à la circulation des trains sur les parties du chemin de fer qui offriraient un danger particulier.

Il déterminera également, sur la proposition de la Compagnie, la vitesse maximun que les trains de toute nature pourront prendre sur les diverses parties de chaque ligne.

Art. 30. — Le Gouverneur général prescrira, sur la proposition de la compagnie, les mesures spéciales de précaution à prendre pour l'expédition et la marche des trains extraordinaires.

Expédition des trains extraordinaires.

Dès que l'expédition d'un train extraordinaire aura été décidée, déclaration devra en être faite immédiatement aux agents du contrôle et aux fonctionnaires désignés par le Gouverneur général avec indication du motif de l'expédition du train et de son horaire.

Art. 31. — Des agents chargés de l'entretien et de la surveillance de la voie seront placés sur la ligne en nombre suffisant pour assurer la libre circulation des trains.

Personnel de la voie pour assurer la circulation des trains au moyen de signaux.

Ces agents seront pourvus le jour et la nuit de signaux d'arrêt et de ralentissement.

Des agents seront, en outre, placés à des endroits déterminés pour la manœuvre des signaux fixés et, s'il y a lieu, pour l'annonce des trains de proche en proche.

En cas d'insuffisance, le Gouverneur général réglera le nombre des agents de ces diverses catégories, la compagnie entendue.

Art. 32. — Dans le cas où, soit un train, soit une machine isolée, s'arrêterait accidentellement sur la voie, des signaux de protection seront faits dans les conditions déterminées par les règlements de la compagnie dûment homologués.

Signaux d'arrêt pour le cas d'accident.

Les mécaniciens, les conducteurs chefs et les conducteurs devront être munis pendant leur service des signaux indiqués par ces règlements.

Des précautions spéciales seront prises pour garantir la sécurité des trains dans le cas où il deviendrait impossible de maintenir leur vitesse normale.

Art. 33. — Lorsque les travaux de réparation effectués sur une voie seront de nature à en altérer momentanément la stabilité, ils devront être protégés par des signaux d'arrêt ou de ralentissement.

Protection des parties de voie où s'effectuent des travaux de réparation.

Art. 34. — Lorsque, par suite d'un accident de réparation ou de toute autre cause, la circulation devra s'effectuer momentanément sur une seule voie, il devra être placé un garde auprès des aiguilles de chacun des changements de voie extrême.

Cas d'une circulation momentanée sur une seule des voies d'une ligne à double voie.

Les gardes ne laisseront les trains s'engager dans la voie unique réservée à la circulation que dans les conditions prescrites par les règlements homologués ou les ordres de service de la compagnie.

Il sera donné connaissance au service du Contrôle des mesures prises pour asssurer la circulation sur la voie unique.

Système des signaux adoptés dans l'intérêt de la circulation.

Art. 35. — La Compagnie sera tenue de faire connaître au Gouverneur général le système de signaux qu'elle aura adopté ou qu'elle se propose d'adopter pour les cas prévus par le présent titre. Le Gouverneur général prescrira les modifications qu'il jugera nécessaires.

Devoirs du mécanicien en cours de route, attention qu'il doit porter constamment sur l'état de la vioe.

Art. 36. — Le mécanicien devra porter constamment son attention sur l'état de la voie, arrêter ou ralentir la marche en cas d'obstacles suivant les circonstances, se conformer aux signaux qui lui seront transmis et signaler au premier arrêt les anomalies qu'il aura remarquées; il surveillera toutes les parties de la machine, la tension de la vapeur et le niveau d'eau de la chaudière. Il veillera à ce que rien n'embarrasse la manœuvre des freins dont il a la disposition.

Précautions qu'il doit prendre aux approches et au passage des bifurcations, embranchements ou traversées de voies.

Art. 37. — Les mesures de précautions à observer par le mécanicien aux approches et au passage des bifurcations, embranchements ou traversées de voies seront fixées par les règlements approuvés par le Gouverneur général.

Aux points de bifurcations, des signaux devront indiquer le sens dans lequel les aiguilles sont placées.

A l'approche des gares où le train doit s'arrêter, le mécanicien devra prendre les dispositions convenables pour qu'il ne dépasse pas le point où les voyageurs doivent descendre.

Cas où il doit se servir du sifflet à vapeur, comme moyen d'avertissement de l'approche du train.

Art. 38. — Avant la mise en marche, à l'approche des gares, des passages à niveau en courbe, ainsi que des autres passages à niveau et bifurcations désignés par le Gouverneur général, à l'entrée et à la sortie des tranchées en courbe et des souterrains, le mécanicien devra faire jouer le sifflet pour avertir de l'approche du train.

Il se servira également du sifflet, comme moyen d'avertissement, toutes les fois que la voie ne lui paraîtra pas complètement libre.

Le sifflet pourra être remplacé par un autre signal acoustique par le Gouverneur général.

Personnel admis à monter sur les locomotives, avec le mécanicien et le chauffeur.

Art. 39. — Aucune personne autre que le mécanicien et le chauffeur ne pourra monter sur la locomotive ou sur le tender à moins d'une permission spéciale et écrite du Directeur du chemin de fer ou de son délégué.

Seront exemptés de cette interdiction les ingénieurs chargés du contrôle et les agents du contrôle technique.

Art. 40. — Sur les points qui seront désignés par le Gouverneur général, la compagnie entendue, des machines de secours ou de réserve devront être constamment entretenues en feu et prêtes à partir.

Service des machines de secours ou de réserve.

Les règles relatives au service de ces machines seront déterminées par le Gouverneur général, sur la proposition de la compagnie.

Art. 41. — Il y aura constamment, aux lieux de dépôt des machines, un wagon chargé de tous les agrès et outils nécessaires en cas d'accident.

Existence, pour le cas d'accident, des outils nécessaires, soit dans les trains, soit aux dépôts de machines.

Chaque train devra d'ailleurs être muni des outils les plus indispensables.

Art. 42 — Aux gares qui seront désignées par le Gouverneur général, il sera tenu des registres sur lesquels on mentionnera les retards de trains excédant les limites déterminées par le Gouverneur général. Ces registres indiqueront la nature de la composition des trains, les points extrêmes de leur parcours, le numéro des locomotives qui les ont remorqués, les heures de départ et d'arrivée, les causes et la durée du retard.

Registres de retards des trains.

Ces registres seront présentés, à toute réquisition, aux agents du contrôle.

Art. 43. — Les horaires fixant la marche des trains ordinaires de toute nature seront soumis par la compagnie à l'approbation du Gouverneur général ; à cet effet, avant leur mise en vigueur et dans les délais prescrits par le Gouverneur général, la compagnie les lui communiquera, ainsi qu'aux fonctionnaires désignés par lui et au service du contrôle.

Approbation par le gouverneur général des tableaux de la marche des trains du service ordinaire et affichage de ces tableaux dans les stations.

Si, à la date annoncée pour la mise en vigueur de nouveaux horaires, le Gouverneur général n'a pas notifié à la Compagnie son opposition, ces horaires pourront être appliqués à titre provisoire.

A toute époque, le Gouverneur général pourra prescrire d'apporter aux horaires des trains, les modifications, additions qu'il jugera nécessaires pour la sûreté de la circulation ou les besoins du public.

Les horaires des trains transportant des voyageurs seront portés à la connaissance du public, avant leur mise en vigueur, par des affiches placées dans les gares.

TITRE V.

DE LA PERCEPTION DES TAXES ET DES FRAIS ACCESSOIRES

Nécessité de l'homologation des taxes par le Gouverneur général.

Art. 44. — Aucune taxe de quelque nature qu'elle soit ne pourra être perçue par la compagnie qu'en vertu du cahier des charges du chemin de fer et des arrêtés pris, s'il y a lieu, par le Gouverneur général pour l'application de ces taxes.

Affichage des tableaux des taxes et des frais accessoires homologués.

Art. 45. — Les tableaux des taxes et des frais accessoires approuvés seront constamment affichés dans les lieux les plus apparents des gares et stations des chemins de fer.

TITRE VI.

POLICE ET SURVEILLANCE

Enumération des fonctionnaires et agents du Service du Contrôle.

Art. 46 — La surveillance de l'exploitation des chemins de fer s'exercera concurremment :

Par les ingénieurs de la Direction générale des Travaux publics et autres agents du contrôle désignés à cet effet par le Gouverneur général.

Communication au personnel de ce service des registres rélatifs à l'Exploitation commerciale.

Art. 47. — Les compagnies seront tenues de représenter à toute réquisition, au Directeur du Service de contrôle ou à son délégué, leurs registres et pièces de dépenses et de recettes, leurs circulaires et ordres de service, les traités qu'elles ont passés avec d'autres entreprises de transport et, en général, tous les documents nécessaires à l'exercice de la mission confiée au service du contrôle.

Locaux à fournir par les compagnies aux agents du contrôle.

Art. 48. — Les compagnies seront tenues de fournir, sur la demande qui leur en sera faite par le Gouverneur général, des locaux convenables pour les agents du contrôle chargés de la surveillance.

Avis à donner à l'Administration en cas d'accident

Art. 49. — Toutes les fois qu'il arrivera un accident sur les chemins de fer, il en sera fait immédiatement la déclaration par la compagnie ou par ses agents au fonctionnaire ou agent du contrôle qui lui aura été désigné à cet effet.

Lorsque l'accident aura une certaine gravité la compagnie exploitante avisera, en outre, par la voie la plus rapide, le Gouverneur général, le Directeur général des Travaux publics, le Directeur du Service de Contrôle, le Résident de la province.

Lorsqu'il se produira un fait de nature à donner ouverture à l'action publique, et, en tous cas, s'il y a mort ou blessure, cet avis devra être également transmis au Procureur de la République.

Approbation par le Gouverneur général des règlements intérieurs des compagnies.

Art. 50. — Les compagnies devront soumettre leurs règlements relatifs au service à l'approbation du Gouverneur général qui prescrira les modifications qu'il jugera nécessaires.

Interdictions édictées contre toute personne étrangère au service du chemin de fer.

Art. 51. — Il est défendu à toute personne étrangère au service du chemin de fer :

1° De pénétrer, sans y être régulièrement autorisé sur la voie du chemin de fer et sur les dépendances de quelque nature qu'elles soient, d'y circuler, ou stationner ; cette prohibition ne s'applique d'ailleurs pas à la traversée de la voie aux passages à niveau réservés à cet effet, aux heures et dans les conditions où le service des trains rend cette traversée possible ; (1)

2° D'y jeter ou déposer aucuns matériaux, ni objets quelconques ;

3° D'y introduire des chevaux, bestiaux ou animaux d'aucune espèce ou de laisser s'y introduire ceux dont elle a la garde ;

4° D'y faire circuler ou stationner aucuns véhicules étrangers au service ;

5° De manœuvrer les appareils qui ne sont pas à la disposition du public, de les déranger ou d'en empêcher le fonctionnement ;

6° De dégrader les clôtures, barrières, talus, bâtiments et ouvrages d'art.

Interdictions édictées contre les voyageurs.

Art. 52. — Il est défendu :

1° D'entrer dans les voitures sans avoir pris un billet, de se placer dans une voiture d'une classe supérieure à celle qui est indiquée sur le billet, ou dans une voiture non affectée au service des voyageurs et de prendre une place déjà régulièrement retenue par un autre voyageur ;

(1) Modification apportée par arrêté en date du 20 juillet 1905.

2° D'entrer dans les voitures ou d'en sortir autrement que par la partie qui se trouve du côté où se fait le service du train.

3° De passer d'une voiture dans une autre autrement que par les passages disposés à cet effet, de se pencher en dehors, d'occuper une place non destinée aux voyageurs ou de se placer indûment dans les compartiments ayant une destination spéciale.

Les voyageurs ne devront monter dans les voitures ou en descendre qu'aux gares et lorsque le train sera complètement arrêté.

Il est défendu de fumer dans les salles d'attente, ainsi que dans les voitures, exception faite des compartiments portant la plaque indicative : « Fumeurs. »

Il est défendu de cracher ailleurs que dans les crachoirs disposés à cet effet.

Les voyageurs sont tenus d'obtempérer aux injonctions des agents de la compagnie pour l'observation des dispositions mentionnées aux paragraphes ci-dessus.

Interdiction d'admettre dans les voitures plus de voyageurs qu'elles ne doivent en contenir.

Art. 53. — Il est interdit d'admettre dans les voitures plus de voyageurs que ne le comporte le nombre de places indiquées, conformément à l'article 12.

Interdiction des voitures aux voyageurs soit ivres, soit porteurs d'armes à feu ou de paquets incommodes par nature, volume ou odeur.

Art. 54. — L'entrée des voitures est interdite :

1° A toute personne en état d'ivresse ;

2° A tous individus porteurs d'armes à feu chargées ou objets qui, par leur nature, leur volume, ou leur odeur pourraient gêner ou incommoder les voyageurs.

Tout individu porteur d'une arme à feu doit avant son admission sur les quais d'embarquement, faire constater que son arme n'est point chargée.

Toutefois, lorsqu'ils y sont obligés par leur service, les agents de la Force publique peuvent conserver avec eux, dans les voitures, des armes à feu chargées, à condition de prendre place dans les compartiments réservés.

Pourront être exclus des compartiments affectés au public les personnes atteintes visiblement ou notoirement de maladies dont la contagion serait à redouter pour les voyageurs. Les compartiments dans lesquels elles auront pris place, dès l'arrivée, seront soumis à la désinfection.

Art. 55. — Les personnes qui voudront expédier des matières de la nature de celles qui sont mentionnées à l'article 21 devront les déclarer au moment où elles les apporteront dans les gares du chemin de fer.

Déclaration à faire par les expéditeurs de marchandises explosibles ou inflammables, dont le transport doit être réglementé.

Art. 56. — Aucun animal ne sera admis dans les voitures servant au transport des voyageurs.

Transport des chiens accompagnant les voyageurs.

Toutefois, la compagnie pourra placer dans des compartiments spéciaux les voyageurs qui désireraient ne pas se séparer de leurs chiens, pourvu que ces animaux soient muselés en quelque saison que ce soit.

En outre, des exceptions pourront être autorisées pour les animaux de petite taille convenablement enfermés et pour certains animaux transportés dans les voitures de 4e classe.

Art. 57. — Les cantonniers, garde-barrières et autres agents du chemin de fer devront faire sortir immédiatement toute personne qui se serait introduite dans l'enceinte du chemin de fer ou dans quelque portion que ce soit de ses dépendances où elle n'aurait pas le droit d'entrer.

Expulsion, par les agents des compagnies, des personnes qui n'ont pas le droit d'entrer dans l'enceinte du chemin de fer mise en fourrière des animaux, qui y sont trouvés

En cas de résistance de la part des contrevenants, tout employé du chemin de fer pourra requérir l'assistance des agents de la force publique.

Les animaux abandonnés qui seront trouvés dans l'enceinte du chemin de fer seront saisis et mis en fourrière.

TITRE VII

DISPOSITIONS DIVERSES

Art. 58. — Dans tous les cas où, conformément aux dispositions du présent règlement, le Gouverneur général devra statuer sur la proposition d'une compagnie, la compagnie sera tenue de lui soumettre cette proposition dans le délai qu'il aura déterminé, faute de quoi le Gouverneur général pourra statuer directement.

Procédure à suivre par le Gouverneur général, pour vaincre l'inertie d'une compagnie qui ne lui soumettrait pas ses propositions réglementaires.

Si le Gouverneur général pense qu'il y a lieu de modifier la proposition de la compagnie, il devra sauf le cas d'urgence entendre la compagnie avant de prescrire les modifications.

Mise en demeure adressée par le Gouverneur général en cas d'insuffisance des installations de certaines gares, de personnel ou de matériel roulant.

Art. 59. — Si les installations de certaines gares, leur personnel ou le matériel roulant sont insuffisants pour permettre à la compagnie d'assurer dans les circonstances normales la marche régulière du service, en observant les conditions et délais déterminés par les règlements et les tarifs, la compagnie, sur la mise en demeure qui lui sera adressée par le Gouverneur, devra prendre les mesures nécessaires pour y pourvoir.

Faute par elle d'avoir présenté au Gouverneur général dans le délai imparti par la mise en demeure des dispositions ou des projets suffisants, le Gouverneur général statuera directement.

Nécessité d'une autorisation de l'Administration locale pour exercer la profession de crieur, vendeur ou distributeur d'objets dans les stations.

Art. 60. — Aucun crieur, vendeur ou distributeur d'objets quelconques ne pourra être admis par les compagnies à exercer sa profession dans les cours ou bâtiments des gares qu'en vertu d'une autorisation spéciale de l'Administration locale.

Durée du travail des agents.

Art. 61. — Le Gouverneur général déterminera, la compagnie, entendue, les dispositions relatives à la durée du travail des agents qu'il jugera nécessaires à la sécurité de l'exploitation.

Uniformes - signes distinctifs des agents.

Art. 62. — Tout agent indigène employé sur les chemins de fer sera revêtu d'un uniforme ou porteur d'un signe distinctif.

Certificat de capacité dont doivent être pourvus les mécaniciens.

Art. 63 — Nul ne peut être employé en qualité de mécanicien conducteur de train ou de chauffeur s'il ne produit des certificats de capacité délivrés par le Gouverneur général.

Médicaments et moyens de secours que les compagnies doivent entretenir aux stations, pour les cas d'accidents.

Art. 64. — Aux gares désignées par le Gouverneur général, les compagnies entretiendront les médicaments et moyens de secours nécessaires en cas d'accident.

Registres des plaintes à mettre, par les compagnies dans les gares, à la dispotion des voyageurs.

Art. 65. — Il sera tenu dans chaque gare un registre destiné à recevoir les réclamations des voyageurs, expéditeurs ou destinataires qui auraient des plaintes à formuler soit contre la compagnie, soit contre ses agents. Ce registre sera présenté à toute réquisition des voyageurs, expéditeurs ou destinataires et communiqués sur place aux fonctionnaires et agents du contrôle.

Dès qu'une plainte aura été inscrite sur le registre, le Chef de gare devra en envoyer copie au fonctionnaire ou agent du contrôle désigné à cet effet.

Obligation pour les compagnies de faire côter et parapher par l'agent du contrôle les registres du matériel, des retards et des plaintes.

Art. 66. — Les registres mentionnés aux articles 9, 20, 42 et 65 ci-dessus seront côtés et paraphés par l'agent du contrôle précité.

Affichage à la diligence des compagnies du présent arrêté; extraits dont doivent être respectivement porteurs leurs agents.

Art. 67. — Des exemplaires du présent arrêté seront constamment affichés dans les gares à la diligence des compagnies.

Le conducteur principal d'un train en marche devra également être muni d'un exemplaire de l'arrêté.

Des extraits devront être délivrés, chacun pour ce qui le concerne, aux mécaniciens, chauffeurs, garde-freins, cantonniers, garde-barrières et autres agents employés sur le chemin de fer.

Des extraits, en ce qui concerne les règles à observer par les voyageurs pendant le trajet, devront être placés dans chaque compartiment.

Usage de l'énergie électrique pour la traction des trains.

Art. 68. — Sur les lignes où il sera fait usage de l'énergie électrique pour la traction des trains, le Gouverneur général pourra autoriser des dérogations au présent arrêté justifiées par ce mode spécial de traction.

Constatation, poursuite et répression des contraventions au présent arrêté.

Art. 69. — Seront constatées, poursuivies et réprimées conformément aux lois des 15 juillet 1845 et 25 mars 1897 sur la police des chemins de fer promulguées en Indochine, les contraventions au présent règlement et aux arrêtés pris par les Lieutenant-gouverneur et Résidents supérieurs avec approbation du Gouverneur général pour en assurer l'exécution.

Application du présent arrêté aux chemins de fer du réseau de la colonie et inapplicabilité aux tramways.

Art. 70. — Le présent arrêté s'appliquera au réseau de la colonie dont l'Administration sera astreinte à toutes les prescriptions énoncées ci-dessus à l'égard des compagnies.

Le présent arrêté ne sera pas applicable aux tramways.

Abrogation de l'arrêté du 20 Juin 1898.

Art. 71. — L'arrêté du 20 juin 1898, portant règlements sur la police, la sûreté et l'exploitation des chemins de fer de l'Indochine, est rapporté.

Autorités chargées de l'exécution du présent arrêté.

Art. 72. — Le Secrétaire général de l'Indochine, le Directeur général des Travaux publics et les Chefs des Administrations locales sont chargés, chacun en ce qui le concerne, de l'exécution du présent arrêté.

ARRÊTÉ
28 Juin 1904

Fixant le taux de conversion de la piastre pour le paiement des factures présentées par l'exploitation des chemins de fer de l'Indochine et imputables au budget de l'Etat.

Article premier. — Les factures présentées par l'exploitation des chemins de fer de l'Indochine et décomptées en piastres, conformément aux tarifs en vigueur fixés par l'arrêté du 16 Septembre 1900, seront arrêtées en francs, suivant le taux officiel de la piastre du dernier jour du mois pendant lequel les transports ont été effectués.

Art. 2. — Le Général commandant supérieur et le Directeur général des Travaux Publics sont chargés de l'exécution du présent arrêté qui sera communiqué et enregistré partout où besoin est et sera rendu applicable à toutes les liquidations en cours.

ARRÊTÉ
20 Juillet 1905

Modifiant l'article 51 de l'arrêté du 18 février 1904, sur la police, la sûreté et l'exploitation des chemins de fer en Indochine

Article premier. — Le paragraphe 1er de l'article 51 de l'arrêté du 18 Février 1904, — portant règlement sur la police, la sûreté et l'exploitation des chemins de fer est modifié ainsi qu'il suit :

....

....

1° De pénétrer, sans y être régulièrement autorisé sur la voie du chemin de fer et sur les dépendances de quelque nature qu'elles soient, d'y circuler ou stationner : cette prohibition ne s'applique d'ailleurs pas à la traversée de la voie aux passages à niveau réservés à cet effet, aux heures et dans les conditions où le service des trains rend cette traversée possible.

....

....

Art. 2. — Le paragraphe 1er de l'article 52 de l'arrêté susvisé est modifié ainsi qu'il suit :

....

....

D'entrer dans les voitures sans avoir pris un billet, de se placer dans une voiture d'une classe supérieure à celle qui est indiquée sur le billet, ou dans une voiture non affectée au service des voyageurs et de prendre une place déjà régulièrement retenue par un autre voyageur.

....

....

Art. 3. — Le Secrétaire général de l'Indochine, le Procureur général, le Directeur général des Travaux Publics et les chefs des Administrations locales sont chargés, chacun en ce qui le concerne, de l'exécution du présent arrêté.

ARRÊTÉ
16 Février 1907.

Conférant au Directeur général des finances et de la comptabilité les attributions, en matière domaniale, dévolues par les règlements en vigueur au Secrétaire général de l'Indochine.

Article premier. — Le Directeur général des finances et de la comptabilité exerçant dans la Colonie les attributions du Directeur général de l'Enregistrement, des Domaines et du Timbre, représente le Domaine colonial. En conséquence, toutes les attributions dévolues en matière domaniale au Secrétariat général de l'Indochine par les règlements actuellement en vigueur, lui sont désormais conférées.

Art. 2. — Toutes dispositions contraires sont et demeurent abrogées.

Art. 3. — Le Directeur général des Finances et de la comptabilité est chargé de l'exécution du présent arrêté.

ARRÊTÉ
19 Février 1907

Divisant le service des Travaux Publics en circonscriptions territoriales et en circonscriptions spéciales et instituant des directions des Chemins de fer, des Routes et de la Navigation

Article premier. — *Circonscriptions territoriales.* — Le Service des Travaux Publics est divisé en circonscriptions territoriales à raison d'une par pays de l'Indochine. Ces circonscriptions ont, dans leurs attributions, tous les travaux et études qui n'ont pas été l'objet d'une décision contraire ; elles comprennent aussi le contrôle d'exploitation des chemins de fer.

Art. 2. — *Dispositions exceptionnelles.* — Le Service des phares est réparti entre la circonscription du service maritime du Tonkin qui est chargée d'une partie définie comme il est dit ci-dessous et la circonscription territoriale de Cochinchine qui est chargée de tout le reste. Pour la construction et l'entretien des bâtiments et chemins d'accès le chef de la circonscription peut déléguer tout ou partie de ses pouvoirs à un de ses collègues plus commodément placé.

Le service de la navigation du Mékong, en amont de la frontière de Cochinchine, jusqu'à Vientiane, est rattaché provisoirement à la circonscription du Cambodge.

Art. 3 — *Circonscriptions spéciales.* — Des circonscriptions spéciales sont instituées sous les dénominations et avec les attributions suivantes :

§ 1er. — La circonscription des mines comprend, pour toute l'Indochine, le contrôle et la surveillance des mines, minières et carrières, des eaux minérales et des appareils à vapeur et l'établissement de la carte géologique de l'Indochine.

§ 2. — La circonscription du service maritime du Tonkin comprend, outre les travaux et études intéressant la navigation maritime dans ce pays, le service des phares de la mer de Chine, jusque et non compris le phare du Cap Padaran.

§ 4. — Quatre circonscriptions de chemins de fer comprennent, chacune dans sa région, les études, la construction, l'entretien et l'exploitation des chemins de fer et des tramways d'intérêt général, même lorsque ces tramways intéressent en même temps le budget local ou provincial, savoir ;

Circonscription du Nord, comprenant le Tonkin et le Nord de l'Annam jusqu'à la province de Vinh ;

Circonscription de l'Annam central, comprenant toutes les provinces de l'Annam situées entre celles de Vinh et de Phu-Yên (non comprises) ;

Circonscription de Phan-Rang, comprenant les trois provinces de Phan-Rang, Khanh-Hoa et Phu-Yên ;

Circonscription du Sud, comprenant la région de l'Annam située au Sud de la précédente et la Cochinchine.

§ 4. — Cette délimitation est simplement indicative et lorsqu'une ligne traverse deux régions, la limite précise des deux circonscriptions sur cette ligne est fixée par une décision du Gouverneur général.

Sur la ligne de Vinh à Quang-Tri, la limite des deux circonscriptions est fixée à la traversée de la rivière de Cam-Lô, cette traversée étant rattachée à la circonscription du Nord.

Sur la ligne de Tourane à Nha-Trang, la limite est à la traversée de la rivière de Binh-Dinh, l'étude de la traversée elle-même étant rattachée à la circonscription de Phan-Rang.

Sur la ligne de Saigon à Nha-Trang, la limite est à la traversée du Song-Long-Son, cette traversée étant rattachée à la circonscription de Phan-Rang,

§ 5. — Une circonscription de contrôle de construction comprend la ligne de Lao-Kay à Yunnan-fou et toutes les affaires qui s'y rattachent.

Art. 4. — *Ingénieurs en chef directeurs.* — Les services d'études, construction, exploitation et contrôle des chemins de fer et tramways sont, quelle que soit la circonscription qui en est chargée, placés sous l'autorité d'un Ingénieur en Chef, directeur des chemins de fer.

Les services des routes, de la navigation, des bâtiments civils, de l'hydraulique agricole sont placés sous l'autorité d'un Ingénieur en Chef, directeur des routes et de la navigation.

Les ingénieurs en chef directeurs ont chacun, en ce qui concerne son service, délégation permanente pour donner les instructions et ordres au nom du Directeur général. Ils signent pour le Directeur général et par son ordre.

Art. 5. — *Ingénieurs chefs de circonscriptions, leur titre.* — Conformément à l'article 4 du décret du 18 Janvier 1905, l'ingénieur placé à la tête d'une circonscription sera de grade différent, selon l'importance du service, mais en tout cas, il sera désigné ordinairement par le titre d'Ingénieur en chef de la circonscription, sans que ce titre lui donne d'autres droits que l'autorité sur tout le personnel de la circonscription et les pouvoirs attachés à la fonction.

Art. 6. — Conformément au § 2 de l'article 5 du décret du 18 Janvier 1905, l'Ingénieur en chef des mines est membre du comité des Travaux Publics.

Art. 7. — Sont et demeurent abrogés les arrêtés des 14 Janvier 1902 et 4 Juillet 1905 susvisés, ainsi que toutes dispositions antérieures contraires au présent arrêté.

ARRÊTÉ

28 Mai 1907

Règlementant les conditions d'établissement et d'exploitation des embranchements particuliers sur les lignes des chemins de fer de l'Indochine.

Article premier. — L'arrêté du 14 Mai 1903, relatif aux embranchements industriels, est rapporté. Les conditions d'établissement et d'exploitation de ces embranchements sont prévus aux articles suivants:

TITRE PREMIER

CONDITIONS D'ÉTABLISSEMENT, D'ENTRETIEN ET DE LOCATION DES EMBRANCHEMENTS.

Art. 2. — Le service de l'exploitation des chemins de fer est autorisé à installer, sur la demande du public et dans les limites de ses disponibilités de matériel, des embranchements particuliers se raccordant aux voies ferrées en exploitation.

Art. 3. — Tout établissement d'embranchement industriel, de même que tout garage particulier, sera autorisé par arrêté du Gouverneur Général, pris sur la proposition du Directeur Général des Travaux Publics.

Art. 4. — Ces embranchements seront établis aux conditions suivantes :

La plate-forme sera faite aux frais de l'embranché, suivant projet soumis au service de l'exploitation et accepté par lui.

La pose et la dépose de la voie, du branchement et des divers organes de sécurité, le transport du matériel de voie des lieux de dépôt aux lieux d'emploi et réciproquement, seront exécutés par le service du chemin de fer aux frais de l'embranché.

Ces frais seront perçus avant la mise en service de l'embranchement.

Art. 5. — L'entretien de l'embranchement sera fait par le service du chemin de fer. Les frais occasionnés de ce fait seront payés trimestriellement et d'avance par l'embranché et par fraction de décimètre au taux annuel de 25 $ 00 par kilomètre.

Le gardiennage de l'embranchement sera également fait par le service du chemin de fer, qui fournira un agent indigène et établira à proximité de l'aiguille un abri où devra loger cet agent. Les frais occasionnés seront payés trimestriellement et d'avance, et décomptés à raison de 120 $ 00 par an quelle que soit la longueur de l'embranchement.

Art. 6 — L'embranché aura la faculté d'acheter à l'Administration le matériel d'embranchement qui, dans ce cas, lui sera cédé dans les conditions ordinaires.

Il pourra également louer ce matériel.

Le prix de location d'un embranchement sera payable semestriellement et d'avance, il sera calculé à raison de 1/15 par année de la valeur de l'embranchement.

Art. 7. — L'Administration aura toujours la faculté d'exiger ultérieurement sur l'embranchement, dès que la nécessité en sera reconnue, un service normal tant de voyageurs que de marchandises.

Art. 8. — Les autorisations seront toujours révocables à toute époque, sans indemnité, et le concessionnaire sera tenu de rétablir à ses frais et à première réquisition les lieux dans leur état primitif.

TITRE II

CONDITIONS D'EXPLOITATION DES EMBRANCHEMENTS

Art. 9. — Les wagons à envoyer sur les embranchements particuliers pour y prendre des marchandises sont amenés par le chemin de fer à l'entrée des embranchements dans les trois jours de la demande qui en est faite par la remise, à la station à laquelle se rattache l'embranchement, d'une déclaration d'expédition établie conformément aux dispositions des tarifs généraux ou spéciaux.

Les wagons contenant des marchandises à destination des embranchements sont remis par l'Administration à l'entrée des embranchements.

Les expéditeurs ou destinataires font conduire les wagons dans leurs établissements pour les charger ou décharger et les ramènent au point de jonction avec la voie principale, jusqu'au taquet d'arrêt, le tout à leurs frais.

Art. 10. — Lorsque, sur la demande écrite de l'embranché, les wagons seront conduits ou pris par le chemin de fer en un point quelconque de l'embranchement, il sera perçu, par wagon :

Pour les embranchements dont la longueur ne dépasse pas 1 kilomètre, 0$ 20 par kilomètre.

Pour les embranchements dont la longueur excède un kilomètre, 0 $ 20 pour le 1er kilomètre, 0$ 10 pour chaque kilomètre en sus, tout kilomètre entamé étant compté comme un kilomètre entier.

Art. 11. — La taxe à percevoir pour le transport des expéditions en provenance ou à destination d'un embranchement est calculée sur la distance exacte comprise entre l'entrée de l'embranchement et la station destinataire ou entre la station expéditrice et l'entrée de l'embranchement, tout kilomètre entamé étant compté comme entier.

Art. 12. — Le chargement et le déchargement des expéditions sont obligatoirement faits par les expéditeurs et destinataires. En conséquence, les droits de manutention se réduisent aux frais de gare, lorsque ces frais ne sont pas compris dans le tarif appliqué.

Art. 13. — Ne sont acceptées en provenance ou à destination des embranchements particuliers que les expéditions en petite vitesse, par wagons complets chargés à 3000 k. au moins ou payant pour ce poids, si le tarif appliqué est le tarif général, ou si le tarif appliqué est un tarif spécial au minimum fixé par ce tarif, ou payant pour ce minimum.

Art. 14. — Le chargement d'un wagon ne doit pas dépasser le maximum inscrit sur la caisse.

Art. 15. — Le temps pendant lequel les wagons peuvent séjourner sur les embranchements pour y être chargés ou déchargés ne doit pas dépasser 6 heures, lorsque l'embranchement n'a pas plus d'un kilomètre. Ce temps est augmenté d'une demi-heure par kilomètre en sus du premier. Les heures de nuit (6 heures du soir à 6 heures du matin) ne sont pas comprises dans ces délais.

Lorsque les wagons entrent sur l'embranchement chargés et en ressortent chargés, ils peuvent séjourner sur l'embranchement 12 heures, ce temps étant toujours augmenté d'une demi-heure par kilomètre en sus du premier.

Dans le cas où ces limites de temps sont dépassées malgré l'avertissement spécial donné par le chemin de fer, il est perçu, pour chaque période ou fraction de période de 6 heures de retard une taxe de stationnement de 1 $ 00 par wagon.

La durée du séjour sur les embranchements est comptée à partir du moment où le chemin de fer a amené les wagons à l'entrée des embranchements, jusqu'au moment où les embranchés les rendent prêts à être expédiés, au point de jonction avec la ligne principale.

Art. 16. — Si l'embranché n'est pas en mesure de recevoir des wagons qui lui sont destinés et si, pour ce motif, ces wagons sont arrêtés sur les voies du chemin de fer celui-ci notifie par lettre l'arrêt à l'embranché.

A partir de cette notification, les wagons sont réputés séjournant sur l'embranchement, jusqu'au moment où l'embranché en ayant pris livraison, il est constaté qu'il les a rendus à l'entrée de l'embranchement, prêts à être expédiés.

Pendant cette période, les dispositions fixées par l'article précédent sont applicables.

Art. 17. — Les délais de transport commencent à courir du jour où le wagon chargé a été remis au chemin de fer pour être expédié.

Art. 18. — Si l'embranché a réclamé, dans sa déclaration d'expédition, le bénéfice d'un tarif spécial, le délai de trois jours, fixé à l'article premier, pour la livraison des wagons, sera augmenté du délai supplémentaire fixé par le tarif spécial.

Aucune revendication de tarif spécial ne sera admise postérieurement à la remise de la déclaration.

ARRÊTÉ.
1er Juillet 1907.

Relatif à la gestion des caisses des recettes de l'exploitation des chemins de fer de l'Indochine.

Article premier. — Toutes les recettes de l'exploitation directe par la colonie des chemins de fer de l'Indochine seront versées au Trésor.

Toutes les dépenses seront payées par mandats sur le Trésor.

Art. 2. — Dans chaque circonscription de chemins de fer, un caissier central, désigné par le Gouverneur général et pris parmi les agents du service de l'exploitation, sera chargé :

1° De la centralisation des espèces provenant des recettes des gares;

2° Du paiement sur sa caisse, en vertu des ordres qui lui seront donnés par l'Ingénieur en chef, à charge de mandatement ultérieur des dépenses urgentes dans les conditions déterminées par l'arrêté du 25 Juillet 1900.

Art. 3. — Les caissiers sont placés sous la surveillance et le contrôle permanent de l'Ingénieur en chef de la circonscription dont ils dépendent.

L'Ingénieur en chef ou son délégué devra faire des vérifications fréquentes de la caisse.

Il pourra, s'il le juge utile, charger le caissier central d'autres travaux sous condition que ces travaux soient compatibles avec les fonctions de caissier et ne comportent la rédaction d'aucune pièce comptable se rattachant à la caisse.

Art. 4. — Dans les cas où le caissier ne pourra suffire à assurer les paiements d'urgence, le directeur général des Travaux publics désignera un régisseur-comptable pour le suppléer.

Le maximum de l'avance qui pourra être faite à ce régisseur est ainsi fixé :

Pour la circonscription des chemins de fer du Nord.. 12.000 $

Pour la circonscription des chemins de fer de l'Annam-Central.................................... 4.000

Pour la circonscription des chemins de fer du Sud... 4.000

Cette avance sera faite au moyen de mandats sur le Trésor.

Lorsque cette avance sera épuisée par des paiements et que, vu l'urgence, le temps fera défaut pour la renouveler, le régisseur-comptable pourra la reconstituer en remettant au caissier central, avec un bordereau qui les énumère, les rôles émargés ; ce dernier lui en remboursera le montant et prendra ces rôles en charge comme s'il les avait payés lui-même, mais en exigeant toujours qu'ils portent la signature du régisseur-comptable qui les a payés.

Lorsque le régisseur-comptable rendra compte au Trésor, il rassemblera les pièces payées et conservées par lui, les totalisera en un bordereau réglementaire, et versera le tout avec le reliquat de l'avance. Il pourra alors lui être fait une nouvelle avance.

Art. 5. — Les espèces provenant des recettes des gares seront versées au Trésor tous les 10, 15, 20, 25, et 30 de chaque mois et plus souvent si c'est nécessaire, sur un ordre de recette émis au nom du caissier central.

Art. 6 — Le caissier central donne reçu de toutes les sommes qui lui sont versées sur une quittance détachée d'un quittancier à souche, conformément aux prescriptions de l'article 206 du décret du 20 Novembre 1882.

Il tient un livre de caisse conformément aux instructions du directeur général des Travaux publics.

Art. 7. — Le caissier central est justiciable, quant à sa gestion annuelle, du Conseil supérieur de l'Indochine. Il est soumis à un cautionnement de quatre mille francs pour la circonscription des chemins de fer du Nord et de deux mille francs pour les circonscriptions des chemins de fer de l'Annam central et du Sud. Ce cautionnement devra être versé en numéraire au Trésor public (capitaux de cautionnement).

Art. 8. — Le caissier central recevra, à titre d'indemnité de fonctions et de responsabilité, une allocation annuelle de mille cinq cents francs pour la circonscription des chemins de fer du Nord, et de sept cent cinquante francs pour les circonscriptions de l'Annam central et du Sud.

Dans le cas où un régisseur-comptable sera désigné, ce dernier touchera une indemnité de responsabilité de un pour mille, décomptée tous les trois mois.

Art. 9. — Lors du départ en congé du caissier central, ce dernier recevra décharge de sa gestion par l'autorité compétente après vérification préalable, et son cautionnement lui sera restitué dans les formes réglementaires.

Art. 10. — Les chiffres maxima d'avances, l'importance du cautionnement, etc... pour la circonscription de Phan-Rang seront fixés ultérieurement, s'il y a lieu.

Art. 11. — L'arrêté du 16 Décembre 1904, créant la caisse centrale, est abrogé, ainsi que les arrêtés des 2 Septembre 1897 et 4 Juin 1907, établissant une indemnité de billetage.

ARRÊTÉ
8 janvier 1908.

Relatif au passage sur les quais des gares des lignes de chemins de fer de l'Indochine.

Article premier. — Dans les gares qui seront désignées par les Ingénieurs en chef des circonscriptions d'exploitation des chemins de fer de l'Indochine, le passage sur les quais pourra être autorisé moyennant la délivrance de billets de quai.

Art. 2. — La taxe de ces billets est uniformément fixée à quatre cents (0 $ 04).

Art. 3. — Il est interdit aux porteurs de billets de quai de monter dans les voitures.

Art. 4. — Les billets de quai doivent être rendus à la sortie de la gare.

Art. 5. — Dans les gares où ces billets n'existent pas, l'accès des quais demeure rigoureusement interdit.

Art. 6. — Le Directeur général des Travaux Publics est chargé de l'exécution du présent arrêté.

ARRÊTÉ
21 janvier 1908

Autorisant l'admission des wagons de toute catégorie appartenant à des particuliers ou à des administrations dans les trains des chemins de fer de l'Indochine.

Article premier. — Les wagons de toute catégorie, appartenant à des particuliers ou à des Administrations, peuvent être admis dans les trains des chemins de fer de l'Indochine aux conditions fixées par le présent arrêté.

Art. 2. — *Conditions d'établissement.* — Les plans des véhicules et les conditions de leur exécution doivent être soumis à l'approbation de l'Administration.

Les demandeurs doivent donner à l'Administration les moyens de contrôler l'accomplissement de ces conditions, notamment en ce qui concerne la qualité des matières employées à la construction; les dépenses effectives de ce contrôle sont supportées par les demandeurs. Ce contrôle ne saurait dispenser de la présentation dont il est parlé à l'article 3.

Les wagons doivent être munis de freins d'un type agréé par le chemin de fer; leur appareil de manœuvre doit être disposé dans une guérite accessible des deux côtés de la voie, et dans laquelle le garde-frein pourra se tenir à volonté assis ou debout.

Toutes les pièces des wagons doivent présenter toutes les garanties de sécurité exigées par le chemin de fer pour son matériel neuf.

L'Administration se réserve le droit de refuser les pièces qui ne présenteraient pas les garanties de sécurité suffisantes.

Les wagons doivent porter des inscriptions indiquant le nom des propriétaires à qui ils appartiennent, la gare d'attache, la tare, la charge maxima, s'il s'agit de wagons réservoirs la capacité, un numéro d'ordre, et s'il y a lieu, la nature des transports auxquels ils sont spécialement affectés.

La tare des wagons ne doit pas dépasser 6.000 kilogrammes, le poids en charge, 8 tonnes par essieu.

Art. 3. — *Présentation et immatriculation.*— Les wagons seront présentés à l'acceptation de l'Administration qui les fera examiner dans ses ateliers.

La réception sera constatée par l'immatriculation.

Cette immatriculation consistera dans l'apposition de marques sur le châssis et la caisse du wagon et dans l'inscription du véhicule à la suite du contrôle du matériel admis à circuler sur les voies du chemin de fer.

L'autorisation de faire circuler le véhicule sera remise au propriétaire. Cette autorisation ne sera valable que si celui-ci se conforme aux prescriptions du présent arrêté relatives à l'entretien.

Elle pourra être retirée en cas de non exécution de ces prescriptions et dans ce cas le propriétaire devra enlever son wagon des voies de l'Administration, faute de quoi, il lui sera compté les frais de stationnement pour chômage prévus par les tarifs en vigueur.

Art. 4. — *Circulation des wagons.* — Les wagons doivent être remis au chemin de fer prêts à rouler et les boîtes à graisse complètement garnies.

L'expéditeur et le destinataire doivent constater avec les agents de l'Administration, aux gares d'expédition et de destination, l'état dans lequel les wagons sont reçus ou remis par le chemin de fer.

Les agents du chemin de fer ont le droit de refuser de laisser circuler les wagons qui ne paraîtraient pas offrir toute sécurité.

En cours de route, les wagons sont visités par les agents du chemin de fer comme le matériel de celui-ci.

L'addition d'huile, en cours de route, est faite par les soins et aux frais du chemin de fer.

Art. 5. — *Entretien.* — L'entretien des wagons est à la charge des propriétaires. Il peut, au gré de ceux-ci et sauf les exceptions ci-après indiquées, être assuré par l'industrie privée ou par l'Administration. Les boîtes à graisse sont soumises à des révisions périodiques par les soins de l'Administration comme il est d'usage pour les véhicules de l'Administration elle-même.

L'entretien des pièces intéressant la sécurité, telles que les roues montées, les ressorts de choc, de traction et de suspension, les boîtes à graisse, la membrure du châssis, les plaques de garde, tampons, les attelages, les freins, etc... etc, sera fait obligatoirement par l'Administration dans les mêmes conditions de délai que pour son propre matériel.

Si, en cours de route, les véhicules ont à subir une réparation urgente, telle que remplacement de plaque de garde, de boîte, de tampon, etc., cette réparation sera faite d'urgence et sans avis préalable par l'Administration. Le travail sera effectué aux frais des propriétaires, d'après les prix de revient (frais généraux compris) augmentés des frais de transport supplémentaires depuis le point où l'avarie a été constatée jusqu'à l'atelier de réparation et depuis cet atelier jusqu'à la gare où les véhicules sont remis en service.

Si certaines pièces de wagons ne sont pas semblables à celles des wagons de la colonie, les propriétaires sont tenus de remettre à l'avance à l'Administration un certain nombre de pièces de rechange prêtes à être mises en place. En ce qui concerne les essieux, même dans le cas où ceux du véhicule de l'intéressé seraient de l'un des types adoptés pour les véhicules de l'Administration, il devra toujours en être approvisionné d'avance une quantité suffisante pour assurer l'entretien.

L'Administration ne saurait avoir aucune responsabilité dans les retards dus à l'entretien ou aux réparations qui proviendraient de l'insuffisance de ces approvisionnements.

Le transport de ces pièces sera taxé aux prix des tarifs commerciaux.

S'il était nécessaire de transborder la marchandise, les frais de cette opération seraient ajoutés aux frais de transport.

Le chemin de fer demeure seulement responsable des avaries provenant d'accidents, de chocs anormaux occasionnés par ses agents, soit en cours de route, soit dans ses gares ; dans ces divers cas, le transbordement de la marchandise et les réparations sont faits par le chemin de fer à ses frais.

Les propriétaires des wagons ne pourront modifier, en aucune façon, les marques et inscriptions apposées par l'Administration.

Aucune modification, de quelque nature qu'elle soit, ne peut être apportée aux wagons admis, sans l'autorisation écrite de l'Administration.

Art. 6 — *Transports nécessités par les réparations.* — Il n'est dû aucune indemnité par le chemin de fer pour le chômage des wagons pendant leur réparation, mais cette réparation est opérée avec toute la célérité possible.

Les wagons vides envoyés dans les ateliers du chemin de fer soit pour y être réparés, soit pour y être soumis aux visites périodiques que l'Administration fait subir à ses propres wagons, sont taxés, conformément aux tarifs en vigueur, pour le trajet d'aller et de retour séparément. Toutefois, cette taxe n'est pas perçue lorsque la réparation est rendue nécessaire par une avarie dont le chemin de fer est responsable aux termes de l'article 5 ci-dessus.

Art. 7. — *Recouvrement des dépenses d'entretien.* — L'entrée de chaque véhicule aux ateliers pour les visites périodiques et pour les réparations faites par l'Administration, soit obligatoirement, soit sur la demande du propriétaire, donne lieu à l'ouverture d'un compte.

La dépense, décomptée comme il a été dit à l'article 5, fera l'objet d'une facture dont le recouvrement sera obtenu au moyen d'un ordre de recette.

Art. 8. — *Admission sur les lignes des compagnies particulières.* — Les wagons immatriculés par l'Administration seront admis sur les voies des compagnies particulières de chemins de fer.

De même, ces compagnies pourront immatriculer des wagons appartenant à des particuliers, pourvu que ces véhicules satisfassent aux conditions fixées par l'arrêté du 18 Février 1904, et cette immatriculation sera considérée comme valable par l'Administration qui acceptera lesdits wagons sur ses voies.

Dans ce cas, les visites obligatoires et l'entretien des pièces intéressant la sécurité dont il est question à l'article 5 ci-dessus, seront assurés par la compagnie qui aura procédé à l'immatriculation.

ARRÊTÉ.
31 Janvier 1907.

Modifiant l'article 4 de l'arrêté du 16 Décembre 1904, créant une caisse centrale à la circonscription d'exploitation des chemins de fer

Article premier. — L'article 4 de l'arrêté du 16 Décembre 1904 sus-visé est modifié comme suit :

« Le montant des titres à recouvrer et des cessions est versé aux Caisses du Trésor, en espèces ou en mandats émis au nom du Trésorier général de l'Indochine, dans les trente jours qui suivent l'envoi des factures de transport ou de cessions ».

Art. 2. — Le Secrétaire général de l'Indochine et le Directeur général des Travaux publics sont chargés, chacun en ce qui le concerne, de l'exécution du présent arrêté.

ARRÊTÉ
10 Février 1908

Rapportant celui du 21 Août 1905 autorisant le Directeur général des Travaux publics à délivrer à certains fonctionnaires et agents des cartes de circulation gratuite sur le réseau ferré de la colonie

Article premier. — L'arrêté sus-visé du 31 Août 1905 est rapporté.

Art. 2. — Les fonctionnaires chargés du contrôle de l'exploitation et les agents des chemins de fer que le service appelle à circuler fréquemment dans les trains reçoivent seuls des cartes de circulation dites cartes de service, valables sur tout ou partie du réseau.

Toutefois, par exception aux dispositions ci-dessus, le Directeur général des Travaux publics est autorisé à délivrer (à titre de réciprocité) aux Ingénieurs des chemins de fer français ou étrangers en mission d'études en Indochine, des cartes de service leur donnant les mêmes droits de circulation qu'aux Ingénieurs des chemins de fer de la Colonie.

Art. 3. — Les fonctionnaires et agents des différentes Administrations de l'Indochine pour lesquels cette mesure aura été reconnue utile par le chef de service, pourront recevoir une carte d'abonnement à prix réduit sur les chemins de fer de la colonie. Le nombre maximum de carte qui pourront être délivrées ainsi à la demande des chefs de service est fixé pour chacun par le tableau annexé au présent arrêté.

Des cartes de même nature pourront être délivrées aux journalistes, sur l'ordre du Gouverneur général : cet ordre tiendra lieu de pièce de recette ; le versement sera fait par l'intéressé à la caisse du chemin de fer.

Art. 4. — Chaque année les Chefs des services généraux et des Administrations locales feront parvenir, avant le 1er Décembre, au Directeur général des Travaux publics ou à l'Ingénieur en chef des chemins de fer le plus voisin, la liste des fonctionnaires appelés à bénéficier de cette mesure avec indication des parcours demandés.

Art. 5. — Ces cartes seront délivrées pour l'année entière et modifiées, le cas échéant, selon les dispositions de l'art. 8 ci-après.

Cependant. en ce qui concerne les journalistes, des cartes d'abonnement pourront être établies pour une durée de 3, 6 ou 12 mois.

Dans ce cas, tout trimestre ou semestre commencé comptera pour un entier, la date d'origine étant le 1er Janvier de chaque année, et les prix en seront calculés d'après les chiffres indiqués au tableau de l'art. 6 ci-après divisés par 4 ou par 2.

Art. 6. — Le prix de ces cartes sera payé au service du chemin de fer par le budget qui assure la solde du fonctionnaire d'après le tableau suivant donnant le tarif pour l'année entière ;

	1re CLASSE	2me CLASSE	3me CLASSE
Jusqu'à 100 kilomètres.......	50 $ 00	35 $ 00	20 $ 00
Pour chaque fraction indivisible de 50 kilomètres en sus des 100 premiers..................	10 00	7 00	4 00

Il ne sera pas délivré de cartes à charge de remboursement par le titulaire.

Art. 7. — Les conditions d'application sont celles du tarif spécial G. V. N° 3 du 16 Septembre 1900, sauf en ce qui concerne la photographie et le cautionnement de 10 $ 00 qui ne sont pas exigés pour les cartes faisant l'objet du présent arrêté.

Art. 8. — En cas d'intérim ou de mutation, la carte sera envoyée à l'Ingénieur en chef des chemins de fer le plus voisin par le service intéressé, qui fera connaître le nom du titulaire.

Le changement de nom sera fait et la carte transmise au nouveau titulaire sans aucun frais. Pendant l'intervalle, le fonctionnaire nouvellement installé voyagera sur réquisition.

Art. 9. — Une convention spéciale entre le directeur général des Travaux Publics et le directeur général des Postes et Télégraphes règlera la façon dont devront voyager les ouvriers télégraphistes et les surveillants circulant pour réparer et entretenir les fils appartenant au chemin de fer.

Art. 10 — La carte d'abonnement donne droit au transport gratuit de 30 kilogrammes de bagages, sauf les frais d'enregistrement, s'il y a lieu.

TABLEAU ANNEXE A L'ARRÊTÉ DU 10 FÉVRIER 1908

INDICATION DES SERVICES	NOMBRE MAXIMUM de cartes d'abonnement susceptibles d'être délivrées en vertu de l'article 3 de l'arrêté du 10 Février 1908. Pour le réseau	Dans les limites de la circonscription ou du commandement ou pour se rendre au chef-lieu de l'Administration locale.	OBSERVATIONS
Gouvernement Général	6	»	
Direction Générale des Finances et de la Comptabilité	5	»	
Inspecteurs des Colonies	4	»	
Armée	5	10	
Marine	5	2	
Commissariat des troupes coloniales	1	»	
Gendarmerie	1	6	
Contrôle Financier	2	2	
Service Judiciaire	1	35	
Trésor	1	5	
Douanes et Régies	3	5	
Postes et Télégraphes	2	6	
Direction Générale de l'Agriculture, des Forêts et du Commerce	2	4	
Service de Santé	2	4	(1) 2 pour chacun des pays de l'Union;
Ecole de Médecine	1	»	(2) 12 pour la Cochinchine, 16 pour l'Annam, 26 pour le Tonkin.
Ecole Française d'Extrême-Orient	2	»	
Administration locale	10(1)	54 (2)	
Instruction publique	1	2	
Travaux Publics	2	18	

ARRÊTÉ
10 Mars 1908

Règlementant la création et la modification des tarifs des chemins de fer de l'Indochine

Artcle premier. — Une taxe de quelque nature qu'elle soit ne pourra être perçue par les circonscriptions des Chemins de fer de la Colonie qu'en vertu d'une homologation du Gouverneur Général de l'Indochine.

La même règle est applicable aux compagnies concessionnaires du chemin de fer sauf les exceptions stipulées par leurs cahiers des charges, conventions et autres textes ayant force légale. Elle est notamment applicable à la compagnie du chemin de fer de l'Indochine et du Yunnan chaque fois que cette compagnie est obligée de soumettre ses taxes à l'approbation du Gouverneur Général.

Art. 2. — Lorsque l'Administration ou la compagnie voudra apporter quelques changements aux prix autorisés ou présenter des tarifs nouveaux, l'Ingénieur en Chef de la circonscription intéressée ou le Directeur de la compagnie devront en informer séparément le Gouverneur Général, le Directeur Général des Travaux Publics, l'Ingénieur en Chef du Contrôle compétent, le Chef de l'Administration locale et les Présidents des Chambres de Commerce ou autres chambres consultatives des pays traversés.

Le public sera, en même temps, informé des changements soumis à l'approbation par des affiches apposées dans les lieux les plus apparents des gares et stations.

Art. 3. — Le Chef de l'Administration locale et les Présidents des chambres de Commerce ou Chambres consultatives intéressés seront admis à présenter, dans le délai d'un mois à compter de la date de l'affiche, leurs observations motivées, consignées dans un rapport qui sera établi en double et adressé séparément au Gouverneur Général et au Directeur Général des Travaux Publics. L'Ingénieur en Chef du Contrôle remettra son avis au Directeur Général des Travaux Publics.

Art. 4. — Le Gouverneur Général statuera sur les propositions qui lui seront soumises par le Directeur Général des Travaux Publics. Si les nouvelles taxes sont approuvées sans modifications, elles pourront être valablement perçues dès la signature de l'arrêté d'homologation.

Si des modifications à quelques uns des prix affichés sont prescrites par le Gouverneur Général, les prix modifiés devront être affichés de nouveau et ne pourront être mis en perception qu'un mois après la date des affiches.

Toutefois le Gouverneur Général pourra, en cas d'urgence, autoriser l'application d'un tarif réduit avant l'expiration du délai d'affichage.

Art. 5. — Le Directeur Général des Travaux Publics de l'Indochine est chargé de l'exécution du présent arrêté.

ARRÊTÉ
16 Avril 1908

Autorisant les ingénieurs en chef des circonscriptions des chemins de fer à accorder et à faire payer sur les recettes du trafic des indemnités pour accidents, pertes, vols et avaries.

Article premier. — Les Ingénieurs en chef de chaque circonscription de chemins de fer ont délégation permanente pour accorder et faire payer d'urgence, sur les recettes du trafic, des indemmités au public pour accidents de personne survenus à la suite de déraillements, fausses manœuvres, tamponnements, etc., pour incendies causés par les flammèches des locomotives, pour retards, pertes, vols et avaries survenus en cours de transport.

Ils ont également délégation permanente pour accorder et faire payer d'urgence, sur les recettes du trafic, des secours aux familles des agents indigènes de l'exploitation victimes d'accidents dans l'exercice de leurs fonctions. Ces délégations ne s'appliquent qu'aux cas où le montant total des indemnités à allouer ne dépasse pas 1.000 piastres et le montant total des secours 100 piastres et où le montant des sommes à allouer individuellement à chacun des particuliers intéressés n'est pas supérieur à deux cent piastres (200 $ 00) pour les indemnités et à cinquante piastres (50 $ 00), pour les secours.

Art. 2. — Les indemnités et les secours sont payés d'urgence sur l'ordre des ingénieurs en chef de circonscription des chemins de fer par les caissiers desdites circonscriptions sur états revêtus de l'acquit des ayants-droit et spécifiant, quand il s'agit d'indemnités, que les indemnitaires renoncent à tout recours contre l'Administration.

Art. 3. — La régularisation des sommes ainsi avancées sur les recettes du trafic est effectuée par mandats budgétaires imputés sur les crédits alloués à la circonscription qui a accordé les indemnités ou secours, et établis au nom du caissier central de ladite circonscription contre lequel des ordres de recette de même valeur sont émis en même temps.

Le montant desdits mandats est considéré comme un versement sur les produits de l'exploitation des chemins de fer.

L'état d'indemnité ou de secours prescrit par l'article 2 du présent arrêté constitue la pièce justificative du paiement et est mis à l'appui du mandat de régularisation.

ARRÊTÉ
12 Mai 1908

Portant réorganisation du service du contrôle des chemins de fer et des tramways

Article premier. — Le service du contrôle des chemins de fer et tramways fait partie, conformément à l'article 1er de l'arrêté du 19 Février 1907, des attributions des ingénieurs en chef des circonscriptions territoriales, le ressort de chacun d'eux étant en principe limité au pays correspondant de l'Indochine.

Toutefois, le contrôle d'une ligne traversant deux pays de l'Indochine pourra être placé dans les attributions d'un seul ingénieur en chef par un arrêté spécial.

L'ingénieur en chef de la circonscription territoriale du Tonkin est chargé en outre du contrôle de l'exploitation de la ligne de Lao-Kay à Yunnan-sen, à partir du moment où chaque section de cette ligne sera régulièrement mise en exploitation.

Art. 2. — Le directeur général des Travaux publics désignera les agents chargés d'assister l'Ingénieur en chef du contrôle et donnera toutes les instructions nécessaires pour la marche du service, sous forme de décision, de circulaire ou d'ordre spécial.

Art. 3. — Le service du contrôle des chemins de fer et tramways est institué pour :

1° Donner son avis sur toutes les décisions spéciales ou générales que les diverses autorités de l'Indochine ont à prendre en matière de chemins de fer et de tramways, soit que ces autorités interviennent comme représentants de la puissance publique, soit qu'elles agissent pour la gestion et la défense des intérêts budgétaires qui leur sont confiés.

Cet avis est donné lorsque les lois et règlements exigent la consultation des ingénieurs, ou lorsque l'autorité qui doit prendre la décision réclame cet avis par son information ;

2° Prendre l'initiative de toute nouvelle décision et de toute modification aux actes existants et en soumettre le projet à l'autorité compétente ;

3° Surveiller l'exécution des lois, règlements, décisions générales ou spéciales de toute nature relatifs aux chemins de fer ou aux tramways ; donner son avis sur les réglementations particulières des personnes intéressées ; constater les crimes, délits et contraventions concernant les chemins de fer et tramways et en dresser procès-verbal ; assister les magistrats dans la recherche des causes des accidents et dans la détermination des responsabilités ;

4° Donner son avis sur toutes les questions qui lui seront soumises par les autorités désignées au paragraphe 1 du présent article.

Art. 4. — Les attributions classées sous les numéros 1 et 2 de l'article 3 ci-dessus ne sont pas exercées par le service du contrôle en ce qui concerne les chemins de fer et tramways construits ou exploités par un service public de l'Indochine. Pour ces voies ferrées, l'ingénieur en chef, chargé de la construction ou de l'exploitation, prépare seul les décisions à prendre ; il est autorisé, néanmoins, à prendre l'avis de l'Ingénieur en chef du contrôle et, dans le cas où il use de cette faculté, il doit joindre cet avis à ses propositions.

Art. 5. — Sont abrogés l'arrêté du 9 Janvier 1904, plaçant le service du contrôle dans les attributions de l'Ingénieur en chef des mines, et l'arrêté du 17 Octobre 1905, fixant les attributions de l'ingénieur en chef des mines chargé de la direction du contrôle des voies ferrées.

Les machines fixes des chemins de fer et tramways et les machines locomotives considérées comme appareils à production de vapeur restent soumises à la surveillance du service des mines conformément aux règlements sur la matière. Le service du contrôle se fait, néanmoins, présenter toutes pièces justificatives des épreuves règlementaires.

ARRÊTÉ
25 Mai 1908

Modifiant, en ce qui concerne l'Administration des postes et télégraphes, le tableau annexé à l'arrêté du 10 février 1908 relatif à la délivrance, à titre onéreux, des cartes de circulation sur le réseau ferré de la colonie, à certains fonctionnaires et agents des divers services de l'Indochine.

Article premier. — Le tableau annexé à l'arrêté susvisé du 10 Février 1908 est modifié ainsi qu'il suit en ce qui concerne le service des Postes et des Télégraphes :

INDICATION des SERVICES	NOMBRE MAXIMUM de cartes d'abonnement susceptibles d'être délivrées en vertu de l'article 3 de l'arrêté du 10 Février 1908.		OBSERVATIONS
	Pour le réseau ..	Dans la limite de la circonscription ou du commandement pour se rendre au chef-lieu de l'Administration locale.	
Postes et Télégraphes...	2	9 (1)	(1) Y compris 3 cartes accordées aux chefs de service de l'Annam de la Cochinchine et du Tonkin.

Art. 2. — Le Directeur général des Finances et de la Comptabilité et le Directeur général des Travaux publics de l'Indochine sont chargés, chacun en ce qui le concerne, de l'exécution du présent arrêté.

ARRÊTÉ
5 Novembre 1908

Autorisant la délivrance des cartes de circulation gratuite sur les chemins de fer aux directeurs des différents journaux.

Article premier. — Des cartes de circulation gratuite pourront être délivrées aux directeurs des différents journaux, par ordre spécial du Gouverneur Général.

Ces cartes seront visées par le Gouverneur Général ou son délégué ; elles seront rigoureusement personnelles.

Art. 2. — Le Directeur général des Travaux Publics de l'Indochine est chargé de l'exécution du présent arrêté.

ARRÊTÉ
16 Novembre 1908

Supprimant la direction des routes et de la navigation et modifiant les tableaux A et B annexés à l'arrêté du 4 mai 1907, en ce qui concerne le nombre d'emplois d'ingénieurs en chef directeurs, d'ingénieurs en chef et d'ingénieurs principaux, et leur répartition dans les services de la direction générale, de la circonscription territoriale du Cambodge et de la circonscription du contrôle de construction des chemins de fer.

Article premier. — La direction des routes et de la navigation est supprimée.

Art. 2. — Les tableaux A et B annexés à l'arrêté du 4 Mai 1907 sont modifiés comme suit, en ce qui concerne le nombre des emplois d'ingénieurs en chef directeurs, d'ingénieurs en chef et d'ingénieurs principaux et leur répartition dans les services de la direction générale, de la circonscription territoriale du Cambodge et de la circonscription du contrôle des chemins de fer en construction.

TABLEAU A

RÉDACTION ANCIENNE			RÉDACTION NOUVELLE		
DÉSIGNATION des EMPLOIS	GRADE NORMAL	NOMBRE	DÉSIGNATION des EMPLOIS	GRADE NORMAL	NOMBRE
DIRECTION GÉNÉRALE					
Direction générale..	Directeur général	1	Direction générale ..	Directeur général	1
Directions..	Ingénieurs en chef directeurs.....	2	Direction des Chemins de fer	Ingénieur en chef directeur.....	1
			Adjoint au directeur général ...	Ingénieur principal.........	1
CIRCONSCRIPTIONS TERRITORIALES Cambodge					
Service général.			Service général		
Chef de circonscription.	Ingénieur principal........	1	Chef de circonscription	Ingénieur en chef	1
CIRCONSCRIPTIONS SPÉCIALES *Circonscription du Contrôle de construction des Chemins de fer.*					
Chef de circonscription.	Ingénieur en chef	1	Chef de circonscription	Ingénieur principal	1

TABLEAU B

RÉDACTION ANCIENNE		RÉDACTION NOUVELLE	
DÉSIGNATION DES GRADES	NOMBRE	DÉSIGNATION DES GRADES	NOMBRE
Ingénieurs en chef directeurs	2	Ingénieur en chef directeur	1
Ingénieurs en chef	5	Ingénieurs en chef	6
Ingénieurs principaux chefs de service	8	Ingénieurs principaux chefs de service	8

Art. 3. — A titre transitoire et jusqu'à ce qu'il ait été possible de désigner un ingénieur en chef pour occuper l'emploi de chef de la circonscription territoriale du Cambodge, le fonctionnaire chargé de l'intérim recevra les frais de service annuels attribués au grade d'ingénieur principal de 1ère classe.

Art. 4. — Le Résident Supérieur au Cambodge et le Directeur général des Travaux Publics de l'Indochine sont chargés, chacun en ce qui le concerne, de l'exécution du présent arrêté.

DÉCRET
31 Décembre 1908

Portant application en Indochine de la loi du 17 Juillet 1908, établissant, en cas d'accident, la responsabilité des conducteurs de véhicules de tout ordre.

(Promulgué le 3 Mars 1909)

Article premier. — La loi du 17 Juillet 1908, établissant, en cas d'accident, la responsabilité des conducteurs de véhicules de tout ordre, est déclarée applicable en Indochine.

Art. 2. — Le Ministre des Colonies est chargé de l'exécution du présent décret.

ARRÊTÉ
14 Avril 1909

Désignant les fonctionnaires auxquels doivent être adressées les propositions faites par les compagnies et administrations exploitantes de voies ferrées et relatives aux mesures spéciales à prendre pour l'expédition et la marche des trains extraordinaires.

Article premier. — Les propositions que les compagnies et administrations exploitantes de voies ferrées doivent faire, en vertu du 1er paragraphe de l'article 30 de l'arrêté du 18 Février 1904, au sujet des mesures spéciales à prendre pour l'expédition et la marche des trains extraordinaires, seront adressées à l'ingénieur en chef du contrôle.

Dans le cas où le service du contrôle estimera nécessaire de prescrire des précautions non prévues par les règlements d'exploitation, il en sera référé au directeur général des Travaux Publics qui saisira de la question le Gouverneur Général.

Art. 2 — Les fonctionnaires à qui les Compagnies et Administrations exploitantes devront faire la déclaration visée au paragraphe 2 du même article 30, pour la mise en marche des trains extraordinaires, sont :

1° Pour le réseau Nord de la colonie et pour les voies ferrées concédées dont les directions locales sont au Tonkin : l'ingénieur spécialement affecté au contrôle ou à son défaut, l'inspecteur des chemins de fer attaché au contrôle ;

2° Pour le réseau de l'Annam central : l'agent chargé du contrôle de la ligne (Ingénieur ou Conducteur);

3° Pour le réseau Sud de la colonie et pour les voies ferrées concédées dont les directions locales sont en Cochinchine : l'ingénieur chargé du contrôle en Cochinchine ou, à défaut, l'agent (inspecteur ou conducteur) qui lui est adjoint.

Art. 3. — Le Directeur général des Travaux Publics de l'Indochine est chargé de l'exécution du présent arrêté.

ARRÊTÉ
28 Novembre 1909

Ramenant à trois le nombre de Circonscriptions de Chemins de fer et supprimant la Circonscription du Contrôle de construction.

Article premier. — Le nombre de Circonscriptions de Chemins de fer fixé à quatre par l'arrêté du 19 Février 1907 susvisé est ramené à trois dont la consistance et la dénomination sont indiquées ci-après :

Circonscription du Nord, comprenant le Tonkin et le Nord de l'Annam jusqu'à la province de Vinh et le Contrôle de la Construction de la ligne du Yunnan.

Circonscription de l'Annam-Central, comprenant toutes les provinces de l'Annam situées entre celles de Vinh et Phu-Yên (non comprises).

Circonscription du Sud, comprenant toute la Cochinchine et les provinces du Sud de l'Annam jusque et y compris celle de Phu-Yên.

Cette délimitation est simplement indicative et lorsqu'une ligne traverse deux régions, la limite précise des deux Circonscriptions sur cette ligne est fixée par une décision du Gouverneur Général.

Sur la ligne de Vinh à Quang-Tri la limite des deux Circonscriptions est fixée à la traversée de la rivière de Cam-Lo, cette traversée étant rattachée à la Circonscription du Nord.

Sur la ligne de Tourane à Nha-Trang, la limite est à la traversée de la rivière de Binh-Dinh, l'étude de la traversée elle-même étant rattachée à la Circonscription du Sud.

Art. 2. — La Circonscription du Contrôle de construction est supprimée en tant que Circonscription spéciale, les affaires y relatives étant rattachées à la Circonscription du Nord.

Art. 3. — Le Directeur Général des Travaux Publics est chargé de l'exécution du présent arrêté.

ARRÊTÉ
1er Mars 1910

Règlementant le mode d'établissement et de taxation des cartes d'abonnement au chemin de fer à délivrer aux fonctionnaires des diverses Administrations de l'Indochine et aux journalistes.

Article premier. — Est abrogé l'article 5 de l'arrêté du 10 Février 1908 susvisé.

Art. 2. — Les cartes d'abonnement à délivrer aux fonctionnaires des diverses Administrations de l'Indochine ou aux journalistes, conformément à l'article 3 dudit arrêté, seront désormais établies pour la période de temps comprise entre la date de leur délivrance et le 31 Décembre de l'année en cours. La taxation en sera décomptée par mois, pour la même période, à raison du douzième de la redevance fixée à l'article 6 de l'arrêté précité, tout mois commencé étant décompté en entier.

Art. 3. — Le Directeur Général des Finances et de la Comptabilité et le Directeur Général des Travaux Publics de l'Indochine sont chargés, chacun en ce qui le concerne, de l'exécution du présent arrêté.

ARRÊTÉ
29 Décembre 1910

Modifiant l'article 8 de l'arrêté du 1er Juillet 1907 relatif à la gestion des caisses de recettes de l'exploitation des chemins de fer de l'Indochine.

Article premier. — L'article 8 de l'arrêté du 1er Juillet 1907 susvisé est modifié ainsi qu'il suit :

« 1. — Le caissier central recevra, à titre d'indemnité de respon-
« sabilité, exclusive de toute indemnité spéciale de fonctions, une
« allocation annuelle de mille deux cents francs pour la circonscription
« des chemins de fer du Nord, de sept cent cinquante francs pour la
« circonscription des chemins de fer du Sud et de six cents francs
« pour la circonscription des chemins de fer de l'Annam-Central.

« II. — Dans le cas où un régisseur comptable serait désigné, ce « dernier toucherait une indemnité de responsabilité de un pour mille, « décomptée tous les trois mois, jusqu'à concurrence d'un maximum « de 1.200 francs ».

Art. 2. — Les dispositions du § 11 de l'art. 1er du présent arrêté s'appliquent à tous les régisseurs comptables des circonscriptions territoriales et maritimes de l'Indochine.

Art. 3. — Le Directeur général des Finances et de la Comptabilité et le Directeur général des Travaux Publics de l'Indochine sont chargés, chacun en ce qui le concerne, de l'exécution du présent arrêté.

DÉCRETS
20 Décembre 1911

Relatifs 1° à la réquisition des chemins de fer et tramways en Indochine ; 2° à l'organisation du service militaire des chemins de fer en Indochine ; 3° à l'organisation d'une section de chemins de fer de campagne en Indochine.

(Prom. par arrêté du 21 Mars 1912)

1°

CHAPITRE I

DISPOSITIONS GÉNÉRALES

Article premier. — Quand les circonstances intérieures ou extérieures l'exigent, le Gouverneur général de l'Indochine détermine par arrêté les conditions dans lesquelles le droit de réquisition sur les chemins de fer et tramways indochinois pourra s'exercer par l'intermédiaire de l'autorité militaire, ainsi que la date à partir de laquelle ce droit sera ouvert et les portions de territoire sur lesquelles il pourra s'étendre.

Art. 2. — La réquisition des chemins de fer et tramways en Indochine s'effectue sous deux régimes différents :

a) La réquisition limitée ;

b) La réquisition totale.

La réquisition, quel qu'en soit le régime, est notifiée à chaque Compagnie ou Administration de chemins de fer ou de tramways par un arrêté du Gouverneur général. La cessation de la réquisition est également notifiée dans la même forme. Un nouvel arrêté du Gouverneur général est nécessaire pour passer d'un régime à l'autre.

CHAPITRE II

DE LA RÉQUISITION LIMITÉE

Art. 3. — Les Compagnies ou Administrations auxquelles il est fait application de la réquisition limitée continuent d'une façon normale leur exploitation commerciale. Toutefois ces Compagnies et Administrations ont l'obligation d'exécuter, dans les conditions qui leur sont indiquées par l'autorité militaire, tous les transports de personnel et de matériel dont celle-ci peut avoir besoin. Ces transports ainsi requis ont la priorité sur tous autres transports.

Art. 4. — Sous le régime de la réquisition limitée, les transports militaires, prévus à l'article 3 du présent décret, sont exécutés par les Compagnies et Administrations intéressées, sous la haute autorité du Général Commandant supérieur des troupes, sur l'ordre de l'officier supérieur, président de la commission militaire centrale des chemins de fer de l'Indochine. Cet officier supérieur peut, en ce qui concerne ces ordres de transports, déléguer ses pouvoirs aux commissaires militaires, membres des commissions régionales (prévues par le décret règlant l'organisation du service militaire des chemins de fer en Indochine).

Art. 5. — Les transports de personnel et de matériel effectués par les Compagnies et Administrations de chemins de fer et de tramways sous le régime de la réquisition limitée leur sont payés aux conditions fixées soit par les accords spéciaux intervenus entre le Gouverneur général de l'Indochine et les Compagnies intéressées soit par les décisions du Gouverneur général, en ce qui concerne les lignes directement exploitées par la colonie.

Si aucun accord ou décision n'existe à ce sujet, le prix de ces transports est fixé à la moitié des tarifs en vigueur ; toutefois le transport du personnel en voitures de 4e classe ne donne lieu à aucune réduction.

Art. 6. — Les Compagnies et Administrations doivent effectuer par préférence et avant tous autres les transports visés à l'article 3 ci-dessus et nonobstant toutes clauses inscrites soit aux cahiers des charges de leurs concessions, soit aux tarifs homologués, notamment en ce qui concerne les délais à elles impartis pour les transports de marchandises.

CHAPITRE III

DE LA REQUISITION TOTALE

Art. 7. — En cas de réquisition totale, les Compagnies et Administrations de chemins de fer et de tramways sont placées (en totalité ou en partie) sous les ordres de l'autorité militaire.

La direction des lignes et réseaux requis est exercée, sous la haute autorité du Général Commandant supérieur des troupes, par l'officier supérieur, directeur des chemins de fer de l'Indochine. Ce directeur a sous ses ordres des commissions régionales.

L'Exploitation est assurée par les Compagnies ou Administrations dont le personnel a été préalablement militarisé et auxquelles l'autorité militaire peut, en cas de besoin, adjoindre des formations militaires spéciales.

Le personnel et le matériel des Compagnies ou Administrations ainsi requises peuvent être indifféremment employés, sans distinction de réseaux d'origine, sur toutes les lignes sur lesquelles il peut être utile de s'en servir.

Art. 8. — Dans le cas de réquisition totale, les transports militaires exécutés par les Compagnies ou Administrations de chemins de fer et de tramways leur sont payés dans les conditions fixées par l'article 5 du présent décret.

CHAPITRE IV

DISPOSITIONS DIVERSES

Art. 9. — Quel que soit le régime de réquisition en vigueur, l'autorité militaire peut requérir des compagnies et Administrations de chemins de fer et de tramways le matériel de toute nature, ainsi que les matières consommables qui lui sont nécessaires.

Le matériel ainsi requis est préalablement inventorié ; l'estimation portée à l'inventaire sert de base à l'indemnité à allouer en cas de perte ou d'avarie.

En cas de réquisition des matières consommables (combustibles, matières grasses, etc.), les prix à percevoir par chaque compagnie ou Administration appelée à les fournir se composent : 1° du prix d'achat ; 2° des frais de transport sur les voies étrangères à la compagnie ou administration qui les a fournies ; 3° des frais de transport sur le réseau exploité par la dite compagnie ou administration ; 4° s'il y a lieu, des droits de douane et de transit acquittés par ces matières.

Art. 10. — Des arrêtés et instructions du Gouverneur Général de l'Indochine détermineront, sur la proposition du Général Commandant supérieur des troupes et après avis du Chef du service des chemins de fer, les dispositions de détail relatives à l'exécution du présent décret.

Art. 11. — Le Ministre des Colonies et le Ministre de la Guerre sont chargés, chacun en ce qui le concerne, de l'exécution du présent décret.

2°

CHAPITRE I

DISPOSITIONS D'ORDRE GÉNÉRAL

Article premier. — Toutes les fois que le régime de la réquisition totale, prévu par les articles 2, 7 et 8 du décret du 20 Décembre 1911 sur la réquisition des chemins de fer en Indochine, est appliqué sur tout ou partie des lignes de chemins de fer et de tramways de l'Indochine, le service sur les lignes requises relève du Général Commandant supérieur des troupes. Celui-ci a la faculté de mettre à la disposition des Commandants territoriaux des différents pays constituant l'Indochine tout ou partie du réseau ferré situé sur leur circonscription territoriale.

Art. 2. — Les formations militaires spéciales, auxquelles sont affectés les employés et agents des chemins de fer et tramways de l'Indochine, sont appelés à l'activité dès la publication de l'ordre de mobilisation.

Le Gouverneur Général peut également, quand les circonstances intérieures l'exigent, après avis du Général Commandant supérieur des troupes, prescrire par arrêté l'appel à l'activité de ces formations militaires spéciales. Cette militarisation s'applique soit à la totalité, soit seulement à une partie du personnel.

Tous les agents ou employés faisant partie de ces formations spéciales sont militarisés sur place avec le grade dont ils sont revêtus dans ces formations. Ils sont soumis, à partir de ce moment, à la juridiction militaire.

Tous les agents non affectés aux formations visées ci-dessus et non mobilisés à un autre titre sont considérés comme requis personellement et, en cas d'abandon de leur poste, ils sont passibles d'une amende de 16 à 50 francs et d'un emprisonnement de six jours à cinq ans, ou d'une de ces deux peines seulement.

CHAPITRE II

ORGANISATION DU TEMPS DE PAIX

Art. 3. — Une commission dite « Commission militaire centrale des chemins de fer de l'Indochine », placée sous la haute direction du Général Commandant supérieur des troupes, est chargée, en temps de paix, d'étudier et de préparer toutes les mesures concernant l'emploi éventuel des voies ferrées en cas de guerre ou de troubles intérieurs.

Elle se compose :

1° d'un officier supérieur désigné par le Général Commandant supérieur des troupes, Président ;

2° d'un fonctionnaire du service des chemins de fer, nommé par le Gouverneur Général, sur la proposition du Chef de ce service.

Ces deux membres ont voix délibérative.

3° d'un représentant des compagnies concessionnaires désigné à la suite d'un accord entre ces compagnies et agréé par le Gouverneur général, ou nommé d'office par ce dernier à défaut d'entente.

Ce troisième membre n'a que voix consultative.

Art. 4. — Les commissions régionales sont composées chacune de deux membres :

1° Un membre militaire, officier supérieur ou subalterne, portant le titre de commissaire militaire, désigné par le Général Commandant supérieur des troupes;

2° Pour chaque réseau, un représentant des compagnies ou Administrations intéressées portant le titre de commissaire technique. Ce commissaire ne fait partie de la commission que pour les affaires du réseau qu'il représente des compagnies ou Administrations intéressées.

Ces commissions étudient en temps de paix, d'après les indications de la commission militaire centrale, les mesures de détail concernant les transports militaires éventuels sur les lignes ferrées placées dans leur zone d'action. Elles soumettent à l'approbation de la commission centrale, à qui il appartient de prendre ou de provoquer, s'il y a lieu, les décisions nécessaires, toutes les propositions relatives aux règles militaires et techniques à appliquer en vue des transports militaires à prévoir, à la répartition éventuelle du personnel et du matériel, à la constitution de matériel spécial ou à l'aménagement des lignes et des gares en vue du transport des troupes, etc...

Les Compagnies et Administrations sont tenues de fournir aux commissions régionales tous les renseignements qui peuvent leur être utiles.

Art. 5. — Des arrêtés du Gouverneur Général, pris dans les conditions prévues par l'article 9 ci-dessous, fixeront le nombre des commissions régionales et délimiteront la zone d'action de chacune d'elles.

CHAPITRE III

FONCTIONNEMENT DU SERVICE DES LIGNES PLACÉES SOUS LE RÉGIME DE LA RÉQUISITION TOTALE

Art. 6. — En cas de réquisition totale, la direction des lignes requises est exercée, sous la haute autorité du Général Commandant supérieur des troupes, par l'officier supérieur, président de la commission militaire centrale des chemins de fer de l'Indochine, qui prend, à partir de ce moment, le titre de Directeur militaire des chemins de fer et qui a pour adjoints les membres techniques de cette commission militaire centrale.

Un personnel militaire et technique complémentaire peut être mis à la disposition du Directeur militaire des chemins de fer.

Art. 7. — Le Directeur militaire des chemins de fer a sous ses ordres les commissions régionales qui exercent en son nom la direction des lignes requises situées dans leur zone d'action.

Dans chaque commission régionale le commissaire militaire, responsable de l'exécution des ordres du Directeur militaire des chemins de fer, a voix prépondérante.

Art. 8. — L'exploitation des lignes ou parties de lignes requises continue à être assurée par les compagnies ou Administrations intéressées, dans les conditions prévues par l'article 7 du décret sur la réquisition des chemins de fer en Indochine, et sous la direction des commissions régionales dans le ressort desquelles ces lignes sont placées.

Art. 9. — Des arrêtés et instructions du Gouverneur général de l'Indochine détermineront, sur la proposition du Général Commandant supérieur des troupes et après avis du Chef du service des chemins de fer, les dispositions de détail relatives à l'organisation du service militaire des chemins de fer et tramways de la colonie, en s'inspirant des principes posés par le présent décret.

Art. 10. — Le Ministre des Colonies, le Garde des Sceaux, Ministre de la Justice et le Ministre de la Guerre sont chargés, chacun en ce qui le concerne, de l'exécution du présent décret.

3°

Article premier. — Il est constitué dès le temps de paix une section de chemins de fer de campagne avec le personnel des compagnies et Administrations de chemins de fer et de tramways de l'Indochine.

Art. 2. — La section est appelée, en totalité ou par fractions, à l'activité dans les conditions prévues par l'article 2 du décret du 20 Décembre 1911, réglant l'organisation du service militaire des chemins de fer en Indochine.

En dehors des appels à l'activité prévus ci-dessus, le personnel de cette section peut être astreint à des inspections sur place, au cours desquelles les commissions régionales (établies par l'article 4 du décret précité) s'assureront que ce personnel possède l'instruction nécessaire.

Art. 3. — En temps de paix, la section de chemins de fer de campagne de l'Indochine relève, pour tout ce qui concerne son organisation, de la commission militaire centrale des chemins de fer. En cas d'appel à l'activité, elle est placée sous les ordres de l'officier supérieur, Directeur militaire ou président de la commission militaire centrale des chemins de fer de l'Indochine.

Dès que la section est appelée à l'activité, le personnel de cette section devient justiciable des Tribunaux militaires ; les lois et règlements qui régissent l'armée active lui sont applicables.

Art. 4. — Les ingénieurs, agents supérieurs ou subalternes, employés et ouvriers, soit français, soit indigènes (sujets ou protégés français) des Compagnies et Administrations visées à l'article 1er ci-dessus, font obligatoirement partie de la section de vingt à quarante-cinq ans ; ils peuvent, sur leur demande, continuer à en faire partie au delà de quarante-cinq ans.

Ceux qui sont officiers de réserve ou de l'armée territoriale sont placés hors cadres dans les conditions prévues par les articles 10 et 11 du décret du 31 Août 1878 (portant règlement sur l'état des officiers de réserve et des officiers de l'armée territoriale).

Les Compagnies et Administrations sont tenues de porter à la connaissance de leur personnel les dispositions du présent article.

Art. 5. — A partir du moment où la section est appelée à l'activité, aucune démission donnée par un agent ou employé (français ou indigène) faisant partie de cette section ne peut être acceptée qu'après le consentement du Général Commandant supérieur des troupes.

Art. 6. — La section de chemins de fer de campagne de l'Indochine forme, comme les sections de chemins de fer de campagne de la Métropole, un corps distinct ayant sa hiérarchie propre, sans aucune assimilation avec la hiérarchie militaire. Un arrêté du Gouverneur général, pris dans les conditions fixées par l'article 9 ci-dessous, définira cette hiérarchie et sa correspondance avec la hiérarchie militaire.

Art. 7. — La section comprend, en principe, autant de divisions régionales qu'il existe de commissions régionales.

Chaque division régionale se compose d'une ou plusieurs subdivisions territoriales et, s'il y a lieu, de subdivisions mobiles.

Les subdivisions territoriales forment des éléments plus spécialement destinés à être employés dans la zone d'action de leur division d'origine.

Des arrêtés du Gouverneur général, pris dans les conditions prévues par l'article 9 ci-dessous, règleront le nombre et la constitution de ces divisions et subdivisions.

Art. 8. — Le commandant de la section (traité comme officier supérieur) exerce à l'égard du personnel les fonctions de chef de corps ; il en possède toutes les attributions.

Tout ou partie de ces attributions peuvent être déléguées, en ce qui concerne le personnel sous leurs ordres, aux chefs de divisions régionales.

Art. 9. — Des arrêtés et instructions du Gouverneur général détermineront, sur la proposition du Général commandant supérieur des troupes et après avis du Chef du service des chemins de fer, les détails d'organisation, d'administration et d'emploi de la section de chemins de fer de campagne de l'Indochine.

Art. 10. — Le Ministre des colonies et le Ministre de la guerre sont chargés, chacun en ce qui le concerne, de l'exécution du présent arrêté.

ARRÊTÉ
2 Février 1912

Complétant celui du 28 Mai 1907, fixant les conditions d'établissement d'embranchements industriels, se raccordant aux voies ferrées de l'Indochine.

Article premier. — L'arrêté du 28 Mai 1907 relatif aux embranchements industriels susvisé est complété comme indiqué ci-après :

« Art. 14 bis .— Les embranchés sont responsables des avaries
« que le matériel peut éprouver pendant son parcours ou son séjour
« sur leur embranchement. ».

Art. 2 — Ces nouvelles dispositions sont également applicables aux embranchements particuliers déjà autorisés et rentreront en vigueur à compter de la signature du présent arrêté.

ARRÊTÉ
15 Février 1912.

Modifiant le 5e alinéa de l'article 4 de l'arrêté du 1er Juillet 1907 relatif à la gestion des caisses des recettes de l'exploitation des chemins de fer.

Article premier. — Le 5e alinéa de l'article 4 de l'arrêté du 1er Juillet 1907 susvisé est modifié ainsi qu'il suit :

« Pour la Circonscription des chemins de fer du Sud. 10.000$00.»

ARRÊTÉ
4 Mars 1912.

Modifiant le No 1 de l'article 8 de l'arrêté du 15 Janvier 1903, portant règlementation du domaine en Indochine

Article premier. — Le No 1 de l'article 8 de l'arrêté susvisé du 15 Janvier 1903 est remplacé par les dispositions ci-après :

« 1o Aux Chefs des Administrations locales et aux Chefs de pro-
« vince avec le concours du service des Travaux Publics en ce qui
« concerne les parties du domaine définies aux §§ 1, 3, 4 et 5 de
« l'article 2 ci-dessus ; et en ce qui coucerne le § 2 du même article,
« aux Chefs des Administrations locales avec le concours obligatoire
« de l'Ingénieur chef de l'exploitation pour les lignes exploitées par
« la colonie et avec celui de l'Ingénieur Chef du service du contrôle,
« la compagnie concessionnaire entendue, pour les lignes concédées.»

Art. 2. — Dans tous les cas où il s'agit des chemins de fer et autres voies ferrées, les attributions conférées à l'Ingénieur Chef des Travaux Publics par les articles 10, 14 et 15 de l'arrêté du 15 Janvier 1903 sont exercées par l'Ingénieur en chef de l'exploitation pour les lignes dépendant du réseau de la colonie, par l'Ingénieur en chef du contrôle pour les lignes concédées.

ARRÊTÉ
30 Mars 1912.

Autorisant le Directeur des Finances, à approuver, par délégation du Gouverneur Général et sans l'intervention de la Commission permanente du Conseil de gouvernement certaines dépenses dont le montant est inférieur ou égal à 5000 $.

Article premier. — Le Directeur des Finances, est autorisé à approuver par délégation du Gouverneur général et sans l'intervention de de la Commission permanente du Conseil de Gouvernement, les projets, plans, devis de travaux et fournitures, cahiers des charges, adjudications, marchés, acquisitions amiables de terrains, paiements d'indemnités, pour dommages causés à la propriété privée, pour accidents, pertes, vols, lorsque la dépense qui en résulte, imputable au budget général, au budget annexe des chemins de fer ou aux fonds d'emprunt, est inférieure ou égale à 5.000 $ ou 12.500f.00.

Art. 2. — Sont rapportées toutes les dispositions antérieures contraires au présent arrêté notamment la décision du 29 Février 1904, les arrêtés des 16 Avril et 21 Novembre 1908 susvisés.

Art. 3. — Le Directeur des Finances est chargé de l'exécution du présent arrêté.

ARRÊTÉ
11 Avril 1912

Chargeant les chefs des administrations locales d'assurer dans l'étendue du pays qu'ils administrent, l'application des règlements concernant la police des chemins de fer.

Article premier. — Les Chefs d'Administration locale sont chargés dans l'étendue du pays qu'ils administrent, d'assurer l'application des dispositions de l'arrêté du 18 Février 1904, modifié par l'arrêté du 20 Juillet 1905, articles 49 à 57 inclus, relatives à la police des chemins de fer. Ils auront recours, dans ce but, aux agents des Travaux Publics mis à leur disposition et qu'ils feront agréer à cet effet par le Gouverneur Général.

Art. 2. — Sont abrogées les dispositions de l'arrêté du 12 Mai 1908 relatif à l'organisation des services du Contrôle des chemins de fer, en ce qu'elles ont de contraire aux présentes dispositions.

ARRÊTÉ
3 Mai 1912

Créant trois commissions régionales militaires des chemins de fer

Article premier. — Il est créé trois commissions régionales militaires des chemins de fer sous le nom de :
1° Commission régionale Nord ;
2° Commission régionale centrale ;
3° Commission régionale Sud.

Art. 2. — La zône d'action de chacune de ces commissions est ainsi fixée :
Commission régionale Nord: Tous les chemins de fer et tramways du Tonkin et du Nord-Annam.;
Commission régionale centrale: Chemins de fer et tramways de la région de Hué ;

Commission régionale Sud : Tous les chemins de fer et lignes de tramways de la Cochinchine et du Sud-Annam.

Art. 3. — Le Général de division, Commandant supérieur des troupes du groupe de l'Indochine et l'Inspecteur Général des Travaux Publics de l'Indochine sont chargés, chacun en ce qui le concerne, de l'exécution du présent arrêté.

ARRÊTÉ
18 Mai 1912

Modifiant les articles 7 et 8 de l'arrêté du 1er Juillet 1907, modifié lui-même par celui du 29 Décembre 1910, sur la gestion des caisses centrales de l'exploitation des chemins de fer.

Article premier. — Les articles 7 et 8 de l'arrêté du 1er Juillet 1907 modifié par l'arrêté du 29 Décembre 1910 susvisé sont modifiés anisi qu'il suit :

Art. 7. — Les caissiers centraux sont justificables, quant à leur gestion, du Conseil de Gouvernement de l'Indochine. Ils sont respectivement astreints aux cautionnements ci-après :

Caissier central de la Circonscription des chemins de fer du Nord....................................	4.000 fr. 00
Caissier central de la Circonscription des chemins de fer du Sud....................................	4.000 00
Caissier central de la Circonscription des chemins de fer de l'Annam-central..........................	2.000 00

Ces cautionnements devront être versés, avant l'entrée en fonctions des intéressés, au Trésor public (Capitaux de cautionnement).

Ils pourront être constitués, au choix des caissiers centraux :

1° En numéraire ;

2° En rentes sur l'Etat français et valeur du Trésor au porteur ;

3° En rentes sur l'Etat français nominatives ou mixtes ;

4° En obligations de l'emprunt de 80 millions contracté par le Protectorat de l'Annam et du Tonkin (loi du 10 Février 1896) et de l'emprunt de 200.000.000 francs autorisé par la loi du 25 Décembre 1898 et de l'emprunt de 1.500.000 francs contracté par la Chambre de commerce de Haiphong (décret du 25 Avril 1910) ou en tous autres titres qui seraient émis par le Gouvernement Général de l'Indochine.

Art. 8. — Les caissiers centraux recevront, à titre d'indemnité de fonctions et de responsabilité, une allocation annuelle fixée de la façon suivante ;

Caissier central de la Circonscription des chemins de fer du Nord.. 480 $ 00

Caissier central de la Circonscription des chemins de fer du Sud.. 400 00

Caissier central de la Circonscription des chemins de fer de l'Annam-central.. 240 00

ARRÊTÉ
3 Juillet 1912

Portant fixation de la consistance de la grande voirie en Indochine.

Article premier. — Font partie de la grande voirie, savoir :

1° Les routes régulièrement classées dans les termes de l'arrêté du 23 Décembre 1907, avec leurs prolongements urbains, ponts, fossés, accotements et dépendances ;

2° Les fleuves, rivières, canaux de navigation ; les lacs et étangs communiquant directement avec eux ; les ports fluviaux, digues, quais, barrages, écluses, épis et leurs dépendances ;

3° Les ports maritimes, hâvres et rades et leurs dépendances ;

4° Les chemins de fer et tramways construits, exploités ou concédés par la colonie et leurs dépendances.

Art. 2. — Des arrêtés ultérieurs détermineront le régime applicable à ces différentes dépendances de la grande voirie.

Art. 3. — Les Chefs des Administrations locales, le Procureur général, Chef du service judiciaire et l'Inspecteur général des Travaux publics de l'Indochine sont chargés, chacun en ce qui le concerne, de l'exécution du présent arrêté.

ARRÊTÉ
3 Juillet 1912

Sur la répression des infractions intéressant la police des voies ferrées en Indochine.

Article premier. — Par application de l'article 2 de la loi du 15 Juillet 1845, il est notamment défendu :

D'empiéter sur les emprises et dépendances des chemins de fer et des tramways ;

De dégrader la voie et ses dépendances, les ponts, tunnels et tous ouvrages d'art qui peuvent s'y trouver ; de porter une atteinte quelconque à leur intégrité ou à leur solidité ;

De détruire ou dégrader les clôtures, barrières, talus, bâtiments et autres dépendances des chemins de fer et tramways.

Les contraventions à ces prohibitions ainsi que celles qui viendraient à être commises, en ce qui concerne spécialement les chemins de fer, en violation des articles 4, 5, 6, 7, 8, 9 et 10 de la loi du 15 Juillet 1845 modifiée par celle du 20 Mars 1897, seront constatées, poursuivies et réprimées comme il est dit à l'article 4 du présent arrêté.

Art. 2. — Il est également défendu à toute personne étrangère au service de l'exploitation ou du contrôle de l'exploitation :

De pénétrer sans y être régulièrement autorisé et en dehors des tronçons où cette voie peut emprunter la voie publique sur la voie des chemins de fer et des tramways et sur leurs dépendances de quelque nature qu'elles soient ; d'y stationner et d'y circuler, exception étant faite pour les passages à niveau réservés à cet effet et où la traversée de la voie pourra avoir lieu aux heures et dans les conditions qui seront prescrites pour chacun d'eux.

De jeter ou déposer des matériaux, des objets quelconques sur la voie ;

D'y introduire des chevaux, bestiaux ou animaux de quelqu'espèce que ce soit, ou de laisser s'y introduire ceux dont on a la garde ;

D'y faire circuler ou stationner aucun véhicule étranger au service;

De manœuvrer les appareils qui ne sont pas destinés à l'être par le public, de les déranger ou d'en empêcher le fonctionnement de quelque façon que ce soit ;

D'entrer dans les voitures sans avoir pris un billet, de se placer dans une voiture d'une classe supérieure à celle qu'indique ledit billet ou dans une voiture non affectée au service des voyageurs, ou encore de prendre une place déjà retenue par un autre voyageur au moyen du dépôt d'un objet quelconque à lui appartenant ;

D'entrer dans les voitures ou d'en sortir autrement que par le côté où se fait le service du train ;

De passer d'une voiture dans une autre autrement que par les passages qui peuvent être disposés à cet effet, de se pencher en dehors, d'occuper une place non destinée aux voyageurs ou de se placer indûment dans un compartiment ayant une destination spéciale ;

De monter dans les voitures et d'en descendre autrement qu'aux gares ou haltes, avant l'arrêt complet du train ou après qu'il s'est remis en marche ;

De fumer dans les salles d'attente et dans les voitures autres que celles portant la plaque indicatrice : « Fumeurs » ;

De cracher soit dans les gares, soit dans les wagons autrement que dans les crachoirs qui peuvent être disposés à cet effet ;

De monter dans les voitures en surnombre du chiffre de places existant dans chacune d'elles, d'y prendre place en état d'ivresse, d'y introduire, hors le cas d'agents de la force publique en service et voyageant dans des compartiments réservés, des armes à feu dont le non chargement n'aura pas été préalablement constaté par les agents du chemin de fer ;

De prendre place dans les voitures affectées au public si l'on est visiblement ou notoirement atteint de maladies dont la contagion serait à craindre pour les voyageurs ;

D'introduire des animaux dans les voitures de voyageurs, exception étant faite : 1° pour les chiens muselés qui pourront être transportés avec leurs maîtres lorsque la Compagnie aura réservé à cet effet des voitures spéciales (chasseurs), 2° sous condition d'autorisations, pour les animaux de petite taille convenablement enfermés et ne pouvant aucunement gêner les voisins, ainsi que pour certains animaux transportés en 4e classe ;

D'expédier par chemin de fer des matières dangereuses explosibles, inflammables, vénéneuses ou infectes sans en déclarer la nature au moment même de leur introduction dans la gare ;

D'opposer une fin de non-recevoir ou de ne pas obtempérer immédiatement aux injonctions des agents du Chemin de fer.

Art. 3. — Les infractions seront constatées par procès-verbaux dûment affirmés dressés par tous agents de la force publique et par les agents assermentés du chemin de fer ou du tramway ainsi que par ceux du contrôle de l'exploitation.

Art. 4. — Les contraventions prévues à l'article 1er du présent arrêté, ainsi que toutes autres pouvant découler de la loi du 15 Juillet 1845 et intéressant la conservation ou l'intégrité de la voie ferrée, de ses aménagements et dépendances, seront poursuivis devant les Conseils du Contentieux administratif et punies des peines portées à l'article 11 de ladite loi.

Art. 5. — Les contraventions prévues à l'article 2 du présent arrêté seront poursuivies devant les Tribunaux de droit commun et punies des peines portées à l'article 21 de la loi du 15 Juillet 1845.

Art. 6. — Les Chefs des Administrations locales, le Procureur général, Chef du service judiciaire et l'Inspecteur général des Travaux publics de l'Indochine sont chargés, chacun en ce qui le concerne, de l'exécution du présent arrêté.

ARRÊTÉ
3 Juillet 1912

Relatif à l'établissement des passages à niveau.

Article premier. — Constitue un passage à niveau tout point d'une voie ferrée sur lequel est prévu le passage de véhicules circulant sur voie de terre ou sur autre voie ferrée, de telle manière que le gabarit des véhicules circulant sur l'une et l'autre voie ait une partie commune.

Les passages à niveau sont transversaux, lorsque les axes des deux voies se coupent sans avoir aucune partie parallèle ; ils sont longitudinaux dans le cas contraire.

Art. 2. — Tout passage à niveau à établir fera l'objet d'un arrêté de désignation du Gouverneur général.

Cet arrêté déterminera :

Son point kilométrique par rapport à la voie ferrée ;

Sa largeur, toujours par rapport à la voie ferrée, s'il s'agit d'un passage transversal ; sa longueur s'il s'agit d'un passage longitudinal ;

Les routes, chemins, lignes de tramways qui y accèdent.

Il indiquera, chemins, lignes de tramways qui y peuvent se présenter, ainsi que celui des deux groupes ci-après définis, dans lequel le passage est classé.

Art. 3. — Les passages à niveau sont repartis en deux groupes, savoir :

Groupe A : Passages ne faisant l'objet d'aucune règlementation particulière ;

Groupe B : Passages comportant des mesures de sécurité spéciales.

Art. 4. — I. — Sur les passages à niveau du groupe A, la circulation a lieu librement, aux risques et périls des usagers de la voie qui croise la ligne ferrée, sous réserve de n'apporter aucun trouble et aucun obstacle à la circulation des trains. Ils sont entièrement responsables des accidents qui peuvent survenir de leur fait, tant à leur personne qu'aux trains et à des tiers.

II. — Ils sont également responsables, quelle que soit la catégorie du passage, de tous dommages et dégradations causés par eux directement ou indirectement à la voie ferrée et à ses dépendances.

Art. 5. — I. — Les passages appartenant au groupe B et sur lesquels la circulation doit être soumise à des précautions particulières feront l'objet d'arrêtés de réglementation pris par le Gouverneur général et qui pourront être distincts ou non des arrêtés de définition prévus à l'art. 2. Ces arrêtés seront pris sur la proposition de l'Inspecteur général des Travaux Publics, les directeurs de compagnies concessionnaires ou les ingénieurs en chef des Circonscriptions des Chemins de fer entendus.

II. — Ils pourront être spéciaux à un passage à niveau ou s'appliquer collectivement à une série de passages se trouvant dans des conditions analogues. Ils fixeront dans leurs lignes générales, les conditions de circulation tant sur la voie ferrée que sur la voie empruntant le passage, détermineront, s'il y a lieu, les conditions de gardiennage et d'éclairage et d'une manière générale, prescriront toutes mesures qui paraîtront importer à la sécurité de la circulation sur les deux voies.

III. — Des consignes établies par le service de la voie ferrée et soumises au service du contrôle règleront, s'il y a lieu, les mesures de détail que comportera l'application des dispositions de l'arrêté règlementaire.

Art. 6. — Les contraventions seront constatées par procès-verbaux dûment affirmés dressés par tous agents de la force publique et par les agents assermentés de la compagnie exploitante ainsi que par ceux du contrôle de l'exploitation.

Art. 7. — Les contraventions prévues à l'art. 4, § 2, du présent arrêté seront poursuivies devant les Conseils du Contentieux administratif et punies des peines portées à l'article 11 de la loi du 15 Juillet 1845.

Les contraventions aux textes prévues à l'article 5 § 1, 2 et 3 seront poursuivies devant les Tribunaux de droit commun et punies des peines portées à l'article 21 de la loi du 15 Juillet 1845.

Art. 8. — Les Chefs des Administrations locales, le Procureur général, Chef du Service judiciaire et l'Inspecteur général des Travaux Publics de l'Indochine sont chargés, chacun en ce qui le concerne, de l'exécution du présent arrêté.

LOI

Autorisant le gouvernement de l'Indochine à contracter un emprunt

Article premier. — Le gouvernement général de l'Indochine est autorisé à réaliser par voie d'emprunt et à un taux d'intérêt qui ne pourra excéder 4 p. 100 une somme de quatre-vingt-dix millions de francs remboursable en soixante-quinze années au plus et applicable à l'exécution des travaux ci-après :

1° — Achèvement du programme réduit de 1898 et dépenses connexes, 22.600.000 fr.

2° — Part de l'emprunt dans les travaux neufs d'irrigation :

Vinh-Yên	1.500.000
Song-Cau	9.000.000
Thanh-Hoa	8.200.000
Thua-Thiên	400.000
	19.100.000

3° — Part de l'emprunt dans la construction et l'amélioration des routes:

Tonkin	2.000.000
Dong-ha au Mékhong..	6.000.000
Cochinchine :	
A. Route de Bienhoa et de Baria (région caoutchoutière)	750.000
B. Route de Kratié (région caoutchoutière)......	750.000
Total..................	9.500.000

4° — Chemins de fer :

Prolongement de la ligne dite Hanoi-Nam-quan, de Dong-Dang à Nacham. avec prolongement éventuel sur Long-Tchéou ; études et construction de la première section de la ligne de Dong-Ha à Vinh, 28 millions 300,000 fr.

5° — Instruction publique :

Reconstruction du collège Quoc-Hoc à Huê et construction d'écoles primaires..................	695.000
Construction d'écoles professionnelles indigènes et installation d'écoles agricoles dans les centres ruraux..................................	535.000
Total..........................	1.500.000

6°. — Assistance publique :

Installation d'hôpitaux, infirmeries, laboratoires médicaux, dispensaires, crèches et maternités, 2 millions de francs.

7°. — Installation d'un poste central de télégraphie sans fil à Saigon, 600.000 fr.

8°. — Etudes de voies ferrées, d'irrigation et travaux hydrauliques, de routes et de ports, 3.400.000 fr.

9°. — Sommes à valoir et frais de timbre, 3 millions de francs.

Les fonds reconnus disponibles sur chacune des évaluations portées à la présente loi pourront être affectés par voie de décret rendu sur le rapport du ministre des finances et inséré au *Journal officiel* de la République française à l'un quelconque des travaux prévus au programme.

Toutefois les crédits portés aux paragraphes 5 et 6 du présent article ne pourront pas être employés à un autre objet que celui pour lequel ils ont été prévus dans la présente loi.

Art. 2. — Les études des travaux seront entreprises sur la proposition du gouverneur général en vertu d'un décret rendu sur le rapport du ministre des colonies après avis du ministre des finances. Ce décret, qui sera inséré au *Journal officiel* de la République française, devra établir l'objet et le programme des études et fixera le maximum du crédit à employer pour chaque étude.

Art. 3. — L'ouverture des divers travaux désignés à chacun des paragraphes de l'article 1er ci-dessus, à l'exception de ceux qui sont actuellement en voie d'achèvement, aura lieu sur la proposition du gouverneur général de l'Indochine, en vertu d'un décret rendu sur le rapport du ministre des colonies, après avis du ministre des finances.

Le rapport à l'appui du décret devra établir :

1° — Que les projets définitifs des travaux à entreprendre et, s'il y a lieu, les projets de contrats relatifs à leur exécution, ont été approuvés par le ministre ;

2° — Que les cahiers des charges relatifs aux travaux à entreprendre contiennent des prescriptions spéciales imposant aux entrepreneurs ou aux concessionnaires l'application, en faveur des ouvriers et employés européens ou indigènes, de mesures d'hygiène et de sécurité contre les accidents ainsi que le payement exclusif des salaires en numéraire ;

3° — Que l'évaluation des dépenses des nouveaux ouvrages à entreprendre, augmentée de l'évaluation rectifiée des dépenses des ouvrages déjà exécutés ou en cours d'exécution, ne dépasse pas l'ensemble des allocations prévues par la présente loi ;

4° — Que le service des emprunts déjà contractés ou à contracter pour couvrir l'ensemble des susdites dépenses est assuré par les ressources disponibles.

Ce rapport sera publié au *journal officiel* de la République française en même temps que le décret autorisant l'ouverture des travaux.

Art. 4. — La réalisation de chacune des différentes parties de l'emprunt à contracter, dont les conditions seront soumises à l'approbation des ministres des colonies et des finances, sera autorisée par décret rendu sur la proposition des mêmes ministres et inséré au *Journal officiel* de la République française.

Le rapport à l'appui fera connaître l'emploi des fonds antérieurs, les noms des parties prenantes des frais de publicité, l'avancement des travaux, les dépenses restant à effectuer.

Ce rapport sera publié au *Journal officiel* en même temps que le décret.

Art. 5. — L'exploitation de tout ou partie des lignes de chemins de fer désignées à l'article 1er ne pourra être concédée, même pour une durée limitée, que par une loi.

Les conventions qui seraient passées, en vue de cette concession, par le gouverneur général, devront être soumises aux Chambres dans un délai de six mois à dater du jour de la signature de la convention.

Art. 6. — L'annuité nécessaire pour assurer le service des intérêts et de l'amortissement de l'emprunt autorisé par la présente loi sera inscrite obligatoirement au budget général de l'Indochine ; le payement en sera garanti par le gouvernement de la République Française.

Le payement des intérêts et le remboursement des obligations seront effectués à Paris.

Art. 7 — Le gouvernement de l'Indochine restera débiteur envers l'Etat des sommes que celui-ci aurait éventuellement à verser au titre de sa garantie.

Le remboursement de ces avances, qui ne seront pas productives d'intérêts, constituera une dépense qui sera obligatoirement inscrite aux dépenses du budget général de l'Indochine.

Les excédents des exercices ultérieurs seront affectés, pour une moitié au moins, au remboursement de ces avances.

Art. 8. — La contribution aux dépenses militaires de la métropole payée par l'Indochine sera réduite des sommes nécessaires pour assurer le service des intérêts et de l'amortissement de l'emprunt pour la limite du maximum de 3.650.000 fr.

Art. 9. — Tous les matériaux à employer pour l'exécution des travaux ainsi que le matériel fixe et roulant nécessaire à l'exploitation des chemins de fer projetés, qui ne se trouveront pas dans le pays, devront être d'origine française et transportés sous pavillon français.

Art. 10. — Le ministre des colonies publiera, avant le 1er juillet de chaque année, au *Journal officiel* de la République française, un rapport faisant ressortir la situation, au 31 décembre précédent de chacun des travaux imputés sur les emprunts autorisés tant par la présente loi que par celle du 25 décembre 1898. Ce rapport donnera également, pour chacun de ces travaux, une évaluation rectifiée tenant compte de toutes les circonstances qui, à cette date, auront pu motiver une modification de l'évaluation primitive.

Art. 11. — Les actes susceptibles d'enregistrement auxquels donnera lieu l'exécution des dispositions de la présente loi seront passibles du droit fixe de 3 fr.

IIe PARTIE

DROIT COMMUN DES TRANSPORTS — DU CONTRAT DE TRANSPORT — TRIBUNAUX COMPÉTENTS

DROIT COMMUN DES TRANSPORTS

Le droit commun des transports tient tout entier dans les articles 1782 à 1786 du Code Civil et 96 à 108 du Code de Commerce.

Les dispositions de ces articles ont un caractère véritablement général en ce qu'elles sont applicables sans qu'il y ait lieu de prendre en considération le mode de locomotion employé, en ce qu'elles régissent donc indifféremment les transports par chemin de fer, par bateaux (sauf maritimes), par chevaux, par tramways; cependant, il est à noter qu'elles ne concernent, expressément du moins, que le transport des marchandises à l'exclusion du transport de personnes, pour lequel elles ne peuvent fournir que des points de repère sur lesquels l'interprète ne doit se guider qu'avec une extrême prudence, commandée par la différence d'objet qui sépare irréductiblement les deux opérations.

Le contrat de transport des personnes ne fait l'objet d'aucun texte de loi particulier.

Il constitue un simple louage d'industrie soumis aux règles du droit civil.

Les obligations auxquelles donne naissance le contrat de transport des personnes procèdent de la nature même de ce contrat et du droit commun.

Code civil

DES VOITURIERS PAR TERRE ET PAR EAU

Art. 1782. — Les voituriers par terre et par eau sont assujettis, pour la garde et la conservation des choses qui leur sont confiées, aux mêmes obligations que les aubergistes, dont il est parlé au titre du Dépôt et du Séquestre. — Civil 1137, 1348, 1783 s., 1952 s., 1984 s., 2102-6°; Com. 91, 98 s., 103 s., 222 s., 285; Pén. 386-4°, 387, 375 s.

Art. 1783. — Ils répondent non seulement de ce qu'ils ont déjà reçu dans leur bâtiment ou voiture, mais encore de ce qui leur a été remis sur le port ou dans l'entrepôt, pour être placé dans leur bâtiment ou voiture. — Civ. 1302, 1384 s., 1952 s.

Art. 1784. — Ils sont responsables de la perte et des avaries des choses qui leur sont confiées, à moins qu'ils ne prouvent qu'elles ont été perdues et avariées par cas fortuit ou force majeure. — Civ. 1148, 1302 s., 1382 s.

Art. 1785. — Les entrepreneurs de voitures publiques par terre et par eau, et ceux des roulages publics, doivent tenir registre de l'argent, des effets et des paquets dont ils se chargent — Civ. 1331, 1348, 1950 ; Pén. 475-4°.

Art. 1786. — Les entrepreneurs et directeurs de voitures et roulages publics, les maîtres de barques et navires, sont en outre assujettis à des règlements particuliers, qui font la loi entre eux et les autres citoyens. — Pén. 386-4°, 387, 475-3°-4°.

Code de commerce

DES COMMISSIONNAIRES POUR LES TRANSPORTS PAR TERRE ET PAR EAU

Art. 96. — Le commissionnaire qui se charge d'un transport par terre ou par eau est tenu d'inscrire sur son livre-journal la déclaration de la nature et de la quantité de marchandises, et, s'il en est requis, de leur valeur. — Civ. 1785.

Art. 97. — Il est garant de l'arrivée des marchandises et effets dans le délai déterminé par la lettre de voiture, hors les cas de la force majeure légalement constaté. — Com. 104, 108 ; Civ. 1784 ; Pén. 386.

Art. 98 — Il est garant des avaries ou pertes de marchandises et effets, s'il n'y a stipulation contraire dans la lettre de voiture, ou force majeure. — Com. 103, 108; Civ 1784.

Art. 99. — Il est garant des faits du commissionnaire intermédiaire auquel il adresse les marchandises — Com 108 ; Civ. 1998.

Art. 100. — La marchandise sortie du magasin du vendeur ou de l'expéditeur voyage, s'il n'y a convention contraire, aux risques et périls de celui à qui elle appartient, sauf son recours contre le commissionnaire et le voiturier chargés du transport. — Com. 103; Civ. 1382, 1744, 1937.

Art. 101. — La lettre de voiture forme un contrat entre l'expéditeur et le voiturier, ou entre l'expéditeur, le commissionnaire et le voiturier.

Art. 102. — La lettre de voiture doit être datée.

Elle doit exprimer:

La nature et le poids ou la contenance des objets à transporter,

Le délai dans lequel le transport doit être effectué.

Elle indique :

Le nom et le domicile du commissionnaire par l'entremise duquel le transport s'opère, s'il y en a un.

Le nom de celui à qui la marchandise est adressée,

Le nom et le domicile du voiturier.

Elle énonce :

Le prix de la voiture,

L'indemnité due pour cause de retard.

Elle est signée par l'expéditeur ou le commissionnaire.

Elle présente en marge les marques et numéros des objets à transporter.

La lettre de voiture est copiée par le commissionnaire sur un registre côté et paraphé, sans intervalle et de suite. — Com. 8, 224, 281 ; Civ. 1785.

DU VOITURIER

Art. 103. — Le voiturier est garant de la perte des objets à transporter, hors les cas de la force majeure.

Il est garant des avaries autres que celles qui proviennent du vice propre de la chose ou de la fore majeure.

(L. 17 Mars 1905.) Toute clause contraire insérée dans toute lettre de voiture, tarif ou autre pièce quelconque, est nulle. — Com. 98 ; Civ. 1784. (1) (décret 8 Octobre 1905 — prom. 26 Novembre 1905).

---

(1) *Rapport de M. Tisserand. au Comité consultatif des chemins de fer*

La loi est la loi ; elle doit être respectée et observée dans toutes ses conséquences par tous, par les compagnies de chemins de fer surtout, puisqu'elles constituent, on ne doit jamais l'oublier, un service public et exercent un monopole.

La loi a voulu qu'il n'y eût qu'une seule règle aussi bien pour les compagnies de chemins de fer que pour les transporteurs par terre et par eau, et que celles-là revinssent à la véritable notion de leur rôle.

La commission n'a jamais songé à amoindrir les droits des compagnies ; mais elle ne saurait dimin er leurs devoirs ; elle s'est occupée uniquement des mesures à prendre pour l'exécution stricte et loyale de la loi nouvelle.

Comme transporteurs, les compagnies ont le droit incontestable de se servir des véhicules qui sont le plus à leur convenance ; elles peuvent, suivant les cas, employer des wagons couverts ou des plates-formes ou des wagons découverts ; l'expéditeur n'a rien à redire à ce choix : ce n'est pas à lui à imposer aux compagnies ce qui leur plait ou leur convient, ni a leur apprendre leur métier. Il n'a qu'à renseigner exactement les agents sur la nature, la fragilité et la résistance de la marchandise aux intempéries.

Les compagnies peuvent demander au public par leurs tarifs, comme par le passé, de faire le chargement, le déchargement, le bâchage et le débâchage du wagon, sauf, bien entendu, à lui tenir compte des frais de bâchage et de débâchage comme elles font pour le chargement et le déchargement quand ils sont faits par les expéditeurs et les destinataires.

Mais de ce que des tarifs autorisent les compagnies à faire effectuer le chargement, le déchargement, le bâchage et le débâchage des wagons par les expéditeurs et les destinataires, il ne s'ensuit pas que celles-ci soient ou doivent être exonérées de toute responsabilité en cas d'avarie ou de perte.

Art. 104. — Si, par l'effet de la force majeure, le transport n'est pas effectué dans le délai convenu, il n'y a pas lieu à indemnité contre le voiturier pour cause de retard. – Com. 97.

Art. 105. — (L. 11 Avril 1888.) La réception des objets transportés et le payement du prix de la voiture éteignent toute action contre le voiturier pour avarie ou perte partielle, si, dans les trois jours, non compris les jours fériés, qui suivent celui de cette réception et de ce payement, le destinataire n'a pas notifié au voiturier, par acte extrajudiciaire ou par lettre recommandée, sa protestation motivée.

Toutes stipulations contraires sont nulles et de nul effet. Cette dernière disposition n'est pas applicable aux transports internationaux.

Art. 106. – En cas de refus ou contestation pour la réception des objets transportés, leur état est vérifié et constaté par des experts nommés par le Président du Tribunal de Commerce, ou, à son défaut, par le juge de paix, et par ordonnance au pied d'une requête.

Le dépôt ou séquestre, et ensuite le transport dans un dépôt public, peut en être ordonné.

La vente peut en être ordonnée en faveur du voiturier, jusqu'à concurrence du prix de la voiture. — Com. 95; Civ. 1961 s., 2102-6°.

Que les expéditeurs soient responsables des accidents ou avaries provenant pendant les opérations de chargement et de bâchage faites par leurs ouvriers, on ne saurait, à mon avis, y contredire — la responsabilité de l'expéditeur est entière dans ce cas, et, pour s'exonérer des conséquences résultant d'un accident de personne ou de détérioration de la marchandise pendant l'opération matérielle du chargement et du bâchage, il doit faire la preuve que l'accident ou les dégâts proviennent de l'outillage insuffisant ou défectueux mis par la compagnie à sa disposition ou à celle de ses ouvriers, d'un vice de construction, etc.

Mais le chargement et le bâchage finis et le wagon reçu par les agents du chemin de fer, la responsabilité de la compagnie doit commencer et elle doit être entière aussi, pour les pertes et les avaries survenant dans les gares, en cours de route, dans les lieux de stationnement et de dépôt du chemin de fer, c'est-à-dire tant que la marchandise est entre ses mains, et elle doit en subir les conséquences, si elle ne peut prouver qu'elle lui a donné tous ses soins, qu'elle a fait tout ce qui était possible pour la préserver des intempéries et accidents et que l'avarie provient de la nature périssable de la marchandise, incapable de supporter sans détérioration la durée légale du transport, ou d'un défaut d'emballage qu'elle ne pouvait avoir, ou d'un cas de force majeure.

Chacun doit avoir la responsabilité de ses actes : c'est le droit commun. Aussi la mention, dans les tarifs, des mots « aux risques et périls des expéditeurs et destinataires » quand ceux-ci sont chargés du chargement, du déchargement, du bâchage et du débâchage, ne saurait avoir d'autre signification ; si elle en avait une autre, celle d'exonérer les compagnies de leur part de responsabilité, elle serait contraire à l'article 103 du Code de commerce. Dans un cas comme dans l'autre, elle ne saurait donc être maintenue, pour rester dans la lettre, aussi bien que dans l'esprit de la loi nouvelle, d'après toutes les discussions auxquelles celle-ci a donné lieu dans le Parlement.

On ne peut trop le dire, le devoir essentiel, primordial, des administrations de chemin de fer est d'assurer par tous les moyens la conservation de la marchandise qui leur est confiée ; elles doivent la traiter comme si elle était leur et la délivrer au destinataire dans l'état où elles l'ont reçue : de là découlent forcément pour elles des obligations professionnelles multiples ; quel que soit le véhicule employé et le mode de chargement elles doivent, dans leur intérêt même, puisqu'elles sont rigoureusement tenues de conserver la marchandise en bon état, prendre toutes les mesures propres à protéger celle-ci contre les accidents, les intempéries et toutes autres causes pouvant

Art. 107. — Les dispositions contenues dans le présent titre sont communes aux maîtres de bateaux, entrepreneurs de diligences et voitures publiques. — Civ. 1782 s.

Art 108. — (L. 11 avril 1888) Les actions pour avaries, pertes ou retard, auxquelles peut donner lieu contre le voiturier le contrat de transport, sont prescrites dans le délai d'un an, sans préjudice des cas de fraude ou d'infidélité

Toutes les autres actions auxquelles ce contrat peut donner lieu, tant contre le voiturier ou le commissionnaire que contre l'expéditeur ou le destinataire, aussi bien que celles qui naissent des dispositions de l'article 541 du Code de procédure civile, sont prescrites dans le délai de cinq ans.

Le délai de ces prescriptions est compté, dans le cas de perte totale, du jour où la remise de la marchandise aurait dû être effectuée, et, dans tous les autres cas, du jour où la marchandise aura été remise ou offerte au destinataire.

Le délai pour intenter chaque action récursoire est d'un mois. Cette prescription ne court que du jour de l'exercice de l'action contre le garanti.

Dans le cas de transports faits pour le compte de l'Etat, la prescription ne commence à courir que du jour de la notification de la décision ministérielle comportant liquidation ou ordonnancement définitif.

---

en compromettre l'existence, la qualité ou la valeur ; elles doivent, si elles se servent de wagons découverts, s'assurer que la marchandise n'est pas exposée à souffrir d'une manière quelconque des actions climatériques; c'est à elles à recourir aux moyens de l'abriter; si c'est le public qui doit faire le bâchage, elles doivent s'assurer que l'opération est bien faite, la faire refaire, rectifier ou compléter si elle est mal opérée ou insuffisante et ne laisser partir le wagon que quand il n'y a plus de craintes à avoir pour la conservation intacte de la marchandise et pour la sécurité même de la voie; et ce n'est pas tout ; les agents doivent, en cours de route et dans les gares de stationnement, s'assurer, comme le font les voituriers, que tout est en ordre ; s'il survient à un moment donné des intempéries, si la bâche, par exemple, subit une avarie quelconque ou vient à se détacher, il ne faut pas qu'ils s'en désintéressent; leur devoir strict est de faire tout leur possible, autant que le permettent les exigences du service, pour empêcher, réparer ou au moins diminuer les dégâts qui pourraient se produire.

Comme nous l'avons déjà dit, il n'existe, ni dans le cahier des charges, ni dans les règlements, aucune disposition qui oblige les chemins de fer à faire emploi, à la demande de l'expéditeur, d'un type déterminé de wagons. Il y a toutefois des marchandises qui imposent un type de véhicule: telles sont par exemple les pailles et les foins qui ne peuvent se transporter que sur des plates-formes. Il y a également des marchandises que d'habitude on transporte toujours en wagons découverts, comme c'est le cas des pavés, des pierres meulières, des moellons, du granit, du fumier, de la marne, de la tangue etc. C'est aux compagnies à s'inspirer des coutumes et de leur expérience professionnelle pour le choix à faire des véhicules à employer ; on peut même admettre qu'elles ont le droit de refuser un wagon couvert ou bâché quand il s'agit de marchandises qu'il est d'usage de transporter à découvert et qui ne courent absolument aucun risque d'avarie ou de dommage, quelque temps qu'il fasse, et que si elles concèdent à la demande qui en serait faite par un expéditeur, elles fassent payer le prix de location de la bâche et les frais de bâchage et de débâchage. En un mot, les compagnies doivent avoir, comme tous les transporteurs, liberté entière des moyens à employer pour remplir leur tâche au mieux de leurs intérêts et de ceux de leur clientèle.

DU CONTRAT DE TRANSPORT

Définitions — Nature et preuve du contrat de transport.

I. — On définit le contrat de transport une convention (Art. 1134 C. Civ.) qui intervient entre celui qui veut faire transporter des marchandises d'un lieu dans un autre et celui qui se charge de leur transport moyennant un prix déterminé.

II. — On désigne sous le nom de commissionnaire un intermédiaire qui, en son nom, mais pour le compte d'autrui, fait exécuter les transports ; sous le nom de voiturier, celui qui les exécute lui-même.

Lorsque une Compagnie de chemins de fer transporte des marchandises d'une gare à une autre de son réseau, elle est à la fois commissionnaire et voiturier. Lorsqu'elle se charge de les transporter au delà de son réseau — elle ne peut pas s'y refuser (1) et qu'elle doit se substituer une ou plusieurs autres compagnies, chacune des compagnies qu'elle se substitue ainsi est à la fois commissionnaire-intermédiaire et voiturier, sauf la dernière qui ne joue que le rôle de voiturier.

III. — La loi range parmi les actes de commerce l'entreprise de transport (Art. 632 C. com.). Il en résulte qu'à l'égard du commissionnaire ou du voiturier le contrat de transport est toujours un acte commercial. A l'égard de l'expéditeur, au contraire, il est ou civil ou commercial suivant qu'il se rattache ou non à l'exercice de son commerce.

Cette distinction a son importance au point de vue de l'exercice des actions auxquelles peut donner lieu le contrat de transport.

IV. — Le contrat de transport est un contrat réel ; il est parfait par le seul fait de la remise de la chose. Il est aussi synallagmatique en ce sens qu'il crée à la fois des obligations à l'expéditeur et au voiturier.

V. — Il suit de là que le voiturier qui offre ses services pour un prix déterminé ne peut, sauf empêchement légitime, se refuser à exécuter les transports qui lui sont demandés dès lors que ses conditions sont acceptées. Cette règle s'applique rigoureusement aux Compagnies de chemins de fer, qui ne peuvent ni refuser, ni retarder le transport des marchandises qui leur sont remises, pour être transportées aux conditions du tarif requis par l'expéditeur (Cas. civ., 17 Mai 1882 ; Fage).

VI. — La lettre de voiture est un acte écrit qui constate la formation du contrat de transport et qui sert à le prouver. Elle en détermine les conditions. « Un écrit doit être qualifié lettre de voiture par « cela seul qu'il renferme des énonciations propres à établir les

(1) C. civ. 24 Février 1875 ; P.-L.-M. c. Bless. — 20 Juillet 1875 ; P.-L.-M. c. Lequeux-Lecot.)

« engagements respectifs des parties et qu'il a été rédigé afin de « constater ces engagements et assurer leur exécution » (Cas. civ., 30 Janvier 1867 : Bauquin).

VII. — La lettre de voiture fait preuve contre l'expéditeur, le commissionnaire et le voiturier. « La loi n'exige pas que l'expéditeur soit dénommé dans la lettre de voiture : il suffit que sa qualité soit dûment établie ». (Cas. civ, 22 Juin 1903 ; Morte-mousque),

VIII. — La lettre de voiture fait également preuve à l'égard du destinataire, en ce sens que le destinataire ne peut se fonder que sur ses énonciations pour agir contre le voiturier. Elle oblige le voiturier à délivrer la marchandise au destinataire qui lui a été nominativement désigné (Cas. req. 30 Mars 1903 ; Jouanneau et Cie).

IX. — Si la lettre de voiture ne cesse pas d'être valable bien qu'elle ne contienne pas toutes les énonciations prescrites par l'article 102 C. com., par contre une Compagnie de chemins de fer est en droit de refuser des lettres de voiture portant des mentions étrangères au contrat de transport et, à plus forte raison, des mentions de nature à lui nuire en constatant ou aggravant sa responsabilité (C. de Nîmes, 19 Mai 1905 ; Fable).

Du transport des choses

Des obligations des expéditeurs et des destinataires

Des obligations des expéditeurs

I. — L'expéditeur qui promet de remettre à un commissionnaire de transport ou à un voiturier des marchandises en vue d'un transport contracte l'obligation de livrer ces marchandises, et, à défaut d'exécuter son engagement, il peut être tenu au paiement de dommages-intérêts.

II. — Celui qui présente un colis pour le transport par chemin de fer doit déclarer ce qu'il renferme pour l'application immédiate des tarifs

L'exactitude de la déclaration peut importer également pour l'acquittement par la compagnie des droits qui seront perçus par les douanes ou les contributions indirectes au lieu d'arrivée.

III. — Tous les contrats doivent être exécutés de bonne foi (1134 c-civ.) il ne doit pas appartenir à un expéditeur de faire transporter par une compagnie de chemin de fer des objets d'une certaine conséquence, sans l'avoir informée des risques auxquels ce transport la soumet. En effet, l'administration autorisant au profit des compagnies des prix exceptionnels pour les objets précieux, les expéditeurs ne peuvent pas, d'une part se procurer une économie sordide sur le tarif ordinaire, et, d'autre part, en cas de perte de l'objet, réclamer des dommages-intérêts exorbitants.

Aussi peut-on dire qu'une compagnie est moins responsable de l'objet réellement transporté que de l'objet déclaré, et à raison du prix perçu, surtout lorsque la cause du sinistre qui a atteint l'objet transporté n'eût pas existé s'il eût été soumis à un tarif exceptionnel, à raison des soins qu'il aurait reçus. (Trib. comm. Amiens 1854).

Cependant, les compagnies de chemins de fer sont, en principe, responsables, comme les voituriers en général, de la perte des objets à transporter, hors le cas de force majeure, si la valeur en est justifiée. Le défaut de déclaration ne détruit ni ne limite le droit de l'expéditeur à réclamer la véritable valeur des objets perdus. Mais il peut limiter la responsabilité de la compagnie.

IV. — Si l'expéditeur, pour obtenir l'application d'un tarif inférieur à celui réellement dû, a faussement indiqué la nature des marchandises dont on lui confiait le transport, il doit être condamné à restituer la différence du prix de transport, et des dommages-intérêts (Trib. com. Amiens, 27 août 1850). Il peut en outre être condamné, à titre de réparation civile, à subir la publication à ses frais du jugement de condamnation. (Cour d'Aix, 24 mai 1860).

V. — S'il s'agit de colis soumis aux contributions indirectes, ou à la douane, l'expéditeur devra fournir à la compagnie tous titres, pièces et renseignements que de besoin, afin que le transport et la transmission de ses colis ne puissent subir aucun retard ou empêchement.

Il est du devoir des compagnies d'acquitter les droits perçus par les régies des douanes, des contributions indirectes, sauf leur recours contre les expéditeurs. Si le voiturier a fait à la Douane une fausse déclaration qui fasse saisir la marchandise, il est responsable envers l'expéditeur dont la lettre de voiture contenait la désignation exacte (Cass. req., 26 février 1855).

Réciproquement, l'expéditeur qui s'est rendu coupable d'une fausse déclaration doit indemniser la compagnie du préjudice qui peut en résulter pour elle. (Trib. comm. Amiens, 27 août 1850).

VI. — Le payement du prix de transport peut être effectué, soit au départ et d'avance par l'expéditeur, soit à l'arrivée par le destinataire, suivant la convention des parties.

Par la remise de la chose et par la lettre de voiture, l'expéditeur prend l'engagement de payer le prix du transport, au cas où celui-ci ne doit pas être payé par le destinataire.

L'expéditeur peut refuser de payer le prix si le transporteur ne justifie pas de l'exécution du contrat.

Le prix de transport comprend tous les frais occasionnés par le transport.

Des obligations du destinataire

I. — Le destinataire doit retirer les marchandises livrables en gare et s'il tarde à se présenter, les droits de magasinage courront dès l'expiration des délais réglementaires.

II. — Le destinataire doit émarger le registre des arrivages pour les marchandises qui lui sont remises en gare et il ne saurait refuser de signer car sa signature sur ce registre constate que la compagnie a rempli son obligation, l'obligation de transporter les marchandises et de les remettre à destination, et tout débiteur a le droit d'exiger une preuve écrite de sa libération.

III. — Le destinataire peut, à son gré, procéder à la vérification des objets transportés avant d'en prendre livraison ou après.

Dans le premier cas la responsabilité des avaries ou pertes partielles qui seraient constatées est, en principe, à la charge du transporteur (Art. 103 c. com.).

Dans le second cas il appartient au destinataire d'établir que la perte et les avaries se sont produites avant la livraison et que, par suite, la responsabilité incombe au transporteur. — (Aix 4 fév. 1889, D. P. 90-2-65, note de M. Louis Sarrut.)

IV. — Le prix du transport doit être acquitté par le destinataire lorsque la marchandise voyage en port dû.

V — Le paiement du prix de transport éteint l'obligation qu'avait créée le contrat de transport au profit de la compagnie. La livraison des marchandises au destinataire avait éteint l'obligation corrélative qu'avait créée le contrat de transport au profit de l'expéditeur et du destinataire. Quand il y a réception des marchandises et paiement du prix, le contrat est pleinement exécuté : tout rapport cesse désormais entre l'expéditeur et le destinataire d'une part, et la compagnie de chemins de fer d'autre part.

Des obligations du commissionnaire de transport et du voiturier. — De leur responsabilité

I. — A part quelques légères différences la responsabilité du commissionnaire et du voiturier est régie par les mêmes principes. Tous les deux sont tenus de deux obligations principales : 1° veiller à la conservation de la chose qu'ils ont reçue pour en faire le transport ; 2° la faire parvenir à destination dans le délai convenu ou fixé par l'usage. Pour les chemins de fer les délais sont fixés administrativement par l'arrêté réglementaire du 12 Juin 1866 et ils sont obligatoires.

II. - L'obligation de veiller à la conservation de la chose entraîne celle de ne pas l'avarier, de ne pas la perdre, de n'en rien perdre et de n'en pas retarder la remise au destinataire. Le voiturier est donc responsable de l'avarie, de la perte totale ou partielle et du retard.

III. — La chose est aux risques du voiturier dès que celui-ci l'a reçue dans ses bâtiments ou voitures, sur le port ou dans l'entrepôt. Jusqu'à sa mise en route, le voiturier en est dépositaire (art. 1783 c. civ.).

Le voiturier doit à la chose qu'il a reçue les soins nécessaires à sa conservation, car « l'obligation de veiller à la conservation de la chose........soumet celui qui en est chargé à y apporter tous les soins d'un bon père de famille » (art. 1137 c. civ.) L'article 50 de l'ord. de 1846 rappelle, pour les chemins de fer, cette obligation dans les termes suivants : « La compagnie sera tenue d'effectuer avec soin......les transports des marchandises, bestiaux et objets de toute nature qui lui seront confiés ».

IV — Si les compagnies ne sont pas dispensées de l'obligation générale de donner leurs soins aux marchandises qu'elles transportent, tout à la fois pour sauvegarder leur responsabilité et dans l'intérêt de l'expéditeur et du destinataire, elles ne sont pas tenues cependant de leur donner des soins exceptionnels. Et par soins exceptionnels il semble qu'il faut entendre « les soins incompatibles avec les nécessités de leur service réglementaire autres que ceux qui leur sont imposés par les tarifs et qui ne trouveraient pas leur rémunération dans le prix qui leur est alloué et qu'elles ne peuvent ni augmenter ni diminuer » (cas. civ. 17 Mai 1882 ; Fage. — 26 Juin 1889 ; Chapgier-Delair — 7 Décembre 1891 ; Lhéritier-Guyot. — 31 Octobre 1885 ; Chèvre).

V. — Il a été jugé cependant que les compagnies « sont tenues des précautions que peuvent commander les circonstances survenant au cours du transport, sauf à en être indemnisées, s'il y a lieu, par les expéditeurs » (cas. civ. 16 Février 1870 ; Wolff et autres).

Pertes et avaries. — Causes d'exonération pour le voiturier, de sa responsabilité.

I. — Il y a perte totale lorsque la marchandise dont se compose une expédition a péri tout entière ou qu elle ne peut être représentée par le voiturier : « La perte d'un fût sur une expédition qui en comprend 24, ne constitue pas une perte totale et ne saurait être considérée comme telle sans dénaturer la loi du contrat. » (Cas. civ., 8 Novembre 1893. Labro).

II. — Il y a perte partielle lorsque le voiturier ne représente pas le nombre des objets qui lui ont été confiés ou qu'il représente un poids inférieur à celui qu'il a reçu : « En l'absence de tout document corrélatif, précisant les contenances, le pesage est le seul contrôle possible et concluant. » (Tr. com. Aix, 29 Janvier 1891 ; Roubaud et Cie c. Cie des Bouches du Rhône).

III. — Il y a avarie lorsque la marchandise a subi des détériorations qui en diminuent l'usage ou la valeur, ou les deux à la fois.

IV. — Il y a retard lorsque le transport n'est pas effectué dans le délai convenu (art. 104 C. com.).

V. — La responsabilité du voiturier cesse lorsque la marchandise a été détruite ou avariée par suite d'un cas de force majeure ou d'un cas fortuit. Elle cesse encore lorsque la marchandise a été retardée pour les mêmes causes. (Art. 97, 98, 104 et 107 C. com.; 1143 et 1784 C. civ.) Le vice propre de la chose (art. 103 C. com.) et le fait ou la faute de l'expéditeur (art. 1382 C. civ.) sont deux autres cas d'exonération pour le voiturier lorsque la marchandise a été perdue ou avariée.

VI. — La force majeure est un événement irrésistible impliquant le fait de l'homme et dont la prévoyance ni les forces humaines ne peuvent conjurer ni déjouer les effets. Des événements de guerre, une insurrection, une grève générale qui s'étend à tous les ouvriers d'une corporation sont susceptibles de créer la force majeure.

VII. — Le cas fortuit est un effet inopiné des forces de la nature, exclusif de l'intervention humaine ; un incendie allumé par la foudre, une inondation, les crises atmosphériques sont des cas fortuits.

VIII. — Les expressions : force majeure et cas fortuit sont considérées comme synonymes. Elles s'appliquent « à toute force à laquelle on ne peut résister ». Elles servent à désigner « tout événement qu'on ne saurait prévoir et auquel on ne saurait résister quand on l'a prévu ».

Le voiturier n'est admis à s'en prévaloir qu'à la condition, d'une part, qu'il n'ait pu les prévoir ni en éluder les conséquences et, d'autre part, qu'il en soit résulté une impossibilité absolue d'agir, et non pas seulement des difficultés d'exécution.

IX. — Le fait du prince rentre dans les cas de force majeure. On entend par là les empêchements résultant de commandements ou de prohibitions émanées de la puissance publique. Pour que le voiturier puisse l'invoquer, il faut que la loi ou les décisions de l'autorité supérieure aient rendu complètement impossible l'exécution de l'obligation ; il ne suffit pas que cette exécution soit devenue plus difficile ou plus onéreuse.

X. — Si le voiturier n'est pas responsable de la force majeure et du cas fortuit, c'est à la condition qu'il n'ait pas commis une faute, sans laquelle le dommage qui en est résulté ne se serait pas produit.

Au point de vue des effets qu'ils produisent, le cas fortuit ou le cas de force majeure se confondent, mais l'un et l'autre n'ont d'effet libératoire que lorsqu'ils n'ont pas été déterminés par la faute de celui qui l'invoque (Cas. req. 4 Août 1884; Cerf et Siégel — Jacob). Ils ne peuvent servir d'excuse qu'autant que le voiturier n'aurait pu prévoir le fait qu'il invoque et s'y soustraire (Cas. req. 9 Janvier 1884; Négre).

XI. — Les crises atmosphériques ne constituent des cas fortuits qu'autant que, par leur intensité et leur force excessive, elles sortent de la marche accoutumée de la nature ; on ne doit pas, par conséquent, mettre au rang des cas fortuits des événements non calamiteux en eux-mêmes, qui sont le résultat du cours ordinaire et régulier des saisons, comme la pluie, le vent, la neige, le froid et le chaud; ces cas doivent être prévus et peuvent souvent être empêchés. (Trib. com. Grasse 13 Février 1880; P.-L.-M. c. Fage).

XII. — Le vice propre s'entend d'une tare accidentelle qui altère la nature d'une chose et qui en constitue l'exemplaire altéré à l'état d'exception défectueuse, sinon condamnée : une paille dans le fer ou l'acier ; une soufflure dans un objet en fonte sont des vices propres. — C'est encore un état impermanent qui affecte la nature d'une chose et l'expose momentanément à un risque : dilatation des liquides, chiffons graisseux, maladie d'un animal.

Exemples de vice propre :

Vétusté et mauvaise qualité des planches employées à la confection d'une caisse qui se démolit sous les efforts d'un chien qui s'enfuit (Cas. civ. 15 Juillet 1890 ; de Vichy).

Fût fabriqué avec un bois poreux, impropre à retenir les liqueurs et des douves dont les joints étaient mal garnis (Cas. civ. 9 Décembre 1891 ; Lhéritier-Guyot).

Vache dans l'impossibilité de véler par suite d'une maladie qui lui était propre et à laquelle elle a succombé en cours de transport (Cas. civ. 25 Juillet 1888 ; Esnault)

Extrême nervosité d'un cheval, qui occasionne sa mort (Cour de Lyon, 24 Janvier 1907).

L'acceptation de la marchandise sans réserves, au départ, ne peut faire perdre au voiturier le droit de se prévaloir du vice propre de la chose (Cas. civ. 18 Juillet 1898; Locatelli).

XIII. — Il y a une distinction à faire au point de vue des conséquences entre le vice propre et la force majeure. La force majeure est exclusive de faute pour le voiturier comme pour l'expéditeur. Le vice propre au contraire, s'il est la cause d'un dommage pour le voiturier, oblige l'expéditeur à réparer ce dommage par l'application de l'article 1382 C. civ., dans le cas où le voiturier n'a pas connu exactement la nature de la marchandise :

Attendu qu'il résulte des constatations de l'arrêt attaqué que Blangeot et Beauchamps ont fait charger, par leurs soins, sur un wagon de la Compagnie du Nord, pour être expédiés en P. V., au directeur de la distillerie de Pont-Maudit à Carvin, 194 sacs poudrettes de maïs, que le chargement, scellé et plombé, est arrivé absolument intact que cependant un incendie a fortement avarié la marchandise et le wagon où elle était renfermée; que l'incendie est dû à une combustion spontanée, résultant de ce que les poudrettes étaient saturées de matières dont la fermentation contenait le germe de l'incendie et qu'il était resté dans les résidus une certaine quantité d'amidon et de glucose, circonstances qui étaient restées ignorées; que, dans ces circonstances de fait, en mettant à la charge de Blangeot et Beauchamps, tant à l'égard de la compagnie de transport que de leur acheteur, les conséquences d'un incendie qu'il constatait être le résultat de leur faute, l'arrêt attaqué (Amiens, 29 Juin 1889) n'a pas violé les articles de loi invoqués par le pourvoi (Cas. req. 2 Juillet 1890; Blangeot et Beauchamps c. compagnie du Nord).

XIV. — Le voiturier ne saurait arguer du vice propre tant qu'il ne se trouve pas en face de « l'exception » de l'objet mal venu, de la chose tarée, qui porte en elle un vice apparent ou occulte, ou une affection, au sens large du mot, lorsqu'il s'agit d'un animal. Ainsi la fragilité, qui est particulière à un grand nombre de produits industriels : poterie, faïence, porcelaine, verrerie, fontes moulées, etc... n'est pas un vice propre :

— Attendu que la Compagnie de l'Ouest prétend qu'en la circonstance elle serait exonérée de toute garantie ; qu'elle soutient, en effet, que les objets litigieux, du fait même de leur fragilité, seraient affectés d'un vice propre contre les conséquences duquel il appartenait à l'expéditeur de se prémunir au moyen d'un emballage approprié ; que, celui-ci ayant négligé d'user de cette précaution indispensable, il ne saurait faire retomber sur les transporteurs les conséquences d'une situation créée tant par la nature des objets que par l'imprudence de l'expéditeur ;

Mais attendu que la Compagnie ne démontre que les marchandises en cause ne seraient pas d'une fragilité telle qu'elles ne puissent résister, sans emballage, aux conséquences normales des chocs de route ; qu'il résulte, au contraire, des débats et de l'instruction que l'usage constant (article 43 des conditions d'application des tarifs généraux) est de procéder en toute sécurité à l'expédition de ce genre d'objets, sans recourir à aucun emballage ; qu'on ne saurait, dès lors, dire que la chose est par elle-même, entachée d'un vice essentiel la rendant impropre à tout transport, dépourvue d'emballage ; et attendu que la Compagnie ne justifie d'aucune faute personnelle imputable à l'expéditeur ; qu'elle doit dès lors être tenue d'indemniser ce dernier des conséquences du préjudice par lui subi (Trib. com. de la Seine, 6 Juin 1905. — Trib. com. Rouen, 9 Janvier 1907. — Trib. com. Bayonne, 3 Mai 1907).

XV. — Par application du principe posé par l'article 1382 C. civ., que « tout fait quelconque de l'homme qui cause un préjudice à autrui, oblige celui par la faute duquel il est arrivé à le réparer », le voiturier n'est pas responsable des faits préjudiciables dont il n'est pas l'auteur ; c'est ainsi qu'il ne peut être rendu responsable d'un emballage défectueux :

— Attendu qu'il résulte des déclarations du jugement dénoncé que l'avarie constatée à l'un des colis avait pour cause une défectuosité de l'emballage, lequel, d'après les experts nommés par les parties, n'était pas assez résistant pour protéger l'objet transporté ; que néanmoins le jugement a condamné à des dommages-intérêts la compagnie comme responsable de l'avarie, sous le prétexte qu'en acceptant le colis sans prendre de garantie contre l'expéditeur, elle avait engagé sa responsabilité pleine et entière ; — mais attendu que la compagnie ne pouvait être considérée comme ayant perdu, par le seul fait d'avoir accepté un colis sans protestations ni réserves ou sans exiger de garanties, le droit de prouver que l'avarie avait pour cause un vice propre de la chose et qu'elle était imputable à une faute de l'expéditeur (Cas. civ. 10 Juillet 1905 P. O. c. Prieur) ni des imperfections d'un chargement qui, en vertu des tarifs, incombe à l'expéditeur (Cas. civ. 29 Mars 1883 ; Compagnie du Nord c. Dumondelle).

XVI. — Suivant les principes généraux du droit, c'est à celui qui réclame l'exécution d'une obligation à la prouver. Le réclamant pour pertes et avaries a donc l'obligation de prouver le dommage qui résulte pour lui de la perte et de l'avarie. Cette preuve, il peut la faire par tous les moyens (art. 109 C. com.), notamment au moyen des factures, de ses livres de commerce, de mercuriales, etc.

XVII. — En aucun cas l'ayant-droit ne peut prétendre à une indemnité supérieure au dommage occasionné par la perte ou l'avarie. Nul ne peut s'enrichir aux dépens d'autrui, et les articles 1149 et 1150 du Code civil n'ont pas d'autre but que celui de replacer les choses dans l'état où elles auraient été si la perte ou l'avarie ne s'étaient pas produites.

Des dommages-intérêts pour perte et avarie

I. — Les dommages-intérêts dus par le voiturier en cas de perte ou d'avarie se déterminent conformément aux principes des articles 1149 et 1150 du Code civil. Les dommages auxquels l'ayant-droit est fondé à prétendre sont équivalents à la perte qu'il a faite et au gain dont il a été privé, à la condition qu'ils aient été prévus ou qu'on ait pu les prévoir et qu'ils soient la conséquence directe et immédiate du contrat de transport.

II. — Pour les avaries, l'indemnité doit être égale à la différence entre le prix de la marchandise détériorée et son prix à l'état naturel.

III. — Quand les marchandises ont été perdues et que le voiturier est dans l'impossibilité de les représenter l'indemnité doit être égale au prix qu'elles ont été vendues par l'expéditeur au destinataire sans qu'il y ait lieu de rechercher si elles valent plus ou moins au lieu de destination. Si, au contraire, elles ont été expédiées pour être revendues, c'est le prix qu elles valent à destination qui doit être pris pour base du règlement et ce prix est déterminé par les cours du lieu où la livraison devait être faite.

IV. — Pour les marchandises assujetties à une déclaration de valeur, l'indemnité doit être réglée suivant la déclaration de valeur. Le voiturier, en ce cas, n'a pu prévoir qu'il serait, en cas de perte, obligé de payer une somme supérieure à la valeur que l'expéditeur lui a déclarée.

De la preuve qui incombe au voiturier.

I. — Lorsque, pour échapper à la responsabilité qui lui incombe, le voiturier allègue un cas fortuit ou de force majeure, le vice propre, le fait de l'expéditeur, il est obligé d'en faire la preuve. Il n'y a pas là, comme on le dit parfois, une solution de rigueur, spéciale au contrat de transport. C'est l'application pure et simple des principes du droit commun, d'après lesquels celui qui est tenu de remettre à une autre personne une chose déterminée doit pour être libéré prouver le cas fortuit qu'il allègue ou même tout débiteur doit établir la cause de libération dont il se prévaut (art. 1147, 1302, 1315, al. 2, C. civ.). Il résulte de là que le voiturier est responsable, non seulement quand sa faute est certaine, mais aussi toutes les fois qu'on ne parvient pas à découvrir et à prouver la cause de la perte ou de l'avarie (1) (Cas. civ., 3 Décembre 1900 ; Maréchal et Chenu).

II. — Sous le régime de la « clause de non garantie » alors inscrite dans les Conditions d'application des Tarifs spéciaux et qu'a fait disparaître la loi du 17 Mars 1905, modificative de l'article 103 C. com., les ayants-droit, expéditeur ou destinataire, devaient, en cas de perte, ou d'avarie, faire la preuve d'un fait précis et déterminé, constitutif d'une faute à la charge du transporteur. Les rôles sont maintenant renversés. Quelle que soit la cause de l'avarie : force majeure, cas fortuit, vice propre, fait de l'expéditeur, le voiturier est tenu, pour se justifier, de faire la preuve de l'excuse qu'il allègue.

Les compagnies ont ainsi précisé la difficulté pour elles du nouvel article 103 C. com.

D'après la jurisprudence, la clause « la compagnie ne répond pas des avaries de route » n'exonérait pas le transporteur de toute responsabilité ; mais elle obligeait les intéressés à prouver qu'il avait commis une faute. Preuve impossible, a-t-on dit souvent, bien que de nombreux procès gagnés par les expéditeurs prouvent le contraire ; preuve positive, en tout cas qui, pour les tribunaux, pouvait résulter de présomptions sérieuses, précises et concordantes (art. 1353 C. civ.). Si, au contraire, on avait admis contre les compagnies une présomption de faute qu'il leur appartiendrait de détruire, c'est une preuve négative qu'on leur laisserait à faire, et c'est de celle-ci qu'on peut dire avec raison qu'elle serait impossible. (Lettre des compagnies à M. le Ministre des Travaux Publics ; Octobre 1903).

III. — L'état de chose prévu dans cette lettre s'est réalisé le 17 Mars 1905. Il en résulte que, quel que soit depuis, le tarif appliqué, tarif général ou tarif spécial une présomption légale de faute pèse sur le voiturier qui est tenu, dans tous les cas, de justifier de la cause qui le libère. Que la preuve soit possible ou impossible, il a l'obligation ou de la faire ou de réparer le dommage qui en a été la conséquence.

IV. — Pour justifier de sa libération, le voiturier peut se servir de tous les moyens de preuve (art. 109 C. com.). S'il allègue le cas fortuit ou de force majeure, il pourra les établir au moyen de procès-verbaux dressés par les autorités administratives, au moment, ou après, les évènements qui les ont produits. S'il invoque le vice propre ou la faute de l'expéditeur, la preuve pourra résulter d'une expertise (Cas. civ., 25 Mars 1891 ; Chersi).

(1) Lyon-Caen & Renault. — Traité de droit commercial, tome III, p. 431-432.

Du déchet de route

I. — Le déchet de route est une diminution, une réduction de poids ou de quantité que, en règle générale, certaines marchandises sont susceptibles de subir en raison de leur nature propre et par le seul fait du transport.

Il se produit, par coulage, tamisage, évaporation, dessiccation, etc. et sous l'action de causes dont l'influence est exclusive de faute..

II. — On ne doit pas le confondre avec l'avarie, à laquelle s'attache l'idée d'altération, de déformation ou de destruction. Le déchet de route n'atteint la chose que dans son poids ou sa quantité sans en altérer la nature.

III. — Par « nature de la chose » il faut entendre la manière d'être de cette chose, son état, la condition de son existence, l'apparence sous laquelle elle se présente à nos yeux et sous laquelle nous la connaissons. La chose a ses qualités et ses défauts, mais son état normal est exclusif de vice propre. Si le transport l'expose à des risques, ce n'est pas à raison de tares, mais à cause même de son état de nature.

La houille qui se transporte en vrac est susceptible de perdre de son poids par tamisage, lorsqu'elle est sèche, par dessiccation et tamisage à la fois lorsqu'elle est expédiée à l'état humide ; c'est un risque qui tient à la nature de la chose.

Les céréales expédiés en sacs immédiatement après la récolte, peuvent aussi éprouver un déficit par dessiccation ; mais leur dessiccation est subordonnée à l'état de l'atmosphère, à la longueur du trajet qu'elles doivent parcourir et à leur propre état hygrométrique : c'est encore un risque qui tient à la nature de la chose.

IV. — Le déchet de route est une dégradation du vice propre ; il n'en est pas question ni dans les Codes, ni dans les règlements particuliers aux chemins de fer, ni dans les tarifs. Sa fixation est, en cas de contestation, laissée à l'appréciation des tribunaux :.

En l'absence de tout règlement ou tarif concernant le déficit, qualifié déchet de route, il appartient aux Tribunaux d'apprécier si, à raison des circonstances de la cause, le déficit constaté dans le poids ou la quantité des marchandises, est dû à la nature propre de ces marchandises ou à la faute du chemin de fer (Cas. civ., 5 Novembre 1883 ; Cie de Bône à Guelma c. Cellerin).

V. — Il ne suffit donc pas à une compagnie de chemin de fer de se prévaloir du fait qu'une marchandise est susceptible de perdre de son poids ou de sa quantité dans le cours d'un transport, pour se créer un droit ; elle doit, en outre, faire la preuve qu'eu égard aux circonstances dans lesquelles le transport a été effectué, le déchet était possible et qu'il a été positivement la conséquence du vice propre de la marchandise transportée.

VI. — En aucun cas, le chemin de fer ne saurait prétendre à une déduction pour déchet de route lorsqu'il apparaît que la diminution de la chose transportée est la conséquence d'une faute qu'il a commise. Si un fût de vin a coulé en route par suite d'un choc, s'il a été piqué par une main indélicate, c'est dans le premier cas une avarie qui a causé le déficit ; dans le second une soustraction; le chemin de fer en est responsable (art. 103 C. com. ; art. 1784 C. civ. dans l'un et dans l'autre cas).

VII. — La définition même du déchet de route s'oppose à ce que le voiturier puisse s'en prévaloir lorsqu'il a brisé en cours de transport, des marchandises naturellement fragiles. Le bris ou la casse d'un objet est une détérioration qui peut aller jusqu'à la destruction, mais qui ne peut être attribué qu'à la faute du voiturier, hors le cas fortuit ou le vice propre.

VIII. — Le déchet de route est une réduction de poids ou de quantité qui se produit à l'occasion du transport sous l'influence de causes naturelles. Le voiturier ne saurait plus, pour échapper à sa responsabilité, arguer du déchet de route que du vice propre, lorsqu'il a transporté des marchandises fragiles. Des œufs cassés sont des œufs avariés, car l'idée d'avarie est exclusive de l'idée de déchet :

-Attendu que l'expression « déchet de route » s'entend de la diminution de la chose transportée, du fait du transport et sous l'influence de causes extérieures..., que si les œufs pouvaient donner lieu, à raison de leur fragilité, à un déchet de route, il n'y aurait pas de motif de n'en pas admettre pour le transport des verreries, des porcelaines et autres objets essentiellement fragiles ; que l'adoption d'un pareil principe serait l'atténuation de la responsabilité du transporteur que le législateur a entendu rendre entière par la loi du 17 Mars 1905 (art. 103 nouveau C. com.) et transformerait en déchet de route des avaries résultant des risques du transport; que le bris d'un objet doit être considéré comme une avarie ; que le fait d'en retrouver les parties délimite la différence entre l'avarie et le déchet de route, puisque, dans ce dernier cas, la chose se retrouve entière sans bris ni détérioration apparente, mais avec une légère diminution de poids (Trib. com. Rouen, 9 Janvier 1907. — (Delaitre c. Cie de l'Ouest).

IX. — La plupart des auteurs reproduisent, à titre de renseignement, le tableau ci-après emprunté au Dictionnaire de Palaa et dont les indications reposeraient sur des bases fixées par la jurisprudence et les avis des Chambres de Commerce. Nous le publions en faisant remarquer qu'il n'est pas obligatoire pour les tribunaux et que ses indications souvent exagérées, sont en contradiction avec les données d'une observation impartiale.

TABLEAU DES DÉCHETS DE ROUTE

PAR COULAGE, TAMISAGE ET DESSICCATION

Dressé d'après les bases fixées par la Jurisprudence des Tribunaux et les avis des Chambres de Commerce

DÉCHETS PAR LE COULAGE

	PARCOURS de 200 kil. et au-dessous	PARCOURS au delà de 200 kilom.	AVEC un maximum de
Eaux-de-vie et spiritueux........	2 o/o	1 o/o par 100 kil.	5 o/o en été
Bières, cidres, boissons..........	—	—	
Vins, vinaigres en fûts	—	—	4 o/o en hiver
Huiles	—	—	6 o/o en été
Essences	1 o/o	—	4 o/o en hiver
Mélasse et miel....................	—	—	5 o/o en été
Suif, saindoux......................	—	—	4 o/o en hiver
Graisses.............................	—	—	
Vins de liqueurs....................	—	—	4 o/o en été
Goudrons............................	—	—	3 o/o en hiver

DÉCHETS PAR LA DESSICCATION

Bois de teinture effilé..........	2 o/o	1 o/o par 100 kil.	
Racines, bois de réglisse.......	—	—	
Eponges, liège....................	—	—	4 o/o en été
Chiffons en balles................	—	—	3 o/o en hiver
Cornes.	—	—	
Avoine..............................	—	1 o/o par 200 kil.	
Graines fourragères et oléagineuses	—	—	
Houblons	—	—	
Chanvres buts.....................	—	—	4 o/o en été
Sucres bruts.......................	—	—	3 o/o en hiver
Laines..............................	—	—	
Salpêtres	—	—	
Gomme..............................	—	—	
Blé; orge, seigle..................	1 o/o	1 o/o par 100 kil.	
Riz, sagou..........................	—	—	
Graines fourragères et oléagineuses en double sac..............	—	—	
Fécules, farines..................	—	—	
Légumes secs	—	—	
Résines solides....................	—	—	3 o/o en été
Épicerie, droguerie...............	—	—	2 o/o en hiver
Chicorée en tonneaux............	—	—	
Vergeoises	—	—	
Coton en balles....................	—	—	
Ferraille, fonte brute, vieux plomb	—	—	
Nacre de perle en coquille brute.	—	—	

DÉCHETS SPÉCIAUX

Sel marin..............................	1 o/o	Océan, 5 o/o par 250 km. Méditerranée, 3 o/o par 220 km.
Sel gemme et ignigène	—	1 o o par 200 km.
Marrons, châtaigues..............	—	Par 2 jours avec un maximum de 6 o/o.
Houille	2 o/o	Quelle que soit la distance parcourue.
Coke....................................	5 o/o	

X. — Le déchet de route prévu dans ce tableau pour les vins en fûts est particulièrement exorbitant :

Les compagnies d'assurances maritimes fixent dans leurs contrats à 4 0/0 le coulage ordinaire pour le transport des vins ; il y a là fixation d'un creux supérieur ou tout au moins égal au maximum qui peut se produire dans les cas les plus défavorables ; le creux de route varie dans des limites assez étendues et dépend de circonstances nombreuses (Trib. de com. de Rouen, 20 Mars 1898. — Le droit : 9 Avril 1898).

Et à la suite de ces observations, le tribunal fixait à 1/4 0/0 le creux à déduire.

Dans le commerce des charbons, on distingue pour l'évaluation du déchet de route, le charchon sec (anthracite, tête de moineau) du charbon humide (briquettes, boulets).

Pour le premier l'usage commercial admet un déchet de route de 1 °/₀ et de 2 °/₀ pour le second.

XI. — Le tableau (ci-dessus) est loin, d'ailleurs, d'être complet. D'autres marchandises sont exposées à perdre de leur poids ou de leur quantité « en raison de leur nature propre et par le seul fait du transport » (Voir convention de Berne, art. 32). Mais comme le déchet de route est une simple tolérance, les tribunaux peuvent l'admettre ou l'écarter, suivant les circonstances et, pour sa détermination, puiser les éléments de leurs décisions en quelque endroit qu'ils les rencontrent, même dans les dispositions de la convention internationale de Berne.

Des risques de la marchandise

I. — Aux termes de l'article 100 C. com. la marchandise sortie du magasin du vendeur ou de l'expéditeur voyage, s'il n'y a convention contraire, aux risques et périls de celui à qui elle appartient, sauf son recours contre le commissionnaire et le voiturier chargés du transport.

II. — Lorsque la marchandise objet de la vente est déterminée simplement par sa nature, in genere (le blé d'une récolte), elle est livrable ou chez le vendeur ou chez l'acheteur ; dans le premier cas, elle voyage aux risques du vendeur qui en reste le propriétaire jusqu'à la livraison ; dans le second cas elle voyage au risque de l'acheteur.

Lorsqu'au contraire la vente a pour objet un corps certain (100 hectolitres de vin), la marchandise est aux risques du destinataire dès qu'elle est sortie du magasin du vendeur, alors même que les frais de transport auraient été acquittés à la gare de départ par le vendeur-expéditeur, le paiement des frais de transport pouvant être une charge du contrat de vente.

III. — La règle posée par l'article 100 ne constitue qu'une présomption simple ; elle peut être modifiée par la volonté des parties qui restent libres de leurs stipulations ; elle ne doit être suivie qu'à défaut de stipulation contraire.

Elle ne fait pas obstacle, d'ailleurs, à la responsabilité de l'expéditeur si celui-ci a commis une faute, génératrice de la perte ou de l'avarie.

IV. — Si la marchandise est perdue ou avariée par cas fortuit, force majeure ou vice propre, la perte ou l'avarie doivent être supportées par celui, expéditeur ou destinataire, à qui elle appartient, d'après la règle res perit domino; si elle a été perdue ou avariée par la faute de l'expéditeur: défectuosité d'un chargement qui lui incombait, insuffisance de l'emballage, etc., l'expéditeur est responsable de la perte ou de l'avarie par application de l'article 1382, C. civ.

Si la perte ou l'avarie résultent d'une autre cause c'est le voiturier qui en est responsable et c'est contre lui que le propriétaire de la marchandise doit exercer son recours (art. 100 in fine). Le voiturier est d'ailleurs tenu, dans tous les cas, d'administrer la preuve du cas d'exonération qu'il allègue.

V. — Lorsque, pour être livrée, la marchandise doit être transportée d'un lieu dans un autre, il ne faut pas confondre la question des risques avec la question de responsabilité de voiturier. Celui-ci demeure étranger aux vices de la chose vendue ou au défaut de conformité de la chose vendue avec la chose livrée. Par suite, les dispositions des articles 105, 106 et 108 C. com., qui ont trait à l'exécution du contrat de transport, ne s'appliquent pas aux rapports qui existent entre le vendeur-expéditeur et l'acheteur-destinataire en vertu du contrat de vente.

VI. — La fin de non recevoir, tirée de la réception de la marchandise, du paiement de la lettre de voiture, et de l'absence de protestation dans les trois jours de la réception, ne peut être opposée par le vendeur à l'acheteur. Cependant, comme la réception de la marchandise est une circonstance qui met l'acheteur dans une situation difficile à l'égard du vendeur, on admet, lorsque l'acheteur refuse de recevoir la marchandise et que le voiturier en reste détenteur, pendant qu'un procès s'engage entre vendeur et acheteur, que le vendeur peut demander au Président du Tribunal de commerce la nomination d'un expert dans les termes de l'article 106 C. com.

Cette doctrine se justifie par les considérations suivantes :

La disposition de l'article 106 C. com. reste applicable tant que le voiturier n'est pas déchargé; il importe peu qu'une instance relative aux conditions ou à la bonne exécution du marché soit déjà pendante, entre l'expéditeur et le destinataire, au moment où la requête à fin de vérification des marchandises est présentée au Président du Tribunal de commerce ou au Juge de paix ; l'urgence qui est la cause de cette mesure et de celles qui peuvent en être la suite, n'en existe pas moins, à cause de l'attente, imposée au voiturier et du dépérissement possible des marchandises (Cas. ch. req. 26 Novembre 1889 ; Querrot c. Le Tac).

De l'expertise judiciaire

I. — Lorsque des difficultés s'élèvent entre le voiturier et le destinataire pour la réception des marchandises, ou que le destinataire refuse de prendre livraison, l'article 106 C. com. ouvre au voiturier non payé de la lettre de voiture la faculté de demander que l'état des marchandises soit vérifié par des experts nommés par le Président du Tribunal de commerce ou, à son défaut, par le Juge de paix et par ordonnance au pied d'une requête.

II. — Le voiturier peut faire ordonner, pour le cas où le destinataire ne prendrait pas livraison après l'expertise, que la marchandise soit transportée dans un dépôt public ou que la vente en soit autorisée pour être payé du prix de transport (art. 2102 6° C. civ.).

III. — Le voiturier peut encore recourir à l'expertise lorsque le destinataire n'a pas été trouvé, ou qu'il ne consent à prendre livraison qu'à la condition qu'il lui soit donné des réserves destinées à sauvegarder son droit d'action (Cas. civ. 2 Février 1887; Ouest c. Hermitte).

IV. — L'expertise est pour le voiturier un moyen de prouver sa libération ou de limiter sa responsabilité ; comme sa responsabilité est rigoureuse et qu'il doit remettre au destinataire les marchandises dans l'état où il les a reçues de l'expéditeur, c'est à lui que revient, en principe, la charge de provoquer, en cas de contestation. ou s'il se présente un empêchement à la livraison, l'expertise judiciaire prévue par l'article 106.

V. — En ne faisant procéder, alors que le destinataire a pris des réserves, à aucune expertise contradictoire, une compagnie admet implicitement le principe de sa responsabilité (Trib. com. Seine, 27 Juin 1903 ; Cadet).

VI. — Le droit de provoquer cette expertise n'appartient pas cependant qu'au voiturier. L'expéditeur et le destinataire, qui ont un intérêt à la conservation de la marchandise, peuvent aussi en prendre l'initiative ; leur intérêt même le leur conseille quelquefois. C'est le cas, notamment, lorsque le dommage ne peut être exactement évalué d'une autre manière.

VII. — Le voiturier, d'ailleurs, n'y est pas moins intéressé. En retardant la vérification de la marchandise, il s'expose à ce que les avaries s'accroissent et à ce que les experts ne puissent pas avec sûreté en déterminer les causes. Or, il est responsable de la conservation de la marchandise et le doute sur la cause ne peut lui profiter puisqu'il est tenu de faire la preuve de sa libération. Au surplus, la procédure de l'article 105 C. com. est exceptionnelle et ne se justifie que par l'urgence et l'impossibilité pour le voiturier de garder longtemps la marchandise : double raison pour qu'il la suive dès que la contestation est née ou que s'est produit le refus.

VIII. — Cependant l'expertise judiciaire n'est pas obligatoire pour le voiturier :

Si dans le cas de refus ou de contestation pour la réception des marchandises transportées, l'article 106 autorise le voiturier à en faire vérifier l'état et à en provoquer la mise en séquestre ou la vente jusqu'à concurrence du prix de la voiture, le voiturier n'est point obligé d'user de la faculté qui lui est accordée. Lorsqu'il conserve en sa possession les objets transportés, il doit se conformer aux prescriptions du décret du 13 Août 1810 (1) (Cas. civ., 8 Avril 1878 ; Rivière).

IX. — Les dispositions de l'article 106 C. com. ne sont applicables que dans le cas de contestation entre le voiturier d'une part et l'expéditeur et le destinataire d'autre part, pour la réception de la marchandise lorsque celle-ci est parvenue à destination. Elles ne s'appliquent pas aux constestations qui peuvent s'élever au départ entre l'expéditeur et le voiturier pour la réception des marchandises par celui ci.

X. — Elles ne s'appliquent pas davantage, à destination, aux contestations qui s'élèvent, en dehors du voiturier, entre vendeur et acheteur. Ces contestations sont du domaine de l'expertise de droit commun, qui doit être faite, parties présentes ou dûment appelées, conformément aux articles 315 et 429 C. proc. civ. (Cas. civ., 1er Mars 1892). Il y a exception, toutefois, lorsque le voiturier n'est pas déchargé, c'est-à-dire lorsqu'il détient encore la marchandise (Cas. req., 26 Novembre 1889 ; Querrot c. Le Tac),

---

(1) Article premier. — Les ballots, caisses, malles, paquets et tous autres objets qui auraient été confiés pour être transportés dans l'intérieur de l'Empire, à des entrepreneurs, soit de roulage, soit de messageries par terre ou par eau, lorsqu'ils n'auront pas été réclamés dans le délai de six mois à compter du jour de leur arrivée au lieu de leur destination, seront vendus par voie d'enchère publique, à la diligence de la régie de l'enregistrement.

Art. 2. — A l'expiration du délai qui vient d'être fixé, les entrepreneurs de messageries et de roulage devront faire aux préposés de la régie de l'enregistrement la déclaration des objets qui se trouveront dans le cas de l'article précédent.

Art. 3. — Il sera procédé par le Juge de Paix, en présence des préposés de la régie de l'enregistrement et des entrepreneurs de messageries ou de roulage, à l'ouverture et à l'inventaire des ballots, malles, caisses ou paquets.

Art. 4. — Les préposés de la régie de l'enregistrement seront tenus de faire insérer dans les journaux un mois avant la vente des objets non réclamés, une note indiquant le jour et l'heure fixés pour cette vente et contenant, en outre, les détails propres à ménager aux propriétaires de ces objets la faculté de les reconnaître et de les réclamer.

Art. 5. — Il sera fait un état séparé du produit de ces ventes, pour le cas où il surviendrait, dans un nouveau délai de deux ans à compter du jour de la vente, quelque réclamation susceptible d'être accueillie.

Art. 6. — Les préposés de la régie de l'enregistrement et ceux de la régie des droits réunis, sont autorisés, tant pour s'assurer de la sincérité des déclarations ci-dessus prescrites que pour y suppléer, à vérifier les registres qui doivent être tenus par les entrepreneurs de messagerie ou de roulage (Décret du 13 Août 1810).

XI. — De même que l'expertise, le transport dans un dépôt public des objets refusés à l'arrivée est purement facultatif pour le voiturier :

— La disposition de l'art. 106, aux termes de laquelle le transport dans un dépôt public des objets refusés à l'arrivée peut être ordonnée par justice, ouvre au voiturier une simple faculté qu'on ne saurait arbitrairement convertir en obligation (Cas. civ., 10 Novembre 1891 ; Meynadier).

Lorsque la compagnie du chemin de fer a fait connaître à l'expéditeur que la marchandise est restée dans ses magasins, par suite de non réception par le destinataire, on ne saurait rendre ladite compagnie responsable des conséquences dommageables résultant pour l'expéditeur du retard apporté par lui à disposer de cette marchandise (Cas. civ., 6 Mai 1890 ; P.-L.-M. c. Soc. gén. des transports marit. vapeur).

Il en est de même pour la vente (Cas. civ. 12 Mars 1890 ; Trimoulet).

XII. — L'expertise de l'article 106 est une mesure que justifient l'urgence et l'impossibilité présumée, pour le voiturier, de garder longtemps la marchandise :

— C'est une mesure conservatoire, préalable à toute instance judiciaire qui ne saurait, par suite, être soumise à toutes les formalités et conditions prescrites pour les expertises ordinaires, notamment à l'obligation, pour le voiturier qui le requiert, d'y appeler l'expéditeur (Cas. civ. 30 Novembre 1881 ; Lapalud et Déchet), à qui, cependant, elle est opposable, lorsqu'elle a été faite en présence du destinataire (même arrêt) par lequel on admet qu'il est dûment représenté.

XIII. — Elle consiste à charger des personnes, désignées par leur compétence et leur honorabilité, de faire, en vue de la solution d'une contestation relative à l'exécution du contrat de transport, des constatations qui exigent des connaissances techniques et d'exposer, dans un rapport, le résultat de leur examen. Toute personne peut être expert, même les femmes. A Paris, dans le cas de l'article 106, on ne nomme qu'un seul expert.

XIV. — L'expert doit convoquer les parties pour procéder en leur présence, ou après les avoir dûment appelés, aux vérifications requises. L'article 317 C. Proc. civ., lui prescrit de faire entrer les dires et réquisitions des parties dans le rapport qu'il rédige et où il exprime les motifs de son opinion. Le rapport ne doit s'occuper que des faits qui font l'objet de l'expertise.

XV. — Les constatations de l'expert ne lient pas le juge ; celui-ci a le pouvoir de s'approprier les appréciations d'un expert alors même qu'il aurait procédé sans observer les formes légales, de même qu'il a le droit de les écarter (C. Amiens 28 Décembre 1895 ; Cie du Nord c. Legrand).

Les juges ne sont pas astreints à suivre l'avis des experts ; il leur appartient d'attribuer aux avaries, pour le tout ou pour partie, une autre cause que celle reconnue par l'expertise (Cas. civ. 19 Novembre 1906 ; Alibert).

XVI. — Lorsque, à la requête de l'une des parties au contrat de transport, il a été procédé à l'expertise prévue par l'article 106 du Code de commerce, on décide que la matière est épuisée et qu'il ne peut être procédé à une nouvelle expertise ou à une contre-expertise. Mais le tribunal, saisi de la contestation, peut, s'il ne trouve pas dans le rapport de l'expert les éléments d'une décision s'il y relève des contradictions ou des allégations de nature à provoquer ses suspicions, ordonner une nouvelle expertise. Cette expertise doit être faite conformément aux règles du droit commun.

XVII. — Fréquemment, devant le refus du destinataire pour avarie, manquant ou perte partielle, les gares provoquent l'expertise de l'article 106. Elles ont l'habitude d'y convoquer l'expéditeur et le destinataire. L'un et l'autre ont un intérêt majeur à y assister ou à s'y faire représenter: le destinataire parce que, presque toujours, la marchandise voyage à ses risques; l'expéditeur parce que les experts, désignés par les gares au juge qui les nomme, ont la tendance de mettre au compte du vice propre, de la défectuosité ou de l'insuffisance de l'emballage, etc..., la perte ou l'avarie et que leur tâche est facilitée par l'absence de toute contradiction.

Vérifications amiables ou officieuses

I. — L'expertise judiciaire, prévue par l'article 106 du Code de Commerce, n'est pas obligatoire pour le voiturier; elle peut être remplacée par tout autre moyen de vérification notamment par une vérification contradictoire entre le destinataire et le dernier transporteur ou même par un expert désigné par eux; mais elle n'engage que les parties qui en sont convenues et dans la mesure de leur convention.

La vérification ainsi faite, en dehors des conditions prescrites par l'article 106 C. com. n'offre aucune garantie pour les tiers et les résultats n'en sauraient être opposés à l'expéditeur qui n'y a été ni partie, ni représenté, ni appelé (C. Montpellier, 2 Novembre 1905; Ch. de l'Hérault c. Ramadier).

II. — Si l'une des parties, au contrat de transport, peut imposer à l'autre la vérification judiciaire des marchandises transportées, elle ne saurait la contraindre à accepter une vérification amiable:

— En refusant de consentir à une expertise amiable pour l'évaluation d'avaries non contestées, et en provoquant la nomination d'un expert par justice, la Compagnie n'a fait qu'user du droit qui lui appartenait de procéder judiciairement au règlement d'un litige entre elle et le destinataire; l'indication du nom du destinataire sur le titre de transport est sans relation avec l'exercice de ce droit par le transporteur, et c'est à tort que les juges du fond l'ont considérée comme en impliquant la déchéance (Cas. civ. 4 Juillet 1905; Compagnie de Madrid-Saragosse-Alicante c. Bertrand).

III. — Les consultations sollicitées par les Compagnies, en cours de route, ou les constatations qui résultent de l'intervention du service des contributions indirectes (dans le cas de transport des boissons) ne peuvent être prises en considération qu'à titre de renseignement.

Dépourvues de tout caractère officiel, provoquées sans le consentement et en dehors du contrôle de l'expéditeur et du destinataire, émanées de personnes dont la capacité et la moralité peuvent être suspectes, elles manquent de la valeur juridique qui s'attache aux formes protectrices de l'article 106 C. com. Le juge ne fait qu'user de son pouvoir discrétionnaire d'appréciation en ruinant leur crédit ou même en les écartant comme dénuées de valeur.

Laissé pour compte

I. — Sur le laissé pour compte, il y a deux systèmes : le premier qui ne l'admet pas, parce que « les conventions tenant lieu de loi à ceux qui les ont faites et ne pouvant être révoquées que de leur consentement mutuel et pour les causes que la loi autorise (art. 1134 C. civ.), le contrat de transport, qui est une « convention de faire », doit se résoudre en dommages-intérêts » (art. 1142 C. civ.). Or, comme le laissé pour compte équivaut à un contrat de vente (art. 1582), exiger du voiturier le paiement de la chose qu'il n'a pris que l'obligation de transporter, c'est faire la substitution, prohibée par la loi, d'un contrat de vente à un contrat de transport.

II. — Dans l'autre système, on considère qu'en ne fixant pas, pour la convention spéciale de transport, le mode de réparation auquel le voiturier serait soumis dans le cas d'inexécution ou de faute dans l'exécution de son obligation, la loi a laissé à la discrétion du juge le soin de le déterminer. C'est celui de la Cour de cassation, dans une décision dont les termes font sentir que, quelle que soit l'opinion des juges sur la détermination et la consistance de l'indemnité due à l'ayant-droit, elle ne saurait donner ouverture à cassation.

Trois balles de soie en destination de Stockholm avaient été expédiées de Nîmes, en Octobre, à un commissionnaire de Hambourg ; l'une parvint le 6 Décembre ; les deux autres furent retenues à Quiévrain par la douane belge. Le commissionnaire les ayant refusées pour retard, l'expéditeur en réclama la valeur qu'il obtint en première et deuxième instance. Sur pourvoi du voiturier la Cour de cassation rendit l'arrêt suivant :

— Attendu qu'il a été jugé en fait qu'il y a eu retard dans l'arrivée des marchandises dont il s'agit ; que ce retard a causé préjudice aux sieurs Cazeing et Cie et qu'il était imputable aux sieurs Laffitte et Caillard ; — attendu en droit que la loi, en gardant le silence sur le mode de l'indemnité à laquelle elle soumet les commissionnaires de roulage et entrepreneurs de messageries, pour le cas où les marchandises sont arrivées tardivement à leur destination, a laissé aux Tribunaux à déterminer cette indemnité, d'après les faits et circonstances ; d'où il suit que dans l'espèce en choisissant, pour régler l'indemnité qui n'était pas contestée, un mode de réparation entre plusieurs autres, la Cour royale de Nîmes n'a fait qu'user du droit qu'elle avait et n'a violé aucune loi (Cas. civ. 3 Août 1835; Laffitte, Caillard et Cie c. Cazeing) (1).

III. — « Les faits et les circonstances », tels sont les fondements des décisions judiciaires dans le cas où se pose le laissé pour compte et, dans l'appréciation des faits, le juge est souverain :

— Si, en fait, les dommages intérêts sont alloués généralement sous la forme d'une indemnité pécuniaire, la loi n'exige pas, cependant, qu'il en soit ainsi.

En cas d'inexécution ou de retard dans l'exécution d'une convention, les juges peuvent ordonner que la chose qui fait l'objet de cette convention restera au compte de la partie qui est en faute ou en demeure. « La propriété de la chose laissée pour compte se trouve « alors imposée à cette partie comme réparation du dommage, à « charge par elle de payer à l'autre partie l'entière valeur de la chose ». (Aubry et Rau, IV, page 108).

IV. — La jurisprudence s'accorde, cependant, pour reconnaître que le laissé pour compte est une mesure exceptionnelle à laquelle il ne doit être recouru que pour des motifs graves ou, tout au mois sérieux.

Les motifs sont jugés graves et sérieux « lorsque la marchandise a perdu la destination qui lui était réservée », c'est-à-dire lorsqu'elle ne peut plus être employée à l'usage auquel elle était destinée (Trib. com. Seine, 25 Mars 1862) ou que le destinataire n'en a plus l'emploi (C. Limoges, 12 Février 1904), ou encore lorsqu'elle est présentée en état d'avarie et que cet état fait concevoir des craintes pour sa conservation (Trib, com. Nantes, 9 Mars 1872).

V. — Le laissé pour compte peut s'appliquer aussi, lorsque la marchandise a perdu toute valeur marchande, que sa dépréciation est totale et sa valeur nulle (C. Agen. 12 Mai 1899).

Dans cet ordre d'idées le Tribunal de commerce de la Seine a prononcé le laissé pour compte dans le cas suivant :

Des marrons frais, importés de l'étranger en France, sont par suite d'un retard de 12 jours, imputable au fait et à la faute de la compagnie, restés trop longtemps en sacs, y ont germé et ont été complètement avariés.

— Si en général, dit le Tribunal, l'allocation d'une somme d'argent à titre de dommages-intérêts suffit à réparer le préjudice causé, le laissé pour compte peut néanmoins être imposé au transporteur exceptionnellement, lorsque cette mesure constitue le moyen le plus exact et le plus sûr de déterminer le préjudice éprouvé. L'expertise a établi que les dits marrons ne pouvaient être utilisés par le destinataire. Le laissé pour compte s'impose, en l'espèce, en raison même du dommage causé (Trib. com. Seine, 1er Août 1894).

Un retard de 12 jours motive de même le laissé pour compte, par le destinataire, dans l'espèce suivante :

---

(1) Un arrêt du 27 Décembre 1881 de la même Cour a confirmé un jugement qui avait laissé pour compte à la Compagnie P.-L.-M. des foins avariés par la pluie (Gués, Rose et Barral).

— Attendu que ce retard constitue une faute de la demanderesse et qu'il a causé à C. Barril fils et Cie un préjudice dont il leur est dû réparation ; qu'en effet un retard aussi considérable a jeté une certaine perturbation dans la maison de commerce des expéditeurs, porté atteinte à leur renommée en leur attribuant, de la part de leurs clients, une certaine négligence dans leurs expéditions, en mécontentant leur acheteur ; — que ce dernier, s'étant réapprovisionné à nouveau et n'ayant pas voulu prendre livraison, le fût litigieux est resté en souffrance pendant très longtemps sans aucun soin ; que par suite la qualité de la marchandise litigieuse a évidemment souffert ; que de tels faits autorisent non seulement le laissé pour compte, mais motivent une indemnité que les débats ont permis d'évaluer (Tr. com. Besançon, 25 Août 1906).

VI. — Dans un cas plus grave, la cour de Bordeaux n'a pas admis le laissé pour compte. Un fût d'eau-de-vie refusé par le destinataire est resté en souffrance durant plus de trois mois. L'eau-de-vie s'est nécessairement altérée au contact prolongé du bois neuf ; la quantité en a été sensiblement réduite ; elle a, pour ces deux raisons, subi une importante dépréciation ; néanmoins,

Les premiers juges, dit la cour de Bordeaux, ont à tort pensé que le seul moyen de réparer le préjudice causé à l'expéditeur, qui n'a appris l'incident que par le retour, après protêt, d'une traite par lui tirée sur le destinataire, consistait à laisser la marchandise pour le compte de la compagnie et à condamner celle-ci à en payer la valeur. En fait l'eau-de-vie a été dénaturée, mais non mise hors d'état de servir à aucun usage. La cour est en mesure d'apprécier l'importance de la détérioration et de la moins-value qui en est résultée... (C. de Bordeaux, 24 Avril 1902).

Mais le Tribunal de Dunkerque l'a admis dans un cas où addition avait été faite d'eau ou d'un autre liquide qui avait réduit de cinq degrés le titre d'un fût d'alcool de vin et en avait augmenté le poids, pour le motif,

— Qu'il est difficile à la société demanderesse de livrer à ses risques et périls une marchandise qui a subi en cours de route l'adjonction d'un liquide inconnu (Trib. com. Dunkerque, 8 Février 1907 — Union vinicole algérienne c. Cie du Nord).

Une voiture automobile a été gravement avariée ; la cour de Rennes en prononce le laissé pour compte, pour les motifs suivants :

Considérant que si le laissé pour compte est une mesure exceptionnelle, cette mesure s'impose lorsque, par suite des avaries subies, l'objet transporté est devenu impropre à sa destination et ne répond plus au but que se proposait le destinataire ; — que D. a acheté d'A. une automobile neuve et avec tous ses avantages, notamment la garantie de six mois, fournie par le constructeur, à raison des vices cachés ; qu'une machine, remise à neuf, ne saurait offrir les mêmes garanties et que D. est en droit de refuser d'en prendre livraison (C. Rennes, 28 Janvier 1907 ; P. G. c. Augereau).

VII. — En résumé, le laissé pour compte peut être justifié :

1° Par le simple retard lorsque le destinataire n'a plus l'emploi de la chose retardée ;

2° Par l'avarie, compliquée ou non de retard, lorsque la chose a perdu l'usage auquel sa nature la destine, ou que l'usage de la chose est diminué ou qu'il exposerait l'ayant-droit à des risques.

Mais, en cette matière, il n'y a rien d'absolu ; ce sont les « faits et les circonstances » qui doivent dicter la décision du juge, à l'équité duquel la loi fait appel, puisque, suivant l'expression même de la Cour de Cassation « elle n'a pas déterminé pour le voiturier le mode de réparation auquel il est soumis lorsqu'il manque à l'exécution de son obligation. »

VIII. — Une erreur de taxe, serait-elle établie, n'est pas de nature à justifier un laissé pour compte et ne peut donner lieu qu'à une action en redressement (Trib. com. Seine, 22 Avril 1903. — C. de Paris, 27 Février 1905 ; Villame c. Cie du Nord.)

Vente des marchandises

I. — Le voiturier puise dans l'article 2102, 6°, un privilège sur la marchandise transportée, pour être payé du prix de la voiture, c'est-à-dire des frais de transport lorsque la marchandise a été expédiée en port dû.

D'autre part, en qualité de mandataire qui répond de ses fautes, il peut être obligé de vendre les marchandises pour en empêcher le dépérissement ou même la perte totale.

L'évènement arrive lorsque le destinataire est absent ou inconnu, ou qu'il refuse de prendre livraison. L'article 106, 3e alinéa, ouvre dans ces cas, au voiturier, la faculté de faire vérifier judiciairement l'état de la marchandise refusée, ou dont le destinataire n'a pu être trouvé, et d'en faire ordonner la vente ; mais cette faculté ne saurait être arbitrairement convertie en obligation (Cas. civ., 12 Mars 1890 ; P. O. c. Trimoulet).

II. — Les formalités de l'article 106 pour arriver à la vente ne sont pas, en effet, prescrites à peine de nullité. Si le voiturier fait vendre les marchandises restées en souffrance sans se conformer strictement à toutes les formalités qu'énonce cet article, sa responsabilité ne se trouve engagée que s'il est démontré que l'inobservation de l'une ou de plusieurs de ces formalités a causé un préjudice au destinataire ou à l'expéditeur intéressés. C'est ce qui résulte de l'arrêt suivant, toutes chambres réunies, de la Cour de cassation :

— Attendu qu'aux termes des articles 1382 et 1383 C. civ., tout fait quelconque de l'homme, toute négligence ou imprudence qui causent à autrui un dommage, obligent celui par la faute duquel il est arrivé à le réparer ; qu'il suit de là qu'à moins d'une disposition expresse de la loi, l'action en dommages intérêts ne peut être légalement justifiée que par la double preuve d'une faute imputable à celui contre lequel cette action est dirigée et d'un dommage causé par cette faute ; — Attendu que l'article 106 C. com. n'apporte aucune dérogation à cette règle ; que le voiturier qui fait vendre la marchandise refusée par le destinataire sans observer au préalable les formalités prescrites par cet article, commet, sans doute, un acte pouvant engager sa responsabilité, mais qu'il ne peut être tenu à des dommages-intérêts envers l'expéditeur, en plus du prix produit par la vente ainsi opérée, qu'autant qu'il est établi et constaté que l'inobservation des prescriptions de l'article 106 a été cause du préjudice éprouvé.

Attendu que le jugement attaqué ne constate pas qu'il soit résulté pour le défendeur un dommage quelconque de la vente faite par la compagnie ; qu'il constate uniquement que celle-ci a disposé de la marchandise en la faisant vendre sans l'autorisation, soit de l'expéditeur, soit de justice ; que si le jugement ajoute « qu'en agissant ainsi et en n'offrant à Lamarre qu'un prix inférieur à celui de la facture, la compagnie lui a évidemment causé un préjudice » cette constatation fait bien ressortir l'existence d'un dommage pour l'expéditeur, à raison de la différence entre le prix de facture et le prix de la vente réalisée, mais n'établit nullement que ce dommage ait eu pour cause l'inobservation des formalités prescrites par l'article 106 ; que ce motif du jugement attaqué est donc à bon droit critiqué par le pourvoi et ne saurait justifier son dispositif ;

— Attendu qu'en cet état des faits, le jugement attaqué, en condamnant la compagnie de l'Ouest à payer au demandeur, à titre de dommages-intérêts, une somme supérieure à celle produite par la vente réalisée à la halle de Paris, par le motif qu'elle avait à tort disposé de la marchandise sans l'autorisation exigée par l'article 106 et sans qu'il soit constaté que ce défaut d'autorisation a été la cause du dommage éprouvé, a faussement appliqué et par suite, formellement violé l'article 106 et les articles 1382, 1383 C. civ. ; Casse....

(Cas, ch. réun., 10 Mai 1886 ; Cie de l'Ouest c. Lamarre. — Civ., 26 Janvier 1887, Bruel ; — 8 Août 1888, Descrues ; — 25 Février 1896, Leuck ; — 7 Juin 1904, Bouliez-Walgrave).

III. — Mais, si l'article 106 C. com. accorde au transporteur, en cas de refus ou de contestation pour la réception des objets transportés, la faculté d'en faire ordonner la vente en sa faveur jusqu'à concurrence du prix de la voiture, c'est à la condition que les droits de l'expéditeur et du destinataire ne soient ni lésés ni compromis (Cas. civ., 25 juin 1901 ; Drillier).

Dans l'espèce de cet arrêt, la compromission des intérêts de l'expéditeur résultait du fait que, malgré sa protestation, la Compagnie avait « précipité » la vente de fûts de vin blanc refusés par le destinataire et « enlevé ainsi à l'expéditeur ses moyens de défense contre les transporteurs qui invoquaient un vice caché de la chose ».

Autre cas de précipitation dans la vente :

— Attendu qu'il ne s'agissait pas, dans l'espèce, de denrées ou objets soumis par leur nature à un écoulement immédiat dont la tardiveté dans la livraison pouvait amener la perte réelle ou partielle, mais d'animaux qui pouvaient être mis en fourrière, nourris au compte de qui de droit et vendus après les formalités légales accomplies, à un prix plus rémunérateur que celui obtenu par la compagnie (Trib, com. Granville, 11 Janvier 1889 ; Aufray).

IV. — La faute de la compagnie peut résulter encore du défaut ou d'une insuffisance de publicité et d'un écart tel, entre le prix facturé de la marchandise (du beurre offert avec un retard de 22 heures) et le prix de vente obtenu, qu'il devient probable que la marchandise était avariée lorsqu'elle a été mise en vente, ce que le fait accompli ne permet plus d'établir (Trib. com. Tourcoing, 26 Juin 1903 ; Lacoche et Cie c. compagnie du Nord).

Dans les trois cas rapportés ci-dessus les Tribunaux ont alloué aux demandeurs la valeur facturée de la marchandise, sans tenir compte du prix de vente obtenu par les compagnies.

Dépôt des objets égarés et vente des épaves

I. — Généralement, les colis qui demeurent dans la gare d'arrivée, faute d'être retirés, soit par les voyageurs, soit par les destinataires qui ne se trouveront pas à l'adresse indiquée, sembleraient devoir être également sujets à un droit de magasinage. Il y a cependant une différence à faire entre les colis des voyageurs, non enregistrés et oubliés dans les stations, et les colis confiés à la compagnie avec mention sur les registres. Pour les effets oubliés par les voyageurs, la compagnie en a perçu le port avec leurs places. Ils doivent être réputés perdus ou égarés, du moment où les voyageurs les ont délaissés. La compagnie peut donc et doit les remettre au bureau de police, sans pouvoir en réclamer, ni le port, puisqu'elle l'a déjà reçu, ni un droit de garde, puisqu'à défaut de remise immédiate, elle sera censée les avoir conservés et emmagasinés bénévolement et gratuitement.

II. — Quant aux colis enregistrés à la réquisition d'un expéditeur pour qu'il en opérât le transport, moyennant péage, jusqu'au lieu de la destination et qui ne sont pas réclamés, ils seront déposés dans les magasins de la compagnie, jusqu'à l'expiration d'un délai après lequel ils devront être vendus au profit de l'Administration des Domaines.

III. — L'ancien droit de l'État sur les épaves en matière de messageries et de roulage a été confirmé par l'art. 3 de la loi du 1er Décembre 1790, qui revit dans les art. 713 et 717 du C. civ., ainsi que dans l'art. 5 de la loi du 24 Juillet 1793. Leurs dispositions ont été complétées par le décret du 13 Août 1810, qui autorise la vente des objets confiés à des entrepreneurs de messageries, etc., non réclamés. (Voir texte du décret du 13 Août 1810 dans la note page 144).

De ce décret ayant force de loi, il résulte une prescription nouvelle de deux ans, à compter du jour de la vente contre les propriétaires des effets qui les réclameraient tardivement.

IV. — Sur le prix de vente, la compagnie du chemin de fer aura à réclamer, soit contre les propriétaires qui se seront fait connaître, soit contre l'Administration des Domaines : 1° — les droits de transport à elle dûs pour les objets et colis emmagasinés ; 2° — le prix dû pour leur garde ou emmagasinage, conformément au tarif établi par le cahier des charges, ou au tarif des frais accessoires réglé annuellement par l'autorité publique (Cah. modèle des charges, art. 51).

V. — Le chemin de fer qui a eu en garde les objets non réclamés au lieu de destination, n'est pas un créancier ordinaire ; il a un droit propre et privilégié comme créancier nanti par l'effet du contrat de louage, soit en vertu des termes de l'art. 106 du Code de commerce, soit en vertu de la rétention civile.

L'Administration de l'enregistrement s'est plainte maintes fois de ce que le droit de garde ou de loyer rendait illusoire le droit d'épave du Trésor, en absorbant le prix de la vente. On lui a répondu que cette chance d'un produit négatif était commune au chemin de fer, puisque le prix de vente peut être aussi insuffisant pour couvrir le droit de garde, lequel a une cause réelle et directe, est de droit certain, devant couvrir une dépense de soins et de temps, au lieu que l'épave est nécessairement éventuelle, par exemple, si, dans les deux ans qui ont suivi la vente, le produit en est réclamé par le propriétaire ou ses créanciers, qui peuvent exercer ses droits, l'épave s'évanouira, tandis que la Compagnie exercera contre lui le droit de garde.

De la revendication et de la saisie-arrêt

I. — L'expéditeur puise dans les articles 576 et 577 C. com. le droit de revendiquer les marchandises expédiées à un acheteur tombé en faillite, tant que la tradition n'en a pas été effectuée dans ses magasins ou dans ceux du commissionnaire chargé de les vendre pour le compte du failli.

D'autre part, les articles 1612 et 1613 C. civ. dispensent le vendeur de l'obligation de délivrer la chose vendue lorsque, depuis la vente, l'acheteur est tombé en faillite ou en état de déconfiture.

Pour que la tradition des marchandises à l'acheteur failli fasse obstacle à la revendication du vendeur, il faut qu'elle ait été faite dans les magasins de l'acheteur, c'est-à-dire dans un local spécial dont il ait la libre disposition et qu'il soit propre à persuader aux tiers qu'il est bien propriétaire des dites marchandises (Cas. req; 23 Février 1903).

II. — L'expéditeur peut donc revendiquer les marchandises alors que le prix lui en est dû, tant que le voiturier en a la garde et la responsabilité et alors même que le failli les aurait réexpédiées à un tiers qui n'en aurait pas encore pris livraison ou qu'elles auraient été consignées en entrepôt de douanes ou déposées dans les magasins d'un commissionnaire chargé de les vendre.

III. — Les marchandises peuvent, en cours de transport être saisies en vertu des articles 557 et suivants C. proc. civ., par les créanciers de l'expéditeur et du destinataire. Les compagnies n'ont pas, en principe, à se faire juges de la propriété des marchandises saisies-arrêtées entre leurs mains, ni, par la suite, à délivrer la marchandise soit au destinataire soit à l'expéditeur ni à un tiers désigné par celui-ci ; mais elles peuvent exercer la faculté qu'elles tirent de l'article 106 C. com. de faire vendre la marchandise (Cas. civ. 17 Avril 1889; Mathieu-Mathieu).

IV. — En cas de saisie-arrêt par un tiers, des marchandises remises au chemin de fer, c'est entre l'expéditeur, le destinataire et ce tiers, que peut se régler la propriété des marchandises et non vis-à-vis du voiturier qui n'y prétend aucun droit :

Le fait de la destination de la marchandise n'implique pas par lui-même le dessaisissement de la propriété de l'expéditeur et la transmission au destinataire ; il rend au moins cette propriété incertaine entre eux pour le transporteur. En cas de saisie-arrêt faite sur l'un ou sur l'autre, entre les mains du voiturier, celui-ci ne saurait, en se faisant juge des droits sujets à contestation, délivrer, au mépris de la saisie-arrêt, les choses qui sont en sa possession à celui des deux sur lesquels elle ne porte pas ; il doit, au contraire, les conserver jusqu'à ce que soit intervenue ou une décision judiciaire ou une main-levée d'opposition (C. de Paris, 8 Mars 1879 ; Van Lee c. Compagnie Nord).

V. — La saisie-arrêt, pratiquée entre les mains d'une compagnie de chemin de fer par un créancier du destinataire sur les marchandises expédiées contre remboursement, est essentiellement nulle. Par suite la compagnie n'a pas à en tenir compte et elle est en faute si elle ne les délivre pas au destinataire. Elle ne peut donc exiger des droits de magasinage de l'expéditeur à qui elle doit des dommages-intérêts. Mais la compagnie a un recours contre le saisissant, en vertu de l'article 1382 C. civ. (Cas. civ. 13 Avril 1885 ; Clément Gondrand et Faure). On décide ainsi parce qu'une marchandise grevée de remboursement n'entre dans le patrimoine du destinataire que lorsque celui-ci a payé le remboursement. Jusque là elle appartient à l'expéditeur.

VI. — En cas de saisie-arrêt par un créancier du destinataire, l'expéditeur d'une marchandise grevée de remboursement conserve donc le droit de désigner au transporteur un nouveau destinataire.

VII. — Lorsqu'une expédition est faite par l'intermédiaire d'un commissionnaire, l'expéditeur ou le créancier de celui-ci peut agir directement contre le voiturier et, notamment, établir contre lui que les marchandises sont la propriété de la personne au préjudice de laquelle la saisie-arrêt a été faite (Cas. civ. 1er Décembre 1896. — C. de Bordeaux, 15 Mai 1905).

VIII. — Les compagnies ne sont pas tenues de prévenir le saisi de l'existence d'une saisie-arrêt (Cas civ. 20 Juin 1876). C'est au saisissant à remplir les formalités légales qui doivent avertir le saisi. Mais si le saisi n'est pas avisé par la compagnie, celle-ci ne pourra, par contre, percevoir de frais de magasinage.

Du retard

I. — Les chemins de fer, comme le voiturier en général, sont responsables de l'arrivée des marchandises et effets, dans le délai déterminé par la lettre de voiture, hors le cas de force majeure légalement constaté (art. 97 et 104 C. com.); mais à la différence du voiturier, ils ne sont pas tenus d'accepter un forfait d'indemnité pour le cas où le transport ne serait pas effectué dans le délai qui leur est imparti (Cas. civ. 27 Janvier 1862), tout en restant libres de consentir une indemnité, si elle est demandée par l'expéditeur, et qu'il entre dans leurs convenances de l'accorder volontairement (Cas. civ. 13 Août 1884).

En fait, le contrat de transport par chemin de fer ne prévoit d'indemnité, en cas de retard, que lorsque le tarif applicable à la marchandise en dispose ainsi.

II. — Le contrat de transport est une obligation de faire; mais l'inexécution, dans le délai accordé au voiturier, de l'obligation qu'il constate, n'entraîne pas nécessairement le paiement de dommages-intérêts ; le retard constitue une simple cause de dommages-intérêts qui ne donne lieu au paiement d'une indemnité que sous la condition rigoureuse de la justification d'un préjudice (Cas. civ. 2 Février 1887; — 26 Octobre 1904).

III. — Comme, pour les chemins de fer, les délais ne sont pas abandonnés aux conventions des parties, mais qu'ils sont fixés par un règlement administratif, l'arrêt ministériel du 12 Juin 1866, le retard n'existe qu'autant que les délais règlementaires n'ont pas été observés.

IV. — Lorsque la marchandise est adressée en gare, le chemin de fer n'est en retard vis-à-vis du destinataire que s'il y a été constitué à l'expiration du délai légal, par une mise en demeure (1) de celui-ci, de les délivrer (Art. 1146 C. civ.) — Pour les marchandises adressées à domicile, le chemin de fer est en demeure par le fait même de l'expiration du délai de transport.

C'est à celui qui se plaint du retard à justifier son existence et le préjudice qui en est résulté pour lui (Cas. civ. 27 Janvier 1885 ; — 4 Août 1891).

Evaluation du dommage

V. — Pour l'évaluation du préjudice, deux systèmes sont en présence :

Dans le premier, on applique au contrat de transport les règles des articles 1149 et suivants du Code civil :

(1) Le débiteur est constitué en demeure, soit par une sommation ou par un autre acte équivalent, soit par l'effet de la convention lorsqu'elle porte que, sans qu'il soit besoin d'acte et par la seule échéance du terme, le débiteur sera en demeure (art. 1139 c. civ.) — La mise en demeure peut résulter d'une simple lettre lorsqu'il ressort de ses termes une interpellation suffisante, et c'est aux juges du fond à faire cette appréciation (C. civ. 5 Décembre 1883)

— Les dommages-intérêts dus au créancier sont, en général, de la perte qu'il a faite et du gain dont il a été privé (art. 1149).

Le débiteur n'est tenu que des dommages-intérêts qui ont été prévus ou qu'on a pu prévoir, lorsque ce n'est point par son dol que l'obligation n'est point exécutée (art. 1150).

Dans le cas où l'inexécution de la convention résulte du dol du débiteur, les dommages et intérêts ne doivent comprendre, à l'égard de la perte éprouvée par le créancier, que ce qui est une suite immédiate et directe de l'inexécution de la convention (art. 1151).

On tire de ces articles que la réparation due au créancier — expéditeur ou destinataire — doit être égale à la perte qu'il a faite ou au gain dont il a été privé, mais à la double condition que perte et gain aient été prévus ou aient pu l'être lors de la formation du contrat de transport et qu'ils ne comprennent que ce qui est une suite immédiate et directe du retard apporté à son exécution.

VI. — Dans un langage plus intelligible, les dommages-intérêts, en cas de retard, comprennent deux éléments : 1° — la perte qui a été faite par l'ayant-droit, damnum mergens; 2° le gain dont il a été privé, lucrum cessans. Si ces deux éléments n'étaient pas réunis dans la réparation, l'article 1149 manquerait son but qui est de mettre l'ayant-droit dans la même situation que si aucun retard ne s'était produit.

VII. — Mais lorsqu'il s'agit de déterminer quels dommages ont été prévus ou ont pu l'être, on tombe dans les questions de fait qui sont livrées à l'appréciation des juges et qui donnent lieu aux évaluations les plus arbitraires. Généralement on décide que les dommages-intérêts doivent être limités au préjudice qui est résulté pour le créancier de la privation de la chose qui devait lui être livrée (propter ipsam rem non habitam). Il suffit, d'ailleurs pour que les parties au contrat de transport soient considérées comme ayant pu prévoir des dommages-intérêts, qu'elles aient pu en prévoir la cause, l'objet ; il n'est pas nécessaire qu'elles aient pu en connaître d'avance la quotité, c'est-à-dire l'importance. En effet, il est presque toujours impossible, par la nature même des choses, que les contractants puissent prévoir l'importance des dommages-intérêts. Ce qui le prouve bien c'est que, lorsqu'ils fixent d'avance, au moyen d'une clause pénale, le chiffre de la réparation qui sera due en cas d'inexécution, cette évaluation a essentiellement un caractère aléatoire. Ainsi, prétendre que le débiteur de bonne foi est seulement tenu jusqu'à concurrence de la somme à laquelle il a pu prévoir que se monterait le préjudice, en cas d'inexécution ou de retard dans l'exécution d'une obligation, c'est supposer que le législateur a exigé l'impossible (1).

VIII. — Lorsque, dans l'exécution du contrat de transport, le voiturier s'est rendu coupable de dol ou de fraude ou qu'il a commis la faute lourde que la jurisprudence assimile au dol, il est sorti des prévisions conventionnelles de l'article 1150, et il n'y a plus lieu de

(1) Baudry-Lacantinerie et Barde, Des obligations, 1 n° 486.

rechercher si les dommages-intérêts réclamés par son créancier (l'expéditeur ou le destinataire) ont pu ou non être prévus lors du contrat. Il sera tenu, en ce cas, non seulement à raison de ce qu'on a prévu ou pu prévoir en contractant, mais encore à raison des conséquences particulières que le dol peut avoir entraînées, car sa fraude est ici la cause unique de son obligation. L'article 1151 C. civ. établit, en effet, contre le coupable de dol une nouvelle obligation différente de celle du contrat ; cette nouvelle obligation n'est remplie qu'en réparant tout le tort que le dol a causé. Les dommages-intérêts que cet article écarte, pour cause de dol, sont ceux qui non seulement ne sont qu'une suite éloignée du dol, mais qui n'en sont pas une suite nécessaire et qui peuvent avoir d'autres causes.

IX. — Si pour l'évaluation des dommages-intérêts qui sont dus en cas de retard, et de la fixation de leur quantum, les juges jouissent d'un pouvoir discrétionnaire, c'est à la condition de les déterminer sur les bases des articles 1149, 1150 et 1151 C. civ. Si, pour les déterminer, ils écartent ces articles, leurs décisions encourent la cassation :

— Le Tribunal, après avoir constaté que les conséquences dommageables subies par X ... n'avaient pas été prévues entre les parties au moment du contrat, et qu'elles n'avaient pu les prévoir a, néanmoins, condamné la compagnie à payer la somme à laquelle il évalue la totalité du dommage éprouvé ; — en statuant ainsi par le motif que les parties n'ayant pu prévoir le préjudice, le contrat s'est engagé en dehors de l'article 1150, le jugement a formellement violé le dit article (Cas. civ. 22 Novembre 1893)

En fait, pour évaluer les dommages-intérêts qui pouvaient être dus à X par la compagnie, pour retard dans la livraison des marchandises à lui expédiées, le jugement attaqué, qui ne constate d'ailleurs aucun dol à la charge de la compagnie, s'est fondé sur ce principe qu'elle soutenait à tort qu'elle n'était tenue qu'aux dommages qui pouvaient être prévus lors du contrat et qu'elle devait au contraire la juste réparation du préjudice qu'elle avait pu causer ; — en statuant ainsi, ledit jugement a expressément violé l'article 1150 C. civ. (Cas. civ., 15 Juillet 1896).

X. — Dans l'autre système, on raisonne ainsi :

Les chemins de fer sont une industrie règlementée; ils ont une obligation d'exactitude, fixée administrativement, sur laquelle la Cour de Cassation veille, dans leur intérêt, avec un soin jaloux (1). Mais la violation par eux-mêmes de leur règlement, l'inobservation de l'exactitude, fixée administrativement avec tant de minutie lorsque leur intérêt est en jeu, n'entraînent-elles aucune conséquence, n'appellent-elles aucune sanction ? La Cour de Cassation n'a-t-elle pas, sur ce point spécial, une opinion qu'elle ait manifestée ?

Un arrêt du 27 Octobre 1900 de la chambre criminelle, le douzième d'une série, proclame les principes suivants :

(1) Cas. ch. réun., 31 Janvier 1906.

— L'article 79 de l'ordonnance du 15 Novembre 1846 (art. 76 du décret du 1er Mars 1901) punit des peines portées en l'article 21 de la loi de 1845, les contraventions aux diverses prescriptions de ce règlement, sans distinguer celles relatives à la police et à la sûreté de la circulation des personnes, de celles qui se rapportent au transport des marchandises et à la perception des tarifs.

Ces prescriptions, ainsi que les dispositions des décisions ministérielles prises pour en assurer l'exécution constituent des obligations réciproques et les mesures ordonnées par l'autorité compétente pour garantir la fidèle perception des tarifs doivent être obéies aussi bien par les expéditeurs que par les compagnies fermières ou concessionnaires et sont également protégées par la loi pénale.

Les délais de transport, tant en grande qu'en petite vitesse, ont été fixés par l'arrêté ministériel du 12 Juin 1866. Toute infraction à cet arrêté est donc un délit contraventionnel, sanctionné par l'article 21 de la loi du 15 Juillet 1845 en vertu de l'article 79 de l'ordonnance du 15 Novembre 1846, modifiée par l'article 76 du décret du 1er Mars 1901. Le retard, lorsqu'une compagnie de chemin de fer met des marchandises à la disposition du destinataire après l'expiration des délais légaux, est, par conséquent, un délit au sens de la loi pénale.

XI. — Si nous pouvions avoir des doutes sur cette doctrine, ils seraient levés par le résumé de la jurisprudence qu'a donné de la matière, dans le bulletin annoté des chemins de fer, M. Sarrut, Président de la Chambre civile de la Cour de Cassation :

— D'après une jurisprudence formellement établie, tout document relatif à l'exploitation, à la sûreté, à la police des chemins de fer, qu'il concerne les marchandises et les personnes, tarif, arrêté, règlement, ordre de service, dès l'instant qu'il émane du ministre des Travaux Publics ou est homologué par lui, qu'il a été d'ailleurs régulièrement publié et affiché, est obligatoire et a pour sanction l'article 21 de la loi de 1845. Les infractions aux prescriptions de ces documents constituent des délits contraventionnels, punissables malgré la bonne foi du prévenu (Bulletin annoté des chemins de fer, 1900, II, page 91).

XII. — Le retard, manquement à une obligation règlementaire, est donc un délit contraventionnel. Or qu'est-ce qu'un délit contraventionnel ? C'est un acte illicite que la loi punit, indépendamment de la bonne foi de son auteur. Et un quasi-délit ? un acte à la fois illicite et dommageable. L'acte illicite, qualifié par la loi de délit contraventionnel, est donc constitutif d'un quasi-délit, toutes les fois qu'il cause un dommage. Et la victime du dommage puise le droit d'en demander la réparation, non pas seulement dans les règles relatives aux conventions, mais encore dans les articles 1382 et 1383 du Code civil.

Le droit de celui qui est lésé par l'acte illicite du chemin de fer n'a plus, en cas de retard établi, son origine dans une obligation contractuelle (art. 1134 C. civ.), mais dans une faute délictuelle (art. 1382

C. civ.) Dès lors il n'y a pas à se préoccuper de l'article 1150 du Code civil, car l'action de la victime, au lieu de dériver d'une obligation de payer des dommages-intérêts, ce qui suppose une convention tacite dans laquelle on a prévu ou pu prévoir ces dommages, prend ses racines dans un acte interdit par la loi et sanctionné par elle, indépendamment de la bonne foi de son auteur.

XIII. — Ce système, qu'il est permis de croire inébranlable puisqu'il se fonde sur une jurisprudence « qui compte de trop nombreux documents pour qu un revirement puisse se produire (1) » comporte un certain nombre d'avantages.

D'abord l'infraction du chemin de fer, en cas de retard, est facile à établir. Pour qu'elle soit constante, il suffit que les délais légaux aient été dépassés. Or, un simple calcul toujours facile, du moins pour les transports effectués en petite vitesse, permet de s'en rendre compte. Et le simple dépassement des délais constitue l'acte illicite qui est à l'origine de l'action de celui qui en éprouve un dommage.

XIV. — Presque toujours le retard cause un dommage qu'il est possible de faire apparaître. Il a fait manquer un gain ou occasionné une perte ; il a apporté un trouble dans les affaires de celui qui en a souffert ; il a obligé la victime à des déplacements, à des correspondances ; il a fait naître des soucis, etc. Toutes ces répercussions sont les éléments d'un dommage matériel ou moral, car, en même temps que le dommage, apparaît le délit ou le quasi-délit : délit si l'auteur a agi avec l'intention de nuire ou s'il a commis une faute grave : culpa lata dolo œquiparatur ; quasi-délit si sa faute n'est pas intentionnelle. En tout état de cause, si légère que soit la faute commise, si peu préjudiciable que soit le dommage causé, l'auteur de la faute en doit la réparation, car il est responsable même de la faute la plus légère : in lege aquilia et culpa levissima venit. C'est le principe formulé par l'article 1383 du Code civil :

— Chacun est responsable du dommage qu'il a causé, non seulement par son fait, mais encore par sa négligence ou son imprudence.

XV. — Un deuxième avantage pour la victime, c'est que l'auteur du retard, devenu délictuel ou quasi délictuel, est obligé de réparer intégralement le dommage causé par son acte. « Ce n'est pas trop exiger de lui que de l'astreindre à quelques sacrifices pécuniaires pour l'entière indemnité de ce qu'il a fait souffrir par son peu de prudence ou son inattention » L'article 1150 C. civ. ne saurait jouer, dans le quasi-délit, le rôle de modérateur qu'il remplit, lorsque le débiteur manque à son obligation ; il est, en effet, étranger à la matière ; il suppose entre les parties une convention, un accord bilatéral qui fait totalement défaut dans l'acte personnel de l'auteur de l'acte illicite qui a causé un dommage.

XVI. — Les deux systèmes assurent la réparation du préjudice qui a été causé ; mais le premier moins efficacement que le second, car le juge qui, en définitive « décide souverainement que le dommage

(1) Sarrut. — Bulletin annoté des chemins de fer, 1900, II page 91.

est une conséquence directe de l'acte ou de l'omission, usera plus largement de son pouvoir en faveur de la personne lésée par un délit ou quasi-délit (1) ».

XVII. — Pour la détermination des dommages-intérêts qui peuvent être dus à l'expéditeur ou au destinataire d'une expédition en retard, les Tribunaux ont égard aux circonstances de fait qui ont pu avertir le transporteur, éveiller son attention ou frapper son esprit :

— La nature de la marchandise (hydrate de potasse) son origine (étrangère) sa quantité restreinte (150 kg.) le tarif d'expédition (la gr. vitesse) devaient faire penser à la compagnie que ces produits, destinés soit à un laboratoire, soit à des essais industriels, étaient d'une nécessité urgente et qu'elle devait prévoir des dommages-intérêts certains et élevés relativement à la valeur marchande du colis (Trib. com. Tarare, 10 Mars 1903 ; Weiss c. P.-L.-M.)

La qualité (fabricant de rubans) de l'expéditeur, non méconnue de la compagnie, la nature de la marchandise (caisse de rubans) indiquée sur le titre même du transport, la qualité du destinataire (Messageries maritimes) tout indiquait à la compagnie, non seulement que la marchandise transportée avait une valeur importante ; mais que le transport ne s'arrêtait pas à Bordeaux et qu'après avoir subi un transport par voie ferrée, la marchandise devait être soumise à un transport d'outre-mer.... Toutefois les sources de dommage qui sont de l'essence même du contrat de transport considéré n'ont pu être ignorées de la compagnie au moment de la remise du colis litigieux ; elle a dû les envisager et les prévoir........; elle doit dès lors supporter les conséquences dommageables du retard (Trib. com. Saint-Etienne, 3 Août 1902).

XVIII. — Mais voici la contre-partie :

— En prenant charge d'une malle en gare de Nantes, pour laquelle aucune déclaration spéciale n'a été faite, la compagnie n'a pu supposer que ladite malle renfermait des marchandises destinées à être vendues à Paris ; dans ces conditions le dommage direct consiste en la privation pendant vingt quatre heures d'effets d'habillement et en une journée employée à la recherche du colis égaré (Trib. com. Nantes, 21 Février 1903 ; Gibert et Tessier c. P.-O.).

XIX. — Les relations d'une compagnie et d'un expéditeur de marchandises ne comportent point, dit Lamé-Fleury, un échange d'observations sur la nature d'une expédition ; la compagnie a contracté dans des conditions de délai qu'elle doit remplir, sinon elle doit indemniser l'expéditeur, soit à l'amiable soit sur une fixation qui incombe à l'autorité judiciaire, pesant équitablement toutes les circonstances de l'espèce (Code annoté, 4e édit., page 830). Et voici l'application de cette doctrine :

— Attendu que de jeunes architectes, qui ont fait des travaux importants pour se présenter à un concours où ils peuvent trouver honneur et profit, éprouvent un préjudice certain, par suite d'une

(1) Baudry-Lacantinerie et Barde. — Obligations, t. 4, N° 2880.

faute qui les prive du droit de figurer à ce concours ; qu'il y a lieu, néanmoins, dans l'appréciation des dommages-intérêts, de tenir compte du résultat aléatoire de l'événement en vue duquel le travail a été préparé ;

— Attendu que la compagnie ne saurait davantage voir la prétention qu'on lui révèle les projets et les espérances auxquels peuvent se rattacher les colis qu'on lui confie, dans le but d'exercer une surveillance plus exacte dans le transport ; que le retard dans la livraison (2 jours dans l'espèce) est toujours présumé devoir entraîner un certain préjudice pour l'expéditeur ; qu'il est dès lors nécessaire pour les compagnies d'assurer, par l'observation rigoureuse des règlements qui leur sont imposés, le bénéfice des opérations entreprises se rattachant aux objets qu'elles transportent ; qu'à moins de circonstances particulières, elles sont donc responsables du préjudice résultant de l'inobservation des règlements :

Par ces motifs, condamnation de la compagnie à 500 francs de dommages-intérêts (Trib. civ. de la Seine, 23 Avril 1891 ; Hebert et Lecler c. Syndicat des Chemins de fer de Ceinture).

XX. — Si, comme le dit le Tribunal de la Seine, le retard est toujours présumé devoir causer un préjudice, il ne peut, indépendamment de tout préjudice souffert, donner ouverture à une action en dommages-intérêts : mais le préjudice étant certain, le voiturier doit être condamné d'autant plus sévèrement qu'il est un mandataire salarié. Les circonstances spéciales de la cause déterminent la gravité de la faute et ses conséquences dommageables :

— Il y a lieu de considérer, pour l'évaluation du quantum des dommages-intérêts à allouer aux demandeurs : 1° que la marchandise à eux laissée pour compte était spécialement fabriquée pour le pays auquel elle était destinée (Amérique), et se trouve d'une réalisation bien difficile en Europe ; 2° qu'elle était en outre, divisée en plusieurs petites coupes de 10 à 11 mètres qui en rendent la vente plus difficile encore ; 3° que le préjudice éprouvé est donc bien supérieur à celui qui résulterait pour eux d'un article de vente commerciale ; en conséquence, vu les articles 97 et 104 C. com., 1142 et 1991 C. civ., condamnation de la compagnie en 2.000 francs de dommages-intérêts (Trib. com. Sedan 24 Février 1893)

L'expédition faite en grande vitesse était en retard de 4 jours. Elle avait une valeur de 4.156 f 50. Sur appel, la Cour de Nancy confirme :

— Attendu que la livraison ayant été effectuée avec un retard de 4 jours, ce que reconnaît la compagnie, le retard apporté dans la remise des colis litigieux a causé aux intimés un préjudice en relation directe avec la faute commise et dont la réparation a été justement appréciée par le jugement dont est appel, adoptant les motifs des premiers juges, confirme. (C. de Nancy, 1er Août 1896).

La compagnie s'étant pourvue en cassation, la chambre civile répondit :

— Attendu que l'arrêt attaqué constate que le retard incriminé avait causé un préjudice grave au demandeur ; qu'ainsi le moyen invoqué manque en fait. (Cas. civ. 1er Décembre 1895 ; compagnie de l'Est c. Grosieux et compagnie).

Ainsi, le juge est souverain dans l'appréciation des faits ; et dès lors qu'il répond aux objections de droit de la compagnie, il se met à l'abri de toute censure :

— Il résulte des faits et, au besoin, des indications de service portées sur la lettre de voiture par les agents de la compagnie, que C ne pouvait prendre livraison de la marchandise que le 13 Octobre au plus tôt ; d'où un retard de 8 jours dans la mise à disposition ; en conséquence, condamnation de la compagnie à 150 fr. de dommages-intérêts (Trib. com. de Laval, 23 Janvier 1901).

Pourvoi de la compagnie en cassation :

— Attendu que le jugement constate que C a éprouvé un préjudice certain par suite du retard apporté par la compagnie dans le transport des marchandises qu'il attendait, et que ce préjudice se justifie par l'époque de la vente et l'emploi de cette marchandise d'espèce spéciale (semence de ray-grass) qui n'ont lieu qu'à des périodes déterminées ; qu'en statuant ainsi et en condamnant la compagnie à des dommages-intérêts, le Tribunal a donné une base légale à sa décision et n'a violé aucun des textes visés au pourvoi, rejette. (Cas. civ. 3 Mars 1903 ; Chauchis).

XXI. — Dans cette jurisprudence, il n'est question ni de faute contractuelle, ni de faute délictuelle ; mais les décisions réfèrent à l'inobservation des réglements imposés aux compagnies et elles appliquent, en fait, les principes qui se dégagent des articles 1382 et suivants du Code civil. Ce n'est peut-être que par disposition d'esprit. Les enseignements qui résultent et que nous avons tirés de la jurisprudence de la Cour de cassation ne peuvent, en tout cas, qu'en confirmer la sagesse et en généraliser l'application.

De l'action en responsabilité

I. — L'action en responsabilité contre le voiturier appartient à la fois à l'expéditeur et au destinataire. Le droit de l'expéditeur se tire du contrat dans lequel il est partie, celui du destinataire de la stipulation que l'expéditeur a faite comme condition du contrat qu'il a fait pour lui-même (art. 1121 C. civ.). Cependant comme une réparation suppose un dommage, l'action doit être exercée, naturellement, par celui à qui la faute du voiturier a causé un préjudice et donc, par celui aux risques duquel a voyagé la marchandise (art. 100 C. com.)

II. — La lettre de voiture et, par suite, le récépissé qui en tient lieu, forme contrat entre l'expéditeur, le commissionnaire et le voiturier (art. 101 C. com.) ; il s'ensuit que l'expéditeur est autorisé à s'en prévaloir et qu'il peut directement agir contre le voiturier. La loi n'exige pas qu'il soit dénommé dans la lettre de voiture, il suffit que sa qualité soit dûment établie (Cas. req. 22 Juin 1903 ; Mortemousque).

III. — Si le destinataire peut aussi s'en prévaloir, c'est à raison de la stipulation faite nommément à son profit dans le contrat de transport, par l'expéditeur. Dès lors, le tiers, qui ne figure sur le récépissé ni comme destinataire ni en aucune autre qualité, ne peut, quelles que soient les conventions intervenues entre l'expéditeur et le destinataire, se prévaloir contre une compagnie d'un contrat de transport auquel il n'a pas été partie (Cas. civ. 24 Mai 1897 ; Duret).

IV. — Cependant le tiers, porteur de la lettre de voiture, qui a payé au destinataire le prix des marchandises expédiées, peut, comme autorisé à exercer les droits du destinataire, actionner la compagnie qui a exécuté le transport, soit pour exiger livraison, soit pour intenter une action en dommages-intérêts (Cas. civ. 21 Juillet 1875 ; Michel et autres). Son action a sa source dans l'article 1166 du Code civil.

V. — Le premier transporteur, celui avec qui l'expéditeur a traité, peut être actionné, pour toutes les fautes commises par lui-même ou ses substitués, dans l'exécution du contrat de transport ; il répond de tout : le vice propre, le cas fortuit et le fait de l'expéditeur exceptés, et de tous les voituriers qu'il emploie (art. 99 C. com.).

VI. — Sa responsabilité, comme celle des commissionnaires intermédiaires lorsqu'il s'en rencontre, passe au dernier voiturier, c'est-à-dire à celui qui est chargé de délivrer la marchandise au destinataire, lorsque les avaries sont apparentes ou présumables et qu'un rapide examen permet de les reconnaître ou de les supposer ; mais lorsque les avaries sont occultes, le destinataire doit, pour le rendre responsable, prouver qu'il a reçu les marchandises en bon état.

VII. — Il est préférable, en ce cas, d'actionner le premier transporteur, c'est-à-dire le commissionnaire-chargeur. Cependant la jurisprudence décide que, lorsque la marchandise a été expédiée en port dû et que le voiturier réclame au destinataire le prix intégral du transport, la réclamation qu'il fait de ce prix le fait considérer comme s'étant substitué aux précédents transporteurs et avoir, par suite, assumé la responsabilité des fautes qui sont imputables à chacun d'eux et notamment au commissionnaire-chargeur (Cas. civ. 6 Août 1888 : Dussart-Brenta ; 21 Avril 1891 : Bonnet-Quignon et Cie ; req. 3 Juillet 1894 : Keller et Brierre ; Civ. 29 Janvier 1896 ; Rabia ; 1er Décembre 1896 : Grosieux et Cie).

VIII. — Lorsque la marchandise a été perdue ou retardée, l'action ne peut être intentée contre le dernier voiturier qu'à charge par le demandeur de prouver que le voiturier l'a reçue, dans le cas de perte, du transporteur précédent, ou que le retard s'est produit alors que la marchandise était sous son contrôle. L'exercice de l'action contre le commissionnaire-chargeur dispense de cette preuve, qui peut ne pas être toujours commode à administrer. La règle du contrat substitué s'applique, d'ailleurs, au cas de retard (Cas. req. 6 Janvier 1874 ; Fougerat.-Civ. 1er Décembre 1896 ; Grosieux).

IX. — Nul n'est en faute s'il n'a fait qu'user de son droit, et c'est un droit, pour les particuliers, de soumettre aux Tribunaux les différends qui les divisent. L'exercice de ce droit ne pourrait devenir une faute qu'autant qu'il constituerait ou un acte de malice ou de mauvaise foi, ou au moins un acte d'erreur grossière équipollente au dol (C. civ. 6 Mars 1889 ; Leuillier. — 22 Juin 1892 ; Brelon. — 5 Février 1894 ; Charbero. — 20 Novembre 1895 ; Mathelin et Garnier. — 1er Août 1896 ; Grosieux. — 10 Février 1897 ; Jehanno. — C. de Pau, 7 Juin 1906 : Leugé).

Mais une résistance, qualifiée d'inexplicable par un Tribunal, peut constituer un abus générateur d'une faute, obligeant l'auteur de cette faute à réparer le préjudice qui en est résulté (C. civ. 13 Novembre 1889 ; Molière).

Réserves. — Fin de non-recevoir

(Art. 105 C. com).

I. — Pour que l'article 105 du Code de commerce soit opposable au destinataire, deux actes sont indispensables : le paiement des frais de transport et la réception des marchandises sans réserves. Il n'est pas opposable, lorsque le destinataire a pris livraison sans payer la lettre de voiture ou si, ayant payé la lettre de voiture, il n'a pas pris livraison.

II. — On décide, cependant, depuis la loi du 11 Avril 1888 qui a modifié les articles 105 et 108 C. com. que lorsque les frais de transport ont été payés par l'expéditeur, la réception des marchandises sans réserves par le destinataire, libère le voiturier (C. de Bourges, 13 Novembre 1890 ; — Paris, 24 Octobre 1892 ; — Cas. civ., 5 Novembre 1906).

III. — Les réserves sont indispensables pour sauvegarder les droits du destinataire ; mais elles ne sont nécessaires que dans les cas d'avarie ou de perte partielle. — La perte totale d'un ou plusieurs colis dont se compose une expédition est une perte partielle (Cas. civ., 7 Juin 1904).

IV. — L'obligation du voiturier, de représenter la marchandise qui lui a été remise, laisse intacts les droits du destinataire dans le cas de perte totale.

V. — Il n'est pas nécessaire davantage de prendre des réserves dans le cas de retard. Les actions exercées contre le transporteur en réparation du dommage quel qu'il soit, ayant pour cause un retard de livraison ne sont pas soumises à la déchéance de l'article 105 C. com. — Il en est ainsi, bien que le destinataire demande des dommages-intérêts pour avaries s'il attribue ces avaries au retard (Cas. civ., 5 Mai 1903 ; Housset).

VI. — Il est de l'intérêt du destinataire de ne prendre livraison de la marchandise qu'après en avoir vérifié l'état, contradictoirement avec le voiturier ou ses préposés. La vérification avant la réception établit, en cas d'avaries, sinon la preuve du moins la présomption que la marchandise a subi les détériorations qui l'affectent, alors qu'elle était en la possession et sous la garde du voiturier.

VII. — Lorsque, au contraire, la vérification est postérieure à la réception, les rôles sont intervertis. Le destinataire est tenu d'établir, pour rendre le voiturier responsable, que ce n'est pas depuis qu'elle est venue en sa possession, que la marchandise a été avariée (Cas. req., 13 Avril 1897 ; Labbé).

VIII. — Lorsque la vérification est immédiate, le destinataire doit, avant de recevoir la marchandise, inscrire ses réserves sur le livre de la gare ou du service de camionnage, qu'il signe pour donner décharge. Ses réserves doivent être précises et entières, c'est-à-dire s'appliquer à l'étendue du dommage qu'il a constaté. Il doit les confirmer, dans les trois jours de la réception de la marchandise par lettre recommandée ou par acte extra-judiciaire, c'est-à-dire par ministère d'huissier ; mais la lettre recommandée est moins coûteuse et suffisante.

IX. — Lorsque la vérification est postérieure à la réception et, par suite, non contradictoire, la notification des réserves doit être faite, a fortiori, dans les mêmes conditions.

X. — L'acceptation de réserves ne permet plus à une compagnie de contester ultérieurement la réalité des avaries et déchets qui en font l'objet (Cas. civ. 26 Janvier 1886 ; Lasserre. — Trib. com. Seine, 27 Juin 1903 ; Cadet).

XI. — Mais une compagnie à laquelle le destinataire propose de prendre livraison sous toutes réserves sans qu'aucune vérification immédiate soit proposée, est autorisée à retenir la marchandise pour en faire régulièrement constater l'état (Cas., 2 Février 1887 ; Hermitte).

XII. — Les formalités imposées par l'article 105 C. com. pour la notification au transporteur de la protestation motivée du destinataire, en cas d'avarie ou de perte partielle de la marchandise, sont impérativement et limitativement déterminées (C. civ., 25 Février 1896 ; Pernod, Veil-Picard et Cie).

Les conditions de forme et de délai prescrites par cet article en cas de réclamations pour avarie ou perte partielle, doivent être rigoureusement observées (Cas. civ. 17 Février 1903 ; Roussel et Coste).

Elles ne cessent d'être applicables qu'à la double condition que le destinataire ait fait des réserves au moment de la livraison, et que ces réserves aient été acceptées expressément ou tacitement par le voiturier. Cette acceptation, expresse ou implicite, doit être nettement constatée par les juges du fond (Cas. civ., 12 Juillet 1902 ; Jacquemin-Vergnet).

XIII. — La fin de non-recevoir tirée de l'article 105 ne peut être écartée :

— Ni par le motif que les éléments de la cause et les débats démontrent que la Compagnie a été prévenue sans retard dans le délai légal et a pu se livrer à toutes les recherches nécessaires (Cas. civ., 14 Janvier 1901 ; Leclerc).

Ni par le motif que le destinataire a fait des protestations verbales et par une lettre, sans constater que cette lettre ait été recommandée conformément à la loi (Cas. civ., 11 Février 1901 ; Solaro) ;

Ni par le motif que, lors de la livraison, les destinataires ont constaté et fait constater les avaries éprouvées par les marchandises, et que le bordereau de sortie portait une mention signée d'eux et ainsi conçue : « Une pièce mécanique cassée, un pied de bâti » (Cas. civ., 22 Juillet 1902 ; Jacquemin-Vergnet) ;

Ni par le motif que le destinataire a pris soin, avant la livraison de la marchandise, de faire reconnaître par la compagnie la mouillure et la quantité avariée, qui a été fixée d'un commun accord à 2.100 kilog. (Cas. civ , 22 Juillet 1902 ; Planche-Perdrix) ;

Ni par le motif que la Compagnie a fait constater par un de ses agents, contradictoirement avec le destinataire, l'état des marchandises (Cas. civ., 8 Décembre 1902 ; Jaffeux) ;

Ni par le motif que « les réserves du destinataire ont été admises puisqu'elles ont été faites sur la lettre de voiture même », alors que cette lettre de voiture ne porte aucune trace de réserves quelconques faites par le destinataire au moment de la livraison (Cas. civ., 4 Février 1902 ; Fabre) ;

Ni par le motif qu'un pesage contradictoire avait établi, avant la réception de la marchandise, que la réclamation du destinataire était fondée (Cas. civ. 10 Juillet 1905 ; Imbert) ;

Ni par le motif que les réserves ont été inscrites sur le registre de la gare, si le juge ne constate pas qu'elles ont été acceptées expressément ou tacitement (Cas. civ., 7 Juin 1905 ; Beaufils) ;

Ni par le motif que les avaries ont été constatées par un agent de la Compagnie ou considérées comme telles (Cas. civ., 15 Mars 1905 ; Durand et Daudet) ;

Ni par le motif « qu'il était incontestable qu'on n'avait pu livrer une marchandise qui n'existait plus au moment où elle devait être mise à la disposition du destinataire ». (Cas. civ., 15 Janvier 1906 ; Jacquemin et Syveton) ;

Ni par le motif que le destinataire avait fait déballer, en présence d'un employé de la compagnie, des caisses expédiées et fait constater ainsi l'avarie survenue (Cas. civ. 29 Janvier 1906 ; Carrière).

XIV. — La fin de non-recevoir, s'applique, que les avaries soient apparentes ou qu'elles soient occultes (Cas. civ. 10 Mars 1880 ; — 5 Novembre 1906).

XV. — Qu'arrive-t-il si le voiturier livre au destinataire un colis qui ne lui appartient pas, c'est-à-dire lorsqu'il y a substitution de marchandise ? On décide en ce cas :

— Que la livraison n'a pas été complète et que la substitution d'un objet étranger à l'expédition équivaut à la perte d'un des objets transportés. Les raisons qui justifient la fin de non-recevoir en cas d'avarie ou de perte partielle sont également applicables au cas de substitution ; en effet le destinataire se trouve dans les mêmes conditions, soit pour vérifier l'identité des marchandises, soit pour constater la perte partielle ou les avaries, (Cas. civ., 1er Juillet 1896 ; Compagnie générale transatlantique).

Mais cette doctrine n'est pas sûre. La Cour de Paris a été d'un avis contraire dans la même cause (12 Juillet 1892), et la chambre civile de la Cour de Cassation parait s'être rangée à son avis dans un arrêt récent.

Dans un cas identique au précédent, où le destinataire avait restitué à la compagnie le colis substitué, le Tribunal civil du Blanc avait jugé :

—Que la compagnie. en recevant la caisse de liqueurs, a modifié elle-même les règles de l'article 105 C. com. auxquelles elle a renoncé à ce moment ; qu'elle a opéré une sorte de novation et fait avec H... un nouveau contrat qui était un contrat d'échange ; qu'elle est tenue d'exécuter ce contrat, que par son acceptation de la caisse de liqueurs, par sa correspondance et par l'ensemble des faits qu'elle a accomplis, elle a rendu parfait et définitif ; qu'elle s'est mise elle-même dans une situation qui l'oblige à exécuter les conventions indiquées dans la lettre de voiture, sans qu'il soit permis d'exciper d'erreurs commises dans les magasins du lieu de départ (Trib. civil du Blanc, 13 Novembre 1901 ; Huzé).

La compagnie d'Orléans s'étant pourvue en cassation contre cette décision, la chambre civile a répondu :

— Attendu que pour écarter l'exception de l'article 105, en décidant que la compagnie d'Orléans avait « renoncé » au bénéfice de cet article, le Tribunal du Blanc n'a pas allégué seulement « l'acceptation » par la compagnie du colis que Huzé n'en étant pas propriétaire lui avait restitué, mais qu'il s'est fondé, en outre, « sur la correspondance » et sur l'ensemble des faits qu'elle (la compagnie) a accomplis; — attendu qu'en statuant ainsi, le Tribunal dont la décision est motivée, a fait de son pouvoir d'appréciation un usage qui échappe au contrôle de la Cour de cassation et qu'il n'a, par suite, violé aucun des textes visés au pourvoi, rejette (C. civ. 6 Juillet 1904 ; Huzé).

Cependant si l'objet substitué n'a pas été restitué par le destinataire et accepté par la compagnie, la substitution équivaut à la perte et la fin de non-recevoir de l'article 105 C. com. devient applicable.

Un sac de nitrate de soude, substitué en Janvier 1901 à un sac de sel gemme, a occasionné la mort de plusieurs vaches. Le destinataire apporte en Juillet la preuve de la substitution et actionne la compagnie. Le Trib. com. de Muret lui répond :

— Si une compagnie ne peut plus être recherchée pour la substitution d'un objet à un autre, elle ne peut l'être, non plus, pour les conséquences quelconques que cette substitution a pu produire (11 Novembre 1901).

Et la Cour de cassation confirme la décision en ces termes:

— Les raisons, qui justifient la fin de non-recevoir en cas d'avarie ou de perte partielle, sont également applicables au cas de substitution; en effet, le destinataire se trouve dans les mêmes conditions, soit pour vérifier l'état des marchandises, soit pour constater la perte partielle ou les avaries (Cas. req. 16 Avril 1904: Vidal).

XVI. — L'article 105 C. com. n'est pas applicable, non plus :

— Dans le cas où le chef de gare a reconnu par une mention écrite de sa main sur la lettre de voiture qu'il n'était pas arrivé et que la compagnie n'avait pu livrer qu'une quantité de marchandise inférieure à celle portée sur la lettre de voiture, cette mention prouvant que le destinataire n'a payé que la part de prix du transport afférente à la marchandise réellement reçue (Cas. req., 8 Novembre 1904: Guittard et Picard).

XVII. — Enfin, il ne s'applique pas, dans le cas de fraude ou d'infidélité, c'est-à-dire lorsque le voiturier a employé des moyens frauduleux pour dissimuler les avaries non plus que dans le cas où des marchandises ont été détournées par les agents du voiturier. (Cas. civ., 16 Mars 1859, 6 Mai 1872, 17 Juin 1879).

XVIII. — Pour nous résumer, les destinataires doivent, afin d'échapper à la fin de non-recevoir de l'article 105, observer les prescriptions suivantes :

1° Ne prendre livraison des marchandises, en gare ou à domicile, qu'après avoir vérifié l'état du contenant et du contenu. Le droit de vérifier extérieurement et intérieurement les colis dont la livraison lui est offerte avant d'en donner décharge et d'en payer les frais de transports, est unanimement reconnu au destinataire par la jurisprudence (C. d'Aix, 4 Février 1889: P.-L.-M. c. Pellegrin).

2° Lorsque la reconnaissance contradictoire est terminée, le destinataire doit, pour sauvegarder ses droits, en inscrire les résultats, précis et déterminés, sur le livre qu'il émarge pour donner décharge à la compagnie ;

3° Il doit, dans les trois jours de l'enlèvement ou de la réception de la marchandise, notifier par lettre recommandée ou par acte extrajudiciaire, à la gare où il en a pris livraison ou dont il l'a reçue, une protestation motivée, c'est-à-dire confirmer les réserves qu'il a consignées sur le livre où il a donné son émargement.

De la prescription

(Art. 108 C. com.)

I. — Les actions pour avarie et perte partielle, lorsque le destinataire a observé les formalités prescrites par l'article 105 du Code de commerce, et les actions pour retard se prescrivent par une année, comptée du jour où la marchandise a été remise ou offerte au destinataire ; les actions pour perte totale, du jour où la marchandise aurait dû être livrée au destinataire, c'est-à-dire du jour où sont expirés les délais légaux de transport.

II. — Les actions pour surtaxe et celles qui naissent des dispositions de l'article 541 du Code de proc. civ. se prescrivent par cinq ans.

III. — La prescription d'un an, pour avaries, perte et retard, ne peut être invoquée que par les voituriers ; c'est en leur faveur qu'elle a été établie ; mais la prescription de cinq ans, instituée pour les autres causes, peut être invoquée par les voituriers et contre eux. Elle s'applique dans les rapports des compagnies avec le Public, que le contrat de transport soit ou non un acte de commerce, l'article 108 visant « toutes les actions auxquelles peut donner lieu le contrat de transport » (1).

IV. — La prescription édictée par l'article 108, en cas de perte, ne peut être invoquée par le voiturier lorsqu'un colis, considéré comme perdu, est resté en souffrance dans les magasins de la Douane. Le voiturier ne peut davantage invoquer la prescription édictée par le même article, pour le cas de retard, lorsque le colis n'a été ni remis ni offert au destinataire (Cas. civ. 19 Janvier 1900 ; Allainguillaume).

V. — La prescription, prévue pour le cas de retard est opposable, au contraire, lorsqu'un colis a été livré par erreur à un tiers qui ne peut le représenter. Le colis doit être considéré comme perdu (Cas. civ. 16 Novembre 1892 ; Murat).

VI. — La prescription est interrompue par une citation en justice, un commandement ou une saisie, signifiée à celui qu'on veut empêcher de prescrire (art. 2244 C. civ.) et par la reconnaissance que fait le voiturier du droit de celui contre lequel il prescrivait (art. 2248 C.

(1) Les dispositions de l'article 108 du Code de Commerce sont générales et il résulte, non seulement de leur texte, mais encore de leur combinaison avec celles de l'article 1786 C. civ., qu'elles s'appliquent indistinctement à tous les citoyens, qu'ils soient ou non commerçants. — On ne saurait s'arrêter à l'objection tirée de l'expression : « Marchandise » employée par l'article 108 pour désigner l'objet du contrat de transport, puisque les choses transportées, abstraction faite de la qualité de l'expéditeur et du destinataire, représentent réellement une marchandise relativement à l'industrie du transporteur ; que c'est notamment en ce sens qu'elle est entendue dans les tarifs homologués des compagnies de chemins de fer, où les choses et les animaux sont qualifiés de marchandises et soumis aux mêmes conditions de transport, que le destinataire ou l'expéditeur en fassent commerce ou soient de simples particuliers (Cas. civ. 27 Mai 1889 ; Fournier des Coratz).

civ.). Le juge du fond décide souverainement, par interprétation, de l'intention des parties, que la correspondance échangée implique, de la part d'une compagnie, renonciation à la prescription ; mais son jugement doit indiquer la date à partir de laquelle la prescription a couru (Cas. civ. 1er Mars 1905 ; Haon).

VII. — L'offre que fait une compagnie, après des recherches vaines, de régler à l'amiable l'indemnité due pour la perte de marchandises, constitue une renonciation tacite à la prescription (Cas. civ. 29 Novembre 1875).

Mais ne constitue pas renonciation à prescrire « la reconnaissance du droit du destinataire à une indemnité (Cas. civ. 20 Juin 1884) ; ni la promesse de faire régler à l'amiable l'indemnité due pour perte (Cas. civ. 28 Décembre 1894) ; ni la reconnaissance d'un déficit dans la quantité des marchandises; ni la déclaration que la réclamation recevrait la solution qu'elle emporte (Cas. civ. 11 Juin 1877) ; ni l'offre de remettre au destinataire la somme versée par le tiers qui a reçu la marchandise par erreur (Cas. civ. 16 Novembre 1892). L'expertise même de l'article 106 C. com., qui n'est pas une demande en justice, n'est pas interruptive de la prescription (C. de Besançon, 24 Novembre 1886).

VIII. — La prescription est opposable en tout état de cause. Le fait par une compagnie d'avoir pris part à une seconde expertise préparatoire afin d'examiner l'état du colis avarié, de déterminer les causes de l'avarie et de dire à qui elle devait incomber, n'implique de sa part l'abandon d'aucun droit (Cas. civ. 21 Juillet 1890 ; Boisson et Daumas).

IX. — Mais elle n'est pas opposable, non plus que la fin de non recevoir, dans le cas de fraude ou d'infidélité du transporteur ou de ses agents (Cas. civ. 26 Avril 1859 ; 6 Mai 1872 ; 7 Janvier 1874 ; 8 Avril 1879).

X. — Dans le cas de transports mixtes, effectués successivement par terre et par mer, on applique, lorsque la constatation des avaries est faite à la suite du transport maritime, la prescription des articles 435 et 436 C. com. (1) ; celle de l'article 108, lorsque la constatation a lieu à la suite du transport par fer (C. civ. 22 Juillet 1873).

XI. — Les actions récursoires ou en garantie doivent être intentées dans le délai d'un mois à dater du jour de l'action contre le garanti (Tr. com. Alger, 2 Mars 1889 ; Tabat).

(1) Sont non recevables :

Toutes actions contre le capitaine et les assureurs, pour dommage arrivé à la marchandise, si elle a été reçue sans protestation ;

. . . .

Ces protestations sont nulles si elles ne sont faites et signifiées dans les vingt-quatre heures et si, dans le mois de leur date elles ne sont suivies d'une demande en justice (art. 435)

Toutes actions en indemnité pour dommage provenant d'abordage sont non recevables si elles n'ont été intentées dans le délai d'un an à compter du jour de l'abordage (art. 436).

XII. — Le transport des bagages est régi par les mêmes règles que ci-dessus.

XIII. — Les voituriers ne sont pas responsables des bagages que les voyageurs conservent avec eux et à l'occasion desquels aucun contrat de transport ou de dépôt n'est intervenu, sauf le cas de faute démontrée de leur part. Ils sont responsables de ceux qui leur sont confiés par les voyageurs.

Leur responsabilité s'applique même aux colis qu'ils transportent sans rétribution, et à ceux qui n'ont pas été enregistrés.

Du transport des personnes

Obligations du voiturier

I. — Le voiturier doit transporter les voyageurs avec régularité, leur assurer l'usage de la place louée par eux et leur en garantir la jouissance paisible.

Il doit leur donner le temps nécessaire pour pourvoir, aux lieux fixés par l'usage, aux nécessités de la vie, leur faciliter l'observation des lois sur les contributions indirectes, les douanes et les octrois.

Il doit enfin prendre toutes précautions utiles ou prescrites par les règlements pour assurer la sécurité des voyageurs.

Responsabilité du voiturier

I. — La responsabilité du voiturier n'est pas, en ce qui concerne le transport des personnes réglée par l'article 1784 du Code Civil, applicable seulement au transport des marchandises, mais par les articles 1382 et suivants du Code civil.
— (Civ. 10 nov. 1884, D. P. 85.1.433 et note de M. Sarrut.)

II. — *Retard.* — Le retard ne peut donner lieu au payement de dommages-intérêts de la part du transporteur au profit du voyageur, que s'il provient d'un fait imputable au transporteur et s'il a causé un préjudice dont la réparation n'est due que dans les limites où ce préjudice a pu être prévu lors de la formation du contrat.

III. — *Accidents.* — Le voyageur qui prétend obtenir des dommages-intérêts à raison d'un accident doit, conformément au droit commun, prouver l'existence d'une faute commise par le transporteur, justifier d'un préjudice et établir la relation entre la faute et le préjudice.

IV. — Le transporteur est responsable (art. 1383, 1384 c. civ.) du dommage qu'il a causé non seulement par sa faute, mais encore par sa négligence, son imprudence ou celles de ses agents.

La faute peut résulter d'un fait positif, d'une simple omission, de l'inexécution d'une loi ou d'un règlement.

Le transporteur ne peut être rendu responsable d'un accident uniquement dû à un cas fortuit ou de force majeure.

— Les tribunaux apprécient souverainement les faits et les circonstances d'où l'on prétend faire résulter une faute pouvant donner lieu à des dommages-intérêts — D. P. 70.1.177, note sous Civ. 24 Janvier 1870.

V. — Lorsque l'accident est dû uniquement à la faute, à l'inattention ou à l'imprudence du voyageur, celui-ci n'est pas recevable à en demander la réparation, alors même que le transporteur aurait lui aussi commis une faute, s'il n'existe pas de relation de cause à effet entre la faute du transporteur et l'accident. — Civ. 21 fév. 1898, D. P. 1903. 1.400.)

VI. — Si l'accident a été causé par la faute commune du voyageur et du voiturier, la faute du premier pourra atténuer la responsabilité du second.

VII. — Le conducteur qui a fait monter dans sa voiture des voyageurs en surcharge, est responsable des accidents arrivés à ceux-ci par suite de la manière incommode et dangereuse dont il les a placés; alors même que ces voyageurs auraient demandé eux-mêmes à faire le voyage dans ces conditions irrégulières, sauf à tenir compte de cette circonstance dans l'évaluation des dommages-intérêts. — Riom 11 Mars 1851, D. P. 53.2.76 — Lyon 16 Juillet 1862, D. P. 63.5.329.

TRIBUNAUX COMPÉTENTS

Cahier des charges — Tarifs

Les contestations relatives au cahier des charges peuvent s'élever soit entre les compagnies et l'Administration, soit entre les compagnies et les particuliers.

Entre les compagnies et l'Administration, les contestations, que font naître l'interprétation ou l'application des clauses du cahier des charges, sont portées devant le Conseil de préfecture du département désigné par le cahier des charges, sauf recours au Conseil d'Etat.

L'article 70 du cahier des charges dit: « Les contestations qui s'élèveraient entre la compagnie et l'Administration, au sujet de l'exécution et de l'interprétation des clauses du présent cahier des charges, seront jugées administrativement par le Conseil de préfecture du département, sauf recours au Conseil d'Etat. »

Entre les compagnies et les particuliers, les contestations, que font naître l'interprétation ou l'application des clauses du cahier des charges, sont exclusivement de la compétence des tribunaux ordinaires.

En effet, le cahier des charges est joint à la loi de concession. il fait partie de cette loi, il est lui-même une loi. Or, aux tribunaux ordinaires seuls appartiennent l'interprétation et l'application des lois. (T. conflits, 3 Janvier 1851. C. C. 31 Janvier 1859, 5 Février 1861, 7 Mai 1862, 30 Mars 1863, 31 Décembre 1866.)

« Le cahier des charges n'étant que l'annexe de la loi de concession, en devient inséparable, et ne doit pas, dès lors, être considéré comme un acte soumis à l'interprétation de l'autorité administrative; l'interprétation et l'application de cette disposition législative, invoquée comme constituant des droits particuliers et des obligations déterminées, appartiennent au pouvoir judiciaire, seul compétent pour statuer sur les demandes en dommages-intérêts réclamés à raison de l'atteinte prétendue portée à des droits particuliers, par l'inexécution d'obligations légales. » C. C. 5 Février 1861.

S'agit-il d'un tarif? Il faut avant tout rechercher si ce tarif était régulier, c'est-à-dire si les conditions requises pour la légalité de sa mise en vigueur ont été remplies.

Mais aussitôt se présente cette question préliminaire :

Quels sont les tribunaux compétents pour juger de la régularité d'un tarif ?

Les tribunaux compétents sont évidemment les tribunaux ordinaires. En effet, la régularité d'un tarif tient à sa conformité aux prescriptions du cahier des charges. La question consiste donc à interpréter, à appliquer le cahier des charges. Or, nous venons d'établir que l'interprétation et l'application du cahier des charges rentraient dans les attributions des tribunaux ordinaires.

« L'ordonnance du 15 Novembre 1846 et le cahier des charges imposé aux compagnies de chemins de fer sont des actes législatifs dont l'interprétation et l'application, à l'égard des tiers, appartiennent aux tribunaux judiciaires; il en est de même des tarifs, dressés en exécution de ces dispositions et qui, comme elles, deviennent la loi du public et des compagnies; en conséquence, les tribunaux chargés d'appliquer ces tarifs ont le droit et le devoir d'examiner s'ils ont été faits, publiés et homologués conformément aux dispositions. » C. C. 31 Décembre 1866.

Ce sont donc les tribunaux ordinaires qui doivent connaître des demandes en restitution de prix et aussi des demandes en dommages-intérêts formées par les particuliers qu'aurait lésés l'application d'un tarif irrégulier. En condamnant les compagnies à des restitutions ou même à des dommages-intérêts pour le fait d'avoir perçu un tarif irrégulier, les tribunaux ordinaires ne critiquent pas les actes de l'Administration, n'empiètent pas sur le pouvoir administratif, car le tarif n'a pas force légale puisqu'il n'a pas été entouré des formalités exigées par la loi : il est comme s'il n'existait pas, il ne constitue pas un acte administratif. (C. C. 7 Juillet 1852, 21 Janvier 1857. C. Paris, 6 Janvier 1858.)

Supposons maintenant que le tarif soit régulier : l'homologation ministérielle est intervenue, et toutes les prescriptions règlementaires de l'ordonnance de 1846 et du cahier des charges ont été suivies. Quels tribunaux faudra-t-il saisir ? Une distinction est nécessaire. La contestation porte-t-elle sur l'*application* du tarif, elle est de la compétence des tribunaux ordinaires ; porte-t-elle sur l'*interprétation* du tarif, elle appartient exclusivement à l'Administration.

En effet, lorsqu'il s'agit uniquement d'*appliquer* un tarif, c'est-à-dire, quand le sens et la portée de l'arrêté ministériel n'étant point discutés, il y a lieu simplement d'en assurer l'exécution, l'Administration ne saurait prétendre que l'autorité judiciaire touche à un acte administratif, l'autorité judiciaire veille précisément au maintien de cet acte et au respect de ses dispositions. (C. d'Etat, 21 avril 1853, 26 février 1857, C. C. 21 janvier 1857, C. Paris, 6 Janvier 1858).

Mais lorsqu'il s'agit d'*interpréter* un tarif, c'est-à-dire de déterminer ce que l'autorité administrative a entendu prescrire par le tarif en question, lorsqu'il y a débat sur le sens et la portée que l'arrêté ministériel doit avoir, l'autorité administrative est exclusivement compétente, et l'autorité judiciaire doit avant de statuer sur le fond de la contestation, surseoir jusqu'à ce que l'autorité administrative ait interprété elle-même son propre arrêté. Il est notoire en effet que si l'autorité judiciaire interprétait les arrêtés ministériels sur les tarifs, si elle s'arrogeait le droit de préciser la signification de cet arrêté et l'étendue de ses dispositions, elle usurperait une partie du pouvoir administratif, elle s'immiscerait dans les actes de l'Administration.

A bien plus forte raison est-il interdit aux tribunaux de critiquer les décisions de l'Administration, de rendre des jugements qui tendraient à méconnaître les arrêtés ministériels sur les tarifs ou à en paralyser l'exécution.

« Dès qu'ils ont été approuvés et publiés dans la forme légale les tarifs fixés ou modifiés par l'autorité administrative supérieure deviennent obligatoires pour et contre les compagnies de chemins de fer, au même titre que les cahiers des charges annexés aux lois et décrets de concession, et il n'appartient pas à la juridiction civile, non plus qu'aux tribunaux de commerce, d'en faire la critique, ni d'en entraver l'exécution ». (C. Paris, 29 février 1860).

Ce serait évidemment, de la part des tribunaux ordinaires, condamner les actes de l'Administration, entraver leur application, que d'accorder des dommages-intérêts aux personnes qui seraient lésées par un tarif homologué. Des demandes en dommages-intérêts basées sur un tarif régulier, mais que l'on prétendrait être illégal, ne peuvent donc pas être portées devant les tribunaux ordinaires : il n'appartient pas à ces tribunaux d'apprécier les actes administratifs sous le rapport de la légalité.

« Les tribunaux ne peuvent ni modifier, ni entraver l'exécution des arrêtés ministériels ; ainsi, en admettant même la réalité de griefs articulés contre des tarifs approuvés et autorisés par le pouvoir administratif, il faudrait reconnaître que les tribunaux en ont été à tort saisis. » (C. Paris, 26 novembre 1858.)

En résumé, deux pouvoirs, et dès lors, deux domaines parfaitement distincts. Dans le domaine du pouvoir administratif, *l'interprétation* d'un tarif régulier ; dans le domaine du pouvoir judiciaire, *l'application* d'un tarif régulier, *l'appréciation* de la régularité d'un tarif, la *détermination* des indemnités dûes pour la perception d'un tarif irrégulier.

Quant aux contestations qui s'élèvent à propos du cahier des charges, elles sont exclusivement de la compétence du pouvoir judiciaire.

Marchandises

G. V. et P. V.

Il faut tout d'abord distinguer entre la compétence ratione materiæ et la compétence ratione loci.

Aux termes des articles 631 et 632 du Code de commerce d'une part, toute entreprise de transport par terre ou par eau est réputée acte de commerce ; d'autre part, toute contestation entre négociants ou relative à des actes de commerce est de la compétence des tribunaux consulaires.

Si, donc, la contestation s'élève entre la compagnie et un expéditeur ou destinataire faisant, par son expédition, acte de commerce, cette contestation ressortit au tribunal de commerce ou, à défaut du tribunal consulaire, au juge de paix ou au tribunal civil jugeant commercialement.

Si, au contraire, le débat s'agite entre la compagnie et un non-commerçant et que l'assignation soit donnée par la compagnie demanderesse, le seul juge compétent est le juge civil, c'est-à-dire, suivant le chiffre de la demande, le juge de paix ou le tribunal d'arrondissement. Dans le cas où la compagnie joue le rôle de défenderesse, le demandeur non commerçant a le choix, aux termes d'une jurisprudence déjà ancienne et constante, entre la juridiction civile et la juridiction commerciale.

Donc, les expéditeurs ou les destinataires non commerçants peuvent saisir de leurs réclamations les tribunaux civils ou de commerce, la compétence de ces derniers ne pouvant être déclinée par les demandeurs commerçants. Les juges de paix sont, en effet, compétents dans les litiges nés à l'occasion d'un transport de marchandises en grande et en petite vitesse, de même que s'il s'agit d'un transport de voyageurs et de bagages. Mais, tandis qu'ils le sont, dans ce dernier cas, en vertu de l'article 2 de la loi du 12 Juillet 1905, sans appel jusqu'à 300 francs et jusqu'à 1,500 francs en premier ressort, ils ne le sont plus par application de l'article 1er de la même loi, dans le premier cas, que jusqu'à 300 francs en premier ressort et jusqu'à la valeur de 600 francs à charge d'appel (1).

Les règles qui régissant la compétence ratione loci sont un peu plus complexes.

Les articles 59 et 69 du Code de procédure civile disposent, d'une part, que, en matière personnelle, le défendeur est assigné devant le Tribunal de son domicile ou, à défaut, de sa résidence ; d'autre part, que, en matière de société, le défendeur sera assigné devant le juge du lieu où elle est établie ; que les administrations ou établissements publics seront assignés en leurs bureaux dans le lieu où réside le siège de l'administration, et, dans les autres lieux, en la personne et au bureau de leurs préposés.

Ainsi, donc, si le défendeur est l'expéditeur ou le destinataire, la compagnie est tenue de l'assigner devant le juge, civil ou commercial, de son domicile ou de sa résidence. Si, au contraire, la compagnie est défenderesse, elle peut être assignée, suivant une jurisprudence qui remonte à un arrêt de la Cour de cassation du 4 Mars 1857. (D. 57. I. 125), soit devant le juge du siège social, soit dans le ressort d'une de ses succursales. La jurisprudence a même admis que l'assignation pouvait être valablement donnée devant le juge du principal établissement, alors même que l'établissement dont il s'agit ne se confondrait pas avec le siège social. Ainsi, l'arrêt précité de la Cour de cassation a décidé que la Compagnie du Midi, dont le siège social est à Paris, pouvait néanmoins être actionnée à Bordeaux, où se trouve son principal établissement.

La jurisprudence ne s'est pas bornée à poser le principe de la compétence du juge de la succursale, elle a, d'autre part, précisé les caractères de la gare succursale. Ainsi elle a décidé, notamment, que les seules stations qui puissent prétendre à ce titre étaient les gares constituant un centre d'opérations important (Cass., 30 Juin 1858; Bordeaux, 28 Août 1867; Aix, 21 août 1872; D. 58. 2. 173; 67. 5. 407; 72. 2. 182), pourvues d'un personnel considérable (Orléans, 20 Novembre 1868 ; D. 69. 2. 20), ou encore les stations dans lesquelles, en exécution des statuts, une compagnie était tenue de faire élection de domicile (Colmar, 26 août 1857 ; D. 58. 2. 128) et celles où se trouve un chef de gare ayant reçu mandat de recevoir les assignations et d'y répondre (Cass., 5 avril 1859 et 16 janvier 1861 ; D. 59. 1. 247, et 61. 1. 126).

Mais il est de jurisprudence constante, et le principe se trouve rappelé dans un jugement du Tribunal de commerce du Havre du 27 Décembre 1903 (Ann. des chemins de fer, 1908, 1re partie supp., p. 2, No 6), qu'une compagnie ne peut être assignée devant le juge

(1) Cruppi, Loi du 12 juillet 1905 sur la compétence et l'organisation des justices de paix, p. 30, 35, 42.

d'une de ses succursales que s'il s'agit d'affaires traitées par cette succursale ou si le fait générateur de responsabilité s'est produit dans le périmètre où les agents de cette succursale exercent leur surveillance. La même règle se trouve développée dans un jugement du Tribunal civil de Toulouse du 16 Juillet 1907 (Ann. des chemins de fer, 1908, 1re partie supp., p. 22, No 83). Enfin, un arrêt de la Cour de Bordeaux du 3 Juin 1909 (Ann. des chemins de fer, 1909, 1. p. 119) décide que le tribunal de la gare succursale ne devient pas compétent, par voie de connexité, pour juger du chef de demandes étrangères aux opérations de la succursale, sous prétexte qu'il aurait à statuer sur d'autres chefs qui sont de sa compétence. Il appartient, d'ailleurs, aux juges du fait d'apprécier les conditions de fonctionnement d'une gare qualifiée succursale et de dire si cette qualification peut légalement lui être attribuée. C'est ainsi que, par un arrêt du 31 juillet 1907 (Ann. des chemins de fer, 1908, 1re partie supp., p. 22, No 84), la Cour d'appel de Bordeaux a décidé qu'une gare constitue une succursale attributive de compétence lorsque, tête de ligne de deux voies ferrées, elle est, telle que celle de Bergerac, la plus considérable après la station du point de départ de la ligne sur laquelle elle se trouve et lorsqu'elle possède un inspecteur et un contrôleur dont la surveillance s'étend à la ligne sur le parcours de laquelle aurait été commis le quasi-délit dont la réparation est poursuivie contre la compagnie. Par contre, un jugement du tribunal civil de la Seine du 21 mai 1909 (Le Droit, 23 juin 1909) a décidé qu'on ne pouvait assimiler à une gare succursale une agence de renseignements et de délivrance de billets.

Il ne nous reste qu'un mot à ajouter sur la question du simple ou du double degré de juridiction.

Dans les cas où il y a lieu à une instance au second degré, elle s'engage tantôt devant le tribunal civil, tantôt devant la Cour d'appel, suivant que le juge de paix ou le tribunal civil ou le tribunal de commerce était juge de premier ressort.

Lorsque le chiffre de la contestation est spécifié dans l'assignation, il ne peut y avoir aucune difficulté sur la question de savoir si l'instance est ou non susceptible d'un double degré de juridiction. Mais la question peut se poser, au contraire, s'il s'agit d'une demande formée par une compagnie et tendant à l'enlèvement d'une marchandise en souffrance, sans taxation des frais de magasinage qui peuvent lui être dus par l'expéditeur. Dans cette hypothèse, la jurisprudence a décidé que les juges civils ou de commerce ne pourraient statuer qu'en premier ressort. On peut consulter sur ce point des arrêts de la Cour de Limoges du 19 janvier 1895, de Nancy du 11 mars 1897 et de Bordeaux du 3 novembre 1897 (D. 97. 2. 516, et 98. 2. 288). On peut également se reporter à un arrêt de la Cour de Riom du 9 novembre 1899 (Bull. ann., 1900, II, p. 112), ainsi qu'à un arrêt de la Cour de cassation du 20 janvier 1908 (Bull. ann., 1908, II, p. 50) spécifiant que toute demande indéterminée est susceptible d'appel.

Voyageur

Retard

Le voyageur victime d'un retard de train peut obtenir réparation du préjudice qui lui a été causé soit à l'amiable, soit par une action judiciaire.

S'il n'obtient pas satisfaction à l'amiable, le voyageur saisira soit :

1° Le Juge de paix, soit :

2° Le Tribunal de commerce.

Pour savoir quel sera le juge compétent ratione materiæ, c'est-à-dire pour savoir si la demande doit être adressée à la première ou à la seconde de ces juridictions, il faut distinguer :

Le réclamant est-il commerçant, la juridiction consulaire, c'est-à-dire le tribunal de commerce est seul compétent. Il en avait déjà été ainsi décidé par des arrêts de la Cour de cassation en date des 4 novembre 1863 (D. 1863. I. 473) et 23 mai 1882 (D. 1883. I. 289). La même solution doit être donnée depuis la loi du 12 juillet 1905 sur la compétence des juges de paix dont l'article 1er dispose que : « Les juges de paix connaissent, en matière civile, de toutes actions purement personnelles ou mobilières en dernier ressort jusqu'à la valeur de 300 francs et à charge d'appel jusqu'à la valeur de 600 francs ». Il est vrai qu'on a prétendu que l'article 2, § 2 de la même loi donnait compétence aux juges de paix pour les actions, entre voyageurs et compagnies, basées sur les « retards et frais de route ». Mais cette opinion a été condamnée par un jugement du juge de paix de Mont-de-Marsan en date du 16 février 1906 (Bull. ann. 1907. II, p. 65). Toutefois, on peut citer en sens contraire, un jugement du Tribunal civil de Pau en date du 18 Janvier 1907 (Bull. ann., 1907, II, p. 66).

Si, au contraire, le réclamant n'est pas commerçant, il peut opter entre le juge de paix et le tribunal de commerce. La jurisprudence est constante, et la loi du 12 Juillet 1905 n'a rien modifié à la règle que nous venons de poser. Pour fixer le juge compétent ratione loci, il faut sous-distinguer ainsi qu'il suit. Le voyageur, s'il doit s'adresser à la juridiction civile, introduira sa demande, par application des articles 59 du code de procédure civile et 42 du code de commerce combinés, soit devant le juge de paix de la gare de départ, soit devant le juge de la gare d'arrivée si l'une et l'autre de ces gares sont des gares importantes dites succursales. La même règle doit s'appliquer, si le juge compétent est la juridiction consulaire, c'est-à-dire le tribunal de commerce.

Accident

On a vu, au sujet des actions en responsabilité pour dommages causés par le transport des marchandises, que le tribunal compétent est le tribunal civil ou le tribunal de commerce, du siège social de la compagnie ou de la gare succursale. Il a été déjà dit plus haut, à l'occasion des actions en indemnité pour retards, que la juridiction commerciale était seule compétente lorsque les deux parties étaient des commerçants. Si le réclamant n'est pas commerçant, il peut opter entre le juge civil et le juge consulaire. Voilà pour la compétence ratione materiæ.

Quant à la compétence ratione loci, c'est-à-dire au juge civil ou consulaire compétent à raison du lieu, il doit être déterminé, en cette matière abstraction faite de la gare succursale où le billet a été pris ou dans le ressort de laquelle ce ticket a été délivré au voyageur, victime d'un accident dans le cours du voyage. Car la compétence du siège social ou de la gare succursale ne se justifie qu'en matière contractuelle et non lorsque l'obligation est née d'un quasi-délit ou d'un délit. Ce principe a été formulé, notamment, par deux arrêts de la Cour de Pau, en date du 26 novembre 1900 (S. 1901. 2. 15).

«.... Attendu, dit le second de ces arrêts que le Tribunal de Bagnères fonde sa compétence sur ce que la demande des consorts X... avait pour objet la réparation du préjudice résultant pour eux de l'accident survenu le 24 novembre 1897, à la gare de Tournay, et l'inexécution du contrat intervenu le même jour entre X... et la compagnie du Midi pour le transport de X... de Saint-Laurent-de-Neste à Bagnères ; que les juges en déduisent que le contrat de transport s'étant produit, disent-ils, dans l'arrondissement de Bagnères, et le fait de l'inexécution dudit contrat se rattachant à la gare de Bagnères, lieu de destination, laquelle gare doit, en raison de son importance et de son organisation, ce qui n'est pas contesté, être rangée dans la catégorie des succursales de la compagnie du Midi, leur compétence se trouve justifiée ;

« Attendu... qu'il suffit, pour reconnaître l'erreur des premiers juges, de se reporter à l'exploit introductif d'instance duquel il résulte que la demande des consorts X... a pour cause non l'inexécution de l'obligation que la compagnie aurait contractée de transporter la dame X..., de Saint-Laurent-de-Neste à Bagnères, mais l'accident qui, au cours de ces transports, a occasionné la mort de la dame X... et dont les demandeurs imputent la responsabilité à la compagnie du Midi ou à ses agents ; que ce fait malheureux, survenu dans la gare de Tournay, ne se rattache par aucun lien direct, ni même indirect, aux opérations de la gare de Bagnères ; que la gare de Tournay, en effet, est située dans l'arrondissement du tribunal de Tarbes et se trouve placée dans la partie du réseau de la ligne principale de Toulouse à Bayonne qui ressortait, au point de vue de l'organisation générale de la compagnie du Midi et de la surveillance des agents qui y fonctionnent, à la gare de Tarbes ; qu'il est à noter que c'est devant le Tribunal correctionnel de cette ville qu'ont été portées et débattues toutes les poursuites intentées, par le ministère public, contre les personnes responsables de ce funeste accident....»

On peut également consulter, dans le même sens, un arrêt de la Cour de Bordeaux en date du 5 Août 1907 (Bull. ann. 1908, II p. 61), et un jugement du Tribunal civil de Laval du 26 Décembre 1907 (Le Droit, 23 Mars 1908).

Bagages

Le juge compétent est, d'après les distinctions que nous avons formulées plus haut en matière de réclamation pour retards de trains, tantôt le juge de paix, tantôt le tribunal de commerce. Lorsque la juridiction civile est compétente, le droit de statuer appartient tantôt au juge de paix, tantôt au tribunal d'arrondissement suivant les distinctions établies par la loi du 25 Mai 1838, modifiée par celle du 12 Juillet 1905. Aux termes de l'article 2 de cette dernière loi «... les juges de paix prononcent sans appel jusqu'au taux de la valeur de 300 francs et, à charge d'appel, jusqu'au taux de la compétence en dernier ressort des tribunaux de première instance « — c'est-à-dire jusqu'à 1.500 francs — « sur les contestations...; 2° entre les voyageurs et les entrepreneurs de transports, par terre et par eau, les voituriers ou bateliers pour retards, frais de route et perte ou avarie d'effets accompagnant les voyageurs. L'article 8 de la même loi prévoit qu'en cas de plusieurs demandes formulées par la même partie, la compétence de premier et de dernier ressort s'établit par le chiffre total des demandes. En cas de demande formée par plusieurs demandeurs, en vertu d'un titre commun, d'un bulletin de bagages unique, par exemple, la compétence s'établit par le chiffre de la part de chaque intéressé. Ainsi, si la part d'un seul des intéressés est supérieure à 300 francs, la décision du juge de paix ne pourra être rendue qu'en premier ressort. Le juge de paix connaît, d'ailleurs, de toutes demandes reconventionnelles ou en compensation qui, par leur nature ou leur montant, sont dans les limites de sa compétence. « Attendu, dit un arrêt de la Cour de cassation du 4 Mars 1908 (Ann. des Ch. de fer 1908, 1re partie. p. 155), que cette réclamation présentait les caractères d'une demande reconventionnelle, puisque, dans son ensemble, elle tendait à restreindre ou à anéantir la demande principale et à procurer un avantage particulier à la compagnie. Et attendu qu'elle excédait le taux du dernier ressort; qu'elle rendait donc susceptible d'appel la décision...»

Il suffit, d'autre part, aux termes d'un arrêt de la Cour de Pau du 1er Août 1907 (Ann., des chemins de fer, 1908, 1re partie, p. 120), que la demande reconventionnelle repose sur des causes qui lui soient propres et qui soient indépendantes de l'action originaire pour que le jugement devienne susceptible d'appel. Aux termes du même arrêt, un jugement ne peut être déclaré du premier ressort sous le seul prétexte que la demande reconventionnelle ne serait pas sérieuse et n'aurait été formée que pour échapper à la juridiction, en dernier ressort, des premiers juges. Un jugement du tribunal civil de Libourne, en date du 13 Décembre 1905, décide que :

« Le juge de paix est compétent en cas de litige portant sur la perte de bagages mentionnés dans un bulletin et ayant une valeur inférieure à 1,500 francs, à l'exclusion du tribunal de commerce, alors même que le transport desdits bagages aurait pour le voyageur une cause commerciale et que, par suite, le contrat intervenu entre les deux parties aurait à l'égard de l'une et de l'autre, le caractère commercial » (Ann. des Ch. de fer, 1907, 1re partie supplément, p. 13).

Ce jugement, nous devons le dire, toutefois, est en opposition flagrante avec la jurisprudence consacrée tant par des arrêts de cours d'appel que par des arrêts de la Cour de cassation et aux termes de laquelle les litiges, nés entre commerçants et compagnies, même dans le cas où la loi de 1838 a prévu la compétence du juge de paix, sont commerciaux et doivent être déférés aux tribunaux consulaires. On pourra consulter, en ce sens, un jugement du Tribunal civil de Périgueux du 25 Juin 1906 - (Le Droit, 20 Octobre 1906).

Police

Grande voirie — Police de l'Exploitation

La police de grande voirie sur les chemins de fer est exercée, conformément aux titres I et II de la loi du 15 Juillet 1845 (et à l'article 1er de l'arrêté du 3 Juillet 1912) et les tribunaux administratifs sont compétents pour connaître des contraventions qui y sont prévues.

Les crimes, délits et contraventions prévus au titre III de la loi du 15 Juillet 1845 (et à l'article 2 de l'arrêté du 3 Juillet 1912) et se rattachant à la police proprement dite de l'exploitation (service des stations et de la voie; matériel employé à l'exploitation ; composition des convois ; départ, circulation et arrivée des convois : perception des taxes et des frais accessoires etc...) ressortissent aux tribunaux ordinaires.

IIIème PARTIE

JURISPRUDENCE EN SOMMAIRES

Fin de non-recevoir — Article 105 du Code de commerce — Lettre non recommandée

Les formalités imposées par l'article 105 C. com. pour la conservation des droits du destinataire étant impératives et limitativement déterminées, un jugement ne peut repousser la fin de non-recevoir opposée par la compagnie de chemin de fer par cet unique motif que « la lettre écrite par le destinataire au chef de gare est bien parvenue à son adresse », alors que cet article exige une lettre recommandée.

Voyageur — Correspondance manquée

Les ordres de service des Chemins de fer, dûment homologués et publiés, sont des règlements ayant force de loi, et lors même qu'ils dérogent au droit commun, ils n'en doivent pas moins être rigoureusement appliqués pour et contre les compagnies.

En conséquence, lorsqu'un ordre de service réglant la marche des trains, dûment homologué et publié, porte que les correspondances de certains trains ne sont pas garanties, le voyageur qui, ayant pris un de ces trains, manque la correspondance et arrive en retard à destination, ne peut demander des dommages-intérêts à la compagnie, à moins qu'il ne prouve une faute à la charge de celle-ci.

Fin de non-recevoir — Réserves — Prescription Article 108 du C. com — Fraude.

La fin de non-recevoir tirée de l'article 105 C. com. ne peut être écartée qu'autant que le destinataire a fait des réserves au moment de la livraison des marchandises et que ces réserves ont été acceptées par le voiturier.

Le fait qu'un agent de la compagnie a laissé inscrire par le destinataire des réserves au bas de la lettre d'avis ne peut être considéré par lui-même comme des réserves formelles et surtout comme une acceptation de ces réserves par la compagnie.

Pour que le voiturier ne soit pas recevable à invoquer la prescription d'un an édictée par l'article 108 C. com., si d'ailleurs les conditions requises sont réunies, il faut prouver contre lui la fraude ou l'infidélité, et notamment que les manquants, contradictoirement constatés, sont le résultat de soustractions frauduleuses, commises par le voiturier ou ses préposés.

Fourniture de wagons. — Absence de wagons au jour indiqué.

Une compagnie de chemins de fer est condamnée à bon droit à des dommages-intérêts lorsque la réponse du Chef de gare à une demande de fourniture de wagons a permis de penser que le chargement des marchandises pourrait être effectué à un jour déterminé et que, ce jour-là, les wagons n'étant pas disponibles, les marchandises ont dû être déposées sur le sol ou transportées ailleurs (1).

Il y a relation entre la faute de la compagnie et le préjudice, alors que par suite de cette faute, les marchandises n'ayant pu être fournies à l'acheteur, une indemnité de résiliation a dû être payée ; que les marchandises ont été revendues à perte ou ont éprouvé une dépréciation (2).

Les juges du fond ne sont pas tenus de constater que les dommages-intérêts qu'ils allouent ont été prévus ou avaient pu être prévus lors de la formation du contrat de transport, si la compagnie n'a pas pris des conclusions sur ce point (3).

Bâchage. — Chargement

Le bâchage constitue l'une des opérations du chargement (4).

Dès lors, quand d'après le tarif spécial applicable, le chargement a été effectué par l'expéditeur, la compagnie n'est pas responsable des avaries imputables à la défectuosité du bâchage (5).

Peu importe le mauvais état de la bâche, si la compagnie l'a fournie bénévolement et gratuitement et si l'expéditeur l'a acceptée sans réserves (6).

La compagnie n'est tenue de surveiller le chargement qu'au point de vue des exigences du service général ; elle n'est pas obligée d'en vérifier l'état au départ ; il ne lui appartient pas de le modifier en cours de route (7).

Il en est ainsi même depuis la loi du 17 Mars 1905 (8).

---

(1) V. conf. Civ., 25 Juillet 1906 (Bulletin annoté, 1906, II p. 149-151). De même, le destinataire de marchandises livrables en gare, qui a reçu une lettre d'avis, a droit à une indemnité si la livraison n'est pas effectuée quand il se présente à la gare, alors même que les délais règlementaires ne seraient pas expirés.

(2) Une condamnation à des dommages-intérêts n'est justifiée qu'autant qu'il y a tout à la fois faute, préjudice et relation entre la faute et le préjudice. V. Dalloz, nouveau Code civil annoté, art. 1382, Nos 199 et suiv., 544 et suiv.

(3) On ne peut faire grief au juge de n'avoir pas statué sur un moyen qui ne lui a pas été proposé par les conclusions des parties. Sur le point de savoir si les dommages-intérêts ont pu être prévus comp. civ., 22 Novembre 1904 (Bulletin annoté 1905, II, p. 10-11; Dalloz 1907, I. 415 ; Sirey, 1905 1.350). Civ. 29 Janvier 1908 (cod., 1908, II, p. 59-61 ; Sirey, 1908, I. 367) et les renvois en note.

(4 à 8). — V. conf. Req., 17 Mai et Civ., 18 Mai 1909, Bull. ann. 1909 II p. 70-77. L'arrêt, objet du pourvoi que rejette l'arrêt de la chambre des requêtes, est l'arrêt de la Cour d'appel de Pau, en date du 6 Mai 1908, rapporté Bulletin annoté, 1908, II, p. 145-154. L'expédition litigieuse datait du mois de Décembre 1906 ; elle était donc postérieure à la loi du 17 Mars 1905. On ne comprend pas dès lors pourquoi l'arrêt de la chambre des requêtes relève cette circonstance « qu'il n'était argué, de la part de la compagnie, d'aucune clause de non-garantie résultant d'un tarif, d'une lettre de voiture ou d'une convention ».

Chargement. — Bâchage. — Loi du 17 Mars 1905

L'opération du chargement et l'opération du bâchage sont distinctes : le bâchage n'est pas l'accessoire du chargement (1).

En tous cas, l'obligation de bâcher n'implique pas celle de fournir le matériel ; la fourniture des bâches n'est pas pour les compagnies une mesure grâcieuse (2).

Par suite, bien que le chargement incombe à l'expéditeur, la compagnie est responsable des avaries causées par la pluie alors que les wagons étant des wagons découverts, la compagnie n'a fourni les bâches que trois jours après et que les avaries se sont produites dans cet intervalle (3).

Bien que le chargement incombe à l'expéditeur, la compagnie est responsable des avaries causées par le mauvais état des bâches, car elle demeure tenue de fournir le matériel et notamment des bâches, quand il s'agit de fourrage, les bâches constituant en réalité la toiture indispensable pour la protection de ces sortes de marchandises. (4).

Jugé, au contraire, que le bâchage est une opération accessoire du chargement et que, dès lors, quand la bâche est fournie à titre gracieux par la compagnie, celle-ci n'est pas responsable des avaries provenant du mauvais état de la bâche (5).

Il en est ainsi même depuis la loi du 18 Mars 1905 qui déclare nulles toutes clauses de non-responsabilité stipulées par le voiturier (6).

Voyageur de commerce. — Échantillons. — Bagages, — Messageries. — Objets précieux. — Perte.

Une maison de commerce est recevable à agir en dommages-intérêts contre la compagnie à l'occasion de la perte d'une caisse d'échantillons, bien que le contrat de transport n'ait été en fait conclu qu'avec le commis-voyageur, s'il résulte des circonstances, notamment de la production par le commis-voyageur d'une carte d'abonnement à

(1 à 6) V. les arrêts publiés Bulletin annoté, 1908, II, p. 145-164 et 1909, II, p. 70-77, L. Lamy, Manuel pratique des transports par chemins de fer, 7e éd., p. 278 et suiv. Les arrêts ci-dessus et cet auteur remarquent que le bâchage doit être considéré comme une obligation de droit commun pour le voiturier qui, dès lors, n'en pourrait être dispensé que par une stipulation formelle des tarifs ; que, d'ailleurs, les tarifs n'ont pas de formule uniforme, les uns se bornant à disposer que le chargement incombe à l'expéditeur, les autres règlementant spécialement le bâchage, ce qui autorise à penser que chargement et bâchage sont, dans l'esprit du Ministre des Travaux Publics et des compagnies elles-mêmes, des opérations distinctes pouvant être effectuées par des personnes différentes. En tout cas, il importe de ne pas confondre la fourniture des bâches et l'opération même du bâchage, c'est-à-dire la mise en place des bâches sur les wagons. Si, en effet, dans une espèce, la compagnie doit fournir des bâches tandis que c'est l'expéditeur qui devra bâcher, la responsabilité des avaries incombera à la compagnie ou à l'expéditeur selon qu'elles proviendront de la défectuosité des bâches ou du mauvais agencement des bâches sur les wagons. Les controverses et toutes difficultés disparaîtraient par l'adoption d'une formule uniforme et précise soit dans les tarifs, soit dans les conditions générales d'application des tarifs spéciaux. Il y a pourvoi en cassation contre l'arrêt de la deuxième espèce (Toulouse, 21 janv. 1909).

demi-tarif, des dimensions et de l'aspect de la caisse, que les Agents de la compagnie connaissaient la qualité de l'expéditeur et la nature des objets par lui déclarés comme bagages.

Lors, au contraire, que la caisse d'échantillons a été expédiée non comme bagages accompagnant le commis-voyageur, mais comme messageries, il est loisible au commis-voyageur d'inscrire sur la déclaration d'expédition ou sur le récépissé toutes les mentions nécessaires, notamment de désigner sa qualité de commis-voyageur et la maison de commerce qu'il représente; à défaut, la maison de commerce ne peut se prétendre partie au contrat et actionner la compagnie.

Les voyageurs pouvant mettre dans leurs bagages, sans déclaration préalable de la valeur, des objets d'or ou d'argent, la compagnie est responsable de la valeur de ces objets, s'ils correspondent à la situation du voyageur, à sa profession, au but qu'ils se proposait en voyageant.

Avaries. — Emballage

L'arrêt qui attribue les avaries à l'insuffisance de l'emballage, qui déclare que si l'emballage avait été suffisant, les avaries ne se seraient certainement pas produites; que si les manipulations au départ ou, à l'arrivée, et les chocs en cours de route n'ont pas été étrangers aux avaries et peuvent en être considérés comme la cause occasionnelle, c'est l'insuffisance de l'emballage qui a été la cause initiale des avaries, décide à bon droit que la compagnie n'est pas responsable.

Demandes de wagons. — Embranchements particuliers

Les demandes de wagons destinés à un embranchement particulier doivent indiquer le lieu de destination ; l'indication du réseau destinataire ne suffit pas (1).

Les compagnies ne sont pas tenues d'aviser, dès le lendemain de la réception de la demande, de la date et de l'heure auxquelles les wagons seront à la disposition des propriétaires d'embranchements particuliers (2).

L'obligation d'indiquer dans la demande le poids approximatif des marchandises, est suffisamment remplie par la désignation du tarif spécial à appliquer, si ce tarif prévoit un chargement de tant de kilos ou payant pour ce poids (3).

(1, 2 et 3) Les décisions judiciaires publiées ci-dessus sont intervenues à propos d'embranchements particuliers. Les solutions sont justes, mais les motifs ne sont pas tous exacts. Le régime des embranchements particuliers est fixé par l'article 62 du cahier des charges et le chapitre II du tarif spécial P. V. n° 29, intitulé: « Règlementations diverses ». Les compagnies et l'Administration des chemins de fer de l'Etat ont chacune un tarif spécial P. V. N° 29 ; le texte n'est pas identique, mais les différences sont peu sensibles. L'article 62 du cahier des charges et le chapitre II du tarif spécial P. V. N° 29 forment la législation, en quelque sorte le code des rapports entre la compagnie et le propriétaire de l'embranchement. Il n'y a pas lieu d'en combiner les dispositions avec celles qui constituent les conditions générales d'application des tarifs spéciaux. En effet, le tarif spécial P.V. N° 29 n'est pas à proprement parler un tarif

Délais. — Retard. — Constatations nécessaires

Le jugement qui condamne une compagnie de chemins de fer à des dommages-intérêts pour un prétendu retard, doit donner des indications de fait suffisantes pour que la Cour de cassation puisse contrôler si les délais règlementaires ont été dépassés (1).

Délais. — Renonciation

Les tarifs de chemins de fer, dûment homologués et publiés, étant d'ordre public, il ne peut y être dérogé par des conventions particulières.

Dès lors une Compagnie de Chemins de fer est condamnée à tort à des dommages-intérêts pour un prétendu retard, alors que les délais règlementaires ont été observés, par le seul motif qu'une convention, résultant d'une mention portée au récépissé, fixait un délai plus court.

---

spécial ; il ne fixe pas de prix ou il se borne à reproduire ceux de l'article 62 du cahier des charges ; c'est, ainsi que l'indique son titre, un tarif de pure réglementation. Dès lors on ne doit pas appliquer aux embranchements les conditions générales d'application des tarifs généraux et notamment l'article 6, lettre b, de ces conditions, relatif à la fourniture des wagons. (a) L'arrêt de la seconde espèce a commis cette erreur. Quand à l'arrêt de la troisième espèce il vise à tort un article 11 du chapitre II du tarif spécial P. V. N° 29, ainsi conçu : « Pour les marchandises en provenance des embranchements, les délais de transport de l'Administration courent le lendemain du jour où les wagons sont demandés par le propriétaire ». Le litige concernait la compagnie de l'Ouest, et ce texte n'existe pas, n'a jamais existé dans le tarif spécial P. V. N° 29 Ouest ; il existait autrefois dans le tarif spécial P. V. N° 29 Etat ; il porte en effet : « délais de transport de l'Administration » ; il a été supprimé comme faisant double emploi avec la partie finale de l'article premier. C'est le tarif spécial P. V. N° 29 Etat qui a été homologué le 1er Novembre 1893. Le tarif spécial P. V. N° 29 Ouest a été homologué pour la première fois le 21 Juillet 18 7. Du reste, les deux erreurs de l'arrêt de la troisième espèce sont sans intérêt, le texte de l'article premier du tarif P. V. N° 29 étant identique, qu'il s'agisse de la compagnie de l'Ouest ou de l'Administration des chemins de fer de l'Etat et le texte de l'article 11 reproduit par cet arrêt étant inutile pour la solution du point de droit. L'arrêt de la quatrième espèce admet implicitement l'application exclusive du tarif spécial P. V. N° 29 aux litiges concernant les embranchements particuliers, puisqu'il décide que la demande de wagons doit indiquer le lieu de destination alors que l'article 6, b, des conditions générales d'application des tarifs spéciaux exige seulement l'indication du réseau destinataire. Comp. civ., 7 Mai 1902 (Bulletin annoté, 1902, II, p. 75-81 ; Dalloz, 1904, 1.276 ; Sirey, 1902, 1.412) ; Civ., 14 Novembre 1905 (cod., 19 5. II, p. 208-213). V. aux annales des chemins de fer et des tramways, par Max Botton, 1909, III, p. 17-32, une notice sur la question de savoir si l'article 6, b, des conditions d'application des tarifs spéciaux P. V. concernant l'avis de mise à disposition du matériel demandé à donner à l'expéditeur est inapplicable aux embranchements particuliers. Il y a pourvoi en cassation contre l'arrêt de la deuxième espèce (Paris, 17 Juillet 1908).

(a) L'article 6, lettre b, des conditions générales d'application des tarifs spéciaux, n'existe que depuis le mois de Février 1894. Le texte a d'ailleurs varié. C'est ainsi qu'à l'origine il exigeait l'indication du lieu de destination ; actuellement la désignation du réseau destinataire suffit.

(1) Jurisprudence constante.

Délais. — Retard. — Cour de cassation. — Grande vitesse. Trains obligatoires.

Le jugement qui condamne une Compagnie de chemins de fer à des dommages-intérêts pour retard, contient des constatations suffisantes pour permettre à la Cour de Cassation d'exercer son contrôle, si, s'agissant d'un transport par grande vitesse, il indique le jour et l'heure de la remise à la gare d'expédition, le jour et l'heure de la mise à la disposition du destinataire.

Il appartient à la Cour de cassation de vérifier si les délais réglementaires ont été observés et, par suite, de rechercher d'après l'arrêté ministériel du 12 Juin 1866, le décret du 1er Mars 1901 et les affiches de la marche des trains régulièrement produites, quels trains étaient obligatoires (1).

Les expéditions de grande vitesse, auxquels est applicable le tarif le plus réduit, doivent être effectuées par l'itinéraire le plus court, bien que la marchandise soit, de sa nature, périssable.

Pour les expéditions par grande vitesse les trains obligatoires sont tous les trains de voyageurs comprenant des voitures de toutes classes, désignés sur les livrets soumis à l'approbation ministérielle et portés à la connaissance du public par les affiches placées dans les gares, à l'exception de ceux de ces trains pour lesquels la Compagnie est dispensée par une mention spéciale de faire le service des messageries.

Expédition empruntant plusieurs réseaux. — Tarif le plus réduit. — Calcul au poids, sur le 1er réseau, au wagon, sur le 2e. Chargement par l'expéditeur.

Lorsque pour une expédition faite au tarif le plus réduit, et devant emprunter deux réseaux, le tarif le plus réduit doit être établi au poids par la première compagnie, d'après le nombre de wagons par la seconde, celle-ci a le droit de taxer sur la base de deux wagons bien qu'un seul wagon eût suffi, alors que l'expéditeur a effectué lui-même le chargement au point de départ et employé deux wagons : en effet, il n'appartenait pas à la première compagnie de modifier le chargement effectué par l'expéditeur, et la seconde n'était pas tenue de procéder à un transbordement à la gare de transit (2).

(1) L'arrêt de la Cour de cassation paraît donner une énumération de points de fait, mais, en réalité, il applique les textes qui sont la loi de l'expédition litigieuse et pour montrer en quoi ces textes ont été violés, il énumère, il précise les trains qui devaient être suivis, les heures de départ et d'arrivée.

(2) Cette décision de la chambre civile de la Cour de cassation n'est pas en contradiction avec celle de l'arrêt de la même chambre en date du 22 Mai 1900 (Bulletin annoté, 1900, II, p. 68-71 ; Dalloz, 1900, I, 501 ; Sirey, 1901, I, 148). L'espèce de cet arrêt offrait cette particularité qu'à cause de la différence de la largeur des voies, la seconde compagnie avait été obligée de procéder au transbordement ; il lui incombait dès lors de n'employer que le nombre de wagons nécessaires au transbordement de marchandises.

Force majeure. — Pluies. — Encombrement

Des pluies abondantes qui, mettant la voie ferrée en mauvais état, font craindre des accidents graves, nécessitent une vigilance spéciale, un ralentissement dans la marche des trains, constituent un cas de force majeure.

Il n'y a pas au contraire cas de force majeure lorsque, par le fait des circonstances, la marche des trains n'a subi aucune interruption et que des précautions prises en temps opportun auraient suffi à préserver le trafic des voies libres.

Ni quand il y a eu une affluence exceptionnelle de voyageurs si cet évènement n'avait rien d'imprévu pour la compagnie qui l'avait même provoqué par l'annonce de réductions de tarifs.

Non seulement une compagnie de chemins de fer n'est pas tenue de diriger des marchandises sur des gares d'une compagnie correspondante qui a été obligé de réduire le nombre des départs de ses trains, mais elle commettrait une faute en le faisant.

Elle n'est pas davantage tenue de recevoir des marchandises qu'elle ne pourrait transporter par suite d'un cas de force majeure.

Livraison des marchandises aux destinataires. — Tour de faveur Egalité de traitement. — Tarif commun Compagnie intermédiaire. — Déchargement des marchandises en cours de route.

La règle de l'égalité de traitement est imposée aux Compagnies de Chemins de fer aussi bien à l'égard des destinataires qu'à l'égard des expéditeurs ; par suite, doivent être effectuées sans tour de faveur non seulement les expéditions de marchandises, mais encore les livraisons aux destinataires (1).

(1 à 5) Depuis le 1er Juillet 1898 fonctionne, pour le transport en grande vitesse des denrées expédiées de Paris à Londres, un tarif direct d'exportation G.V. N° 3, commun à la compagnie du chemin de fer du Nord, au South-Easter Railway et au London Chatham and Dover Railway, via Boulogne-Folkestone ou via Calais-Douvres. Ce tarif contient diverses dispositions et ajoute, à l'article 7 : « les transports effectués aux prix du présent tarif seront soumis, en tout ce qui n'est pas contraire aux dispositions qui précèdent, aux conditions d'application du livret pour le transport direct des marchandises à petite vitesse entre Paris et Londres (via Boulogne-Folkestone ou via Calais-Douvres), 1er Juillet 1898 » Le sieur Griset, commissionnaire en transit, reçoit en quantités considérables des denrées provenant des régions du Midi et adressées à son nom en gare de Boulogne-sur-mer. Il en prend livraison, puis les expédie en Angleterre. Parfois les trains que la Compagnie du Nord a formés spécialement à Paris pour le transport de Paris à Londres des marchandises auxquelles s'applique le tarif commun G. V. N°3, arrivent à Boulogne-sur-Mer après ceux qui apportent les marchandises destinées au sieur Griset. Néanmoins la Compagnie refoule ces trains sur une voie de garage, et décharge tout

Mais cette règle n'est pas méconnue par une compagnie qui, à l'occasion d'expéditions faites en vertu d'un tarif commun, décharge les marchandises à la fin de son réseau pour les transmettre à une autre compagnie participante à ce tarif commun, bien que le déchargement soit effectué avant celui de marchandises adressées dans cette même localité à des destinataires désignés et qui sont arrivées plus tôt en gare (2).

En effet, par l'adoption d'un tarif commun, les compagnies de chemins de fer s'associent pour le transport direct des marchandises du lieu de départ au lieu de destination; elles concourent chacune indivisément à la totalité du transport, de sorte que leurs lignes apparaissent comme confondues en une seule comprenant les points extrêmes du parcours prévu par ce tarif commun (3).

Il y a unité du contrat de transport; dès lors la compagnie intermédiaire, opérant un transbordement, non une véritable livraison, ne fait pas fonction de destinataire (4).

Notamment, lorsque des marchandises sont expédiées de Paris à Londres en vertu d'un tarif commun entre la compagnie du Nord et les compagnies anglaises, la compagnie du Nord peut, sans violer la la règle qui assure aux divers destinataires l'égalité de traitement, décharger les marchandises à Boulogne-Sur-Mer, avant celles qui sont adressées dans cette même localité à un destinataire désigné, bien que le train qui les apporte arrive après celui qui contient les marchandises livrables au destinataire à Boulogne-Sur-Mer (5).

---

d'abord les marchandises contenues dans les trains affectés aux transports régis par le tarif commun G. V. N° 3. Le sieur Griset, prétendant que cette pratique constituait une violation de la disposition de l'article 49 du cahier des charges et de l'article 50 du décret du 1er mars 1901, aux termes de laquelle les compagnies doivent « effectuer sans tour de faveur les transports des marchandises » et, par suite, les livraisons aux destinataires, qu'en outre cette pratique lui causait préjudice, a actionné la compagnie du Nord en dommages-intérêts. Son action, accueillie par le tribunal de commerce de Boulogne-sur-Mer, a été rejetée par la Cour d'appel de Douai et par la Cour de cassation. La Cour de Douai et la Cour de cassation observent à juste titre que, par l'effet du tarif commun, la compagnie du Nord doit être considérée en droit comme chargée de l'entier transport, du point initial Paris au point terminus Londres; qu'elle ne se livre pas à elle-même en qualité de destinataire les colis qu'elle décharge à Boulogne-sur-Mer mais procède seulement à une opération intermédiaire du transport. Il n'y a pas concours, à la gare de Boulogne-sur-Mer, entre destinataire, la compagnie du Nord d'une part, le sieur Griset, d'autre part; par suite, il n'y a pas tour de faveur à la gare de Boulogne-sur-Mer, au profit de la compagnie du Nord, au détriment du sieur Griset. En ce qui concerne la prohibition des tours de faveur, bien qu'elle ne soit édictée qu'à propos des expéditions, il n'est pas douteux, et les trois juridictions sont d'accord pour le déclarer, qu'elle s'étend aux livraisons; il y a identité de motifs, car la prohibition des tours de faveur se rattache au monopole dont les compagnies de chemins de fer sont investies et à l'obligation générale dont elles sont par cela même tenues de traiter avec la plus stricte égalité toutes les personnes qui recourent à leur intermédiaire.

Gares. — Accident. — Envahissement des gares par une foule trop nombreuse. — Absence d'employés. — Faute.

Les instructions ministérielles qui prescrivent aux compagnies de chemins de fer de laisser le libre accès des quais des gares aux voyageurs munis de billets, ne sont point exclusives des mesures de surveillance indipensables pour la sécurité des voyageurs ; elles autorisent les compagnies à suspendre momentanément le libre accès des voyageurs sur les quais de toutes les gares en cas de circonstances exceptionnelles, telles qu'affluence inusitée de voyageurs ou incidents imprévus (1).

Dès lors un arrêt de Cour d'appel déclare à bon droit une compagnie responsable d'un accident survenu à un voyageur sur le quai de la gare alors qu'il constate que cet accident a eu pour cause l'envahissement des quais de la gare par une foule trop nombreuse et l'absence d'employés disponibles pour contenir cette foule et mettre un peu d'ordre parmi les voyageurs pressés de prendre le train (2).

(1 et 2) Il importe de préciser et de limiter exactement le sens et la portée de l'arrêt ci-dessus de la chambre des requêtes. Sans doute, les compagnies de chemins de fer sont tenues en principe d'assurer la sécurité des voyageurs, en conséquence, de surveiller les voies ferrées, les gares et leurs dépendances (art. 51, 57, 63 du décret du 1er Mars 1901). Mais une circulaire du ministre des Travaux Publics en date du 10 Mars 1886, leur enjoint de laisser les voyageurs munis de billets pénétrer sur les quais d'embarquement. Le libre accès des gares est de droit pour les voyageurs munis de billets. Par une conséquence nécessaire il leur incombe de se prémunir contre les chances d'accident, de prendre toutes précautions utiles. La surveillance des compagnies ne doit s'exercer qu'à titre tout à fait exceptionnel, dans des circonstances de fait anormales. La circulaire ministérielle « autorise les compagnies à suspendre momentanément le libre accès des voyageurs sur les quais de toutes les gares en cas de circonstances exceptionnelles, telles qu'affluence inusitée de voyageurs incidents imprévus ». C'est seulement dans ces hypothèses que la responsabilité des compagnies peut être engagée ; si elles ne font pas usage de l'autorisation qui leur est accordée de suspendre momentanément le libre accès des voyageurs sur les quais, elles doivent tout au moins prendre les mesures d'ordre et de sécurité que commande la situation. Dans l'espèce la Chambre des requêtes devait rejeter le pourvoi, étant données les constatations de fait de l'arrêt attaqué, mais il semble que la Cour d'appel aurait dû apprécier autrement alors surtout qu'une instruction judiciaire avait abouti à une ordonnance de non lieu rendue conformément aux données d'une expertise, à l'avis des Ingénieurs du Contrôle et aux réquisitions du Ministère public. Sans doute, l'inexistence d'une faute pénale n'implique pas en droit l'absence d'une faute civile, mais aux termes de la circulaire ministérielle, c'est seulement « en cas de circonstances exceptionnelles » que les compagnies sont en faute de ne pas interdire l'accès des gares ou tout au moins de ne pas veiller spécialement à la sécurité des voyageurs sur les quais. L'arrêt de la Cour d'appel appréciait mal d'ailleurs le caractère de cette circulaire ; cette circulaire ne se borne point à inviter les compagnies à laisser aux voyageurs le libre accès des quais des gares ; elle leur en fait une obligation (Comp. Civ., 23 Juillet 1906, Bulletin annoté, 1906, II, p. 137 ; Sirey, 1907, 1, 93). Le libre accès des gares a fait l'objet de trois circulaires du Ministre des Travaux Publics, en date des 22 Juin 1863, 10 Janvier 1885 et 10 Mars 1886 (Bulletin annoté, 1885, I, p. 18 ; 1886, I, p. 103-104 ; Lamé-Fleury, Code annoté des chemins de fer en exploitation, 4ème édit., p. 683-685). La dernière est ainsi conçue : « Une circulaire ministérielle du 10 Janvier 1885, rappelant celles des 22 Juin 1863 et 22 Décembre 1866,

Marchandises livrables en gare

Les compagnies ne sont pas tenues d'offrir au destinataire la délivrance des marchandises livrables en gare; il incombe à l'ayant-droit de les réclamer et de faire la preuve que la réclamation a été adressée à l'employé chargé du service des livraisons. (1)

Réserves. — Refus. — Faute

La compagnie qui, reconnaissant qu'un retard existe, refuse d'accepter des réserves, commet une faute et, dès lors, ne peut réclamer les frais de magasinage par le refus du destinataire de prendre livraison (2).

Avaries. — Vice propre de la marchandise

La preuve du vice-propre de la marchandise incombe à la compagnie (3).

Si l'expertise n'établit pas suffisamment le vice-propre de la marchandise, le doute doit profiter à l'expéditeur et, par suite, la compagnie est responsable des avaries (4).

(a), a invité les compagnies de chemins de fer à admettre des voyageurs sur les quais d'embarquement et à leur laisser prendre place dans les voitures, aussitôt qu'ils sont munis de leurs billets. Plusieurs compagnies ayant soulevé contre cette mesure certaines objections tirées des difficultés que présenterait dans la pratique la stricte application de cette mesure dans toutes les gares, mon prédécesseur a fait examiner de nouveau la question, d'abord par les fonctionnaires du Contrôle de l'exploitation, puis par le Comité de l'exploitation technique des chemins de fer. Le Comité vient de me faire connaître que les prescriptions de la circulaire ministérielle du 10 Janvier 1885, déjà entièrement appliquées sur plusieurs réseaux, lui paraissaient devoir être étendues sans inconvénients à tous les autres. Il admet toutefois qu'exception puisse être faite, sur la demande des compagnies et avec mon autorisation expresse, pour certaines gares qui seraient reconnues présenter des conditions d'exploitation particulièrement difficiles, et concède également, pour toutes les gares et stations, que certaines circonstances extraordinaires ou de force majeure y puissent rendre nécessaire l'interdiction momentanée du libre accès aux quais intérieurs. J'ai décidé, en conséquence, qu'il y avait lieu d'appliquer sans retard, d'une manière générale, les prescriptions de la circulaire ministérielle du 10 Janvier 1885 aux conditions suivantes : 1° Les compagnies soumettront à l'Administration la liste des gares dans lesquelles il leur paraîtrait indispensable de faire exception à la règle générale, en indiquant pour chacune d'elles les raisons qui justifieraient cette exception ; 2° Elles seront autorisées à suspendre momentanément le libre accès des voyageurs sur les quais de toutes les gares en cas de circonstances exceptionnelles, telles qu'affluence inusitée de voyageurs ou incidents imprévus ».

(a) La circulaire de 1866 rappelle celle de 1863.

(1) Les compagnies de chemins de fer n'ont point à aviser le destinataire de l'arrivée des marchandises livrables en gare ; elles ne sont dès lors en faute qu'autant que le destinataire ou son fondé de pouvoirs, se présentant à la gare, les marchandises ne peuvent être mises à sa disposition si, d'ailleurs, les délais règlementaires sont expirés ou si, même avant l'expiration des délais règlementaires, il reçoit une lettre d'avis lui permettant de penser que les marchandises sont à sa disposition.

(2) Dès l'instant qu'elle reconnaissait le fait du retard, la compagnie n'avait pas de motif plausible de refuser les réserves.

(3 et 4) La compagnie, n'ayant pas fait de réserves, est présumée avoir reçu les marchandises en bon état et dans les conditions requises pour le transport ; si donc elle attribue l'avarie au vice propre de la marchandise, ou à la faute de l'expéditeur, elle doit rapporter cette preuve.

Voyageurs. — Correspondance manquée. — Horaire portant que la correspondance n'est pas assurée

Lorsque, d'après l'horaire dûment homologué, un train n'est règlementairement en correspondance qu'avec un train déterminé, les voyageurs ne sont pas en droit de compter sur la correspondance avec un autre train bien que, en fait, le plus souvent, cette correspondance ait lieu.

Marchandises. — Classification. — Assimilation. — Tarif général. — Taxe de transport

Une marchandise non dénommée au tarif général doit être taxée par assimilation dans la classe et la série dont elle se rapproche le plus par ses éléments essentiels.

Un châssis de voiture automobile monté sur roues et muni de son moteur représente un appareil de locomotion prêt à fonctionner ; il doit dès lors être assimilé à une voiture automobile et taxé au tarif établi pour ces sortes de voitures.

Vente des marchandises. — Article 106 du code de commerce. Produit de la vente.

Le transporteur qui fait vendre, sans observer les formalités prescrites par l'article 106 C. com. les marchandises dont le destinataire n'a pas pris livraison commet un acte qui peut engager sa responsabilité, mais il n'est tenu de payer une somme supérieure au produit de la vente qu'autant qu'il est constaté que l'inobservation des prescriptions de cet article a été la cause du dommage éprouvé. (1)

Délais. — Renonciation. — Pluralité de compagnies. — Contrat de transport unique ; successifs.

Le destinataire a le droit d'arrêter, tant que cela est matériellement possible, une marchandise en cours de route, d'en prendre livraison, de la réexpédier dans une autre direction ou de réclamer un mode de transport plus rapide.

Bien que les compagnies de chemins de fer ne soient pas tenues de livrer les marchandises avant l'expiration des délais règlementaires, qu'elles ne puissent renoncer d'avance à ces délais, et qu'elles aient le droit, dans l'hypothèse d'un contrat de transport à vitesse scindée, de cumuler les délais afférents à chacun de ces modes de transport, il en est autrement lorsqu'il y a des contrats successifs devant, d'après l'intention des parties, se substituer l'un à l'autre.

Ainsi, au cas d'une expédition faite en petite vitesse et devant emprunter deux réseaux, si, à la gare de transit la seconde compagnie est avisée par le destinataire que le transport doit continuer par grande vitesse, cette compagnie ne peut se prévaloir du contrat

(1) Jurisprudence constante.

originaire et doit observer les délais de la grande vitesse à partir de l'arrivée des marchandises à la gare de transit, alors qu'il résulte des circonstances de la cause qu'il s'est formé, à la gare de transit, entre le chef de gare et le destinataire un nouveau contrat pour le transport à grande vitesse jusqu'à destination.

Wagon d'un type déterminé. — Mise à la disposition de l'expéditeur à jour fixe

Les formes et les dimensions des wagons étant approuvées par l'autorité administrative et établies dans l'intérêt de la sécurité publique, un expéditeur ne peut critiquer la hauteur ou la disposition des ranchers des wagons sous prétexte que ces ranchers empêchent de charger jusqu'au minimum de charge prévu par le tarif (1).

Les compagnies de chemins de fer ne sont tenues de fournir que des wagons du type déterminé pour le chargement de la marchandise dont le transport est requis ; elles n'ont pas à fournir à jour fixe des wagons d'un type spécial quand elles peuvent ne pas en avoir de disponibles (2).

La disposition du tarif commun P. V. N° 109 (bois de construction), aux termes de laquelle « lorsque l'un des wagons porteurs mis à la disposition des expéditeurs ne peut porter qu'un poids inférieur à celui prévu, le minimum de poids à taxer par wagon est abaissé au niveau du poids que peut porter le wagon dont la limite de charge est la plus faible », vise le poids réel que le wagon peut porter, la charge qu'il peut supporter et non la capacité envisagée au point de vue du cubage des bois transportés (3).

Par conséquent le prix du minimum de poids prévu par ce tarif est dû alors même que la dimension jointe à la densité des poteaux en bois n'a pas permis, eu égard à la contenance des wagons, subordonnée elle-même à la hauteur des ranchers, d'atteindre le minimum de chargement (4).

(1 à 4) Par une lettre en date du 30 Juillet 1906, le sieur Gaillard demanda au Chef de gare de Saint-Alyre, réseau de la compagnie Paris-Lyon-Méditerranée, quatre wagons de dimensions et de formes utiles pour le transport à destination de Saint-Hulière-du-Temple, réseau de la compagnie de l'Est, de poteaux en bois de 8 mètres de long du poids approximatif de 28.000 kilos, sans d'ailleurs désigner de type de wagon. Le tarif le plus réduit était dans l'espèce le tarif commun P. V. N° 109 (bois de construction). Aux termes de ce tarif, chap. I, § 1, chaque wagon doit être chargé d'au moins 7.000 kilos ou payer pour ce poids et il y a lieu à deux wagons pour le chargement des bois de plus de 6m50 jusqu'à 13 mètres. Le chef de gare mit à la disposition du sieur Gaillard quatre wagons type R. wagons découverts de 6m50 de long, munis au centre d'une poutre transversale mobile aux extrémités de laquelle sont fixés des ranchers verticaux entre lesquels les bois sont placés. Ces wagons peuvent supporter un chargement de dix tonnes. Le sieur Gaillard, à qui incombaient les opérations du chargement, plaça sur un couplage de wagons autant de poteaux de bois que chaque wagon put en contenir jusqu'à la hauteur des ranchers. Mais chaque wagon ne put contenir que 5.000 kilos environ. La hauteur des ranchers au-dessus des rails étant de 3m19, il restait une hauteur de 1m09 entre le niveau

Attaques. — Voies de fait. — Rebellion. — Article 25 de la loi du 15 Juillet 1845. — Affichage des jugements. — Dommages-intérêts

Les violences et l'agression dont un employé de chemins de fer est victime dans l'exercice de ses fonctions constituent le délit de résistance avec violence et voies de fait prévu par l'article 25 de la loi du 15 Juillet 1845 (1).

Le délit est commis notamment lorsqu'une personne, sous prétexte qu'un garde-barrière n'a pas ouvert assez vite, descend de voiture et porte des coups à cet employé (2).

---

supérieur des ranchers et le gabarit. Le sieur Gaillard prétendit continuer le chargement au-dessus des ranchers jusqu'à la hauteur du gabarit le plus faible des deux compagnies, et ce en vertu de l'article 7 des conditions générales d'application des tarifs spéciaux ainsi conçu · « L'expéditeur qui aux termes du tarif, effectue le chargement, a la faculté d'utiliser la capacité entière du wagon à la condition de ne pas dépasser la charge maximum que ce wagon peut porter ni les dimensions des gabarits des administrations participantes ». Le chef de gare refusa par le motif que la partie du chargement placée au-dessus des ranchers ne serait pas suffisamment maintenue, que, par suite, des accidents seraient à craindre au cas de secousses violentes, ou dans les courbes et tournants, ou sous les ponts et tunnels. Le sieur Gaillard demanda alors deux wagons supplémentaires pour y charger, jusqu'à concurrence de 14,000 kilos sur les quatre wagons, les poteaux en bois qui n'avaient pu trouver place sur le couplage, mais à la condition de ne payer que pour le poids total de 14.000 kilos comme si l'ensemble du chargement de 14.000 kilos était placé sur deux wagons seulement, soit 7.000 kilos par wagon. Refus par le chef de gare. N'ayant ainsi pu charger que deux wagons et chacun à concurrence seulement de 5.000 kilos environ, le sieur Gaillard offrit le prix correspondant au poids réel, soit à 5.000 kilos environ par wagon ; le chef de gare exigea au contraire la taxe calculée à 7.000 kilos par wagon bien que le poids réel du chargement de chaque wagon fut inférieur. L'action en restitution de la différence, intentée par le sieur Gaillard, a été rejetée par la Cour d'Appel de Riom, et c'est assurément à bon droit. En effet, la compagnie s'était conformée aux prescriptions du tarif applicable. P. V., N° 109, dès l'instant qu'elle avait fourni à l'expéditeur pour les chargements de poteaux en bois de 8 mètres de long deux wagons d'une longueur de 6 m 50 chacun, susceptibles, par l'agencement du couplage, de porter des poteaux en bois longs jusqu'à 13 mètres et du poids de 20.000 kilos. Comme les poteaux chargés n'avaient que 8 mètres de long, le couplage était inutilisé sur une superficie de 5 mètres de long, plus d'un tiers de la superficie totale. S'ils avaient eu de 11 m 50 à 13 mètres de longueur, le poids de 14 000 kilos aurait été facilement atteint et même dépassé. De même, si les poteaux en bois avaient eu de 5 m 50 à 6 m 50 de long et avaient pu par conséquent être chargés sur un seul wagon, la charge aurait atteint ou dépassé le minimum de 7.000 kilos prévu au tarif. Les wagons mis à la disposition du sieur Gaillard étaient donc en état, dans un grand nombre de cas, avec des poteaux plus ou moins longs que ceux qu'il avait amenés ou d'une densité plus forte, de porter un chargement égal ou supérieur au minimum de 7.000 kilos prévu au tarif. C'était seulement à raison de la nature des poteaux et non de l'agencement des wagons que le poids de 7.000 kilos n'avait pu être atteint. — Sur le principe que les compagnies ne sont pas tenues de mettre à jour fixe des wagons d'un type déterminé à la disposition des expéditeurs, qu'il suffit que les wagons soient de ceux dont la mise en service a été régulièrement approuvée, V. Civ., 15 Mars et 27 Décembre 1905 (Bulletin annoté, 1905, II, p. 56-59; 1906, II, p. 17-18; Dalloz, 1908, I, 203; Sirey, 1905, I, 469; 1906, I, 190); Civ., 24 Juillet 1906 (eod., 1906, II, p. 142-149; Sirey, 1907, I, 141-149).

(1 et 2) D'après l'article 25 de la loi du 15 Juillet 1845, toute attaque avec violence et voies de fait, toute résistance avec violence et voies de fait envers

Ce délit portant un trouble à l'exercice des fonctions de l'employé, et par suite atteinte à la régularité du service que la compagnie de chemins de fer doit assurer, celle-ci est en droit d'intervenir et de demander des dommages-intérêts.

Et la juridiction correctionnelle peut, sur la demande de la Compagnie, ordonner à titre de dommages-intérêts l'affichage du jugement, cet affichage constituant non une peine accessoire ou une aggravation de peine, mais la réparation du préjudice causé.

Autorité municipale. — ordonnance de police applicable sur le domaine public du chemin de fer

Bien que la police, la sûreté et l'exploitation des chemins de fer relèvent exclusivement des règlements d'administration publique et des arrêtés des préfets agissant sous l'approbation du Ministre des Travaux Publics, cependant les mesures prescrites par l'autorité municipale dans un intérêt de salubrité publique sont applicables sur le domaine public des chemins de fer alors qu'elles ne sont pas inconciliables avec la réglementation particulière à laquelle les compagnies de chemins de fer sont soumises.

Notamment est légale et obligatoire à l'égard d'une usine faisant partie du domaine public d'une compagnie de chemins de fer l'ordonnance du préfet de police à Paris qui interdit « de produire une fumée noire, épaisse et prolongée, pouvant atteindre les habitations voisines ou infecter l'atmosphère des rues de Paris ».

---

les agents de chemins de fer dans l'exercice de leurs fonctions, est punie des peines applicables au délit de rébellion (art. 209 et suiv. C. pén.). La violence ou les voies de fait sont un élément essentiel du délit ; d'ailleurs la violence ou les voies de fait suffisent (V. Montpellier, 24 Juin 1905, Bulletin annoté, 1906, II, p. 6-9; Dalloz, 1907, II, 309). L'employé de chemins de fer doit être dans l'exercice de ses fonctions. L'attaque suppose un acte offensif, une agression; la résistance implique un acte simplement défensif (V. Dalloz, Répertoire, V° Rebellion, N° 17; Garraud, Traité théorique et pratique du droit pénal français, t. III, p. 510 et suiv., N° 377; Chauveau et Hélie, Théorie du Code pénal, 6e éd., par Villez, t. III, p. 84 et suiv., N°s 935 et suiv.) Dans l'espèce jugée par la Cour d'appel d'Amiens, le 4 Mai 1907 (Bulletin annoté, 1908, II, p. 13-15), un voyageur à la descente du train avait remis son billet à la garde-barrière, puis lui avait porté des coups de pied et de poing. L'arrêt a écarté l'article 25 de la loi du 15 Juillet 1845 et appliqué l'article 311 C. pén. Il décide que les faits constatés ne constituent pas une attaque au sens de ce mot dans l'article 25 de la loi du 15 Juillet 1845 ; qu'ils ne constituent pas non plus une résistance au sens de ce mot dans ce même texte parce que la garde-barrière « ne cherchait pas à obtenir une soumission aux lois et règlements » : en effet, le voyageur n'avait pas refusé de remettre son billet. Dans l'espèce actuelle, le délit de la loi du 15 Juillet 1845 était au contraire constant en fait et en droit.

Responsabilité. — Perte des marchandises. — Avaries. — Vice propre. — Faute de l'expéditeur. — Non responsabilité. Loi du 17 Mars 1905. — Bestiaux non accompagnés.

Le transporteur ne pouvant répondre d'un fait qui lui est étranger, la faute de l'expéditeur doit, comme le vice propre de la chose, exonérer le transporteur en cas d'avaries (1).

La loi du 17 Mars 1905, qui déclare nulle toute clause d'irresponsabilité relative à la perte ou à l'avarie des marchandises, n'a pas privé le transporteur du droit qui lui appartenait antérieurement de dégager sa responsabilité en prouvant que l'avarie provient du vice propre de la chose ou de la faute de l'expéditeur (2).

Notamment, une compagnie de chemins de fer est à bon droit déclarée non responsable d'un accident survenu en cours de route à des animaux par un jugement qui attribue cet accident au défaut de surveillance de l'expéditeur qui, alors qu'il s'était fait délivrer, en vertu du tarif spécial applicable, un permis de circulation, s'est dispensé d'accompagner les animaux et n'a pu, par suite, les rattacher pendant le voyage (3).

(1, 2 et 3) Bien que les articles 1784 C. civ. et 103 C. com. ne mentionnent, comme exclusifs de la responsabilité du voiturier, les marchandises étant perdues ou avariées que la force majeure, le cas fortuit, ou le vice propre de la chose, la doctrine et la jurisprudence n'ont jamais hésité à ajouter la « faute de l'expéditeur »

Si le voiturier n'a pas rempli l'obligation qui lui incombait d'après le contrat de remettre l'objet qui lui a été confié et de le remettre en bon état, il est présumé en faute, mais le droit commun, formulé par l'article 1147 C. civ., l'autorise à prouver que l'inexécution de son obligation « provient d'une cause étrangère qui ne peut lui être imputée ». Les articles 1784 C. civ. et 103 C. com. ne sont que l'application de ce principe de droit commun. Or la faute de l'expéditeur qui, on le suppose, a occasionné la perte ou l'avarie, est incontestablement une « cause étrangère au voiturier et qui ne peut lui être imputée ». D'ailleurs la faute de l'expéditeur peut parfois être qualifiée vice propre de la chose, si bien que divers arrêts de la Cour de cassation emploient la formule « le voiturier n'est pas responsable du vice propre de la chose ou d'un fait imputable à l'expéditeur » laissant ainsi incertain le point de savoir s'il y a eu faute de l'expéditeur ou vice propre de la chose (V. Civ., 16 juillet 1890 et 29 Avril 1895). La loi du 17 mars 1905 n'a certainement pas modifié cette situation juridique. Elle décide seulement que les clauses de non-responsabilité pour perte ou avaries de marchandises, insérées dans le contrat de transport par terre, dans les tarifs de chemins de fer, sont nulles, ne peuvent produire aucun effet. La conséquence de cette loi, c'est que, malgré l'insertion d'une clause de cette nature, quels que soient d'ailleurs les termes employés, le voiturier demeure obligé, conformément au droit commun et aux dispositions formelles des articles 1784 C. civ. et 103 C. com., d'établir une cause de libération, de faire tomber la présomption de faute qui pèse sur lui, sinon de payer des dommages intérêts. Mais la loi n'innove pas quant aux circonstances de fait ou de droit que le voiturier peut invoquer pour dégager sa responsabilité. Elle a seulement pour objet d'écarter l'application de la jurisprudence d'après laquelle la clause de non-responsabilité, stipulée par le voiturier, écartait la présomption légale de faute et obligeait l'expéditeur ou le destinataire, par dérogation au droit commun, de prouver la faute du voiturier. Dans l'espèce, des bœufs et une vache étaient placés dans un wagon; des cordes servant d'attaches se cassèrent; la vache tombant sur le plancher fut piétinée et périt. D'après le tarif applicable, l'expéditeur devait accompagner les bestiaux et un permis de circulation lui avait été délivré,

Délais. — Retard. — Tarif commun. — Constatations nécessaires

Lorsqu'une expédition est faite par application d'un tarif commun à plusieurs compagnies, en vertu d'un titre de transport unique, l'unité du contrat autorise la compagnie expéditrice à se prévaloir de l'ensemble des délais réglementaires (1).

En conséquence, le jugement qui condamne cette compagnie à des dommages-intérêts pour retard en se bornant à constater l'existence du retard sur le réseau de cette compagnie, manque de base légale; il doit constater que le retard doit exister au moment où les marchandises ont été mises à la disposition du destinataire au lieu de destination définitive (2).

Chargement. — Bâchage. — Loi du 17 Mars 1905

Le bâchage constitue l'une des opérations du chargement (1).

Dès lors quand, d'après le tarif spécial applicable, le chargement a été effectué par l'expéditeur, la compagnie n'est pas responsable des avaries imputables à la défectuosité du bâchage (2).

Peu importe, d'ailleurs, que le chargement et le bâchage aient été opérés sous la direction d'un agent de la compagnie, la surveillance de la compagnie n'ayant à s'exercer qu'au point de vue du service général et de l'observation des règlements (3).

La compagnie n'est pas tenue de vérifier l'état du bâchage des marchandises qui lui sont remises bâchées par l'expéditeur, et il ne lui appartient pas de le modifier en cours de route (4).

En cas d'avarie provenant de la défectuosité du bâchage effectué par l'expéditeur, la compagnie ne peut être déclarée responsable même depuis la loi du 17 Mars 1905 qui annule toute clause d'irresponsabilité stipulée par le voiturier, l'expéditeur demeurant après cette loi, comme il l'était précédemment, responsable des conséquences de sa faute (5).

Il ne fit pas usage de ce permis, n'accompagna pas les bestiaux, commettant ainsi la faute de ne pas exécuter une obligation qui lui incombait. S'il s'était conformé aux prescriptions du tarif, il aurait pu remplacer les cordes cassées et, rattachant les bestiaux, empêcher le piétinement de la vache. Ainsi, il y avait faute de l'expéditeur et relation entre cette faute et l'accident : la preuve de l'irresponsabilité de la compagnie était juridiquement rapportée si le tarif n'avait concédé à l'expéditeur que la faculté d'accompagner les bestiaux et de requérir un permis de circulation, au lieu de lui en faire, comme dans l'espèce, une obligation, l'expéditeur aurait usé de son droit en n'accompagnant pas les bestiaux et par suite n'aurait pu être déclaré responsable de l'accident.

(1 et 2) V. sur les effets des tarifs communs, Civ., 4 Janvier 1909, Bull. ann. 1909, II, p. 16-21, et les renvois à la fin de la note p. 18, et sur l'obligation pour les tribunaux de donner des indications de fait assez précises pour que la Cour de cassation puisse exercer son contrôle au cas de condamnation d'une compagnie de chemins de fer à des dommages-intérêts pour retard, Civ., 7 Mai et 21 Juillet 1902 (Bulletin annoté, 1902, II, p. 82 et 111; Dalloz, 1904, I, 469; Sirey, 1903, I, 478-479).

(1, 2, 3, 4 et 5) La loi du 17 Mars 1905 empêche que désormais la jurisprudence attribue aux clauses de non-responsabilité l'effet d'obliger le demandeur à prouver la faute du voiturier; ainsi que le prescrivent les principes généraux du droit, et spécialement les articles 1784 C. civ. et 103 C. com., le voiturier

Tiers propriétaire mais non désigné sur le récépissé. — Récépissé. — Titre nominatif. — Clause à ordre, au porteur.

La personne qui ne figure à aucun titre sur le récépissé délivré par la compagnie de chemins de fer, n'est pas recevable, alors même qu'elle serait propriétaire de la marchandise, à agir contre la compagnie à l'occasion de la perte survenue en cours de transport.

Le récépissé délivré par les compagnies de chemins de fer ne peut être ni à ordre, ni au porteur (1).

---

est responsable a priori, il lui incombe de prouver sa libération. Mais chacun est responsable de sa faute : c'est une règle absolue, d'ordre public, à laquelle il ne peut être dérogé. On comprend dès lors que la responsabilité du voiturier ne puisse être écartée en droit, ni directement, ni indirectement, par une stipulation quelconque : on ne comprendrait pas comment, la preuve étant rapportée que l'avarie provient de la faute de l'expéditeur, les conséquences de cette faute devraient être supportées par le voiturier.

(1) La forme des récépissés que délivrent les compagnies de chemins de fer est établie par la loi (L. 13 Mai 1863, art. 10) ; le modèle en est fixé par le ministre des Travaux Publics (circulaires ministérielles des 10 nov. 1875, 6 Mars 1876, 2 Mars 1901 ; Bulletin annoté, 1876, p. 63-69 ; 1901, I, p. 36-38). Les parties ne peuvent dès lors apporter aucune modification aux dispositions essentielles de ce titre. D'après la loi précitée et le modèle officiel, le récépissé doit indiquer le nom du destinataire. C'est donc un titre nominatif ; il ne peut être au porteur ou à ordre (Bédarride, des chemins de fer au point de vue du transport des voyageurs et des marchandises, 3me édit., t. 1er, p. 421 et suiv., Nos 368-370). Au contraire l'article 281 C. com. autorise la création des connaissements à ordre ou au porteur. De même on admet pour les lettres de voiture la clause à ordre ou la forme au porteur bien qu'il n'y ait à cet égard aucune disposition dans l'article 102 C. com. ni dans aucun autre texte (Bédarride, op. et loc. cit., p. 421, N° 368). Les compagnies de chemins de fer ne faisant usage que de récépissés imprimés, uniformes et de récépissés portant en toutes lettres « nom et adresse du destinataire », on ne conçoit pas en pratique un récépissé ne mentionnant pas le nom du destinataire et contenant, au lieu du nom du destinataire, la clause à ordre ou la clause au porteur. On conçoit au contraire l'hypothèse de l'endossement par le destinataire du récépissé à l'ordre d'un tiers. Cet endossement sera-t-il translatif de propriété au regard de la compagnie ? La solution dépend de celle que l'on adopte sur cette question générale : est-ce au moment de la création d'un titre qu'il faut se placer pour décider s'il peut contenir la clause à ordre ? La cour de cassation paraît admettre que la clause à ordre doit figurer sur le titre à l'origine V. Civ., 12 Janvier 1847 (Dalloz, 1847, I, 59 ; Sirey, 1847, I, 273) ; Civ., 26 Janvier 1848 (Dalloz, 1848, I, 73 ; Sirey, 1849, I, 209). Cependant, il est d'usage dans le commerce de transmettre par endossement même des lettres de voiture ne contenant pas la clause à ordre (V. Lyon-Caen et Renault, op. cit., p. 503, n° 574). En supposant que le porteur du récépissé n'est pas le destinataire désigné au titre et en admettant, si un endossement a eu lieu, que la mention à ordre, insérée postérieurement à la création du titre, est inopérante au point de vue de la translation de la propriété dans les rapports entre le porteur et la compagnie, quels droits sont afférents à la qualité de porteur du récépissé ? La détention du récépissé n'implique-t-elle pas tout au moins mandat de représenter le destinataire pour prendre livraison des colis, régler le prix de transport, recevoir le remboursement des surtaxes ? « Dans la pratique, remarquent MM. Lyon-Caen et Renault, op. et loc. cit., p. 670, n° 776, on considère le porteur du récépissé comme mandataire du destinataire pour retirer les marchandises : cela atténue les inconvénients que peut présenter le caractère nominatif du titre ». Il y a peut-être lieu à une distinction. La présentation du récépissé implique pour la compagnie mandat du destinataire ;

Enfant âgé de moins de trois ans

Des dommages-intérêts sont dus par la compagnie de chemins de fer au père de famille qui a été appelé au Commissariat de police au sujet d'une prétendue infraction à la police des chemins de fer, consistant en ce que son enfant, voyageant sans billet, aurait été âgé de plus de trois ans, a dû, pour prouver que l'enfant avait moins de trois ans, faire des démarches, des dépenses et perdre du temps parce que

---

toutefois elle est en droit d'exiger la preuve du mandat, pourrait même être en faute en ne l'exigeant pas, si des circonstances de fait permettaient de douter de la légitimité de la détention du récépissé. Mais si le porteur du récépissé est en outre nanti de la lettre d'avis adressée au destinataire, la Cie n'aurait pas, semble-t-il, si ce n'est dans des cas tout à fait exceptionnels, de motif plausible de refuser la livraison ou le règlement. Comp. Douai, 12 décembre 1874 (Dalloz, 1876, I, 113; Sirey, 1875, II, 25 et 1876, I, 49) (a);
Trib. com. Seine, 18 Octobre 1894 (b).

(a) Douai, 12 Décembre 1874. — Attendu qu'aux termes de l'article 92 C. com. le créancier gagiste est valablement saisi par un connaissement ou une lettre de voiture; que la loi n'exige rien de plus pour asseoir son privilège; qu'il est vrai que cet article, non plus que l'article 576 C. com. ne parle pas des récépissés des compagnies de chemins de fer, mais qu'un usage constant, né du développement des transports par voie ferrée, reconnu par le législateur lui-même dans la discussion de la loi de finances du 13 Mai 1863, et définitivement consacré par celle du 30 Mars 1872, a assimilé ces récépissés aux lettres de voiture; qu'ils doivent par suite en produire tous les effets, celui notamment de constituer au profit du porteur régulier une possession caractérisée et de lui assurer le bénéfice de cette possession; que ces lettres, par leur contexte, comme d'après une pratique invariablement suivie qu'explique la rapidité des négociations commerciales et à laquelle les parties en cause n'ont fait que se conformer, n'exigent pour leur transmission qu'une simple remise matérielle sans formalité de cession; attendu qu'en transmettant à leur acheteur des récépissés qui leur étaient destinés Véville, Jadas et Cie ont, par là même, consenti à ce que celui-ci pût disposer de la marchandise notamment en la donnant en gage même avant qu'elle fût arrivée à destination.

(b) Trib. com. Seine, 18 Octobre 1894. — Attendu qu'après avoir expédié diverses marchandises à un sieur Giberton Dubreuil, les demandeurs, Perdomo et Barroil, ont aussitôt adressé au destinataire le récépissé qui leur avait été remis par la compagnie, que postérieurement, ayant appris que ce destinataire était décédé et laissait une situation embarassante ils ont fait défense à la compagnie Paris-Lyon-Méditerranée de se dessaisir des marchandises qu'ils lui avaient remises; que la compagnie n'a pas obéi à cette défense et a livré ces marchandises à un tiers qui s'est présenté nanti du récépissé; que, dans ces conditions, ils soutiennent que la compagnie est responsable de la perte que leur a causée l'insolvabilité du destinataire et doit leur payer des dommages-intérêts; mais attendu qu'il est de jurisprudence que le récépissé délivré par les compagnies de chemins de fer aux expéditeurs (L., 13 Mars 1863, art. 10), produit le même effet que la lettre de voiture et que sa transmission a pour conséquence de transférer la propriété de la marchandise; que les demandeurs, ayant aussitôt après l'avoir reçu, adressé le récépissé qui leur avait été délivré à Giberton-Dubreuil, lequel l'a lui-même transmis à un tiers, la compagnie, nonobstant la défense qui lui avait été faite par les demandeurs, n'a pu se refuser à livrer la marchandise à ce tiers qui, nanti du récépissé, la lui a réclamée; qu'en agissant ainsi elle n'a commis aucune faute et ne saurait dès lors être tenue à la réparation du préjudice subi par les demandeurs du fait de l'insolvabilité du débiteur auquel ils avaient fait confiance; par ces motifs, rejette la demande.

les employés de la compagnie avaient commis la faute de consulter les registres de l'état civil d'un arrondissement autre que celui qu'indiquait exactement la déclaration du père (1).

Cassation. — Tarif militaire. — Officier en congé de trois ans sans solde

Le pourvoi formé dans la même affaire contre un second arrêt ne doit être porté devant les chambres réunies de la Cour de cassation qu'autant qu'il est fondé sur les mêmes moyens que ceux qui ont motivé la cassation du premier arrêt (2).

Par suite, il n'y a pas lieu de saisir les chambres réunies de la Cour de cassation lorsque l'arrêt cassé ayant relaxé à tort un officier en congé de trois ans sans solde poursuivi pour avoir contrevenu à l'article 76 du décret du 1er Mars 1901, le second arrêt a prononcé la relaxe par le motif que cet officier n'aurait pas contrevenu à l'article 58 du même décret (3).

Le fait par un officier en congé de trois ans sans solde de voyager au tarif militaire constitue soit une infraction aux tarifs et aux règlements prévue par l'article 76 du décret du 1er Mars 1901, soit une

---

(1) Aux termes de l'article 42 du cahier des charges : « Au-dessous de trois ans, les enfants ne paient rien à la condition d'être portés sur les genoux des personnes qui les accompagnent ; de trois ans à sept ans, ils paient demi-place et ont droit à une place distincte ». Les compagnies de chemins de fer ont assurément le droit de contrôler les déclarations relatives à l'âge des enfants faites par les personnes qui les accompagnent ; elles peuvent même exiger une déclaration écrite qui facilitera les recherches. Ce droit n'était pas contesté dans l'espèce, et le père de famille ne se plaignait pas d'avoir eu à fournir une déclaration écrite. Il se plaignait, et à juste titre, que par inadvertance l'employé de la compagnie, au lieu de suivre les indications exactes portées sur cette déclaration, s'était adressé à une mairie autre que celle qu'il avait mentionnée, de sorte que sa déclaration ayant paru mensongère, une enquête fut ouverte et il dut, pour se justifier, faire des démarches et des frais. Sur le transport gratuit ou à un prix réduit des enfants, V. Lamé Fleury, Code annoté des chemins de fer en exploitation, 4ème édit., p. 174-176 ; Palaa, Dictionnaire législatif et règlementaire des chemins de fer, 3ème édit., t. I, p. 697-698. Dès l'instant que la faute dommageable consistait en ce qu'un employé, autre d'ailleurs que l'agent chargé du contrôle, avait mal lu la déclaration écrite du père, le tribunal n'avait pas à rechercher si cet agent, en contestant la déclaration verbale du père, avait agi comme préposé de la compagnie ou comme agent secondaire de la police judiciaire. Comp. Bordeaux, 23 Juin 1905 (Bulletin annoté, 1906, II, p. 93-95 ; Dalloz, 1907, II, 206).

(2 et 3) Quand la seconde décision, rendue dans une même affaire, entre les mêmes parties agissant en la même qualité, repose sur une thèse de droit différente de celle qu'avait admise la décision cassée ; il n'y a aucune raison de ne pas faire juger le nouveau pourvoi par la chambre de la Cour de cassation qui statue sur le premier ; en effet, on ne peut présumer que cette chambre se considérera comme liée par la solution donnée sur le premier pourvoi puisque cette solution n'est pas contredite par la seconde décision attaquée. V. Dalloz, Répertoire, V° Cassation, Nos 1283 et suivants ; Supplément au Répertoire, Code, V°, Nos 270 et suivants ; Quatrième table alphabétique de dix années, eod, V°, Nos 471 et suivants, 594 et suivants).

infraction à la disposition de l'article 58 de ce même décret qui défend d'entrer dans les voitures sans avoir pris de billet (1).

En conséquence cet officier est passible des peines édictées par l'article 21 de la loi du 15 Juillet 1845 (2).

Loi étrangère. — Contrat de transport conclu en pays étranger. — Clause de non-responsabilité

Un contrat de transport conclu en pays étranger entre personnes de la nationalité du lieu du contrat, est régi par la loi étrangère (3).

Dès lors, si d'après la législation étrangère, le transporteur n'est responsable qu'autant que la preuve est faite d'une faute par lui commise ayant occasionné l'avarie des marchandises, cette clause est valable bien que le contrat de transport doive être exécuté en France et soit postérieur à la loi du 17 Mars 1905 (4).

Il y a faute engageant la responsabilité du transporteur si la mouillure des marchandises est résultée soit du défaut de bâchage des wagons, soit d'un mauvais arrimage dans le bateau (5).

(1 et 2) Il est assurément étrange que deux arrêts de la Cour de cassation et un arrêt du Conseil d'Etat aient été nécessaires pour établir que le tarif militaire, tarif réduit, n'est pas applicable aux officiers en congé de trois ans sans solde, officiers hors cadres, sans emploi militaire, dispensés de tout service militaire, et qui en fait peuvent consacrer tout leur temps à l'exercice d'une profession civile, et aussi qu'un jugement de tribunal correctionnel et deux arrêts de Cour d'appel aient pu juger que le fait par un officier de cette catégorie de voyager au tarif militaire ne constitue pas une infraction à la police des chemins de fer, alors d'une part, qu'une décision du Ministre de la Guerre, en date du 31 Janvier 1905, dispose expressément que « ces officiers perdent leurs droits au tarif réduit sur les voies ferrées » et que d'autre part, les infractions à la police des chemins de fer constituent des délits contraventionnels, c'est-à-dire sont punissables par cela seul qu'elles ont été commises, malgré la bonne foi du prévenu. V. Trib. corr. Seine 3 Octbre 1906; Paris, 31 Décembre 1906; Crim., 8 Novembre 1907 (Bulletin annoté, 1907, II, p. 166-179, 181-182; Dalloz, 1909, I, 485; Sirey, 1907, I, 470), décisions à la suite desquelles ont été rendus les arrêts ci-dessus. V. aussi Crim. 16 Août 1906, et Cons. d'Etat, 15 Novembre 1907 (Bulletin annoté. 1907, II, p., 166-178, 181-183; Dalloz, 1909, I. 485; Sirey, 1907, I, 469; 1908, III, 68).

(3, 4 et 5) Ces solutions résultent expressément ou implicitement des arrêts ci-dessus. Le contrat de transport, ayant été conclu en Angleterre entre parties de nationalité anglaise, étant, dès lors, régi par la loi anglaise, l'application n'en aurait pu être écartée par les tribunaux français qu'autant que cette loi serait contraire à notre ordre public. Or, si toute clause de non-responsabilité stipulée par le voiturier à l'occasion d'un transport de marchandises par voie ferrée ou de terre est nulle d'après la loi française du 17 mars 1905, alors même qu'elle n'a d'autre effet que d'obliger le destinataire à prouver la faute du voiturier, cette clause, restreinte dans ces termes, ne peut être considérée comme contraire à notre ordre public puisqu'elle ne porte pas directement atteinte au principe que nul ne peut se dégager de la responsabilité de ses fautes. Dès lors, quand la loi étrangère qui régit le contrat subordonne la responsabilité du transporteur à la preuve de sa faute, les tribunaux français ne peuvent déclarer cette clause inopposable au destinataire. Dans cette espèce, d'ailleurs, la question ne comportait pas de solution doctrinale, et c'est sans doute pour ce motif que l'arrêt de la chambre des requêtes ne l'examine pas. Dès l'instant, en effet, que l'arrêt attaqué relevait des circonstance constitutives en fait et en droit de la faute du transporteur, il n'y avait pas lieu de rechercher si, théoriquement, la responsabilité du transporteur était engagée abstraction faite de toute faute prouvée contre lui. Comp. Paris, 19 mars 1907 (Bulletin annoté, 1908, II, p. 9-13 et la note I, p. 10); Dalloz, Nouveau code civil annoté, art. 3 Nos 972 et 995.

Action en justice. — Destinataire. — Société anonyme destinataire

Le Président du Conseil d'administration d'une Société anonyme est recevable à agir contre la compagnie de chemins de fer en dommages-intérêts pour retard dans la livraison des marchandises, bien que cette Société anonyme n'ait pas été désignée comme destinataire, si en fait les mentions de l'adresse du destinataire, indiquent suffisamment que l'expédition était faite au représentant de cette Société anonyme (1).

Horaire des trains. — Trains réservés aux voyageurs munis de billets de 1ère classe

Les décisions du Ministre des Travaux Publics qui homologuent les horaires et les conditions de la marche des trains, sont obligatoires pour les compagnies et pour le public, et ont pour sanction les peines édictées par l'article 21 de la loi du 15 juillet 1845 sur la police des chemins de fer (2).

En conséquence, commet l'infraction prévue et réprimée par cet article le voyageur qui, alors que d'après l'horaire régulièrement homologué et publié, un train est réservé aux voyageurs munis de billets de première classe et ne prend en deuxième classe que les voyageurs effectuant un trajet déterminé, monte dans ce train et refuse de payer le tarif de première classe bien qu'il n'effectue pas le trajet pour lequel sont admis à titre exceptionnel les billets de deuxième classe (3).

Wagon complet. — Sens de ces mots

Un wagon est complet, au sens de ces mots dans les tarifs de chemins de fer, aussi bien lorsque les marchandises qu'il transporte remplissent son entière capacité par leur volume que lorsqu'elles atteignent sa limite de charge par leur poids (4).

---

(1) D'après les circonstances de fait que relève l'arrêt, la Société Anonyme des talcs de Luzenac était suffisamment révélée comme destinataire donc elle avait qualité pour actionner la compagnie en dommages-intérêts.

(2 et 3) V. Pau, 28 mars 1903 (Sirey, 1903, II, 216); Crim. 26 mai et 27 octobre 1906 (Bulletin annoté, 1906, II, p. 114-116, 185-187) et les notes.

(4) La Compagnie du Midi admettait l'exactitude de cette définition. Qu'est ce qu'un wagon complet ? lit-on dans le mémoire du pourvoi. C'est celui qui porte en poids tout ce qu'il peut porter ou qui contient en volume tout ce qu'il peut contenir. Chaque wagon a évidemment, suivant sa construction individuelle, une limite de charge d'après sa force de résistance, et une limite de capacité d'après ses dimensions. Un même wagon sera complet, par exemple, soit avec des lingots de plomb qui n'en occupent qu'une faible partie, mais qui épuisent sa force de résistance, soit avec des futailles vides qui ne pèsent qu'une faible partie de ce qu'il pourrait porter mais qui absorbent toute sa capacité. Un wagon ne saurait être complet tant que de ces deux limites de charge et de capacité aucune n'est atteinte, tant qu'il peut encore ou porter ou contenir davantage. Mais la compagnie avait articulé que les wagons utilisés étaient des wagons U dont le chargement est de 10.000 kilos, et qu'aucune des expéditions n'avait atteint ce poids ou rempli la capacité totale du wagon. La Cour de cassation estime que les juges du fait avaient contredit ces articulations de la Compagnie; elle devait, dès lors, rejeter le pourvoi, l'application du tarif P. V. N° 7 étant en droit justifiée.

Commissionnaire chargeur. — Avaries. — Responsabilité. — Wagon plombé. — Vérification

Le commissionnaire chargeur est responsable des avaries, qu'elles soient apparentes ou occultes, alors même que les marchandises ont été transportées en wagon plombé par la douane, si d'ailleurs il n'est pas établi qu'il n'a pas pu vérifier l'état de l'emballage et le poids.

Ordre public. — Qualification donnée aux marchandises

Les tarifs de Chemins de fer, dûment homologués, étant d'ordre public, les parties n'y peuvent déroger par convention.

Dès lors, pour la perception des taxes, ce n'est pas à la qualification donnée aux marchandises transportées qu'il faut s'attacher,

Notamment, si le tarif désigne des planches pour caisses, le jugement ne peut en refuser l'application par cet unique motif qu'il ne ressort ni des déclarations d'expédition, ni des lettres de voiture que les marchandises étaient destinées à faire des caisses et qu'il n'est pas permis de suppléer ou d'ajouter aux termes du contrat de transport, par lequel les parties sont respectivement liées (1).

(1) Aux mois d'Octobre 1901 et de Mars 1902, expédition fut faite de Hostens à Bordeaux-Saint-Jean de deux wagons contenant l'un 9 500 kilos, l'autre 8.270 kilos de marchandises dénommées sur la déclaration d'expédition « planchettes brutes de sciage ». Petite vitesse, tarif le plus réduit. Pour la taxation sur le parcours de Hostens, réseau de la compagnie des chemins de fer économiques de la Gironde, à Beautiran point de transit entre ce réseau et celui de la compagnie du Midi, aucune difficulté ne s'éleva. Il en fut autrement pour la taxation relative au parcours de Beautiran à Bordeaux. Les « planchettes brutes de sciage » ne figuraient ni à la classification générale des marchandises, ni à l'annexe aux tarifs généraux de petite vitesse, mais on trouvait à la classification générale des marchandises et à l'annexe aux tarifs généraux de petite vitesse « les planches en bois non dénommées, brutes de sciage ». Le demandeur en répétition de surtaxes prétendit que les marchandises expédiées, déclarées « planchettes brutes de sciage » devraient être assimilées aux « planches en bois non dénommées, brutes de sciage » et, dès lors, bénéficier du tarif réduit, de l'annexe aux tarifs généraux de petite vitesse. La compagnie, estimant que les marchandises étaient des bois destinés à la fabrication des caisses, les avait assimilées aux « planches en frises, aux planches en lames, en peuplier, en sapin, en pin, pour caisses » mentionnées dans la classification générale des marchandises et avait perçu les prix du tarif spécial P. V. 32. On lit aux conditions particulières de ce tarif: « le présent tarif spécial est appliqué d'office toutes les fois qu'il est plus avantageux que le tarif général. Il ne fait point obstacle aux tarifs spéciaux dont les expéditeurs pourront toujours réclamer l'application. La classification des marchandises en séries, pour l'application des barêmes et des prix exceptionnels, est celle du tarif général ». Au lieu de rechercher en fait si les marchandises étaient des planches en frises, ou en lames « pour caisses », c'est-à-dire destinées à faire des caisses, le jugement décide en droit qu'il faut s'en tenir aux termes de la déclaration d'expédition. Cette solution était évidemment erronée puisque l'application des tarifs dépend non de la qualification que l'expéditeur, même d'accord avec la compagnie, donne à la marchandise mais de l'existence des conditions requises, les tarifs étant d'ordre public. Dans l'espèce c'était la destination de la marchandise qu'il fallait considérer. Com. req., 26 Mai 1903 (Bulletin annoté, 1903, II, p. 181-184; Dalloz 1905, I, 422; Sirey, 1903, I, 534). V. les renvois sous cet arrêt. La question était la même en droit à l'occasion de

Agent assermenté. — Lettre contenant injonction

La lettre par laquelle un chef de district d'une Compagnie de chemin de fer fait défense à un riverain de continuer, à défaut d'alignement, une construction commencée sur un terrain situé le long de la voie ferrée, constitue un acte administratif (solution implicite) (1).

Et, si les termes de cette lettre sont clairs et formels, l'autorité judiciaire, compétente pour statuer au fond, n'est pas tenue de surseoir, jusqu'après interprétation par l'autorité administrative (2).

Accident. — Boite de secours

Aucun emplacement spécial sur le quai de la gare n'étant assigné pour les boîtes à pansement et les appareils de secours qui doivent

l'expédition faite le 15 Mars 1905, mais la terminologie de la classification générale des marchandises et celle de l'annexe aux tarifs généraux de petite vitesse avaient été modifiées depuis le 1er Septembre 1902. On lit dans la classification générale des marchandises: « bois en frises ou en lames; bois en planches brutes de sciage », et à l'annexe aux tarifs généraux de petite vitesse: bois en frises ou en lames (à l'exception des bois pour caisses); bois en planches brutes de sciage...»

(1) et 2) L'arrêt attaqué est publié au Bulletin annoté, 1906, II, p. 93-95 et au recueil de Dalloz, 1907, II, 206. Les contraventions aux dispositions du titre premier de la loi du 15 juillet 1845 sur la police des chemins de fer (art. 1er à 11) sont constatées, poursuivies et reprimées comme en matière de grande voirie (art. 11 et 23), et par conséquent, sont de la compétence du Conseil de préfecture (loi du 18 pluviôse an VIII, art. 4). Les procès-verbaux par lesquels des agents assermentés des compagnies de chemins de fer constatent ces sortes de contraventions sont ainsi que les mises en demeure préalables, des actes administratifs, car ils tendent à la conservation du domaine public en faisant observer par les riverains les servitudes d'utilité publique établies dans l'intérêt de ce domaine. Dans l'espèce, le pourvoi reconnaissait à la lettre du chef de district le caractère d'acte administratif, mais prétendant que cette lettre laissait incertain le point de savoir s'il s'agissait de la contravention prévue à l'article 5 de la loi du 15 juillet 1845 (défense d'établir aucune construction dans une distance de deux mètres d'un chemin de fer) ou de la contravention prévue à l'article 6 (interdiction de pratiquer des excavations dans une zone de largeur égale à la hauteur verticale du remblai), il reprochait à la Cour d'appel de n'avoir pas sursis à la décision du fond du litige jusqu'après interprétation par l'autorité administrative. Mais le texte de ce document était au contraire clair et précis ; il visait incontestablement la contravention prévue à l'article 5 ; dès lors en n'ordonnant pas de sursis, puisqu'il n'y avait lieu qu'à application d'un acte administratif, l'autorité judiciaire ne méconnaissait pas le principe de la séparation des pouvoirs. La lettre était ainsi conçue : « Malgré ma défense de continuer votre construction sans avoir reçu l'alignement que vous avez demandé, vous persistez quand même à construire. J'en ai avisé M. le chef de section qui m'a donné l'ordre de verbaliser immédiatement contre vous. Je vous invite donc une dernière fois à vous arrêter si vous voulez éviter un procès-verbal. Dans le cas contraire j'agirai en conséquence. La note de la préfecture que vous m'avez envoyée ne peut être considérée comme autorisation d'alignement » Le moyen du pourvoi était ainsi formulé : « violation de la loi du 16 fructidor an III, des art. 13 du titre 2 de la loi des 16-24 août 179 , 4 de la loi du 28 pluviôse an VIII, 1, 6 et 23 de la loi du 15 juillet 1845 et du principe de la séparation des pouvoirs en ce que l'arrêt attaqué n'a pas renvoyé à l'autorité administrative l'appréciation judicielle d'une mise en demeure adressée au propriétaire riverain par un chef de district d'arrêter des travaux entrepris à une distance du remblai de la voie moindre que la hauteur du remblai ».

être mis dans tous les trains de voyageurs à la disposition des conducteurs chefs de trains, une compagnie de chemins de fer n'est pas responsable de l'accident survenu à un voyageur qui s'est heurté sur le quai contre la boîte de pansement si cette boîte était placée sur le quai de manière à n'occasionner ni encombrement ni risque et si le voyageur a pu l'apercevoir, le quai étant normalement éclairé.

Demande reconventionnelle. — Degré de juridiction. — Demande en dommages intérêts fondée exclusivement sur la demande principale.

La demande formée par le défendeur a le caractère de demande reconventionnelle lorsqu'elle a pour but non seulement de paralyser ou d'éteindre, par une compensation judiciaire, les effets de la demande, mais encore de procurer au défendeur un avantage particulier distinct du rejet de l'action principale (1).

On ne peut considérer comme étant une demande reconventionnelle en dommages-intérêts fondée exclusivement sur la demande principale, la demande de dommages-intérêts en réparation du préjudice matériel et moral résultant pour la compagnie « des agissements du demandeur principal tant à l'occasion des faits de l'instance qu'à l'occasion de faits étrangers à cette instance et antérieurs » ; « des agissements du demandeur principal tant à l'occasion du procès actuel que de faits antérieurs et étrangers au procès, mais concernant le service de la compagnie et ayant eu pour résultat de lui nuire dans l'esprit du public » ; « des agissements que le demandeur principal se serait permis, tant à l'occasion de faits antérieurs et étrangers au procès actuel qu'à l'occasion de ce procès, et par lesquels il aurait cherché à nuire à la compagnie dans l'esprit du public » (2).

En conséquence, si cette demande reconventionnelle dépasse la somme de 1.500 francs, le jugement est susceptible d'appel (3).

Expropriation pour cause d'utilité publique. — Domaine public.

Les immeubles faisant partie du domaine public soit de l'Etat, soit des départements, soit des communes ne peuvent, en aucun cas, et lors même qu'un de ces immeubles passerait de l'un de ces trois domaines dans l'autre, être l'objet d'une expropriation pour cause d'utilité publique (4).

Si une indemnité est réclamée à raison d'un changement d'affectation, le litige est de la compétence du conseil de préfecture (5).

---

(1) V. conf. Civ., 4 mars 1908 (Bulletin annoté, 1908, II, p. 82-84) et la note.

(2 et 3) V. conf. Pau, 1er Août 1907 (Bulletin annoté, 1908, II, p. 106-109) et les renvois à la note 5 et 6, p. 107.

(4 et 5) V. Civ., 20 Décembre 1897 (Bulletin annoté, 1899 p. 58-60 ; Dalloz 1899, I, 257 ; Sirey 1898, I, 94-95) ; Cons. d'Etat, 16 Juillet 1909, Bull. ann. 1910, II, p. 6-8. V. aussi Sirey, 1910, I, 151-152.

Délais. — Livraison en gare. — Heure règlementaire de l'arrivée du train.

Les règlements de l'autorité publique qui déterminent les conditions et les délais de transport par chemin de fer s'imposent aux compagnies comme aux particuliers; il n'est permis d'y déroger ni directement, ni indirectement, et une compagnie ne peut, par l'emploi d'un train non obligatoire pour elle, renoncer au droit de se prévaloir de l'ensemble des délais réglementaires (1).

Le délai de deux heures, à l'expiration duquel les marchandises de grande vitesse doivent être mises, à la gare, à la disposition des destinataires, court de l'heure règlementaire de l'arrivée du train obligatoire non de l'heure de l'arrivée effective du train précédent qui a apporté les marchandises.

Avaries. — Vice propre. — Acceptation des marchandises, sans réserves. — Emballage.

La réception des colis par le voiturier sans observations ni réserves ne lui enlève pas le droit de prouver sa libération (2).

Les compagnies de chemins de fer ne sont pas tenues de donner aux marchandises des soins exceptionnels incompatibles avec les conditions du tarif requis et appliqué et avec les nécessités de leur service (3).

Ni la fragilité de l'objet transporté, ni le défaut d'emballage ne constituent par eux-mêmes un vice propre de la chose ou une faute de l'expéditeur ; il y a lieu de rechercher dans chaque espèce si la nature de l'objet transporté nécessite un emballage ou un emballage spécial (4).

---

(1) V. conf. Civ., 5 Juillet 1904 (Bulletin annoté, 1904, II, p. 143-149); Dalloz, 1905, I, 525-526; Sirey, 1905, I, 292); Chambres réunies, 31 Janvier 1906 (eod., 1906, II, p. 50-55; Dalloz, 1909, I, 348 ; Sirey, 1906, I, 357); Civ., 30 Mai 1907 (eod., 1907, II, p. 158-163; Dalloz, 1909, I, 348).

(2 et 3) V. conf. sur le premier point : Civ., 26 novembre 1907 (Bulletin annoté 1908, II, p. 43-44 ; Dalloz, 1909, I, 384 ; Sirey, 1908, I, 480); sur le second point ; Civ., 29 juillet 1896, eod 1896 p. 214-217 ; Dalloz, 1897, I, 286 ; Sirey, 1897, I, 142).

(4) L'article 103 C. com. déclare le voiturier garant des avaries autres que celles qui proviennent notamment du vice propre de la chose. « Le vice propre de la chose » doit donc être considéré, défini non à un point de vue absolu, d'après la nature intrinsèque, les qualités caractéristiques de l'objet transporté, mais au point de vue des obligations qui incombent à l'expéditeur et au voiturier, obligations qui varient suivant les circonstances de fait particulières à chaque espèce, transport par terre, transport par mer, transport par chemin de fer, durée du trajet, influences climatériques, etc. De même, l'erreur sur la substance de la chose, qui entraîne la nullité de la convention (art. 110 C. civ.), est celle qui porte non sur les qualités substantielles, constitutives, mais sur les qualités que les parties ont eu spécialement en vue. Ainsi, les liquides, les objets fragiles, les animaux non dangereux, les matières inflammables ou explosibles autres que celles prévues au règlement du 12 novembre 1897 ne sont pas par eux-mêmes, à priori, atteints d'un vice propre, d'une sorte de tare inhérente les

Tribunal de commerce. — Voyageur commerçant. — Loi du 12 Juillet 1905

Les juges de paix sont incompétents, depuis la loi du 12 juillet 1905, comme ils l'étaient auparavant, pour connaître des contestations entre les voyageurs et les entrepreneurs de transports par terre et par eau, les voituriers ou bateliers, pour retards, frais de route et perte ou avaries d'effets accompagnant les voyageurs, alors que le litige a un caractère commercial à l'égard des deux parties (1).

---

rendant impropres au transport. Il n'y a vice propre qu'autant que n'ont pas été prises les mesures d'emballage, de conditionnement qu'exigeaient les circonstances. C'est pourquoi les conditions générales d'application des tarifs des chemins de fer (Recueil Chaix, recueil général des tarifs des chemins de fer) ne contiennent pas de prescriptions spéciales aux liquides, aux objets fragiles; il n'y a de prescriptions spéciales qu'en ce qui concerne certaines matières inflammables ou explosibles, les animaux dangereux, les objets dangereux, pour lesquels l'autorité compétente a édicté des règlements de police, notamment le règlement du 12 novembre 1897 (conditions générales d'application des tarifs P. V., art. 42; G. V., art. 46) et aussi en ce qui concerne les expéditions de finances: billets de banque, titres de rente, actions, etc. qui font l'objet d'un règlement spécial (Recueil Chaix, G. V. p. 5). Le jugement attaqué observait à juste titre que « la fragilité de l'objet ne constitue pas le vice propre à raison duquel la responsabilité du transporteur est dégagée », et la compagnie articulait dans ses conclusions que « le bris était imputable à la fragilité des pièces de fonte et au défaut d'emballage », reconnaissant ainsi qu'il ne lui suffisait pas d'invoquer la fragilité de l'objet. En réalité, le vice propre, au sens de ces mots en matière de transport, se confond avec la faute de l'expéditeur, qui n'a pas pris les précautions que commandaient les risques inhérents à la nature de l'objet, au genre de transport, à sa durée, à la saison, etc.., de sorte que l'avarie s'est produite bien que le transporteur ait donné les soins normaux, ordinaires, rempli toutes les obligations que le contrat et la loi lui imposaient. Il y aura vice propre si, survenant des chocs, des trépidations, des intempéries, et le transporteur n'ayant commis aucune faute, le récépient qui contenait le liquide n'est pas en état d'empêcher le coulage, est trop faible pour supporter le poids du contenu ; le conditionnement d'un objet fragile ne le met pas à l'abri de la casse; un objet, quoique solide, n'est pas par lui-même suffisamment résistant et ne pouvait se passer d'emballage ; la caisse qui contenait l'animal n'était pas en planches suffisamment épaisses. Il y a toujours une question de fait à résoudre (V. l'art. 43 des conditions générales d'application des tarifs P. V.). Abstraction faite des matières inflammables et explosibles, des animaux et des objets dangereux, que prévoit l'article 42 des conditions d'application des tarifs P. V. et pour le transport desquels le règlement du 12 Novembre 1897 détermine le mode de conditionnement et les mesures de précaution à prendre, et des finances, billets de banque, etc., objet d'un règlement spécial, le juge du fait doit rechercher dans chaque espèce quel emballage, quel mode de transport étaient imposés par la nature de l'objet et par les circonstances. Dans le litige auquel se réfèrent les décisions ci-dessus, il s'agissait d'une expédition en vrac, sans emballage, de chéneaux de fonte moulée, c'est-à-dire d'une fonte dont certaines parties étaient plus épaisses que d'autres; la fonte moulée est plus délicate que la fonte ordinaire. Suivant leur épaisseur, leur longueur, leur structure, ces chéneaux étaient ou non fragiles, pouvaient ou non voyager en vrac, sans emballage. Le jugement aurait dû s'expliquer sur ces points de fait. V. à propos du vice propre et de la faute de l'expéditeur, les notes 1, 2, 3, Bull. ann. 1909 II pages 61-63

(1) V. conf. les dissertations au Bulletin annoté. 1907, II, p. 70-73, au recueil de Dalloz, 1906, II, 225-227. Comp. Besançon, 16 Janvier 1907 (Dalloz, 1907, II, 144; Sirey, 1907, II, 137); Amiens, 16 Mai 1908 (Bulletin annoté, 1908, II, p. 134-136; Dalloz, 1909, II, 50-51; Sirey 1909, II, 145-148).

Retard. — Livraison en gare. — Lettre d'avis. — Délais.

Les compagnies de chemins de fer ne sont pas obligées de donner avis de l'arrivée des marchandises livrables en gare ; le destinataire doit venir les réclamer, et la compagnie est seulement tenue de les mettre à sa disposition à l'expiration des délais réglementaires (1).

Les délais réglementaires des transports par petite vitesse expirant à minuit, c'est seulement le lendemain, à l'heure légale de l'ouverture de la gare, que la compagnie est tenue de mettre les marchandises à la disposition du destinataire (2).

---

(1) Jurisprudence constante V. Civ., 24 Octobre 1906 (Bulletin annoté, 1906, II, p. 176-177 ; Dalloz, 1909, I, 54 ; Sirey, 1907, I, 239 et les renvois en note).

(2) Des marchandises, expédiées en petite vitesse de Brives à Solignac-le-Vigen, livrables en gare, avaient été remises à la gare d'expédition le 27 Janvier 1903. Distance 87 kilomètres. Les délais devaient donc, quelle que fût d'ailleurs l'heure de l'arrivée effective ou réglementaire du train, être ainsi calculés : Délai d'expédition, un jour, 28 Janvier ; délai de transport, un jour 29 Janvier ; délai supplémentaire de cinq jours accordé par le tarif spécial, 30 Janvier-3 Février ; délai de livraison en gare, un jour, 4 Février. La compagnie n'était assurément pas tenue de mettre les marchandises à la disposition du destinataire, à la gare, dès l'ouverture de la gare le 4 Février, soit dès 7 heures du matin, sans quoi elle n'eût pas bénéficié du délai d'un jour accordé pour la livraison ; la journée du 4 Février lui appartenait. Comp. Civ. 5 Avril et 10 Mai 1876 (Bulletin annoté, 1876, p. 109-111 ; p. 130-134 ; Dalloz, 1877, V. 60 ; 1878, V. 113 ; Sirey, 1876, I, 221 et 381). Mais était-elle en faute si elle ne pouvait livrer la marchandise le 4 février au plus tard à 5 heures, heure légale de la fermeture de la gare ? Pouvait-elle différer la livraison jusqu'à minuit, terme légal du jour civil ? Ou même n'était-elle en faute qu'au cas de non-livraison le 5 Février au matin, à 7 heures, heure légale de l'ouverture de la gare ? L'arrêt ci-dessus de la Chambre civile de la Cour de cassation donne cette seconde interprétation. L'exactitude en est fort contestable. Sans doute le mot jour « s'entend ordinairement du jour civil, et le jour civil comprend l'espace de temps qui s'écoule depuis minuit jusqu'au minuit suivant (Aubry et Rau, Cours de droit civil français, t. 1er § 49, 4me édit., p. 163 ; 5me édit., p. 240 ; Dalloz, Répertoire, v° Délai, n° 13) ; sans doute aussi le délai total est seul obligatoire (art. 11 de l'arrêté ministériel du 12 juin 1866), et il semble, dès lors, que ce délai n'expirait qu'avec la journée du 4 Février, soit à minuit, mais l'article 10 de l'arrêté ministériel exige que les expéditions soient mises à la disposition des destinataires dans le jour qui suit celui de leur arrivée en gare ; or la livraison n'a pas lieu dans le jour du 4 Février si le destinataire ne peut obtenir ses colis que le 5 Février. La solution donnée par l'arrêt est d'ailleurs contraire à la pratique suivie et la pratique s'était fixée conformément à une circulaire ministérielle du 20 Août 1860 (Lamé Fleury, op. cit., p. 899-900 ; Lamy, Manuel pratique des transports par chemins de fer, 7me édit., p. 203-205). Comp. Civ., 27 Novembre 1906 (Bulletin annoté, 1906, II, p. 202-203 ; Sirey, 1907, I, 359. On lit dans cette circulaire : « ... En laissant de côté le jour de la remise qui ne sera pas compté, il est évident que le jour réservé à l'expédition court de l'heure de minuit, au plus tard, après la remise, jusqu'à l'heure de minuit suivante. A cette dernière limite, le délai d'expédition est expiré et la durée du trajet commence pour expirer, à son tour, à l'heure de minuit qui termine l'achèvement du parcours et marque le moment de l'arrivée. Les objets transportés devant être mis à la disposition des destinaires dans le jour qui suit celui de leur arrivée, ce jour ne peut être que le laps de temps qui s'écoule entre l'heure et minuit, théoriquement assignée à l'arrivée, et l'expiration du délai de livraison prolongé au maximum jusqu'à la fermeture des gares, et cela est si vrai que

Délais. — Renseignements inexacts. — Livrets. — Affiches.

Les délais d'expédition, de transport et de livraison, fixés par les arrêts ministériels, étant obligatoires pour les compagnies et réputés connus des intéressés, les expéditeurs ne peuvent exciper de leur ignorance ni se prévaloir d'une erreur dans la supputation des délais résultant des renseignements fournis par les agents de la compagnie (1).

Les seuls trains affectés aux expéditions par grande vitesse sont les trains de voyageurs comprenant des voitures de toutes classes désignés sur les livrets soumis à l'approbation ministérielle et portés à la connaissance du public par les affiches placées dans les gares, à l'exception de ceux de ces trains pour lesquels la compagnie est dispensée, par une mention spéciale, de faire le service des messageries (2).

Dès lors, quand une mention des observations générales insérées au tableau de la marche des trains, ladite mention reproduite aux affiches, porte que « les chevaux ne sont pas admis aux trains express », il ne peut être fait état d'un train express pour le calcul des délais relatifs au transport d'un cheval par grande vitesse (3).

Délais. — Livraison en gare. — Retard. — Constatations nécessaires.

Les compagnies de chemins de fer n'ont d'autre obligation, en vertu de l'article 4 de l'arrêté ministériel du 12 Juin 1866, que de mettre les expéditions de grande vitesse, adressées en gare, à la disposition du destinataire deux heures après l'arrivée réglementaire du train obligatoire (4).

Lorsque la compagnie allègue dans ses conclusions que les colis ont été mis à la disposition du destinataire avant l'expiration des délais réglementaires, le jugement qui la condamne à des dommages-intérêts

---

le cahier des charges, qui compte par vingt-quatre heures la durée du trajet compte par jour le délai de livraison : cette distinction a son importance et les compagnies elles-mêmes ont exprimé le désir qu'elle fut maintenue dans l'arrêté règlementaire, lorsque je leur ai demandé leurs observations sur le projet préparé par l'Administration ».

(1) Principe constant, V. Civ., 21 Janvier 1901 (Bulletin annoté, 1901. II, p. 15-16 Dalloz, 1901, I, 379; Sirey 1901, I, 365); Civ., 6 Mai 1903 (eod., 1903, p. 74-75 ; Dalloz, 1904, I, 238; Sirey, 1903, I, 421). Les délais règlementaires sont présumés connus de toutes les parties, compagnies, expéditeurs, destinataires; ils sont seuls obligatoires; toute convention contraire, expresse ou tacite, toute renonciation sont nulles et sans effet; comme les tarifs, ils sont d'ordre public. Nombreuses sont les applications que la jurisprudence a faites de ces règles certaines. V. les notes 1, 2 et 3 au Bulletin annoté, 1899, II, p. 28-29; Josserand, les Transports, p. 445 et suiv., N°s 544 et suiv.

(2 et 3) V. conf. Civ., 7 Novembre 1906 (Bulletin annoté, 1907, II, p. 1-5; Dalloz, 1909, I, 348).

(4) V. conf Civ., 29 Décembre 1909, Bull. ann. 1910, p. 69-71 et les renvois à la note 1.

par ce seul motif que « les colis n'ont été livrés qu'avec un gros retard », ne permettant pas à la Cour de cassation d'exercer son contrôle, doit être cassé (1).

Tarif. — Itinéraire légal

Les tarifs de chemins de fer, dûment homologués, sont d'ordre public (2).

Dès lors, le jugement qui, à l'occasion d'un litige relatif à l'itinéraire légal et à l'application du tarif commun G. n° 5 Etat, ne donne pas les indications de fait nécessaires à la Cour de cassation pour exercer son contrôle, doit être cassé (3).

Chargement. — Bâchage. — Wagon d'un modèle déterminé.

Le bâchage constitue l'une des opérations du chargement (4).

Dès lors, quand d'après le tarif applicable le chargement doit être fait par l'expéditeur, la compagnie n'est pas responsable de la mouillure provenant de la défectuosité du bâchage (5).

Peu importe qu'à raison de la marchandise le transport doive avoir lieu en wagon couvert ou bâché : le tarif ne contenant aucune disposition quant au modèle de wagon, la compagnie n'est tenue ni de donner un wagon couvert, ni de fournir des bâches si le wagon est une plate-forme (6).

Les compagnies de chemins de fer ne sont pas tenues de mettre à la disposition des expéditeurs des wagons d'un modèle déterminé ; il suffit qu'elles fournissent des wagons dont la mise en service a été régulièrement approuvée (7).

---

(1) La Cour de cassation ne peut évidemment vérifier si les dispositions des arrêtés ministériels relatifs aux délais ont été observées qu'autant que les indications du jugement sont assez complètes, assez précises pour permettre de faire à l'espèce application de ces dispositions V. notamment Civ., 4 Décembre 1900 (Bulletin annoté, 1901, II, p. 12-14 ; Dalloz, 1901, I, 215 ; Sirey, 1901, I, 195) ; Civ. 25 Novembre 1907 (eod., 1908, II, p. 41-42 ; Sirey, 1908, I, 480) ; Civ., 25 Octobre et 3 Novembre 1909 (eod., 1909, II, p. 173-174, 184-186).

(2) Principe constant. V. Civ., 8 Mai 1907 (Bulletin annoté, 1907, II, p. 118-132 ; Dalloz, 1909, I, 582) ; 17 Novembre 1909 (deux arrêts : Bull. ann. 1910, II, p. 37-42).

(3) L'arrêt cassé, Paris, 9 Juin 1903, est publié dans la Gazette des tribunaux, numéro du 4 Septembre 1903 et aux Annales des chemins de fer et des tramways, 1904, I, 44-48. V. à propos de l'itinéraire légal, comme décision judiciaire la plus récente, Civ., 8 Mai 1907 (Bulletin annoté, 1907, II, p. 118-122 ; Dalloz, 1909, I, 327 ; Sirey, 1909, I, 582) et les renvois en note.

(4 à 7) Le tarif spécial Midi P. V. N° 19, concerne des marchandises (papier, cartons, chiffons, etc.) qui par leur nature supposent nécessairement l'emploi par la compagnie de chemins de fer de wagons couverts ou bâchés. Dès lors, d'après le pourvoi, il importait peu que l'arrêt attaqué (Toulouse, 21 Mars 1904, Bulletin annoté, 1904, II, p. 168-170) constatât souverainement en fait que l'avarie, dans l'espèce, la mouillure des chiffons, était imputable à l'expéditeur qui avait mal opéré le bâchage. La compagnie, tenue, en vertu de l'obligation qui incombe à tout voiturier d'assurer par des soins normaux et ordinaires la conservation de la

Vente des Marchandises. — Article 106 du code de commerce.

Le transporteur qui fait vendre, sans observer les formalités prescrites par l'article 106 C. com., les marchandises dont le destinataire n'a pas pris livraison, commet un acte qui peut engager sa responsabilité, mais il n'est tenu de payer une somme supérieure au produit

---

chose, de fournir un wagon couvert ou bâché, devait, le wagon étant dans l'espèce une plate-forme, non seulement fournir les bâches, mais même faire bâcher par ses agents ou tout au moins faire surveiller par eux le bâchage effectué par l'expéditeur. En droit le bâchage était l'œuvre de la compagnie, : l'expéditeur l'effectuait aux lieu et place de la compagnie aux risques et périls de celle-ci. Il n'en pouvait être autrement qu'autant que le tarif aurait contenu une dispos tion expresse permettant l'emploi de wagons découverts, non bâchés, ou dispensant la compagnie de procéder au bâchage. Cette argumentation a été rejetée par la Cour d'appel et par la Cour de cassation. Le tarif P. V. N° 19 disposait que le chargement serait effectué par l'expéditeur. Il ne contenait, il est vrai, aucune autre disposition, mais la Cour de cassation a constamment jugé par des arrêts nombreux, dont quelques-uns sont déjà anciens, que le bâchage est une opération du chargement, que dès lors l'obligation de charger implique l'obligation de bâcher. Les cours d'appel ont, en général, décidé de même (V. Pau, 15 Décembre 1909; Toulouse, 24 Janvier 1910; Montpellier, 3 Février 1910, procédant lui-même au bâchage en vertu d'une obligation que lui impose le tarif, l'expéditeur doit supporter les avaries qui proviennent d'un bâchage défectueux, c'est-à-dire exclusivement de sa faute. L'arrêt de la Cour de cassation ajoute — l'arrêt attaqué l'avait également décidé — que la compagnie n'était même pas tenue de fournir des bâches, que le tarif obligeait l'expéditeur non seulement à disposer les bâches sur le wagon, à les fixer, mais même à se procurer les bâches; en les fournissant la compagnie a agi à titre gracieux, bénévole, dans l'intérêt de l'expéditeur. Ces solutions sont vivement critiquées. Décider que le tarif spécial en imposant le chargement à l'expéditeur, l'oblige par cela même à se procurer les bâches et à effectuer le bâchage, c'est méconnaître la règle si souvent formulée par la jurisprudence et par la doctrine, règle d'ordre public, que les tarifs de chemins de fer, les tarifs spéciaux notamment, doivent être appliqués strictement, que les termes ne sont susceptibles d'aucune extension. Or charger, c'est placer, agencer les marchandises sur le wagon; bâcher, c'est étendre les bâches sur les marchandises, les disposer, les fixer, couvrir le wagon. Chargement et bâchage sont deux opérations distinctes; c'est pourquoi les frais de chargement sont seuls compris dans les frais accessoires; les frais de bâchage font l'objet d'une réglementation différente. A plus forte raison le mot chargement ne comprend-il pas la fourniture des bâches. Les compagnies le reconnaissent si bien qu'elles prêtent leurs bâches gratuitement. Or, on ne conçoit pas comment une compagnie de chemins de fer peut prêter son matériel sans une redevance si la fourniture de ce matériel n'est pas obligatoire pour elle. Par cela même que la compagnie procure les bâches et ne réclame aucune taxe de location, elle concède que la nature de la marchandise et le tarif lui imposent l'emploi d'un wagon couvert ou tout au moins bâché. Ces objections, d'une gravité incontestable, sont dénuées d'intérêt publique. L'arrêt ci-dessus de la chambre civile de la Cour de cassation confirme une jurisprudence établie; il n'est qu'une sorte de mosaïque composée de fragments détachés d'arrêts antérieurs. La controverse doit donc être considérée comme close, d'autant mieux que sans doute le ministre des Travaux Publics exigera désormais l'insertion dans les tarifs de clauses distinguant avec soin le chargement, la fourniture des bâches, le bâchage V. comme précédents de la jurisprudence de la Cour de cassation; Civ. 2 Janvier 1906; Dalloz, 1909, I, 59-60; Civ., 21 Juillet 1906 (eod., 1906, II, p. 142-149; Dalloz, 1909, I, 273; Sirey, 1907, I, 141-142); Req., 17 Mai 1909 (eod., 1909, II, p. 70-74; Dalloz, 1910, I, 49); Civ., 18 Mai 1909 (eod. 1909, II, p. 70-77; Dalloz, 1910, I, 49); Req., 7 Juillet 1909 (eod., 1909, II, p. 120-121; Dalloz, 1910, I, 49).

de la vente qu'autant qu'il est constaté que l'inobservation des prescriptions de cet article a été la cause du dommage éprouvé (1).

Il y a lieu à cassation totale d'un jugement qui condamne à des dommages-intérêts pour deux causes de responsabilité sans distinction, alors que l'une de ces deux causes de responsabilité n'est pas légalement établie (2).

Bois en grume. — Longueur excédant 6^m50, — Emploi d'un seul wagon. — Minimum de perception

Si le tarif dispose que la tare pour le transport de bois dont la longueur est supérieure à 6^m50, ne peut être inférieure à celle qui résulterait du prix du tarif calculé en comptant deux wagons pour les chargements de bois de plus de 6^m50, ce minimum ne peut être réduit sous le prétexte que la Compagnie n'a en fait utilisé qu'un wagon (3).

Avaries. — Vice propre de la chose

Un arrêt décide à bon droit que la Compagnie n'a pas fait la preuve du vice propre de la chose lorsqu'il constate que la marchandise avait été acceptée sans réserves à la gare d'expédition, que l'expertise ne démontrait pas que l'avarie ne pût avoir d'autre cause que le vice propre et n'excluait pas d'autres causes d'avarie imputables à la Compagnie (4).

En effet, l'arrêt n'avait pas à relever une faute précise de la compagnie ; c'est à la compagnie qu'incombait la preuve complète de sa libération, et par conséquent, dans l'espèce, la preuve du vice propre qu'elle invoquait (5).

Dommages-intérêts. — Objets groupés en un seul colis. — Destinataire unique. — Action en Justice. — Prise de livraison par le destinataire.

Lorsque plusieurs objets, destinés en réalité à diverses personnes, sont groupés en un seul colis, la compagnie ne connaît que le destinataire désigné et. dès lors, l'expéditeur ne peut, à l'occasion d'une demande en dommages-intérêts formée contre la compagnie, invoquer le préjudice éprouvé par telle personne à qui tel objet devait être remis, mais qui n'était pas le destinataire désigné (6).

(1 et 2) V. conf. sur le premier point : Civ., 8 février 1909 (Bulletin annoté, 1909, II, p. 25-26 ; Dalloz, 1910 I, 158 ; Sirey, 1909, I, 408) ; sur le second point : Civ., 7 et 27 novembre 1906 (eod., 1907, II, p. 1-5, 7-10 ; Dalloz 1909, I, 348 ; 1908, V, 49 ; Sirey. 1910, I. 101-102 ; 1908, I, 46).

(3) Comp. Civ., 13 Juin 1898 (Bulletin annoté, 1898, p. 201-203 ; Dalloz, 1900, I, 270 ; Sirey, 1899, I. 45) ; Req., 15 Avril 1904 (eod , 1904, II, p. 111-115 ; Dalloz, 1905, I, 36) ; Circulaire ministérielle du 1er Mai 1905 (eod., 1905, I, p. 34-35).

(4 et 5) L'arrêt attaqué (Montpellier, 7 Janvier 1909), est rapporté au Bulletin annoté, 1909, II, p. 133-136. V. la note eod , p. 134.

(6) Cette solution se rattache au principe général d'après lequel le débiteur n'est tenu que des dommages-intérêts qui ont été prévus ou qu'on a pu prévoir

La prise de livraison sans réserves par le destinataire rend irrecevable l'action en dommages-intérêts pour retard intentée par l'expéditeur contre le voiturier (1).

Il en est ainsi même si le destinataire n'a pris livraison que sous réserves (2).

Dans ces deux cas, le destinataire a seul qualité pour agir (3).

Souffrance des marchandises. — Réserves inacceptables formulées par le destinataire. — Avis à donner à l'Expéditeur. — Douanes. — Wagon complet

Lorsque le destinataire ne consent à prendre livraison que sous des réserves inacceptables, la compagnie est en droit de considérer la marchandise comme étant en souffrance et de la retourner à l'expéditeur sur l'ordre de celui-ci (4).

Le tarif spécial P. V. N° 29, chap. 6, B, § 2, n'établissant une taxe réduite pour les formalités de douane qu'à l'occasion d'expéditions

---

lors du contrat. D'ailleurs. la personne à qui tel objet faisant partie du colis est en réalité destiné, mais dont le nom ne figure pas sur les titres de transport, n'aurait pas d'action contre la compagnie. V. Alger, 23 Janvier 1909 (Bulletin annoté, 1909, II, p. 77-80 ; Dalloz, 1910, II, 149 ; Sirey, 1909, II, 150) et les renvois en note.

(1, 2 et 3). Les actions qui naissent du contrat de transport contre le voiturier appartiennent en principe indistinctement à l'expéditeur et au destinataire. Mais ne sont-elles pas subordonnées l'une à l'autre en ce sens que toute fin de non-recevoir opposable au destinataire le serait par cela même à l'expéditeur ? L'affirmative est certaine s'il s'agit de la fin de non-recevoir édictée par l'article 105 C. com., puisque cet article dispose expressément que « la réception des objets transportés et le paiement du prix de la voiture éteignent toute action contre le voiturier pour avarie ou perte partielle...» Ce cas excepté, il semble que la prise de livraison par le destinataire ne rend irrecevable l'action de l'expéditeur qu'autant que cette prise de livraison a eu lieu sans réserves. « Au regard du voiturier l'expéditeur et le destinataire ne forment pour ainsi dire qu'une seule personne... On peut considérer le destinataire comme représentant l'expéditeur dans les rapports avec le voiturier... » (Lyon-Caen et Renault, Traité de droit commercial, 4ème édit., t. III, Nos 652 et 669, p. 568 et 576) « Le destinataire représente l'expéditeur pour l'exécution du contrat de transport » (Civ.. 4 Mars 1890 ; Bulletin annoté, 1890, II, p. 61-64 ; Dalloz, 1890, I, 371). Cependant l'arrêté de la deuxième espèce décide que la prise de livraison des marchandises par le destinataire fait obstacle à l'action de l'expéditeur contre la compagnie même si elle a lieu avec réserves. Comp., indépendamment des auteurs et de l'arrêt précités. Civ., 10 avril 1878 (Bulletin annoté, 1878, p. 110-112 ; Dalloz, 1878, I, 264 ; Sirey, 1878, 1, 381).

(4) Aux termes de l'article 59 des Conditions générales d'application des tarifs généraux P. V. : « La compagnie est tenue, en cas de souffrance de la marchandise à la gare destinataire, d'aviser directement l'expéditeur ». Dans les circonstances de fait relevées par le jugement, il y avait en réalité refus par le destinataire de prendre livraison ; dès lors la marchandise était en souffrance et la compagnie avait l'obligation d'aviser l'expéditeur, puis de se conformer à ses instructions.

faites par wagon complet, cette taxe réduite n'est pas applicable si l'expéditeur n'a pas demandé un chargement par wagon complet (1).

Chef de gare. — Constat. — Perte. — Article 1953 C. civ. — Bagages. — Objets taxés « Ad valorem » — Consigne.

Un chef de gare a qualité pour engager la compagnie dans toutes les opérations matérielles de constat auxquelles il s'est livré (2).

Mais il n'a pas le pouvoir de traiter au nom de la compagnie et d'obliger celle-ci pour une somme considérable, surtout s'il est le chef d'une gare peu importante (3).

Les voituriers ne peuvent invoquer à leur profit la limitation à la somme de 1.000 francs de la responsabilité que l'article 1953 C. civ. édicte pour les aubergistes ou hôteliers (4).

L'article 1150 C. civ., aux termes duquel le débiteur n'est tenu que des dommages-intérêts qui ont été prévus ou qu'on a pu prévoir lors du contrat, n'est pas applicable lorsqu'il s'agit de la restitution d'un colis dont la valeur est établie (5).

Les voyageurs n'étant pas tenus de déclarer la valeur des objets qu'ils transportent comme bagages, même quand ces objets sont, par leur nature, soumis à une taxe ad valorem, la compagnie doit, en cas de perte, payer la valeur calculée proportionnellement à la situation

---

(1) Le tarif spécial de la compagnie du Nord, P. V. N° 29, chap. VI, opérations en douane, à propos des taxes à percevoir pour formalités en douane, distingue : A) les marchandises soumises à la vérification détaillée taxées par expédition de 100 kilos et au-dessus ; B) les marchandises, soumises à la vérification sur wagon, taxées par chargement de wagon complet de 5.000 à 10.000 kilos. La taxe réduite du paragraphe B n'est donc applicable que s'il y a chargement de wagon complet.

(2 et 3) Pour quelles sortes d'opérations et dans quelles mesures les chefs de gare représentent-ils les compagnies ? La question est complexe et doit être résolue, dans chaque espèce, d'après les règlements et les circonstances de fait. Comp. les notes 2 et 3, Bulletin annoté, 1901, II, p. 101-103.

(4) La disposition du second alinéa de l'article 1953 C. civ., aux termes de laquelle la responsabilité des aubergistes ou hôteliers est limitée à 1.000 francs pour les espèces monnayées et les valeurs ou titres au porteur de toute nature non déposés réellement entre leurs mains, étant dérogatoires au droit commun, ne peut être étendue au-delà de ses termes, et par suite, ne concerne pas les voituriers.

(5) Le voiturier doit toujours prévoir qu'il aura à payer la valeur de l'objet perdu par sa faute.

commerciale et personnelle du voyageur, au but et aux conditions de son voyage. (1).

Si les objets transportés comme bagages ne sont pas, par leur nature, soumis à une taxe ad valorem, la compagnie, en cas de perte, est entièrement responsable, bien que ces objets soient de grande valeur (2).

Jugé, au contraire, que les voyageurs doivent déclarer la valeur des objets qui, d'après leur nature, sont soumis à une taxe ad valorem, bien que ces objets soient transportés comme bagages (3).

Dès lors, à défaut de déclaration de valeur, la compagnie ne doit, s'ils sont perdus, que la réparation du dommage qu'elle a pu raisonnablement prévoir lors de la formation du contrat (4).

La responsabilité de la compagnie doit d'ailleurs être appréciée de la même manière, que la perte des bagages ait eu lieu en cours de transport ou à la gare d'arrivée, à la consigne (5).

Vérification des marchandises à l'arrivée. — Droit du destinataire. — Magasinage.

Le destinataire a le droit d'exiger, avant de prendre livraison et de payer le prix de transport, la vérification du contenu alors même que le colis est en bon état de conditionnement extérieur et que le pesage ne constate aucune différence de poids (6).

Et la compagnie qui a refusé à tort la vérification ne peut réclamer les frais de magasinage (7).

Force majeure. — Encombrement des gares. — Immobilisation du matériel. — Demandes de wagon.

Le développement du commerce et de l'industrie ne constitue pas pour une compagnie de chemins de fer un cas de force majeure, alors

(1, 2, 3 4 et 5) V. Paris, 8 Mars 1894 (Bulletin annoté 1895. p. 204-219 ; Dalloz. 1898, II, 462 ; Sirey, 1897, II, 161) ; Caen, 11 Décembre 1901 (eod. 1902, II, p. 95-97) ; Paris, 16 Mars 1899 et Amiens, 8 Mars 1899 (eod., 1899, II, p. 151-162; Dalloz, 1900, II, 59); Paris, 16 janvier 1909 (eod., 1909, II, p. 147-149): Trib. com. Seine, 14 Août 1909; Trib. com. Bordeaux, 29 déc. 1909.

(6 et 7) La fin de non-recevoir, qui résulte au profit du voiturier, en cas d'avarie ou de perte partielle, de la réception des objets et du paiement du prix de transport (art. 105 C. com.), repose sur la présomption que le destinataire a reconnu n'avoir aucune réclamation à formuler et, par suite, a pu procéder à la vérification de l'état des colis. Et puisque la fin de non-recevoir s'applique même aux avaries occultes les colis doivent pouvoir être vérifiés même à l'intérieur. L'impossibilité de vérification résultant du fait du voiturier ou d'un cas de force majeure rendrait inopposable la fin de non-recevoir (Civ., 5 Novembre 1906 ; Bulletin annoté, 1906, II, p. 192-194 ; Dalloz, 1909, I, 273). Le droit pour le destinataire de vérifier contradictoirement avec le voiturier l'état, même intérieur, des colis a toujours été reconnu par la jurisprudence et par la doctrine. V. Dalloz, supplément au Répertoire, V° Commissionnaire, n° 301.

qu'il n'a rien d'anormal et d'imprévu, ne s'est pas produit brusquement dans des conditions telles que la compagnie n'ait pu prendre les mesures utiles pour faire face aux obligations normales en résultant, et notamment fournir les wagons qui lui sont demandés (1).

L'encombrement des gares destinataires et l'immobilisation du matériel ne sont pas non plus un cas de force majeure s'ils résultent uniquement de l'insuffisance du personnel et du matériel eu égard à l'accroissement du trafic causé par le commerce très important de certaines marchandises à une période déterminée de l'année, et sont un fait normal se reproduisant chaque année aux mêmes périodes avec plus ou moins d'intensité selon l'importance des récoltes (2).

Bien que, d'après son tarif spécial relatif aux embranchements particuliers, une compagnie ne soit tenue de fournir les wagons demandés par les propriétaires d'embranchements que suivant les convenances de son service, l'engagement qu'elle prend de livrer les wagons à date et à heure fixes est valable, et l'inexécution de cet engagement l'oblige à payer des dommages-intérêts à l'expéditeur qui subit un préjudice (3).

Les formalités particulières aux demandes de fourniture de wagons imposées par l'article 7 du chapitre IX du tarif spécial P.V. N° 29 de la compagnie de l'Ouest pour les marchandises en provenance de la voie de mer, ne concernent que les marchandises prises au flanc même du navire ou sur les quais où elles ont été provisoirement débarquées à défaut de fourniture de matériel suffisant en temps voulu ; elles ne s'appliquent pas aux marchandises expédiées du chantier de l'expéditeur où, de provenances différentes, elles ont été apportées à des dates plus ou moins éloignées et ont été l'objet de manutentions et modifications ; pour ces marchandises, les règles à suivre sont celles posées à l'article 6 b des conditions générales d'application des tarifs spéciaux (4).

Les demandes de fourniture de wagons doivent, pour être régulières et obliger la compagnie, contenir les diverses indications prescrites par l'art. 6 b des conditions générales d'application des tarifs spéciaux, et notamment l'indication du nombre de wagons (5). Il ne suffirait pas que la compagnie connût la nature et le poids de la marchandises (6).

La demande de fourniture de wagons peut ne pas indiquer le numéro du tarif requis ; il suffit, pour sa régularité, de l'indication explicite du tarif ou de l'une des mentions : tarif spécial, tarif réduit, tarif le plus réduit (7).

La formalité d'une demande par écrit n'est pas nécessaire ; il suffit qu'il subsiste une trace par écrit de la demande et, dès lors, que cette demande soit mentionnée, avec les indications utiles, par la compagnie sur son registre (8).

La compagnie tenue de répondre dans la journée qui suit la réception de la demande, peut choisir les jour et heure à sa convenance suivant les nécessités du service, pour la mise des wagons à la disposition de l'expéditeur, mais à la condition de ne pas dépasser les limites des délais impartis pour le transport de la marchandise, de manière que les wagons étant chargés régulièrement, leur transport et leur livraison aux destinataires s'accomplissent dans le délai règlementaire ; le contrat se trouve ainsi formé par la réception de la demande régulière, le délai de transport commençant à courir du jour pour lequel sont demandés les wagons ; une fois que la compagnie a fixé les jour et heure de la fourniture des wagons, elle est tenue de se conformer à cet engagement à peine de dommages-intérêts sans avoir à se préoccuper si la marchandise est ou non remise en gare (9).

La compagnie a rempli ces obligations dès l'instant qu'elle a mis le wagon à la disposition de l'expéditeur à la date fixée par celui-ci ; elle n'est pas tenue, si l'expéditeur ne se présente pas ce jour-là, d'en indiquer un autre alors que l'expéditeur ne demandait l'indication d'un autre jour que dans le cas où les wagons ne pourraient être fournis au jour par lui fixé (10).

Privilège

Le privilège du voiturier sur l'objet transporté repose sur une convention tacite de gage, et il le conserve aussi longtemps qu'il garde la détention de l'objet par lui-même ou par l'intermédiaire d'un tiers nommé séquestre à sa requête et sous réserve de ses droits (11).

Mais s'il y a des créanciers opposants, il ne peut s'attribuer de lui-même, en vertu de son privilège, la somme provenant de la vente opérée en conformité de l'article 106 C. com.; il doit se soumettre à la distribution par contribution (12).

(1 à 2). V. à propos de la force majeure les arrêts rapportés au Bulletin annoté, 1909, II, p, 136-140 et les renvois en note; Pau, 15 décembre 1909, Bull. ann. 1910 p. 168-173 ; Louis Josserand, les Transports, p. 463 et suiv., nos 568 et suiv.

(3 à 10) En ce qui concerne la fourniture des wagons, que règlementent l'article 6 b des conditions générales d'application des tarifs spéciaux P. V. et; pour les embranchements particuliers, le tarif spécial P. V. No 29 (règlementations diverses), chap. II, V. les arrêts rapportés au Bulletin annoté, 1908, II, p. 106-113, 178-183; 1909, II, p. 100-111, 178-183 et les notes.

(11) Le privilègé établi au profit du voiturier par l'article 2102 C. civ. a pour fondement une constitution tacite de gage consentie par l'expéditeur. Il s'éteint dès lors par le dessaisissement; mais évidemment, il n'y a pas dessaisissement lorsque le voiturier conserve la détention par l'intermédiaire d'un tiers, tel qu'un séquestre. V. Dalloz. Supplément au Répertoire, vo Privilèges et Hypothèques, no 194; Nouveau Code civil annoté, art. 2102, nos 1261 et suiv.

(12) Lorsque des créanciers sont en conflit pour la répartition d'une somme, il faut recourir à l'une des procédures légales, l'ordre ou la distribution par contribution, selon les cas. Les créanciers privilégiés ne sont pas dispensés de produire (Dalloz, Répertoire, vo Distribution par contribution, no 75 ; Code de procédure civile annoté, art. 661, no 1).

Expédition contre remboursement. — Retard dans la remise des fonds à l'expéditeur.

Au cas d'expédition contre remboursement, il y a, indépendamment du contrat de transport des marchandises, un contrat de recouvrement et retour d'argent en vertu duquel la compagnie, agissant en une qualité autre que celle de commissionnaire de transport ou de voiturier, reçoit et accepte le mandat d'exiger et de toucher le montant des marchandises et de le faire parvenir à l'expéditeur (1).

Ce contrat n'implique ni obligation de donner, ni obligation de faire, mais seulement obligation de payer la somme dûe à titre de remboursement (2).

En conséquence, la compagnie, quand elle ne remet les fonds à l'expéditeur qu'après les délais fixés par le tarif, ne doit, à titre de dommages-intérêts, que les intérets légaux (3).

Tarif spécial. — Minimum de Poids. — Chargement complet. — Wagon d'un type déterminé.

Lorsque le tarif spécial applicable établit la taxe par wagon chargé d'au moins 8.000 kilos ou payant pour ce poids, cette taxe est dûe sur le minimum de 8.000 kilos et par wagon employé, bien que chaque wagon ne soit pas à chargement complet (4).

Les compagnies de chemins de fer ne sont pas tenues de fournir aux expéditeurs des wagons d'un type déterminé et spécial pour chaque nature de marchandises ; il suffit que les wagons soient des wagons ordinaires de leur exploitation et d'un tonnage normal (5).

Et toute convention, d'après laquelle l'expéditeur aurait été autorisé à ne payer que d'après le poids réel sous le prétexte que les wagons mis à sa disposition n'étaient pas du type qu'il réclamait, est nulle (6).

(1, 2 et 3) Il est généralement admis que l'expédition contre remboursement ne donne pas lieu à deux contrats de transport distincts et successifs, concernant l'un les marchandises, l'autre les sommes d'argent encaissées par la compagnie, V. sur les expéditions contre remboursement, Req. 6 mai 1873 (Bulletin annoté, 1873, p. 138-139; Dalloz, 1874, I, 165; Sirey, 1873, I, 416); Civ., 26 avril 1882 (eod., 1882, p. 126-128 : Dalloz, 1883, I, 155; Sirey, 1883, I, 322) ; Civ., 12 novembre 1906 ; Dalloz, 1909, I, 87 ; Sirey, 1910, I, 270).

(4) Comp. Civ., 13 juin 1898 (Bulletin annoté, 1898, p. 201-203 ; Dalloz, 1900. I, 270 ; Sirey, 1899, I, 45) · Req., 18 avril 1904 (eod., 1904 II, p. 113-115 ; Dalloz, 1905, I, 416 ; Sirey, 1907, I, 516).

(5) V. conf. Civ., 27 décembre 1905 (Bulletin annoté, 1906 II, p. 17-18 ; Dalloz, 1908, I, 1203 : Sirey, 1906, I, 190) ; Civ., 24 juillet 1906 (eod., 1906, II, p. 142-149 ; Dalloz, 909, I, 273 ; Sirey, 1907, I, 142-143) ; Civ., 23 mars 1910, Bulletin annoté, 1910, II, p. 80-82.

(6) Les tarifs de chemins de fer sont d'ordre public ; il n'y peut être dérogé ni directement, ni indirectement. Jurisprudence constante. V., 8 mai 1907 (Bulletin annoté, 1907, II, p. 118-122 ; Dalloz 1909, I. 327 ; Sirey, 1909, I. 582) ; Civ., 17 Novembre 1909 (deux arrêts ; Bulletin annoté, 1910, II, p. 37-42) ; Civ., 21 février 1910, Bulletin annoté 1910 II, p. 79.

Avaries — Poids — Mise en cause de l'expéditeur par le destinataire

La compagnie n'est pas responsable de l'avarie des pailles et des fourrages occasionnée par la mouille, alors que cette mouille est antérieure à la confection des balles remises par l'expéditeur (1).

La différence de poids constatée à l'arrivée n'engage pas la responsabilité de la compagnie si le chargement effectué par l'expéditeur, à été retrouvé intact et si cette différence de poids ne peut être attribuée qu'à la dessication ou à une erreur de pesage (2).

Le destinataire peut appeler l'expéditeur en garantie dans l'instance qu'il engage contre la compagnie en réparation du dommage causé par des avaries ; l'expéditeur est en effet partie au contrat de transport et garant vis-à-vis du destinataire du bon état de la marchandise au moment où il la remet à la compagnie (3).

Retard. — Carte d'abonnement.

L'abonné, qui a voyagé avec un billet ordinaire, est en droit de réclamer des dommages-intérêts pour retard bien que le tarif d'a-

---

(1) L'avarie provient alors d'une faute de l'expéditeur. La compagnie pourrait seulement être condamnée à des dommages-intérêts si elle avait par sa faute ou celle de ses agents aggravé les conséquences de celle de l'expéditeur. Il y aurait faute commune.

(2) Comp. Req., 6 avril 1869 (Bulletin annoté, 1869, p. 96; Dalloz, 1901, 190; Sirey, 1902, I, 45); Civ., 17 Février 1903 (cod., 1903, II, p. 34-35; Dalloz, 1904, I, 432); Trib. corr. Auxerre, 20 Avril 1910, p. 188-191; Trib. civ. Moissac. 20 Avril 1910 (a).

(3) En effet, les deux demandes sont connexes, se rattachent l'une à l'autre et procèdent d'un même contrat. Comp. Dalloz, Supplément au Répertoire, V° Exceptions et fins de non recevoir, Nos 158 et suiv.; Nouveau code de procédure civile annoté, art. 181, Nos 86 et suiv.

(a) Trib. civil de Moissac, 20 Avril 1910. — Attendu que le colis raphia, expédié à l'adresse de Colombié, avait été porté sur la lettre de voiture avec un poids de 105 kilos; qu'il a été constaté à l'arrivée que le poids n'était que de 100 kilos; attendu que si cette différence de poids peut faire présumer tout d'abord que le colis aurait été entamé en cours de route et qu'une partie de la marchandise aurait été soustraite, cette présomption ne saurait prévaloir contre les constatations faites contradictoirement par le destinataire et par la compagnie, desquelles il résulte que le colis était intact au moment de la livraison; Attendu que Colombié lui-même a reconnu, en recevant le colis, qu'il était en parfait état de conditionnement et qu'on n'apercevait aucune trace d'avarie ou de soustraction; que, dès lors, il n'y a pas lieu de rendre la compagnie responsable d'un prétendu manquant qui ne peut résulter que d'une erreur de pesage au départ; que la compagnie, d'ailleurs, n'est pas tenue d'effectuer ce pesage au moment de l'expédition et que, par suite, aucune responsabilité ne lui incombe à raison de la mention d'un poids inexact sur la feuille d'expédition, lorsqu'il est établi, comme dans l'espèce que le colis est arrivé dans un parfait état; par ces motifs, rejette la demande».

bonnement contienne une clause exonérant la compagnie de toute responsabilité en cas de retard (1).

Il ne peut pas être présumé avoir effectué le trajet avec sa carte d'abonnement et s'être procuré un billet ordinaire après coup, pour les besoins de la cause, par cela seul qu'il avait conservé le billet ordinaire au lieu de le remettre à l'agent de la compagnie à la gare d'arrivée (2).

Animal. — Chargement par l'expéditeur. — Déchargement par la compagnie

La compagnie est responsable du dommage causé à un tiers par un animal qui, au moment où les employés de la compagnie entr'ouvrent la porte du wagon, rompt son attache, s'échappe brusquement, si le déchargement devait être opéré par les employés de la compagnie, si l'animal n'était pas atteint d'un vice propre, s'il avait été remis attaché par l'expéditeur, si celui-ci l'avait chargé dans les conditions règlementaires, si le lien ne s'était pas rompu en cours de route (3).

Chef de gare. — Gare étrangère au contrat de transport et à son exécution. — Compétence. — Service de contrôle et de surveillance

L'assignation délivrée à une compagnie de chemins de fer en la personne du chef d'une gare restée étrangère au contrat de transport et à son exécution, est nulle (4).

Et cette nullité n'est couverte ni par le fait que la compagnie a accepté antérieurement des assignations délivrées dans les mêmes conditions ni par une demande reconventionnelle formulée après l'exception de nullité de l'assignation (5).

(1 et 2) Le Tribunal avait jugé à tort que les règlements imposent aux voyageurs l'obligation de remettre leurs billets aux agents de la compagnie à la gare d'arrivée. En effet, les conditions générales d'application des tarifs généraux G. V. (art. 7) exigent seulement que les voyageurs présentent leurs billets à toute réquisition des agents de la compagnie et s'ils ne peuvent rendre leur billet à l'arrivée, soldent avant de sortir de la gare ou de la station, le prix de la place. Le tarif d'abonnement contenant une clause d'exonération de responsabilité au cas de retard (comp. Toulouse, 14 Février et 8 Avril 1908 ; Trib. com. Seine, 20 Mai 1908. Bulletin annoté, 1908, II, p. 126-130 ; Proposition de loi relative à la responsabilité des entreprises de transport de voyageurs, eod., 1909, I, p. 49-52), le voyageur abonné qui pour se soustraire à l'application de cette clause, prend un billet ordinaire, use d'un droit incontestable. Son action en dommages-intérêts, basée sur un retard préjudiciable, ne peut être rejetée que si la compagnie rapporte la preuve qu'il n'avait pas pris un billet ordinaire à la gare de départ, avait en réalité utilisé sa carte d'abonnement et ne s'était procuré le billet ordinaire qu'après coup, précisément afin d'intenter un procès.

(3) Dans ces circonstances de fait il n'y avait ni faute de l'expéditeur, ni faute du destinataire, ni vice propre de la chose, ni cas fortuit ou de force majeure ; la compagnie était donc responsable.

(4 à 8) V. Garsonnet, traité théorique et pratique de procédure, 2me édit., t. II, p. 124-127, § 470 ; Dalloz, quatrième table alphabétique de dix années, v° Compétence civile, nos 69 et suiv. ; Gaston Piot, De l'action en responsabilité

Une compagnie de chemins de fer ne peut être assignée devant le tribunal d'une succursale qu'autant que l'action est née des opérations de cette succursale ou que tout au moins le litige se rattache aux services de contrôle ou de surveillance installés auprès de cette succursale (6).

Le tribunal de commerce saisi n'est pas compétent par application de l'article 420 C. pr. civ., lorsque ni le lieu du contrat, ni celui du chargement, ni celui de la livraison ne sont situés dans l'arrondissement de ce tribunal (7).

Il n'est pas non plus compétent en vertu d'une prétendue connexité entre un chef de demande et un autre chef relatif à une autre expédition, compris dans la même assignation, si les deux expéditions objet de ces deux chefs distincts et de la même assignation ont trait à des transports totalement distincts et indépendants l'un de l'autre au point de vue de la solution à intervenir (8).

Avaries. — Vice propre. — Faute de l'expéditeur. — Acceptation des marchandises sans réserves. — Vérification de l'état du chargement

La responsabilité du transporteur cesse lorsqu'il est établi que les avaries sont dues au vice propre de la chose ou à la faute de l'expéditeur (9).

Aucune disposition légale ou réglementaire n'obligeant le transporteur à vérifier les colis lors de leur réception, l'acceptation sans réserve n'implique pas qu'il en avait reconnu le bon état (10).

---

contre les administrations et les compagnies de chemins de fer pour fautes dans le transport des marchandises. p. 25 et suiv. ; § XII et suiv. ; Trib. civ. Seine, 21 mai 1909 (Bulletin annoté 1909, II, p. 191-192) ; Bordeaux, 5 août 1907 (eod. 1908, II, p. 61-62 et les renvois en note) ; Pau, 2 février 1910 Bull. ann. 1910 p. 150-154 ; les notes au Bulletin annoté, 1899, II, p. 170-181. Il y a lieu à observations sur cette solution du premier arrêt, à savoir que la compagnie était recevable à opposer la nullité de l'exploit d'assignation bien qu'elle eût accepté de plaider précédemment sur les assignations semblables et qu'elle eût formulé une demande reconventionnelle. En effet, la Cour aurait pu décider au contraire, et son appréciation eût été souveraine, que la compagnie, en n'opposant pas la nullité des assignations précédentes, avait implicitement autorisé le demandeur à l'assigner en la personne du Chef de gare de Bazas. D'autre part, la formule, trop laconique et confuse de l'arrêt, laisse supposer qu'une demande reconventionnelle ne couvre pas l'exception de nullité d'un exploit. Or l'article 173 C. pr. civ. dispose que « toute nullité d'exploit est couverte si elle n'est proposée avant toute défense ou exception autre que les exceptions d'incompétence » Formuler une demande reconventionnelle, c'est plaider au fond (Comp. Dalloz, Nouveau code de procédure civile annoté, art. 173, nos 393 et suiv.). Mais, sans doute, bien que l'arrêt omette à tort de relever cette particularité, l'exception de nullité de l'exploit avait été soulevée avant que ne fussent prises les conclusions aux fins de demande reconventionnelle.

(9 et 10) V. civ., 26 Novembre 1907 (Bulletin annoté, 1908, II, p. 43-44 ; Dalloz, 1909, I, 384 ; Sirey, 1908, I, 480).

Les compagnies de chemins de fer ne sont point obligées de vérifier l'état du chargement tel que l'a effectué l'expéditeur; leur surveillance et leur contrôle ne s'exercent qu'au point de vue des conditions réglementaires du transport (1).

Avaries. — Réexpédition des marchandises. — Magasinage.

L'article 43 des conditions générales d'application des tarifs généraux P. V. portant que « les compagnies ne sont pas tenues d'accepter les marchandises... qui présentent une trace évidente de détérioration », une compagnie de chemins de fer peut refuser de réexpédier une marchandise détériorée, alors même que l'avarie a été occasionnée par sa faute (2).

Jugé au contraire que la compagnie ne peut refuser la réexpédition (3).

Une compagnie de chemins de fer n'a pas droit aux frais de magasinage quand c'est par sa faute que les marchandises sont demeurées en gare. (4)

Retard. — Correspondance manquée.

Une compagnie de chemins de fer peut être assignée partout où elle a un principal établissement, mais à la condition que le contrat de transport ait son application dans le ressort du Tribunal de ce principal établissement et que l'on y relève une faute ou une omission de la compagnie (5).

Ainsi, à l'occasion de retards dans le transport d'un voyageur, la compagnie peut être assignée devant le tribunal dans l'arrondissement duquel ont été commises les fautes qui ont occasionné le retard (6).

Des dommages-intérêts sont dus au voyageur qui, par la faute de la compagnie, a manqué une correspondance, n'a pu, par suite, effectuer une excursion projetée, et a subi un préjudice (7).

---

(1) V. Civ. 18 Mai et 7 Juillet 1909 (Bulletin annoté, 1909, II, p. 70-77, 120-121 Dalloz, 1910, I, 49 ; Sirey 1910, I, 109 et 185).

(2 et 3) La solution donnée par le second arrêt est seule juridique. En effet, l'article 43 des conditions générales d'application des tarifs généraux P. V., autorise les compagnies de chemins de fer à ne pas accepter les marchandises qui présentent une trace évidente de détérioration ; il ne concerne pas l'hypothèse d'une détérioration survenue en cours de route par la faute de la compagnie.

(4) La règle que les frais de magasinage sont dus quelque soit le motif pour lequel l'enlèvement des marchandises n'a pas eu lieu, est inapplicable lorsque le stationnement des marchandises à la gare est dû à une faute de la compagnie. V. Carpentier et Maury, Traité pratique des chemins de fer, t. II, p. 289, Nos 3482-3483 ; Dijon, 30 Décembre 1909, Bull. ann. 1910, II, p. 177-179.

(5 et 6) Comp. Bordeaux, 3 Juin 1909. Bull. ann. 1910, II, p.133-136.

(7) Les circonstances de fait relevées par le jugement établissent la faute de la compagnie, le préjudice éprouvé par le voyageur, la relation entre la faute et le préjudice. Des dommages-intérêts étaient incontestablement dus.

Clause de non-responsabilité. — Limitation de la responsabilité. — Faute lourde

La clause d'un tarif limitant l'indemnité due par la compagnie au cas d'avaries est licite et obligatoire, même depuis la loi du 17 Mars 1905, et bien que les avaries soient imputables à une faute lourde de la compagnie (1).

Horloges. — Heure inexacte.

Une compagnie de chemin de fer n'est pas en faute par cela seul que l'horloge extérieure ne marque pas l'heure exactement (2).

Bagages. — Enregistrement

Le Chef de train, qui accepte un bagage dans le fourgon sans enregistrement préalable, commet une faute engageant la responsabilité de la compagnie si cette faute a entrainé la perte du colis ou un retard de livraison (3) ;

Alors même qu'il s'agit d'un bagage que le voyageur avait pris avec lui dans le wagon et qu'il avait dû en retirer parce qu'il était encombrant, et que le temps avait manqué pour la formalité de l'enregistrement (4).

Accident. — Voyageur

Chacun étant responsable des choses qu'il a sous sa garde, une compagnie de chemins de fer est responsable de l'accident occassionné

(1) V. civ., 13 Août 1884 (Bulletin annoté, 1884, p. 225-228; Dalloz, 1885, I, 78-79 ; Sirey ; 1886, I, 77) ; la note au Bulletin annoté, 1907, II, p. 130-131, la dissertation de M. Boucart au recueil de Sirey, 1908, II, 149-II).

(2) Comp. Palaa, Dictionnaire législatif et règlementaire des chemins de fer, 3e édit., t. II, p. 62-63 ; Féraud-Giraud, Code des transports de marchandises et de voyageurs par chemin de fer, 2e édit , t. 1er, p. 255-256, N° 305 ; Carpentier et Maury, traité pratique des chemins de fer, t. II, p. 218, n° 3185. Existe-t-il un arrêté ministériel un règlement imposant aux compagnies de chemins de fer l'obligation de placer des horloges à l'extérieur de leurs bâtiments ? Dans ce cas, la responsabilité des compagnies pourrait être engagée si les horloges marquent une heure inexacte. Dans le cas contraire, les horloges ne fonctionnent qu'au point de vue du service des compagnies, dans l'intérêt de leur personnel, et les voyageurs n'auraient pas qualité pour se plaindre de l'inexactitude des indications données par les horloges.

(3 et 4) Cette solution peut paraître rigoureuse. Le voyageur n'avait-il pas commis une faute en négligeant de faire procéder à l'enregistrement et en introduisant dans le wagon un bagage encombrant ? Cette faute n'atténuait-elle pas la responsabilité de la Compagnie en vertu de la théorie de la faute commune ? (V. Req., 7 mai 1907, Bulletin annoté, 1907, II, p. 98-101 ; Sirey, 1908, I, 197).

à un voyageur par l'ouverture de la portière due au mauvais état des fermetures qui ont joué spontanément sous l'action des mouvements du train (1).

Ou par la mauvaise disposition dans le wagon d'un tapis en caoutchouc relevé en bourrelet à l'entrée du wagon (2).

Les articles 1784 C. civ. et 103 C. com. ne s'appliquent pas au transport des personnes (3).

Néanmoins, au cas d'accident survenu aux personnes au cours d'un transport, il n'y a pas lieu de recourir aux articles 1382 et suiv. C. civ., mais à l'article 1147, le voiturier ayant manqué à l'obligation de sécurité qu'il avait contractée en se chargeant de transporter sain et sauf le voyageur à destination (4).

En conséquence, une compagnie de chemins de fer, est au cas d'accident à un voyageur, valablement assignée devant le tribunal de commerce dans l'arrondissement duquel est située la gare où le billet a été payé et où la compagnie a pris l'engagement de tranporter le voyageur (5).

Bagages. — Bulletin de dépôt. — Remise à une personne qui ne représente pas le bulletin de dépôt.

Le bulletin de dépôt de bagages étant un titre au porteur, la compagnie est obligée de remettre les bagages au détenteur du bulletin

---

(1 à 5) Tandis que la doctrine en majorité, enseigne que le transporteur est responsable des accidents aux personnes, comme des avaries aux marchandises, en vertu soit des articles 1784 C. civ. 103 C. com. ou 1147 C. Civ., la jurisprudence, au contraire, faisait jusqu'à présent application de l'article 1382 C. Civ. (V. Paris 29 décembre 1905, Bulletin annoté, 1906, II, p. 155-157; Dalloz Quatrième table alphabétique de dix années, v° commissionnaire de transport, Nos 140-160; Lyon-Caen et Renault, Traité de droit commercial, 4e édit., t. III, p. 604 et suiv., Nos 700 et suiv.). Des trois arrêts ci-dessus, celui de la troisième espèce renvois 3-4 et 5, adopte la solution de la doctrine ; les arrêts de la 1re et de la 2e espèces renvois 1 et 2 proposent un 3e système en rattachant la responsabilité du transporteur à l'article 1384 C. civ., aux termes duquel « on est responsable du dommage causé par le fait des choses qu'on a sous sa garde ». La controverse est examinée, dans toute son ampleur avec indication de tous les documents de doctine ou de jurisprudence qui s'y réfèrent, dans l'ouvrage de M. Victor Vansteenberghe. (Les accidents de voyageurs et les droits des victimes. V. Bulletin annoté, 1905, II, p. 240). Elle offre au point de vue pratique un double intérêt. La responsabilité du voiturier est-elle basée, pour le transport des personnes comme pour le transport des choses sur les art. 1784 C. civ. 103 C. com., ou 1147 C. civ. ou 1384, § 1er, C. civ., le voiturier doit des dommages-intérêts à moins qu'il ne prouve le cas fortuit, la force majeure, la faute du voyageur ; est-elle basée au contraire sur l'article 1382 C. civ., des dommages intérêts ne sont dus que si la preuve est faite que l'accident est imputable à la faute du voiturier ou de ses préposés. D'autre part, l'article 420 C. pr. civ. ne concernant pas les actions fondées sur des délits ou des quasi-délits, les règles de compétence qu'il formule seront ou non applicables selon que la responsabilité du voiturier découlera de la violation d'un contrat ou au contraire d'un délit ou d'un quasi-délit. V. d'ailleurs les renvois sous Bordeaux, 3 juin 1909, Bull. ann. 1910, II, p. 133-136.

sans qu'elle puisse exiger la preuve que le détenteur est la personne même qui a effectué ou fait effectuer le dépôt (1).

Elle a, au contraire, le droit de surseoir à la remise des bagages si la personne qui les réclame ne produit pas le bulletin de consigne, bien que cette personne présente sa carte de parcours, sa photographie, les clefs des bagages et indique à l'avance leur contenu (2).

Le bulletin de dépôt de bagages pouvant avoir été perdu ou détruit, la compagnie n'est pas en faute par cela seul que les bagages ont été remis à une personne qui n'a pu représenter le bulletin et qui était sans droit pour les retirer (3).

Mais ce cas étant exceptionnel et anormal, et le dépositaire ne devant, en droit, restituer la chose déposée qu'à celui qui la lui a confiée, ou à celui au nom duquel le dépôt a été fait, ou à celui qui a été indiqué pour le recevoir, l'agent de la compagnie doit remplir les formalités prescrites par les règlements pour s'assurer de l'identité de la personne qui réclame les bagages sans produire le bulletin de dépôt (4).

La responsabilité de la compagnie est engagée pour une faute même légère, car il s'agit d'un dépôt nécessaire et salarié (5).

Retard. — Préjudice

Le simple retard se suffit pas pour justifier l'allocation de dommages-intérêts ; un préjudice doit être constaté (6).

Avis de souffrance

Aucun règlement ne prescrit aux compagnies de chemins de fer de recommander les lettres par lesquelles avis est donné à l'expéditeur du refus du destinataire de prendre livraison (7).

(1, 2, 3, 4 et 5) V. Féraud-Giraud, Code des transports de voyageurs et de marchandises par chemins de fer, 2ème édit., t. III, p. 304-305, Nos 350-351 ; Alfred Picard, Traité des chemins de fer, t. IV, p. 183-184 ; Carpentier et Maury, Traité pratique des chemins de fer, t. II, p. 529-530, 535-536, Nos 4347, 4348, 4369-4371 ; Lyon-Caen et Renault, Traité de droit commercial, 4ème édit., t. III, p. 686, Nos 796 ; Req., 18 Janvier 1870 (Bulletin annoté, 1870, p. 5-6 ; Dalloz, 1870, I, 267-268) ; Bordeaux, 9 Mars 1896 (Dalloz, 1898, II, 468) ; Trib. com. Seine, 16 Janvier 1901 (Bulletin annoté, 1902, II, p. 156-158 ; Dalloz, 1902, II, 314).

(6) Ce point de droit est certain V. Req., 1er Août et Civ., 26 Octobre 1904 (Bulletin annoté, 1904, II, p. 184-187, 197, Dalloz, 1906, I, 327 et 1907, I, 466 ; Sirey, 1906, I, 355 et 1908, I, 148 ; Pau, 15 Décembre 1909, Bulletin annote 1910 p. 168-173. Quelques tarifs spéciaux et la Convention de Berne (art. 40) donnent droit à la restitution d'une fraction du prix de transport par cela seul qu'il y a retard dans la livraison.

(7) L'article 59 des conditions générales d'application des tarifs spéciaux P. V. (Arrêté ministériel du 27 Février 1905, Bulletin annoté, 1905, I, p. 23-24) dispose seulement que « la compagnie est tenue, en cas de souffrance de la marchandise à la gare destinataire, d'aviser directement l'expéditeur » et que « l'envoi de cette lettre à l'expéditeur donne lieu à la perception d'une taxe de 0 fr. 10 c. ».

Les compagnies peuvent faire la preuve de l'envoi par leurs livres et papiers (1).

Carte d'abonnement non produite

Le voyageur abonné, qui entre dans un train sans être muni de sa carte d'abonnement, commet une contravention réprimée par l'article 21 de la loi du 15 Juillet 1845 (2).

Prescriptions. — Avaries

La demande en paiement d'une indemnité pour avaries, constituant une action principale, non une exception, est prescrite après le délai d'un an, alors même qu'elle se produit au cours d'une instance en paiement des frais de transport engagée par le voiturier (3).

Camionnage à domicile. — Factage à domicile. — Livraison en gare. — Délais. — Retard

Bien que les marchandises soient expédiées livrables à domicile, le destinataire a le droit de faire lui-même ou par un mandataire le factage ou le camionnage (4).

Dès lors, quand le destinataire a désigné à la compagnie un camionneur pour prendre livraison de toutes les marchandises, adressées soit en gare soit à domicile, la compagnie, malgré la mention « livrable à domicile », n'a d'autre obligation que de tenir les colis à leur arrivée à la disposition du destinataire (5).

La compagnie bénéficie, bien que le factage ou le camionnage ne soit pas effectué par ses agents, du délai supplémentaire accordé par le tarif pour le factage ou le camionnage à domicile (6).

Le retard ne court que du jour où, les délais étant expirés le destinataire réclame les colis ; encore faut-il une réclamation expresse, avec désignation spéciale des colis (7).

A défaut de cette réclamation, il n'y a pas de mise en demeure et la compagnie n'est pas tenue de dommages-intérêts pour retard (8).

---

(1) L'envoi d'une lettre est un pur fait dont la preuve peut être faite par toute partie à l'égard de toute partie, commerçante ou non, par tous les moyens.

(2) Comp. Crim., 13 Janvier 1900, II, p. 2-4, Dalloz, 1900, I, 311) ; Crim., 19 Juillet 1902 (eod., 1902, II, p. 107-111 ; Sirey, 1903, I, 375).

(3) La question est controversée. V. Besançon, 24 Novembre 1886 (Sirey, 1887, II, 225 et la note de M. Ch. Lyon-Caen ; Dalloz, Supplément au Répertoire, V° Commissionnaire, n° 340, p. 774, note) ;

(4 et 5) Jurisprudence constante. V. Civ. 6 Juillet 1903 (eod., 1903, II, p. 106-108 ; Dalloz, 1905, I, 307 ; Sirey, 1904, I, 291).

(6) V. conf. Trib. com. Clermont-l'Hérault, 30 Janvier et 6 Février 1877, (Bulletin annoté, 1877, p. 108, 231,-232. On peut considérer cette solution comme une application de la règle que les compagnies de chemins de fer ont droit au délai total (V. Bull. ann. 1910, II, p. 62, note) Comp. Louis Josserand, les Transports, p. 397-398, n° 477; Civ., 25 avril 1877 (Bulletin annoté, 1877, p. 123-125 ; Sirey, 1877, I, 475).

(7 et 8) Comp. Civ. 24 Octobre 1906 (Bulletin annoté, 1906, II, p. 176-177 ; Dalloz, 1909, I, 54 ; Sirey, 1907, I. 239)

Bagages. — Enregistrement antérieur à la prise du billet de place

L'article 12 des conditions générales d'application des tarifs généraux G. V. disposant que « l'enregistrement des bagages est effectué sur la présentation du billet de place du voyageur et est constaté par la délivrance d'un bulletin », l'enregistrement effectué avant la prise du billet de place est irrégulier et, dès lors, il n'y a pas lien de droit entre la compagnie et le voyageur (1).

Itinéraire. — Voie la plus courte

La demande du tarif le plus réduit implique le tarif le moins cher et, par conséquent, l'itinéraire kilométriquement le plus court, même pour les transports par grande vitesse (2).

Retard. — Force majeure. — Fourniture de wagons. — Chargement. — Bâchage.

Le retard ne donne droit à des dommages-intérêts que s'il a causé préjudice (3).

Des inondations qui occasionnent une interruption de service constituent un cas fortuit libérant la compagnie de l'obligation de livrer dans les délais règlementaires; mais il cesse d'y avoir cas fortuit dès que la circulation normale est rétablie sur les lignes que les marchandises doivent suivre (4).

Une compagnie de chemins de fer n'est pas tenue de mettre à jour fixe et sur un point déterminé des wagons vides à la disposition des expéditeurs, mais elle doit dans les vingt-quatre heures de la

---

(1) Cette solution peut être rattachée à la règle que les tarifs de chemins de fer doivent être appliqués littéralement. Il ne faudrait cependant pas en conclure que la preuve de la remise d'un bagage à une compagnie ne peut être faite que par la production du billet de place et du bulletin, ou de la justification que le billet de place a été pris avant l'enregistrement; la preuve peut être faite par tous les moyens, l'entrepreneur de transport étant commerçant (art. 109 C. com.).

(2) V. Civ., 3 Novembre 1909 Bulletin annoté, 1909, II, p. 184-186, et le renvoi à la note 3).

(3) V. Montpellier, 25 novembre 1909, Bull. ann. 1910, II, p. 158 et les renvois en note.

(4) Comp. les arrêts rapportés au Bulletin annoté, 1909, p. 136-140; Rouen, 20 mars et 22 mai 1909, Bull. ann. 1910, II, p. 109-117. Le Trib. de com. de Saumur, par jugement du 17 mai 1910, aff. Erraud, a jugé qu'il y a force majeure, lorsque brusquement, dans la nuit, contrairement à toutes les prévisions, les eaux font irruption et submergent complètement les quais et les wagons, empêchant toute manœuvre.

demande, aviser l'expéditeur du jour et de l'heure où les wagons seront à sa disposition (1).

Si elle répond que le matériel disponible manquant, elle fera connaître ultérieurement les dates auxquelles les wagons pourront être fournis, elle doit indiquer le motif qui l'empêche de donner satisfaction à l'expéditeur afin que celui-ci soit à même de reconnaître s'il est en présence d'un caprice ou d'un refus légitime (2).

Le bâchage est une opération du chargement (3).

Dès lors le bâchage incombe à l'expéditeur quand c'est lui qui doit, d'après le tarif, effectuer le chargement; et l'expéditeur subit les conséquences de la défectuosité du chargement ou du bâchage (4). Mais lorsque le tarif applicable oblige la compagnie à fournir les bâches, celle-ci est responsable, alors même que le chargement incombait à l'expéditeur et a été effectué par lui, des avaries provenant de la défectuosité des bâches (5).

Les compagnies de chemins de fer ne sont pas tenues de vérifier l'état du bâchage des marchandises qui leur sont remises en wagon complet bâchées par l'expéditeur et il ne leur appartient pas de modifier le bâchage en cours de route (6).

Elles ne peuvent refuser les marchandises sous prétexte que le chargement est défectueux (7).

(1 et 2) V. sur la fourniture des wagons : Rouen, 20 mars et 22 mai ; Montpellier, 16 juillet 1909; Rouen, 8 janvier et 9 mars 1910; Bull. ann., 1910, II, p. 109-121 et les renvois en note.

(3, 4, 5 et 6) Ces so'utions sont définitivement acquises en jusisprudence. V. Req., 17 mai ; Civ., 18 mai ; Req., 7 juillet 1909 (Bulletin annoté, 1909, II, p. 70-77, 120-121 ; Dalloz, 1910, I, 49; Sirey, 1910, I, p. 185-186, 189) ; les arrêts de Cours d'appel rapportés bulletin annoté, 1909, II, p. 140-147; Civ., 23 Mars 1910, Bull. ann. 1910, II, p. 80-82 et la note. Aux arrêts qui ont jugé et aux auteurs qui admettent que le chargement comprend le bâchage, adde : Toulouse, 4 août 1909 (Comp. du Midi c. Vernay, Foi); Toulouse, 1er décembre 1909 (Comp. du Midi c. Frichinos) ; Demaux-Lagrange du contrat de transport de marchandises par chemin de fer, 2e édit., p. 97-98. V. une lettre du ministre des Travaux publics, en date du 2 avril 1910, aux Présidents des chambres de commerce, Bull. ann. 1910, I, p. 49-51.

(7) Un chargement mal fait pouvant occasionner des accidents, des arrêts ou interruptions dans le service, les Compagnies de Chemins de fer doivent pouvoir refuser l'expédition de wagons dont le chargement est défectueux ; c'est ce qu'admet implicitement la Cour de cassation en décidant que les Compagnies de Chemins de fer exercent leur surveillance au point de vue du service général et de l'observation des règlements. V. Civ., 18 mai et Req., 7 juillet 1909, arrêts cités à la note précédente.

Agents assermentés. — Ministère de service public. — Constatation d'un vol.

Les agents assermentés des compagnies de chemins de fer, et spécialement les facteurs enregistreurs aux gares, sont en principe des citoyens chargés d'un ministère de service public (1).

Mais ils n'ont pas cette qualité lorsqu'ils constatent un vol même dans une gare, l'article 23 de la loi du 15 Juillet 1845 leur conférant le droit de constater non toutes les infractions pénales de quelque ordre qu'elles soient, mais seulement les crimes, délits ou contraventions prévus dans les titres I et III de la loi, titre dans lesquels le vol n'est pas mentionné (2).

Degré de juridiction. — Magasinage. — Demande indéterminée. — Appel.

Les frais de magasinage courus jusqu'au jour de l'assignation peuvent être calculés exactement d'après les tarifs en vigueur (3).

Il en est autrement des frais de magasinage à courir jusqu'à l'époque de l'enlèvement de la marchandise, cette époque étant incertaine, et le juge n ayant pas le droit de les évaluer d'office (4).

En conséquence, la demande de paiement de frais de magasinage à courir jusqu'à l'époque de l'enlèvement de la marchandise, étant indéterminée, rend le jugement susceptible d'appel (5).

Retard. — Marchandises livrables en gare. — Obligations pour le destinataire de les réclamer. — Avaries. — Faute. — Preuve.

Une compagnie de chemins de fer est condamnée à bon droit à des dommages-intérêts pour retard par un jugement qui constate que le destinataire s'étant présenté à la gare à l'expiration des délais règlementaires, les colis n'ont pu lui être livrée (6).

La compagnie est responsable des avaries à moins qu'elle ne prouve notamment qu'elles sont imputables à une faute de l'expéditeur (7).

(1 et 2) V. la note 2 in fine au Bulletin annoté, 1906, II, p. 6; Limoges, 19 Juillet 1900 (Annales des chemins de fer et des tramways, 1901, I, p. 99-102; Crim., 17 Mai 1906 (Bulletin annoté, 1906, II, p. 175-176; Dalloz, 1907, I, 117; Sirey, 1906, I, 424). Les agents assermentés des compagnies de chemins de fer sont-ils également des officiers de police judiciaire? V. Crim. 11 Août 1905 (eod., 1906, II, p. 6-9; Dalloz, 1907, I, 309).

(3, 4 et 5) V. conf. Civ., 28 Novembre 1898 (Bulletin annoté, 1898, II, p. 292-295; Dalloz, 1899, I, 605; Sirey, 1899, I, 142); Bordeaux, 3 Février 1903 (eod., 1903, II, p. 91-92; Dalloz, 1904, II, 300; Sirey, 1905, II, 111-112); Civ., 20 Janvier 1908, (eod., 1908, II, p. 50-51; Dalloz, 1910, I, 280).

(6) Pour les marchandises livrables en gare il n'y a pas retard par cela seul qu'elles ne sont pas en gare à l'expiration des délais règlementaires; il faut que le destinataire vienne les réclamer (Agen, 25 Mars 1909, Bulletin annoté, 1909, II, p. 189-191).

(7) V. Montpellier, 26 Novembre 1908 et Req., 19 Juillet 1910 (Bulletin annoté, 1909, II, p. 133-134; 1910, II, p. 92-94) et les renvois.

Délais. — Grande vitesse. — Livraison en gare.

Les compagnies de chemins de fer n'ont d'autre obligation, en vertu de l'article 4 de l'arrêté ministériel du 12 Juin 1866, que de mettre les expéditions de grande vitesse, adressées en gare, à la disposition du destinataire après l'arrivée réglementaire du train obligatoire (1).

En conséquence, doit être cassé le jugement qui, alors que la compagnie allègue avoir mis les marchandises à la disposition du destinataire dès qu'il s'est présenté à la gare, ne contredit pas cette allégation et se borne à énoncer que ce serait à la compagnie à prouver ce fait, qu'elle n'offre pas cette prouve (2).

Trains de voyageurs. — Insuffisance de wagons. — Accidents. — Responsabilité.

Les compagnies de chemins de fer doivent donner aux trains de voyageurs une composition en harmonie avec les nécessités du public (3).

En conséquence, si, à défaut de places en nombre suffisant dans les wagons, les agents de la compagnie engagent les voyageurs, contrairement aux règlements, à monter dans un fourgon de bagages, ou même ne s'opposent pas à ce que les voyageurs envahissent les postes destinés aux gardes-freins, ils commettent une faute et la compagnie est responsable de l'accident survenu à l'un de ces voyageurs (4).

Dommages prévus. — Dommages que la compagnie n'a pu prévoir. — Défaut de fourniture de wagons.

La nécessité pour un industriel d'empiler dans son magasin des sacs d'une façon inusitée et anormale et de payer à des ouvriers des frais de manutention importants, par suite de l'impossibilité d'expédier les marchandises résultant de ce que la compagnie n'a pas mis des wagons à sa disposition en temps voulu, ne justifie pas l'allocation de dommages-intérêts; la compagnie n'a pu prévoir cette cause

(1) V. conf. Civ., 25 Janvier 1910 (Bulletin annoté, 1910, II, p. 77-79). Notamment les compagnies de chemins de fer ne sont pas tenues d'adresser au destinataire des lettres d'avis (Civ., 29 Décembre 1909, eod., p. 69-71).

(2) Le destinataire, qui se plaint d'un retard dans la livraison, doit prouver qu'il s'est présenté à la gare à l'expiration du délai règlementaire et que les colis n'ont pu lui être livrés.

(3 et 4) V. Alfred Picard, Traité des chemins de fer, t. III, p. 374 et suiv. ; Carpentier et Maury, Traité pratique des chemins de fer, t. 1er, p. 496 et suiv. nos 1737 et suiv. art. 16 et 17 du décret du 1er mars 1901 ; art. 43 du Cahier des charges ; Rennes ; 22 Février 1908 (Bulletin annote, 1908, II, p. 130-134 ; Dalloz, 1910, II, 247).

de préjudice, car elle est censée ignorer que les magasins de l'expéditeur sont relativement étroits et restreints, n'ont pas toute l'étendue que comporte sa vaste exploitation (1).

De même, les compagnies de chemins de fer n'étant pas tenues d'assurer à un industriel la permanence de sa fabrication une compagnie n'est pas responsable des arrêts de fabrication résultant de ce qu'elle n'a pu fournir régulièrement, chaque jour, une quantité déterminée de wagons (2).

Au contraire, la promesse faite par la compagnie de mettre un certain nombre de wagons à la disposition d'un industriel constitue un engagement dont l'inexécution oblige la compagnie à payer des dommages-intérêts pour l'inutilisation du matériel et du personnel (3).

Passage à niveau. — Éclairage insuffisant. — Faute. — Responsabilité.

La personne actionnée en justice comme auteur d'un fait dommageable, a le droit d'appeler en cause les personnes qu'elle considère comme les seuls auteurs ou, tout au moins, comme les coauteurs de ce fait (4).

Notamment un conducteur d'automobile, assigné en responsabilité d'un accident, peut appeler en garantie la compagnie de chemins de fer à qui il reproche d'avoir occasionné cet accident en n'éclairant pas suffisamment un passage à niveau (5).

La compagnie est en faute si le passage à niveau ayant 12 mètres de large, étant situé aux abords d'une ville où la circulation est assez intense, la lanterne est fixée de façon à éclairer non le secteur tout entier, mais seulement un côté de la barrière (6).

Avaries. — Absence de réserves.

L'avarie est imputable exclusivement au fait de l'expéditeur, et par suite, la compagnie ne doit aucune indemnité, lorsque au moment de la remise en gare d'expédition existait une mouille fort ancienne, tellement ancienne que la marchandise avait eu le temps de sécher de nouveau complètement et même de se transformer en une poussière noirâtre (7).

Et il importe peu que cette avarie fût visible et que la compagnie n'eût pris aucune garantie, l'absence de réserves ou de garanties n'ayant d'autre résultat que d'établir une présomption de faute à la charge de la compagnie et de l'obliger, dès lors, à démontrer le vice propre de la chose ou la force majeure (8).

(1, 2 et 3) Comp. Rouen, 20 Mars 1909, (Bull. ann. 1911, II, p. 109-115) ; Req., 5 Juillet 1909 (Bulletin annoté, 1909, II, p. 116-120).

(4 et 5) Les recours admis contre coauteurs d'un délit ou d'un quasi-délit ne le sont pas, au contraire, en matière pénale. V. la dissertation de M. Sarrut au recueil de Dalloz, 1899, I, 66-68, notes 3, 4 et 5.

(6) Comp. Civ., 23 Novembre 1909, (Bulletin annoté, 1910, II, p. 44-46 et la note).

(7 et 8) Comp. Civ., 27 Décembre 1909, (Bulletin annoté 1911 II, p. 65-68 et la note. Pour fixer le sens de l'arrêt de la cour d'appel ci-dessus reproduit, il y a lieu de remarquer que la compagnie est, en principe, tenue de faire la preuve de sa libération et non pas seulement dans le cas où, l'avarie étant apparente au départ, elle n'a pas fait de réserves.

Fourniture de wagons. — Demande — Avis de mise à disposition. — Taxe d'affranchissement.

Les compagnies de chemins de fer ont le droit d'exiger le remboursement de la taxe d'affranchissement de l'avis donné à l'expéditeur de la mise de wagons à sa disposition (1).

L'expéditeur, au contraire, ne peut se faire rembourser la taxe d'affranchissement de la lettre par laquelle il a demandé à la compagnie une fourniture de wagons (2).

Bagages. – Allégations mensongères. — Remise volontaire du bulletin d'enregistrement. — Escroquerie.

Ne commet pas le délit d'escroquerie la personne qui présente à la gare des colis à expédier comme bagages, demande qu'ils soient enregistrés en attendant que d'autres billets ou permis soient remis par ceux qui les possèdent à l'employé enregistreur, retire les colis à la gare de destination, bien que ces autres billets ou permis n'aient jamais été remis à l'employé enregistreur, si cette personne n'a eu recours qu'à des allégations mensongères isolées de tout fait extérieur destiné à leur donner force et crédit et s'il n'est pas établi qu'elle a obtenu ou tenté d'obtenir de l'employé enregistreur la remise volontaire du bulletin d'enregistrement (3).

Délais. — Retard. — Défaut de pesage à la gare de départ. — Pesage en cours de route. — Poids porté sur la déclaration d'expédition et sur le récépissé

Un jugement contient des indications suffisantes pour le calcul des délais alors que, s'agissant d'un transport par petite vitesse effectué

(1 et 2) Aux termes de l'article 1999 C. civ., le mandant doit rembourser au mandataire les avances et les frais que celui-ci a faits pour l'exécution du mandat ; à plus forte raison, le mandant doit-il supporter les frais et avances qu'il a faits à l'occasion de la formation du contrat. Donc d'après le droit commun, l'expéditeur doit supporter la taxe d'affranchissement de la lettre par laquelle il demande à la compagnie la fourniture de wagons et la taxe d'affranchissement de la lettre par laquelle la compagnie l'informe que les wagons sont à sa disposition. Aucune dérogation n'est apportée à ce principe de droit commun, ainsi que le démontre l'arrêt, par la législation spéciale aux compagnies de chemins de fer, et notamment par l'article 6, § b. des conditions générales d'application des tarifs spéciaux P. V., combiné avec l'article 32 de l'arrêté ministériel du 27 Octobre 1909 portant fixation des frais accessoires (a). De même, il a été jugé que les compagnies de chemins de fer ont droit au remboursement du timbre d'affranchissement mis sur les lettres d'avis d'arrivée des marchandises (Req., 13 Mai 1861 ; Dalloz, 1861, I, 325 ; Sirey, 1861, I. 973). Comp. Civ., 31 Mai 1870 (Dalloz, 1870, I, 362 ; Sirey, 1870. I, 307).

(a) L'article 33 de l'arrêté ministériel du 27 Octobre 1909 (Bulletin annoté, 1909, I, p. 128-144), est devenu l'article 32 par suite de la suppression de l'article 28 par l'article 3 de l'arrêté ministériel du 28 Février 1903 (eod., 1904, I, p. 22-26). Il est reproduit dans l'article 53 des conditions générales d'application des tarifs généraux P. V. (Recueil Chaix, p. 21-24).

(3) Comp. Crim., 11 Novembre 1897 (Dalloz, 1898, I, 255). Sirey, 1908, I, 111) ; Trib. corr. Seine, 7 Mai 1910 (Bulletin annoté, 1910, II, p. 191-193).

aux conditions d'un tarif spécial, ce jugement fait connaître le jour de la remise des marchandises et celui de la livraison (1)

Le délai supplémentaire de cinq jours, qu'accorde l'article 4 des conditions générales d'application des tarifs spéciaux P. V. (décision ministérielle du 27 Octobre 1900, article 4) « à moins d'indication contraire dans les tarifs » appartient à la compagnie même quand, les marchandises étant en provenance ou à destination des voies ferrées d'un quai, le tarif spécial applicable accorde une augmentation de délai de quarante-huit heures.

Lorsqu'il n'a pas été procédé au pesage à la gare de départ la compagnie n'a droit qu'au prix de transport correspondant au poids mentionné sur la déclaration d'expédition portée sur le récépissé remis à l'expéditeur, bien qu'elle ait en cours de route constaté par un pesage, d'ailleurs non contradictoire, un poids supérieur, si elle a accepté sans faire de réserves le poids mentionné sur la déclaration d'expédition et le récépissé, et s'il est établi par les éléments de la cause que la quantité de marchandises qu'elle a prise en charge pesait le poids mentionné sur la déclaration d'expédition et le récépissé.

Action du destinataire. — Stipulation par l'expéditeur. — Opposabilité au destinataire. — Responsabilité. — Chargement. — Bâchage

L'action directe du destinataire contre le voiturier dérive du contrat de transport, l'expéditeur stipulant pour le destinataire en même temps que pour lui-même (1).

Le destinataire qui accepte ce contrat, ne peut exercer un recours qui n'appartiendrait pas à l'expéditeur (2).

Bien qu'il ait pris en charge les colis sans observations ni réserves, le voiturier a le droit de prouver que l'avarie provient d'un cas de force majeure, du vice propre de la chose ou de la faute de l'expéditeur (3).

---

(1) Comp. Civ., 25 Janvier 1910 (Bulletin annoté, 1910, II, p. 77-79) et les renvois à la note 2.

(1, 2 et 3) Principes certains. V. en ce qui concerne l'action du destinataire, Req., 19 Octobre et 30 Novembre 1891 (Dalloz, 1893, I, 9-10; Sirey, 1892, I, 275); Civ., 26 Octobre 1909 (Bulletin annoté, 1910, II, p. 15-17). En ce qui concerne le droit pour le voiturier de prouver sa libération en cas d'avaries bien qu'il n'ait fait aucunes réserves lors de la prise en charge, V. Civ., 10 juillet 1905 (Bulletin annoté, 1905, II, p. 176-177); Limoges, 3 Novembre 1906 (eod., 1907, II, p. 146-151); Poitiers, 23 Juin 1909 et Douai, 12 Janvier 1910 (eod., 1910, II, p. 136-138); Civ., 27 Décembre 1909 (eod., 1910, II, p. 65-68) et les renvois à la note 1-2.

En faisant la preuve de la force majeure, du vice propre de la chose ou de la faute de l'expéditeur, le voiturier se libère de la responsabilité des avaries (4).

La loi du 17 Mars 1905, qui annule toute clause d'irresponsabilité stipulée par le voiturier, ne lui enlève pas le droit de faire cette preuve (5).

La clause d'un tarif spécial qui oblige l'expéditeur à effectuer le chargement, ne comportant aucune présomption d'irresponsabilité au profit de la compagnie de chemins de fer, est licite (6).

D'autre part, le bâchage constitue l'une des opérations du chargement (7).

Enfin, les employés des compagnies de Chemins de fer ne sont pas tenus de vérifier à la gare de départ le chargement ou le bâchage auxquels il a été procédé par l'expéditeur en vertu du tarif spécial applicable; leur surveillance ne s'exerce qu'au point de vue du service général et de l'observation des règlements (8).

En conséquence, quand le tarif spécial applicable oblige l'expéditeur à faire le chargement, la compagnie ne peut être déclarée responsable d'une avarie qu'elle prouve avoir été causée par le mauvais état de la bâche si la bâche a été fournie par l'expéditeur ou par elle mais à titre gratuit (9).

(4 à 9) Ainsi que l'avait jugé la Chambre de requêtes par les arrêts des 17, 18 Mai et 7 Juillet 1909 (Bulletin annoté, 1909 II, p. 70-77, 120-121: Dalloz, 1910, I, 49; Sirey, 1910, I, 185-186), la chambre civile décide que la loi du 17 Mars 1905 (eod., I, p. 17; Dalloz, 1905, IV, 98; Sirey., Lois annotées, 1905, 945) ne s'oppose pas à ce que les tarifs spéciaux des chemins de fer obligent ou autorisent l'expéditeur à opérer lui-même le chargement et le bâchage, cette loi ne visant que les clauses d'irresponsabilité. Le voiturier par terre ou par voie ferrée ne peut écarter directement ou indirectement, par convention, la responsabilité que font peser sur lui les articles 1784 C. Civ. et 103 C. com. Il ne peut même intervertir l'ordre légal de la preuve. Responsable en principe il n'est admis à se libérer que par la preuve d'un cas fortuit (a) de force majeure, du vice propre de la chose ou de la faute de l'expéditeur. En réalité, la loi nouvelle ne s'applique qu'à l'hypothèse d'une convention ayant pour objet le déplacement de la preuve, car la jurisprudence n'a jamais autorisé l'application littérale des clauses de non-responsabilité, l'ordre public s'opposant, d'après elle, à la validité de la stipulation par le débiteur de l'immunité de ses fautes (V. la dissertation de M. Sarrut au recueil de Dalloz, 1890, I, 209-216). En résumé, de la jurisprudence de la Cour de cassation fermement établie, résultent les solutions suivantes: 1° la loi du 17 Mars 1905 ne vise que les clauses de non-responsabilité ; elle les annule non seulement en tant que le voiturier les invoquerait pour sa libération,

(a) L'article 103 C. com. ne mentionne que le vice propre de la chose ou la force majeure; l'article 1784 C. Civ. ne mentionne que le cas fortuit ou la force majeure. Il y a lieu évidemment d'ajouter la faute de l'expéditeur (Bulletin annoté, 1909, II, p. 61-63 note), et aussi de ne pas remarquer l'omission du cas fortuit par l'article 103 C. com., ni l'omission du vice propre de la chose par l'article 1784 C. civ., puisque cette double omission est réparée par l'un ou l'autre de ces articles. La distinction entre le cas fortuit et la force majeure est en fait parfois difficile à saisir ; elle n'offre aucun intérêt ; dans ces deux cas, comme dans les cas de vice propre de la chose ou de la faute de l'expéditeur, la libération du voiturier résulte en effet d'une cause qui lui est étrangère, art. 1147, C. civ., V. Dalloz, nouveau Code civil annoté ; art. 1148, Nos 1 à 4; Aubry et Rau, Cours de droit civil français, 5ème édit., t. V, p 630, § 373; Louis Josserand, les transports, p. 462 et suiv., Nos 566 et suiv.

Pesage supplémentaire. — Droits dus à la compagnie.

Les frais du pesage supplémentaire effectué à l'arrivée des marchandises sur la demande du destinataire doivent être acquittés par lui, soit lorsque les manquants constatés à l'arrivée ne sont pas supérieurs aux déchets de route, soit lorsque ce pesage révèle un poids supérieur à celui porté sur la lettre de voiture (1)

Au contraire, les frais de ce pesage supplémentaire ne sont pas dûs à la compagnie si les manquants dépassent les déchets de route (2).

Bagages. — Perte. — Evaluation du contenu.

Un voyageur justifie du contenu et de la valeur d'un colis bagage égaré s'il exhibe un colis de même dimension, montre qu'il pouvait contenir et contenait le nombre de chapeaux réclamés et les soieries qui les accompagnent, s'il établit par des factures acquittées que les objets disparus provenaient de chez les grands faiseurs de Paris et de Pau et coûtaient le prix par eux réclamé (3).

En conséquence, la compagnie doit payer la somme représentant cette valeur (4).

Elle doit en outre des dommages-intérêts, et pour en fixer le montant, le juge peut tenir compte de ce que dans ses conclusions la compagnie a soutenu que la réclamation avait un « caractère excessif » (5).

---

mais encore si elles l'autorisaient à faire la preuve autrement que selon le droit commun ; 2e spécialement, la clause d'un tarif spécial obligeant ou autorisant l'expéditeur à charger, à bâcher, est licite, mais la compagnie de chemins de fer doit prouver que l'avarie provient du chargement ou du bâchage ; 3o la fourniture des bâches n'est obligatoire pour la compagnie que si le tarif spécial l'exige, ou si la compagnie perçoit une taxe de location. Dans ces deux cas, la compagnie est responsable des avaries provenant du mauvais état des bâches. Ces solutions doivent être désormais suivies en pratique. D'ailleurs les litiges dans ces ordres d'idées seront désormais peu nombreux, les tarifs devant être prochainement rédigés selon des formules précises, explicites, qui ne prêteront plus à controverse. Les nouveaux tarifs font rentrer le bâchage et le débâchage dans les opérations de chargement et de déchargement, confirmant ainsi l'interprétation donnée par la jurisprudence. En outre, ils indiquent, pour chaque espèce de marchandises le genre de wagon qui devra être employé. V. les propositions de tarifs soumises à l'homologation du ministre des Travaux Publics au Journal officiel des 13 et 20 Mars 1911. p. 2019-2025, 2220-2224, et les circulaires et lettres du ministre des Travaux Publics en date des 1er Mars et 2 Avril 1910 (Bulletin annoté, 1910, I, p. 49-51, 66-67).

(1 et 2) V. conf. Pau, 128 Novembre 1889 (Dalloz, 1891 II, 79; Sirey ; 1890, II, 44). V. à propos du pesage la note 3, sous Civ., 16 Janvier 1911, (Bull. ann. 1911, p. 37-42.

(3, 4 et 5) La première solution est incontestable, le juge ayant fait usage de son pouvoir souverain d'appréciation ; la seconde ne l'est peut-être pas. La compagnie, même en déclarant excessive la somme réclamée comme représentant la valeur des objets perdus, se bornait en réalité à se défendre, à discuter le point même du débat. Pour établir la faute, l'arrêt aurait dû affirmer que l'allégation de la compagnie était dolosive, faite de mauvaise foi.

Force majeure. — Afflux extraordinaire de marchandises.

Un afflux extraordinaire de marchandises mettant une compagnie de chemins de fer dans l'impossibilité de donner satisfaction au public, ne constitue un cas de force majeure qu'autant qu'il est considérable et impossible à prévoir (1).

Fin de non-recevoir. — Article 105 du code de com. — Impossibilité de vérification. — Réserves.

La défense en justice est un droit dont l'exercice ne dégénère en faute pouvant donner lieu à des dommages-intérêts que s'il constitue un acte de malice ou de mauvais foi ou, au moins, une erreur grossière équipollente au dol ; dès lors, une compagnie de chemins de fer ne peut être condamnée à des dommages-intérêts par cet unique motif que sa résistance, en nécessitant le procès, a causé un préjudice (2).

Le jugement qui condamne à des dommages-intérêts sans indiquer le préjudice à raison duquel ces dommages-intérêts sont dus, n'est pas motivé et, dès lors, doit être cassé (3).

La fin de non-recevoir tirée de l'article 105 C. com. n'est pas opposable, soit lorsque le destinataire a fait des réserves au moment de la livraison et que ces réserves ont été acceptées par le voiturier, soit lorsque la vérification des marchandises a été, lors de la livraison, rendue impossible par le fait du voiturier (4).

Le juge du fait déclare souverainement que des réserves ont été faites par le destinataire au moment de la livraison et ont été acceptées par le voiturier (5).

---

(1) La force majeure ne peut résulter que d'un événement indépendant de la volonté humaine et que cette volonté n'a pu ni prévoir ni conjurer (Crim. 7 Août 1890, Dalloz, 1891, I, 42; Sirey, 1891, I, 238) ; dès lors, c'est d'après les circonstances de fait particulières à chaque espèce que les tribunaux décident s'il y a ou non force majeure. V. comme arrêts les plus récents : Douai, 3 Juillet 1909 (Bulletin annoté, 1911, II, p. 79-82).

(2) V. conf. Civ., 12 Février 1900 (Dalloz, 1904, I, 469; Sirey, 1902 I, 126) ; Civ., 22 Décembre 1902 (Bulletin annoté, 1902 II p. 198; Dalloz, 1904, I, 237 ; Sirey, 1903, I. 533) : Dalloz, quatrième table alphabétique de dix années, Vo Responsabilité, Nos 104 et suiv.

(3) En thèse générale, les dommages-intérêts ne sont dus qu'à la condition qu'il y ait faute et préjudice et relation entre la faute et le préjudice; par suite, tout jugement qui condamne à des dommages-intérêts sans constater, soit la faute, soit le préjudice, ne justifie pas légalement sa décision. V. Dalloz, Supplément au Répertoire, Vo Responsabilité, No 51 et suiv. ; quatrième table alphabétique de dix années, eod. Vo, Nos 7 et suiv).

(4 et 5) Deux notes publiées au Bulletin annoté, 1906, II, p. 44-46, 192-194, résument les règles formulées par la jurisprudence pour l'interprétation du nouvel article 105 C. com. Ces règles ont été maintenues par les décisions postérieures (V. Civ., 26 Décembre 1906, Bulletin annoté, 1907, II, p. 21-23; Dalloz, 1909, I,

Fin de non-recevoir. — Article 105 du code de commerce. — Refus. — Tiers propriétaire de la marchandise.

Le tiers qui ne figure au contrat de transport ni comme expéditeur ni comme destinataire, n'a pas qualité pour agir contre le voiturier alors même qu'il se prétendrait propriétaire de la marchandise, s'il n'a pas été par une cession régulière substitué à l'expéditeur (1).

La protestation motivée prévue par l'article 105 C. com. n'empêche pas la fin de non recevoir établie au profit du voiturier si elle est antérieure à la réception des objets ; elle devrait être réitérée

273-274; Sirey. 1910, I, p. 460-461). La fin de non-recevoir tirée de l'article 105 C. com. ne peut être opposée au cas de réserves faites en temps utile et acceptées par le transporteur, au cas aussi où la vérification des marchandises lors de la prise de livraison a été rendue impossible par le fait du voiturier. De ces deux solutions la première est désormais définitivement admise ; la seconde, à première vue, provoque des objections. Sous l'empire de l'ancien article 105 C. com., la jurisprudence et la doctrine étaient d'accord pour écarter l'application de cet article quand le destinataire a été mis dans l'impossibilité de vérifier les colis par le fait du voiturier ou par une circonstance de force majeure mais il en devait nécessairement être ainsi, ce texte, dont la disposition reposait sur une présomption de vérification des colis par le destinataire, n'accordant aucun délai et le destinataire étant irrecevable à agir par cela seul qu'il avait payé les frais de transport et pris livraison. Or, depuis la modification de l'article 105 C. com. par la loi du 11 Avril 1888, le destinataire a trois jours pour vérifier; qu'importe, dès lors, qu'au moment de la livraison, la vérification ait été impossible, si cette impossibilité ne s'est pas maintenue pendant ce délai de trois jours? Ces objections ont été écartées par la Cour de cassation, arrêts de la chambre civile du 5 Novembre 1906 (Bulletin annoté, 1906, II, p. 192-194 ; Dalloz, 1909, I, 273-274 sans doute pour les considérations suivantes. Le destinataire ne peut imposer au voiturier des réserves (V. la dissertion de M. Sarrut au recueil de Dalloz, 1890, II, 65, 2ème col., in medio) ; par conséquent, s'il y a pour lui impossibilité de vérifier, il doit refuser les colis ou payer le prix de transport et prendre livraison. Le refus nécessitera une expertise, des frais de magasinage ou la vente, un long et coûteux litige. Le paiement du prix de transport et la prise de livraison placeront le destinataire dans une situation défavorable, car ayant accepté la garde des objets, il sera tenu de prouver que l'avarie ou le manquant sont antérieurs à la prise de livraison (V. la dissertation précitée de M. Sarrut, p. 65, 2ème col., p. 66, 1ère et 2ème col.) Enfin, le voiturier ne doit pas être autorisé à se prévaloir d'une fraude. La fraude fait exception à toutes les règles, si bien que, quoi qu'elle ne soit expressément prévue que dans l'article 108 C. com. relatif à la prescription, il a toujours été enseigné et jugé que la fraude du voiturier le prive du bénéfice de la fin de non-recevoir édictée par l'article 105 C. com. (V. Féraud-Giraud, Code des transports de marchandises et de voyageurs par chemins de fer, 2ème édit., t. II p. 216-217, Nos 928-929). Si la fraude du voiturier écarte l'article 105 C. Com., il en est assurément de même au cas de force majeure. C'est donc à bon droit qu'il a été décidé que la fin de non-recevoir tirée de cet article cesse d'être applicable s'il y a eu, au moment de la prise de livraison, impossibilité de vérifier la marchandise soit par le fait du voiturier soit par suite de force majeure.

(1) V. Dijon, 24 Janvier 1900 (Bulletin annoté, 1900, II, p. 51-53; Dalloz, 1900, II, p. 186) ; Alger, 23 janvier 1909 (eod., 1909, II, p. 77-80 ; Dalloz, 1910, II, p. 149, Sirey, 1909, I, p. 150).

dans le délai de trois jours depuis la réception (1).

Les formalités imposées par l'article 105 C. com. étant impérativement et limitativement déterminées, la constatation par expert des avaries avant la prise de livraison, alors surtout que le voiturier n'y a pas pris part, ne dispense pas le destinataire de notifier dans les formes et dans le délai fixées par cet article une protestation motivée (2).

Mais lorsque le destinataire a d'abord refusé les colis, il n'a point à formuler de protestation dans la forme prévue par l'article 105 C. com., bien qu'il prenne ensuite livraison et paie les frais de transport, s'il a été au préalable procédé à une expertise conformément à l'article 106 C. com. (3).

Degré de juridiction. — Frais d'audience. — Demande reconventionnelle. — Demandes de wagons irrégulières

La demande d'une somme pour frais d'audience, lorsqu'elle constitue, en réalité, une demande en dommages-intérêts, doit être ajoutée à la demande principale pour la fixation du taux du ressort (4).

Dès lors, si les deux sommes réunies dépassent le chiffre de 1.500 francs, le jugement est susceptible d'appel (5).

On ne peut considérer comme étant une demande reconventionnelle en dommages-intérêts fondée exclusivement sur la demande principale la demande de dommages-intérêts en réparation du préjudice résultant pour la compagnie « des attaques dont elle aurait été l'objet tant au cours des débats de précédents procès qu'en dehors de l'audience » (6).

En conséquence, si cette demande reconventionnelle dépasse la somme de 1.500 francs, le jugement n'est pas en dernier ressort (7).

Les demandes de wagons irrégulières, c'est-à-dire qui ne contiennent pas les indications prescrites par les tarifs homologués, sont nulles et, dès lors, la compagnie n'est pas tenue à des dommages-

---

(1, 2 et 3) L'article 105 C. com. fait partir expressément du jour de la réception des objets transportés le délai de trois jours accordé au destinataire pour éviter la fin de non-recevoir. D'autre part, il précise et énumère limitativement les formalités à remplir. A défaut de l'une de ces formalités, des réserves, acceptées d'ailleurs par le voiturier, écartent la fin de non-recevoir : dans ce cas, en effet, une convention est intervenue entre le voiturier et le destinataire, convention valable puisque ni la fin de non-recevoir ni les formalités ne sont d'ordre public. Il en est de même si la vérification a été rendue impossible au moment de la livraison par le voiturier. Enfin, d'après l'arrêt de la troisième espèce, le destinataire qui, après avoir refusé les colis pour cause d'avarie, prend livraison et paie les frais de transport sans réserve, n'est pas recevable à agir contre le voiturier si, dans l'intervalle, une expertise a eu lieu conformément à l'article 106 C. com. (Comp. Civ., 26 décembre 1906 (Bulletin annoté, 1907, II, p. 21-23 ; Dalloz, 1909, I. p. 273-274).

(4 et 5) Comp. Dalloz, Supplément au Répertoire, v° Degré de juridiction, nos 71 et suiv. ; Paris, 22 mars 1897 (Dalloz, 1897, II, 224).

(6 et 7) V. conf. Civ., 28 décembre 1909 (4 arrêts ; Bulletin annoté, 1910, II, p. 53-59).

intérêts pour n'avoir pas mis en temps utile les wagons demandés à la disposition de l'expéditeur (1).

Les demandes de wagons destinés à un embranchement particulier doivent indiquer la gare destinataire : l'indication du réseau destinataire ne suffit pas (2).

Responsabilité. — Présomption contre le voiturier. — Dispense pour le juge de rechercher si la compagnie a pris toutes les précautions qu'imposait le contrat de transport. — Expertise. — Autorité légale. — Formalités.

Le voiturier étant présumé responsable de la perte ou des avaries à moins qu'il ne prouve qu'elles proviennent soit d'un cas de force majeure soit du vice propre de la chose, un arrêt déclare à bon droit une compagnie de chemins de fer responsable, sans avoir d'ailleurs à rechercher si elle avait pris toutes les précautions que lui imposait son contrat, alors qu'il constate que le coulage d'un fût a été occasionné par le défaut d'un arrimage spécial provenant soit d'un matériel de calage insuffisant, soit d'une manutention défectueuse, soit même d'un manque de soins et de surveillance incombant à la compagnie qui avait opéré le chargement (3).

L'expertise étant un mode d'instruction purement facultatif, sauf dans les cas où elle est obligatoire par une disposition légale, le juge fait usage de son pouvoir souverain d'appréciation en rejetant comme inutiles et frustratoires une expertise complémentaire ou une expérience matérielle requises par une partie (4).

L'expertise de l'article 106 C. com. a le caractère d'une mesure conservatoire prise dans l'intérêt commun du destinataire et du transporteur (5).

Elle peut intervenir utilement bien qu'une instance relative à la bonne exécution du contrat de transport soit déjà pendante au moment où la requête à fin de nomination d'un expert est présentée (6).

Cette expertise a une autorité légale et le juge peut y puiser les éléments principaux de sa décision, bien que n'aient pas été observées les formalités des articles 302 et suiv. C. proc. civ., notamment bien que l'expert n'ait pas prêté serment (7).

---

(1) V. les arrêts rapportés, Bulletin annoté, 1908, II, p. 106-113 ; Dalloz, 1910, II, 149 ; Bulletin annoté, 1909, II, p. 100-111.

(2) V. conf. Trib. com. Seine, 22 juin 1908 ; Angers 2 décembre 1908 ; Poitiers, 1er mars 1909 (Bulletin annoté, 1909, II, p. 100-111 et la note 1-2-3, p. 100-101).

(3) Les circonstances de fait retenues par l'arrêt attaqué (Toulouse, 31 Octobre 1910, Bull. ann. 1911, II, p. 124-125) établissaient la faute de la compagnie ; l'arrêt n'avait pas, dès lors, à entrer dans d'autres considérations pour justifier la condamnation à des dommages-intérêts. Comp. Civ., 8 Mars 1911 (4 arrêts Bull. ann. 1911, II, p. 43-53 et la note 4 à 9, p. 44.

(4, 5, 6 et 7) V., en ce qui concerne l'expertise ordonnée par application de l'article 106 C. com., Douai, 3 Juillet 1909, Bull. ann. II, p. 79-82, les renvois en note et surtout la dissertation au Bulletin annoté, 1907, II, p. 146-148, note 3, 4 et 5.

Il appartient au juge du fait d'apprécier l'utilité d'une offre en preuve, et de la rejeter par le motif que les faits articulés sont non pertinents et sans portée (1).

Bagages. — Cercueils. — Urnes funéraires.

Tout voyageur qui a payé le prix de sa place doit, en principe, être admis à présenter comme bagages les objets, quels qu'ils soient, qu'il veut faire transporter avec lui et à réclamer le bénéfice de la gratuité jusqu'à la limite du poids fixé par l'article 44 du cahier des charges; mais ce droit cesse lorsque le transport des objets est soumis à des règlements particuliers insérés aux tarifs (2).

Notamment une caisse renfermant des cendres funéraires ne peut être emportée comme bagage, le transport des cendres funéraires devant être assimilé au transport d'un cercueil, lequel fait l'objet de prescriptions spéciales (3).

Délais. — Retard. — Marchandises livrables en gare. — Mise à la disposition des destinataires.

Le jugement qui, alors que les conclusions de la compagnie présentaient un calcul détaillé des délais réglementaires pour établir qu'il n'y avait pas retard, déclare seulement que « l'avarie est imputable à la compagnie à cause d'un retard assez grand dans la livrai-

---

(1) Le juge du fait apprécie souverainement si les articulations d'une offre en preuve sont pertinentes ou concluantes ; au contraire, la question de savoir si l'offre en preuve est admissible, soulève une question de droit soumise au contrôle de la Cour de cassation. V. Dalloz, Répertoire, v° Preuve, n° 58 ; Supplément au Répertoire, eod., v°, n°s 35-36 ; Répertoire, v° Cassation, n°s 1697 et 1698 ; Supplément au répertoire, eod. v°, n° 401 ; Quatrième table alphabétique de dix années, v° Cassation, n°s 341 et suiv.).

(2 et 3) Dans l'espèce, le voyageur avait emporté comme bagages une caisse contenant des cendres funéraires. La compagnie a réclamé à bon droit la taxe établie pour le transport des cercueils par l'article 32 des conditions générales d'application des tarifs généraux G.V., article placé sous la rubrique : Pompes funèbres. Le dictionnaire de la langue française, par Littré, définit le cercueil : « une caisse de bois, de plomb, etc. dans laquelle on met un corps mort ». La caisse ou l'urne qui contient des cendres funéraires est assurément un cercueil, car les cendres produites par l'incinération sont la représentation du corps humain. En tous cas, il y a lieu d'assimiler les cendres funéraires à un corps mort au point de vue des tarifs de chemins de fer, et du mode de transport. Le transport a lieu, en effet, au tarif général, donc l'assimilation est possible. Le décret du 27 avril 1889, qui détermine les conditions applicables aux divers modes de sépulture (Dalloz, 1889, IV, 56 ; Sirey, Lois annotées, 1889, 470), considère l'incinération comme un mode de sépulture.

son », ne met pas la Cour de cassation en mesure d'exercer son contrôle et, dès lors, doit être cassé (1).

Les compagnies de chemins de fer n'étant tenues que de l'obligation de tenir les marchandises livrables en gare à la disposition du destinataire après l'expiration des délais règlementaires, le jugement qui condamne une compagnie à des dommages-intérêts pour un prétendu retard sans faire connaître exactement la date à laquelle le destinataire a pour la première fois réclamé à la gare la livraison des marchandises, ne met pas la Cour de cassation en mesure d'exercer son contrôle et, dès lors, doit être cassé (2).

Force majeure. — Rupture d'une pièce de locomotive. — Correspondances manquées. — Contrat de transport prenant fin avant le point de correspondance.

La rupture d'une pièce de locomotive, pouvant provenir de causes diverses, l'articulation que cette rupture a occasionné le retard d'un train n'est point pertinente comme preuve d'un cas de force majeure; la cause de la rupture doit être précisée afin de permettre au tribunal d'apprécier si la compagnie n'a pu ni la prévoir ni l'empêcher (3).

D'ailleurs, la compagnie est obligée, autant dans l'intérêt de la sécurité que pour la régularité du service, de ne faire usage que de machines éprouvées et examinées scrupuleusement avant chaque emploi (4).

L'arrêt d'un train en cours de route par la rupture des fils télégraphiques causée par un violent orage ne peut être invoqué comme un cas de force majeure à propos d'un train supplémentaire formé après le passage du train ordinaire, si c'est par un retard imputable à la faute de la compagnie que le train ordinaire n'avait pu être pris par les voyageurs (5).

Une compagnie ne peut se prévaloir de la disposition, insérée dans le livret de la marche des trains, portant que « la correspondance n'est pas garantie aux voyageurs passant de son réseau sur un autre », alors que le contrat de transport prenait fin à la limite de son réseau (6).

(1 et 2) V. Civ., 6 novembre 1907 (Bulletin annoté, 1908, II, p. 38-39 Dalloz, 1910, I, 206; Sirey, 1908, I, 366; Civ., 25 janvier 1910, eod., 1910, p. 77-79; Civ., 30 novembre 1910; Bull. ann. 1911, II, p. 5-13) et les renvois en note sous ces arrêts.

(3, 4 et 5) V. Req., 23 mai 1911, Bull. ann. 1911, II, p. 130-135 et la note.

(6) Comp. Justice de paix de Moissac, 1er mai 1908 (Bulletin annoté, 1909 II, p. 21-22).

Responsabilité. — Clause relative au nombre ou au poids des colis. — Comptage des colis

La loi du 17 mars 1905, qui prohibe toute clause d'exonération de responsabilité du voiturier pour le cas de perte ou d'avaries, n'interdit pas aux expéditeurs ou aux voituriers de préciser, eu égard à la nature des objets à transporter, que leur prise en charge ne portera que sur leur nombre ou sur leur poids (1)

Le comptage des colis n'est pas obligatoire pour les compagnies de chemins de fer (2).

Le défaut de comptage ne les dispense pas d'ailleurs de délivrer tous les colis qui leur ont été remis.

Et la preuve du nombre des colis peut être faite autrement que par la production du récépissé et la mention sur ce récépissé du nombre de colis.

Lorsque le comptage n'a pas eu lieu, la mention sur le récépissé délivré à l'expéditeur du nombre de colis indiqués sur la déclaration d'expédition est inopérante et sans valeur.

En conséquence, la compagnie n'ayant pris en charge que le poids, sa responsabilité est limitée au poids accepté et délivré.

Témoins. — Employés des compagnies. — Avaries. — Vice propre. — Faute de l'expéditeur.

Les employés des compagnies de chemins de fer n'étant pas leurs serviteurs ou domestiques, ne peuvent, en cette qualité, être reprochés comme témoins dans une enquête (3).

La faute de l'expéditeur doit être assimilée au vice propre de la chose, le voiturier ne pouvant, pas plus dans un cas que dans l'autre, répondre d'un fait auquel il est étranger (4).

Il y a faute de la part de l'expéditeur à charger des animaux en trop grand nombre dans un wagon, alors surtout que ces animaux étant de tailles différentes, les petits étaient particulièrement exposés à tomber et à être foulés aux pieds (5) ;

A leur faire prendre au moment du chargement un repas trop copieux qui a provoqué une congestion (6) ;

A ne pas les faire accompagner par un toucheur de bestiaux à qui cependant un billet avait été remis par la compagnie (7).

---

(1) Comp Civ., 8 Mars 1911, Bull. ann. 1911, II, p. 43-53 et la note.

(2) Tandis que la formalité du pesage au départ est obligatoire (V. Bull. ann. 1911, II, p. 37-42. note 3); les compagnies de chemins de fer ne sont pas tenues de procéder d'office au comptage. Une réquisition de l'expéditeur est nécessaire; cette réquisition est d'ailleurs inefficace dans les hypothèses où, par exception, la compagnie est en droit de refuser le comptage.

(3) V. conf. Civ., 22 Février 1897 (Bulletin annoté, 1897, p. 63-64 ; Dalloz, 1897, I, 535; Sirey, 1897, I, 116) ; Paris, 11 Janvier et Pau, 2 Juin 1905 (eod., 1905, II, p. 142-145; 1907, II, p. 34-36; Dalloz, 1907, V, 51), et les renvois en note.

(4, 5, 6 et 7) Comp. les notes 1, 2 et 3, Bulletin annoté, 1909, II, p. 61-63; Douai, 12 Janvier 1910 (eod., 1910, II, p. 136-138).

Bâchage — Chargement. — Matériel d'exploitation. — Sens de ces mots. — Bâches.

Le bâchage constitue une opération complémentaire du chargement (1).

Dès lors, quand le tarif oblige l'expéditeur à faire le chargement, celui-ci est responsable des avaries occasionnées par le mauvais état des bâches fournies par la compagnie, si, d'ailleurs, ces bâches ont été mises à la disposition de l'expéditeur sans perception d'une taxe supplémentaire (2).

Les compagnies de chemins de fer ne sont pas en faute par cela seul qu'elles n'ont pas surveillé le chargement, soit au départ, soit en cours de route; la surveillance à laquelle elles sont tenues ne s'exerce qu'au point de vue du service général et de l'observation des règlements (3).

On ne peut non plus invoquer l'article 15 du décret du 1er mars 1901, qui dispose que « tout le matériel d'exploitation sera constamment maintenu dans un bon état d'entretien », les bâches ne pouvant être considérées comme comprises dans le matériel d'exploitation, c'est-à-dire dans le matériel de traction ou de transport (4).

Fourniture de wagons. — Demande de wagons d'un type spécial. — Indication d'un jour fixe. — Demande non obligatoire pour les compagnies.

Les compagnies de chemins de fer n'ont d'autres obligations que celles qui leur sont imposées par les lois et règlements ou arrêtés ministériels homologués qui les concernent. Aux termes de leurs cahiers des charges elles ne sont pas tenues de mettre à jour fixe des wagons vides d'un type spécial à la disposition de ceux qui les demandent ; d'autre part, elles ne sont pas davantage tenues, à défaut de wagons spéciaux, d'offrir à jour fixe des wagons du type ordinaire. Elles sont seulement obligées d'effectuer les expéditions suivant l'ordre des demandes, sans jamais faire de tour de faveur. Il est facile de comprendre, en effet, qu'une compagnie qui s'étend sur un long réseau, comprenant de nombreuses gares, ne peut pas toujours avoir à un moment donné assez de wagons d'un type déterminé ou même seulement de wagons du type ordinaire pour satisfaire à toutes les exigences qui se manifestent au même instant sur des points divers,

---

(1, 2 et 3) La jurisprudence est définitivement fixée sur ces divers points. V. Civ., 8 Mars 1911 (Bull. ann. 1911, II, p. 43-53) et les notes, p. 44-47.

(4) V. relativement aux objets qui constituent le matériel des chemins de fer, Alfred Picard, Traité des chemins de fer, t. III, p. 281 et suiv. ; Palaa, Dictionnaire législatif et règlementaire des chemins de fer, 3e éd., t. II, p. 244 et suiv., et pour le commentaire de l'art. 15 du décret du 1er Mars 1901, Victor Mittre, Etude comparative de l'ancien et du nouveau texte de l'ordonnance royale du 15 Novembre 1846, p. 22 et suiv.

parfois très éloignés les uns des autres ; que l'y contraindre ce serait créer une cause d'embarras dont elle ne pourrait sortir quelque fût l'importance de son matériel (1).

Demande de wagons. — Nécessité d'un écrit. — Demande irrégulière non obligatoire. — Promesse de la gare inopérante. — Règles applicables aux expéditions provenant d'embranchements particuliers.

Les demandes de wagons faites par tout expéditeur qui veut bénéficier des tarifs spéciaux, doivent être formulées par écrit, et la compagnie ne saurait être engagée par la promesse faite par un chef de gare de donner un effet utile à une demande de matériel qui est irrégulière, de même qu'un expéditeur ne saurait se prévaloir des irrégularités qui auraient été commises depuis longtemps à son profit, la tolérance ou l'erreur ne pouvant jamais instituer un droit à l'encontre des tarifs.

Est irrégulière, une demande écrite de wagons ne renfermant pas les indications formellement prescrites, telles que la mention du tarif à appliquer ou celle du poids approximatif de chaque wagon.

Les règles spéciales aux embranchements particuliers ne prévoient pour les expéditions faites de ce point d'origine aucune dispense de l'indication du poids des marchandises à transporter. (2)

Fourniture de matériel. — Demande de wagons d'un type déterminé non obligatoire. — Tarifs. — Clause du minimum de perception par wagon. — Intérprétation.

Un expéditeur ne peut critiquer la hauteur ou la disposition des ranchers d'un wagon, sous prétexte qu'ils ne permettent pas de charger ce wagon de façon à atteindre le minimum de charge : cette prétention est inadmissible, les formes et les dispositions des wagons, approuvées par l'autorité administrative, ayant été établies dans des conditions à éviter des dangers pour la sécurité publique.

D'autre part, un expéditeur ne peut faire grief à une compagnie de ne lui avoir pas fourni des wagons spéciaux d'un type à boggie susceptible de recevoir des bois d'une certaine longueur, et de l'avoir mis dans la nécessité d'utiliser deux wagons réunis, la compagnie n'étant tenu que de fournir des wagons du type déterminé pour le chargement de la marchandise dont le transport est requis ; et elle satisfait suffisamment à cette obligation en mettant à la disposition de l'expéditeur des wagons destinés, d'après le tarif, au transport de la marchandise à raison de deux wagons réunis.

---

(1) 6 Décembre 1907. — Arrêt de la Cour d'appel de Caen, confirmant un jugement du Tribunal de Commerce d'Alençon du 18 Mars 1907.

(2) 7 août 1908. Arrêt de la Cour d'appel d'Agen infirmant un jugement du Tribunal de Commerce de Neyrac du 24 Janvier 1908.

Enfin, lorsqu'un tarif mentionne qu'exceptionnellement, lorsque l'un des wagons porteurs mis à la disposition des expéditeurs ne peut porter qu'un poids inférieur à un poids déterminé au tarif (7.000 kilogs) le minimum de poids à taxer par wagon est abaissé au niveau du poids que peut porter le wagon, dont la limite de charge est la plus faible ; cette expression « ne peut porter » n'a trait qu'au poids réel que le wagon peut porter, qu'à la charge qu'il peut supporter, et non à sa capacité envisagée au point de vue du cubage de la marchandise transportée. — Dès lors le prix du minimum de 7.000 kilogs est dû, alors même que la dimension jointe à la densité de la marchandise ne permet pas eu égard à la contenance des wagons, subordonnée elle-même à la hauteur des ranchers d'atteindre le minimum de chargement de 7000 kilogs (1).

Fourniture de matériel.

Toute demande de fournitures de wagons à la plus grande importance, aussi bien pour la compagnie de chemins de fer que pour l'expéditeur lui-même puisque, comme le prescrit l'article 6 § B des conditions générales d'application des tarifs spéciaux de petite vitesse, la remise de cette demande constitue le point de départ des délais de transport. Cette importance ressort plus nettement encore lorsque la compagnie est actionnée précisement pour avoir dépassé les délais impartis entre le jour de la remise des lettres de demande de matériel et le jour où les marchandises à transporter sont arrivées à destination.

D'après l'article 6 ci-dessus relaté, toutes les indications que doit contenir la demande sont formellement exigées de chaque expéditeur ; elles doivent être fournies en même temps ; par suite l'omission de l'une ou plusieurs d'entre elles ne peut être suppléée par des mentions inscrites sur quelque autre pièce fournie ultérieurement par l'expéditeur, telle que la déclaration d'expédition, laquelle est établie le jour non de la fourniture des wagons, mais bien de la remise des marchandises à expédier.

Doivent, par suite, être considérées comme irrégulières les demandes dans lesquelles l'expéditeur a omis de préciser soit le poids approximatif des objets à transporter, soit le réseau destinataire, soit le tarif à appliquer. Par suite de cette irrégularité, la compagnie de chemin de fer n'a point à en tenir compte et peut, à bon droit, les considérer comme non avenues.

C'est à tort que l'expéditeur prétendrait que la compagnie aurait couvert ces irrégularités et renoncé à s'en prévaloir soit par une exécution volontaire, soit par une acceptation expresse des demandes. L'exécution volontaire d'un acte irrégulier n'en comporte, en effet, la confirmation ou la ratification qu'autant qu'il est certain que l'exécution a eu lieu en pleine connaissance du vice dont cet acte était infecté et dans l'intention de réparer ce vice. Il appartient par suite à l'expéditeur d'en fournir la preuve.

---

(1) 6 Novembre 1908. Arrêt de la Cour d'appel de Riom.

D'autre part, une compagnie ne peut pas renoncer en faveur d'un particulier à l'exécution stricte des conditions d'un tarif dûment homologué, et elle aurait été sans droit pour s'engager à couvrir une nullité commise par un expéditeur dans sa déclaration, puisqu'elle aurait conservé le droit d'opposer à un autre la rigueur des règlements, ce qui serait absolument contraire au principe d'égalité en matière de transports, édicté par l'article 50 de l'ordonnance du 15 Novembre 1846 (1).

Délais de transport. — Transport mixte. — Emploi d'un train de messageries. — Délais de l'arrêté ministériel du 12 Juin 1866 obligatoires.

A l'occasion du transport d'un wagon de choux-fleurs effectué le 4 Mai 1902, de Saint-Malo à Nancy, en petite vitesse jusqu'à Versailles et en grande vitesse par un train de messageries de Versailles à Nancy, la compagnie de l'Est avait intenté contre le destinataire une action pour obtenir le paiement du prix de ce transport au tarif de grande vitesse, de Versailles à Nancy alors qu'il avait été par erreur calculé au tarif de la petite vitesse. Le Tribunal de Commerce de Nancy avait décidé que ce prix n'était dû qu'au tarif de petite vitesse sur tout le parcours, sous prétexte que la compagnie ne faisait pas la preuve du transport en grande vitesse de Versailles à Nancy, et que la marchandise était arrivée par un train de Messageries avec un retard de 1 heure 8 minutes sur les délais de grande vitesse.

Un pourvoi en cassation ayant été formé contre ce jugement, la Cour de cassation en a prononcé la cassation par les considérations suivantes :

En droit, les compagnies de chemins de fer ne sont pas tenues de livrer avant l'expiration des délais règlementaires les marchandises qui leur sont confiées. — En faisant voyager l'expédition litigieuse par un train de messageries, de Versailles à Nancy, la compagnie a usé du droit qui lui appartenait de se prévaloir de l'ensemble des délais fixés par l'arrêté ministériel du 12 Juin 1876.

Dès lors en déclarant cette compagnie responsable d'un retard sans contester l'exactitude des calculs produits par elle, comme étant de nature à justifier que la livraison avait été effectuée dans les délais réglementaires, le Tribunal n'a pas légalement justifié sa décision et a violé les principes ci-dessus posés (2).

(1) 30 Janvier 1908. Arrêt de la Cour d'appel de Paris.

(2) 6 Novembre 1907. — Arrêt de la Cour de Cassation. — Chambre civile

Expédition par wagon complet. — Déclaration d'expédition. — Inscription du numéro du wagon par un agent de la gare. — Erreur de numéro. — Non responsabilité du chemin de fer.

D'après l'article 44 des conditions générales d'application des tarifs P. V., toute expédition doit être accompagnée d'une déclaration datée et signée indiquant le nom et l'adresse de l'expéditeur. le nom et l'adresse du destinataire, le nombre, le poids et la nature des colis à expédier, leurs numéros, marques et adresses.

Si l'indication demandée des marques et numéros est facilement applicable lorsqu'il s'agit de colis de forme et dimensions en permettant l'apposition, il n'en est pas de même, lorsqu'il s'agit du chargement complet d'un wagon avec des articles en vrac, Dans ce cas, le numéro du wagon doit être considéré comme le numéro du colis, le wagon ne pouvant être tenu que comme l'emballage renfermant la marchandise et permettant de l'identifier.

C'est donc à l'expéditeur qu'il appartient de porter sur la déclaration d'expédition le numéro du wagon.

D'autre part, l'employé d'une compagnie de chemin de fer qui inscrit sur la déclaration d'expédition les mentions et déclarations exigées par les tarifs, au lieu et place de l'expéditeur, est comme le véritable mandataire de celui-ci qui, en signant la déclaration accepte et s'approprie toutes les mentions qu'elle contient et en prend la responsabilité.

Par suite, en cas d'erreur dans la transcription sur la déclaration d'expédition du numéro du wagon, erreur imputable à un agent de la gare qui s'était chargé de porter cette mention sur la demande des préposés de l'expéditeur, ce dernier est mal fondé à prétendre que le dit agent a agi en tant qu'agent de la compagnie et à réclamer à celle-ci des dommages-intérêts pour le préjudice que lui a causé cette erreur (1).

Places des voyageurs

La compagnie ne doit à chaque voyageur qu'une place individuelle. Elle n'est pas obligée, par exemple, d'assurer aux parents voyageant ensemble des places telles qu'ils se trouvent tous réunis dans un même compartiment (2).

---

(1) 23 Février 1912. — Jugement du Tribunal de Commerce de Saint-Brieuc.

(2) Voir en ce sens : Jugement du juge de paix d'Amiens, du 24 Mai 1877, rapporté dans le Bulletin des Chemins de fer, de M. Lamé Fleury, année 1878. p. 137. — Voir encore au Code annoté du même auteur (p. 945), une sentence du juge de paix de Paris, du 10 Novembre 1876.

On lit, toutefois, dans une depêche ministérielle du 21 Octobre 1856 : « En ce qui concerne le placement des voyageurs dans les voitures, les compagnies ont le droit de répartir les voyageurs selon les besoins du service. Les employés des chemins de fer ne doivent user de ce droit qu'avec convenance et politesse ».

Plombs de Douane. — Rupture des plombs apposés sur les wagons à marchandises par le service de la douane.

Dans les cas où, par suite d'accident, on est obligé, en cours de route, de transborder les bagages ou les marchandises d'un wagon dans un autre, ce transbordement ne peut s'effectuer, si le convoi n'est escorté, qu'en présence du commissaire de surveillance administrative qui doit être avisé sur le champ, à cet effet, par le Conducteur de train, et qui scelle, de son propre cachet, le wagon où les colis ont été rechargés. Il dresse en même temps un procès-verbal de ces opérations, qui est revêtu de la signature d'un agent de la compagnie et que le Chef de train remet au bureau de destination. Toute rupture ou altération du plombage en cours de transport est constatée et réparée dans la même forme.

Quant au remplacement des plombs, il suffit, pour y suppléer, que les commissaires de surveillance réunissent sous l'empreinte de leur cachet, les extrémités de la ficelle qui fixe les portières du wagon et reproduisent l'empreinte de leur cachet sur le procès-verbal. (Circulaire au contrôle du 5 Janvier 1861).

Même façon d'opérer dans le cas d'absence de plomb.

Toutefois, les commissaires de surveillance administrative n'ont pas à intervenir dans ces divers cas, lorsque, dans la gare, est installé un poste de douaniers, (Circulaire des 29 Septembre 1865 et 7 Juillet 1870).

Lettre d'avis

C'est la lettre par laquelle la compagnie informe le destinataire de l'arrivée de ses marchandises. Une jurisprudence constante admet aujourd'hui que l'envoi de cette lettre n'est pas obligatoire pour les compagnies et qu'elle a uniquement pour but de faire courir les délais de magasinage.

Par suite : 1° le destinataire ne peut se plaindre de n'avoir pas reçu de lettre d'avis ; 2° il doit le timbre de cette lettre, qui est destinée à lui éviter les frais de magasinage ; 3° si, par suite d'une erreur de la poste la lettre n'arrive pas en temps utile, le magasinage n'en est pas moins dû.

Transport de marchandises. — Tarif à clause, sans comptage. — Validité de cette clause. — Ses effets au point de vue du contrat de transport

Une compagnie est fondée à imposer au commerce la clause « sans comptage » en vertu de l'article 50 des conditions d'application des tarifs généraux de petite vitesse, dans le cas où le chargement des marchandises (dans l'espèce des balles de laine) a été effectué par l'expéditeur et que le comptage ne peut se faire de l'extérieur, sans toucher au chargement.

Cette mention « sans comptage » apposée sur le récépissé, produit cet effet que la compagnie n'est pas tenue par la déclaration de l'expéditeur, relativement au nombre des objets qu'elle déclare ne point vérifier, et que si elle ne délivre qu'un nombre de colis inférieur à celui mentionné sur le récépissé, elle n'en sera pas moins libérée de ses obligations du contrat de transport, en justifiant que le poids des marchandises par elle livrées à l'arrivée est égal à celui qui a été déterminé et accepté par elle au départ.

Cette mention n'est nullement une clause d'exonération ni de non responsabilité; elle ne déroge nullement au principe fondamental de l'article 103 du Code de Commerce que le voiturier est garant des objets qu'on lui confie; il est évident que si, en dehors de la déclaration, le destinataire faisait, comformément au droit commun, la preuve que la compagnie a reçu un nombre, déterminé de colis, celle-ci, serait tenue de remettre effectivement ce nombre.

Mais la loi du 17 Mars 1905, qui prohibe toute clause d'exonération de responsabilité du voiturier, pour le cas de perte ou d'avaries qui peuvent survenir dans le transport, n'interdit nullement aux expéditeurs ou aux voituriers de préciser, eu égard à la nature des objets à transporter, que leur prise en charge ne portera que sur leur nombre ou sur leur poids. Il ressort de la discussion de la loi que l'intention du législateur a été d'autoriser cette façon d'agir, et la limitation de responsabilité qui en découle. La compagnie ne cesse pas d'être garante de la perte qui pouvait survenir, mais n'ayant pris en charge que le poids et non le nombre des balles, elle satisfait à ses obligations si la livraison comprend le poids indiqué lors de l'expédition, et elle ne serait responsable que si une perte ou un manquant en poids avait été constaté.

Il importe peu que ce poids ait été, au départ, déterminé à la suite d'un pesage opéré par la compagine ou par l'expéditeur, à qui la compagnie a fait foi; en omettant d'effectuer elle-même le pesage, et en s'en rapportant à la déclaration de l'expéditeur, la compagnie ne modifie en rien la clause insérée à la feuille d'expédition; elle court seulement le risque de ne pas percevoir l'intégralité du coût du transport et de subir la garantie d'un manquant sur le poids déclaré.

Faisant application de ces principes, la Cour a déclaré que la compagnie s'était libérée de l'obligation contractée par elle de remettre des marchandises d'un poids déterminé, reconnu et accepté par elle au départ, bien qu'il ait été allégué et prouvé qu'un manquant sur le nombre existait à l'arrivée, alors qu'il était justifié qu'il n'y avait pas de manquant sur le poids. (Dans l'espèce, la vérification du poids à l'arrivée avait même fait ressortir un excédent de poids sur celui qui avait été déclaré au départ (1).

---

(1) 6 Novembre 1907. — Arrêt de la Cour d'appel de Douai, réformant un jugement du Tribunal de Commerce de Roubaix du 10 Mai 1907.

Article 105 du code de commerce. — Nécessité d'une acceptation des réseaux. — Transport de marchandises sans comptage. — Non responsabilité pour le manquant en nombre

Si les prescriptions impératives de l'article 105 du Code de Commerce peuvent, par exception, cesser d'être applicable c'est à la condition que le destinataire aura fait des réserves au moment de la livraison des marchandises, et que les dites réserves auront été acceptées par le transporteur. — Le fait par un agent de la compagnie d'avoir laissé inscrire par le destinataire des réserves au bas de la lettre d'avis ne saurait, en l'absence de toute autre preuve, être considéré comme des réserves formelles et surtout comme une acceptation de ces réserves par la compagnie, impliquant formellement la reconnaissance de l'avarie ou du manquant.

D'autre part, s'il est vrai que, malgré la généralité des termes de l'article 105, il doit y être fait exception dans le cas de fraude ou d'infidélité, c'est au destinataire à justifier que les manquants qu'il aura fait constater contradictoirement sont le résultat de soustractions frauduleuses de la compagnie ou de ses agents.

Enfin, lorsque des expéditions ont été, en raison de leur nature et de l'impossibilité pour la compagnie de contrôler le nombre des colis, faites soit avec la mention « sans comptage », soit, « sans réquisition de comptage », c'est-à-dire que les parties ont convenu de limiter la responsabilité de la compagnie au poids délivré et accepté, dans ce cas le destinataire est mal fondé à se plaindre d'un manquant en nombre. Pour justifier ses réserves et sa demande, il devrait établir que la compagnie ne lui a pas délivré le poids déclaré et pris en charge (1).

Transport de marchandises. — Souffrance — Demande en enlèvement contre paiement de tous les frais. — Caractère indéterminé. — Recevabilité de l'appel

Lorsqu'une compagnie de chemins de fer actionnée en paiement de la valeur d'une marchandise refusée par un destinataire, conclut reconventionnellement à ce que ce dernier soit condamné à payer les frais de transport, et en outre, à enlever les marchandises sous tel délai qu'il plaira au Tribunal fixer, et contre paiement de tous les frais qui la grèvent, sinon à ce qu'il soit procédé à la vente pour se payer à valoir ou à due concurrence du montant de sa créance, l'objet de la demande reconventionnelle est indéterminé et rend susceptible d'appel le jugement à intervenir quand bien même la demande principale n'excéderait pas le taux du premier ressort.

(1) 13 Mai 1908. — Arrêt de la Cour d'appel de Douai, infirmant un jugement du Tribunal de Commerce de Boulogne-sur-Mer du 14 Janvier 1908.

En effet, la créance de tous les frais grevant la marchandise dont la compagnie réclame le montant, ne comprend pas seulement les frais de magasinage, arrêtés au jour de la demande reconventionnelle, lesquels peuvent être calculés exactement suivant les tarifs en vigueur, mais nécessairement aussi, ceux du magasinage à courir jusqu'à l'époque incertaine de l'enlèvement ou de la mise en vente de la marchandise litigieuse, taxe que la compagnie est tenue de percevoir et qu'il n'appartient pas au juge d'évaluer d'office (1).

Retard dans l'expédition et la délivrance d'un colis. — Laisser pour compte prétendu. — Droit à indemnité. — Mise à disposition du destinataire. — Refus de prise de livraison. — Faute. — Obligation de l'enlever sous réserves. — Frais de magasinage.

Si le destinataire d'un colis est en droit de réclamer au transporteur des dommages-intérêts pour le retard dans l'expédition et la délivrance de ce colis, il est mal fondé à prétendre au laisser pour compte, sous le prétexte de remplacement du colis qui lui a fait défaut, le laisser pour compte ne pouvant se justifier au cas de retard que si la marchandise avariée est devenue impropre au commerce, ou a subi une détérioration considérable.

Le refus de prendre livraison du colis, alors qu'il eût dû l'enlever sous réserve de ses droits, a pour conséquence de mettre à la charge du destinataire les frais de magasinage, à partir du jour de la mise à sa disposition jusqu'au jour de l'enlèvement (2).

Marchandises livrables en gare.

Une compagnie de chemins de fer n'est pas tenue d'aviser le destinataire d'une marchandise livrable en gare. Par suite pour avoir droit à des dommages intérêts pour retard apporté à la livraison de la marchandise, le destinataire doit établir qu'il a réclamé celle-ci après l'expiration des délais de transport et avant la date à laquelle la marchandise a été mise à sa disposition (3).

Marchandises livrables en gare.

Lorsque des marchandises ont été expédiées en gare, la compagnie est en droit d'exiger du destinataire le paiement des frais de magasinage, si elle lui a envoyé une lettre d'avis, alors même que cette lettre ne serait point parvenue au destinataire ou lui serait parvenue en retard.

(1) 20 Janvier 1908. — Arrêt de la Cour de Cassation — Chambre Civile, cassant un arrêt de la Cour d'Appel de Bordeaux du 19 Avril 1905

(2) Tribunal de commerce du Havre, 28 Novembre 1910. Rec. Havre, 1911, I, 67.

(3) 19 Décembre 1907. — Jugement du Tribunal de commerce de Nice.

La preuve de l'envoi de la lettre d'avis est suffisamment faite par les indications du registre à souche de la gare qui a envoyé cet avis (1).

Marchandises. — Livraison au représentant de l'expéditeur. — Emploi de manœuvres frauduleuses. — Réclamation par l'expéditeur. — Non responsabilité de la compagnie.

L'expéditeur qui réclame à une compagnie de chemins de fer la valeur d'expéditions, dont son représentant a pris livraison au moyen de manœuvres frauduleuses, est en faute d'avoir pris à son service cet agent infidèle et de lui avoir confié des papiers de commerce dont il a fait un usage abusif.

Bien que les compagnies de chemins de fer ne doivent remettre qu'aux destinataires les marchandises livrables, en gare, elles ne peuvent ni ne doivent, en cas de réclamation par un agent de l'expéditeur, procéder à des enquêtes que les besoins du commerce et la rapidité des livraisons ne permettent pas. La présentation de lettre d'avis, ou à leur défaut, des factures envoyées par la poste au destinataire, constitue une attestation d'identité suffisamment probante, surtout lorsqu'elle est appuyée de documents établissant la qualité de représentant de l'expéditeur (2).

Transport de marchandises. — Retard. — Livraison au destinataire sous réserves. — Action de l'expéditeur. — Rejet.

Les réserves formulées lors de la prise de livraison par le destinataire ne sont opérantes qu'en ce qui concerne le préjudice éprouvé par lui-même, et la livraison qui lui est faite forclos l'expéditeur de toute réclamation utile (3).

Marchandises. — Perte partielle. — Prise de livraison par le destinataire avec réserves. — Action de l'expéditeur. — Irrecevabilité

L'acceptation par le destinataire d'une partie de l'envoi, même avec réserves, met fin au contrat de transport vis-à-vis de l'expéditeur. Par cette acceptation, le destinataire fait siennes toutes les réclamations possibles contre le chemin de fer, d'où impossibilité pour l'expéditeur d'exercer les mêmes réclamations.

---

(1) 13 Avril 1908. — Jugement du Tribunal de commerce de Toulouse.

(2) 27 Novembre 1907. — Arrêt de la Cour d'appel de Douai infirmant un jugement du Tribunal de commerce de Valenciennes, du 9 Avril 1907.

(3) 8 Novembre 1907. — Jugement du Tribunal de commerce de Tours.

Doit donc être déclaré non recevable, dans sa demande en dommages-intérêts, l'expéditeur de plusieurs barils de marchandise, dont certains de ces barils sont parvenus à destination avec une différence de poids, alors que le destinataire a pris livraison des barils en bon état en laissant en gare ceux qui se trouvaient en partie en vidange. (1)

Marchandises livrables en gare. — Avis d'arrivée non obligatoire. — Prétendu retard. — Réclamation de la marchandise non justifiée. — Rejet de la demande

Il résulte des règlements qui régissent les transports par petite vitesse que le destinataire n'est recevable à se plaindre d'un retard que s'il peut justifier avoir réclamé vainement sa marchandise après l'expiration du délai imparti au transporteur pour en effectuer la livraison.

Les compagnies ne sont pas astreintes à faire connaître par des avis d'arrivée aux destinataires que leurs colis sont à leur disposition. Si les compagnies envoient des avis d'arrivée, c'est afin de pouvoir réclamer des droits de magasinage au cas où la marchandise ne serait retirée que tardivement.

Doit donc être débouté de sa demande en dommages-intérêts pour retard, le destinataire qui ne fournit pas la preuve qu'il ait requis la livraison de ses colis après l'expiration des délais règlementaires de transport. (2)

Avaries. — Vice propre. — Faute de l'expéditeur.

La responsabilité du transporteur cesse lorsqu'il est établi que les avaries sont dues au vice propre de la chose ou à la faute de l'expéditeur.

Acceptation des marchandises sans réserves. — Vérification de l'état du chargement.

Aucune disposition légale ou règlementaire n'obligeant le transporteur à vérifier les colis hors de leur réception, l'acceptation sans réserve n'implique pas qu'il en avait reconnu le bon état.

Les compagnies de chemins de fer ne sont point obligées de vérifier l'état du chargement tel que l'a effectué l'expéditeur ; leur surveillance et leur contrôle ne s'exercent qu'au point de vue des conditions règlementaires du transport.

Avaries. — Emballage.

L'arrêt qui attribue les avaries à l'insuffisance de l'emballage, qui déclare que si l'emballage avait été suffisant, les avaries ne se seraient certainement pas produites ; que si les manipulations au départ ou à

---

(1) 8 Février 1912. — Jugement du Tribunal de Commerce de Nice.
(2) 4 Mars 1912. — Arrêt de la Cour d'appel de Toulouse.

l'arrivée et les chocs en cours de route n'ont pas été étrangers aux avaries et peuvent en être considérés comme la cause occasionnelle, c'est l'insuffisance de l'emballage qui a été la cause initiale des avaries, décide à bon droit que la compagnie n'est pas responsable.

Avaries. — Fragilité de l'objet. — Emballage. — Vice propre Dépens. — Droits d'enregistrement.

Ni la fragilité de l'objet transporté, ni le défaut d'emballage ne constituent par eux-mêmes un vice propre de la chose ou une faute de l'expéditeur (1).

Le juge du fait déclare souverainement : 1° que la marchandise ne présentait pas un caractère particulier de fragilité nécessitant un emballage ; 2° que l'expédition a été faite suivant les usages du commerce, et que le défaut d'emballage ne constitue pas, pour cette expédition, le vice propre de la chose (2).

Transport de marchandises. — Avaries. — Défectuosité de l'emballage. — Non responsabilité des transporteurs

Si, en principe, le voiturier répond de la perte ou des avaries des objets qu'il transporte sa responsabilité cesse lorsqu'il est prouvé que l'avarie ou la perte provient du vice propre de la marchandise ou d'un fait imputable à l'expéditeur.

Même au cas d'application du tarif général, les compagnies de chemins de fer ne sont tenues, comme transporteur, à la garantie des pertes et avaries, que dans les termes du droit commun

Aucune disposition de loi ou de règlement ne leur impose l'obligation, soit de vérifier l'état des colis qui leur sont confiés, soit d'appeler en cause les expéditeurs, lorsqu'elles sont poursuivies par les destinataires.

En conséquence, alors qu'une compagnie se prévalait d'un rapport d'expert attribuant les avaries à la défectuosité de l'emballage, doit être cassé le jugement qui, sans répondre à ce moyen de défense, se fonde, pour allouer une indemnité au destinataire, sur ce que la compagnie avait appliqué à cette expédition le tarif le plus élevé, sur ce que, connaissant le contenu des caisses, elles les avait reçues de l'expéditeur sans réserve, et sur ce qu'elle devait mettre en cause l'expéditeur (3).

Transport de marchandises. — Avaries occultes antérieures à l'expédition. — Acceptation par la compagnie sans réserve — Non responsabilité

Une compagnie de chemin de fer ne saurait être déclarée responsable des avaries des marchandises par elle transportées, lorsqu'il est

(1 et 2) V. conf. Civ., 27 Décembre 1909 (Bulletin annoté, 1910, II, p. 65-68).

(3) 26 Novembre 1907. — Arrêt de la Cour de Cassation, Chambre civile. cassant un jugement du Tribunal de Commerce de Lorient, du 24 Juin 1904.

manifesté que ces avaries existaient au moment du chargement. Et c'est à tort que, pour la rendre responsable, le Tribunal retiendrait cette circonstance qu'elle les a acceptées au départ sans aucune protestation ni réserves (1).

Transport d'objets précieux. — Expédition au tarif ordinaire. — Perte. — Responsabilité de la compagnie limitée.

Aux termes de l'arrêté ministériel du 24 Mars 1890, les bijoux, broderies, dentelles, pierres précieuses, objets d'art (statues, tableaux bronzes) doivent faire l'objet de déclarations spéciales et être taxés ad valorem.

Si les compagnies de chemins de fer soumettent à des conditions d'enregistrement spéciales les objets de valeur, s'obligeant, par contre, à des restitutions importantes en cas de perte des colis transportés, elles ne sauraient être tenues, lorsqu'il s'agit d'expédition aux tarifs ordinaires de grande ou de petite vitesse, qu'au remboursement de la valeur que pouvait leur faire prévoir la déclaration sur le contenu des colis faite au moment de l'expédition.

En ne faisant enregistrer une caisse et un panier expédiés comme caisse et panier contenant simplement du linge, l'expéditeur accepte les risques d'un transport ordinaire, sans qu'il puisse se prévaloir de la valeur exceptionnelle des objets contenus dans la caisse, tels que broderies et objets précieux (2).

Transport d'un cheval. — Chute au cours de la manœuvre pour amener le wagon à quai. — Tarif spécial. — Obligations incombant au destinataire. — Non responsabilité de la compagnie.

Lorsque les conditions d'application du tarif spécial concernant le transport des chevaux stipulent, d'une part, que le chargement et le déchargement à l'arrivée et au départ ont lieu par les soins des expéditeurs et des destinataires et à leurs risques et périls, et d'autre part, que les expéditeurs doivent donner à leurs animaux, pendant le cours du transport, les soins nécessaires pour assurer leur conservation, une compagnie de chemin de fer ne saurait être rendue responsable de la mort d'un cheval qui a été trouvé couché lors de la livraison, et qui n'ayant pas été relevé par le destinataire ou son préposé, est mort d'auto-intoxication.

---

(1) — 14 Décembre 1907. — Arrêt de la Cour d'appel de Toulouse, réformant un jugement du Tribunal de Commerce de Narbonne qui avait condamné la Compagnie des Chemins de fer du Midi à payer la valeur de la marchandise avariée. dans l'espèce du fourrage, bien qu'il ait été reconnu par l'expert que le vice de la marchandise avait été soigneusement dissimulé, que rien à l'extérieur ne le révélait et qu'il fallait défaire les balles elles-mêmes pour se rendre compte du mauvais état du fourrage.

(2) 25 Avril 1912. — Jugement du Tribunal de Commerce de Nice.

Il importe peu qu'au moment où le wagon était mis à la disposition du destinataire et où celui-ci acquittait la lettre de voiture, le cheval ait été encore débout et en bon état, et que la chute ne se soit produite qu'au cours de la manœuvre nécessitée pour amener à quai le wagon transporteur. Le destinataire n'en avait pas moins l'obligation de prendre toutes mesures utiles et de faire toutes diligences pour tirer le cheval de la position couchée où il se trouvait, et ce, soit en vertu de l'article précité, si la manœuvre doit être considérée comme faisant partie des opérations de déchargement, soit en vertu de l'article 6, si cette manœuvre fait encore partie du transport proprement dit (1),

Objets délaissés dans un compartiment et trouvés par un nettoyeur. — Remise à la compagnie. — Action du nettoyeur en restitution. — Rejet de la demande.

Des objets délaissés involontairement par un voyageur dans un compartiment de chemin de fer ne peuvent être considérés comme res nullius, appartenant à l'Etat, en vertu de l'article 713 du Code Civil, ni comme res derelicta appartenant au premier occupant, mais bien comme des objets appartenant à un propriétaire inconnu quant à présent, pouvant se révéler à tout moment, et auquel on ne peut dénier le droit de les revendiquer pendant les délais et les conditions de la loi, entre les mains de leur possesseur actuel qui, les ayant trouvés, est sans titre ni bonne foi.

Si ces objets sont trouvés par un agent préposé au nettoyage des wagons, cet agent n'a jamais le droit de les garder par devers lui quelque minime que paraisse leur valeur; il n'a pas à se préoccuper de leur origine ni de leur propriétaire, la propriété, pour lui, étant présumée appartenir au maître des wagons, son mandant.

Dans ces conditions, l'agent en question ne peut pas être considéré comme inventeur des objets par lui trouvés dans le compartiment qu'il nettoyait sur les ordres de la compagnie; il doit les lui remettre, et c'est elle qui doit être considérée comme les ayant trouvés ; elle ne les a pas reçus de son agent à titre de dépôt, et dès lors, elle doit être maintenue en possession, les droits du véritable propriétaire restant saufs.

Par suite doit être rejetée la demande de l'agent tendant à se faire restituer par la compagnie, les objets par lui trouvés et qu'il lui avait remis (2).

---

(1) 27 Mai 1908. — Jugement du Tribunal de Commerce de la Seine.

(2) 7 Mars 1912. — Jugement du tribunal civil de Tarbes, infirmant un jugement du Juge de Paix d'Ossun du 8 Août 1911, qui avait condamné la compagnie à restituer à un nettoyeur un carnet et un billet de cinquante francs par lui trouvés, dans un compartiment, ou à défaut, à lui payer une somme de cinquante-cinq francs.

Bagages à la main remis à un porteur. — Perte — Demande d'indemnité. — Rejet

Une compagnie de chemin de fer n'est responsable que des objets qui ont été confiés à sa garde par le voyageur, et non de ceux que le voyageur conserve avec lui. D'autre part, le droit du voyageur à une indemnité disparait, lorsque le transporteur établit que la perte des bagages est imputable au voyageur lui-même. Enfin, il y a lieu de décider que la remise par un voyageur de ses bagages à la main à un porteur de la compagnie n'équivaut pas à une prise en charge régulière de cette dernière. En effet, les porteurs sont placés par les compagnies à la disposition des voyageurs pour les aider dans la manutention des objets qu'ils portent à la main, et les voyageurs ont l'obligation non seulement de leur donner des indications précises nécessaires à l'accomplissement de leur tâche, mais encore de les surveiller en ne perdant pas de vue leurs bagages. Dans ces conditions, la responsabilité de la compagnie ne pourrait être invoquée qu'en cas de dol de son préposé ou de faute lourde équivalant au dol.

Par application de ces principes, le Tribunal a rejeté la demande en dommages-intérêts formée par un voyageur qui, devant prendre place dans un compartiment lit-toilette, avait avant le départ du train confié des colis à un porteur, lequel après les avoir déposés, faute d'indications suffisantes, dans un compartiment de première classe, les a ensuite retirés au moment du départ, en ne voyant pas le voyageur qui les lui avait confiés (1).

Retard de trains. — Inondations. — Force majeure. — Non responsabilité de la compagnie.

Constitue un cas de force majeure l'inondation qui met obstacle à la circulation des trains, en rendant nécessaire des transbordements ou en imposant des manœuvres gênantes ou difficiles, ou enfin en obligeant à des ralentissements en cours de route à cause du mauvais état de la voie et des craintes qu'il inspire.

En conséquence une compagnie ne saurait être rendue responsable du retard que peuvent éprouver les trains en cas d'inondation, non plus que des dommages que ces retards peuvent occasionner (2).

Transport de voyageurs. — Retard

La loi ne met à la charge des débiteurs, en cas d'inexécution d'une obligation que les dommages-intérêts qui ont été prévus ou qu'on a pu prévoir lors du contrat (article 1150 civ).

---

(1) 13 Avril 1907, Jugement du Tribunal de Commerce de Bordeaux.

(2) 20 Juillet 1908. Arrêt de la Cour d'appel de Montpellier, infirmant un jugement du Tribunal de Commerce d'Agde du 17 Février 1908.

Par suite, n'est pas légalement justifié le jugement prononçant une condamnation à des dommages-intérêts au profit d'un voyageur qui, par suite du retard d'un train, a été empêché de monter un cheval engagé aux courses, sans relever aucune circonstance établissant que la compagnie de chemins de fer avait connu l'objet du voyage et prévu ou pu prévoir les risques particuliers qu'il comportait. (1).

Voyageur. — Accident. — Point d'arrêt. — Dispense d'installations spéciales. — Défectuosité des installations existantes. Imprudence du voyageur. — Non responsabilité de la compagnie.

Lorsqu'aux termes du livret de la marche des trains approuvé par décision ministérielle, laquelle a force de loi, les points d'arrêts sont autorisés sans personnel, soit pour le gardiennage, soit pour la distribution et la réception des billets, et sans installations spéciales de bâtiments, quais, signaux, éclairage, etc..., il y a lieu de décider qu'on ne peut imputer à faute à une compagnie une installation défectueuse qu'elle aurait faite, alors qu'en vertu de la décision ministérielle intervenue elle aurait pu ne faire aucune installation.

Dès lors, elle ne saurait être responsable de l'accident survenu à un voyageur qui, attendant un train sur la bordure en bois du quai du point d'arrêt, est tombé sur la voie, une planche de la bordure ayant, par suite de son mauvais état cédé sous son poids.

(En fait, le Tribunal relève à la charge du voyageur l'imprudence de s'être approché de la bordure du quai afin de voir venir son train) (2).

Marchandises. — Petite vitesse. — Magasinage. — Voiture chargée séjournant en gare avant le transport. — Taxe. — Conditions d'application des tarifs généraux. — Articles 16 et 29.

L'article 29 des conditions d'application des tarifs généraux de Petite vitesse n'autorise la perception d'aucune taxe pour le stationnement d'une voiture, prolongé après l'expiration des 24 heures qui suivent la remise en gare au départ.

Par contre, l'art. 16 desdites conditions d'application qui détermine les droits de magasinage dus à l'arrivée pour les marchandises en général, prévoit que les mêmes droits seront perçus au départ, dès l'expiration des 24 heures suivant la remise en gare, sur les marchandises que la compagnie consentirait sur la demande de l'expéditeur, à conserver sur les quais ou dans des magasins au-delà de ces délais.

En conséquence, c'est la taxe de l'art. 16 et non celle de l'art. 29 qu'il y a lieu d'appliquer à une voiture de déménagement chargée, séjournant en gare par suite d'un sursis à l'expédition demandé par l'expéditeur (3).

(1) 29 Janvier 1908. — Arrêt de la Cour de Cassation, Chambre civile cassant un jugement du Tribunal de Commerce de Limoges du 22 mai 1905.

(2) 31 Juillet 1908. Jugement du Tribunal civil d'Avesnes.

(3) Cour de cassation (Ch. civ.), 3 Août 1911. — (Cie P. L. M. c. Desblanc).

Magasinage au départ

Une compagnie de chemins de fer n'est pas obligée d'effectuer un transport de marchandises, lorsqu'aucun acte de ses agents n'établit, à défaut de récépissé régulier, une acceptation ou prise en charge de ces marchandises, de nature à prouver l'existence d'un lien de droit entre les parties. — Cass. — 4 Juil. 1876 (Baisset) 76. I. 477.

A plus forte raison en est-il ainsi lorsque une partie de la marchandise (des futailles) n'est pas en état d'être transportée, et que l'expéditeur n'a pas réclamé une expédition partielle — (même arrêt).

Il est même dû, en pareil cas, des droits de magasinage pour les marchandises laissées en gare sans qu'il ait été pourvu à leur garde et à leur enlèvement (même arrêt).

Le contrat de magasinage au départ n'est point un contrat solennel exigeant essentiellement une demande explicite de l'expéditeur et un consentement également explicite de la compagnie, mais il se forme par l'accord des parties, accord ressortant suffisamment du dépôt des marchandises sur les quais de la gare sans protestation de la compagnie — Cass., 8 mars 1876 (Dubourg) 76. I. 423.

Du reste, l'art. 106, C. comm., qui permet au voiturier de faire vendre les marchandises refusées, lui ouvre une faculté, mais ne lui impose pas une obligation ; dès lors, le voiturier peut réclamer des droits de magasinage pour tout le temps pendant lequel il a gardé les marchandises. — Cass., 29 Mai 1877 (chemin de fer de l'Est) 77. I. 475. — V. Sarrut, Législ. et jurip. sur le transp. des march. par ch. de fer, N° 591 et S. § 5. — Tarifs.. Modification... Traités particuliers. (1)

Procès-verbal constatant une infraction à la police des chemins de fer. — Affirmation. — Nullité. — Point de départ du délai dans lequel doit être affirmé ledit procès-verbal. – Rédaction du procès-verbal. — Voyage sans billet. — Permis spécial de circulation délivré à un conducteur de bestiaux. — Intention frauduleuse. — Matérialité des faits. — Infraction aux tarifs homologués.

L'individu poursuivi pour contravention à l'art. 21 de la loi du 15 Juillet 1845 (emploi d'un permis de circulation délivré au nom d'un tiers afin de voyager gratuitement), ne saurait valablement se prévaloir de la nullité du procès-verbal, motif pris de ce que celui-ci aurait été, en violation de l'art. 24 de ladite loi, affirmé plus de trois jours après la constatation des faits.

D'une part, en effet, si l'art. 24 précité stipule que le procès-verbal doit être affirmé dans les trois jours, à peine de nullité, il est muet sur le point de départ de ces trois jours et n'indique point s'ils

---

(1) Sirey — table décennale 1871-1880.

doivent être comptés à partir de la constatation du délit ou de la rédaction du procès-verbal. Or, il est de principe que lorsque, la loi n'exige pas que l'heure du délit soit indiquée comme point de départ de l'affirmation du procès-verbal, ce point de départ ne peut être autre que celui de la clôture du procès-verbal.

D'autre part, aux termes de l'art. 1er de la loi du 15 Juillet 1845, les chemins de fer font partie de la grande voirie. Or, en matière de grande voirie, il n'existe pas de délai pour la rédaction des procès-verbaux. D'où il suit que ceux-ci peuvent être affirmés dans les trois jours de leur rédaction, même s'il s'est écoulé plus de trois jours depuis la constatation des faits incriminés et que le retard apporté dans cette rédaction importe peu, pourvu qu'il ne se soit pas écoulé, entre la date des faits incriminés et celle de la poursuite, un délai suffisant pour que la prescription soit acquise.

Les infractions aux tarifs dûment homologués sont réprimés par l'art. 21 de la loi de 1845 et ces infractions existent indépendamment de la bonne foi du prévenu, la matérialité du fait constitutif de l'infraction suffisant pour que cet acte soit volontaire, par analogie avec ce qui se passe pour les contraventions ou délits contraventionnels ordinaires et en matière de grande voirie (1).

Retard de train. — Responsabilité de la compagnie. — Préjudice moral. — Réparation.

Une compagnie de chemins de fer a pour obligation de transporter les voyageurs aux heures et dans les délais prévus dans les horaires affichés dans les gares et dûment homologués, sauf les cas de force majeure dont la preuve incombe à la compagnie.

Toute personne ayant acquitté le prix de sa place, qu'elle voyage pour ses affaires, dans un but déterminé ou par simple plaisir, subit un préjudice, par le seul fait de n'avoir pas été rendue à destination à l'heure précise à laquelle elle était en droit de compter.

Ce préjudice, fût-il seulement moral, est certain, et a dû être prévu lors de la formation du contrat. Il en est ainsi spécialement lorsque, par la faute de la compagnie, un dîner auquel était invité le voyageur a été manqué ou retardé (2).

---

(1) Tribunal correctionnel de Constantine, 27 Septembre 1911.

(2) Tribunal de paix de Saint-Martin-de-Valamas, 3 Octobre 1911.

IVème PARTIE

NOTIONS DE DROIT PÉNAL ET D'INSTRUCTION CRIMINELLE

NOTIONS DE DROIT PÉNAL

Du délit en général. — Le mot délit a deux sens : un sens restreint et un sens général.

Dans le sens restreint il s'oppose à crimes et contraventions et désigne des manquements à la loi d'une gravité moyenne.

Dans le sens général, il sert à désigner toute infraction à la loi. C'est ainsi que le code du 3 brumaire an IV a été intitulé « Code des délits et des peines ». C'est ainsi encore que, quelque temps auparavant, Beccaria avait publié son célèbre ouvrage sous le titre de « Traité des délits et des peines », dans lequel le mot délit indique aussi tout acte punissable.

Définitions et distinction des crimes, délits et contraventions. — Le législateur n'a point défini en eux-mêmes les crimes, délits et contraventions. Mais considérant que la logique conduisait à frapper ces diverses infractions de peines différentes et en rapport avec leur gravité relative, il a simplement dit dans l'article 1er du code pénal : « L'infraction que les lois punissent de peines de police « est une contravention. L'infraction que les lois punissent de peines « correctionnelles est un délit. L'infraction que les lois punissent d'une « peine afflictive ou infamante est un crime ».

Mais il y a entre les trois espèces d'infractions à la loi d'autres différences que celles résultant des peines qu'on leur applique.

La plus importante de ces différences, c'est que les crimes et délits supposent chez leurs auteurs l'intention de les commettre, tandis que les contraventions ne la supposent pas.

Il suit de là : 1° que la bonne foi et l'absence de toute intention de nuire font disparaître le délit et qu'au contraire elles n'effacent pas la contravention ; 2° que les contraventions, n'admettent pas de complices, du moins en général.

Remarquons toutefois qu'il existe des exceptions aux règles que nous venons de poser. Il y a, en effet, des contraventions qui, au point de vue de la peine, sont traitées comme des délits et punies de peines correctionnelles. Tel est le fait d'avoir tenu une maison de jeux de hasard. (Art. 410, code pénal). Le 15 Novembre 1839, la cour de cassation a décidé que ce fait, quoique non puni de peines de simple police, constituait une contravention matérielle, punissable dès qu'elle existe et abstraction faite de l'intention plus ou moins frauduleuse de celui qui la commet.

A l'inverse, certains délits, à cause de leur peu d'importance, sont rangés, quant à la peine, dans la classe des contraventions : c'est ce qui arrive pour le vol de récoltes sur pied. Mais la criminalité de l'intention n'en est pas moins un de leurs éléments constitutifs.

Tentative et commencement d'exécution. — Dans les actes délictueux, comme dans tous les actes humains, il y a trois périodes : celle de la résolution, celle des actes préparatoires et celle de l'exécution.

Le coupable commence, en effet, à concevoir l'idée du crime et par prendre le parti de le commettre. Mais tout ce qui concerne cette première période se passe dans le for intérieur. Il est, par suite, impossible de constater sûrement la résolution, et, pour cette raison, la loi n'a pu la punir.

Le crime une fois projeté, le coupable se prépare à l'exécution ; par exemple, il achète un poignard dans le but d'assassiner ou se procure une échelle pour effectuer une escalade. Ces actes sont déjà plus susceptibles que la résolution de servir de base à une accusation. Pourtant, ils ne prouvent pas d'une façon certaine l'intention criminelle : on peut, en effet, se munir d'une échelle ou d'un pistolet pour en faire un usage licite. La loi a donc dû traiter les actes préparatoires comme la résolution et les laisser sans punition.

Mais nous voici à la troisième période : de la résolution et de la préparation le coupable passe à l'exécution. Supposons qu'il a appliqué son échelle aux bâtiments et qu'il y a pénétré. A ce moment, il peut arriver de trois choses l'une : ou bien le coupable accomplit son crime jusqu'au bout et emporte l'argent qu'il convoitait ; ou bien il est obligé de s'enfuir avant d'avoir pu le prendre, parce qu'il a entendu les pas des habitants de la maison et a craint d'être pris sur le fait ; ou, enfin, à l'instant décisif, il est frappé d'un remords ou d'une idée quelconque de prudence, renonce de lui-même à sa résolution criminelle et se retire volontairement sans avoir volé.

Il est évident que, dans la première de ces hypothèses, le crime ayant été perpétré, le coupable est digne, au plus haut degré, de la punition. Il en est de même dans la seconde, car si le crime n'a pas réussi, c'est malgré le coupable, dont l'intention criminelle était bien arrêtée. Au contraire, dans la troisième hypothèse, tout est bien différent. On est en présence d'un homme qui est allé à deux doigts du crime, mais qui s'est ravisé à temps et ne l'a pas commis. Il y aurait certainement injustice à le frapper pour avoir seulement failli être coupable.

Ces considérations ont été pleinement adoptées par le législateur français, en ce qui concerne les crimes, ainsi que le prouve l'article 2 du code pénal, ainsi conçu : « Toute tentative de crime qui aura été

« manifesté par un commencement d'exécution, si elle n'a été suspen-« due ou si elle n'a manqué son effet que par des circonstances indé-« pendantes de la volonté de son auteur, est considérée comme le « crime même ».

Mais ces règles comportent des exceptions.

A. Ainsi la résolution est punie, même en l'absence de tout acte de préparation ou d'exécution, par l'article 205, aux termes duquel toute association de malfaiteurs envers les personnes ou les propriétés est un crime contre la paix publique.

B. Les actes préparatoires sont punis par l'article 277, qui prononce la peine de deux à cinq ans d'emprisonnement contre tout mendiant ou vagabond qui aura été saisi travesti ou porteur d'armes, bien qu'il n'en ait usé ni menacé, ou muni de limes ou autres instruments propres à commettre des vols ou autres délits.

C. Enfin, la tentative n'est pas punissable dans le cas de l'article 317 d'après lequel la femme, qui tente de se procurer l'avortement à elle-même, n'est pas punissable, si l'avortement n'est pas suivi.

Dans tout ce que nous venons de dire, il n'est question que de tentative de crimes. La tentative de délit n'est pas punissable en principe, mais seulement dans les cas expressément indiqués par la loi.

Quant à la tentative de contraventions, elle ne l'est jamais.

DES PEINES EN MATIÈRE CRIMINELLE ET CORRECTIONNELLE ET DE LEURS EFFETS.

1° — Des peines

En matière criminelle, les peines sont ou afflictives et infamantes, ou seulement infamantes.

Les peines afflictives et infamantes sont : 1° la mort; 2° les travaux forcés à perpétuité ; 3° la déportation ; 4° les travaux forcés à temps; 5° la détention ; 6° la réclusion.

Les peines infamantes sont : 1° le bannissement ; 2° la dégradation civique.

En matière correctionnelle, les peines sont: 1° l'emprisonnement à temps dans un lieu de correction ; 2° l'interdiction à temps de certains droits civiques, civils ou de famille; 4° l'amende.

Il y a, en outre, des peines communes aux matières criminelles et correctionnelles. Ce sont : le renvoi sous la surveillance spéciale de la haute police, l'amende et la confiscation spéciale soit du corps du délit, quand la propriété en appartient au condamné, soit des choses produites par le délit, soit de celles qui ont servi ou qui ont été destinées à le commettre.

La condamnation aux peines établies par la loi est toujours prononcée sans préjudice des restitutions et dommages-intérêts qui peuvent être dus aux parties.

2° Effets des peines en matière criminelle.

Peine de mort. — « Tout comdamné à mort, dit le code pénal, aura la tête tranchée. Le coupable condamné à mort pour parricide sera conduit sur le lieu de l'exécution en chemise, nu-pieds et la tête couverte d'un voile noir. Il sera exposé sur l'échafaud pendant qu'un huissier fera au peuple lecture de l'arrêt de condamnation et il sera immédiatement exécuté à mort ».

Les corps des suppliciés sont délivrés à leurs familles, si elles les réclament, à la charge par elles de les faire inhumer sans aucun appareil.

Travaux forcés. — Cette peine est subie par les hommes âgés de moins de soixante ans dans des établissements créés par décret sur le territoire d'une ou de plusieurs possessions françaises autres que l'Algérie. Les condamnés y sont employés aux travaux les plus pénibles de la colonisation et à tous autres travaux d'utilité publique.

Pour les individus âgés de soixante ans accomplis au moment du jugement, la peine des travaux forcés est remplacée par celle de la réclusion soit à perpétuité, soit à temps.

Quant aux femmes, d'après l'article 16 du code pénal, elles ne pouvaient être employées aux travaux forcés que dans l'intérieur d'une maison de force; mais la loi du 30 Mai 1854, article 4, a décidé qu'elles pourraient être conduites dans un des établissements créés aux colonies; elles doivent y être séparées des hommes et employées à des travaux en rapport avec leur âge et leur sexe.

Tout individu condamné à moins de huit ans de travaux forcés est tenu, à l'expiration de sa peine, de résider dans la colonie pendant un temps égal à la durée de sa condamnation. Si la peine est de huit années, il est tenu d'y résider pendant toute sa vie. Toutefois, le libéré peut quitter momentanément la colonie en vertu d'une autorisation expresse du gouverneur. Il ne peut, en aucun cas, être autorisé à se rendre en France. En cas de grâce, le libéré ne peut être dispensé de l'obligation de la résidence que par une disposition spéciale des lettres de grâce.

Sur les peines dont les condamnés sont passibles dans les lieux de déportation, sur les concessions de terrains qu'ils peuvent obtenir, sur l'usage qu'ils peuvent faire de leurs biens, etc., voir loi du 30 Mai 1854 et décrets des 2 Septembre 1863 et 24 Mars 1866.

Les travaux forcés à temps ne peuvent être prononcés que pour cinq ans au moins et vingt ans au plus.

Déportation. — La peine de la déportation consiste à être transporté et à demeurer à perpétuité dans un lieu déterminé par la loi, hors du territoire continental de la République.

Si le déporté rentre sur le territoire de la République, il est, sur la seule preuve de son indentité, condamné aux travaux forcés à perpétuité.

Le déporté qui n'est pas rentré sur le territoire de la République, mais qui est saisi dans les pays occupés par les armées françaises, est conduit dans le lieu de sa déportation.

Il y a la déportation simple et la déportation dans une enceinte fortifiée, désignée par la loi, hors du territoire continental de la République.

Lorsque les communications sont interrompues entre la métropole et le lieu de l'exécution de la peine, cette exécution a lieu provisoirement en France.

Détention. — Quiconque a été condamné à la détention est renfermé dans l'une des forteresses situées sur le territoire continental de la République, qui ont été déterminée par un décret rendu dans la forme des règlements d'administration publique.

Il communique avec les personnes placées dans l'intérieur du lieu de la détention ou avec celles du dehors, conformément aux règlements de police établis par un décret du Président de la Republique

La détention ne peut être prononcée pour moins de cinq ans, ni pour plus de vingt ans; sauf dans le cas relatif aux bannis, qui rentrent sur le territoire national avant l'expiration de leur peine, cas dont nous parlerons plus loin.

Réclusion. — Tout individu de l'un ou de d'autre sexe, condamné à la peine de la réclusion, est renfermé dans une maison de force et employé à des travaux dont le produit peut-être en partie appliqué à son profit, de la façon réglée par le gouvernement.

Bannissement. — Le condamné au bannissement est transporté, par ordre du gouvernement, hors du territoire de la République.

La durée du bannissement est au moins de cinq années et de dix ans au plus.

Si le banni, avant l'expiration de sa peine, rentre sur le territoire de la République, il est, sur la seule preuve de son identité, condamné à la détention pour un temps au moins égal à celui qui restait à courir jusqu'à l'expiration du bannissement, et qui ne peut excéder le double de ce temps.

Dégradation civique. — Elle consiste : 1° dans la destitution et l'exclusion des condamnés de toutes fonctions, emplois ou offices publics ; 2° dans la privation du droit de voie d'élection, d'éligibilité, et, en général, de tous les droits civiques et politiques, et du droit de porter aucune décoration ; 3° dans l'incapacité d'être juré expert, d'être employé comme témoin dans les actes, et de déposer en justice autrement que pour y donner de simples renseignements ; 4° dans l'incapacité de faire partie d'aucun conseil de famille et d'être tuteur, curateur, subrogé tuteur ou conseil judiciaire, si ce n'est de ses propres enfants, et sur l'avis conforme de la famille ; 5° dans la privation du droit de port d'armes, du droit de faire partie de la garde nationale, de servir dans les armées françaises, de tenir école ou d'enseigner et d'être employé dans aucun établissement d'instruction, à titre de professeur, maître ou surveillant.

Toutes les fois que la dégration civique est prononcée comme peine principale, elle peut être accompagnée d'un emprisonnement dont la durée, fixée par l'arrêt de condamnation, ne doit pas excéder cinq ans.

La condamnation aux travaux forcés à temps, à la détention, à la réclusion ou au bannissement, emporte la dégradation civique.

Effets des peines criminelles au point de vue civil. — Les peines infligées à perpétuité, c'est-à-dire la peine de mort, les travaux forcés à perpétuité et la déportation entraînent pour le condamné :

1° L'incapacité de disposer par donation entre-vifs ;
2° L'incapacité de disposer par testament ;
3° L'incapacité de recevoir par donation ou par testament ;
4° La nullité du testament fait en temps de capacité.

Les condamnés encourent en outre la dégradation civique et l'interdiction légale.

Toutefois, en ce qui concerne la déportation, on distingue entre les condamnés à la déportation simple et les condamnés à la déportation dans une enceinte fortifiée.

Les déportés de la première catégorie ont l'exercice des droits civils dans le lieu de déportation. Il peut leur être remis, avec l'autorisation du gouvernement, tout ou partie de leurs biens. — Sauf l'effet de cette remise, les actes par eux faits dans le lieu de déportation ne peuvent engager ni affecter les biens qu'ils possédaient au jour de leur condamnation, ni ceux qui leur seront échus par succession ou donation. (Lois des 8 Juin 1850 et 23 Mars 1872).

Les condamnations aux travaux forcés à temps, à la détention ou à la réclusion n'entraînent pas les trois incapacités dont nous venons de parler, ni la nullité du testament déjà fait. Mais elles engendrent forcément la dégradation civique et l'interdiction légale.

Il est nommé au condamné, placé en état d'interdiction, un tuteur et un subrogé tuteur pour gérer et administrer ses biens dans les formes prescrites pour les nominations des tuteurs et des subrogés tuteurs aux interdits.

Les biens du condamné lui sont remis après qu'il a subi sa peine, et le tuteur lui rend compte de son administration.

Pendant la durée de la peine, il ne peut lui être remis aucune somme, aucune provision, aucune portion de ses revenus.

Il faut remarquer que le bannissement ne donne pas lieu à l'interdiction légale et entraine simplement la dégration civique.

3° Des effets des peines en matière correctionnelle

Emprisonnement. — Quiconque a été condamné à la peine de l'emprisonnement est renfermé dans une maison de correction. Il y est employé à l'un des travaux établis dans cette maison, à son choix.

La durée de cette peine est au moins de six jours et de cinq années au plus, sauf les cas de récidive ou autres où la loi a déterminé d'autres limites.

La peine à un jour d'emprisonnement est de vingt-quatre heures. Celle à un mois est de trente jours.

Interdiction de certains droits. — Les tribunaux, jugeant correctionnellement, dans les cas où la loi l'autorise ou l'ordonne, peuvent interdire, en tout ou en partie, l'exercice des droits civiques, civils et de famille suivants : 1° de vote et d'élection ; 2° d'éligibilité ; 3° d'être appelé ou nommé aux fonctions de juré ou autres fonctions publiques, ou aux emplois de l'administration, ou d'exercer ces fonctions ou emplois ; 4° du port d'armes ; 5° de vote et de suffrage dans les délibérations de famille ; 6° d'être tuteur, curateur, si ce n'est de ses enfants et sur l'avis seulement de sa famille ; 7° d'être expert ou employé comme témoin dans les actes ; 8° et de témoignage en justice, autrement que pour y faire de simples déclarations (Article 42).

4° Effets des peines communes aux matières criminelles et aux matières correctionnelles

Renvoi sous la surveillance de la haute police. — L'effet de ce renvoi est de donner au gouvernement le droit de déterminer certains lieux dans lesquels il est interdit au condamné de paraître après qu'il a subi sa peine.

Le condamné doit déclarer, au moins quinze jours avant sa mise en liberté, le lieu où il veut fixer sa résidence ; à défaut de cette déclaration, le gouvernement la fixe lui-même.

Le condamné à la surveillance ne peut quitter la résidence qu'il a choisie ou qu'on lui a assignée avant l'expiration d'un délai de six mois, sans l'autorisation du ministre de l'Intérieur.

Néanmoins, les préfets peuvent donner cette autorisation : 1° dans les cas de simples déplacements dans les limites même de leur département ; 2° dans le cas d'urgence, mais à titre provisoire seulement.

Après l'expiration du délai de six mois, ou avant même l'expiration de ce délai, si l'autorisation nécessaire a été obtenue, le condamné peut se transporter dans toute résidence non interdite, à la charge de prévenir le maire huit jours à l'avance.

Le séjour de six mois est obligatoire pour le condamné dans chacune des résidences qu'il choisit successivement pendant tout le temps qu'il est soumis à la surveillance, à moins d'autorisation spéciale donnée soit par le ministre de l'Intérieur, soit par les préfets.

Tout condamné, qui se rend à sa résidence, reçoit une feuille de route réglant l'itinéraire dont il ne peut s'écarter et la durée de son séjour dans chaque lieu de passage.

Il est tenu de se présenter, dans les vingt-quatre heures de son arrivée, devant le maire de la commune qu'il doit habiter.

— En cas de désobéissance à ces règles, l'individu mis sous la surveillance de la haute police est condamné, par les tribunaux correctionnels à un emprisonnement qui ne peut excéder cinq ans.

— En aucun cas, la durée de la surveillance ne peut excéder vingt années.

— Les coupables condamnés aux travaux forcés à temps, à la détention et à la réclusion, sont de plein droit, après qu'ils ont subi leur peine et pendant vingt années sous la surveillance de la haute police.

Néanmoins, l'arrêt ou le jugement de condamnation peut réduire la durée de la surveillance ou même déclarer que les condamnés n'y seront pas soumis.

Tout condamné à des peines perpétuelles, qui obtient commutation ou remise de sa peine, est, de plein droit, s'il n'en est autrement disposé par la décision gracieuse, sous la surveillance de la haute police pendant vingt ans.

— Les coupables condamnés au bannissement sont, de plein droit, sous la même surveillance pendant un temps égal à la durée de la peine qu'ils ont subie, à moins qu'il n'en ait été disposé autrement par l'arrêt ou le jugement de condamnation.

— La surveillance peut être remise ou réduite par voie de grâce. Elle peut aussi être suspendue par mesure administrative.

— La perception de la peine ne relève pas le condamné de la surveillance à laquelle il est soumis.

En cas de prescription d'une peine perpétuelle, le condamné est, de plein droit, sous la surveillance de la haute police pendant vingt années.

La surveillance ne produit son effet que du jour où la prescription est accomplie.

— Les individus condamnés pour crimes ou délits intéressant la sûreté intérieure ou extérieure de l'Etat doivent être renvoyés sous cette surveillance.

Mais en dehors des cas que nous venons de spécifier, les condamnés ne sont placés sous la surveillance de la haute police que lorsqu'une disposition particulière de la loi l'a permis.

Amende. — Elle consiste dans une somme d'argent que le délinquant est condamné à payer et qui est versée dans la caisse de l'Etat. Il ne faut pas la confondre avec les indemnités et rétributions auxquelles le coupable peut aussi être condamné à l'égard de la partie lésée.

Les condamnations à l'amende, aux restitutions et à des dommages-intérêts et aux frais engendrent la solidarité entre les individus condamnés pour un même crime ou un même délit. L'exécution de ces condamnations peut aussi être poursuivie par la voie de la contrainte par corps.

Mais en cas de concurrence de l'amende avec les restitutions et dommages-intérêts sur les biens insuffisants du condamné, ces dernières condamnations obtiennent la préférence.

Notions sur la culpabilité et la non-culpabilité.

En droit pénal, la culpabilité se compose de deux éléments : 1° un acte puni par la loi; 2° un auteur responsable de cet acte.

Nous disons d'abord un acte puni par la loi. En effet, si on pouvait être condamné dans des cas non prévus par le législateur, les juges pratiqueraient l'arbitraire et les citoyens ne sauraient quelle ligne de conduite tenir pour ne pas encourir de condamnations. Aussi l'Assemblée nationale de 1791 a-t-elle proclamé, dans la Déclaration des droits de l'homme, que « tout ce qui n'est pas défendu par la loi ne « peut être empêché et que nul ne peut être puni qu'en vertu d'une « loi établie et promulguée antérieurement au délit ».

Quant au second élément de la culpabilité, c'est-à-dire la responsabilité chez l'auteur du délit, il nécessite peu d'explications. Il est évident qu'on ne peut récompenser ou punir une personne pour ses bonnes ou ses mauvaises actions que si elle a su ce qu'elle faisait. C'est pourquoi l'article 64 du Code pénal déclare qu'il n'y a ni crime, ni délit, lorsque le prévenu était en état de démence au temps de l'action.

Il y a même raison de décider en ce qui concerne l'accusé de moins de seize ans, s'il est déclaré qu'il a agi sans discernement. Cet accusé est donc acquitté ; mais il est, selon les circonstances, remis à ses parents ou conduit dans une maison de correction pour y être élevé et détenu pendant tel nombre d'années que le jugement détermine, et qui, toutefois, ne peut excéder l'époque où il aura accompli sa vingtième année.

Enfin, il n'y a encore ni crime, ni délit, lorsque le prévenu a été contraint de commettre le fait coupable par une force à laquelle il n'a pu résister. Dans ce cas, il a bien su ce qu'il faisait, mais il ne l'a pas fait librement. Or, la responsabilité suppose non seulement l'intelligence, mais aussi la liberté.

La force majeure fait exception à la culpabilité en toute matière, même en matière de contravention de police. Il n'y a ni crime, ni délit, dit le Code pénal, art. 327 et 328, lorsque l'homicide, les blessures et les coups étaient ordonnés par la loi et commandés par l'autorité légitime ou par la nécessité actuelle de la légitime défense de soi-même ou d'autrui.

Eléments constitutifs du délit. — Circonstances aggravantes. — Excuses. — Circonstances atténuantes.

A. — Un délit se compose toujours d'un fait principal qui suffit à lui seul à le constituer ; mais souvent à ce fait principal il vient se joindre des circonstances accessoires qui modifient la criminalité de l'acte soit en l'aggravant, soit en la diminuant, soit encore en excusant le délinquant. Ainsi le vol consiste dans la soustraction frauduleuse d'une chose par une personne à qui cette chose n'appartient pas. Dès qu'il y a soustraction frauduleuse, il y a vol, quelles que soient les circonstances accessoires. Mais si le vol a été commis, par exemple, à l'aide de la violence et si cette violence a laissé des traces de blessures ou de contusions, alors il y a vol avec circonstances aggravantes. Or, c'est là une particularité fort importante au point de vue de l'application de la peine : en effet, le vol pur et simple est puni de peines correctionnelles, tandis que le vol avec circonstances aggravantes est puni de peines plus élevées. Dans l'exemple que nous avons choisi, il l'est des travaux forcés à perpétuité.

B. — Les circonstances atténuantes sont, au contraire, des circonstances qui permettent d'appliquer au délinquant une peine moins rigoureuse, parce que, sans faire disparaître le crime ou le délit, elles lui enlèvent de sa gravité. Les effets de la déclaration des circonstances atténuantes ont été réglés ainsi qu'il suit par l'article 463 du Code pénal.

« Art. 463. — Si la peine prononcée par la loi est la mort, la cour « appliquera la peine des travaux forcés à perpétuité ou celle des « travaux forcés à temps.

« Si la peine est celle des travaux forcés à perpétuité, la Cour appli- « quera la peine des travaux forcés à temps ou celle de la réclusion.

« Si la peine est celle de la déportation dans une enceinte fortifiée, « la Cour appliquera celle de la déportation simple ou celle de la « détention ; mais dans les cas prévus par les articles 96 et 97 (relatifs « au crime d'insurrection) la peine de la déportation simple sera seule « appliquée.

« Si la peine est celle de la déportation, la Cour appliquera la peine « de la détention ou celle du bannissement.

« Si la peine est celle des travaux forcés à temps, la Cour appli- « quera la peine de la réclusion ou les dispositions de l'article 401 « sans toutefois pouvoir réduire la durée de l'emprisonnement au- « dessous de deux ans.

« Si la peine est celle de la réclusion, de la détention, du bannis- « sement ou de la dégradation civique, la Cour appliquera les dispo- « sitions de l'article 401, sans toutefois pouvoir réduire la durée de « l'emprisonnement au-dessous d'un an.

« Dans le cas où le code prononce le maximum d'une peine afflicti- « ve, s'il existe des circonstances atténuantes, la Cour appliquera le « minimum de la peine, ou même la peine inférieure

« Dans tous les cas où la peine de l'emprisonnement et celle de « l'amende sont prononcées par le code pénal, si les circonstances « paraissent atténuantes, les tribunaux correctionnels sont autorisés, « même en cas de récidive, à réduire l'emprisonnement même au- « dessous de six jours, et l'amende même au dessous de seize francs ; « ils pourront aussi prononcer séparément l'une ou l'autre de ces « peines ; et même substituer l'amende à l'emprisonnement, sans « qu'en aucun cas, elle puisse être au-dessous des peines de simple « police ».

C. — Les cas d'excuses légales sont limitativement déterminés par le Code pénal, il y en a quatre :

1° Le meurtre, ainsi que les blessures et les coups sont excusables, s'ils ont été provoqués par des coups ou violences graves envers les personnes (article 321).

2° Ils sont également excusables s'ils ont été commis en repoussant, pendant le jour, l'escalade ou l'effraction des clôtures, murs ou entrée d'une maison ou d'un appartement habité ou de leurs dépendances (article 322). Si le fait s'est produit la nuit, il n'y a ni crime, ni délit.

3o Le meurtre commis par l'époux sur l'épouse ou par celle-ci sur son époux, n'est pas excusable si la vie de l'époux ou de l'épouse qui a commis le meurtre n'a pas été mise en péril dans le moment même où le meurtre a eu lieu. Néanmoins, dans le cas d'adultère, le meurtre commis par l'époux sur son épouse, ainsi que sur le complice, à l'instant où il les surprend en flagrant délit dans la maison conjugale, est excusable (article 324).

4o Le crime de castration, s'il a été immédiatement provoqué par un outrage violent à la pudeur, est considéré comme meurtre ou blessures excusables (article 325).

Il y a une exception pour le parricide qui n'est jamais excusable (article 323).

— Ce sont là les cas d'excuse proprement dits. Mais on fait rentrer dans la catégorie des excuses, en donnant à ce mot un sens large, des cas où la loi exempte de peine les crimes et délits en vertu de certains motifs d'intérêt public. Les articles 100 et 114 nous en offrent des exemples

On lit dans l'article 100 : « Il ne sera prononcé aucune peine pour le fait de sédition contre ceux qui, ayant fait partie de bandes insurgées sans y exercer aucun commandement et sans y remplir aucun emploi ni fonctions, se seront retirés au premier avis des autorités civiles et militaires, ou même depuis, lorsqu'ils n'auront été saisis que hors des lieux de la réunion séditieuse, sans opposer de résistance et sans armes ».

De même, aux termes de l'article 114, le fonctionnaire accusé d'attentat à la liberté individuelle, ou aux droits civiques des citoyens, n'est passible d'aucune peine, s'il justifie qu'il a agi par ordre de ses supérieurs pour des objets du ressort de ceux-ci, sur lesquels il leur était dû obéissance hiérarchique. Les supérieurs doivent seuls être condamnés.

— Les excuses ne produisent l'exemption de la peine que lorsque la loi l'a ainsi décidé expressément. Hors ce cas, elles n'entraînent que la mitigation de la peine. « Lorsque le fait d'excuse sera prouvé, lit-on dans l'article 326, s'il s'agit d'un crime emportant la peine de mort, ou celle des travaux forcés à perpétuité, ou celle de la déportation, la peine sera réduite à un emprisonnement d'un an à cinq ans ; — s'il s'agit d'un tout autre crime, elle sera réduite à un emprisonnement de six mois à deux ans ; dans ces deux premiers cas, les coupables pourront de plus être mis par l'arrêt ou le jugement sous la surveillance de la haute police pendant cinq ans au moins et dix ans au plus ; — s'il s'agit d'un délit, la peine sera réduite à un emprisonnement de six jours à six mois ».

Auteurs. — Coauteurs. — Complices.

L'auteur d'un crime ou d'un délit est celui qui l'a perpétré. Le coauteur est celui qui a pris une part directe à cette perpétration. Le complice, au contraire, n'y trempe pour ainsi dire que de loin et par des actes qui, tout en servant à l'accomplissement de l'infraction, cependant ne la produiraient pas par eux-mêmes.

Exemple, le malfaiteur qui maintient une personne pour l'empêcher de se défendre et permettre à un autre malfaiteur de la tuer ou de la voler, est un coauteur. Mais celui qui se contente de faire le guet pour avertir les deux coauteurs dans le cas où ils courraient risque d'être surpris, n'est qu'un complice.

Les divers cas de complicité sont indiqués d'une façon limitative dans les articles 60, 61 et 62 du Code pénal.

« Seront punis, dit l'aticle 60. comme complices d'une action qualifiée crime ou délit. ceux qui, par dons, promesses, menaces, abus d'autorité ou de pouvoir, machinations ou artifices coupables, auront provoqué à cette action, ou donné des instructions pour la commettre (c'est ce qu'on appelle la complicité dans la résolution);

« Ceux qui auront procuré des armes, des instruments ou tout autre moyen qui aura servi à l'action, sachant qu'ils devaient y servir (c'est la complicité dans la préparation);

« Ceux qui auront, avec connaissance, aidé ou assisté l'auteur ou les auteurs de l'action dans les faits qui l'auront préparée ou facilitée, ou dans ceux qui l'auront consommée (c'est la complicité dans l'exécution) ».

L'article 61 ajoute : « Ceux qui, connaissant la conduite criminelle des malfaiteurs exerçant des brigandages ou des violences contre la sûreté de l'Etat, la paix publique, les personnes ou les propriétés, leur fournissent habituellement logement, lieu de retraite ou de réunion, seront punis comme leurs complices. » On présume, en effet, qu'ils s'entendent avec les malfaiteurs.

Enfin, l'article 62 a trait à la complicité par recel. « Ceux, dit-il, qui, sciemment, auront recélé, en tout ou en partie, des choses enlevées, détournées ou obtenues à l'aide d'un crime ou d'un délit seront punis comme complices de ce crime ou de ce délit ».

Les complices d'un crime ou d'un délit sont punis de la même peine que les auteurs de ce crime ou de ce délit, sauf les cas où la loi en a disposé autrement. Les articles 63, 267, 268, 293, 388, 415 et 441 offrent des exceptions à cette règle.

Connexité

La connexité est un lien qui unit divers délits et en fait un même tout.

« Les délits sont connexes, dit l'article 227, soit lorsqu'ils ont été commis en même temps par plusieurs personnes réunies, soit lorsqu'ils ont été commis par différentes personnes, mêmes en différents temps et en divers lieux, mais par suite d'un concert formé à l'avance entre elles, soit lorsque les coupables ont commis les uns pour se procurer les moyens de commettre, les autres pour en faciliter, pour en consommer l'exécution ou pour en assurer l'impunité ». (Instr. crim).

La connexité a pour résultat la jonction des procédures instruites à raison des délits connexes et, par conséquent, la réunion des prévenus dans un même débat. Il s'ensuit une prorogation de compétence pour le juge qui, compétent pour l'un des délits, le devient aussi pour les autres, bien qu'ils aient été commis hors du territoire de sa juridiction.

Des faux commis dans les passe-ports, feuilles de route et certificats

Le code pénal distingue cinq espèces de faux : 1° la fausse monnaie ; 2° la contrefaçon des sceaux de l'Etat, des billets de banque, des effets publics et des poinçons, timbres et marques ; 3° les faux en écriture publique ou authentique et de commerce ou de banque ; 4° le faux en écriture privée ; 5° et, enfin, les faux commis dans les passe-ports, permis de chasse, feuilles de route, et certificats.

Tout ce qui concerne cette dernière espèce (la seule dont nous ayons à parler) est indiqué dans les articles 153 et suivants du Code pénal.

Art. 153 — Quiconque fabriquera un faux passe-port ou un faux permis de chasse ou falsifiera un passe-port ou un permis de chasse originairement véritable, ou fera usage d'un passe-port ou d'un permis de chasse fabriqué ou falsifié, sera puni d'un emprisonnement de six mois au moins et de trois ans au plus.

Art. 154. — Quiconque prendra, dans un passe-port ou dans un permis de chasse un nom supposé, ou aura concouru comme témoin à faire délivrer le passe-port sous le nom supposé, sera puni d'un emprisonnement de trois mois à un an.

La même peine sera applicable à tout individu qui aura fait usage d'un passe-port ou d'un permis de chasse délivré sous un autre nom que le sien.

Les logeurs et aubergistes qui, sciemment, inscriront sur leurs registres, sous des noms faux ou supposés, les personnes logées chez eux, ou qui, de connivence avec elles, auront omis de les inscrire, seront punis d'un emprisonnement de six jours au moins et trois mois au plus.

Art. 155. — Les officiers publics qui délivrent ou feront délivrer un passe-port à une personne qu'ils ne connaîtront pas personnellement, sans avoir fait attester ses noms et qualités par deux citoyens à eux connus, seront punis d'un emprisonnement d'un mois à six mois.

Si l'officier public, instruit de la supposition du nom, a néanmoins délivré ou fait délivrer les passe-ports sous le nom supposé, il sera puni d'un emprisonnement d'une année au moins et de quatre ans au plus.

Le coupable pourra, en outre être privé des droits mentionnés en l'article 42 du Code (interdiction à temps de certains droits civiques, civils et de famille) pendant cinq ans au moins et dix ans au plus à compter du jour où il aura subi sa peine.

Art. 156. — Quiconque fabriquera une fausse feuille de route ou falsifiera une feuille de route originairement véritable, ou fera usage d'une feuille de route fabriquée ou falsifiée, sera puni, savoir :

D'un emprisonnement de six mois au moins et de trois ans au plus, si la fausse feuille de route n'a eu pour objet que de tromper la surveillance de l'autorité publique ;

D'un emprisonnement d'une année au moins et de quatre ans au plus, si le Trésor public a payé au porteur de la fausse feuille des frais de route qui ne lui étaient pas dus ou qui excédaient ceux auxquels il pouvait avoir droit, le tout néanmoins au-dessous de cent francs ;

Et d'un emprisonnement de deux ans au moins, de cinq ans au plus, si les sommes indûment perçues par le porteur de la feuille s'élèvent à cent francs et au-delà.

Dans ces deux derniers cas, les coupables pourront, en outre, être privés des droits mentionnés en l'article 42 du présent Code pendant cinq mois au moins et dix ans au plus, à compter du jour où ils auront subi leur peine.

Ils pourront aussi être mis, par l'arrêt ou le jugement, sous la surveillance de la haute police pendant le même nombre d'années.

Art. 157. — Les peines portées en l'article précédent seront appliquées, selon les distinctions qui y sont établies, à toute personne qui se sera fait délivrer par l'officier public une feuille de route sous un nom supposé ou qui aura fait usage d'une feuille de route délivrée sous un autre nom que le sien.

Art. 158. — Si l'officier public était instruit de la supposition de nom lorsqu'il a délivré la feuille de route, il sera puni, savoir :

Dans le premier cas posé par l'article 156 d'un emprisonnement d'une année au moins et de quatre ans au plus ;

Dans le second cas du même article, d'un emprisonnement de deux ans au moins et de cinq ans au plus ;

Dans le troisième cas, de la réclusion.

Dans les deux premiers cas, il pourra en outre, être privé des droits mentionnés en l'article 42 du code pénal pendant cinq ans au moins et dix ans au plus, à compter du jour ou il aura subi sa peine.

Art. 159. — Toute personne qui, pour se rédimer elle-même ou affranchir une autre d'un service public quelconque, fabriquera, sous le nom d'un médecin, chirurgien ou autre officier de santé, un certificat de maladie ou d'infirmité, sera punie d'un emprisonnement d'une année au moins et de trois ans au plus.

Art. 160. — Tout médecin, chirurgien ou autre officier de santé qui, pour favoriser quelqu'un, certifiera faussement des maladies ou infirmités propres à dispenser d'un service public, sera puni d'un emprisonnement d'une année au moins et de trois ans au plus.

S'il y a été mû par dons ou promesses, la peine de l'emprisonnement sera d'une année au moins et de quatre ans au plus.

Dans les deux cas, le coupable pourra, en outre, être privé des droits mentionnés en l'article 42 du code pénal pendant cinq ans au moins et dix ans au plus, à compter du jour où il aura subi sa peine.

Dans le deuxième cas, les corrupteurs seront punis des mêmes peines que le médecin, chirurgien ou officier de santé, qui aura délivré le faux certificat.

Art. 161. — Quiconque fabriquera, sous le nom d'un fonctionnaire ou officier public, un certificat de bonne conduite, indigence ou autres circonstances propres à appeler la bienveillance du gouvernement ou des particuliers sur la personne y désignée, et à lui procurer places, crédit ou secours, sera puni d'un emprisonnement de six mois à deux ans.

La même peine sera appliquée : 1° à celui qui falsifiera un certificat de cette espèce, originairement véritable, pour l'approprier à une personne autre que celle à laquelle il a été primitivement délivré ; 2° à tout individu qui se sera servi du certificat ainsi fabriqué ou falsifié.

Si ce certificat est fabriqué sous le nom d'un simple particulier, la fabrication et l'usage seront punis de quinze jours à six mois d'emprisonnement.

Art. 162. — Les faux certificats de toute autre nature, et d'où il pourrait résulter, soit lésion envers des tiers, soit préjudice envers le Trésor public, seront punis, selon qu'il y aura lieu, d'après les dispositions relatives aux faux en écriture privée et en écriture publique ou authentique, et de commerce ou de banque.

Dispositions communes a toutes les espèces de faux.

Art. 163. — L'application des peines portées contre ceux qui ont fait usage de fausses monnaies, billets, sceaux, timbres, marteaux, poinçons, marques et écrits faux, contrefaits, fabriqués ou falsifiés, cessera toutes les fois que le faux n'aura pas été connu de la personne qui aura fait usage de la chose fausse.

Art. 164. — Il sera prononcé contre les coupables une amende dont le minimum sera de cent francs, et le maximum de trois milles francs : l'amende pourra cependant être portée jusqu'au quart du bénéfice illégitime que le faux aura procuré ou était destiné à procurer aux auteurs du crime ou du délit, à leurs complices ou à ceux qui ont fait usage de la pièce fausse.

N. B. — Plusieurs circulaires du ministre de la Guerre ont attiré l'attention des autorités militaires sur les fraudes commises à l'aide des feuilles de route délivrées aux militaires. Ces circulaires déclarent que les compagnies ont le droit d'organiser un contrôle des billets en cours de route et que les militaires, quel que soit leur grade, sont dans l'obligation, s'ils sont en habits civils, de montrer leurs feuilles de route sur la réquisition des agents des dites compagnies.

Rébellion

La rébellion est définie comme suit par l'art. 209 : « Toute attaque, toute résistance avec violence et voies de fait envers les officiers ministériels, les gardes champêtres ou forestiers, la force publique, les préposés à la perception des taxes et contributions, les porteurs de contraintes, les préposés des douanes, les séquestres, les officiers ou agents de la police administrative ou judiciaire, agissant pour l'exécution des lois, des ordres ou ordonnances de l'autorité publique, des mandats de justice ou jugements, est qualifiée selon les circonstances, crime ou délit de rébellion ».

Art. 210. — Si elle a été commise par plus de vingt personnes armées, les coupables seront punis des travaux forcés à temps ; et s'il n'y a pas eu port d'armes, ils seront punis de la réclusion.

Art. 211. — Si la rébellion a été commise par une réunion armée de trois personnes au plus jusqu'à vingt inclusivement la peine sera la réclusion ; s'il n'y a pas eu port d'armes, la peine sera un emprisonnement de six mois au moins et de deux ans au plus.

Art. 212. — Si la rébellion n'a été commise que par une ou deux personnes avec armes, elle sera punie d'un emprisonnement de six mois à deux ans, et si elle a eu lieu sans armes, d'un emprisonnement de six jours à six mois.

Art. 213. — En cas de rébellion avec bande ou attroupement, l'art. 100 du présent code sera applicable aux rébelles sans fonctions ni emplois dans la bande, qui se seront retirés au premier avertissement de l'autorité publique, ou même depuis, s'ils n'ont été saisis que hors du lieu de la rébellion, et sans nouvelle résistance et sans armes.

Art. 214. — Toute réunion d'individus pour un crime ou un délit, est réputée réunion armée, lorsque plus de deux personnes portent des armes ostensibles.

Art. 215. — Les personnes qui se trouveraient munies d'armes cachées, et qui auraient fait partie d'une troupe ou réunion non réputée armée, seront individuellement punies comme si elles avaient fait partie d'une troupe ou réunion armée.

Art. 216 — Les auteurs des crimes et délits commis pendant le cours et à l'occasion d'une rébellion, seront punis des peines prononcées contre chacun de ces crimes, si elles sont plus fortes que celles de la rébellion.

Art. 217. — (Cet article avait trait à la provocation à la rébellion. Il a été abrogé par loi du 17 Mai 1819, qui elle-même a été abrogée par la loi du 30 Juillet 1881).

Art. 218. — Dans tous les cas où il sera prononcé, pour fait de rébellion, une simple peine d'emprisonnement, les coupables pourront être condamnés en outre à une amende de seize francs à deux cents francs.

Art. 219. — Seront punies comme réunions de rebelles, celles qui auront été formées avec ou sans armes, et accomgagnées de violences ou de menaces contre l'autorité administrative, les officiers et les agents de police, ou contre la force publique :

1° Par les ouvriers ou journaliers, dans les ateliers publics ou manufactures ;

2° Par les individus admis dans les hospices ;

3° Par les prisonniers prévenus, accusés ou condamnés.

Art. 220. — La peine appliquée pour rébellion à des prisonniers prévenus, accusés ou condamnés relativement à d'autres crimes ou délits, sera par eux subie, savoir :

Par ceux qui, à raison des crimes ou délits qui ont causé leur détention, sont ou seraient condamnés à une peine non capitale ni perpétuelle, immédiatement après l'expiration de cette peine ;

Et par les autres, immédiatement après l'arrêt ou jugement en dernier ressort qui les aura acquittés ou renvoyés absous du fait pour lequel ils étaient détenus.

Art. 221. — Les chefs d'une rébellion, et ceux qui l'auront provoquée, pourront être condamnés à rester, après l'expiration de leur peine, sous la surveillance spéciale de la haute police pendant cinq ans au moins et dix ans au plus.

Voir aussi l'article 25 de la loi du 15 Juillet 1845.

Outrages et violences envers les dépositaires de l'autorité & de la force publique

Sur ce point comme sur les suivants, nous nous bornerons, en général, pour ne pas entrer dans des développements qui nous entraîneraient trop loin, à reproduire les articles du Code pénal.

Art. 222. — Lorsqu'un ou plusieurs magistrats de l'ordre administratif ou judiciaire, lorsqu'un ou plusieurs jurés auront reçu, dans l'exercice de leur fonctions, ou à l'occasion de cet exercice, quelque outrage par paroles, par écrit ou dessin non rendu public, tendant dans ces divers cas, à inculper leur honneur ou leur délicatesse, celui qui leur aura adressé cet outrage sera puni d'un emprisonnement de quinze jours à deux ans.

Si l'outrage pour paroles a eu lieu à l'audience d'une cour ou d'un tribunal, l'emprisonnement sera de deux à cinq ans.

Art. 223, — L'outrage fait par gestes ou menaces à un magistrat, ou à un juré, dans l'exercice ou à l'occassion de l'exercice de ses fonctions, sera puni d'un mois à six mois d'emprisonnement, et, si l'outrage a eu lieu à l'audience d'une cour ou d'un tribunal, il sera puni d'un emprisonnement d'un mois à deux ans.

Art 224. — L'outrage fait par paroles, gestes ou menaces à tout officier ministériel ou agent dépositaire de la force publique, et à tout citoyen chargé d'un ministère de service public, dans l'exercice ou à l'occasion de l'exercice de ses fonctions, sera puni d'un emprisonnement de six jours à un mois et d'une amende de seize francs à deux cents francs, ou de l'une de ces deux peines seulement.

Art. 225. — L'outrage mentionné en l'article précédent, lorsqu'il aura été dirigé contre un commandant de la force publique, sera puni d'un emprisonnement de quinze jours à trois mois, et pourra l'être aussi d'une amende de seize francs à cinq cents francs.

Art. 226. — Dans le cas des articles 222, 223 et 225 l'offenseur pourra être, outre l'emprisonnement, condamné à faire réparation, soit à la première audience, soit par écrit ; et le temps de l'emprisonnement prononcé contre lui ne sera compté qu'à dater du jour où la réparation aura eu lieu.

Art. 227. — Dans les cas de l'article 224, l'offenseur pourra de même, outre l'amende, être condamné à faire réparation à l'offensé ; et s'il retarde ou refuse, il sera contraint par corps.

Art. 228. — Tout individu qui, même sans armes et sans qu'il en soit résulté de blessures, aura frappé un magistrat dans l'exercice de ses fonctions, ou à l'occasion de cet exercice, ou commis toute autre violence ou voie de fait envers lui dans les mêmes circonstances, sera puni d'un emprisonnement de deux à cinq ans.

Le maximum de cette peine sera toujours prononcé si la voie de fait a eu lieu à l'audience d'une cour ou d'un tribunal.

Le coupable pourra, en outre, dans les deux cas, être privé des droits mentionnés en l'article 42 du code (interdiction de certains droits que nous avons indiqué parmi les peines correctionnelles), pendant cinq ans au moins et dix ans au plus, à compter du jour où il aura subi sa peine, et être placé sous la surveillance de la haute police pendant le même nombre d'années.

Art. 229. — Dans l'un et l'autre des cas exprimés en l'article précédent, le coupable pourra de plus être condamné à s'éloigner, pendant cinq à dix ans, du lieu où siège le magistrat, et d'un rayon de deux myriamètres.

Cette disposition aura son exécution à dater du jour où le condamné aura subi sa peine.

Si le condamné enfreint cet ordre, avant l'expiration du temps fixé, il sera puni du bannissement.

Art. 230. — Les violences ou voies de fait de l'espèce exprimée en l'article 228, dirigées contre un officier ministériel, un agent de la force publique, ou un citoyen chargé d'un ministère de service public, si elles ont eu lieu pendant qu'ils exerçaient leur ministère ou à cette occasion, seront puni d'un emprisonnement d'un mois au moins et de trois ans au plus, et d'une amende de seize francs à cinq cents francs.

Art. 231. — Si les violences exercées contre les fonctionnaires et agents désignés aux articles 228, 230, ont été la cause d'effusion de sang, blessures ou maladie, la peine sera la réclusion ; si la mort s'en est suivie dans les quarante jours, le coupable sera puni des travaux forcés à perpétuité.

Art. 232. — Dans le cas où ces violences n'auraient pas causé d'effusion de sang, blessures ou maladie, les coups seront punis de la réclusion, s'ils ont été portés avec préméditation ou guet-apens.

Art. 233. — Si les coups ont été portés ou les blessures faites à un des fonctionnaires ou agents désignés aux articles 228 et 230, dans l'exercice ou à l'occasion de l'exercice de leurs fonctions, avec intention de donner la mort, le coupable sera puni de mort.

Dégradation de monuments

Quiconque, dit l'article 257 du Code pénal, aura détruit, abattu, mutilé ou dégradé des monuments, statues et autres objets destinés à l'utilité ou à la décoration publique, et élevés par l'autorité publique ou avec son autorisation, sera puni d'un emprisonnement d'un mois à deux ans, et d'une amende de cent francs à cinq cents francs.

Vagabondage et mendicité

Vagabondage

Art. 269. — Le vagabondage est un délit.

Art. 270. — Les vagabonds ou gens sans aveu sont ceux qui n'ont ni domicile certain, ni moyens de subsistance, et qui n'exercent habituellement ni métier ni profession.

Art. 271. — Les vagabonds ou gens sans aveu qui auront été légalement déclarés tels seront, pour ce seul fait, punis de trois à six mois d'emprisonnement. Ils seront renvoyés, après avoir subi leur peine, sous la surveillance de la haute police pendant cinq ans au moins et dix ans au plus.

Néanmoins, les vagabonds âgés de moins de seize ans ne pourront être condamnés à la peine d'emprisonnement ; mais sur la preuve des faits de vagabondage, ils seront renvoyés sous la surveillance de la haute police jusqu'à l'âge de vingt ans accomplis, à moins qu'avant cet âge ils n'aient contracté un engagement régulier dans les armées de terre ou de mer.

Art. 272. — Les individus déclarés vagabonds par jugement pourront, s'ils sont étrangers, être conduits, par les ordres du gouvernement, hors du territoire du Royaume (de la République).

Art. 273 — Les vagabonds nés en France pourront, après un jugement même passé en force de chose jugée, être réclamés par délibération du conseil municipal de la commune où ils sont nés, ou cautionnés par un citoyen solvable.

Si le gouvernement accueille la réclamation ou agrée la caution, les individus ainsi réclamés ou cautionnés seront, par ses ordres, renvoyés ou conduits dans la commune qui les aura réclamés, ou dans celle qui leur sera assignée pour résidence, sur la demande de la caution.

Mendicité

Art. 274. — Toute personne qui aura été trouvée mendiant dans un lieu pour lequel il existera un établissement public organisé afin d'obvier à la mendicité, sera punie de trois à six mois d'emprisonnement et sera, après l'expiration de sa peine, conduite au dépôt de mendicité.

Art. 275. — Dans les lieux où il n'existe point encore de tels établissements, les mendiants d'habitude valides seront punis d'un mois à trois mois d'emprisonnement.

S'ils ont été arrêtés hors du canton de leur résidence, ils seront punis d'un emprisonnement de six mois à deux ans.

Art. 276. — Tous mendiants, même invalides, qui auront usé de menaces, ou seront entrés, sans permission du propriétaire ou des personnes de sa maison, soit dans une habitation, soit dans un enclos en dépendant,

Ou qui feindront des plaies ou infirmités,

Ou qui mendieront en réunion, à moins que ce ne soient le mari et la femme, le père ou la mère et leurs jeunes enfants, l'aveugle et son conducteur,

Seront punis d'un d'emprisonnement de six mois à deux ans.

Dispositions communes aux vagabonds et mendiants

Art. 277. — Tout mendiant ou vagabond qui aura été saisi travesti d'une manière quelconque,

Ou porteur d'armes, bien qu'il n'en ait usé ni menacé,

Ou muni de limes, crochets ou autres instruments propres soit à commettre des vols ou d'autres délits, soit à lui procurer les moyens de pénétrer dans les maisons,

Sera puni de deux à cinq ans d'emprisonnement.

Art. 278 — Tout mendiant ou vagabond qui aura exercé ou tenté d'exercer quelque acte de violence que ce soit envers les personnes sera puni d'un emprisonnement de deux à cinq ans, sans préjudice de peines plus fortes, s'il y a lieu, à raison du genre et des circonstances de la violence.

Si le mendiant ou le vagabond, qui a exercé ou tenté d'exercer des violences, se trouvait, en outre, dans l'une des circonstances exprimées par l'article 277, il sera puni de la réclusion.

Art. 280. — Abrogé.

Art. 281. — Les peines établies par le présent code contre les individus porteurs de faux certificats, faux passe-ports, ou fausses feuilles de route, seront toujours dans leur espèce portées au maximum, quand elles seront appliquées à des vagabonds ou mendiants.

Art. 282. — Les mendiants qui auront été condamnés aux peines portées par les articles précédents seront renvoyés, après l'expiration de leur peine, sous la surveillance de la haute police pour cinq ans au moins et dix ans au plus.

DÉLITS COMMIS PAR VOIE D'ÉCRITS, IMAGES OU GRAVURES.

Art. 283 à 289 du Code pénal. — Ces articles ont été abrogés par la loi des 29-30 Juillet 1881. Ils avaient trait aux publications sans nom d'imprimeur, au délit de provocation à des crimes ou délits par écrits imprimés, et au délit d'outrages aux bonnes mœurs par voie d'écrits, images et gravures.

La nouvelle loi punit d'une amende de cinq francs à quinze francs le fait d'avoir rendu public un imprimé, à l'exception des ouvrages dits de ville ou bilboquets, sans indication des nom et domicile de l'imprimeur.

En ce qui touche la provocation à des crimes et délits, dispose :

Art. 23. — Seront punis comme complices d'une action qualifiée crime ou délit ceux qui, soit par des discours, cris ou menaces proférés dans les lieux ou réunions publiques, soit par écrits, des imprimés vendus ou distribués, mis en vente ou exposés dans des lieux ou réunions publiques. soit par des placards ou affiches, exposés aux regards du public, auront directement provoqué l'auteur ou les auteurs à commettre la dite action, si la provocation a été suivie d'effet.

Cette disposition sera également applicable lorsque la provocation n'aura été suivie que d'une tentative de crime prévue par l'article 2 du code pénal.

Art. 24. — Ceux qui, par les moyens énoncés dans l'article précédent, auront directement provoqué à commettre les crimes de meurtre, de pillage ou d'incendie, ou l'un des crimes contre la sûreté de l'Etat prévus par les articles 75 et suivants, jusques et y compris l'article 101 du code pénal, seront punis, dans le cas où cette provocation n'aurait pas été suivie d'effet, de trois mois à deux ans d'emprisonnement et de cent à trois mille francs d'amende.

Tous cris ou chants séditieux proférés dans des lieux ou réunions publics seront punis d'un emprisonnement de six jours à un mois et d'une amende de seize francs à cinq cents francs ou de l'une de ces peines seulement.

Art. 25. — Toute provocation par l'un des moyens énoncés en l'article 23, adressée à des militaires des armées de terre ou de mer, dans le but de les détourner de leurs devoirs militaires et de l'obéissance qu'ils doivent à leurs chefs dans tout ce qu'ils leur commandent pour l'exécution des lois et règlements militaires, sera puni d'un emprisonnement d'un à six mois et d'une amende de seize à cent francs.

L'article 26 punit l'offense au président de la République; l'article 27, les fausses nouvelles, et l'article 28, l'outrage aux bonnes mœurs, commis par l'un des moyens énoncés en l'article 23, ou par la mise en vente, la distribution ou l'expédition de « dessins, gravures, peintures, emblêmes ou images obscènes ».

MEURTRES.

(Art. 295 à 304 du Code pénal).

Le meurtre est un homicide commis volontairement.

Il emporte la peine de mort, lorsqu'il a précédé, accompagné ou suivi un autre crime, ou lorsqu'il a eu pour objet soit de préparer, faciliter ou exécuter un délit, soit de favoriser la fuite ou d'assurer l'impunité des auteurs ou complices de ce délit.

En tout autre cas, le meurtre n'entraîne que les travaux forcés à perpétuité.

L'assassinat est un meurtre commis avec préméditation ou guet-apens.

La préméditation consiste dans le dessein formé, avant l'action, d'attenter à la personne d'un individu déterminé, ou même de celui qui sera trouvé ou rencontré, quand même ce dessein serait dépendant de quelque circonstance ou de quelque condition.

Le guet-apens consiste à attendre plus ou moins longtemps, dans un ou divers lieux, un individu, soit pour lui donner la mort, soit pour exercer sur lui des actes de violence.

Le parricide est le meurtre des pères ou mères légitimes, naturels ou adoptifs, ou de tout autre ascendant légitime.

L'infanticide est le meurtre d'un enfant nouveau-né.

L'empoisonnement est tout attentat à la vie d'une personne, par l'effet de substances qui peuvent donner la mort plus ou moins promptement, de quelque manière que ces substances aient été employées ou administrées, et quelles qu'en aient été les suites.

Ces quatre espèces de meurtres sont punies de mort.

L'article 303 assimile aux assassins tous malfaiteurs, quelle que soit leur dénomination, qui, pour l'exécution de leurs crimes, emploient des tortures ou commettent des actes de barbarie. A l'époque où le Code pénal a été fait, les chauffeurs rentraient dans cette catégorie.

MENACES.

(Art. 305 à 308).

La loi ne punit pas toutes les menaces, mais seulement: 1° la menace d'assassinat, d'empoisonnement ou de tout autre attentat contre les personnes qui serait punissable de la peine de mort, des travaux forcés à perpétuité ou de la déportation ; 2° la menace d'incendier une habitation ; 3° la menace contre les personnes de toutes autres voies de fait ou violences.

Encore faut-il que ces menaces acquièrent une certaine gravité par la façon dont elles sont faites.

Ainsi la menace verbale pure et simple ne tombe pas sous le coup de la loi, parce qu'on la regarde comme une parole irréfléchie.

Mais si elle est faite avec ordre de déposer une somme d'argent dans un lieu indiqué ou de remplir toute autre condition, alors elle devient punissable, parce qu'elle indique chez son auteur une volonté arrêtée.

Il en est de même de la menace faite par écrit.

Le code frappe, en conséquence, des travaux forcés à temps la menace faite par écrit anonyme ou signé, avec ordre ou sans condition, d'un attentat punissable de la peine de mort, des travaux forcés à perpétuité ou de la déportation.

Si cette menace n'est accompagnée d'aucun ordre ou condition, elle ne peut avoir pour but que d'effrayer, et la peine n'est plus que d'un emprisonnement de deux ans au moins et de cinq ans au plus.

Si la menace faite avec ordre ou sous condition a été verbale, le coupable est puni d'un emprisonnement de six mois à deux ans et d'une amende de vingt-cinq à trois cents francs.

Pour la menace d'incendie, la loi fait les mêmes distinctions et prononce les mêmes peines.

Enfin, quiconque a menacé, violemment ou par écrit, de voies de fait ou violences non punissables de la peine de mort, des travaux forcés à perpétuité ou de la déportation, est puni, si la menace a été faite avec ordre ou sous condition, d'un emprisonnement de six jours à trois mois et d'une amende de seize francs, à cent francs ou de l'une de ces deux peines seulement, (V. loi de 1845, art. 18).

BLESSURES ET COUPS VOLONTAIRES

non qualifiés meurtre, et autres crimes et délits volontaires

Art. 309. — Tout individu qui, volontairement, aura fait des blessures ou porté des coups, ou commis toute autre violence ou voie de fait, s'il est résulté de ces sortes de violences une maladie ou incapacité de travail personnel pendant plus de vingt jours, sera puni d'un emprisonnement de deux ans à cinq ans et d'une amende de seize francs à deux mille francs.

Il pourra, en outre, être privé des droits mentionnés en l'article 42 du présent code (privation de certains droits constituant une peine correctionnelle) pendant cinq ans au moins et dix ans au plus, à compter du jour où il aura subi sa peine.

Quand les violences ci-dessus exprimées auront été suivies de mutilation, amputation ou privation de l'usage d'un membre, cécité, perte d'un œil ou autres infirmités permanentes, le coupable sera puni de la réclusion.

Si les coups portés ou les blessures faites volontairement, mais sans intention de donner la mort, l'ont pourtant occasionnée, le coupable sera puni de la peine des travaux forcés à temps.

Art. 310. — Lorsqu'il y aura eu préméditation ou guet-apens, la peine sera, si la mort s'en est suivie, celle des travaux forcés à perpétuité ; si les violences ont été suivies de mutilations, amputation ou privation de l'usage d'un membre, cécité, perte d'un œil, ou autres infirmités permanentes, la peine sera celle des travaux forcés à temps; dans le cas prévu par le premier paragraphe de l'article 309, la peine sera celle de la réclusion.

Art. 311. — Lorsque les blessures ou les coups, ou autres violences ou voies de fait n'auront occasionné aucune maladie ou incapacité de travail personnel de l'espèce mentionnée en l'article 309, le coupable sera puni d'un emprisonnement de six jours à deux ans, et d'une amende de seize francs à deux cents francs, ou de l'une de ces deux peines seulement.

S'il y a eu préméditation ou guet-apens, l'emprisonnement sera de deux ans à cinq ans et l'amende de cinquante francs à cinq cents francs.

Art. 312. — L'individu qui aura volontairement fait des blessures ou porté des coups à ses père ou mère légitimes, naturels ou adoptifs, ou autres ascendants légitimes, sera puni ainsi qu'il suit :

De la réclusion, si les blessures ou les coups n'ont occasionné aucune maladie ou incapacité de travail personnel de l'espèce mentionnée en l'article 309;

Du maximum de la réclusion, s'il y a eu incapacité de travail pendant plus de vingt jours, ou préméditation ou guet-apens.

Des travaux forcés à temps, lorsque l'article auquel le cas se référera prononcera la peine de réclusion.

Des travaux forcés à perpétuité, si l'article prononce la peine des travaux forcés à temps.

Art. 313. — Les crimes et les délits prévus dans la présente section et dans la section précédente, s'ils sont commis en réunion séditieuse, avec rébellion ou pillage, sont imputables aux chefs, auteurs, instigateurs et provocateurs de ces réunions, rébellions ou pillages, qui seront punis comme coupables de ces crimes ou délits, et condamnés aux mêmes peines que ceux qui les auront personnellement commis.

Art. 314. — Tout individu qui aura fabriqué ou débité des stylets, tromblons, ou quelque espèce que ce soit d'armes prohibées par la loi ou par les règlements d'administration publique, sera puni d'un emprisonnement de six jours à six mois.

Celui qui sera porteur desdites armes sera puni d'une amende de seize francs à deux cents francs.

Dans l'un et l'autre cas les armes seront confisquées.

Le tout sans préjudice de plus forte peine, s'il y échet, en cas de complicité du crime.

Art. 315. — Outre les peines correctionnelles mentionnées dans les articles précédents, les tribunaux pourront prononcer le renvoi sous la surveillance de la haute police depuis deux ans jusqu'à dix ans.

Art. 316. — Toute personne coupable du crime de castration subira la peine des travaux forcés à perpétuité.

Si la mort en est résultée avant l'expiration des quarante jours qui auront suivi le crime, le coupable subira la peine de mort.

Art. 317. — Quiconque, par aliments, breuvages, médicaments, violences, ou par tout autre moyen, aura procuré l'avortement d'une femme enceinte, soit qu'elle y ait consenti ou non, sera puni de la réclusion.

La même peine sera prononcée contre la femme qui se sera procuré l'avortement à elle-même, ou qui aura consenti à faire usage des moyens à elle indiqués ou administrés à cet effet, si l'avortement s'en est suivi.

Les médecins, chirurgiens et autres officiers de santé, ainsi que les pharmaciens qui auront indiqué ou administré, ces moyens, seront condamnés à la peine des travaux forcés à temps, dans le cas où l'avortement aurait eu lieu.

Celui qui aura occasionné à autrui une maladie ou incapacité de travail personnel, en lui administrant volontairement, de quelque manière que ce soit, des substances qui, sans être de nature à donner la mort, sont nuisibles à la santé, sera puni d'un emprisonnement d'un mois à cinq ans, et d'une amende de seize francs à cinq cents francs; il pourra de plus être renvoyé sous la surveillance de la haute police pendant deux ans au moins et dix ans au plus.

Si la maladie ou incapacité de travail personnel a duré plus de vingt jours, la peine sera celle de la réclusion.

Si le coupable a commis soit le délit, soit le crime spécifiés aux deux paragraphes ci-dessus, envers un de ses ascendants tels qu'ils sont désignés en l'article 312, il sera puni, au premier cas, de la réclusion, et, au second cas, des travaux forcés à temps.

Art. 318. — (Cet article a été abrogé par la loi du 5 Mai 1855, qui rend applicable au débit de boissons falsifiées, auquel il se rapportait, la loi du 27 Mars 1871, sur les fraudes dans les ventes de marchandises).

HOMICIDES, BLESSURES ET COUPS INVOLONTAIRES; HOMICIDES, BLESSURES ET COUPS QUI NE SONT NI CRIMES NI DÉLITS.

Homicides, blessures et coups involontaires.

Art. 319. — Quiconque, par maladresse, imprudence, inattention, négligence ou inobservation des règlements, aura commis involontairement un homicide, ou en aura été involontairement la cause, sera puni d'un emprisonnement de trois mois à deux ans, et d'une amende de cinquante à six cents francs.

Art. 320. — S'il n'est résulté du défaut d'adresse ou de précaution que des blessures ou coups, le coupable sera puni de six jours à deux mois d'emprisonnement, et d'une amende de seize francs à cent francs, ou de l'une de ces peines seulement. (V. l'art. 19 de la loi de 1845).

Homicides, blessures ou coups, non qualifiés crimes ni délits.

Art. 327. — Il n'y a ni crime ni délit lorsque l'homicide, les blessures et les coups étaient ordonnés par la loi et commandés par l'autorité légitime.

Art. 328. — Il n'y a ni crime ni délit lorsque l'homicide, les blessures et les coups étaient commandés par la nécessité actuelle de la légitime défense de soi-même ou d'autrui.

Art. 329. — Sont compris dans le cas de nécessité actuelle de défense les deux cas suivants :

1° Si l'homicide a été commis, si les blessures ont été faites, ou si les coups ont été portés en repoussant, pendant la nuit, l'escalade ou l'effraction des clôtures, murs ou entrée d'une maison ou d'un appartement habité, ou de leurs dépendances ;

2° Si le fait a eu lieu en se défendant contre les auteurs de vols ou de pillages exécutés avec violence.

ATTENTATS AUX MŒURS.

(Art. 330 à 340).

Ces attentats sont : l'outrage public à la pudeur, l'attentat à la pudeur, le viol, l'excitation des mineurs à la débauche, l'adultère et la bigamie.

L'outrage public à la pudeur consiste dans des actes impudiques, blessant les regards et la pudeur, sans qu'il y ait du reste atteinte à la personne même du spectateur. De simples paroles grossières ne suffiraient pas à le constituer. La publicité est aussi un de ses éléments et nous relèverons à ce propos qu'il y a publicité lorsque le fait s'est passé dans un wagon de chemin de fer et qu'il est constaté que les actes incriminés ont pu être aperçus du public sur un ou plusieurs points du trajet. (Cass. 19 Août 1869).

L'outrage public à la pudeur est puni d'un emprisonnement de trois mois à deux ans et d'une amende de seize à deux cents francs (Art. 330).

L'attentat à la pudeur consommé ou tenté sans violence sur la personne d'un enfant de l'un et l'autre sexe, âgé de moins de treize ans, est puni de la réclusion. Est puni de la même peine l'attentat à la pudeur commis par tout ascendant sur la personne d'un mineur, même âgé de plus de treize ans, mais non émancipé par le mariage (art. 331).

Art. 332. — Quiconque aura commis le crime de viol sera puni des travaux forcés à temps.

Si le crime a été commis sur la personne d'un enfant au-dessous de l'âge de quinze ans accompli, le coupable subira le maximum de la peine des travaux forcés à temps.

Quiconque aura commis un attentat à la pudeur, consommé ou tenté avec violence contre des individus de l'un ou de l'autre sexe, sera puni de la réclusion.

Si le crime a été commis sur la personne d'un enfant au-dessous de l'âge de quinze ans accompli, le coupable subira la peine des travaux forcés à temps.

Art. 333. — Si les coupables sont les ascendants de la personne sur laquelle a été commis l'attentat, s'ils sont de la classe de ceux qui ont autorité sur elle, s'ils sont ses instituteurs ou serviteurs à gages ou serviteurs des personnes à gages ci-dessus désignées, s'ils sont fonctionnaires ou ministres d'un culte, ou si le coupable, quel qu'il soit, a été aidé dans son crime par une ou plusieurs personnes, la peine sera celle des travaux forcés à temps, dans le cas prévu par le paragraphe 1er de l'article 331, et des travaux forcés à perpétuité dans le cas prévu par l'article précédent.

ARRESTATIONS ILLÉGALES ET SÉQUESTRATIONS DE PERSONNES

Art. 341. — Seront punis de la peine des travaux forcés à temps, ceux qui, sans ordre des autorités constituées et hors les cas où la loi ordonne de saisir des prévenus, auront arrêté, détenu ou séquestré des personnes quelconques.

Quiconque aura prêté un lieu pour exécuter la détention ou séquestration subira la même peine.

Art. 342. — Si la détention ou séquestration a duré plus d'un mois, la peine sera celle des travaux forcés à perpétuité.

Art. 343. — La peine sera réduite à l'emprisonnement de deux ans à cinq ans, si les coupables des délits mentionnés en l'article 341, non encore poursuivis de fait, ont rendu la liberté à la personne arrêtée, séquestrée ou détenue, avant le dixième jour accompli depuis celui de l'arrestation, détention ou séquestration. Ils pourront néanmoins être renvoyés sous la surveillance de la haute police, depuis cinq ans jusqu'à dix ans.

Art. 344. — Dans chacun des deux cas suivants :

1o Si l'arrestation a été exécutée avec le faux costume sous un faux nom, ou sous un faux ordre de l'autorité publique.

2o Si l'individu arrêté, détenu ou séquestré, a été menacé de la mort.

Les coupables seront punis des travaux forcés à perpétuité.

Mais la peine sera celle de la mort, si les personnes arrêtées, détenues ou séquestrées, ont été soumises à des tortures corporelles.

FAUX TÉMOIGNAGES

Art. 361. — Quiconque sera coupable de faux témoignage en matière criminelle, soit contre l'accusé, soit en sa faveur, sera puni de la réclusion.

Si néanmoins l'accusé a été condamné à une peine plus forte que celle de la réclusion, le faux témoin qui a déposé contre lui subira la même peine.

Art. 362. — Quiconque sera coupable de faux témoignage en matière correctionnelle, soit contre le prévenu, soit en sa faveur, sera puni d'un emprisonnement de deux ans au moins et de cinq ans au plus, et d'une amende de cinquante francs à deux mille francs.

Si néanmoins le prévenu a été condamné à plus de cinq années d'emprisonnement, le faux témoin qui a déposé contre lui subira la même peine.

Quiconque sera coupable de faux témoignage en matière de police, soit contre le prévenu, soit en sa faveur, sera puni d'un emprisonnement d'un an au moins et de trois ans au plus, et d'une amende de seize francs à cinq cents francs.

Dans ces deux cas, les coupables pourront, en outre, être privés des droits mentionnés en l'article 42 du présent code, pendant cinq ans au moins et dix ans au plus, à compter du jour où ils auront subi leur peine, et être placés sous la surveillance de la haute police pendant le même nombre d'années.

Art. 363. — Le coupable de faux témoignage, en matière civile, sera puni d'un emprisonnement de deux à cinq ans, et d'une amende de cinquante francs à deux mille francs. Il pourra l'être aussi des peines accessoires mentionnées dans l'article précédent.

Art. 364. — Le faux témoin, en matière criminelle, qui aura reçu de l'argent, une récompense quelconque ou des promesses, sera puni des travaux forcés à temps sans préjudice de l'application du deuxième paragraphe de l'article 361.

Le faux témoin, en matière correctionnelle ou civile, qui aura reçu de l'argent, une réponse quelconque ou des promesses, sera puni de la réclusion.

Le faux témoin, en matière de police, qui aura reçu de l'argent, une récompense quelconque ou des promesses sera puni d'un emprisonnement de deux à cinq ans, et d'une amende de cinquante francs à deux mille francs.

Il pourra l'être aussi des peines accessoires mentionnées en l'article 362.

Dans tous les cas, ce que le faux témoin aura reçu sera confisqué.

Art. 365. — Le coupable de subornation de témoins sera passible des mêmes peines que le faux témoin, selon les distinctions contenues dans les articles 361, 362, 363 et 364.

Art. 366. — Celui à qui, le serment aura été déféré ou référé en matière civile, et qui aura fait un faux serment, sera puni d'un emprisonnement d'une année au moins et de cinq ans au plus, et d'une amende de cent francs à trois mille francs.

Il pourra, en outre, être privé des droits mentionnés en l'article 42 du présent code, pendant cinq ans au moins et dix ans au plus, à compter du jour où il aura subi sa peine, et être placé sous la surveillance de la haute police pendant le même nombre d'années.

CALOMNIES.

Art. 373. — Quiconque aura fait par écrit une dénonciation calomnieuse contre un ou plusieurs individus, aux officiers de justice ou de police administrative ou judiciaire, sera puni d'un emprisonnement d'un mois à un an, et d'une amende de cent francs à trois mille francs.

INJURES.

Pour les injures, il faut distinguer entre : 1° les injures ou expressions outrageantes qui sont proférées publiquement et renferment l'imputation d'un vice déterminé; 2° et celles qui ne réunissent pas ces deux caractères.

Sur les premiers, le texte de la loi se compose des articles 29 à 35 de la loi sur la presse du 30 Juillet 1881, lesquels articles sont conçus comme suit :

Art. 29. — Toute allégation ou imputation d'un fait qui porte atteinte à l'honneur ou à la considération de la personne ou du corps auquel le fait est imputé est une diffamation.

Toute expression outrageante, terme de mépris ou invective, qui ne renferme l'imputation d'aucun fait, est une injure.

Art. 30. — La diffamation commise par l'un des moyens énoncés en l'article 23 et en l'article 28 (nous avons cité ces deux articles au paragraphe relatif aux délits par voie d'écrits, etc.) envers les cours, les tribunaux, les armées de terre ou de mer, les corps constitués et les administrations publiques, sera puni d'un emprisonnement de huit jours à un an et d'une amende de cent francs à trois mille francs, ou de l'une de ces deux peines seulement.

Art. 31. — Sera punie de la même peine la diffamation commise par les mêmes moyens, à raison de leurs fonctions ou de leurs qualités, envers un ou plusieurs membres du ministère, un ou plusieurs membres de l'une ou de l'autre chambre, un fonctionnaire public, un dépositaire ou agent de l'autorité publique, un ministre de l'un des cultes salariés par l'Etat, un citoyen chargé d'un service ou d'un mandat public temporaire ou permanent, un juré ou un témoin, à raison de sa déposition.

Art. 32. — La diffamation commise envers les particuliers par l'un des moyens énoncés en l'article 23 et en l'article 28 sera punie d'un emprisonnement de cinq jours à six mois et d'une amende de vingt-cinq francs à deux mille francs ou de l'une de ces deux peines seulement.

Art. 33. — L'injure commise par les mêmes moyens envers les corps ou les personnes désignés par les articles 30 et 31 de la présente loi, sera punie d'un emprisonnement de six jours à trois mois et d'une amende de dix-huit francs à cinq cents francs ou de l'une de ces deux peines seulement.

L'injure commise de la même manière envers les particuliers, lorsqu'elle n'aura pas été précédée de provocation, sera punie d'un emprisonnement de cinq jours à deux mois et d'une amande de seize francs à trois cents francs, ou de l'une de ces deux peines seulement.

Si l'injure n'est pas publique, elle ne sera punie que de la peine prévue par l'article 471 du Code pénal.

Art. 34. — Les articles 29, 30 et 31 ne seront applicables aux diffamations ou injures dirigées contre la mémoire des morts que dans les cas où les auteurs de ces diffamations ou injures auraient eu l'intention de porter atteinte à l'honneur ou à la considération des héritiers vivants. Ceux-ci pourront toujours user du droit de réponse prévu par l'article 13.

Art. 35. — La vérité du fait diffamatoire, mais seulement quand il est relatif aux fonctions, pourra être établie par les voies ordinaires, dans le cas d'imputation contre les corps constitués, les armées de terre ou de mer, les administrations publiques et contre toutes les personnes énumérées dans l'article 31.

La vérité des imputations diffamatoires et injurieuses p urra être également établie contre les directeurs ou administrateurs de toute entreprise industrielle, commerciale ou financière, faisant publiquement appel à l'épargne ou au crédit.

Dans les cas prévus aux deux paragraphes précédents, la preuve contraire est réservée. Si la preuve du fait diffamatoire est rapportée, le prévenu sera renvoyé des fins de la plainte.

Dans toute autre circonstance et envers toute autre personne non qualifiée, lorsque le fait imputé est l'objet de poursuites commencées à la requête du ministère public, ou d'une plainte de la part du prévenu, il sera, durant l'instruction qui devra avoir lieu, sursis à la poursuite et au jugement du délit de diffamation.

— La seconde catégorie d'injures et expressions outrageantes est régie par les articles 376 et 471, N° 11 du Code pénal.

Elle ne peut donner lieu qu'à des peines de police, dit l'article 376, si les injures n'ont pas été provoquées.

La diffamation non publique est assimilée à l'injure et doit être réprimée par les mêmes peines. (Cass. 4 Juillet 1856).

Vols.

« Quiconque a soustrait frauduleusement une chose qui ne lui appartient pas, dit l'article 379 du Code pénal est coupable de vol ». Trois conditions sont donc nécessaires pour qu'il y ait vol, savoir : 1° qu'il y ait soustraction ; 2° que cette soustraction soit frauduleuse ; 3° que la chose soustraite appartienne à autrui.

Par exception, les soustractions commises par des maris au préjudice de leurs femmes, par des femmes au préjudice de leurs maris, par un veuf ou par une veuve quant aux choses qui avaient appartenu à l'époux décédé, par des enfants ou autres descendants, au préjudice de leurs pères ou mères ou autres ascendants, par des pères et mères ascendants au préjudice de leurs enfants ou autres descendants, ou par des alliés aux mêmes degrés, ne peuvent donner lieu qu'à des réparations civiles sauf toutefois l'application des peines portées contre le vol, à tous autres individus qui auraient recélé ou appliqué à leur profit tout ou partie des objets volés.

Il ne convenait pas, dit l'exposé des motifs de la loi de permettre au ministère public de scruter des secrets de famille, à l'occasion d'intérêts pécuniaires, surtout dans des affaires où la ligne qui sépare le manque de délicatesse du véritable délit est souvent difficile à saisir.

— Le vol est toujours puni, mais il l'est avec plus ou moins de sévérité suivant : 1° la qualité de l'agent ; 2° le temps pendant lequel il a été commis ; 3° le lieu où il l'a été ; 4° les circonstances qui l'ont précédé, suivi ou accompagné.

« Seront punis, dit l'article 381, des travaux forcés à perpétuité les individus coupables de vols commis avec la réunion des cinq circonstances suivantes :

1° Si le vol a été commis la nuit ;

2° S'il a été commis par deux ou plusieurs personnes ;

3° Si les coupables ou l'un d'eux étaient porteurs d'armes apparentes ou cachées ;

4° S'ils ont commis le crime, soit à l'aide d'effraction extérieure, ou d'escalade, ou de fausses clefs, dans une maison, appartement, chambre ou logement habités, ou servant à l'habitation, ou leurs dépendances, soit en prenant le titre d'un fonctionnaire public ou d'un officier civil ou militaire, ou après s'être revêtus de l'uniforme ou du costume du fonctionnaire ou de l'officier, ou en alléguant un faux ordre de l'autorité civile ou militaire ;

5° S'ils ont commis le crime avec violence ou menace de faire usage de leurs armes.

Est puni de la peine des travaux forcés à temps tout individu coupable de vol commis à l'aide de violence. Si la violence à l'aide de laquelle le vol a été commis a laissé des traces de blessures ou de contusions, cette circonstance suffit pour que la peine des travaux forcés à perpétuité soit prononcée.

— Les vols commis sur les chemins publics emportent la peine des travaux forcés à perpétuité, lorsqu'ils ont été commis avec deux des cinq circonstances prévues dans l'article 381 cité ci-dessus,

Ils emportent la peine des travaux forcés à temps, lorsqu'ils ont été commis avec une seule de ces circonstances.

Dans les autres cas, la peine est celle de la réclusion, (Art. 383).

N. B. — Le 9 Juillet 1872, la Cour de cassation a décidé qu'un vol commis sur un chemin de fer au préjudice d'un voyageur, ne peut être considéré comme un vol sur un chemin public, par le motif que le code pénal a eu pour but la protection du voyageur souvent isolé sur les routes ordinaires et ne s'applique pas aux voies ferrées sur lesquelles les voyageurs ne circulent qu'en nombre et sous la protection des agents des compagnies.

— Est puni de la peine des travaux forcés à temps tout individu coupable de vol commis à l'aide d'un des moyens énoncés dans le N° 4 de l'article 381 ci-dessus transcrit, même quoique l'effraction, l'escalade et l'usage de fausses clefs aient eu lieu dans des édifices, parcs ou enclos non servant à l'habitation et non dépendants des maisons habitées, et lors même que l'effraction n'aurait été qu'intérieure.

— Est également puni de la peine des travaux forcés à temps tout individu coupable de vol commis avec deux des trois circonstances suivantes :

1° Si le vol a été commis la nuit ;

2° S'il a été commis dans une maison habitée, ou dans un des édifices consacrés aux cultes légalement établis en France ;

3° S'il a été commis par deux ou plusieurs personnes ;

Et si, en outre, le coupable, ou l'un des coupables, était porteur d'armes apparentes ou cachées.

— Est puni de la peine de la réclusion tout individu coupable de vol commis dans l'un des cas ci-après :

1° Si le vol a été commis la nuit, et par deux ou plusieurs personnes, ou s'il a été commis avec une de ces deux circonstances seulement, mais en même temps dans un lieu habité ou servant à l'habitation, ou dans les édifices consacrés aux cultes légalement établis en France ;

2° Si le coupable ou l'un des coupables était porteur d'armes apparentes ou cachées, même quoique le lieu où le vol a été commis ne fût ni habité ni servant à l'habitation, et encore quoique le vol ait été commis le jour et par une seule personne ;

3° Si le voleur est un domestique ou un homme de service à gages, même lorsqu'il aura commis le vol envers des personnes qu'il ne servait pas, mais qui se trouvaient soit dans la maison de son maître, soit dans celle où il l'accompagnait ; ou si c'est un ouvrier, compagnon ou apprenti dans la maison, l'atelier ou le magasin de son maître ; ou un individu travaillant habituellement dans l'habitation où il aura volé ;

4° Si le vol a été commis par un aubergiste, un hôtelier, un voiturier, un batelier, ou un de leurs préposés, lorsqu'ils auront volé tout ou partie des choses qui leur étaient confiées à ce titre.

— Des circulaires ministérielles des 5 Mars 1858, 31 Mai 1862 et 11 Novembre 1867, ont prescrit d'une façon spéciale aux commissaires de surveillance de signaler les vols et fraudes commis dans l'enceinte des chemins de fer. Il leur est même ordonné de verbaliser contre les agents supérieurs des compagnies qui n'auraient pas dénoncé les coupables. Mais ces procès-verbaux ne sont pas transmis au parquet parce que les circulaires en question ne trouvent aucune sanction pénale dans la loi de 1845 et l ordonnance de 1846. Ils sont donc mis en réserve, comme moyen de constatation pour exiger des compagnies la punition disciplinaire des agents coupables ou même leur révocation, conformément au décret du 27 Mars 1852. Ce décret soumet le personnel actif des compagnies à la surveillance de l'administration publique et donne à cette dernière le droit de requérir, les compagnies entendues, la révocation de leurs agents.

Des armes appartenant à l'Etat ayant été volées, le ministre de l'Intérieur fit savoir à son collègue des Travaux Publics que les commissaires de surveillance, qui ont à s'occuper particulièrement des faits intéressant l'exploitation, lui paraissaient mieux à même d'étudier les moyens de prévenir ces vols que les commissaires spéciaux de police qui n'ont à intervenir que pour en rechercher les auteurs. Le 24 Juillet 1872, le ministre des Travaux Publics a prié les chefs du service du contrôle de donner en ce sens des instructions.

— Les voituriers, bateliers ou leurs préposés qui ont altéré ou tenté d'altérer des vins ou toute autre espèce de liquides ou marchandises dont le transport leur avait été confié, ou qui ont commis ou tenté de commettre cette altération par le mélange de substances malfaisantes, sont punis d'un emprisonnement de deux ans à cinq ans et d'une amende de vingt-cinq francs à cinq cents francs.

Ils peuvent, en outre, être privés des droits mentionnés en l'article 42 du code pénal, pendant cinq ans au moins et dix ans au plus ; ils peuvent aussi être mis, par l'arrêt ou le jugement, sous la surveillance de la haute police pendant le même nombre d'années.

S'il n'y a pas eu mélange de substances malfaisantes, la peine est d'un emprisonnement d'un mois à un an, et d'une amende de seize francs à cent francs.

— Quiconque, dit l'article 388, aura volé ou tenté de voler, dans les champs, des chevaux ou bêtes de charge, de voiture ou de monture, gros et menus bestiaux, ou des instruments d'agriculture, sera puni d'un emprisonnement d'un an au moins et de cinq ans au plus, et d'une amende de seize francs à cinq cent francs.

Il en sera de même à l'égard des vols de bois dans les ventes, et de pierres dans les carrières, ainsi qu'à l'égard du vol de poisson en étang, vivier ou réservoir.

Quiconque aura volé, ou tenté de voler dans les champs, des récoltes ou autres productions utiles de la terre, déjà détachées du sol, ou des meules de grains faisant partie de récoltes, sera puni d'un emprisonnement de quinze jours à deux ans, et d'une amende de seize francs à deux cents francs.

Si le vol a été commis, soit la nuit, soit par plusieurs personnes, soit à l'aide de voitures ou d'animaux de charge, l'emprisonnement sera d'un an à cinq ans, et l'amende de seize francs à cinq cents francs.

Lorsque le vol ou la tentative de vol de récoltes ou autres productions utiles de la terre qui, avant d'être soustraites, n'étaient pas encore détachées du sol, aura eu lieu, soit avec des paniers ou des sacs ou autres objets équivalents, soit la nuit, soit à l'aide de voitures ou d'animaux de charge, soit par plusieurs personnes, la peine sera d'un emprisonnement de quinze jours à deux ans, et d'une amende de seize francs à deux cents francs.

Dans tous les cas spécifiés au présent article, les coupables pourront, indépendamment de la peine principale, être interdits de tout ou partie des droits mentionnés en l'article 42, pendant cinq ans au moins et dix ans au plus, à compter du jour où ils auront subi leur peine. Ils pourront aussi être mis, par l'arrêt ou le jugement, sous la surveillance de la haute police pendant le même nombre d'années.

— Tout individu qui, pour commettre un vol, a enlevé ou tenté d'enlever des bornes servant de séparation aux propriétés, est puni d'un emprisonnement de deux ans à cinq ans et d'une amende de seize francs à cinq cents francs.

Le coupable peut, en outre, être privé des droits mentionnés en l'article 42, pendant cinq ans au moins et dix ans au plus, à compter du jour où il aura subi sa peine, et être mis, par l'arrêt ou le jugement, sous la surveillance de la haute police pendant le même nombre d'années.

Mais il y avait lieu de définir les mots maison habitée, effraction et autres, qui sont indicatifs des circonstances aggravantes. C'est ce qui a été fait dans les articles 390 suivants :

Art. 390. — Est réputée maison habitée, tout bâtiment, logement, loge, cabane, même mobile, qui, sans être actuellement habité, est destiné à l'habitation, et tout ce qui en dépend, comme cours, basses-cours, granges, écuries, édifices qui y sont enfermés, quel qu'en soit l'usage, et quand même ils auraient une clôture particulière dans la clôture ou enceinte générale.

Art. 391. — Est réputé parc ou enclos, tout terrain environné de fossés, de pieux, de claies, de planches, de haies vives ou sèches, ou de murs de quelque espèce de matériaux que ce soit, quelles que soient la hauteur, la profondeur, la vétusté, la dégradation de ces diverses clôtures, quand il n'y aurait pas de porte fermant à clef ou autrement, ou quand la porte serait à claire-voie et ouverte habituellement.

Art. 392. — Les parcs mobiles destinés à contenir du bétail dans la campagne, de quelque matière qu'ils soient faits, sont aussi réputés enclos ; et lorsqu'ils tiennent aux cabanes mobiles ou autres abris destinés aux gardiens, ils sont réputés dépendants de maison habitée.

Art. 393. — Est qualifié effraction, tout forcement, rupture, dégradation, démolition, enlèvement de murs, toits, planchers, portes, fenêtres, serrures, cadenas, ou autres ustensiles ou instruments servant à fermer ou à empêcher le passage, et de toute espèce de clôture quelle qu'elle soit.

Art. 394. — Les effractions sont extérieures ou intérieures.

Art. 395. — Les effractions extérieures sont celles à l'aide desquelles on peut s'introduire dans les maisons, cours, basses-cours, enclos ou dépendances, ou dans les appartements ou logements particuliers.

Art. 396. — Les effractions intérieures sont celles qui, après l'introduction dans les lieux mentionnés en l'article précédent, sont faites aux portes ou clôtures du dedans, ainsi qu'aux armoires ou autres meubles fermés.

Est compris dans la classe des effractions intérieures le simple enlèvement des caisses, boîtes, ballots sous toile et corde, et autres meubles fermés, qui contiennent des effets quelconques, bien que l'effraction n'ait pas été faite sur le lieu.

Art. 397. — Est qualifié escalade, toute entrée dans les maisons, bâtiments, cours, basses-cours édifices quelconques, jardins, parcs et enclos, exécutée par dessus les murs, portes, toitures ou toute autre clôture.

L'entrée par une ouverture souterraine, autre que celle qui a été établie pour servir d'entrée, est une circonstance de même gravité que l'escalade.

Art. 398. — Sont qualifiés fausses-clefs, tous crochets, rossignols, passe-partout, clefs imitées, contrefaites, altérées, ou qui n'ont pas été destinées par le propriétaire, locataire, aubergiste ou logeur, aux serrures, cadenas, ou aux fermetures quelconques auxquelles le coupable les aura employés.

— La contrefaçon ou altération des clefs est punie d'un emprisonnement de trois mois à deux ans et d'une amende de vingt-cinq francs à cent cinquante francs.

Si le coupable est un serrurier de profession, il est puni d'un emprisonnement de deux ans à cinq ans et d'une amende de cinquante francs à cinq cents francs.

Il peut, en outre, être privé de tout ou partie des droits mentionnés en l'article 42, pendant cinq ans au moins et dix ans au plus, à compter du jour où il aura subi sa peine ; il peut aussi être mis, par l'arrêt ou le jugement, sous la surveillance de la haute police pendant le même nombre d'années.

Le tout, sans préjudice de peines plus fortes, s'il y échet, en cas de complicité de crime.

— Le vol par extorsion et le vol par un saisi sont prévus par l'article 400.

Vol par extorsion. — Quiconque aura extorqué par force, violence ou contrainte, la signature ou la remise d'un écrit, d'un acte, d'un titre, d'une pièce quelconque contenant ou opérant obligation, disposition ou décharge, sera puni de la peine des travaux forcés à temps.

Quiconque, à l'aide da la menace écrite ou verbale, de révélations ou d'imputations diffamatoires, aura extorqué ou tenté d'extorquer, soit la remise de fonds ou valeurs, soit la signature ou remise des écrits énumérés ci-dessus, sera puni d'un emprisonnement d'un an à cinq ans, et d'une amende de cinquante francs à trois mille francs.

Vol par un saisi. — Le saisi qui aura détruit, détourné ou tenté de détruire ou de détourner des objets saisis sur lui et confiés à sa garde, sera puni des peines portées en l'article 406.

— Il sera puni des peines portées en l'article 401, cité ci-après, si la garde des objets saisis et qu'il aura détruits ou détournés ou tenté de détruire ou de détourner, avait été confiée à un tiers.

Les peines de l'article 401 seront également applicables à tout débiteur, emprunteur ou tiers, donneur de gage qui aura détruit, détourné ou tenté de détruire ou de détourner des objets par lui donnés à titre de gages.

Celui qui aura recélé sciemment les objets détournés, le conjoint, les ascendants et descendants du saisi, du débiteur, de l'emprunteur ou tiers, donneur de gage qui l'auront aidé dans la destruction, le détournement ou dans la tentative de destruction ou de détournement de ces objets, seront punis d'uue peine égale à celle qu'il aura encourue.

— Restent les vols simples c'est-à-dire non accompagnés de circonstances aggravantes, et les larcins ou filouteries, vols qui impliquent la ruse dans leur exécution.

L'article 401 contient les dispositions qui les concernent :

« Les autres vols non spécifiés dans la présente section, les larcins et filouteries, ainsi que les tentatives de ces mêmes délits, seront punis d'un emprisonnement d'un an au moins et de cinq ans au plus, et pourront même l'être d'une amende qui sera de seize francs au moins et de cinq cents francs au plus.

« Les coupables pourront encore être interdits des droits mentionnés en l'article 42 du présent code, pendant cinq ans au moins et dix ans au plus, à compter du jour où ils auront subi leur peine.

« Ils pourront aussi être mis, par l'arrêt ou le jugement, sous la surveillance de la haute police pendant le même nombre d'années.

« Quiconque, sachant qu'il est dans l'impossibilité absolue de payer, se sera fait servir des boissons ou des aliments qu'il aura consommés, en tout ou en partie, dans des établissements à ce destinés, sera puni d'un emprisonnement de six jours au moins et de six mois au plus, et d'une amende de seize francs au moins et de deux cents francs au plus ».

Escroquerie

On distingue le dol civil et le dol criminel : « Le premier, dit Boitard, qui renferme tous les mensonges, toutes les simulations, toutes les exagérations de prix ou de valeur, a pour principal objet de servir les intérêts de celui qui stipule. L'autre qui, à côté des mensonges et des stipulations place les manœuvres et les artifices, a pour principal objet de nuire aux intérêts d'autrui. » (Leçons de droit criminel, N° 448).

L'escroquerie est une espèce de dol. L'article du Code pénal indique comme suit ses caractères particuliers : « Quiconque, soit en « faisant usage de faux noms et de fausses qualités, soit en employant « des manœuvres frauduleuses pour persuader l'existence de fausses « entreprises, d'un pouvoir ou d'un crédit imaginaire, ou pour faire « naître l'espérance ou la crainte d'un succès, d'un accident ou de « tout autre événement chimérique, se sera fait remettre ou délivrer « et aura tenté de se faire remettre ou délivrer des fonds, des meu- « bles ou des obligations, dispositions, billets, promesses, quittances « ou décharges, et aura, par un de ces moyens, escroqué ou tenté « d'escroquer la totalité ou partie de la fortune d'autrui, sera puni « d'un emprisonnement d'un an au moins et de cinq ans au plus, « et d'une amende de cinquante francs au moins et trois mille francs « au plus. Le coupable pourra être en outre à compter du jour où « il aura subi sa peine, interdit pendant cinq ans au moins et dix « ans au plus, des droits mentionnés en l'article 42 du présent code : « le tout sauf les peines plus graves, s'il y a un crime de faux ».

L'escroquerie se reconnaît donc : 1° à l'emploi, soit de faux noms et fausses qualités, soit des manœuvres frauduleuses déterminées par l'article ; 2° à ce que le délinquant a eu pour but de se faire remettre un des objets mobiliers ci-dessus indiqués.

En conséquence, un chef d'atelier qui se sert de faux poids ou de fausses mesures pour tromper ses ouvriers sur la quantité de travail par eux fait, ne commet pas le délit d'escroquerie, sa manœuvre ne tendant pas, comme celles définies par l'article 405, à persuader l'existence de fausses entreprises, etc...

De même la Cour de cassation a décidé, le 6 Mai 1865, que l'emploi d'un faux nom et d'une fausse qualité et l'usage d'un permis de circulation délivré à un tiers pour voyager gratuitement en chemin de fer ne constituent pas non plus le délit d'escroquerie.

En effet, dit la Cour, pour constituer le délit d'escroquerie, l'article 405 exige, outre l'usage, soit d'un faux nom, soit d'une fausse qualité, ou l'emploi des manœuvres frauduleuses qui y sont spécifiées, la remise ou la délivrance de fonds, meubles, etc. Mais cette remise ne peut s'entendre que de la tradition matérielle de ces objets. Or, dans l'espèce, le contrevenant ne se fait rien remettre par la compagnie de de chemin de fer. (Dalloz périodique, 1865, 1.200).

Abus de confiance

(Article 406 à 409)

Il y a abus de confiance : 1° lorsqu'on abuse des besoins, des faiblesses ou des passions d'un mineur pour lui faire souscrire, à son préjudice, des obligations, quittances ou décharges pour prêt d'argent ou de choses mobilières, ou d'effets de commerce, ou de tous autres effets obligatoires, sous quelque forme que cette négociation ait été faite ou déguisée : la peine, dit l'article 405, est d'un emprisonnement de deux mois au moins, de deux ans au plus, et d'une amende qui ne peut excéder le quart des restitutions et des dommages-intérêts qui seront dus aux parties lésées ni être moindre de vingt-cinq francs. Le coupable est passible aussi de l'application du second paragraphe de l'article 405 sur l'escroquerie ;

2° Lorsqu'un individu, abusant d'un blanc-seing qui lui a été confié, a frauduleusement écrit au-dessus une obligation ou décharge, ou tout autre acte pouvant compromettre la personne ou la fortune du signataire : la peine est celle portée dans l'article 405. Dans le cas ou le blanc-seing n'a pas été confié au délinquant, il est poursuivi et puni comme faussaire ;

3° Lorsqu'une personne a détourné ou dissipé, au préjudice des propriétaires, possesseurs ou détenteurs, des effets, deniers, marchandises, billets quittances ou tous autres écrits contenant ou opérant obligation ou décharge, qui ne lui auraient été remis qu'à titre de louage, de dépôt, de mandat ou de nantissement, de prêt à usage, ou pour un travail salarié, ou non salarié, à la charge de les rendre ou représenter, ou d'en faire un usage ou un emploi déterminé. Les peines sont celles de l'article 406. Si l'abus de confiance a été commis par un officier public ou ministériel, ou par un domestique, homme de service à gages, élève, clerc, commis, ouvrier, compagnon ou apprenti, au préjudice de son maître, la peine est celle de la réclusion. S'il s'agit de soustraction et enlèvement de deniers, effets ou pièces commis dans les dépôts publics les articles 254 à 256 du code pénal prononcent des peines particulières ;

4° Lorsqu'une personne, après avoir produit, dans une contestation judiciaire, quelque titre, pièce ou mémoire, l'a soustrait de quelque manière que ce soit. La peine est d'une amende de vingt-cinq francs à trois cents francs, et prononcée par le tribunal saisi de la contestation.

FRAUDES

Sous cette rubrique, le code traite de l'article 406 à l'article 433 :

1° De l'abus de confiance. Nous venons de citer ses dispositions sur ce point ;

2° Des contraventions aux règlements sur les maisons de jeu, les loteries et les maisons de prêt sur gage. Il est, en effet, défendu de tenir des maisons de jeux de hasard. Quant aux maisons de prêt sur gage ou nantissement, elles ne peuvent être établies qu'avec une autorisation. Enfin les loteries ont été prohibées en principe par la loi du 21 Mai 1836, à l'exception de celles qui ont pour but la bienfaisance ou l'encouragement des arts ; encore ces dernières sont-elles soumises à l'autorisation ;

3° Des entraves apportées à la liberté des enchères ;

4° De la violation des règlements relatifs aux manufactures et aux arts et notamment des grèves et coalitions ;

5° Des délits des fournisseurs des armées de terre ou de mer, qui, sans y avoir été contraints par une force majeure, auront fait manquer le service dont ils sont chargés.

Infractions commises par les expéditeurs et les voyageurs

§ 1. Nous parlerons d'abord des infractions commises par les voyageurs.

Les unes intéressent exclusivement la police des chemins de fer, les autres ont pour principal caractère de léser les intérêts des compagnies.

Infractions à la police. — Rentrent dans cette catégorie :

1° Le fait de sortir des voitures ailleurs qu'aux stations et lorsque le train n'est pas complètement arrêté.

On remarquera que l'ordonnance de 1846 a omis de mentionner comme contravention le fait de monter dans un train en marche.

2° Le fait d'entrer dans les voitures ou d'en sortir autrement que par la portière qui fait face au côté extérieur de la ligne du chemin de fer. Cette disposition a pour principal but d'obvier aux accidents. En effet, le côté intérieur de la ligne est souvent encombré par des trains en circulation et il est dangereux d'y descendre.

3° Le fait de passer d'une voiture dans une autre ou de se pencher au dehors ;

4° Le fait d'entrer dans les voitures en état d'ivresse ;

5° Le fait d'y entrer avec des armes à feu chargées ou avec des paquets qui, par leur nature, leur volume ou leur odeur, pourraient gêner ou incommoder les voyageurs ;

6° Le fait de fumer, malgré les voyageurs, dans une voiture non affectée aux fumeurs. Une circulaire ministérielle du 2 Août 1864 a prescrit aux commissaires de surveillance de dresser procès-verbal contre tout voyageur qui refuserait de se rendre à l'invitation de cesser de fumer, qui pourrait lui être adressée soit par les autres voyageurs soit par les agents de l'administration ou de la compagnie, dont l'intervention aurait été réclamée ;

7° Le fait d'introduire des chiens dans les voitures à voyageurs ;

8° Le fait d'entrer sans droit dans les compartiments réservés. Ces compartiments se reconnaissent à des plaques portant les mots « postes», «dames seules», «réservé». Il est interdit, par un arrêté ministériel du 1er Mars 1861, de prendre place dans les compartiments ainsi désignés à toutes personnes autres que celles auxquels ils sont destinés.

Le 29 Juin 1875, le tribunal correctionnel de la Seine a condamné à cent francs d'amende un marquis de.., qui s'était installé dans un compartiment de dames après avoir enlevé la plaque.

Disons cependant que la jurisprudence n'est pas bien fixée sur le point de savoir s'il y a ou non une contravention dans le fait dont nous parlons. Le 25 Septembre 1872, le tribunal de Senlis a condamné à deux amendes de cinquante francs un chef de gare qui avait enlevé la plaque d'un wagon réservé aux dames et fait monter plusieurs hommes dans le compartiment. La cour d'Amiens infirma le jugement. Sur recours, la Cour de cassation a maintenu l'infirmation en ce qui touche le fait d'avoir placé des hommes dans le compartiment et a rétabli l'amende en ce qui touche l'enlèvement de la plaque.

Infractions contraires aux intérêts des compagnies et aux règles de police. — Ce sont les suivantes :

1° On ne doit pas entrer dans les voitures sans avoir pris un billet, ni se placer dans une voiture d'une classe autre que celle indiquée par le billet qu'on a pris.

Cette prescription est édictée à la fois dans l'intérêt du bon ordre et dans l'intérêt des compagnies. (Cour de Dijon, 5 Mars 1857). Aussi le tribunal de Charleville a-t-il décidé dans une espèce, où le voyageur prouvait n'être monté sans billet qu'avec l'autorisation des employés de la compagnie, que cette circonstance n'avait d'autre effet que de transformer le fait en une simple contravention à un règlement de police, contravention que les employés des compagnies ne sauraient avoir le droit d'autoriser et qui existe, abstraction faite de la bonne foi du délinquant, par cela seul que le fait est constaté.

Mais le plus souvent les voyageurs qui commettent la contravention dont il s'agit n'ont d'autre but que d'effectuer leur voyage sans payer. Ils sont passibles des peines prononcées par l'article 21 de la loi du 15 Juillet 1845.

Quelquefois, les contrevenants ne sont pas sans billet, mais ils en prennent un qui est insuffisant, soit qu'ils le demandent pour une station moins éloignée que celle à laquelle ils descendent, soit qu'ils se placent dans une voiture d'une classe supérieure à celle pour laquelle ils ont payé. Mais il est évident que, malgré ces modifications, il n'y a là que des variétés de la contravention dont nous parlons.

Il en est de même lorsqu'une personne voyage avec un billet périmé ou falsifié, ce qui équivaut à l'absence de tout billet.

Une autre forme de la même contravention consiste à tromper sur l'âge réel des enfants afin de les faire voyager gratuitement ou à demi-place.

On considère encore, comme ayant voyagé sans billet, la personne qui, munie d'un billet aller et retour valable, d'après les conditions approuvées par le Ministre, seulement pour les lieux de départ et de destination, descend à une station intermédiaire.

D'ordinaire, pour les trains de plaisir, de pèlerinage, etc., il est stipulé, dans les conditions générales, que les billets sont personnels. Cette clause entraîne pour les acquéreurs de ces billets prohibition d'en opérer la cession ou d'en faire bénéficier, par un moyen quelconque, d'autres personnes que les titulaires, sous peine de contravention.

2° Chaque voyageur a droit au transport gratuit de trente kilogrammes de bagages. Mais il arrive souvent que des voyageurs, qui ont en bagages un poids supérieur, empruntent, afin de ne pas payer pour l'excédent, les billets d'autres voyageurs qui, eux, n'ont pas de bagages, ou en ont un poids inférieur à trente kilogrammes.

Les compagnies admettent cette manière d'opérer pour les parents ou amis qui voyagent ensemble. Mais elles la considèrent comme une fraude lorsque les personnes qui se prêtent les billets sont étrangères les unes aux autres. Elles soutiennent que la faveur du transport des colis en franchise est personnelle au propriétaire du billet de place, dont elle est l'accessoire. Certains tribunaux ont admis cette théorie et ont condamné les auteurs du fait dont nous parlons comme coupables du délit d'escroquerie et de contravention à l'article 44 du cahier des charges.

Mais d'autres tribunaux ont renvoyé les inculpés des fins de la plainte par le motif que l'article 44 du cahier des charges s'est borné à dire que chaque voyageur a droit à la franchise pour trente kilogrammes, sans prononcer aucune prohibition, et qu'il est de principe en droit pénal qu'une peine ne peut être appliquée à l'auteur d'un fait qui n'est défendu par aucune loi.

3° Les voyageurs (art. 63 de l'ordonnance) sont tenus d'obtempérer aux injonctions des agents de la compagnie pour l'observation des dispositions mentionnées en l'article 63.

Il a été décidé, par le tribunal de Compiègne, que notamment les voyageurs doivent montrer leurs billets chaque fois qu'ils en sont requis et que ceux qui s'y refusent contreviennent à l'article 63.

§ II. Passons aux infractions commises par les expéditeurs.

1° L'expéditeur, au moment où il remet les colis à la gare, fait la déclaration des objets qu'ils contiennent. La compagnie s'en tient dans la pratique à cette déclaration pour fixer le prix du transport d'après la classe ou la série à laquelle appartient les marchandises. Il serait impossible, en effet, de vérifier tous les colis. Mais si la compagnie a des motifs de présumer la déclaration inexacte, elle peut, soit au départ, soit à l'arrivée, exiger l'ouverture des colis, en présence du commissaire de surveillance qui, en cas de fraude, dresse le procès-verbal des constatations faites.

Les fausses déclarations ont été considérées par quelques tribunaux comme des escroqueries. Mais cette doctrine n'a pas été admise par la Cour de cassation. Aux yeux de cette Cour, les fausses déclarations sur la nature des marchandises ne constituent que des contraventions passibles des peines édictées par l'article 21 de la loi du 15 Juillet 1845. En effet, cet article punit les contraventions aux ordonnances royales et aux arrêtés du ministre et des préfets, relatifs à la police, à la sûreté et à l'exploitation des chemins de fer. Or, dit-on, les tarifs et les conditions d'application proposés par la compagnie et homologués par le ministre sont des arrêtés de ce ministre. Leur observation doit donc être garantie par les dispositions de l'article 21 sus-indiqué.

Cette jurisprudence est combattue par plusieurs auteurs. Pour M. Aucoc, la Cour de cassation se trompe lorsqu'elle considère comme des règlements ministériels, dans le sens de la loi de 1845, les tarifs homologués par le ministre. Les faits contre lesquels l'article 21 édicte des peines, sont, d'après ses termes mêmes, les contraventions aux ordonnances royales, portant règlement d'administration publique, et aux arrêtés pris par les préfets sous l'approbation du ministre pour l'exécution des dites ordonnances. Il faut donc, pour qu'on puisse appliquer les pénalités dont il s'agit, que l'arrêté ait été pris pour l'exécution du règlement d'administration publique, et en vertu de ses prescriptions. Mais nous ne voyons, dit M. Aucoc, dans l'ordonnance de 1846, aucune disposition qui délègue au ministre des Travaux Publics ou aux préfets le pouvoir de régler les conditions de réception des marchandises. Les articles 46 et 49 ne parlent que de l'homologation des tarifs et de la fixation du taux des frais accessoires. L'article 60 qui impose aux Compagnies l'obligation de soumettre à l'approbation du ministre leurs règlements relatifs au service et à l'exploitation des chemins de fer, n'a pas eu pour but de transformer les règlements des Compagnies en règlements ministériels (Aucoc, Conférences sur le droit administratif).

Dans ce système, il n'existe pas de texte qui frappe de peines les fausses déclarations, et les Compagnies n'ont contre les expéditeurs, qui les trompent, qu'une action civile en dommages-intérêts.

Quoiqu'il en soit, la jurisprudence étant constante dans le sens contraire, les commissaires de surveillance doivent regarder les fausses déclarations comme une vraie contravention.

Nous ferons remarquer, en terminant, que cette contravention se produit tantôt à propos de marchandises que l'on déclare faussement pour les faire voyager à un tarif inférieur à celui de leur classe, tantôt à propos d'envois de valeurs. En cas de perte, les chemins de fer n'étant responsables, d'après les tarifs, que jusqu'à concurrence de la valeur déclarée, bien des personnes déclarent des sommes inférieures à la valeur réellement expédiée. Mais la jurisprudence a décidé que c'était là commettre une contravention, parce que les compagnies ont le droit de percevoir le prix de transport d'après la valeur exacte des envois, et qu'en déclarant une valeur inférieure on les frustre d'une partie de ce qui leur est dû.

2° Un second cas de contravention de la part des expéditeurs se présente lorsqu'ils envoient des matières dangereuses (poudre, dynamite, etc.) en les déclarant faussement et en ne se conformant pas aux prescriptions des arrêtés qui ont réglé le transport de ces matières.

Ce genre de fausses déclarations ne peut donner lieu à la critique sus-indiquée de M. Aucoc, car les arrêtés ministériels sur le transport des matières dangereuses sont pris en exécution de l'article 66 de l'ordonnance de 1846.

Destructions, Dégradations, Dommages

Art. 434. — Quiconque aura volontairement mis le feu à des édifices, navires, bateaux, magasins, chantiers, quand ils sont habités ou servant à l'habitation, et généralement aux lieux habités ou servant à l'habitation, qu'ils appartiennent ou n'appartiennent pas à l'auteur du crime, sera puni de mort.

Sera puni de la même peine, quiconque aura volontairement mis le feu soit à des voitures ou wagons contenant des personnes, soit à des voitures ou wagons ne contenant pas de personnes, mais faisant partie d'un convoi qui en contient.

Quiconque aura volontairement mis le feu à des édifices, navires, bateaux, magasins, chantiers, lorsqu'ils ne sont ni habités ni servant à l'habitation, ou à des forêts, bois taillis, ou récoltes sur pied, lorsque ces objets ne lui appartiennent pas, sera puni de la peine des travaux forcés à perpétuité.

Celui qui, en mettant ou en faisant mettre le feu à l'un des objets énumérés dans le paragraphe précédent et à lui-même appartenant, aura volontairement causé un préjudice quelconque à autrui, sera puni des travaux forcés à temps ; sera puni de la même peine celui qui aura mis le feu sur l'ordre du propriétaire.

Quiconque aura volontairement mis le feu, soit à des pailles ou récoltes en tas ou en meules, soit à des bois disposés en tas ou en stères, soit à des voitures ou wagons chargés ou non chargés de marchandises, ou autres objets, mobiliers et ne faisant point partie d'un convoi contenant des personnes, si ces objets ne lui appartiennent pas, sera puni des travaux forcés à temps.

Celui qui, en mettant ou en faisant mettre le feu à l'un des objets énumérés dans le paragraphe précédent et à lui-même appartenant, aura volontairement causé un préjudice quelconque à autrui, sera puni de la réclusion ; sera puni de la même peine celui qui aura mis le feu sur l'ordre du propriétaire.

Celui qui aura communiqué l'incendie à l'un des objets énumérés dans les précédents paragraphes, en mettant volontairement le feu à des objets quelconques appartenant soit à lui, soit à autrui, et placés de manière à communiquer ledit incendie, sera puni de la même peine que s'il avait directement mis le feu à l'un desdits objets.

Dans tous les cas, si l'incendie a occasionné la mort d'une ou de plusieurs personnes se trouvant dans les lieux incendiés au moment où il a éclaté, la peine sera la mort.

Art. 435. — La peine sera la même, d'après les distinctions faites en l'article précédent, contre ceux qui auront détruit, par l'effet d'une mine, des édifices, navires, bateaux, magasins ou chantiers.

Art. 436. — La menace d'incendier une habitation ou toute autre propriété sera punie de la peine portée contre la menace d'assassinat, et d'après les distinctions établies par les articles 305, 306 et 307.

Art. 437. — Quiconque, volontairement, aura détruit ou renversé, par quelque moyen que ce soit, en tout ou en partie, des édifices, des ponts, digues ou chaussées ou autres contructions qu'il savait appartenir à autrui, ou causé l'explosion d'une machine à vapeur, sera puni de la réclusion et d'une amende qui ne pourra excéder le quart des restitutions et indemnités, ni être au-dessous de cent francs.

S'il y a eu homicide ou blessures, le coupable sera, dans le premier cas, puni de mort, et, dans le second, puni de la peine des travaux forcés à temps.

Art. 438. — Quiconque, par des voies de fait, se sera opposé à la confection des travaux autorisés par le gouvernement, sera puni d'un emprisonnement de trois mois à deux ans, et d'une amende qui ne pourra excéder le quart des dommages-intérêts, ni être au-dessous de seize francs.

Les moteurs subiront le maximum de la peine.

Art. 439. — Quiconque aura volontairement brûlé ou détruit d'une manière quelconque, des registres, minutes ou actes originaux de l'autorité publique, des titres, billets, lettres de change, effets de commerce ou de banque, contenant ou opérant obligation, disposition ou décharge, sera puni ainsi qu'il suit :

Si les pièces détruites sont des actes de l'autorité publique, ou des effets de commerce ou de banque, la peine sera la réclusion.

S'il s'agit de toute autre pièce, le coupable sera puni d'un emprisonnement de deux ans à cinq ans et d'une amende de cent francs à trois cents francs.

Art. 440. — Tout pillage, tout dégât de denrées ou de marchandises, effets, propriétés mobilières, commis en réunion ou bande et à force ouverte, sera puni des travaux forcés à temps ; chacun des coupables sera de plus condamné à une amende de deux cents francs à cinq mille francs.

Art. 441. — Néanmoins, ceux qui prouveront avoir été entraînés par des provocations ou sollicitations à prendre part à ces violences, pourront n'être punis que de la peine de la réclusion.

Art. 442. — Si les denrées pillées ou détruites sont des grains, grenailles ou farines, substances farineuses, pain, vin ou autre boisson, la peine que subiront les chefs, instigateurs ou provocateurs seulement, sera le maximum des travaux forcés à temps et celui de l'amende prononcée par l'article 440.

Art. 443. — Quiconque, à l'aide d'une liqueur corrosive ou par tout autre moyen, aura volontairement détérioré des marchandises, matières ou instruments quelconques servant à la fabrication, sera puni d'un emprisonnement d'un mois à deux ans, et d'une amende qui ne pourra excéder le quart des dommages-intérêts ni être moindre de seize francs.

Si le délit a été commis par un ouvrier de la fabrique ou par un commis de la maison de commerce, l'emprisonnement sera de deux ans à cinq ans, sans préjudice de l'amende, ainsi qu'il vient d'être dit.

Art. 444. — Quiconque aura dévasté des récoltes sur pied ou des plants venus naturellement ou faits de main d'homme, sera puni d'un emprisonnement de deux ans au moins et de cinq au plus.

Les coupables pourront de plus être mis, par l'arrêt ou le jugement, sous la surveillance de la haute police pendant cinq ans au moins et dix ans au plus.

Art. 445. — Quiconque aura abattu un ou plusieurs arbres qu'il savait appartenir à autrui, sera puni d'un emprisonnement qui ne sera pas au-dessous de six jours ni au-dessus de six mois, à raison de chaque arbre, sans que la totalité puisse excéder cinq ans.

Art. 446. — Les peines seront les mêmes à raison de chaque arbre mutilé, coupé ou écorcé de manière à le faire périr.

Art. 447. — S'il y a eu destruction d'une ou de plusieurs greffes, l'emprisonnement sera de six jours à deux mois, à raison de chaque greffe, sans que la totalité puisse excéder deux ans.

Art. 448. — Le minimum de la peine sera de vingt jours dans les cas prévus par les articles 445 et 446 et de dix jours dans le cas prévu par l'article 447, si les arbres étaient plantés sur les places, routes, chemins, rues ou voies publiques, vicinales ou de traverse.

Art. 449. — Quiconque aura coupé des grains ou des fourrages qu'il savait appartenir à autrui, sera puni d'un emprisonnement qui ne sera pas au-dessous de six jours ni au-dessus de deux mois.

Art. 450. — L'emprisonnement sera de vingt jours au moins et de quatre mois au plus, s'il a été coupé du grain en vert.

Dans le cas prévu par le présent article et les six précédents, si le fait a été commis en haine d'un fonctionnaire public, et à raison de ses fonctions, le coupable sera puni du maximum de la peine établie par l'article auquel le cas se référera.

Il en sera de même, quoique cette circonstance n'existe point, si le fait a été commis pendant la nuit.

Art. 451. — Toute rupture, toute destruction d'instruments d'agriculture, de parcs de bestiaux, de cabanes de gardiens, sera punie d'un emprisonnement d'un mois au moins, d'un an au plus.

Art. 452. — Quiconque aura empoisonné des chevaux ou autres bêtes de voiture, de monture ou de charge, des bestiaux à cornes, des moutons, chèvres ou porcs, ou des poissons dans des étangs, viviers ou réservoirs, sera puni d'un emprisonnement d'un an à cinq ans, et d'une amende de seize francs à trois cents francs. Les coupables pourront être mis, par l'arrêt ou le jugement, sous la surveillance de la haute police pendant deux ans au moins et cinq ans au plus.

Art. 453. — Ceux qui, sans nécessité, auront tué l'un des animaux mentionnés au précédent article, seront punis ainsi qu'il suit :

Si le délit a été commis dans les bâtiments, enclos et dépendances ou sur les terres dont le maître de l'animal tué était propriétaire, locataire, colon ou fermier, la peine sera un emprisonnement de deux mois à six mois.

S'il a été commis dans les lieux dont le coupable était propriétaire, locataire, colon ou fermier, l'emprisonnement sera de six jours à un mois.

S'il a été commis dans tout autre lieu, l'emprisonnement sera de quinze jours à six semaines.

Le maximum de la peine sera toujours prononcé en cas de violation de clôture.

Art. 454. — Quiconque aura, sans nécessité, tué un animal domestique dans un lieu dont celui à qui cet animal appartient est propriétaire, colon ou fermier, sera puni d'un emprisonnement de six jours au moins et de six mois au plus.

S'il y a eu violation de clôture, le maximum de la peine sera prononcé.

Art. 455. — Dans les cas prévus par les articles 444 et suivants jusqu'au précédent article inclusivement, il sera prononcé une amende qui ne pourra excéder le quart des restitutions et dommages-intérêts, ni être au-dessous de seize francs.

Art. 456. — Quiconque aura, en tout ou en partie, comblé des fossés, détruit des clôtures, de quelques matériaux qu'elles soient faites, coupé ou arraché des haies vives ou sèches ; quiconque aura déplacé ou supprimé des bornes ou pieds corniers, ou autres arbres plantés ou reconnus pour établir les limites entre différents héritages, sera puni d'un emprisonnement qui ne pourra être au-dessous d'un mois ni excéder une année, et d'une amende égale au quart des restitutions et des dommages-intérêts qui, dans aucun cas, ne pourra être au-dessous de cinquante francs.

Art. 457. — Seront punis d'une amende qui ne pourra excéder le quart des restitutions et des dommages-intérêts, ni être au-dessous de cinquante francs, les propriétaires ou fermiers, ou toute autre personne jouissant de moulins, usines ou étangs, qui, par l'élévation du déversoir de leurs eaux au-dessus de la hauteur déterminée par l'autorité compétente, auront inondé les chemins ou les propriétés d'autrui.

S'il est résulté du fait quelques dégradations, la peine sera, outre l'amende, un emprisonnement de six jours à un mois.

Art. 458. — L'incendie des propriétés mobilières ou immobilières d'autrui, qui aura été causé par la vétusté ou le défaut soit de réparation, soit de nettoyage des fours, cheminées, forges, maisons ou usines prochaines, ou par des feux allumés dans les champs, à moins de cent mètres des maisons, édifices, forêts, bruyères, bois, vergers, plantations, haies, meules, tas de grains, pailles, foins, fourrages, ou tout autre dépôt de matières combustibles, ou par des feux ou lumières portés ou laissés sans précaution suffisante, ou par des pièces d'artifice allumées ou tirées par négligence ou imprudence, sera puni d'une amende de cinquante francs au moins et de cinq cents francs au plus.

Art. 459. — Tout détenteur ou gardien d'animaux ou de bestiaux soupçonnés d'être infectés de maladie contagieuse, qui n'aura pas averti sur-le-champ le maire de la commune où ils se trouvent, et qui, même avant que le maire ait répondu à l'avertissement, ne les aura pas tenus renfermés, sera puni d'un emprisonnement de six jours à deux mois, et d'une amende de seize francs à deux cents francs.

Art 460. — Seront également punis d'un emprisonnement de deux mois à six mois, et d'une amende de cent francs à cinq cents francs, ceux qui, au mépris des défenses de l'administration, auront laissé leurs animaux ou bestiaux infectés communiquer avec d'autres.

Art. 461. — Si, de la communication mentionnée au précédent article, il est résulté une contagion pour les autres animaux, ceux qui auront contrevenu aux défenses de l'autorité administrative seront punis d'un emprisonnement de deux ans à cinq ans, et d'une amende de cent francs à mille francs; le tout sans préjudice de l'exécution des lois et règlements relatifs aux maladies épizootiques et de l'application des peines y portées.

Art. 462. — Si les délits de police correctionnelle dont il est parlé au précédent chapitre ont été commis par des gardes champêtres ou forestiers ou des officiers de police, à quelque titre que ce soit, la peine d'emprisonnement sera d'un mois au moins, et d'un tiers au plus en sus de la peine la plus forte qui serait appliquée à un autre coupable du même délit.

Peines de police.

Elles font, avec les contraventions, l'objet du livre IV du code pénal, livre composé des articles suivants:

Art. 464. — Les peines de police sont:
L'emprisonnement,
L'amende,
Et la confiscation de certains objets saisis.

Art. 465. — L'emprisonnement, pour contravention de police, ne pourra être moindre d'un jour, ni excéder, cinq jours selon les classes, distinctions et cas ci-après spécifiés.

Les jours d'emprisonnement sont des jours complets de vingt-quatre heures.

Art. 466. — Les amendes pour contraventions pourront être prononcées depuis un franc jusqu'à quinze francs inclusivement, selon les distinctions et classes ci-après spéficiées, et seront appliquées au profit de la commune où la contravention aura été commise.

Art. 467. — La contrainte par corps a lieu pour le paiement de l'amende.

Néanmoins le condamné ne pourra être, pour cet objet, détenu plus de quinze jours, s'il justifie de son insolvabilité.

Art. 468. — En cas d'insuffisance des biens, les restitutions et les indemnités dues à la partie lésée sont préférées à l'amende.

Art. 469. — Les restitutions, indemnités et frais entraîneront la contrainte par corps, et le condamné gardera prison jusqu'à parfait paiement : néanmoins, si ces condamnations sont prononcées au profit de l'Etat, les condamnés pourront jouir de la faculté accordée par l'article 467, dans le cas d'insolvabilité prévu par cet article.

Art. 470. — Les tribunaux de police pourront aussi, dans les cas déterminés par la loi, prononcer la confiscation soit des choses saisies en contravention, soit des choses produites par la contravention, soit des matières ou des instruments qui ont servi ou étaient destinés à la commettre.

CONTRAVENTIONS

Première classe

Art. 471. — Seront punis d'amende, depuis un franc jusqu'à cinq francs inclusivement :

1° Ceux qui auront négligé d'entretenir, réparer ou nettoyer les fours, cheminées ou usines où l'on fait usage du feu ;

2° Ceux qui auront violé la défense de tirer, en certains lieux, des pièces d'artifice ;

3° Les aubergistes et autres qui, obligés à l'éclairage, l'auront négligé ; ceux qui auront négligé de nettoyer les rues ou passages dans les communes où ce soin est laissé à la charge des habitants ;

4° Ceux qui auront embarrassé la voie publique, en y déposant ou y laissant sans nécessité des matériaux ou des choses quelconques qui empêchent ou diminuent la liberté ou la sûreté du passage ; ceux qui, en contravention aux lois et règlements, auront négligé d'éclairer les matériaux par eux entreposés ou les excavations par eux faites dans les rues et places :

5° Ceux qui auront négligé ou refusé d'exécuter les règlements ou arrêtés concernant la petite voirie, ou d'obéir à la sommation émanée de l'autorité administrative, de réparer ou démolir les édifices menaçant ruine.

6° Ceux qui auront jeté ou exposé au-devant de leurs édifices des choses de nature à nuire par leur chute ou par des exhalaisons insalubres ;

7° Ceux qui auront laissé dans les rues, chemins, places, lieux publics, ou dans les champs, des coutres de charrues, pinces, barres, barreaux, ou autres machines, ou instruments, ou armes dont puissent abuser les voleurs et autres malfaiteurs ;

8° Ceux qui auront négligé d'écheniller dans les campagnes ou jardins où ce soin est prescrit par la loi ou les règlements ;

9° Ceux qui, sans autre circonstance prévue par les lois, auront cueilli ou mangé, sur le lieu même, des fruits appartenant à autrui ;

10° Ceux qui, sans autre circonstance, auront glané, ratelé ou grappillé dans les champs non encore entièrement dépouillés et vidés de leurs récoltes, ou avant le moment du lever ou après celui du coucher du soleil ;

11° Ceux qui, sans avoir été provoqués, auront proféré contre quelqu'un des injures, autres que celles prévues depuis l'article 367 jusques et y compris l'article 378.

12° Ceux qui, imprudemment, auront jeté des immondices sur quelque personne ;

13° Ceux qui, n'étant ni propriétaires, ni usufruitiers, ni locataires, ni fermiers, ni jouissant d'un terrain ou d'un droit de passage, ou qui n'étant agents ni préposés d'aucune de ces personnes, seront entrés et auront passé sur ce terrain, ou sur partie de ce terrain, s'il est préparé ou ensemencé ;

14° Ceux qui auront laissé passer leurs bestiaux ou leurs bêtes de trait, de charge ou de monture, sur le terrain d'autrui avant l'enlèvement de la récolte ;

15° Ceux qui auront contrevenu aux règlements légalement faits par l'autorité administrative, et ceux qui ne se seront pas conformés aux règlements ou arrêtés publiés par l'autorité municipale, en vertu des articles 3 et 4, titre XI de la loi du 16-24 Août 1790, et de l'article 46, titre 1er de la loi du 19-22 Juillet 1791.

Art. 472. — Seront, en outre, confisqués, les pièces d'artifice saisies dans le cas N° 2 de l'article 471, les coutres, les instruments et les armes mentionnés dans le N° 7 du même article.

Art. 473. — La peine d'emprisonnement, pendant trois jours au plus, pourra de plus être prononcée, selon les circonstances, contre ceux qui auront tiré des pièces d'artifice, contre ceux qui auront glané, ratelé ou grappillé en contravention au N° 10 de l'article 471.

Art. 474. — La peine d'emprisonnement contre toutes les personnes mentionnées en l'article 471 aura toujours lieu, en cas de récidive, pendant trois jours au plus.

Deuxième classe

Art. 475. — Seront punis d'amende, depuis six francs jusqu'à dix francs inclusivement :

1° Ceux qui auront contrevenu aux bans des vendanges ou autres bans autorisés par les règlements ;

2° Les aubergistes, hôteliers, logeurs ou loueurs de maisons garnies, qui auront négligé d'inscrire de suite, et sans aucun blanc, sur un registre tenu régulièrement, les noms, qualités, domicile habituel, dates d'entrée et de sortie, de toute personne qui aurait couché ou passé une nuit dans leurs maisons ; ceux d'entre eux qui auraient manqué à représenter ce registre aux époques déterminées par les réglements, ou lorsqu'ils en auraient été requis, aux maires, adjoints, officiers ou commissaires de police, ou aux citoyens commis à cet effet. le tout sans préjudice des cas de responsabilité mentionnés en l'article 73 du présent code, relativement aux crimes ou aux délits de ceux qui, ayant logé ou séjourné chez eux, n'auraient pas été régulièrement inscrits ;

3° Les rouliers, charretiers, conducteurs de voitures quelconques ou de bêtes de charge qui auraient contrevenu aux règlements par lesquels ils sont obligés de se tenir constamment à portée de leurs chevaux, bètes de trait ou de charge, et de leurs voitures, et en état de les guider et conduire ; d'occuper un seul côté des rues, chemins ou voies publiques ; de se détourner ou ranger devant toutes autres voitures, et à leur approche, de leur laisser libre au moins la moitié des rues, chaussées, routes et chemins ;

4° Ceux qui auront fait ou laissé courir les chevaux, bêtes de trait, de charge ou de monture, dans l'intérieur d'un lieu habité, ou violé les règlements contre le chargement, la rapidité ou la mauvaise direction des voitures ;

Ceux qui contreviendront aux dispositions des ordonnances et règlements ayant pour objet :

La solidité des voitures publiques ;

Leur poids ;

Le mode de leur chargement ;

Le nombre et la sûreté des voyageurs ;

L'indication dans l'intérieur des voitures des places qu'elles contiennent et du prix des places ;

L'indication à l'extérieur du nom du propriétaire.

5° Ceux qui auront établi ou tenu dans les rues, chemins, places ou lieux publics, des jeux de loterie ou d'autres jeux de hasard ;

6° Ceux qui auront vendu ou débité des boissons falsifiées sans préjudice des peines plus sévères qui seront prononcées par les tribunaux de police correctionnelle, dans le cas où elles contiendraient des mixtions nuisibles à la santé.

N. B. — Ce numéro a été abrogé par la loi du 5 Mai 1855, qui déclare applicable aux boissons la loi du 27 Mars 1851, cette dernière loi édictée des peines plus sévères qui celles du présent article.

7° Ceux qui auraient laissé divaguer des fous ou des furieux étant sous leur garde, ou des animaux malfaisants ou féroces, ceux qui auront excité ou n'auront pas retenu leurs chiens, lorsqu'ils attaquent ou poursuivent les passants, quand même il n'en serait résulté aucun mal ni dommage ;

8° Ceux qui auraient jeté des pierres ou d'autres corps durs ou des immondices contre les maisons, édifices et clôtures d'autrui, ou dans les jardins et enclos, et ceux aussi qui auraient volontairement jeté des corps durs ou des immondices sur quelqu'un ;

9° Ceux qui, n'étant propriétaire, usufruitiers ni jouissant d'un terrain ou d'un droit de passage, y sont entrés et y ont passé dans le temps où ce terrain était chargé de grains en tuyau, de raisins ou autres fruits mûrs ou voisins de la maturité;

10° Ceux qui auraient fait ou laissé passer des bestiaux, animaux de trait, de charge ou de monture, sur le terrain d'autrui, ensemencé ou chargé d'une récolte, en quelque saison que ce soit, ou dans un bois taillis appartenant à autrui ;

11° Ceux qui auraient refusé de recevoir les espèces et monnaies nationales, non fausses ni altérées, selon la valeur pour laquelle elles ont cours ;

12° Ceux qui, le pouvant, auront refusé ou négligé de faire les travaux, le service, ou de prêter le secours dont ils auront été requis, dans les circonstances d'accidents, tumultes, naufrage, inondation, incendies ou autres calamités, ainsi que dans les cas de brigandages, pillages, flagrant délit, clameur publique ou d'exécution judiciaire :

13° Les personnes désignées aux articles 284 et 288 du présent code ;

14° Ceux qui exposent en vente des comestibles gâtés, corrompus ou nuisibles ;

N. B. — Ce numéro a été abrogé par la loi du 27 Mars 1851.

15° Ceux qui déroberont, sans aucune des circonstances prévues par l'article 388, des récoltes ou autres productions utiles à la terre, qui, avant d'être soustraites, n'étaient pas encore détachées du sol.

Art. 476. — Pourra, suivant les circonstances, être prononcé, outre l'amende portée en l'article précédent, l'emprisonnement, pendant trois jours au plus, contre les rouliers, charretiers, voituriers et conducteurs en contravention ; contre ceux qui auront contrevenu aux règlements ayant pour objet soit la rapidité, la mauvaise direction ou le chargement des voitures ou des animaux, soit la solidité des voitures publiques, leurs poids, le mode de leur chargement, le nombre et la sûreté des voyageurs ; contre les vendeurs et débitants de boissons falsifiées ; contre ceux qui auraient jeté des corps durs ou des immondices.

Art. 477. — Seront saisis et confisqués : 1° les tables, instruments, appareils des jeux ou des loteries établies dans les rues, chemins et voies publiques, ainsi que les enjeux, les fonds, denrées, objets ou lots proposés aux joueurs, dans le cas de l'article 476 (475 — 5°) ; 2° les boissons falsifiées, trouvées appartenir au vendeur et débitant : ces boissons seront répandues ; 3° les écrits ou gravures contraires aux mœurs ; ces objets seront mis sous le pilon ; 4° les comestibles gâtés, corrompus ou nuisibles : ces comestibles seront détruits.

Art. 478. — La peine de l'emprisonnement pendant cinq jours au plus sera toujours prononcée, en cas de récidive, contre toutes les personnes mentionnées dans l'article 475.

Les individus mentionnés au n° 5 du même article qui seraient repris pour le même fait en état de récidive seront traduits devant le tribunal de police correctionnelle et punis d'un emprisonnement de six jours à un mois et d'une amende de seize francs à deux cents francs.

Troisième classe.

Art. 479. — Seront punis d'une amende de onze à quinze francs inclusivement :

1° Ceux qui, hors les cas prévus depuis l'article 434 jusques et compris l'article 462, auront volontairement causé du dommage aux propriétés mobilières d'autrui ;

2° Ceux qui auront occasionné la mort ou la blessure des animaux ou bestiaux appartenant à autrui, par l'effet de la divagation des fous ou furieux, ou d'animaux malfaisants ou féroces, ou par la rapidité ou la mauvaise direction ou le chargement excessif des voitures, chevaux, bêtes de trait, de charge ou de monture ;

3° Ceux qui auront occasionné les mêmes dommages par l'emploi ou l'usage d'armes sans précaution ou avec maladresse, ou par jet de pierre ou d'autres corps durs ;

4° Ceux qui auront causé les mêmes accidents par la vétusté, la dégradation, le défaut de réparation ou d'entretien des maisons ou édifices, ou par l'encombrement ou l'excavation, ou telles autres œuvres, dans ou près des rues, chemins, places ou voies publiques, sans les précautions ou signaux ordonnés ou d'usage ;

5° Ceux qui auront de faux poids ou de fausses mesures dans leurs magasins, boutiques, ateliers ou maisons de commerce, ou dans les halles, foires ou marchés, sans préjudice des peines qui seront prononcées par les tribunaux de police correctionnelle contre ceux qui auraient fait usage de ces faux poids ou de ces fausses mesures. (Ce numéro a été abrogé et remplacé par la loi du 27 Mars 1851) ;

6° Ceux qui emploieront des poids ou des mesures différents de ceux qui sont établis par les lois en vigueur ;

Les boulangers et bouchers qui vendront le pain ou la viande au-delà du prix fixé par la taxe légalement faite et publiée ;

7° Les gens qui font métier de deviner et pronostiquer, ou d'expliquer les songes ;

8° Les auteurs ou complices de bruits et de tapages injurieux ou nocturnes, troublant la tranquillité des habitants ;

9° Ceux qui auront méchamment enlevé ou déchiré les affiches apposées par ordre de l'administration ;

10° Ceux qui mèneront sur le terrain d'autrui, des bestiaux, de quelque nature qu'ils soient, et notamment dans les prairies artificielles, dans les vignes, oseraies, dans les plants de câpriers, dans ceux d'oliviers, de mûriers, de grenadiers, d'orangers et d'arbres du même genre, dans tous les plants ou pépinières d'arbres fruitiers et autres, faits de main d'homme;

11° Ceux qui auront dégradé ou détérioré, de quelque manière que ce soit, les chemins publics ou usurpé sur leur largeur ;

12° Ceux qui, sans y être dûment autorisés, auront enlevé des chemins publics les gazons, terres ou pierres, ou qui, dans les lieux appartenant aux communes auraient enlevés les terres ou matériaux, à moins qu'il n'existe un usage général qui l'autorise.

Art. 480. — Pourra, selon les circonstances, être prononcée la peine d'emprisonnement pendant cinq jours au plus ;

1° Contre ceux qui auront occasionné la mort ou la blessure des animaux ou bestiaux appartenant à autrui, dans les cas prévus par le numéro 3 du précédent article; 2° contre les possesseurs de faux poids et de fausses mesures ; 3° contre ceux qui emploient des poids ou des mesures différents de ceux que la loi en vigueur a établis ; contre les boulangers et bouchers, dans les cas prévus par le paragraphe 6 de l'article précédent ; 4° contre les interprêtes de songes ; 5° contre les auteurs ou complices de bruits ou de tapages injurieux ou nocturnes.

Art. 481. — Seront, de plus, saisis et confisqués : 1° les faux poids, les fausses mesures, ainsi que les poids et les fausses mesures différents de ceux que la loi a établis; 2° les instruments, ustensiles et costumes servant ou destinés à l'exercice du métier de devin, pronostiqueur ou interprête de songes.

Art. 482. — La peine d'emprisonnement pendant cinq jours aura toujours lieu pour récidive, contre les personnes et dans les cas mentionnés en l'article 479.

Dispositions communes aux trois classes ci-dessus

Art. 483. — Il y a récidive dans tous les cas prévus par le présent livre, lorsqu il a été rendu contre le contrevenant, dans les douze mois précédents, un premier jugement pour contravention de police commise dans le ressort du même tribunal.

L'article 463 du présent code sera applicable à toutes les contraventions ci-dessus indiquées.

N.B. — Les violences légères n'ayant été l'objet d'aucune disposition pénale depuis les articles 605 et 606 du code de brumaire an IV, ces deux articles sont encore en vigueur, Ils punissent les violences légères de peines de simple police.

NOTIONS D'INSTRUCTION CRIMINELLE

ACTION PUBLIQUE ET ACTION CIVILE.

Les crimes, délits et contraventions donnent lieu à une double action : d'une part, l'action publique qui a pour objet de faire infliger une peine à l'auteur de l'infraction; d'autre part, l'action civile, dont le but est la réparation du dommage matériel qui a pu être une suite de cette infraction.

Il y a entre ces deux actions plusieurs différences :

1° L'action publique n'appartient qu'aux fonctionnaires à qui elle est confiée par la loi ; l'action civile en réparation du dommage peut être exercée par tous ceux qui ont souffert de ce dommage ;

2° L'action publique pour l'application de la peine s'éteint par la mort du prévenu ; l'action civile peut être intentée contre le prévenu ou des représentants.

3° L'action publique ne peut jamais être portée que devant les tribunaux criminel, correctionnel et de police ; l'action civile peut l'être soit séparément devant le tribunal civil, soit devant les tribunaux criminels concurremment avec l'action publique ;

4° L'action publique ne peut pas être arrêtée, ni suspendue par la renonciation des parties intéressées : au contraire, la renonciation de ces mêmes parties arrête l'action civile.

Ces deux actions ont cela de commun qu'elles se prescrivent par le même laps de temps, c'est-à-dire dix ans pour les crimes, trois ans pour les délits, un an pour les contraventions.

Ajoutons que, si l'action civile est intentée séparément, l'exercice en est suspendu tant qu'il n'a pas été prononcé définitivement sur l'action publique intentée avant elle ou durant son cours. C'est ce qu'on exprime en disant que le criminel tient le civil en état.

DÉLITS COMMIS SUR LE TERRITOIRE ET HORS DU TERRITOIRE

Délits commis sur le territoire. — Ces délits sont tous punissables par les tribunaux français, sans qu'il y ait à distinguer entre le cas où leurs auteurs sont français et celui où ils sont étrangers. En effet, d'après l'article 3 du code civil, les « lois de police et de sûreté obligent tous ceux qui habitent le territoire ».

Délits commis hors du territoire. — En ce qui concerne ces délits, il y a lieu, au contraire, de distinguer entre les étrangers et les Français.

En principe, les étrangers ne relèvent point des tribunaux de notre pays pour les délits commis hors de France. Il n'y a d'exception que pour l'étranger qui s'est rendu coupable, « soit comme auteur, soit « comme complice, d'un crime attentatoire à la sûreté de l'Etat, ou « de contrefaçon du sceau de l'Etat, de monnaies nationales ayant « cours, de papiers nationaux, de billets de banque autorisés par la « loi ». (Art. 7, code d'instruction crim.). Encore faut-il, dans ces cas, que l'étranger soit arrêté en France ou que le gouvernement obtienne son extradition.

Pour les Français, la règle est inverse : en principe ils peuvent être poursuivis et jugés en France pour les délits commis hors du territoire, et c'est seulement par exception qu'ils ne peuvent pas l'être en certaines hypothèses.

En ce qui concerne les crimes, il suffit qu'ils soient punis par la loi française pour que le Français soit susceptible d'être déféré aux tribunaux de son pays.

En ce qui concerne les délits, il faut deux conditions : 1° qu'ils soient punis par la loi française ; 2° qu'ils le soient aussi par la loi du pays où ils ont été commis.

Exception. — Qu'ils s'agisse d'un crime ou d'un délit, aucune poursuite n'a lieu si l'inculpé prouve qu'il a été jugé définitivement à l'étranger.

Formes. — En cas de délit commis contre un particulier français ou étranger, la poursuite ne peut être intentée qu'à la requête du ministère public. Elle doit être précédée d'une plainte de la partie offensée ou d'une dénonciation officielle à l'autorité française par l'autorité du pays où le délit a été commis.

La poursuite est intentée à la requête du ministère public du lieu où réside le prévenu ou du lieu où il peut être trouvé.

Néanmoins, la Cour de cassation peut, sur la demande du ministère public ou des parties, renvoyer la connaissance de l'affaire devant une cour ou un tribunal plus voisin du lieu du crime ou du délit.

Enfin, aucune poursuite n'a lieu avant le retour de l'inculpé en France, si ce n'est dans le cas de crimes pour lesquels l'étranger peut être jugé en France et qui sont indiqués dans l'article 7 cité plus haut.

Police judiciaire.

« La police, dit le code du 3 brumaire an IV, est instituée pour maintenir l'ordre public, la liberté, la propriété, la sûreté individuelle.

« Son caractère principal est la vigilance. La société, considérée en masse, est l'objet de sa sollicitude.

« Elle se divise en police administrative et police judiciaire.

« La police administrative a pour objet le maintien habituel de l'ordre public dans chaque lieu et dans chaque partie de l'administration générale. Elle tend principalement à prévenir les délits. Les lois qui la concernent font partie du code des administrations civiles ».

C'est ainsi qu'on voit les préfets et les maires prendre des arrêtés soit dans l'intérêt de la sûreté publique, par exemple, sur les attroupements, les spectacles publics, l'éclairage des rues, etc., soit dans l'intérêt de la salubrité, par exemple sur le balayage. Le législateur lui-même a fait, sous forme de loi, des règlements de ce genre : telle est la loi du 15 Juillet 1845 sur la police des chemins de fer.

« La police judiciaire, dit encore le code de brumaire, recherche les délits que la police administrative n'a pas pu empêcher de commettre, en rassemble les preuves et en livre les auteurs aux tribunaux chargés par la loi de les punir ».

Le code d'instruction criminelle a reproduit cette définition, sauf de légères modifications. Il dit, en effet, art. 8 :

« La police judiciaire recherche les crimes, les délits et les contra-« ventions, en rassemble les preuves et en livre les auteurs aux « tribunaux chargés de les punir ».

Il résulte de cette définition que la police judiciaire n'a pas d'action publique et que sa mission consiste uniquement à préparer l'exercice.

Remarquons maintenant que cette police tire son nom de ce qu'elle met d'ordinaire les délinquants à la disposition de l'autorité judiciaire ; mais elle les défère aussi quelquefois aux tribunaux administratifs, par exemple, pour les contraventions de grande voirie, qui sont jugées par les conseils de préfecture.

OFFICIERS DE POLICE JUDICIAIRE

Les officiers de police judiciaire sont, d'après l'article 9 du code d'instruction criminelle, les juges d'instruction, les procureurs de la République et leurs substituts, les juges de paix, les maires et adjoints de maire, les commissaires généraux de police, les officiers de gendarmerie, les gardes forestiers et les gardes champêtres.

Parmi ces officiers, les juges de paix, les officiers de gendarmerie, les maires et adjoints de maire et les commissaires de police sont seuls auxiliaires du procureur de la République, qualité qui leur confère, comme nous le verrons plus loin, des pouvoirs particuliers en cas de flagrant délit.

1. — Le juge d'instruction est l'officier de police judiciaire par excellence. Il réunit en lui tous les pouvoirs que confère cette police pour la constatation des délits et la recherche de leurs auteurs. C'est là son office. Les autres officiers de police font bien les actes d'instruction utiles tant qu'il n'est pas là ; mais dès qu'il arrive ils lui cèdent la place. Il peut alors adopter leurs actes ou y procéder de nouveau s'ils lui semblent irréguliers.

En outre, il a des pouvoirs spéciaux : pour placer les inculpés en état de mandat de dépôt (art. 61) ; pour se transporter dans les lieux, autres que le domicile du prévenu, où il présume qu'on a caché des papiers ou objets utiles à la manifestation de la vérité (art. 88) ; et pour recevoir, sur la foi du serment, non les déclarations, mais les dépositions des témoins.

Il peut encore commettre des experts pour vérifier soit l'état des lieux, soit le corps du délit ; déléguer les officiers de police judiciaire pour ceux des actes d'instruction qui peuvent être délégués, et requérir l'assistance de la force publique.

2. — Le procureur de la République et ses substituts sont chargés de l'exercice de l'action publique, c'est-à-dire de la poursuite. A cause de leur rôle d'accusateurs, la loi n'a pas voulu leur confier l'instruction. On ne voit donc pas au premier abord comment le code a pu les ranger parmi les officiers de police judiciaire. Mais voici l'explication :

Le procureur de la République n'exerce pas l'action publique seulement en requérant à l'audience, mais aussi en mettant cette action en mouvement. Il a l'initiative, tandis qu'en général, et sauf le cas de flagrant délit dont nous parlerons plus tard, le juge d'instruction en est dépourvu.

Le procureur de la République a d'abord le droit de rechercher les crimes qui ont pu être commis, sans attendre qu'ils lui aient été signalés. Il a ensuite le droit de recevoir les dénonciations, les plaintes, les procès-verbaux et tous les actes qui révèlent un crime ou un délit.

Il apprécie ces renseignements et décide s'il y a lieu ou non de poursuivre. Dans le cas de l'affirmative, il transmet l'affaire et le dossier au juge d'instruction et le requiert d'informer. Il suit l'instruction, et, durant son cours, adresse au juge telles réquisitions qu'il croit convenables, tantôt pour demander qu'il se transporte sur les lieux, tantôt pour conclure à ce qu'il entende des témoins, en un mot, pour qu'il procède à telle ou telle mesure d'instruction que le parquet estime capable de faire jaillir la lumière.

C'est par ces réquisitions que le procureur de la République et ses substituts prennent part à la police judiciaire.

3. — Les juges de paix sont auxiliaires du procureur de la République. Ils reçoivent les dénonciations des crimes ou délits commis dans les lieux où ils exercent leurs fonctions. Ils transmettent sans délai ces dénonciations au procureur de la République qui les remet, s'il y a lieu, au juge d'instruction avec ses réquisitions. Enfin, ils donnent avis au parquet de tous les crimes et délits dont ils acquièrent la connaissance dans l'exercice de leurs fonctions et lui adressent tous renseignements et procès-verbaux qui y sont relatifs.

Mais il ne peuvent s'ingérer dans la recherche et la constatation des contraventions, parce qu'ils en connaissent comme juges et que notre code proscrit à juste titre la réunion dans la même personne de la poursuite et du jugement.

4. — Les commissaires de police ont des attributions ordinaires fixées par le code et des attributions spéciales, résultant de lois particulières.

Leurs attributions ordinaires sont : 1° celles sus-énoncées du juge de paix considéré comme auxiliaire du procureur de la République ; 2° la recherche des contraventions et leur constatation par des procès-verbaux ; 3° la recherche et la constatation des contraventions qui sont sous la surveillance spéciale des gardes forestiers et champêtres, à l'égard desquels ils ont concurrence.

Comme exemple de leurs attributions spéciales, nous citerons celle qui leur est conférée par la loi du 29 floréal an X, article 2, et qui consiste dans le droit qu'ils ont, concurremment avec d'autres fonctionnaires, de constater les contraventions de grande voirie.

Le commissaire de police remplit les fonctions du ministère public près le tribunal de simple de police.

5. — *Maires et Adjoints*. — Ils ont, en général, les mêmes droits que les commissaires de police. Ils les remplacent, en cas

d'empêchement, soit pour la constatation des contraventions, soit pour remplir le ministère public près du tribunal de simple police.

6° — *Officiers de gendarmerie.* — Le code s'est contenté de dire qu'ils sont officiers de police judiciaire et auxiliaires du procureur de la République sans rien spécifier. Ils n'ont donc que les attributions communes à tous les officiers de police de leur classe.

7° — Les gardes forestiers et les gardes champêtres ne sont pas auxiliaires du procureur de la République. Mais ils sont officiers de police judiciaire, et, comme tels, chargés de rechercher, chacun dans le territoire pour lequel ils sont assermentés, les délits et les contraventions de police qui ont porté atteinte aux propriétés rurales et forestières.

Ils dressent des procès-verbaux à l'effet de constater la nature, les circonstances, le temps, le lieu des délits et contraventions, ainsi que les preuves et les indices qu'ils ont pu en recueillir.

Ils suivent les choses enlevées dans les lieux où elles ont été transportées et les mettent en séquestre ; ils ne peuvent néanmoins s'introduire dans les maisons, ateliers, bâtiments, cours adjacentes et enclos, si ce n'est en présence, soit du juge de paix, soit de son suppléant, soit du commissaire de police, soit du maire du lieu, soit de son adjoint. En ce cas, procès-verbal doit être dressé, et il est signé par celui en présence de qui il a été fait.

Aussi la compétence des gardes, dont nous nous occupons, est restreinte aux délits portant atteinte aux propriétés rurales et forestières. Pour les autres délits ou crimes, ils n'ont aucune mission pour les rechercher ou les constater.

Mais ils doivent porter à la connaissance du procureur de la République ou de ses auxiliaires, ce qu'ils apprennent sur ces délits et crimes.

Tous les officiers de police judiciaire, dont nous venons de parler, sont sous la surveillance : 1° du procureur général qui a la haute direction de la police judiciaire, mais sans en faire partie, sauf pour certains cas particuliers ; 2° et des cours d'appel qui, elles aussi, ne prennent part à la police judiciaire qu'exceptionnellement.

Aux termes de l'article 40 du code d'instruction criminelle, les préfets ont le droit de requérir les officiers de police judiciaire, de faire tous actes nécessaires à l'effet de constater les crimes, délits et contraventions, mais ils peuvent, en outre, les faire personnellement, et cette dernière faculté paraissant exhorbitante, les Chambres ont été saisies d'une proposition de loi pour modifier sur ce point l'article 10.

Les sous-officiers de gendarmerie et les gendarmes ne sont pas officiers de police judiciaire. Mais il leur est enjoint, par l'article 488 du décret du 1er Mars 1854, « de dresser procès-verbal des crimes, délits et contraventions de toute nature qu'ils découvrent ».

Notons enfin qu'il y a un grand nombre d'agents auxquels des lois spéciales ont attribué le pouvoir de rechercher et de constater certaines classes de délits et contraventions. Il serait trop long de les énumérer. Nous citerons, à titre d'exemple, les proposés des douanes, les vérificateurs de poids et mesures, etc., etc.

MOYENS D'INFORMATION — PROCÈS-VERBAUX — CONSTATATIONS

Les moyens d'information consistent dans l'arrestation de l'inculpé, son interrogatoire, l'audition des témoins, les perquisitions, la saisie des pièces et les expertises par les hommes spéciaux commis à cet effet.

Mais les juges d'instruction peuvent seuls avoir recours en toute hypothèse à ces moyens. Le procureur de la République et ses auxiliaires n'ont la faculté d'en user que dans le cas de flagrant délit ; encore faut-il, même dans ce cas, faire une restriction en ce qui concerne les visites domiciliaires : ils ne peuvent, en effet, en opérer que chez le prévenu.

Quant aux commissaires de surveillance, comme ils sont simplement officiers de police judiciaire, ils ne sauraient, en aucun cas, employer les moyens d'instruction, dont il s'agit.

Ils se bornent, en matière de grande voirie, d'infractions aux règlements de l'exploitation et même de délits et contraventions ordinaires, à dresser des procès-verbaux. En matière de crime, ils font seulement des rapports pour signaler les faits au ministère public ; ils lui transmettent les pièces et renseignements qui s'y rattachent, et, s'il s'agit de flagrant délit, ils font conduire le prévenu devant le procureur de la République.

Nous donnerons quelques renseignements sur les procès-verbaux, puisque les commissaires de surveillance sont appelés à en rédiger fréquemment.

Ces actes sont soumis à des formalités qui portent sur les points suivants :

1° Délai dans lequel le procès-verbal doit être rédigé. — Aux termes de l'article 15 et autres du code d'instruction criminelle, les maires, adjoints, gardes, etc., doivent transmettre leurs procès-verbaux au ministère public dans les trois jours, y compris celui où ils ont procédé. Le procès-verbal doit donc être rédigé en face des faits qu'il constate : l'agent rapporte alors ce qu'il voit et ce qu'il entend et sa description est présumée exacte. Si le procès-verbal n'était rédigé que quelques jours après les faits, la présomption de vérité s'affaiblirait, car son auteur ne contesterait plus ce qu'il voit et ce qu'il entend, mais ce qu'il se souviendrait d'avoir vu et entendu. L'instantanéité du procès-verbal est donc de l'essence de cet acte ; c'est la garantie et la condition de la preuve qu'il apporte à la justice. (Faustin Hélie).

2° *Ecriture de l'acte.* — En principe, le procès-verbal doit être écrit de la main de l'agent qui l'a dressé, sans interligne et avec approbation des ratures et renvois.

3° *Enonciations que le procès-verbal doit renfermer.* — Elles se rapportent à quatre points différents : la qualité de l'officier, qui le rédige; les faits matériels constitutifs du délit ou de la contravention; la désignation des délinquants; et l'énumération ou la restriction, s'il y a lieu, des objets saisis.

4° *Signature des procès-verbaux.* — Si le procès-verbal n'était pas signé, il ne constituerait qu'un projet et n'aurait pas la valeur d'un acte.

5° *Date du procès-verbal.* — Si le procès-verbal n'était pas daté, on ne pourrait savoir s'il a été rédigé dans les délais.

6° *Affirmation des procès-verbaux.* — C'est la déclaration faite par le rédacteur du procès-verbal, devant un officier public (ordinairement le juge de paix), que les faits consignés dans cet acte sont vrais.
Tous les procès-verbaux ne sont pas soumis à cette formalité. Ceux des commissaires de surveillance en sont dispensés (arrêt du conseil d'Etat du 20 Juin 1873).

7° *Enregistrement.* — Cette formalité, dit Faustin Hélie, est extrinsèque au procès-verbal, mais elle le garantit de toute atteinte et le revêt d'une nouvelle authenticité. (Traité de l'instruction criminelle).

Instruction dans les cas ordinaires ou dans les cas de crimes ou délits flagrants

En indiquant les attributions habituelles des divers officiers de police judiciaire, nous avons déjà exposé par avance l'instruction dans les cas ordinaires.

Il résulte, en résumé, de ce que nous avons dit à ce sujet que le juge d'instruction ne peut informer que sur la réquisition du procureur de la République ; que ce dernier ne doit faire pour lui-même aucun acte d'information et a seulement la faculté d'adresser au juge ses réquisitions ; qu'enfin les auxiliaires du procureur de la République n'ont qu'à donner avis à ce magistrat de tous les crimes et délits dont ils acquièrent la connaissance, à lui transmettre les renseignements, procès-verbaux et actes qui y sont relatifs, ainsi que les dénonciations qu'ils ont reçues.

Mais dans les cas de flagrant délit, les officiers de police judiciaire ont des pouvoirs plus étendus.

« Le flagrant délit, d'après l'article 41 du code d'instruction criminelle, est le délit qui se commet actuellement ou qui vient de se commettre. Sont aussi réputés flagrant délit le cas où le prévenu est poursuivi par la clameur publique, et celui où le prévenu est trouvé nanti d'effets, armes, instruments ou papiers faisant présumer qu'il est auteur ou complice, pourvu que ce soit dans un temps voisin du délit ». D'un autre côté, on assimile au cas de flagrant délit le cas de réquisition de la part d'un chef de maison (art. 49).

Il importait, dans les cas de ce genre, de faire de suite les arrestations, constatations et recherches nécessaires pour découvrir la vérité, tant que la personne accusée et les témoins sont sur les lieux et que les traces du crime sont toutes récentes. En conséquence, la loi a prescrit que l'officier de police le premier arrivé commencerait l'information proprement dite, sans attendre le juge d'intruction, et pourrait ordonner l'arrestation des inculpés, faire des visites à leur domicile et pratiquer la saisie des effets et instruments de nature à servir de pièces de conviction. De même, le juge d'instruction, s'il est sur les lieux avant le procureur de la République, procède à tous les actes nécessaires d'information bien que ce magistrat n'ait pu encore faire ses réquisitions.

Bien entendu, si le procureur de la République et le juge d'instruction arrivent simultanément, les règles exceptionnelles dont nous parlons ne sont plus appréciables. On rentre dans le droit commun, le premier de ces magistrats se contentant de requérir et le second d'instruire.

Remarquons, d'autre part, que tout ce que nous venons de dire ne s'applique, d'après le code, qu'au cas de flagrant délit de nature à entraîner une peine afflictive ou infamante. Si, au cours de ses investigations, l'officier de police judiciaire découvre que le délit entraîne seulement des peines correctionnelles, il doit alors cesser de procéder d'après les règles particulières que nous venons d'exposer. Il en est de même lorsqu'il lui paraît que le délit qui, d'abord, semblait être flagrant, ne l'est pas en réalité.

Le code n'avait rien disposé quant aux délits donnant lieu à des peines correctionnelles. Mais la loi du 20 Mars 1863 a comblé la lacune qui existait sur ce point. En voici le texte :

« Article premier. — Tout inculpé arrêté en état de flagrant délit « pour un fait puni de peines correctionnelles est immédiatement « conduit devant le procureur de la République, qui l'interroge, et, « s'il y a lieu, le traduit sur-le-champ à l'audience du tribunal. Dans « ce cas, le procureur de la République peut mettre l'inculpé sous « mandat de dépôt.

« Art. 2. — S'il n'y a point d'audience, le procureur de la Ré-« publique est tenu de faire citer l'inculpé pour l'audience du lende-« main. Le tribunal est, au besoin, spécialement convoqué.

« Art. 3. — Les témoins peuvent être verbalement requis par tout « officier de police judiciaire ou agent de la force publique. Ils sont « tenus de comparaître sous les peines portées par l'article 157 du « code d'instruction criminelle.

« Art. 4. — Si l'inculpé le demande, le tribunal lui accorde un dé-« lai de trois jours au moins pour préparer sa défense.

« Art. 5. — Si l'affaire n'est pas en état de recevoir jugement, le « tribunal en ordonne le renvoi, pour plus ample information, à « l'une des plus prochaines audiences, et, s'il y a lieu, met l'inculpé « provisoirement en liberté avec ou sans caution.

« Art. 6. — L'inculpé, s'il est acquitté, est immédiatement, no-« nobstant appel, mis en liberté.

« Art. 7. — La présente loi n'est point applicable aux délits de « presse, aux délits politiques, ni aux matières dont la procédure est « réglée par des lois spéciales ».

ATTRIBUTIONS ET DEVOIRS DES COMMISSAIRES DE SURVEILLANCE ADMINISTRATIVE, CONSIDÉRÉS COMME OFFICIERS DE POLICE JUDICIAIRE

C'est la loi du 27 Février 1850 qui a conféré aux commissaires la qualité d'officiers de police judiciaire. Elle est conçue comme suit :

« Article premier. — Les commissaires et sous-commissaires (1) spécialement préposés à la surveillance des chemins de fer sont nommés par le ministre des Travaux Publics.

« Art. 2. — Un règlement d'administration publique déterminera les conditions et le mode de leur nomination et de leur avancement.

« Art. 3. — Ils ont, pour la constatation des crimes, délits et contraventions commis dans l'enceinte des chemins de fer et de leurs dépendances, les pouvoirs d'officiers de police judiciaire.

« Art. 4. — Ils sont, en cette qualité, sous la surveillance du procureur de la République, et lui adressent directement leurs procès-verbaux. Néanmoins, ils adressent aux ingénieurs, sous les ordres desquels ils continuent à exercer leurs fonctions, les procès-verbaux qui constatent les contraventions à la grande voirie, et en double original, aux procureurs de la République et aux ingénieurs, ceux qui constatent des infractions aux règlements de l'exploitation. Dans la huitaine du jour où ils auront reçu les procès-verbaux constatant des infractions aux règlements de l'exploitation, les ingénieurs transmettront au procureur de la République leurs observations sur ces procès-verbaux. Dans le même délai ils transmettront au préfet les procès-verbaux qui auront été dressés pour contravention à la grande voirie ».

Il résulte de cette loi que les commissaires de surveillance, en tant qu'officiers de police judiciaire, sont sous la surveillance du procureur de la République.

En effet, comme le dit très bien M. Faustin Hélie, la loi n'a créé des officiers de police judiciaire spéciaux aux chemins de fer que pour organiser une surveillance plus immédiate, mais elle n'a pas pour cela supprimé les autres.

En conséquence, les commissaires doivent prêter leur concours au procureur de la République toutes les fois que ce dernier le demande. D'un autre côté le procureur de la République ou son substitut ont la faculté de pénétrer à toute heure dans l'intérieur des gares et dans l'enceinte de la voie. Des chefs de gare s'étaient cru le droit de leur en refuser l'entrée : Ils ont encouru pour ce fait des condamnations et à

(1) Les sous-commissaires sont devenus, de par le décret du 22 Juin 1855, des commissaires de 4e classe.

cette occasion le ministre a prescrit aux compagnies de donner à leurs agents des instructions pour que le fait ne se renouvelle pas. (Circ. des 18 Août — 15 Septembre 1853).

Un autre point à remarquer, c'est que la compétence des commissaires de surveillance est restreinte à l'enceinte du chemin de fer et de ses dépendances ; mais que dans ces limites elle est générale.

Il y a lieu cependant de la concilier, comme on le verra, avec celle des commissaires spéciaux de police institués près des gares par le décret du 22 Février 1855 et chargés des mesures de sûreté, de police générale et de police ordinaire, qui ne se rattachent pas au service de l'exploitation des chemins de fer.

Telles sont les règles générales sur les attributions et devoirs des commissaires de surveillance.

Nous ne saurions mieux faire, pour passer aux détails pratiques, que de reproduire les circulaires ministérielles où s'en trouve l'exposé.

Constatation d'accidents, de crimes, délits, etc. « Lorsqu'il arrive, dit la circulaire du 15 Avril 1850, un accident ayant entraîné la mort ou des blessures, les commissaires de surveillance administrative se transportent le plus promptement possible sur le lieu de l'accident, en constatent les circonstances dans un procès-verbal, et s'assurent que les autorités locales et l'autorité judiciaire ont été averties. En cas de crime ou de délit commis dans l'enceinte du chemin de fer ou dans ses dépendances ils dressent procès-verbal contre les auteurs présumés, et, en cas de flagrant délit, procèdent à leur arrestation ; il en est de même dans le cas d'une tentative d'acte de malveillance, lors même qu'elle n'est pas suivie d'effet. Le caractère d'officiers de police judiciaire indépendamment de l'autorité particulière que prennent les actes des fonctionnaires qui en sont revêtus, confère aux commissaires le droit d'arrestation en cas de flagrants délits et le droit de réquisition de la force publique ; ils devront en user non seulement pour la répression des crimes et délits spéciaux à l'exploitation, mais encore pour la repression des délits de droit commun qui pourraient être commis dans l'enceinte du chemin de fer ; il importe, en effet, que l'action de la justice soit rendue efficace par tous les moyens possibles, et la présence journalière des commissaires de surveillance doit être utilisée pour l'arrestation des coupables ou la constatation immédiate des circonstances du crime ou du délit. Vous remarquerez, Monsieur le préfet, que les commissaires de surveillance, quoique investis du caractère d'officiers de police judiciaire, ne sont pas auxiliaires du procureur de la République ; lorsqu'ils auront eu l'occasion de procéder à une arrestation, ils devront donc remettre, sans délai les coupables entre les mains des autorités judiciaires locales, auxquelles il appartient de procéder à l'instruction de l'affaire ».

Une circulaire postérieure à celle du 15 Avril 1850 et datée du 10 Mars 1857, a décidé que dans les gares où réside un commissaire spécial, les personnes arrêtées par ordre du commissaire de surveillance seront conduites devant le commissaire spécial, au lieu d'être remises entre les mains du commissaire de police de la localité ou de l'arrondissement.

Délits communs, police ordinaire. — Les commissaires de surveillance administrative sont chargés de concourir à la répression des crimes et des délits de droit commun, particulièrement en cas de flagrant délit : mais il ne leur appartient pas de concourir à la police ordinaire, qui ne peut être confiée qu'aux fonctionnaires et agent relevant du ministre de l'Intérieur, spécialement aux commissaires de police des villes ou des quartiers dont les gares ou les stations dépendent, et agents placés sous leurs ordres, aux officiers de gendarmerie et aux gendarmes, ainsi que cela s'est du reste pratiqué de tout temps. (Circ. du 15 Avril 1850).

Envoi des procès-verbaux au Parquet. — Aux termes de la loi du 27 Février 1850, les commissaires de surveillance administrative sont sous la surveillance du procureur de la République et lui adressent directement leurs procès-verbaux lorsqu'ils ont pour objet de constater un accident, un crime ou un délit : il importe, en effet, que les poursuites soient exercées dans le plus bref délai possible, et, de plus, il s'agit de faits qui ne peuvent donner lieu à aucune incertitude, quant à leur nature elle-même ou à leurs conséquences ; il peut y avoir tout au plus incertitude sur l'identité des coupables. Ils lui adressent de même directement les procès-verbaux destinés à constater les infractions aux règlements d'exploitation. Mais, comme dans ce cas, il s'agit d'une matière spéciale, quelquefois d'une appréciation délicate, et souvent d'une nature technique, les observations et les avis de l'ingénieur en Chef (1) ont paru un élement, sinon tout à fait indispensable, au moins très utile à l'instruction : souvent, en effet, la gravité des contraventions peut être affaiblie ou même annulée par des décisions du ministre des Travaux Publics, par des autorisations ou des délais de tolérance accordés aux compagnies, et l'Ingénieur en Chef est le fonctionnaire le mieux placé pour porter ces circonstances à la connaissance de l'autorité judiciaire. Aussi la loi a-t-elle décidé que les procès-verbaux dont il s'agit seraient transmis en double original au procureur de la République. Quant aux procès-verbaux dressés pour contraventions à la grande voierie, les commissaires les enverront directement à l'Ingénieur en chef, qui devra, dans la huitaine, les transmettre au préfet, avec ses observations. (Circ. du 15 Avril 1850).

Droit de réquisition à l'égard des Agents des compagnies. — Lorsqu'il s'agit d'un fait d'exploitation purement commerciale, le commissaire de surveillance n'a rien à apprécier et doit se borner à recevoir la plainte du réclamant et à la transmettre aux chefs du contrôle. Mais, lorsqu'il s'agit d'une contravention, d'un accident, etc., le commissaire de surveillance doit aller plus loin et se livrer à des recherches. A ce point de vue, il a le droit de faire venir les agents de la Compagnie pour les interroger, selon qu'ils sont inculpés ou témoins. Mais il doit, autant que possible, concilier les exigences de

(1) L'Ingénieur en chef est aujourd'hui remplacé par l'inspecteur général du contrôle.

ses fonctions avec celles du service des agents. Dans plusieurs circonstances, dit une circulaire ministérielle du 12 Avril 1872, des commissaires de surveillance ont cru pouvoir retarder la marche des trains pour interroger les agents sur des faits relatifs à l'exploitation. — Les commissaires de surveillance sont chargés de veiller à la régularité de la marche des trains, et l'on ne saurait admettre qu'ils puissent retarder le départ d'un train, à moins de cas de force majeure et d'absolue nécessité, surtout pour interroger des agents que la Compagnie ne se refuserait pas, sur leur demande, à mettre à leur disposition.

Attributions des commissaires spéciaux de police

Les commissaires spéciaux de police ont été créés par décret du 22 Février 1855. Ils sont chargés : 1° des mesures de sûreté et de police générale et des mesures de police ordinaire qui ne se rattachent pas à l'exploitation des chemins de fer ; 2° de la constatation et de la poursuite des délits de droit commun.

Ils ont sous leur autorité immédiate et leur direction des inspecteurs de police créés par décret du 6 Mars 1875.

Les uns et les autres sont sous la surveillance des commissaires divisionnaires de police des chemins de fer, institués par décret du 1er Septembre 1862.

Les pouvoirs des commissaires et des inspecteurs s'étendent à toute la ligne à laquelle ils sont attachés : les décrets de nomination des commissaires de police déterminent leur résidence et, s'il y a lieu, les sections de lignes sur lesquelles s'étendra plus particulièrement leur juridiction.

Les commissaires de police rendent compte aux préfets de tous les faits intéressant leur service ; ils adressent en même temps copie de leurs rapports au ministre de l'Intérieur.

Leur autorité n'empêche pas celle des commissaires établis dans les localités traversées par le chemin de fer de s'exercer sur la partie de ces lignes comprises dans leurs circonscriptions.

Les commissaires spéciaux de police ont, dans la gare de leur résidence, un bureau fourni par la compagnie concessionnaire.

Comparaison des attributions des commissaires spéciaux de police et des commissaires de surveillance administrative. — Cette comparaison, très utile pour fixer la limite des attributions des uns et des autres, a été faite comme suit dans une circulaire concertée entre les ministres de l'Intérieur et des Travaux Publics et adressée par ce dernier, le 1er Juin 1875, au chef de service du contrôle :

«........ Pour donner au ministre de l'Intérieur l'action qui lui appartient, au point de vue de la police générale et de la sûreté de l'État, dans la surveillance des chemins de fer, il a paru utile d'attacher à cette surveillance des commissaires de police spéciaux, investis des pouvoirs et des attributions conférées par les lois actuelles aux commissaires de police locaux. La police générale à exercer sur les chemins de fer a, d'ailleurs, une importance suffisante pour que les agents qui en sont chargés s'y consacrent entièrement et il y a lieu de laisser intactes les attributions confiées au ministre des Travaux Publics par la loi du 27 Février 1850.

« Le service de surveillance administrative conserve donc les attributions spéciales qui lui ont été conférées par les lois et règlements actuellement en vigueur et qui se trouvent résumées d'une manière complète dans l'instruction du 15 Avril 1850. Ce sont les commissaires administratifs qui recueillent les plaintes et les réclamations du public ayant pour objet des faits d'exploitation, qui prennent les mesures nécessaires pour asssurer le maintien du bon ordre dans les gares et à leurs abords, dans les salles d'attente et sur les quais d'embarquement, qui surveillent l'exécution des mesures relatives à la composition, au départ et à l'arrivée des convois, et qui constatent les irrégularités de l'exploitation. En cas d'accidents ayant occasionné la mort ou des blessures, ils se transportent immédiatement sur les lieux, dressent procès-verbal des circonstances et des résultats de l'accident, et s'assurent que l'autorité locale et les autorités judiciaires ont été prévenues. Ils sont enfin chargés de la constatation des crimes et délits spéciaux à l'exploitation des chemins de fer, ainsi que des contraventions qui ne sont pas spécialement de la compétence des conducteurs des ponts et chaussées et gardes-mines.

« Les commissaires spéciaux de police ont dans leurs attributions tout ce qui regarde les mesures de sûreté et de police générale et les mesures de police ordinaire qui ne se rattachent pas au service de l'exploitation des chemins de fer. Il y a lieu d'y ajouter la constatation et la poursuite des délits communs.

« Ce partage d'attributions ne paraît pas offrir jusqu'ici de difficultés sérieuses d'application. Tous les faits relatifs à l'exploitation des chemins de fer sont du domaine des commissaires de surveillance administrative ; tout ce qui se trouve en dehors de l'exploitation appartient aux commissaires de police. On n'aperçoit aucune cause de conflit pour les affaires qui rentrent nettement dans l'une ou l'autre catégorie : les dissentiments ne peuvent arriver que pour les affaires qui, par leur nature mixte, se rattacheraient également aux deux services. Mais il semble difficile de résoudre à l'avance les questions qui pourront surgir à ce sujet et d'en déduire des règles générales. Ces règles s'établiront peu à peu, au moyen des solutions données à un certain nombre d'espèces particulières ; c'est une œuvre à laquelle chacun devra concourir, en apportant dans l'examen des questions amenées par les circonstances diverses, de la bonne volonté et un esprit de conciliation.

« Bien que, dans un intérêt d'ordre et de partage équitable d'attributions, il ait paru convenable de réserver particulièrement aux commissaires de police la constatation des crimes et délits communs, et aux commissaires administratifs celle des crimes et délits, spéciaux à l'exploitation on ne saurait enlever ni aux uns ni aux autres, le droit que leur donne leur qualité d'officiers de police judiciaire, de concourir à la répression des crimes et délits de toute nature commis dans l'enceinte des chemins de fer. Ils pourront donc, pour cette partie de leurs fonctions, se prêter un mutuel secours et se suppléer en cas d'absence ou d'empêchement. Il ne vous échappera pas toutefois que si cette immixtion réciproque de chaque service dans les attributions spéciales de l'autre a l'avantage de rendre plus sûre et plus prompte la répression des crimes et délits, elle pourrait avoir, d'un autre côté, surtout si elle devenait trop fréquente, l'inconvénient de jeter de l'incertitude dans la distinction des attributions, d'augmenter ainsi les causes de conflit. Vous devez donc, en ce qui vous concerne, prendre les dispositions nécessaires pour rendre aussi assidue que possible la présence des commissaires de surveillance administrative dans les gares dont le service leur est confié. Vous leur recommanderez, d'un autre côté, de ne procéder aux constatations réservées aux commissaires de police qu'après s'être bien assurés que ceux-ci se trouvent absents ou empêchés, et il me parait convenable qu'ils en fassent mention dans leurs procès-verbaux. Ils devront, en outre, donner avis à leurs collègues et les mettre à même de continuer, s'il y a lieu, l'instruction commencée. La réserve qui leur est recommandée à cet égard ne saurait d'ailleurs devenir pour eux un motif d'abstention qui serait préjudiciable à l'ordre public ; ils ne doivent perdre de vue aucune des obligations qu'ils peuvent avoir accessoirement à remplir en leur qualité d'officiers de police judiciaire, et dans le cas même où la présence des commissaires de police les dispense d'intervenir officiellement, leur surveillance peut encore avoir un résultat utile, en leur permettant de signaler à leurs collègues, à charge de réciprocité, des faits répréhensibles dont ceux-ci n'auraient pas eu connaissance. Les commissaires administratifs et les commissaires de police n'oublieront jamais que s'ils appartiennent à deux administrations distinctes, ils sont tous également serviteurs de l'Etat et remplissent une même mission d'ordre public et de protection pour les intérêts privés. C'est le sentiment bien compris de cette communauté de devoirs qui doit surtout aplanir les difficultés résultant de la nouvelle organisation ».

La circulaire du ministère des Travaux Publics du 16 Octobre 1876 prescrit aux commissaires de surveillance de constater, dans toutes les gares où il n'y a pas de commissaire de police spécial, les crimes, délits et contraventions de droit commun, commis dans l'enceinte des chemins de fer et de leurs dépendances, et de rendre compte de l'accomplissement de leur mission aux magistrats du parquet, qui sont pleinement autorisés à réclamer, dans l'enceinte du chemin de fer et de leurs dépendances, le concours des commissaires de surveillance administrative.

Ve PARTIE

PRINCIPES GÉNÉRAUX D'ORGANISATION JUDICIAIRE

La constitution définitive de l'organisation judiciaire actuelle date du Consulat et de l'Empire (loi organique du 27 Ventôse an VIII).

Les principes généraux de l'organisation actuelle sont :

1/— *Ressort des tribunaux* qui se divise en :

Ressort de Cours d'Appel (au nombre de 26 en France)	
Tribunaux d'arrondissement	
Justice de paix (canton)	
Tribunaux de commerce	ressort déterminé par le décret d'institution.
Conseils de prud'hommes	
Cour de cassation	France continentale et coloniale

2/— *Classification des tribunaux* :

1° — d'aprés leur ordre	Tribunaux de l'ordre constitutionnel	Haute Cour
	Tribunaux de l'ordre administratif	Tribunal des Conflits Conseil d'Etat Conseil de Préfecture Tribunaux admifs des Colonies Cour des Comptes
	Tribunaux de l'ordre judiciaire	Tribunaux d'arrondissement Justices de paix Cours d'Appel Tribunaux de simple police Tribunaux correctionnels Cours d'assises
2° — d'aprés leur degré	Tribunaux de 1re instance	Tribunaux d'arrondissement — de commerce Justices de paix Conseils de prud'hommes
	Tribunal d'Appel	Cour d'Appel

3° — d'après leur nature	Tribunaux de droit commun ou ordinaires	au 1er degré — Tribunaux d'arrondissement au 2e degré — Cours d'Appel
	Tribunaux d'exception	Justices de paix Tribunaux de commerce Conseils de prud'hommes Cour de cassation .

3/ — Des quatre éléments concourant à l'œuvre de la justice :

1° — Juges ou Conseillers

2° — Ministère Public

3° — Officiers ministériels : avoués, greffiers, huissiers, avocats à la Cour de Cassation

4° — Avocats

PRINCIPES GÉNÉRAUX DE L'ORGANISATION ACTUELLE

Du ressort des diverses juridictions. — On entend par ressort d'un tribunal l'étendue de territoire sur lequel un tribunal exerce ses pouvoirs.

La France continentale est divisée en 26 ressorts de Cours d'appel. Chaque ressort comprend un certain nombre de départements.

Les ressorts de Cours d'appel se divisent en arrondissements ; au chef-lieu de chacun d'eux se trouve un tribunal de première instance.

Enfin, les arrondissements se subdivisent en cantons avec un juge de paix par canton.

Le ressort du tribunal de commerce et du conseil de prud'hommes est variable. Il est déterminé pour chacun d'eux par le décret d'institution.

Le ressort de la Cour de cassation est le plus étendu de tous, puisqu'il comprend le territoire de la France continentale et de ses colonies.

Classification fondamentale des tribunaux. — On peut classer les tribunaux en se plaçant à trois points de vue :

Suivant leur ordre ;

Suivant leur dégré dans la hiérarchie ;

Suivant leur nature.

1° Classification des tribunaux suivant leur ordre. — Au point de vue de l'ordre de juridiction auquel ils appartiennent, les tribunaux peuvent être ainsi divisés :

Il y a des tribunaux de l'ordre constitutionnel, telle est la Haute Cour;

Il y a des tribunaux de l'ordre administratif, tels que le Conseil d'Etat et les conseils de préfecture ;

Il y a des tribunaux de l'ordre judiciaire.

Enfin, les tribunaux judiciaires comprennent deux ordres distincts de juridiction : les tribunaux civils et les tribunaux répressifs.

Cependant, en raison de la règle de l'unité de la juridiction civile et de la juridiction répressive, ce sont les mêmes tribunaux qui connaissent des matières civiles et des matières criminelles.

Ainsi, nous verrons que la Cour de cassation comprend une chambre criminelle qui statue sur les pourvois en matière criminelle ; de même, la Cour d'appel comporte toujours une chambre des appels correctionnels et une chambre des mises en accusations ; le tribunal correctionnel n'est qu'une fraction du tribunal d'arrondissement et le tribunal de simple police est composé du juge de paix.

2° *Classification des tribunaux suivant leur degré.* — Au point de vue du degré qu'ils occupent dans la hiérarchie judiciaire, on peut diviser les tribunaux en deux groupes : d'un côté, les tribunaux de première instance qui sont ainsi appelés parce qu'ils ont pour mission de statuer sur les procès qui n'ont pas encore été soumis à une autre juridiction, mais sous réserve d'un recours devant un tribunal supérieur ; d'un autre côté, les tribunaux d'appel, dont l'attribution consiste à contrôler les décisions rendues par des tribunaux d'ordre inférieur.

Dans la première catégorie rentrent : les justices de paix, les conseils de prud'hommes, les tribunaux de commerce et les tribunaux d'arrondissement.

Dans la seconde catégorie figurent les Cours d'appel.

Mais il convient de noter que cette classification n'a rien d'absolu.

Nous verrons, en effet, que, dans certains cas, les décisions rendues par les tribunaux de la première catégorie ne seront pas susceptibles d'appel. Dans ces cas, ils fonctionnent comme juridictions de premier et dernier ressort.

D'autre part, quelques-uns de ces mêmes tribunaux d'arrondissement reçoivent les appels des juges de paix et des conseils de prud'hommes.

3° *Classification des tribunaux suivant leur nature.* — Au point de vue de leur nature, on peut diviser les tribunaux en tribunaux ordinaires ou de droit commun et en tribunaux extraordinaires ou d'exception.

Un tribunal de droit commun est celui qui est compétent toutes les fois qu'il n'existe pas un texte contraire de loi.

Un tribunal d'exception est celui qui n'est compétent qu'en vertu d'un texte formel de loi.

Les tribunaux de droit commun sont : au premier degré, les tribunaux d'arrondissement, et au second degré, les Cours d'appel.

Les tribunaux d'exception sont : les justices de paix, les tribunaux de commerce, les conseils de prud'hommes, la Cour de cassation.

Des différents éléments qui concourent à l'administration de la justice civile. — Dans la plupart des juridictions civiles, on rencontre comme concourant à l'administration de la justice :

1° Les juges ayant pour mission de rendre des décisions ;

2° Le ministère public, dont le rôle est de représenter l'intérêt général et de veiller à l'observation des lois ;

3° Des officiers ministériels, greffiers, avoués, huissiers, etc., dont la fonction est diverse ;

4° Des avocats qui défendent les intérêts des plaideurs en développant oralement leurs moyens.

DES DIFFÉRENTES JURIDICTIONS

A. — Tribunaux de l'ordre constitutionnel

HAUTE COUR

Mention pour ordre

B. — Tribunaux de l'ordre administratif

TRIBUNAL DES CONFLITS

Définitions et divisions des conflits : conflits de juridictions ; conflits d'attributions. — Dans la matière que nous étudions, l'expression conflit doit être entendue dans un sens tout particulier ; elle désigne une lutte de compétence juridictionnelle. Cette lutte peut se produire dans les hypothèses suivantes :

Ou bien deux juridictions du même ordre prétendent toutes deux avoir compétence pour une même affaire ou se renvoient réciproquement la compétence pour cette affaire : on a alors un conflit de juridictions. Ces conflits sont réglés par la juridiction supérieure de l'ordre des deux juridictions en lutte. En matière judiciaire, ce règlement de juges s'opère, d'après les règles écrites dans les articles 363 et suivants du code de procédure civile, 525 et suivants du code d'instruction criminelle. En matière administrative, c'est le conseil d'Etat qui statue : ainsi, si deux conseils de préfecture s'attribuent simultanément compétence pour un même litige, le Conseil d'État dénoue ce conflit de juridictions en indiquant quel est le conseil de préfecture compétent. De même s'il y a lutte de compétence entre un conseil de préfecture, par exemple, et une autre juridiction administrative : ministre, conseil de révision, etc...

Ou bien, deux juridictions d'ordre différent, un tribunal administratif et un tribunal judiciaire par exemple, prétendent à la compétence pour la même affaire ou déclinent également compétence pour cette affaire : c'est dans ce cas un conflit d'attributions.

Organisation du tribunal des conflits. — Aux termes de l'article 25 de la loi du 24 mai 1872, le tribunal des conflits est composé des membres de deux juridictions, administrative et judiciaire, en nombre égal, sous la présidence du garde des sceaux. Trois Conseillers d'Etat et trois Conseillers à la Cour de cassation, élus par leurs collègues, choisissent deux autres membres titulaires et deux suppléants. En fait, depuis quinze ans, ces deux membres sont un ancien Conseiller d'Etat et un ancien Conseiller à la Cour de cassation.

Les membres du tribunal de conflits sont rééligibles tous les trois ans. Un vice-président est élu au scrutin secret. Il faut au moins la présence de cinq membres pour délibérer. Tous les ans, le Président de la République nomme deux commissaires du gouvernement choisis, l'un parmi les maîtres des requêtes au Conseil d'État, l'autre parmi les membres du parquet de la cour de cassation, chacun d'eux avec un suppléant du même ordre ; un secrétaire est, de plus, choisi par le ministre de la Justice. Le rapporteur est, dans chaque affaire, nommé par le garde des sceaux après le dépôt des pièces au secrétariat ; il doit appartenir à l'ordre administratif si le commissaire du gouvernement appartient à l'ordre judiciaire, et vice-versa (art. 4 et 7 loi du 4 février 1850).

Il résulte, de ce que nous venons de dire sur le tribunal des conflits, que ce tribunal ne constitue pas une juridiction ; ce n'est ni un tribunal administratif, ni un tribunal judiciaire ; les parties au procès ne l'intéressent point, le fond de l'affaire non plus : c'est un régulateur placé entre les deux autorités administrative et judiciaire, et investi de la haute fonction de fixer à chacune d'elles leur compétence respective.

Conseil d'Etat.

Le Conseil d'Etat représente l'application la plus élevée de ce principe qui, à côté des agents administratifs, place des conseils délibérants chargés d'éclairer ces agents de leurs avis. Envisagé à ce point de vue, le Conseil d'Etat est donc un Conseil administratif.

Mais il possède aussi un autre rôle : Il est en outre Juge administratif.

Dans le premier cas, il donne des avis soit au Gouvernement, soit à l'Administration. Dans le second cas, il tranche des conflits, comme un tribunal.

Organisation du Conseil d'Etat. — Le Conseil d'Etat se compose de deux éléments : 1° des fonctionnaires chargés de discuter, de délibérer et de décider, ce sont les Conseillers d'Etat ; 2° des fonctionnaires chargés de préparer le travail de discussion et ne prenant part aux délibérations qu'à titre exceptionnel, ce sont les Maîtres des requêtes et les Auditeurs.

Les Conseillers d'Etat sont de deux sortes : les Conseillers d'Etat en service ordinaire et les Conseillers d'Etat en service extraordinaire.

Les Conseillers d'Etat en service ordinaire, au nombre de 32 (loi du 13 Juillet 1879) sont choisis en fait, soit parmi les maîtres des requêtes (1), soit parmi les hauts fonctionnaires de l'Administration, par le Président de la République, en Conseil des Ministres (art. 4, loi constitutionnelle du 25 Février 1875). Ils sont révoqués de la même façon. Légalement, pour la portion des vacances non réservées aux maîtres des requêtes, il n'y a qu'une condition à remplir : être âgé d'au moins trente ans (art. 6, loi du 24 Mai 1872).

La fonction de conseiller d'Etat en service ordinaire est incompatible avec toute autre fonction publique salariée (art. 7 de la loi du 24 Mai 1872). Néanmoins, les officiers généraux ou supérieurs de l'armée de terre ou de mer, les Ingénieurs des Ponts et Chaussées, les professeurs de l'Enseignement supérieur peuvent être détachés au Conseil d'Etat. Ils conservent, pendant la durée de leurs fonctions au Conseil d'Etat, les droits attribués à leur position administrative, sans pouvoir toutefois cumuler leur traitement avec celui de Conseiller d'Etat. Ces dispositions sont applicables aux maîtres des requêtes. Inversement, par dérogation au principe de l'article 7 des Conseillers d'Etat, des maîtres des requêtes ou des auditeurs de 1re classe, après trois années depuis leur entrée au Conseil d'Etat, peuvent, sans perdre leur rang au Conseil, être nommés à des fonctions publiques pour une durée qui n'excède pas trois ans et sans cumul de traitement.

Les conseillers d'Etat en service extraordinaire sont au nombre de 19 (loi du 30 Novembre 1895). Ce sont des hauts fonctionnaires de l'Administration, que l'on charge, accessoirement à leurs fonctions administratives, d'apporter au Conseil d'Etat le concours de leurs connaissances pratiques. Ils perdent ipso facto la qualité de Conseiller d'Etat en service extraordinaire lorsqu'ils perdent la fonction qui la leur avait fait conférer. Ce n'est pas à dire que cette fonction entraîne forcément la qualité de Conseiller d'Etat en service extraordinaire. Ainsi, au Ministère des Travaux Publics, le Directeur des Chemins de fer est, aujourd'hui, Conseiller d'Etat en service extraordinaire; s'il vient à quitter la Direction des Chemins de fer, il perd du même coup cette qualité accessoire. Cela n'implique pas, d'ailleurs, que son successeur à la direction des Chemins de fer doive obligatoirement être fait Conseiller d'Etat : un autre Directeur, celui du Personnel par exemple, s'il ne l'est pas, pourra recueillir le siège de conseiller extraordinaire vacant, ou bien même ce siège pourra être attribué à un fonctionnaire d'un autre ministère.

Les Conseillers d'Etat en service extraordinaire n'ont voix délibérative que pour les affaires de leur ressort ; pour les autres affaires, ils ont simplement voix consultative.

Ils n'ont pas d'appointements spéciaux.

Ils sont nommés par décret.

Ils ne peuvent être attachés à la section du contentieux.

Les ministres ont également voix délibérative au Conseil d'Etat pour les questions intéressant leur département.

---

(1) L'art. 24 de la loi de finances du 13 Avril 1900, leur réserve la moitié des places vacantes.

Les maîtres des requêtes, au nombre de 32 (loi du 13 Avril 1900, art. 24), ont la préparation des dossiers. L'un d'entre eux fait fonctions de secrétaire général du Conseil.

Les maîtres des requêtes sont nommés par décret sur la présentation des présidents de section et du vice-président du Conseil d'État. Pour être maître des requêtes, il faut avoir 27 ans au moins et ne se trouver dans aucun des cas d'incompatibilité indiqués à propos des conseillers. Un tiers des maîtres des requêtes doivent être pris parmi les auditeurs de 1re classe ; les autres sont choisis sans condition d'origine ni de capacité. Les maîtres des requêtes ont voix consultative dans toutes les affaires, et voix délibérative dans celles qu'ils rapportent.

Les auditeurs sont au nombre de 40, dont 22 de 2e classe et 18 de première (loi du 13 Avril 1900, art. 24). Les auditeurs de 1re classe sont choisis parmi les auditeurs de seconde. Et ceux-ci sont recrutés à la suite d'un concours.

Le Ministre de la Justice, garde des sceaux, est, de droit, président du Conseil d'Etat. Un Vice-Président est choisi, par décret, parmi les conseillers en service ordinaire.

Fonctionnement du Conseil d'Etat. — Le Conseil d'Etat délibère sous trois formes : 1° en sections ; 2° en assemblée générale (ces deux modes sont fermés) ; 3° en assemblée publique du contentieux.

A. Sections. — Le Conseil d'Etat comprend aujourd'hui cinq sections permanentes, dont quatre administratives (1° législation, justice affaires étrangères ; — 2° intérieur, cultes, beaux-arts, instruction publique ; — 3° finances, guerre, marine, colonies, industrie, postes et télégraphes ; — 4° travaux publics, agriculture, commerce) ; et une contentieuse (section du contentieux).

Chacune des sections administratives est composée de cinq conseillers en service ordinaire plus un président. Les conseillers en service extraordinaire se joignent chacun à la section dont relèvent les affaires de leur compétence. Le Garde des Sceaux a le droit de présider toutes les sections administratives. Les ministres ne sont pas admis dans les sections, dont les séances ne sont d'ailleurs pas publiques.

On ne peut valablement délibérer dans une section que si trois Conseillers en service ordinaire au moins sont présents. Pour quelques affaires la délibération de la section suffit. Pour d'autres, elle n'est que préparatoire à une délibération d'assemblée générale. Dans les sections, les auditeurs ont voix délibérative pour les affaires qu'ils rapportent.

L'organisation de la section du Contentieux est toute différente de celle des sections administratives. Elle se compose, depuis un décret du 7 juillet 1900 rendu en exécution d'une loi du 13 avril précédent, de sept Conseillers d'Etat en service ordinaire et d'un président. Elle est divisée en deux sous-sections. De plus, elle ne correspond à aucun ministère ; elle ne peut pas être présidée par le Garde des Sceaux ; elle ne peut recevoir aucun conseiller en service extraordinaire.

En raison de l'encombrement des affaires contentieuses on a été obligé de créer, à côté de la section permanente, une section temporaire du contentieux. Instituée par une loi du 26 Octobre 1888, pour une durée de deux années qui a été prorogée plusieurs fois et vient de l'être jusqu'au 15 Octobre 1906 par un décret du 25 Juillet 1904, cette section temporaire a été réorganisée par une loi du 17 Juillet 1900 et un décret portant règlement d'administration publique du 4 Août suivant. Elle comprend aujourd'hui un président de section et huit conseillers d'Etat en service ordinaire, pris dans les différentes sections du Conseil auxquelles ils ne cessent pas d'appartenir, et désignés par décret. Comme la section permanente, elle est divisée en deux sous-sections.

En sorte qu'il y a en réalité au Conseil d'Etat quatre sous-sections du contentieux, fonctionnant simultanément, pour accélérer la solution des affaires : ce sont les deux sous-sections de la section permanente et les deux sous-sections de la section temporaire.

Lorsque la loi n'exige pas la délibération du Conseil d'Etat tout entier, on se contente généralement de la délibération de la section intéressée ou des sections intéressées : la compétence des sections est donc le droit commun puisque ce qui est déterminé par la loi, c'est la compétence de l'assemblée générale.

L'acte pris en suite de la délibération d'une section mentionne que telle ou telle section a été entendue.

B. — *Assemblée générale.* — S'il faut la délibération du Conseil d'Etat, il y a lieu de réunir l'Assemblée générale, c'est-à-dire de convoquer tous les membres du Conseil. L'Assemblée générale peut valablement délibérer quand seize Conseillers en service ordinaire sont présents. Elle est présidée par le Garde des Sceaux ou par le Vice-Président du Conseil d'Etat ou par le plus ancien Président de section dans l'ordre du tableau. Les séances ne sont pas publiques.

Un décret du 3 Avril 1886 détermine les affaires qui nécessitent l'assemblée générale. Citons l'examen des projets ou des propositions de lois qui sont soumis au Conseil d'Etat, l'examen des projets de règlements d'administration publique, etc... et généralement toutes les affaires qui, à raison de leur importance, sont renvoyées à l'examen de l'Assemblée générale, soit par le ministre, soit par le président de section, d'office ou sur la demande de la section.

C. — *Assemblée publique du contentieux.* — C'est comme juridiction que le Conseil d'Etat se réunit en assemblée publique du contentieux. Nous n'avons donc rien à en dire pour le moment : la question sera reprise quand nous examinerons le Conseil d'Etat en tant que tribunal.

Attributions gouvernementales et attributions administratives du Conseil d'Etat. — Les attributions gouvernementales du Conseil d'Etat consistent à donner des avis sur les propositions ou projets de lois qui lui sont envoyés.

Ses attributions administratives consistent également à donner des avis sur : 1° les projets de décrets portant règlements d'administration publique, ou en forme de règlements d'administration publique ; 2° toutes les questions sur lesquelles le président de la République ou les ministres demandent cet avis.

Pour les avis gouvernementaux et pour les avis administratifs du premier groupe, le Conseil d'Etat délibère en section d'abord, puis en assemblée générale. C'est pour les questions du second groupe administratif seulement que la délibération de la section peut suffire, sous réserve des dispositions susvisées du décret de 1886.

En outre, des Conseillers d'Etat peuvent être désignés, à titre individuel, pour intervenir dans des discussions législatives en qualité de commissaires du Gouvernement.

Attributions contentieuses du Conseil d'Etat. — Le Conseil d'Etat juge : 1° en premier ressort ; 2° en appel ; 3° en cassation.

1° Comme juge en premier ressort, le Conseil d'Etat connaît :

a) — des recours pour incompétence ou excès de pouvoirs exercés contre les actes de l'Administration active ou délibérante ;

b) — des recours en interprétation des décrets administratifs proprement dits ;

c) — du contentieux de quelques affaires spéciales telles que : marchés de fournitures de l'Etat (loi du 12 vendémiaire an VII) ; — élections au conseil général (loi du 31 juillet 1875).

2° Comme tribunal d'appel, le Conseil d'Etat connaît de tous les appels formés contre les décisions contentieuses des conseils de préfecture et contre celles de certains tribunaux administratifs spéciaux non rendues en dernier ressort (Conseils du contentieux des colonies, etc...)

3° Comme tribunal de cassation, le Conseil d'Etat connaît :

a) Des recours pour excès de pouvoir, incompétence, violation ou fausse interprétation de la loi contre des décisions contentieuses rendues en dernier ressort par les tribunaux administratifs spéciaux (cour des comptes, conseils de révision, etc...) ou dont les délais d'appel sont expirés ;

b) Des conflits de juridiction entre deux tribunaux administratifs.

Saisi d'un recours pour excès de pouvoir (soit en premier ressort, soit en cassation), le Conseil d'Etat n'examine pas le fond de l'affaire, mais simplement la question de savoir s'il y a ou non excès de pouvoir. Si oui, il annule l'acte attaqué, mais il ne le modifie ni le remplace. Pourtant, lorsqu'il juge en cassation (c'est-à-dire au sujet d'une décision contentieuse) le Conseil d'Etat, après avoir annulé, renvoie devant un tribunal du même ordre que celui qui a statué et ce tribunal reprend l'affaire au fond.

(Pour les conflits de juridiction, voir page 331).

Conseil de préfecture

Le Conseil de préfecture exerce un double rôle : il est à la fois Conseil administratif du préfet et Tribunal administratif au premier degré pour certaines affaires contentieuses. En tant que conseil, il donne des avis à l'administration ; en tant que tribunal, il rend des jugements. C'est ce que nous avons déjà vu à propos du Conseil d'État.

Il y a un Conseil de préfecture par département.

Composition du Conseil de préfecture. — La création de ce rouage administratif date de la loi du 28 pluviôse an VIII, déjà citée. Pour l'organisation du Conseil de préfecture, la loi de l'an VIII a été modifiée par une loi du 21 Juin 1865. L'article 1er de cette dernière loi partage les départements en trois catégories, quant à la composition des conseils de préfecture : le département de la Seine a huit conseillers plus un président (modification de la loi du 23 Mars 1878) ; — 29 départements ont quatre conseillers dont un vice-président ; — les autres départements ont trois conseillers dont un vice-président. On voit que le Conseil de préfecture qui, dans le département de la Seine, a un président spécial, n'a qu'un Vice-Président dans les autres départements. C'est que, dans ces derniers, le préfet est de droit président du Conseil de préfecture. Le conseiller vice-président est nommé chaque année par décret (art. 4, loi de 1865).

Les membres des conseils de préfecture sont nommés et révoqués par décret. Les conditions d'âge et de capacité sont fixées par la loi du 21 Juin 1865 ; il faut avoir au moins 25 ans ; et en outre être licencié en droit, ou avoir été fonctionnaire administratif ou judiciaire rétribué, ou maire, ou conseiller général, pendant au moins dix ans. Il y a incompatibilité entre les fonctions de conseiller de préfecture et tout autre emploi public, mandat électif ou profession (art. 3, loi de 1865).

En cas d'absence, un conseiller de préfecture peut être remplacé par un conseiller général (arrêté des Consuls du 16 fructidor an IX, décret du 6 Juin 1808).

Enfin rappelons que le secrétaire général de la préfecture remplit, au conseil de préfecture, les fonctions de Commissaire du Gouvernement.

Attributions administratives du Conseil de préfecture. — Ses attributions administratives sont celles qu'il exerce non comme juge, mais comme conseil chargé de donner des avis. Sauf l'exception que nous indiquerons tout à l'heure, c'est donc, comme on le voit, un rôle purement consultatif que joue le Conseil de préfecture en tant que Conseil administratif ; ses avis, comme tous les avis, ne lient pas ceux à qui ils sont donnés, à moins que la loi n'en ait formellement décidé autrement.

Le préfet peut demander l'avis du Conseil de préfecture sur toutes les affaires intéressant l'Administration départementale.

Le préfet doit demander l'avis du Conseil de préfecture, toujours sans être lié par cet avis, lorsque la loi porte que le préfet statuera en Conseil de préfecture. On en trouve des exemples dans la loi sur les finances du 28 Avril 1816 (art. 186-187-203 ; — l'ordonnance du 10 Mai 1829, sur les adjudications des travaux publics de l'Etat (art. 11 et 12) ; — loi du 21 Mai 1836, sur les chemins vicinaux (art. 14 § 3) ; — la loi du 3 Mai 1841, sur l'expropriation pour cause d'utilité publique (art. 12-13 § 4 et 26) ; — la loi du 24 Mai 1842, sur les portions de routes délaissées (art. 2) ; — le décret loi du 25 Mars 1852, sur la déconcentration administrative (art. 3) ; — la loi du 5 Avril 1884, sur l'organisation municipale (art. 65-66-72-149-150 et 152) ; — etc... etc...

Enfin, le conseil de préfecture a, exceptionnellement, un pouvoir propre de tutelle administrative ; celui d'accorder ou de refuser aux établissements publics spéciaux, dans certains cas, l'autorisation d'ester en justice.

Jusqu'à la fin de l'année 1904, cette autorisation du Conseil de préfecture était nécessaire, dans tous les cas, pour les instances des communes aussi bien que pour celles des établissements publics spéciaux.

Une loi du 8 Janvier 1905 a considérablement amoindri cette attribution du conseil de préfecture. Elle ne lui a laissé, en effet, que le soin d'autoriser, lorsqu'il y a lieu :

1° Un contribuable à ester en justice pour sa commune quand celle-ci refuse ou néglige de le faire (art. 123 de la loi de 1884 modifié) ;

2° Les établissements publics spéciaux à ester en justice, mais seulement lorsqu'ils sont en désaccord avec le conseil municipal sur le point de savoir s'il y a lieu ou non de le faire (art. 3 de la loi du 8 Janvier 1905).

Pour les instances des communes, il n'y a plus d'autorisation du conseil de préfecture : le conseil municipal décide lui-même ce qu'il convient de faire, et le maire exécute la délibération du conseil municipal sans autre formalité, quelle que soit la juridiction devant laquelle il s'agit de plaider. Les articles 121 à 125 de la loi du 5 avril 1884 sont modifiés en conséquence, et les articles 126 et 127 sont abrogés. Mais les transactions des communes continuent à être régies par les articles 68 et 69 de la loi de 1884 qui exigent l'approbation préfectorale donnée en conseil de préfecture ; seulement, ici, le conseil de préfecture n'est qu'un donneur d'avis et la décision est prise par le préfet.

La nouvelle loi constitue une excellente mesure de décentralisation, qui n'aura pas coûté de grands efforts législatifs et qui pourtant se sera fait attendre bien longtemps. Il est regrettable qu'elle lésine encore et ne fasse pas table rase complète de l'autorisation, même pour les établissements publics spéciaux, même pour les contribuables qui veulent à leurs risques et périls revendiquer les droits négligés de leur commune.

Toutes ces attributions administratives sont la part la moins importante de l'ensemble des attributions du conseil de préfecture. En moyenne, sur dix affaires soumises au conseil de préfecture (résultats de 1903), une seule est examinée par lui en tant que conseil, les neuf autres lui reviennent en tant que tribunal.

L'étude de ces attributions contentieuses qui forment le rôle essentiel du conseil de préfecture est l'objet du § suivant.

Attributions contentieuses des conseils de préfecture. — L'article 4 de la loi du 28 pluviôse an VIII donne une énumération des attributions contentieuses des conseils de préfecture. Nous y trouvons :

1° Les demandes des particuliers tendant à obtenir décharge ou réduction de leur cote de contributions directes ;

2° Les difficultés qui s'élèvent entre les entrepreneurs de travaux publics et l'administration concernant le sens ou l'exécution des clauses de leurs marchés ;

3° Les réclamations des particuliers qui se plaignent des torts et dommages résultant de l'exécution des travaux publics ;

4° Les difficultés en matière de grande voirie.

Des lois postérieures ont étendu le domaine de la compétence des conseils de préfectures notamment en matière d'élections (conseil municipal et conseil d'arrondissement) ; en matière de petite voirie (loi du 21 mai 1836) ; en matière de roulage (loi du 30 mai 1851) ; etc...

De toutes ces matières, celles qui nous intéressent plus spécialement sont les suivantes :

1° Marchés de travaux publics ;

2° Dommages d'exécution des travaux publics ;

3° Grande voirie ;

4° Petite voirie ;

5° Roulage.

Examinons succinctement quelle est, pour chacun de ces objets, la compétence du conseil de préfecture.

1° Marchés de travaux publics. — La compétence du conseil de préfecture en cette matière s'étend aux difficultés « concernant le sens et l'exécution du contrat ». Ces expressions doivent être entendues dans un sens large. Ainsi elles comprennent les difficultés qui peuvent naître après la réception définitive des travaux, y compris celles relatives à la responsabilité décennale de l'architecte (C. État, 18 novembre 1852) ; les difficultés même relatives à des plans non exécutés, qu'elles surgissent soit entre l'entrepreneur et l'administration, soit avec les ingénieurs des Ponts et Chaussées (11 juillet 1867, ville de Cannes ; — 21 janvier 1869, Kraft). — Au contraire, les contestations qui s'élèvent entre l'entrepreneur et son sous-traitant sont de la compétence judiciaire (Trib. conflits, 23 novembre

1878), en vertu de cette autre expression de la loi de l'an VIII : « difficultés..... entre les entrepreneurs et l'administration ».

Quant à l'expression de travaux publics, elle s'applique, aux travaux nationaux, départementaux, communaux, ou à ceux des autres établissements publics, entrepris en vue d'un service public que l'établissement est chargé d'assurer. Les travaux exécutés dans l'intérêt privé de ces établissements, simplement considérés comme personnes civiles, n'ont point la qualité de travaux publics ; — la question de domanialité publique ou privée des dépendances sur lesquelles s'effectuent les travaux n'est pas une condition déterminante de la qualité de travail public ; — enfin les travaux accomplis par les associations syndicales autorisées ont reçu exceptionnellement la qualité de travaux publics, bien que n'étant pas accomplis par un organe de l'Administration (lois des 16 septembre 1807, 21 juin 1865 (1), 22 décembre 1888).

Ajoutons toutefois qu'on considère encore comme marchés de travaux publics dont le sens et l'exécution font partie du domaine des conseils de préfecture, les engagements particuliers ou communaux de subventions ou de fonds de concours, c'est-à-dire toutes les conventions par lesquelles des particuliers ou des établissements s'engagent envers l'administration ou envers ses concessionnaires à concourir à l'exécution d'un travail public par un versement en argent et même par une cession de terrain faite en même temps, si cette cession précède la déclaration d'utilité publique et si elle a pu avoir pour but de contribuer à la déterminer. Si la promesse de concours consiste uniquement en une cession de terrain, sans subvention en argent et faite après la déclaration d'utilité publique, on se trouve en présence d'une simple question de translation de propriété et la compétence judiciaire est indiscutable. Mais si cet abandon gratuit de terrain, sans subvention en argent, a précédé l'autorisation d'exécution des travaux, qui est compétent ? L'autorité judiciaire prétend l'être malgré l'avis contraire du tribunal des conflits qui se prononce pour la compétence du conseil de préfecture. La chambre civile de la Cour de cassation a admis la compétence judiciaire le 18 janvier 1887, alors que le tribunal des conflits, le 27 mai 1876, avait émis une opinion contraire, opinion qu'il a d'ailleurs maintenue dans un arrêt du 11 janvier 1890.

Enfin, le conseil de préfecture est encore compétent dans le cas où c'est l'Etat lui-même qui s'est engagé vis-à-vis d'un autre exécutant de travaux publics (vis-à-vis d'une association syndicale par exemple, pour établir une digue le long d'un fleuve).

(1) Cette loi du 21 juin 1865 est relative aux associations syndicales ; il faut éviter de la confondre avec la loi de même date sur les conseils de préfecture.

2° — *Dommages.* — Le conseil de préfecture est encore compétent pour juger les questions relatives aux dommages causés aux tiers par l'exécution des travaux publics. Il est compétent, que le dommage provienne du fait de l'entrepreneur ou qu'il provienne du fait de l'administration. Mais il n'est compétent que si les dommages résultent directement de l'exécution du travail ou de sa préparation. Ceux qui se produiraient à l'occasion de ce travail sans être directement produits par lui seraient de la compétence judiciaire (ex. : voies de fait commises à l'occasion du travail par les ouvriers de l'entrepreneur ou par les agents de l'administration sur des personnes ou sur des propriétés) ;

Les dommages de la compétence du conseil de préfecture peuvent être de deux sortes :

1° Les dommages normaux, prévus, ordonnés, que les particuliers souffrent à titre de servitudes d'utilité publique, et dont la loi organise la réparation pécuniaire en conseil de préfecture (occupations temporaires, extractions de matériaux) ;

2° Les dommages anormaux, imprévus, conséquences accidentelles de l'exécution d'un travail public, et dont les victimes demandent réparation en vertu du principe général de l'article 1382 du Code civil.

3° et 4° — Grande voirie et petite voirie. — Ce n'est pas le lieu de parler du régime de la voirie. Nous verrons ultérieurement que les règles qu'il comporte peuvent entraîner des litiges ou faire naître des contraventions.

Le conseil de préfecture résout quelques-uns de ces litiges et punit certaines de ces contraventions. C'est-à-dire qu'à ce point de vue il exerce des attributions contentieuses et des attributions répressives.

A ce dernier égard, il peut donc être considéré exceptionnellement comme un tribunal répressif ; mais un tribunal répressif peu sévère, puisqu'il ne peut prononcer que des condamnations à l'amende.

Le principe à retenir au sujet de la distribution de compétence à faire à l'égard de la grande voirie entre le conseil de préfecture et les juridictions de droit commun est que le conseil de préfecture est exclusivement compétent en matière contentieuse de grande voirie ; il est compétent sauf exception en matière répressive de grande voirie ; il est exceptionnellement compétent en matière contentieuse de petite voirie; enfin il n'est pas compétent en matière répressive de petite voirie.

On le voit, ce n'est pas précisément de la simplicité : ce régime de la voirie qui, en grande partie, nous vient tout droit de l'ancien régime et de la période intermédiaire, est tapissé d'incohérences.

4° — Roulage. — Il faut distinguer dans la police du roulage deux ordres de mesures bien distinctes : les premières ont pour but de veiller à ce que l'entretien et l'existence des routes ne soient pas compromis par la circulation : ce sont des questions d'ordre administratif ; — les secondes ont pour objet d'assurer la liberté et la sécurité de la circulation : c'est une affaire de police.

Les infractions relatives aux premières sont de la compétence du conseil de préfecture (dimensions des essieux, forme des bandes des roues, mesures réglant momentanément la circulation pendant le dégel, etc..);— les infractions relatives aux secondes sont de la compétence judiciaire, (éclairage des véhicules, abandon des véhicules attelés sur la voie publique, etc..). Voir à ce sujet la loi du 30 Mai 1851.

Tribunaux administratifs des colonies.

Un décret du 5 Août 1881 organisa les conseils du contentieux administratif à la Martinique, à la Guadeloupe et à la Réunion, qu'il compose d'ailleurs de la même façon que l'ancienne législation : conseil privé assisté de deux magistrats. Ces magistrats sont nommés au commencement de chaque année par le Gouverneur. Le Gouverneur a voix prépondérante dans le conseil du contentieux dont il est d'ailleurs le président. Ce décret règle dans son titre 2, en cent articles, la procédure spéciale à ces conseils : elle est à peu près conforme à celle des conseils de préfecture ; l'idée dominante qui a présidé à la délimitation de cette procédure est celle de célérité, d'économie et de simplicité dans le jugement des affaires.

Un autre décret de la même année, du 7 Septembre 1881 a rendu applicable à toutes les colonies françaises cette organisation prévue par le décret du 5 Août. De sorte que nous n'avons plus aujourd'hui la distinction précédente à faire pour le régime du contentieux administratif des colonies : elles ont acquis la même organisation.

Pour permettre l'application de cette mesure il a fallu doter les colonies autres que les quatre citées dans le paragraphe précédent, de conseils privés remplaçant les conseils d'administration. Des décrets successifs ont opéré cette transformation pour les colonies importantes.

Au Tonkin, un décret du 21 Septembre 1894 a créé un conseil de protectorat de l'Annam et du Tonkin présidé par le Gouverneur Général de l'Indochine et composé de neuf membres actifs ; divers fonctionnaires y ont voix consultative ou simple entrée. L'article 7 de ce décret organise ce conseil en tribunal de contentieux administratif : le Gouverneur n'en fait pas partie, il y est remplacé par le résident général du Tonkin. Cette transformation du conseil de protectorat en conseil contentieux s'opère comme pour les autres colonies par l'adjonction de deux magistrats de l'ordre judiciaire désignés annuellement par le Gouverneur général. Les fonctions du ministère public y sont remplies par un magistrat ou un fonctionnaire désigné dans les mêmes conditions.

Ces conseils coloniaux diffèrent des Conseils de préfecture de la métropole par divers points dont voici les plus remarquables. Ils ont un nombre de membres plus considérables ; leur composition est mixte et comprend des éléments judiciaires. Pourquoi cette dérogation au principe de la séparation des pouvoirs, qui serait inadmissible pour la métropole, est-elle permise aux Colonies ? Il ne saurait guère y avoir à cela que des raisons d'ordre purement pratique. — Enfin, les conseils contentieux des colonies ne sont pas des tribunaux d'attributions mais bien de pleine juridiction. Les décrets qui les organisent portent en effet pour la plupart, une phrase conçue dans l'esprit de la suivante : « Compétents........ en général pour tout le contentieux administratif » C'est donc la règle de plénitude de compétence qui n'existe pas à l'égard des Conseils de préfecture, mais qu'il serait sage de leur appliquer en France.

Telle est l'organisation chargée de vider, dans les colonies, les litiges administratifs. — Toutes nos lois administratives ne sont pas applicables à nos possessions. Le Gouvernement est libre de leur étendre les dispositions de la métropole ou de leur en donner de spéciales. De sorte que les litiges de même nature peuvent être tranchés dans les mêmes conditions ou dans des conditions différentes.

Les quelques indications générales qui précèdent semblent devoir être utilement complétées par celle des textes qui régissent actuellement la matière en Indochine à savoir :

Décrets des 16 Juin et 23 Novembre 1910.
Arrêtés des 9 Février et 20 Juin 1911 et 16 Janvier 1913.

COUR DES COMPTES

Mention pour ordre

C. — Tribunaux de l'ordre judiciaire

1° *Tribunaux civils*

TRIBUNAUX D'ARRONDISSEMENT

Définition. — On appelle tribunaux d'arrondissement les tribunaux qui siègent au chef-lieu de chaque arrondissement et dont la juridiction s'étend aux limites de l'arrondissement.

On les désigne aussi quelquefois sous le nom de tribunaux civils ou de tribunaux de première instance. Cette dernière dénomination n'est pas à l'abri de tout reproche, puisque, nous l'avons dit déjà, ces tribunaux rendent quelquefois des jugements en dernier ressort et que, d'autre part, ils sont juges d'appel pour les décisions des juges de paix.

Textes en vigueur. — Les tribunaux d'arrondissement ont été créés, par la loi du 27 ventôse an VIII. Ils sont régis en dehors de cette loi :

Par le décret du 30 Mars 1808 (titre II);
Par la loi du 20 Avril 1810 ;
Par le décret du 18 Avril 1810;

Par la loi du 11 Avril 1838;
Par la loi du 30 Août 1883.

Répartition des tribunaux en trois classes. — Aux termes de l'article 7 de la loi du 30 Août 1883, les tribunaux d'arrondissement, sauf celui de la Seine, sont répartis en trois classes, suivant le chiffre de la population ;

1re classe, dans les villes dont la population atteint 80.000 habitants:

2e classe, dans les villes dont-la population atteint 20.000 habitants;

3e classe, dans les autre villes

Le traitement des magistrats varie suivant la classe du tribunal.

Nombre de juges — Président — Vice-présidents — Chambres : Les tribunaux d'arrondissement comprennent des juges titulaires et des juges suppléants.

Le nombre des juges titulaires varie de trois à quinze, suivant les tribunaux (loi de 1883, tableau B).

Le nombre des juges suppléants est de un à six; ils ont voix délibérative lorsqu'ils remplacent un juge titulaire dont la présence est indispensable à la composition du tribunal, et voix consultative seulement dans les autre cas. Ils peuvent être chargés du service de l'instruction, du service des ordres et des contributions et même faire fonction de ministère public.

Les tribunaux qui n'ont pas plus de cinq juges ne forment qu'une seule chambre, qui tantôt siège au civil, tantôt au correctionnel.

Les tribunaux qui ont de six à dix juges se divisent en deux chambres, une civile et une correctionnelle.

Les tribunaux qui ont de dix à douze juges, ont deux chambres civiles et une chambre correctionnelle.

Ceux qui ont quinze juges, ont trois chambres civiles et une chambre correctionnelle.

A la tête du tribunal se trouve un président, et autant de vice-présidents qu'il y a de chambres, moins une.

Mais il faut noter que le président et les vice-présidents sont comptés dans le nombre des juges indiqués plus haut.

Ainsi un tribunal de trois juges comprend un président et deux juges.

Composition du tribunal de la Seine. — Le tribunal de la Seine se différencie d'abord des autres en ce que son ressort s'étend au delà des limites d'un arrondissement ; il embrasse tout le département de la Seine, englobant ainsi, dans sa juridiction, les arrondissements de Sceaux et de Saint-Denis qui sont par là privés d'un tribunal spécial.

En outre, il comprend un personnel plus considérable, ainsi réparti (lois des finances du 25 Février 1901, du 27 Avril 1906 et du 30 Octobre 1908) ;

1 Président ;
12 Vice-Présidents ;
14 Présidents de Section ;
43 Juges ;

26 Juges d'instruction ;
32 Juges suppléants.

Il est divisé en onze chambres ; sept civiles et quatre correctionnelles.

Les première, quatrième, sixième et septième chambres sont divisées en trois sections et les autres chambres civiles en deux sections. Les sections sont présidées par le président, les vice-présidents et quatorze présidents de sections (loi du 18 juillet 1892 et loi du 30 Mars 1902, art. 60 ; loi du 30 Octobre 1908, art. 2).

Divers modes de réunion du tribunal. — Le tribunal d'arrondissement a trois modes distincts de réunion :

Il tient des audiences ordinaires ;

Il se réunit en chambre du conseil ;

Il se réunit en assemblée générale.

1° *Tenue des audiences ordinaires.* — Les audiences ordinaires sont publiques. Pour qu'elles puissent se tenir il faut qu'il y ait trois juges au moins. C'est la règle de la « collégialité » appliquée en France à tous les tribunaux, à l'exception du juge de paix et du président du tribunal statuant en référé qui siègent tous deux seuls.

Les juges doivent délibérer en nombre impair pour rendre leur jugement. Cette règle, établie par la loi de 1888, est destinée à éviter le partage des opinions. Lorsque le tribunal siège en nombre pair, le dernier des juges dans l'ordre du tableau doit s'abstenir (art. 5).

En cas d'empêchement d'un juge titulaire il est remplacé par un suppléant, et à défaut, par un avoué, le plus ancien d'après le tableau de ceux qui se trouvent présents à l'audience.

Les personnes étrangères au tribunal, c'est-à-dire les avocats et les avoués, ne doivent pas être en majorité. Ainsi, ne serait pas régulière une audience tenue par un président et deux avoués, ou un avocat et un avoué.

2° *De la chambre du conseil.* — Cette expression est prise dans deux sens. Elle s'entend d'abord du local où le tribunal se réunit pour délibérer hors de l'audience et loin des regards du public.

Elle s'entend aussi du tribunal lui-même exerçant certaines attributions en audience fermée.

Certaines de ces attributions relèvent de la juridiction gracieuse.

Il en est ainsi pour les actes suivants :

Homologation d'actes de notoriété (art. 70 et 73, C. civ.) ;

Homologation d'adoption (art. 351 et 355, C. civ.) ;

Homologation des délibérations du conseil de famille ;

Envoi en possession des biens d'un absent (art. 119 et 129, C. civ.), etc.

D'autres attributions de la chambre du conseil sont nettement contentieuses :

Demande d'autorisation d'une femme mariée, au cas de refus du mari ;

Demande de déchéance de la puissance paternelle ;
Demande de conversion après trois ans de la séparation de corps en divorce, etc.

3° *Réunion en Assemblée générale.* — Le tribunal se réunit en assemblée générale de tous ses membres pour délibérer à huis clos sur les affaires les plus graves, telles que les mesures disciplinaires à prendre à l'égard des officiers ministériels, examen des projets ou propositions de lois qui lui sont renvoyés, différends entre le président et le procureur de la République, etc.

Des attributions personnelles du président du tribunal. — Le président du tribunal exerce un pouvoir disciplinaire sur les juges titulaires et sur les juges suppléants ; il leur accorde des congés. Il distribue les causes entre les diverses chambres du tribunal.

Il est en outre chargé d'un certain nombre d'attributions qu'il peut déléguer à un ou à plusieurs juges. Telles sont :
La légalisation des actes de l'état civil (art. 45, C. civ.) ;
La tentative de conciliation entre époux en cas de demande en séparation de corps ou en divorce (art. 234 et suiv., C. civ.) ;
La délivrance de l'ordre d'incarcération des mineurs par mesure de correction, sur la demande des parents (art. 376 et 382, C. civ.) ;
La tenue des audiences de référé.

Roulement. — Le roulement est l'opération qui consiste à faire passer les vice-présidents, juges, et même les juges suppléants, successivement par toutes les chambres. Cette mesure a pour but : de compléter l'instruction professionnelle des magistrats en les appelant à statuer sur des affaires de toutes sortes, à combattre chez les magistrats l'esprit de routine et, particulièrement chez les juges correctionnels, une tendance naturelle à l'insensibilité, par l'habitude à condamner.

Il est procédé à cette opération tous les ans par une commission composée du président, des vice-présidents et du juge doyen, sous l'approbation de l'assemblée générale (ordonnance du 11 Octobre 1820, art. 7 et 10). (1)

JUSTICES DE PAIX

Origine historique. — Les justices de paix ont été créées par la loi du 24 Août 1790 pour constituer des tribunaux de famille, jugeant plutôt d'après l'équité que suivant la loi.

Textes en vigueur. — Loi du 29 ventôse an IX ;

Loi du 25 Mai 1838 ;
Loi du 20 Mai 1854 ;
Loi du 2 Mai 1855 ;
Loi du 12 Juillet 1905.

(1) En ce qui concerne les vice-présidents, un décret du 27 Mars 1907 porte qu'ils se partageront entre eux le service civil et le service criminel de l'année suivante.

Réformes réalisées par la loi du 12 Juillet 1905. — On peut ramener à trois chefs les réformes réalisées par la loi de 1905 :

1° Etendre la compétence des juges de paix, portée de 100 francs en dernier ressort à 300 francs, et de 200 francs en premier ressort à 600 francs ;

2° Améliorer leurs conditions de recrutement, en exigeant des candidats des garanties sérieuses de capacité et d'expérience professionnelles ;

3° Augmenter leur traitement dans une mesure raisonnable.

Ressort. — Composition du Tribunal. — Il y a un juge de paix par canton, tel est le principe.

Cependant, les grandes villes sont divisées en un certain nombre de circonscriptions, ayant chacune un juge de paix.

Enfin, à Paris, il y a un juge de paix par arrondissement ; en outre, deux juges de paix sont spécialement chargés d'assurer le service du tribunal de simple police (art. 18, loi de 1905).

Le Tribunal du juge de paix diffère des autres tribunaux en ce qu'il est composé d'un seul juge, par opposition au principe de la collégialité qui s'applique aux autres. La loi du 24 août 1790 avait placé à côté du juge de paix deux assesseurs. Mais ils ont été supprimés par la loi du 29 ventôse an IX.

Le juge de paix a deux suppléants qui le remplacent dans toutes ses attributions en cas d'empêchement.

Lorsque le juge de paix et ses deux suppléants sont empêchés, les parties intéressées s'adressent au tribunal d'arrondissement qui renvoie l'affaire devant le juge de paix le plus voisin.

Le juge de paix doit tenir ses audiences au chef-lieu de canton. Cependant, il peut être autorisé, par décret, à tenir des audiences foraines, en dehors du chef-lieu.

Attributions diverses. — Le juge de paix a des attributions très diverses :

Il est officier de police judiciaire ;

Il compose le tribunal de simple police avec l'assistance du commissaire de police ou du maire comme ministère public.

Il a des attributions de juridiction gracieuse, pour l'apposition et la levée des scellés, la présidence du conseil de famille, en matière d'émancipation, d'adoption, etc. Il est juge au civil pour les affaires qui lui ont été attribuées par un texte formel de loi.

Il statue sans appel jusqu'à trois cents francs ; et, dans cette limite, on peut dire qu'il est souverain ; il peut substituer à la loi les suggestions de l'équité, puisque ses décisions ne peuvent pas être attaquées devant la Cour de cassation pour violation de la loi, mais seulement pour excès de pouvoir (art. 15, loi de 1838).

Enfin, d'après la loi du 15 juillet 1905, le juge de paix peut être appelé à présider le conseil de prud'hommes pour départager son bureau général (art. 1er).

Des justices de paix à compétence étendue. — En Algérie et dans certaines colonies, à côté des justices de paix dont nous venons de parler, il existe des justices de paix à compétence étendue qui ont qualité pour statuer sur des affaires qui relèvent des tribunaux d'arrondissement.

Cours d'appel

Définition. — Les Cours d'appel sont des juridictions supérieures, établies immédiatement au-dessus des tribunaux d'arrondissement et des tribunaux de commerce, pour connaître des recours formés contre leurs décisions.

Origine historique et textes en vigueur.— Les Cours d'appel ont été créées, par la loi du 27 ventôse an VIII ; elles s'appelaient alors tribunaux d'appel ; le nom de Cours ne leur a été donné que plus tard, par la loi du 20 Avril 1810.

Elles sont encore régies actuellement en dehors de ces deux lois :

Par le décret du 30 Mars 1808, article 4 à 46 ;

Par le décret du 6 Juillet 1810, articles 1 à 10 ;

Par la loi du 30 Août 1883.

Nombre de conseillers. — Chambre. — Premier président et présidents de chambre. — Sauf la Cour de Paris qui est hors classe, toutes les Cours d'appel ne forment qu'une seule classe à la différence des tribunaux d'arrondissement.

Cependant, le nombre des conseillers n'est pas le même partout. La Cour de Bastia a huit conseillers, celle de Chambéry en a neuf, les autres ont dix, quinze, dix-neuf ou vingt-quatre conseillers.

Les Cours d'appel qui n'ont que dix conseillers n'ont qu'une chambre ;

Celles qui ont quinze conseillers ont deux chambres ;

Celles qui ont dix-neuf conseillers ont trois chambres ; enfin, celles qui ont vingt-quatre conseillers sont divisées en quatre chambres (1) (loi de 1883, tableau A).

Outre le nombre des conseillers ci-dessus indiqués, chaque Cour d'appel a un premier président et autant de présidents de chambre qu'il y a de chambres.

Auprès des Cours d'appel, il n'y a pas de suppléants comme auprès des tribunaux d'arrondissement.

Composition de la Cour de Paris. — La Cour de Paris est ainsi composée (loi des finances du 25 Février 1901).

Un premier président ;

10 présidents de chambres ;

67 conseillers.

Elle est divisée en 10 chambres.

Divers modes de réunion de la Cour d'appel. — Les Cours d'appel se réunissent en audience ordinaire, en audience solennelle ou assemblée générale.

---

(1) Il faut d'ailleurs noter qu'en dehors de ces chambres il existe toujours une chambre des mises en accusation dont les éléments sont pris dans la chambre unique ou dans les autres chambres.

1° *Audience ordinaire.* — L'audience ordinaire est tenue par chaque chambre séparément sous la présidence du premier président ou des présidents de chambre.

Elle exige la présence de cinq magistrats au moins, y compris le président. Ils doivent toujours délibérer en nombre impair. Lorsqu'ils siègent en nombre pair au moment de la délibération, le dernier des conseillers dans l'ordre du tableau devra s'abstenir (loi de 1883, art. 1er).

Lorsque la Cour n'est pas en nombre pour siéger, elle se complète, comme le tribunal, par l'adjonction d'avocats, ou, à leur défaut, d'avoués, présents dans la salle d'audience, en observant l'ordre du tableau et sans que les personnes étrangères à la Cour puissent être en majorité.

2° *Audience solennelle.* — L'audience solennelle a lieu par la réunion de deux chambres de la Cour. Dans les Cours où il n'y a qu'une chambre, tous les magistrats qui composent la Cour sont appelés à siéger.

Un nombre minimum de neuf magistrats est requis pour la tenue régulière de ces audiences. Le nombre des membres présents peut être supérieur à neuf, mais il doit toujours être impair.

A l'audience solennelle, les magistrats siègent en robe rouge.

L'audience solennelle est instituée pour juger deux sortes d'affaires (décret du 30 Mars 1808) :

1° Les prises à partie ;

2° Les renvois après cassation.

Ce second point demande une explication. Lorsque la Cour de cassation a cassé un arrêt d'une Cour d'appel et a renvoyé l'affaire devant une autre Cour d'appel, celle-ci est libre de statuer dans le sens de la décision cassée, ou d'adopter la manière de voir de la Cour de cassation. L'affaire doit être plaidée devant elle en audience solennelle. Si elle adopte la même solution que la première Cour saisie, un nouveau pourvoi sera possible ; la Cour de cassation pourra casser de nouveau et renvoyer le procès devant une troisième Cour d'appel. Mais celle-ci est obligée de s'incliner devant la décision de la Cour suprême ; elle examinera dès lors l'affaire en audience ordinaire.

Les questions d'état qui d'après le décret du 30 Mars 1808, devaient être portées à l'audience solennelle, ont été rendues à l'audience ordinaire par décret du 26 Novembre 1899.

3° *Assemblée générale.* — L'assemblée générale est formée par la réunion de toutes les chambres de la Cour ayant au moins le minimum de leurs membres, c'est-à-dire cinq, et présidée par le premier président.

Elle se tient à huis clos, tandis que les deux autres sont publiques.

Elle a pour attributions :

1° D'examiner les projets ou les propositions de loi qui lui sont soumis ;

2° De régler les questions d'administration intérieure, notamment la désignation des médecins-experts devant les tribunaux (décret du 24 Novembre 1893, art 1er) ;

3° De prendre des décisions en matière disciplinaire.

Attributions personnelles du premier président. — Le premier président n'a pas des attributions judiciaires aussi importantes que le président du tribunal.

Ainsi, ce n'est pas lui, mais la Cour, qui statue en appel sur les ordonnances de référé rendues par le président du tribunal. Il rend peu d'ordonnances sur requête, sauf pour abréger les délais.

Mais il occupe dans l'ordre hiérarchique le degré le plus élevé. Il est le chef du service judiciaire dans le ressort et exerce en cette qualité un pouvoir disciplinaire sur tous les magistrats du ressort.

Il préside la première chambre civile et peut, à son gré, présider toutes les autres.

Il peut convoquer les chambres de la Cour en assemblée générale pour faire ordonner des poursuites en matière criminelle lorsque le ministère public n'exerce pas l'action publique (décret du 6 juillet 1810, art. 64 et 65).

Roulement. — Comme auprès des tribunaux de première instance, un roulement est établi pour faire passer les magistrats de la Cour successivement dans les différentes chambres.

Cette opération est préparée tous les ans par une commission composée du premier président, des présidents de chambre et du plus ancien conseiller de chacune des chambres, d'après l'ordre du tableau. Elle est arrêtée définitivement par les chambres assemblées (ord. du 11 Octobre 1820, art. 1er, 1 et 6) (1).

2° *Tribunaux répressifs*

Tribunaux de simple police

Ces tribunaux sont compétents pour juger les contraventions, infractions peu importantes qui ne peuvent donner lieu au plus qu'à quinze francs d'amende et cinq jours de prison.

Ils se composent du juge de paix, assisté de son greffier. Le commissaire de police y remplit les fonctions de ministère public. En cas d'empêchement, le commissaire de police est remplacé par le maire.

Dans les communes qui ne sont pas chefs-lieux de canton, le maire peut être juge de simple police. Mais, en fait, les maires ne font jamais usage de cette prérogative.

Les jugements rendus en matière de simple police peuvent être attaqués par voie de l'appel, lorsqu'ils prononcent un emprisonnement ou lorsque les amendes, restitutions et autres réparations civiles

(1) Un décret du 27 mars 1907 confie le roulement des présidents de chambre entre les chambres civiles et criminelles à une commission composée des dits présidents et du premier président.

excèdent la somme de cinq francs outre les dépens. L'appel est porté au tribunal correctionnel.

Les autres paiements ne sont susceptibles que de recours en cassation.

Tribunaux correctionnels

Les délits auxquels correspond une peine supérieure à quinze francs d'amende ou à cinq jours d'emprisonnement sont jugés par les tribunaux correctionnels.

Ces tribunaux ne sont autres que les tribunaux civils ou d'arrondissement. Ils statuent au nombre de trois juges assistés d'un greffier, et en présence du procureur de la République ou de l'un de ses substituts occupant le siége du ministère public.

Tous leurs jugements sont en premier ressort et l'appel est porté devant la cour d'appel, chambre des appels correctionnels.

Cours d'assises

Les cours d'assises connaissent des crimes.

Elles sont composées de douze jurés et de trois magistrats dont un remplit les fonctions de président. Un greffier assiste aux audiences et le procureur général ou le procureur de la République portent la parole au nom de la loi.

Le jury déclare si l'accusé est ou non coupable, et les magistrats appliquent la loi d'après cette déclaration.

La déclaration du jury est souveraine, c'est-à-dire qu'elle n'est susceptible d'aucun recours. Il n'y a donc jamais appel du verdict d'un jury : sans doute ce verdict tombe, avec la condamnation qu'il a entraînée, lorsque la Cour de cassation juge que la procédure contient un acte ou un fait contraire à la loi ; mais c'est la procédure qui est examinée et annulée par la Cour de cassation et non le verdict.

COUR DE CASSATION

Définition. — La Cour de cassation est une juridiction qui a pour mission de veiller à l'application et à l'interprétation exacte de la loi, par les tribunaux et les Cours, et d'exercer à l'égard des magistrats un pouvoir disciplinaire.

Caractère juridique. — Elle constitue la plus haute juridiction qui existe dans notre organisation judiciaire ; on la désigne souvent, pour ce motif, sous le nom de Cour suprême.

C'est une Cour unique, siégeant à Paris, et dont le ressort s'étend à toute la France, continentale et coloniale.

Son rôle. — La Cour de cassation n'est pas juge des faits dans les procès qui sont soumis à son appréciation ; elle doit considérer comme établis et constants les faits qui ont été admis par les juges dont la décision est attaquée devant elle. Elle doit rechercher si, étant donnés ces faits, la loi a été sainement appliquée. C'est ce qu'on exprime en disant qu'elle juge en droit, et non en fait.

D'autre part, elle n'a pas le pouvoir de substituer elle-même une décision nouvelle à celle qu'elle juge mal rendue. Elle doit se borner à la casser, — d'où son nom de Cour de cassation — et à renvoyer l'affaire devant une autre juridiction de même ordre, qui statuera.

Origine historique et textes en vigueur. — Nous savons déjà que la Cour de cassation a été substituée à l'ancien Conseil des parties par décret de l'Assemblée Constituante du 1er décembre 1790. Elle portait alors le titre de tribunal de cassation. C'est le sénatus consulte du 28 floréal an XII qui lui a conféré la qualité de Cour, et qui a donné à ses décisions le nom d'arrêts.

Les textes qui règlementent encore aujourd'hui la Cour de cassation, sont :

La loi du 27 ventôse an VIII ;
Le décret du 19 mars 1810 ;
Le décret du 28 janvier 1811 ;
L'ordonnance du 15 janvier 1826 ;
La loi du 1er avril 1837 ;
La loi du 2 juin 1862.

Composition de la Cour de cassation. — La Cour de cassation comprend :

Un premier président ;
Trois présidents de chambre ;
Quarante-cinq conseillers.

Elle est divisée en trois chambres comprenant chacune treize membres :

La chambre criminelle ;
La chambre des requêtes ;
La chambre civile.

La chambre criminelle examine directement les pourvois formés contre les jugements des juridictions répressives.

La chambre des requêtes forme une sorte de chambre d'élimination pour les pourvois en matière civile. Son fonctionnement est destiné à éviter l'encombrement de la chambre civile. C'est devant elle que les pourvois sont portés tout d'abord ; elle rejette définitivement ceux qui ne lui paraissent pas sérieux, elle admet les autres et les renvoie, pour examen définitif, devant la chambre civile.

Divers modes de réunion. — La Cour de cassation a trois modes de réunion : en audience ordinaire, en audience solennelle publique, en assemblée générale fermée.

1° *Audiences ordinaires.* — Les audiences ordinaires sont tenues par chaque chambre séparément ; elles sont publiques.

Leur tenue régulière exige la présence de onze membres au moins. Chaque chambre se complète, s'il y a lieu, en empruntant des membres à une autre chambre.

Il n'existe aucun texte prescrivant à la Cour de cassation de ne pas siéger en nombre pair.

2° *Audiences solennelles.* — La Cour de cassation siège en audiences solennelles publiques, toutes chambres réunies (1) :

Pour juger les prises à partie qui sont de sa compétence ;

Pour juger les pourvois formés après une première cassation par les mêmes moyens et entre les mêmes parties (loi du 1er Avril 1837).

3° *Assemblée générale.* — La Cour de cassation, en assemblée générale, toutes chambres réunies, à huis clos, règle les questions d'administration intérieure et les affaires disciplinaires qui lui sont soumises comme conseil supérieur de la magistrature.

Attributions du premier président. — Le premier président a pour attributions :

1° De présider la chambre civile, les audiences solennelles et l'assemblée générale ;

2° D'adresser des avertissements aux membres de la Cour qui compromettraient la dignité de leur fonction ;

3° De répondre aux requêtes qui lui sont adressées dans la procédure en cassation.

JURIDICTIONS SPÉCIALES

TRIBUNAUX DE COMMERCE

Définition. — Les tribunaux de commerce sont des tribunaux spécialement institués pour juger les contestations en matière commerciale.

Origine historique et texte en vigueur. — Les tribunaux de commerce ont une origine très ancienne ; elle remonte à l'année 1349, où des actes législatifs établissent des juges consulaires pour les foires de Champagne et de Brie.

La loi du 24 Août 1790 ne les créa donc pas ; elle se borna à les maintenir.

Ils sont actuellement régis par le Code de commerce (art. 614 et suivants) et par la loi du 3 Août 1883.

Institution des tribunaux de commerce. — Il n'y a pas de tribunaux de commerce sur toute la surface du pays.

C'est un décret, rendu après avis du Conseil d'Etat, qui institue les tribunaux de commerce dans les villes susceptibles d'en recevoir en raison de l'étendue de leur commerce et de leur industrie (art. 615, C. civ.).

Le ressort de chaque tribunal de commerce est le même que celui du tribunal d'arrondissement auprès duquel il est placé. Si, dans le même arrondissement, il se trouve plusieurs tribunaux de commerce, le décret d'institution détermine l'étendue du ressort de chacun d'eux (art. 616).

(1) La loi de dessaisissement du 1er Mars 1899 avait également attribué aux chambres réunies les demandes en révision de procès criminels lorsqu'ils ont donné lieu à une instruction devant la chambre criminelle. Mais cette loi a été abrogée par la loi du 4 Mars 1909.

Chaque tribunal de commerce est composé d'un président, de juges titulaires et de juges suppléants.

Le nombre de juges est au moins de deux, non compris le Président (1).

En outre, il existe des juges complémentaires, dont le tribunal de commerce dresse chaque année la liste, et qui ont pour mission de compléter le tribunal lorsque les juges titulaires et les juges suppléants ne sont pas en nombre pour siéger.

Dans les arrondissements où il n'y a pas de tribunal de commerce, c'est le tribunal d'arrondissement qui juge en matière commerciale.

De l'élection des juges au tribunal de commerce. — Historique. — Le mode d'élection des juges consulaires a beaucoup varié.

La loi du 24 août 1790 avait établi le suffrage universel des commerçants. Le Code de commerce revint au système de l'ancien droit, l'élection par les notables commerçants, dont la liste était dressée par le préfet du département. En 1848, on rétablit le suffrage universel comme en 1790. Mais on dut abandonner ce système en raison de l'indifférence des électeurs, et remettre en vigueur les dispositions du Code de commerce, par un décret du 2 mai 1852. La loi du 9 avril 1871 modifia ces règles, en décidant que désormais la liste électorale serait composée des commerçants recommandables par leur probité, leur esprit d'ordre et d'économie. La loi du 3 décembre 1883 est de nouveau revenue au suffrage universel des commerçants.

Electorat. — D'après la législation en vigueur, sont électeurs (loi de 1883, art. 1er):

1° Les citoyens français, commerçants patentés ou associés en nom collectif;

2° Les femmes commerçantes, mariées ou non mariées, payant patente (loi du 30 Janvier 1898);

3° Les capitaines au long cours et maîtres de cabotage, ayant commandé des bâtiments pendant cinq ans, les directeurs des compagnies françaises anonymes, les agents de change, les courtiers.

Ces trois groupes d'électeurs doivent remplir deux conditions: *a*) avoir cinq ans d'exercice dans le commerce; *b*) être domiciliés depuis cinq ans au moins dans le ressort du tribunal.

4° Les membres anciens ou en exercice des tribunaux et des chambres de commerce, des chambres consultatives des arts et manufactures, les présidents, anciens ou en exercice des conseils de prud'hommes, dans leur ressort.

Etablissement des listes électorales. — Contentieux des listes. — Les listes électorales sont établies chaque année par les soins du maire, assisté de deux conseillers municipaux désignés par le conseil, dans la première quinzaine du mois de Septembre (art. 3).

Elles sont adressées par le maire au préfet qui fait déposer la liste générale au greffe du tribunal de commerce et la liste spéciale de chaque canton au greffe de chaque justice de paix, trente jours avant

(2) A Paris, il y a 21 juges titulaires et 21 suppléants.

les élections. Les intéressés, prévenus par affiches, peuvent les consulter gratuitement (art. 4).

Les réclamations à fin d'inscription ou de radiation sur les listes électorales sont jugées par le juge de paix sous réserve du pourvoi en cassation (art. 5 à 7).

Opérations électorales. — Contentieux des élections. — Les électeurs sont convoqués par le préfet pour la première quinzaine de Décembre au plus tard.

Le bureau du vote est présidé par le maire, ou par un adjoint, ou par un conseiller municipal, assisté de quatre assesseurs, qui sont les deux plus jeunes et les deux plus âgés des électeurs présents (art. 9).

Le président est élu au scrutin individuel, les juges et les suppléants au scrutin de liste. Il faut réunir au premier tour, la majorité absolue des suffrages exprimés et un nombre de voix égal au quart des électeurs inscrits. Au second tour, qui a lieu quinze jours après, la majorité relative suffit, quel que soit le nombre des suffrages.

Les réclamations contre les opérations électorales sont jugées en premier et en dernier ressort par la Cour d'appel, sous réserve du pourvoi en cassation dans les dix jours (art. 11).

Eligibilité. — Sont éligibles au tribunal de commerce :

1° Tous les électeurs inscrits sur la liste électorale (à l'exception toutefois des femmes), âgés de trente ans ;

2° Les anciens commerçants français ayant exercé leur profession pendant cinq ans au moins, dans l'arrondissement et y résidant (art. 5, § 8).

Cependant, pour être élu juge titulaire, il faut avoir été suppléant pendant un an ; et pour être élu président, avoir été juge titulaire pendant deux ans.

Durée des fonctions. — A la différence des juges des autres tribunaux, qui sont nommés à vie, les juges consulaires sont élus pour un temps déterminé.

Leurs fonctions durent deux ans. Mais chaque année, il y a renouvellement partiel des membres du tribunal par moitié.

Le président et les juges, sortant de fonctions après deux ans, peuvent être réélus pour deux autres périodes de deux années, chacune ; ils pourront donc rester en fonctions pendant six années consécutives (1), mais ces trois périodes écoulées, ils cessent d'être éligibles pendant un an. Cependant, cette règle ne s'applique pas aux juges pour l'exercice de la fonction présidentielle. Ainsi, un juge qui sort de fonctions après six années, peut être élu président et rester encore en fonctions en cette qualité pendant six autres années consécutives (art. 13).

---

(1) Cette règle résulte de la loi du 17 juillet 1908. D'après la loi antérieure un juge ne pouvait rester en fonctions que pendant quatre années consécutives.

Conseils de prud'hommes

Mention pour ordre

Tribunaux militaires (1)

Les juridictions militaires sont : 1° les conseils de guerre permanents établis au chef-lieu de chacune des circonscriptions militaires territoriales ; 2° les conseils de guerre temporaires constituées aux armées ou dans les communes et départements en état de siège, ou dans les villes assiégées : 3° les conseils de révision, qui sont, par rapport, aux conseils de guerre, ce qu'est la cour de cassation par rapport aux juridictions ordinaires ; 4° les prévôtés établies dans les armées, lorsqu'elles sont sorties du territoire français ; 5° enfin les cours martiales qui sont instituées parfois par des décrets spéciaux.

Les juridictions militaires connaissant de tous les crimes et délits commis par des militaires. Il n'y a à cette règle que quatre exceptions qui ont rapport :

1° Aux contraventions ;

2° Aux infractions à la discipline. Elles sont laissées à la répression de l'autorité militaire qui peut, néanmoins, si elle le juge convenable, les déférer aux conseils de guerre ;

3° Les infractions commises par des militaires aux lois sur la chasse, la pêche, les douanes, les octrois, les forêts et la grande voirie, infractions qui doivent être portées devant les tribunaux non militaires. (Lois des 9 Juin 1857, 16 Mai 1872, 18 Mai et 18 Novembre 1875).

Tribunaux maritimes (2)

Les juridictions maritimes sont : 1° Les conseils de guerre ; 2° les tribunaux maritimes ; 3° les conseils de révision ; 4° les tribunaux de révision ; 5° et le conseil de justice.

Au chef-lieu de chaque arrondissement maritime, il y a deux conseils de guerre permanents. Les recours contre leurs décisions sont portés devant les conseils de révision permanents. La compétence des uns et des autres est identique à celle des conseils de guerre de l'armée de terre. Ils sont exclusivement composés de militaires de la marine.

Des conseils de guerre et des conseils de révision à bord existent aussi. Leur compétence est plus étendue.

---

(1) Voir le décret du 23 Octobre 1903 organisant le service de la justice militaire aux colonies et rendant applicable à toutes les troupes européennes et indigènes énumérées dans les articles 4 et 5 de la loi du 7 Juillet 1900, ainsi qu'à la gendarmerie coloniale et aux auxiliaires indigènes de ce corps, le code de justice militaire pour l'armée de terre. (Promul. en I. C. le 23 Février 1904).

(2) Voir le décret du 8 Juillet 1905 relatif à l'application aux colonies du code de Justice militaire pour l'armée de mer. (Promul. en I. C. le 25 août 1905).

Les tribunaux maritimes connaissent : 1° des crimes et délits commis dans l'intérieur des ports, arsenaux et établissements de la marine, par tous les individus, même non marins ni militaires, lorsque ces crimes et délits sont de nature à compromettre soit la police ou la sûreté de ces établissements, soit le service maritime ; 2° des crimes et délits commis par les condamnés aux travaux forcés subissant leur peine en France, dans les ports, arsenaux et établissements de la marine ; 3° et des faits de piraterie.

Ils sont composés d'un capitaine de vaisseau ou de frégate, président, et de six juges : un juge de tribunal de 1re instance ; un juge suppléant près ce tribunal ou à défaut un avocat ou un avoué ; un commissaire-adjoint ou sous-commissaire de la marine ; deux capitaines de vaisseau ; un ingénieur ou sous-ingénieur de première ou de deuxième classe.

Il y a deux tribunaux maritimes pour chaque chef-lieu d'arrondissement maritime.

Les recours contre leurs décisions sont jugés par les tribunaux de révision.

Les conseils de jutice prononcent sans recours et reconnaissent de tous délits n'emportant pas une peine supérieure à deux ans d'emprisonnement et commis par des individus qui, n'ayant ni le grade, ni le rang d'officier ou d'aspirant, sont portés présents à quelque titre que ce soit, sur les rôles d'équipage des bâtiments de l'Etat ou détachés à bord pour un service spécial. (Loi du 4 Juin 1858).

Eléments concourant à l'œuvre de la justice

Des juges

Les membres qui composent les tribunaux s'appellent juges ; ceux qui composent les Cours d'appel et la Cour de cassation prennent le nom de conseiller.

Nomination. — Les juges et les conseillers sont nommés par décret du chef de l'Etat (1), sur la proposition du ministre de la Justice.

(1) On peut concevoir deux autres procédés de désignation des magistrats ; l'élection et la cooptation. L'élection, qui a été pratiquée pendant la Révolution, a l'avantage d'assurer l'indépendance des magistrats vis-à-vis du pouvoir éxécutif, mais l'inconvénient de les faire trop dépendre du collège électoral des justiciables. La cooptation consisterait à faire nommer les candidats aux sièges vacants par les autres membres du Tribunal. En 1870 on avait proposé de combiner l'élection et la cooptation, mais l'Assemblés nationale a repoussé ce projet de réforme.

La réception consiste dans la prestation du serment professionnel. Elle a lieu devant le tribunal d'arrondissement pour les juges de paix : devant la première chambre de la Cour d'appel, pour les membres des tribunaux d'arrondissement ; devant les chambres réunies de la Cour, pour des conseillers à la Cour d'appel ou à la Cour de cassation.

La prestation du serment doit être renouvelée à chaque promotion nouvelle ou à chaque changement de résidence.

L'installation est la cérémonie qui a pour objet de faire asseoir le nouveau magistrat sur le siège qu'il doit occuper.

Elle se confond avec la réception pour les conseillers. Pour les membres du tribunal d'arrondissement, elle consiste dans la lecture en audience publique du procès-verbal de la prestation de serment, après quoi le juge est invité à prendre place parmi les membres du tribunal.

Conditions d'aptitude. — Les conditions d'aptitude diffèrent suivant qu'il s'agit des juges de paix d'une part, des juges ou des conseillers d'autre part.

1. *Juges de paix.* — Avant la loi du 12 Juillet 1905, aucune condition spéciale de capacité n'était requise pour être nommé juge de paix ; il suffisait d'être citoyen français, possédant ses droits civils et politiques, et d'être âgé de trente ans.

La loi de 1905 exige (art. 19 et 20) :

1° — L'âge de vingt-sept ans ;

2° — Certains diplômes : de licencié en droit, de bachelier en droit, ou de capacitaire en droit, accompagnés d'un stage plus ou moins long, suivant le diplôme, dans le barreau, la cléricature ou les fonctions publiques, ou, à défaut de tout diplôme, l'exercice pendant dix ans, de certaines fonctions ; maire, conseiller général, juge consulaire, suppléant de juge de paix, conseiller de préfecture, notaire, greffier, etc. etc.

2. *Juges et conseillers.* — Pour être juge ou conseiller il faut :

1° — Etre citoyen français et avoir la jouissance de ses droits civils et politiques :

2° — Avoir un certain âge : vingt-cinq ans pour être juge titulaire ou juge suppléant ; vingt-sept ans pour être président, vice-président d'un tribunal, ou conseiller à la Cour d'appel ; trente ans pour être conseiller à la Cour de cassation, premier président ou président de la chambre d'une Cour d'appel ou de la Cour de cassation ;

3° — Avoir le diplôme de licencié en droit ;

4° — Avoir fait un stage de deux ans comme avocat au barreau d'une Cour d'appel ou d'un tribunal (loi du 24 messidor an IV. art. 3 ; loi du 20 Avril 1810, Art. 64 et 65).

En outre peuvent être nommés juges dans un tribunal de la première instance, quoique n'ayant pas de stage auprès d'un barreau, les juges de paix, licencié en droit, qui auront exercé leurs fonctions pendant deux ans (loi de 1905, art. 22).

Prérogatives. — Enumération. — Les magistrats ont comme prérogatives : l'inamovibilité, un traitement, une pension de retraite, l'honorariat, et des privilèges de juridiction.

Inamovibilité. — L'inamovibilité est cette prérogative qui fait qu'un magistrat ne peut être révoqué, ni déplacé, même pour un poste plus élevé, par la volonté arbitraire du pouvoir exécutif, sous réserve du pouvoir disciplinaire dont il sera parlé plus loin.

Elle est établie, non dans l'intérêt du magistrat, mais dans l'intérêt de la fonction, comme condition indispensable de la bonne administration de la justice. C'est d'ailleurs une conséquence directe de la séparation du pouvoir judiciaire et du pouvoir exécutif.

L'inamovibilité n'existe pas au profit du juge de paix, ni de ses suppléants. Elle n'existe pas non plus pour les magistrats d'Algérie et des colonies, que le gouvernement peut révoquer ou déplacer comme des fonctionnaires ordinaires.

Traitement. — Les magistrats sont des fonctionnaires appointés. Cependant, les juges suppléants, les suppléants de juges de paix, les membres des tribunaux de commerce et des conseils de prud'hommes exercent leurs fonctions gratuitement.

Le traitement varie suivant le grade et, dans chaque grade, suivant la classe. C'est ainsi que, pour les juges de paix qui sont répartis en quatre classes, Paris étant hors classe, le traitement le plus élevé est de 8.000 francs et le moins élevé de 2.500 francs (art. 24, loi de 1905).

Retraite, honorariat. — Les magistrats rétribués ont droit, comme les autres fonctionnaires, à une pension de retraite, au bout de trente ans de service et de soixante ans d'âge.

Les magistrats peuvent être mis d'office à la retraite dans deux cas.

1° — Lorsqu'ils ont atteint la limite d'âge fixée par la loi. Elle est de soixante-quinze ans pour les membres de la Cour de cassation, et de soixante-dix ans pour les autres magistrats (décret du 1er Mars 1852) ;

2° — Lorsque, par suite d'infirmités graves et permanentes, ils sont jugés n'être plus en état de remplir leurs fonctions, par une décision de la Cour de cassation agissant comme Conseil Supérieur de la magistrature (loi du 30 Août 1883, art. 15, § 2).

Le magistrat mis à la retraite peut bénéficier de l'honorariat. Par là il continue à faire partie du corps judiciaire, à profiter du privilège de juridiction et à subir le pouvoir disciplinaire dont il sera bientôt question.

Privilège de juridiction. — Pour sauvegarder la dignité professionnelle du magistrat, la loi a décidé que, quand il se rendait coupable d'un délit, soit à l'occasion, soit en dehors de ses fonctions, il serait traduit, non devant le tribunal correctionnel, mais devant la première chambre civile de la Cour (loi du 20 Août 1810, art. 10 ; art. 479, 481, 483, C. instr. crim).

S'il s'agit d'un crime, le magistrat est poursuivi devant une Cour d'assises que désigne la Cour de cassation, s'il fait partie d'une Cour, ou devant la Cour d'assises compétente, dans les autres cas. Une procédure spéciale doit être observée, conformément aux articles 480 et suivants du Code d'instruction criminelle.

Garanties spéciales de recrutement et d'avancement ; décret 13 Février 1908. — Recrutement. — En vue d'assurer un meilleur recrutement des magistrats, le décret du 13 Février 1908 place à l'entrée dans la carrière un examen professionnel que devront subir tous les candidats, à l'exception de certains fonctionnaires énumérés à l'article 16.

Avancement. — Pour éviter les abus de pouvoir commis dans l'avancement des magistrats, le décret de 1908 institue un tableau d'avancement dressé par le garde des sceaux sur les propositions d'une commission spéciale fonctionnant au ministère de la justice (art. 24).

Pouvoir disciplinaire. — L'inamovibilité pourrait dégénérer en un véritable abus si elle n'était tempérée par le pouvoir disciplinaire auquel les magistrats sont soumis, soit de la part de la Cour de cassation, soit de la part du ministre de la justice.

La loi du 30 Août 1883 a concentré aux mains de la Cour de cassation le pouvoir disciplinaire qui était précédemment confié aux tribunaux d'arrondissement et aux Cours d'appel. Quand elle exerce son pouvoir disciplinaire la Cour de cassation prend le titre de Conseil supérieur de la magistrature. Elle siège toutes chambres réunies, en assemblée générale, à huis clos ; le procureur général représente le gouvernement et ne peut agir que sur l'ordre du ministre de la justice. Le magistrat incriminé a le droit d'être entendu (loi de 1883, art. 16).

Les peines disciplinaires que peut prononcer le Conseil supérieur de la magistrature sont :

1° — La censure simple ;

2° — La censure avec réprimande, entraînant suspension de traitement pendant un mois ;

3° — La suspension ;

4° — La déchéance entraînant la révocation (loi du 20 Avril 1810, art. 50).

De plus, nous avons vu que les premiers présidents des Cours d'appel et les présidents des tribunaux peuvent adresser des avertissements aux magistrats de leur ressort qui compromettraient leur caractère (loi de 1810, art. 49 ; loi de 1883, art. 13).

Enfin, le ministre de la justice exerce un pouvoir de surveillance sur tous les magistrats. Il peut les réprimander ; il peut les mander auprès de lui pour qu'ils lui fournissent des explications sur leur conduite ; il peut, sur l'avis conforme du Conseil supérieur, les déplacer sans qu'il puisse en résulter un changement de classe, de traitement, ni de fonctions ; il peut aussi, nous l'avons vu, sous la même condition, mettre d'office à la retraite les magistrats atteints d'infirmités graves.

Du ministère public

Définition. — Le ministère public est une magistrature spéciale, établie auprès de la plupart des juridictions, pour y représenter l'intérêt général, assurer le maintien de l'ordre public et veiller à l'application de la loi.

Organisation. — En matière répressive, le ministère public existe auprès de tous les tribunaux, à tous les degrés de la hiérarchie, en matière criminelle, en matière correctionnelle, et devant le tribunal de simple police.

Au contraire, en matière civile, le ministère public n'est pas institué auprès des justices de paix, des conseils de prud'hommes et des tribunaux de commerce.

Composition auprès des différentes juridictions. — Le ministère public est composé :

Auprès de la Cour de cassation :

D'un procureur général et de six avocats généraux ;

Auprès des Cours d'appel :

D'un procureur général, d'avocats généraux et de substituts du procureur général, dont le nombre varie suivant les indications du tableau B annexé à la loi du 30 août 1883.

A la Cour d'appel de Paris, il y a 7 avocats généraux et 12 substituts.

Auprès des tribunaux d'arrondissement :

D'un procureur de la république, qui peut être assisté d'un ou de plusieurs substituts.

Au Tribunal de la Seine, il y a 32 substituts.

Auprès des tribunaux de simple police :

Du commissaire de police ou, à son défaut, du maire ou de son adjoint.

On appelle parquet la réunion des magistrats exerçant les fonctions du ministère public auprès de la même juridiction.

Règles communes au Ministère public et aux juges. — Il existe un certain nombre de règles communes aux membres du ministère public et aux juges.

Il en est ainsi : pour la nomination, la réception et l'installation.

En ce qui concerne les conditions d'aptitude, il n'y a de différence que pour l'âge. L'âge requis par la loi est :

Vingt-deux ans, pour les substituts du procureur de la République ;

Vingt-cinq ans, pour les procureurs de la République, avocats généraux et substituts du procureur général près les Cours d'appel ou près la Cour de cassation ;

Trente ans, pour les procureurs généraux près les Cours d'appel et près la Cour de cassation.

Identité de règles également au point de vue des incompatibilités, des conséquences de la parenté ou de l'alliance entre membres d'une même compagnie judiciaire au point de vue des retraites, de l'honorariat, du privilège de juridiction.

En ce qui concerne le traitement il y a une certaine symétrie entre la situation des juges et des membres du ministère public.

C'est ainsi que les Présidents de Cour ont le même traitement que les procureurs généraux, les présidents de tribunaux que les procureurs de la république; le traitement des avocats généraux est inférieur à celui des présidents de chambre, celui des substituts des procureurs généraux inférieur au traitement des conseillers, sauf à Paris où il est identique ; enfin, celui des substituts de procureur de la République est moins élevé que les appointements des juges.

* *Caractères particuliers des membres du ministère public* (1).— En dehors des règles qui leur sont communes avec les juges, les membres du ministère public ont certains caractères qui leur sont propres :

1° Ils sont agents du gouvernement. Ainsi, ils ne jouissent pas de la garantie de l'inamovibilité qui assure l'indépendance des juges à l'égard du pouvoir exécutif. Ils peuvent être déplacés et même révoqués sans l'intervention du Conseil supérieur de la magistrature. Le ministre de la justice peut aussi leur adresser des injonctions dans l'exercice de leurs fonctions. Soit pour ce motif ou plutôt parce qu'ils sont obligés de se lever à l'audience pour prendre la parole, on dit que les membres du ministère public constituent la magistrature debout, par opposition aux juges qui composent la magistrature assise;

2° Ils forment un corps un et indivisible, en sorte que chacun de ses membres, quand il accomplit un acte, représente le ministère public au nom duquel il est censé parler. C'est par suite de cette règle de l'unité et de l'indivisibilité, que le représentant du parquet, dans la même instance, peut n'être pas le même du commencement à la fin, tandis que les mêmes juges doivent assister à toutes les audiences d'une affaire, pour pouvoir concourir à la sentence;

3° Ils sont organisés hiérarchiquement. A la tête de ce corps de magistrats se trouve le ministre de la justice. Sous son autorité, à des degrés successifs de la hiérarchie, sont placés :

Le procureur général près la Cour de cassation;

Les procureurs généraux près les Cours d'appel ;

Les procureurs de la République ;

Les commissaires de police, les maires ou adjoints.

Chacun d'eux exerce sur ceux qui sont placés au dessous de lui un pouvoir disciplinaire et un droit d'injonction et de commandement.

On a admis, cependant, ce tempérament que, si la plume est serve, la langue est libre, suivant les expressions du procureur général Dupin. Cela veut dire qu'un membre du ministère public est obligé, dans ses réquisitions écrites, d'obéir aux ordres de ses supérieurs hiérarchiques : il est, au contraire, libre à l'audience de conclure suivant les inspirations de sa propre conscience.

(1) Nous marquons d'astérisques les questions les plus importantes.

** Des attributions du ministère public.* — Les attributions du ministère public sont bien différentes, suivant qu'il s'agit de matières répressives ou de matières civiles.

En matière répressive, le ministère public est toujours demandeur au procès ; on dit qu'il joue le rôle de partie principale.

En matière civile, au contraire, le ministère public est généralement partie jointe, rarement partie principale.

Ministère public partie jointe. — Le ministère public est partie jointe en matière civile; cela veut dire qu'il n'est ni demandeur ni défendeur; il se borne à donner des conclusions dans lesquelles il fait connaître son opinion sur l'affaire, après que les avocats des parties en cause ont terminé leurs plaidoiries.

Lorsque le ministère public joue dans un procès le rôle de partie jointe, on dit qu'il y a communication au ministère public. La communication au ministère public est tantôt obligatoire, tantôt facultative.

Elle est obligatoire : 1° lorsque la loi l'exige ; il en est ainsi dans sept cas énumérés par l'article 83 du Code de procédure civile ; 2° lorsque le tribunal l'ordonne d'office.

En dehors de là, la communication au ministère public est facultative.

Ministère public partie principale. — Il est cependant un certain nombre de matières où, par exception, en matière civile, le ministère public peut figurer au procès comme partie principale, en jouant le rôle de demandeur.

Il en est ainsi notamment dans les cas suivants :

1° Pour faire la preuve du mariage lorsqu'il y a eu crime ou délit de la part de l'officier de l'état civil, et que ce dernier est décédé (art. 200, C. civ.);

2° Pour demander la nullité d'un mariage, au cas de nullité absolue (art. 184 et 191, C. civ.) ;

3° Pour provoquer l'interdiction judiciaire, soit au cas où l'individu atteint d'aliénation mentale n'a pas de parents, soit lorsqu'il s'agit de folie furieuse (art. 491, C. civ.) ;

4° Pour demander la rectification d'un acte de l'état civil, lorsque l'ordre public est intéressé (arrêté du 12 brumaire an IX).

En dehors d'un texte formel de loi, le ministère public peut-il agir comme partie principale en matière civile, toutes les fois que l'ordre public est intéressé ?

La question est discutée.

La jurisprudence s'est prononcée plusieurs fois sur cette question dans le sens de l'affirmative (1). A l'appui de cette solution, elle invoque l'article 46 de la loi du 20 avril 1810 ainsi conçu : « En matière civile, le ministère public..... surveille l'exécution des lois....., il poursuit d'office cette exécution dans les dispositions qui intéressent

---

(1) Voir cependant en sens contraire un arrêt de Cassation du 20 Décembre 1906, S. 1907. I. 138.

l'ordre public ». Mais l'opinion contraire est préférée par la majorité des auteurs qui font observer que le texte dont il s'agit confère bien au ministère public un droit de surveillance, mais non un droit d'action en justice.

Des officiers ministériels

Chapitre 1er. — Des règles communes à tous les officiers ministériels

* *Définition.* — On entend par officiers ministériels des agents qui ont pour fonctions de prêter leur ministère aux tribunaux ou aux particuliers pour l'accomplissement de certains actes déterminés.

Ce sont : les greffiers, les avoués, les avocats à la Cour de cassation et au Conseil d'État, les huissiers, les notaires, les agents de change, les commissaires-priseurs et certains courtiers.

* *Traits caractéristiques de l'officier ministériel.* — L'officier ministériel se reconnait à un certain nombre de traits caractéristiques :

1° Son ministère est obligatoire ;

2° Il a un véritable monopole pour les actes qu'il a mission d'accomplir ;

3° Il ne peut refuser son concours quand il est légalement requis ;

4° Il est nommé par décret du chef de l'État ;

5° Cette nomination a lieu sur la présentation du titulaire de l'office, à la suite d'un contrat particulier de cession ;

6° Il est astreint à fournir un cautionnement qui sert de garantie au public pour les fautes qu'il peut commettre dans l'exercice de ses fonctions.

De la cession des offices ministériels. — Origine historique. — La Révolution avait aboli la vénalité des offices. Elle a été rétablie par la loi du 28 avril 1816, sous la forme de droit de présentation reconnu aux titulaires des offices ministériels pour la désignation de leur successeur. La France, épuisée par les guerres de l'Empire, avait besoin d'argent; elle doubla le montant du cautionnement de certains officiers ministériels, et par compensation, elle déclara leurs charges vénales.

Distinction du titre et de la valeur vénale. — Dans chaque office ministériel il y a lieu de distinguer avec soin le titre, et la valeur vénale du droit de présentation, qu'on appelle aussi la finance de l'office.

Le titre est hors du commerce ; il est conféré par le gouvernement.

Au contraire, la finance est dans le commerce ; elle peut être vendue, elle peut être donnée, constituée en dot ; léguée, elle est transmissible aux héritiers. Cependant on n'admet pas qu'elle puisse être mise en société. La loi du 2 juillet 1862 a fait exception pour la charge d'agent de change.

Des règles de la vente des offices. — La vente des offices ministériels peut avoir lieu par acte notarié ou par acte sous seing privé. Elle est faite sous le contrôle du gouvernement qui a le droit de réduire le prix de cession. Par là, on veut éviter que le cessionnaire, qui aurait payé une charge au delà de son prix normal, ne soit poussé à des actes illicites pour accroître les revenus de son office.

Il arrive souvent que, pour échapper à ce contrôle, dans l'acte destiné à passer sous les yeux du gouvernement, on indique un prix inférieur au prix réel de la cession, et que l'on fasse des contre-lettres, où le prix véritable est stipulé.

La jurisprudence (1) a déclaré ces contre-lettres nulles ; elles ne font même pas naître une obligation naturelle ; en sorte que la condition in debiti est possible lorsqu'il y a eu paiement.

Destitution. — Suppression d'office. — La vénalité de l'office ministériel ne met pas obstacle au droit qui appartient au gouvernement de destituer un officier ministériel en vertu de son pouvoir disciplinaire. La destitution enlève au titulaire de la charge son droit de présentation, c'est le gouvernement qui nommera son successeur. Mais, pour que cette mesure ne se traduise pas par une véritable spoliation au détriment de la famille du destitué, le nouveau promu verse une indemnité dont le montant est fixé par le gouvernement.

Il appartient aussi au gouvernement de supprimer certaines charges lorsque leur nombre lui paraît trop grand. En pareil cas, une indemnité est accordée aux titulaires des offices qui disparaissent ; elle est supportée par les titulaires maintenus qui bénéficient de cette mesure.

Chapitre II. — Des règles spéciales aux différents officiers ministériels

§ I. — *Greffiers*

Définition. — Les greffiers sont à la fois des officiers ministériels et des fonctionnaires publics, chargés d'assister les juges dans toutes leurs opérations, de constater par écrit leurs actes, d'en assurer la conservation et d'en délivrer des copies aux particuliers.

Double caractère. — Les greffiers sont investis d'un double caractère :

1° Ils sont officiers ministériels ;

2° Ils sont fonctionnaires publics, puisqu'ils reçoivent un traitement de l'Etat.

En cette dernière qualité ils sont membres du tribunal ; un tribunal ne serait pas régulièrement composé et ne pourrait pas fonctionner, sans l'assistance d'un greffier. Cependant, ils ne sont pas magistrats et ne jouissent pas des privilèges de juridiction qui leur appartiennent.

Organisation. — Un greffier est institué auprès de chaque juridiction : Cour de cassation, Cour d'appel, tribunaux d'arrondissement, tribunaux de commerce, justices de paix.

(1) Cass., 19 Nov. 1884 ; Cass., 5 Août 1885, S. 1886, 267 et 268.

Chaque greffe est indépendant, et il n'existe pas pour les greffiers une corporation analogue à celle qui existe pour les autres officiers ministériels, avec chambre ou conseil de discipline, et liens de confraternité entre les membres.

Sous les ordres du greffier sont placés des commis-greffiers, dont le nombre varie suivant l'importance du tribunal ou de la Cour ; il y en a 15 auprès de la Cour de Paris, 48 auprès du tribunal de la Seine (Loi du 30 Octobre 1908).

Ce sont des fonctionnaires publics, recevant un traitement de l'Etat, mais ce ne sont pas des officiers ministériels, car ils n'ont pas de charge. Ils font partie du personnel du tribunal. Ils remplissent les mêmes fonctions que le greffier. Ils sont nommés et révoqués par le Chef de d'Etat.

Enfin, le greffe se complète par d'autres employés ou expéditionnaires chargés de faire les copies des pièces, ils sont payés par le greffier lui-même qui les nomme et les révoque à volonté.

Auprès des conseils de prud'hommes, le greffier prend le nom de secrétaire ; il y en a un ou plusieurs, assistés, s'il y a lieu, de secrétaires adjoints. Ils sont nommés par décret sur proposition du ministre de la justice et sur une liste de trois candidats arrêtée en assemblée générale à la majorité absolue (loi du 27 Mars 1907).

Conditions de capacité. — Pour être nommé greffier, il faut remplir certaines conditions :

1° — Etre citoyen français et jouir de ses droits civils et politiques ;

2° — Avoir un certain âge, vingt-cinq ans pour être greffier de justice de paix, d'un tribunal d'arrondissement ou d'un tribunal de commerce, vingt-sept ans pour être greffier d'une Cour d'appel ou de la Cour de cassation ;

3° — Avoir le diplôme de licencié en droit et justifier d'un stage de deux ans comme avocat, pour être greffier d'une Cour d'appel et de la Cour de cassation.

Attributions. — Les attributions du greffier sont multiples :

1° — Il assiste le tribunal dans ses fonctions, à peine de nullité (art. 1040) ;

2° — Il constate par écrit les actes du tribunal, en garde les minutes et en délivre des copies ou expéditions à tout requérant ;

3° — Il est dépositaire des registres de l'état civil et en délivre des expéditions au public ;

4° — Il reçoit certaines déclarations, telles que les renonciations à succession, les acceptations de successions sous bénéfice d'inventaire, les déclarations de surenchère, etc.

Comparaison entre le notaire et le greffier. — Le greffier ressemble à certains égards au notaire. Sa fonction principale est d'authentiquer les actes du tribunal, comme celle du notaire est d'authentiquer les actes des simples particuliers.

Mais entre eux existent des différences importantes dont voici les principales :

1° — Le greffier est fonctionnaire public, le notaire ne l'est pas :

2° — Les minutes du greffe sont publiques comme les registres de l'état civil, en ce sens que toute personne peut s'en faire délivrer des expéditions, fût-ce même pour satisfaire un simple sentiment de curiosité ; tandis que les notaires sont tenus au secret professionnel ; ils ne peuvent délivrer d'expéditions qu'aux parties.

§ 2. — *Avoués*

Définition. — L'avoué est un officier ministériel chargé de représenter les parties devant les tribunaux, de postuler pour elle et de conclure en leur nom.

Organisation. — Il y a des avoués auprès de chaque tribunal d'arrondissement et de chaque Cour d'appel. Il n'en existe pas auprès de la Cour de cassation ; les avocats à la Cour de cassation remplissent à la fois les fonctions d'avoués et d'avocats. Il n'en existe pas non plus auprès des tribunaux de commerce, des justices de paix et des conseils de prud'hommes, auprès desquels on peut comparaître en personne ou se faire représenter par des mandataires librement choisis.

Nomination. — Les avoués, comme tous les officiers ministériels, sont nommés par le Chef de l'Etat sur la présentation du titulaire en fonctions.

Conditions de capacité. — Pour être nommé avoué, il faut remplir les conditions suivantes :

1° Etre citoyen français, et avoir la jouissance de ses droits civils et politiques ;

2° Etre âgé de vingt-cinq ans ;

2° Etre pourvu du certificat de capacité en droit ou du diplôme de bachelier en droit ;

4° Justifier d'un stage de 5 ans chez un avoué ;

5° Produire un certificat de capacité délivré, après examen, par la chambre de discipline.

Attributions. — Les principales attributions des avoués peuvent se ramener à trois :

Représenter les parties en justice ;

Postuler, c'est-à-dire faire tous les actes de la procédure ;

Conclure, c'est-à-dire formuler les prétentions respectives des plaideurs et les faire connaître au tribunal.

Les avoués ont en outre d'autres fonctions : ils peuvent être autorisés par le tribunal à plaider dans le cas où le nombre des avocats n'est pas suffisant, nous avons vu plus haut qu'ils peuvent être appelés à compléter le tribunal ou la Cour. Ils assistent l'héritier qui veut faire au greffe du tribunal une déclaration de renonciation de succession ou d'acceptation bénéficiaire ; ils portent les enchères dans les ventes qui sont poursuivies devant le tribunal à l'audience des criées, etc..

Chambre de discipline. — Les avoués institués auprès d'une même juridiction forment une corporation ayant à sa tête une chambre de discipline. Les membres de la chambre de discipline sont élus en assemblée générale de la corporation. Elle comprend généralement un président, un syndic, un trésorier, un rapporteur et un secrétaire.

Les attributions de chambre de discipline sont :

De statuer sur les admissions des candidats à une charge d'avoué, et de donner son avis sur les cessions d'offices ;

De trancher les différends qui s'élèvent entre avoués ;

D'exercer à l'égard des membres de la corporation un pouvoir disciplinaire, qui se traduit par le droit d'infliger certaines peines : le rappel à l'ordre, la censure simple, la censure avec réprimande, l'interdiction de l'entrée de la chambre.

La suspension et la destitution ne peuvent être prononcées que par le tribunal d'arrondissement (décret du 30 Mars 1808, art. 102 et 103, combiné avec la loi du 10 Mars 1898).

§ 3. — *Avocats au Conseil d'Etat et à la Cour de cassation*

Définition. — Les avocats au Conseil d'Etat et à la Cour de cassation sont des officiers ministériels chargés de remplir à la fois les attributions d'avoués et d'avocats auprès de certaines juridictions : le Conseil d'Etat, la Cour de cassation, le tribunal des conflits, le tribunal de prises.

Textes. — Ils ont été institués par la loi du 27 ventôse an VIII, article 93 ; l'ordonnance du 10 Septembre 1817 les a réunis aux avocats au Conseil d'Etat pour ne former qu'un seul ordre.

Ils sont actuellement au nombre de soixante.

Nomination. — Comme tous les officiers ministériels les avocats à la Cour de cassation sont nommés par décret sur présentation du titulaire en fonctions après cession d'office.

Conditions de capacité. — Il faut remplir les conditions suivantes :

1° Etre citoyen français et avoir la jouissance des droits civils et politiques ;

2° Etre âgé de vingt-cinq ans ;

3° Avoir le diplôme de licencié en droit ;

4° Justifier d'un stage de trois ans auprès d'une Cour d'appel ;

5° Etre agréé par le conseil de l'ordre après avoir subi un examen sur les matières qui font l'objet des attributions des avocats ;

6° Avoir l'avis favorable de la Cour de cassation.

Ordre et conseil de l'ordre. — Les avocats à la Cour de cassation forment un ordre qui est administré par un conseil.

Le conseil de l'ordre est composé de neuf membres élus à la majorité absolue des voix ; à sa tête sont placés : un président, deux syndics et un secrétaire-trésorier. Le conseil est élu pour trois ans, et se renouvelle par tiers tous les ans.

Le conseil a les mêmes attributions que la chambre de discipline des avoués.

Il ne peut pas, comme le conseil de l'ordre des avocats, prononcer la radiation d'un de ses membres. Le droit de destituer un avocat au conseil d'Etat et à la Cour de cassation n'appartient qu'au gouvernement. C'est une conséquence de sa qualité d'officier ministériel.

§ 4. — *Huissiers*

Définition. — Les huissiers sont des officiers ministériels qui ont pour attributions de signifier les actes judiciaires ou extra-judiciaires, de procéder aux mesures d'exécution forcée, et de faire le service intérieur des tribunaux.

Textes. — Ils sont régis par un certain nombre de lois ou de décrets : loi du 27 ventôse an VIII, décret du 14 Juin 1813, ordonnances du 26 Juin 1822, du 6 Octobre 1832 et décret du 13 Octobre 1870.

Nomination. — Les huissiers, en raison de leur qualité d'officiers ministériels, sont nommés par le Chef de l'Etat, sur présentation du titulaire de la charge, après une cession de l'office.

Conditions de capacité. — Ils doivent remplir les conditions suivantes :

1° Etre citoyens français et jouir de leurs droits civils et politiques;

2° Avoir vingt cinq ans;

3° Avoir travaillé pendant deux ans au moins dans une étude d'avoué, de notaire ou d'huissier, ou pendant trois ans au moins au greffe d'une Cour ou d'un tribunal d'arrondissement ;

4° Obtenir un certificat de moralité et d'aptitude délivré par la chambre de discipline.

Organisation. — Il existe une corporation d'huissiers, dans chaque arrondissement; ils ont le droit d'instrumenter concurremment, dans toute l'étendue du ressort ; mais, pour donner satisfaction aux besoins des justiciables, le tribunal d'arrondissement peut les répartir entre les divers cantons et leur assigner une résidence qu'ils seront obligés de conserver.

Huissiers audienciers. — Auprès de chaque juridiction, des huissiers sont chargés de veiller au bon ordre des audiences, d'ouvrir et de fermer la porte au tribunal (huis). Ces huissiers reçoivent le nom d'huissiers audienciers. Ils sont désignés chaque année par chaque Cour ou chaque Tribunal parmi les huissiers exerçant dans le ressort de l'arrondissement.

En théorie, ils ont le droit exclusif de notifier les actes de procédure d'avoué à avoué; mais en pratique, ce privilège n'est guère respecté; il en est autrement cependant pour les significations relatives aux affaires soumises à la Cour de cassation; les huissiers audienciers placés auprès de la Cour suprême, ont seuls le droit de les faire, à peine de nullité (loi du 2 brumaire an IV).

Chambre de discipline. — Dans chaque arrondissement, la corporation des huissiers a une chambre de discipline dont le nombre des membres varie suivant le nombre des membres de la corporation, entre cinq et quinze.

A la tête de cette chambre se trouvent : un syndic, un rapporteur, un secrétaire et un trésorier, élus pour un an et rééligibles.

Les attributions de la chambre de discipline sont les mêmes que celles qui appartiennent à la chambre des avoués.

Comme les avoués, les huissiers ne peuvent être destitués que par une décision du tribunal d'arrondissement (loi du 10 Mars 1898, art. 1er).

§ 5. — *Agréés.*

Définition. — Les agréés sont des défenseurs officieux qui représentent les parties et qui plaident pour elles devant les tribunaux de commerce.

Condition juridique. — Au point de vue juridique, les agréés n'ont aucune situation légale ; ils ne sont reconnus par aucune loi.

Ce ne sont pas des officiers ministériels ; car leur ministère n'est pas obligatoire, on peut comparaître en personne devant les tribunaux de commerce, ou se faire représenter par un mandataire de son choix ; ils n'ont, dès lors, aucun privilège ; enfin, ils ne sont pas nommés par le gouvernement (1).

Condition de fait. — Mais en fait, la condition des agréés est très voisine de celle des officiers ministériels.

Par suite de règlements établis par les tribunaux de commerce, les agréés sont groupés en corporation, ayant à leur tête une chambre de discipline ; ils sont assujettis à suivre certaines règles, dont l'observation est sanctionnée par des peines disciplinaires, ils fournissent un cautionnement, ils ont un costume. Enfin, les études d'agréés font l'objet de contrats de cession comme les véritables offices ministériels. Le titulaire de la charge présente son successeur à l'agrément du tribunal de commerce qui l'accepte ou le refuse.

Les règlements ainsi faits par les tribunaux de commerce sont entachés d'illégalité, les tribunaux judiciaires n'ayant pas le pouvoir « de prononcer par voie de disposition générale et réglementaire » (art. 5, C. civ.). Mais comme, en fait, ils ne lèsent aucun droit et rendent de grands services aux justiciables, on les a toujours laissé subsister.

(1) Cependant la Cour de cassation a décidé, par un arrêt de sa chambre des requêtes du 23 Décembre 1908 (D. P. 1909. 1.216), que lorsqu'en fait des défenseurs ont été agréés par le tribunal de commerce, ils sont ainsi en possession d'un titre que d'autres défenseurs ne peuvent prendre mensongèrement sans faire aux premiers une concurrence déloyale.

Des avocats

Définition. — Les avocats sont des auxiliaires de la justice qui ont pour fonction de plaider, c'est-à-dire de défendre par la parole ou par écrit, les intérêts des justiciables, de leur donner des consultations, et de suppléer, en cas de besoin, les membres des Cours et des tribunaux.

Textes. — Cette institution est aussi ancienne que la justice dont elle est le complément indispensable.

Elle est actuellement régie par un très grand nombre de textes dont les principaux sont :

La loi du 22 ventôse an XII ;

Le décret du 14 décembre 1810 ;

Le décret du 2 juillet 1812 ;

l'Ordonnance du 20 novembre 1822 ;

L'ordonnance du 27 Août 1830 ;

Le décret du 22 Mars 1852 ;

Et le décret du 10 Mars 1870.

Caractère juridique de l'avocat. — L'avocat n'est ni un fonctionnaire public, ni un officier ministériel.

En effet, il n'est pas nommé par le gouvernement, et il n'est pas appointé.

Son ministère n'est pas obligatoire comme celui de l'avoué, en ce sens que le particulier peut plaider lui-même sa cause s'il le juge convenable. Le privilège de l'avocat consiste en ceci simplement que, si un justiciable ne veut pas se défendre lui-même, il ne peut prendre comme défenseur qu'un avocat devant les tribunaux d'arrondissement et devant les Cours d'appel.

Par voie de conséquence, un avocat n'est pas obligé d'accepter les causes qu'on lui propose de défendre, sauf dans le cas où il est désigné d'office.

L'avocat n'a pas de charge comme les officiers ministériels.

L'entrée dans la profession n'est pas subordonnée à la présentation d'un titulaire de charge, et il n'y a pas cession d'office.

Bien au contraire, l'exercice de la profession d'avocat est libre, en ce sens que toute personne qui remplit les conditions déterminées par la loi à le droit d'acquérir le titre d'avocat et d'en exercer les fonctions.

Le nombre des avocats n'est pas limité comme celui des magistrats et comme celui des officiers ministériels.

Conditions d'aptitude. — Pour être avocat, il faut remplir les conditions suivantes :

1° — Etre Français et avoir la jouissance des droits civils et politiques.

Il n'est pas nécessaire d'être majeur, un mineur peut être avocat stagiaire à partir de l'âge de 19 ans. Il n'est même plus nécessaire d'être du sexe masculin, depuis la loi du 3 Décembre 1900, qui à ouvert aux femmes l'accès de la profession d'avocat ;

2° — Etre licencié en droit.

Du titre et de la profession. — Il faut se garder de confondre le titre d'avocat avec la profession d'avocat.

Toute personne, qui réunit les conditions d'aptitude que nous avons indiquées, peut acquérir le titre d'avocat, en prêtant le serment professionnel devant une Cour d'appel. Et ce titre ne se perd qu'en perdant la nationalité française, ou en perdant la jouissance de ses droits politiques à la suite d'une condamnation.

Pour exercer la profession d'avocat, il faut en outre avoir été admis dans l'ordre des avocats exerçant près d'une juridiction déterminée, soit comme avocat stagiaire, soit comme avocat inscrit au tableau.

Organisation du barreau. — *Définition.* — Auprès de chaque Cour d'appel, et là où ne siège par la Cour d'appel, auprès de chaque tribunal, les avocats forment une corporation que l'on désigne sous le nom d'ordre des avocats ou de barreau.

Les barreaux sont indépendants les uns des autres. Chacun d'eux a un conseil de l'ordre et un bâtonnier, et est soumis à des règlements particuliers.

Des membres de l'ordre, stagiaires et inscrits au tableau. — Pour être membre de l'ordre, il faut avoir fait un stage de trois ans et avoir été inscrit au tableau.

Les avocats stagiaires ont, en principe, les mêmes droits que les avocats inscrits au tableau. Comme eux, ils peuvent donner des consultations et ils peuvent plaider devant toutes les juridictions. Cependant, ils ne peuvent pas, comme eux, siéger pour compléter un tribunal ou une Cour, ils ne peuvent pas non plus voter pour les élections des membres du Conseil de l'ordre ni du bâtonnier. En revanche, ils ont sur eux cet avantage de n'être pas assujettis à la patente.

Composition du conseil de l'ordre. — Il y a un conseil de l'ordre dans les barreaux qui comptent au moins six avocats inscrits au tableau. Auprès des autres barreaux, c'est le tribunal qui tient lieu de conseil de l'ordre.

Les membres du conseil sont désignés à l'élection par tous les avocats au tableau, au scrutin de liste, et à la majorité absolue des membres présents.

Attributions du conseil de l'ordre — Les attributions du conseil consistent :

A prononcer sur les demandes d'admission au stage et sur les demandes d'inscription au tableau ;

A veiller à l'observation stricte des règlements concernant la profession ;

A représenter l'ordre et à soutenir ses droits et ses prérogatives en toute circonstance ;

A prononcer des peines disciplinaires contre ses membres en cas d'infraction aux règlements de l'ordre.

Mesures disciplinaires. — Ces peines disciplinaires sont : l'avertissement, la réprimande, l'interdiction et la radiation (ordonnance de 1822, art. 18).

L'avocat qui a été rayé du tableau par un conseil de l'ordre peut obtenir son inscription dans un autre barreau, et alors il pourra plaider même devant la juridiction près de laquelle est établi le conseil de l'ordre qui a prononcé son exclusion.

Les décisions du conseil de l'ordre ayant pour objet l'interdiction temporaire ou la radiation d'un avocat sont susceptibles d'appel devant la Cour (ordonnance de 1822, art. 24). Pendant longtemps on a refusé le droit d'appel contre les décisions du conseil relatives à l'admission au stage ou à l'inscription au tableau, le conseil de l'ordre était considéré comme maître de son tableau.

Mais depuis 1867, l'opinion contraire a prévalu.

Désignation et attributions du bâtonnier — A la tête de chaque barreau, il y a un chef qui a le titre de bâtonnier. Ce nom lui vient de ce qu'autrefois il portait comme insigne distinctif un bâton à la fête de St Nicolas.

Le bâtonnier est élu par tous les avocats inscrits à la majorité absolue (décret du 10 Mars 1870). Il est nommé pour un an ; mais il est d'usage de lui continuer ses pouvoirs pendant une seconde année.

Le bâtonnier préside les assemblées générales de l'ordre, il convoque le conseil de l'ordre et préside ses réunions, il veille aux intérêts généraux de l'ordre dont il est le représentant légal en toute circonstance.

Prérogatives des avocats. — Les avocats ont un certain nombre de prérogatives, qui sont établies dans l'intérêt des justiciables plutôt que dans l'intérêt des avocats eux-mêmes :

1° Tout d'abord, nous l'avons déjà dit, ils ont le monopole des plaidoiries (1) et des consultations devant les tribunaux d'arrondissement et devant les Cours d'appel ;

2° Ils ont le droit de garder le secret professionnel et de ne pas déposer en justice sur tous les faits dont ils n'ont été instruits par leurs clients qu'à l'occasion de l'exercice de leurs fonctions ;

---

(1) Lorsque le nombre des avocats inscrits près du tribunal n'est pas suffisant, la Cour d'appel peut autoriser les avoués à plaider. L'autorisation est donnée pour un an. D'autre part, les avoués ont toujours droit de plaider sur les incidents de la procédure.

3° Le cabinet de l'avocat est inviolable. Il ne peut faire l'objet d'aucune perquisition pour les crimes ou les délits auxquels il est resté étranger ;

4° Les avocats jouissent de l'immunité pour les discours qu'ils prononcent devant les tribunaux, sous réserve du pouvoir disciplinaire auquel ils sont astreints. (Loi du 29 juillet 1881, art. 41).

Nature juridique des relations entre l'avocat et son client. — La nature du contrat qui intervient entre l'avocat et son client est difficile à déterminer.

Les uns ont dit que c'était un mandat.

Cette opinion n'est pas admissible. L'avocat n'est pas un mandataire, il ne représente pas son client. Ce dernier est représenté par l'avoué. Les règlements de certains barreaux, notamment du barreau de Paris, interdisent même à leurs membres d'accepter un mandat quelconque.

Les autres ont dit qu'il y avait là un louage de services.

Cette opinion paraît la plus exacte.

Des honoraires des avocats. — Les honoraires des avocats sont de deux sortes. Les uns, tarifés par la loi, s'élèvent à la somme de quinze francs ; ils sont en fait touchés par l'avoué. Les autres sont déterminés par la libre volonté des parties.

Les règlements de l'ordre interdisent aux avocats de réclamer leurs honoraires devant les tribunaux. Aussi ont-ils soin de se faire remettre par leur client une provision en argent avant de prendre en main une affaire.

Différences entre l'avoué et l'avocat. — De nombreuses différences séparent l'avoué de l'avocat :

1° L'avoué est un officier ministériel, l'avocat n'en est pas un ;

2° Le ministère de l'avoué est obligatoire, celui de l'avocat ne l'est pas ; on peut plaider soi-même sa cause ;

3° L'avoué est obligé de prêter son ministère lorsqu'il en est requis ; tandis que l'avocat peut refuser son concours aux clients dont la cause ne lui convient pas ;

4° L'avoué a pour attribution de faire les actes de procédure, le rôle de l'avocat est simplement de plaider et de donner des consultations ;

5° L'avoué représente son client en justice, l'avocat ne le représente nullement. C'est un contrat de mandat qui existe entre l'avoué et son client, tandis que dans les rapports de l'avocat et de son client il y a une sorte de louage de services.

Nota. — Il a paru nécessaire de limiter la Ve partie aux « principes généraux *d'organisation judiciaire* » sans y ajouter les « notions générales *de compétence et de procédure* » qui en sont le complément, afin de rester strictement dans la limite des connaissances *générales* utiles aux agents qui trouveront d'autre part les notions de compétence *spéciale* en matière de transport par chemin de fer.

ANNEXE I

Cahier des charges de concession, du chemin de fer d'Alais au Rhône joint à la loi du 4 Décembre 1875 (1)

TITRE PREMIER

TRACÉ ET CONSTRUCTION

Article premier. — Le chemin de fer d'Alais au Rhône partira d'Alais, en un point à déterminer ultérieurement par l'administration, la compagnie entendue; il passera par ou près Seynes, la Brugnière, Connaux, et aboutira au Rhône, au lieu dit Port-l'Ardoise.

Art. 2. — Les travaux devront être commencés dans un délai d'un an et terminés dans un délai de quatre ans, à partir de la date de la loi qui approuve la présente concession.

Art. 3. — Aucun travail ne pourra être entrepris, pour l'établissement du chemin de fer et de ses dépendances, qu'avec l'autorisation de l'Administration supérieure : à cet effet les projets de tous les travaux à exécuter seront dressés en double expédition et soumis à l'approbation du Ministre qui prescrira, s'il y a lieu, d'y introduire telles modifications que de droit. L'une de ces expéditions sera remise à la compagnie avec le visa du Ministre, l'autre demeurera entre les mains de l'Administration.

Avant comme pendant l'exécution, la compagnie aura la faculté de proposer aux projets approuvés les modifications qu'elle jugerait utiles ; mais ces modifications ne pourront être exécutées que moyennant l'approbation de l'Administration supérieure.

Art. 4. — La compagnie pourra prendre copie de tous les plans, nivellements et devis, qui pourraient avoir été antérieurement dressés aux frais de l'Etat.

Art. 5. — Le tracé et le profil du chemin de fer seront arrêtés sur la production de projets d'ensemble, comprenant, pour la ligne entière ou pour chaque section de la ligne :

1° Un plan général à l'échelle de 1/10.000 ;

2° Un profil en long à l'échelle de 1/5.000 pour les longueurs, et de 1/1.000 pour les hauteurs, dont les cotes seront rapportées au niveau moyen de la mer pris pour plan de comparaison : au-dessous

---

(1) La concession de la ligne d'Alais au Rhône, approuvée par la loi du 15 Juillet 1880 est la dernière qui ait fait l'objet d'un cahier des charges spécial applicable à une ligne d'intérêt général.

de ce profil, on indiquera, au moyen de trois lignes horizontales disposées à cet effet, savoir :

a — Les distances kilométriques du chemin de fer, comptées à partir de son origine ;

b — La longueur et l'inclinaison de chaque pente ou rampe ;

c — La longueur des parties droites et le développement des parties courbes du tracé, en faisant connaître le rayon correspondant à chacune de ces dernières ;

3° Un certain nombre de profils en travers, y compris le profil type de la voie ;

4° Un mémoire dans lequel seront justifiées toutes les dispositions essentielles du projet, et un devis descriptif dans lequel seront reproduites, sous forme de tableaux, les indications relatives aux déclivités et aux courbes, déjà données sur le profil en long.

La position des gares et stations projetées, celle des cours d'eau et des voies de communication traversés par le chemin de fer, des passages, soit à niveau, soit en dessus, soit en dessous de la voie ferrée, devront être indiquées tant sur le plan que sur le profil en long ; le tout sans préjudice des projets à fournir pour chacun de ces ouvrages.

Art. 6. — Les terrains seront acquis pour deux voies; mais le chemin pourra n'être exécuté immédiatement que pour une, sauf l'établissement d'un certain nombre de gares d'évitement et la fondation pour deux voies des grands ouvrages d'art.

La compagnie sera tenue, d'ailleurs, d'établir la deuxième voie soit sur la totalité du chemin, soit sur les parties qui lui seront désignées, lorsque l'insuffisance d'une seule voie, par suite du développement de la circulation, aura été constatée par l'Administration.

Les terrains acquis par la compagnie pour l'établissement de la seconde voie ne pourront recevoir une autre destination.

Art. 7. — La largeur de la voie entre les bords intérieurs des rails devra être de 1^m^44 à 1^m^45 centimètres. Dans les parties à deux voies, la largeur de l'entrevoie, mesurée entre les bords extérieurs des rails, sera de 2 mètres.

La largeur des accotements, c'est-à-dire des parties comprises, de chaque côté, entre le bord extérieur du rail et l'arête supérieure du ballast, sera de 1 mètre au moins.

On ménagera, au pied de chaque talus du ballast, une banquette de 0^m^50 de largeur.

La compagnie établira, le long du chemin de fer, les fossés ou rigoles qui seront jugés nécessaires par l'assèchement de la voie et pour l'écoulement des eaux.

Les dimensions de ces fossés et rigoles seront déterminées par l'Administration, suivant les circonstances locales, sur les propositions de la compagnie.

Art. 8. — Les alignements seront raccordés entre eux par des courbes dont le rayon ne pourra être inférieur à 300 mètres. Une partie droite, de 100 mètres au moins de longueur, devra être ménagée entre deux courbes consécutives, lorsqu'elles seront dirigées en sens contraire.

Le maximum de l'inclinaison des pentes et rampes est fixé à 20 millimètres par mètre.

Une partie horizontale, de 100 mètres au moins, devra être ménagée entre deux fortes déclivités consécutives, lorsque ces déclivités se succèderont en sens contraire, et de manière à verser leurs eaux au même point.

Les déclivités correspondant aux courbes de faible rayon devront être réduites autant que faire se pourra.

La compagnie aura la faculté de proposer aux dispositions de cet article et à celles de l'article précédent les modifications qui lui paraitraient utiles ; mais ces modifications ne pourront être exécutées que moyennant l'approbation préalable de l'Administration supérieure.

Art. 9. — Le nombre, l'étendue et l'emplacement des gares d'évitement seront déterminés par l'Administration, la compagnie entendue.

Le nombre des voies sera augmenté, s'il y a lieu, dans les gares et aux abords de ces gares, conformément aux décisions qui seront prises par l'Administration, la compagnie entendue.

Le nombre et l'emplacement des stations de voyageurs et des gares de marchandises seront également déterminés par l'Administration, sur les propositions de la compagnie, après une enquête spéciale.

La compagnie sera tenue, préalablement à tout commencement d'exécution, de soumettre à l'Administration le projet des dites gares, lequel se composera :

1° D'un plan à l'échelle de 1/500, indiquant les voies, les quais, les bâtiments et leur distribution intérieure, ainsi que la disposition de leurs abords;

2° D'une élévation des bâtiments, à l'échelle de 1 centimètre par mètre ;

3° D'un mémoire descriptif, dans lequel les dispositions essentielles du projet seront justifiées.

Art. 10. — A moins d'obstacles locaux, dont l'appréciation appartiendra à l'Administration, les croisements à niveau pourront toujours avoir lieu sous les conditions stipulées à l'article 13.

Art. 11. — Lorsque le chemin de fer devra passer au-dessus d'une route nationale ou départementale, ou d'un chemin vicinal, l'ouverture du viaduc sera fixée par l'Administration, en tenant compte des circonstances locales ; mais cette ouverture ne pourra, dans aucun cas, être inférieure à 8 mètres pour la route nationale, à 7 mètres pour la route départementale. à 5 mètres pour un chemin vicinal de grande communication, et à 4 mètres pour un simple chemin vicinal.

Pour les viaducs de forme cintrée, la hauteur sous clef, à partir du sol de la route, sera de 5 mètres au moins. Pour ceux qui seront formés de poutres horizontales en bois ou en fer, la hauteur sous poutre sera de 4m30 au moins.

La largeur entre les parapets sera au moins de 8 mètres. La hauteur de ces parapets sera fixée par l'Administration, et ne pourra, dans aucun cas, être inférieure à 0m80.

Sur les lignes et sections pour lesquelles la Cie est autorisée à n'exécuter les ouvrages d'art que pour une seule voie, la largeur des viaducs, entre les parapets, sera de 4m50 au moins.

Art. 12. — Lorsque le chemin de fer devra passer au-dessous d'une route nationale ou départementale ou d'un chemin vicinal, la largeur entre les parapets du pont qui supportera la route ou le chemin sera fixée par l'Administration, en tenant compte des circonstances locales; mais cette largeur ne pourra, dans aucun cas, être inférieure à 8 mètres pour la route nationale, à 7 mètres pour la route départementale, à 5 mètres pour un chemin vicinal de grande communication, et à 4 mètres pour un simple chemin vicinal.

L'ouverture du pont entre les culées sera au moins de 8 mètres, et la distance verticale ménagée au-dessus des rails extérieurs de chaque voie pour le passage des trains ne sera pas inférieure à 4m80 au moins.

Sur les lignes ou sections pour lesquelles la compagnie est autorisée à n'exécuter les ouvrages d'art que pour une seule voie, l'ouverture entre les culées sera de 4m50.

Art. 13. — Dans le cas où des routes nationales ou départementales, ou des chemins vicinaux, ruraux ou particuliers, seraient traversés à leur niveau par le chemin de fer, les rails devront être posés, sans aucune saillie ni dépression, sur la surface de ces routes, et de telle sorte qu'il n'en résulte aucune gêne pour la circulation des voitures.

Le croisement à niveau du chemin de fer et des routes ne pourra s'effectuer sous un angle moindre de 45°.

Chaque passage à niveau sera muni de barrières, il y sera, en outre, établi une maison de garde, toutes les fois que l'utilité en sera reconnue par l'Administration.

La compagnie devra soumettre à l'approbation de l'Administration les projets types de cette barrière.

Art. 14. — Lorsqu'il y aura lieu de modifier l'emplacement ou le profil des routes existantes, l'inclinaison des rampes et pentes sur les routes modifiées ne pourra excéder 0m03 par mètre, pour les routes nationales ou départementales, et 0m05 pour les chemins vicinaux. L'Administration restera libre, toutefois, d'apprécier les circonstances qui pourraient motiver une dérogation à cette clause, comme à celle qui est relative à l'angle de croisement des passages à niveau.

Art. 15. — La compagnie sera tenue de rétablir et d'assurer à ses frais l'écoulement de toutes les eaux dont le cours serait arrêté, suspendu ou modifié par ses travaux, et de prendre les mesures nécessaires pour prévenir l'insalubrité pouvant résulter des chambres d'emprunt.

Les viaducs à construire à la rencontre des rivières, des canaux et des cours d'eaux quelconques, auront au moins 8 mètres de largeur, entre les parapets, sur les chemins à deux voies, et $4^{m}50$ sur les chemins à une voie. La hauteur de ces parapets sera fixée par l'Administration, et ne pourra être inférieure à $0^{m}80$.

La hauteur et le débouché du viaduc seront déterminés, dans chaque cas particulier, par l'Administration, suivant les circonstances locales.

Dans tous les cas où l'Administration le jugera utile, il pourra être accolé aux ponts établis par la compagnie pour le service du chemin de fer, une voie charretière ou une passerelle pour piétons. L'excédent de dépense qui en résultera sera supporté par l'Etat, le département ou les communes intéressées, après évaluation contradictoire des Ingénieurs de l'Etat et de la compagnie.

Art. 16. — Les souterrains à établir pour le passage du chemin de fer auront au moins 8 mètres de largeur, entre les pieds-droits, au niveau des rails, et 6 mètres de hauteur, sous clef, au-dessus de la surface des rails. La distance verticale entre l'intrados et le dessus des rails extérieurs de chaque voie ne sera pas inférieure à $4^{m}80$. L'ouverture des puits d'aérage et de construction des souterrains sera entourée d'une margelle en maçonnerie de 2 mètres de hauteur. Cette ouverture ne pourra être établie sur aucune voie publique.

Art. 17. — A la rencontre des cours d'eau flottables ou navigables, la compagnie sera tenue de prendre toutes les mesures et de payer tous les frais nécessaires pour que le service de la navigation ou du flottage n'éprouve ni interruption ni entrave pendant l'exécution des travaux.

A la rencontre des routes nationales ou départementales et des autres chemins publics, il sera construit des chemins, et ponts provisoires, par les soins et aux frais de la compagnie, partout où cela sera jugé nécessaire pour que la circulation n'éprouve ni interruption ni gêne.

Avant que les communications existantes puissent être interceptées, une reconnaissance sera faite par les Ingénieurs de la localité, à l'effet de constater si les ouvrages provisoires présentent une solidité suffisante et s'ils peuvent assurer le service de la circulation.

Un délai sera fixé par l'Administration pour l'exécution des travaux définitifs destinés à rétablir les communications interceptées.

Art. 18. — La compagnie n'emploiera, dans l'exécution des ouvrages, que des matériaux de bonne qualité ; elle sera tenue de se conformer à toutes les règles de l'art de manière à obtenir une construction parfaitement solide.

Tous les aqueducs, ponceaux, ponts et viaducs à construire à la rencontre des divers cours d'eau et des chemins publics ou particuliers, seront en maçonnerie ou en fer, sauf les cas d'exception qui pourront être admis par l'Administration.

Art. 19. — Les voies seront établies d'une manière solide et avec des matériaux de bonne qualité.

Le poids des rails sera au moins de 35 kilogrammes par mètre courant sur les voies de circulation, si ces rails sont posés sur traverses, et de 30 kilogrammes dans le cas où ils seraient posés sur longrines.

Art. 20. — Le chemin de fer sera séparé des propriétés riveraines par des murs, haies ou toute autre clôture dont le mode et la disposition seront autorisés par l'Administration, sur la proposition de la compagnie.

Savoir :

1° Dans toute l'étendue de la traversée des lieux habités ;

2° Sur 50m de longueur au moins de chaque côté des passages à niveau ou des stations ;

3° Et, enfin, dans toutes les parties où l'Administration le jugerait nécessaire.

Art. 21. — Tous les terrains nécessaires pour l'établissement du chemin de fer et de ses dépendances, pour la déviation des voies de communication et des cours d'eau déplacés, et, en général, pour l'exécution des travaux, quels qu'ils soient, auxquels cet établissement pourra donner lieu, seront achetés et payés par la compagnie concessionnaire.

Les indemnités pour occupation temporaire ou pour détérioration de terrain, pour chômage, modification ou destruction d'usines, et pour tous dommages quelconques résultant des travaux, seront supportées et payées par la compagnie.

Art. 22. — L'entreprise étant d'utilité publique, la compagnie est investie, pour l'exécution des travaux dépendant de sa concession, de tous les droits que les lois et règlements confèrent à l'Administration en matière de travaux publics, soit pour l'acquisition des terrains par voie d'expropriation, soit pour l'extraction, le transport et le dépôt des terres, matériaux, etc. . et elle demeure en même temps soumise à toutes les obligations qui dérivent, pour l'Administration, de ces lois et règlements.

Art. 23. — Dans les limites de la zone frontière et dans le rayon de servitude des enceintes fortifiées, la compagnie sera tenue, pour l'étude et l'exécution de ses projets, de se soumettre à l'accomplissement de toutes les formalités et de toutes les conditions exigées par les lois, décrets et règlements concernant les travaux mixtes.

Art. 24. — Si la ligne du chemin de fer traverse un sol déjà concédé pour l'exploitation d'une mine, l'Administration déterminera les mesures à prendre pour que l'établissement du chemin de fer ne nuise pas à l'exploitation de la mine, et réciproquement pour que, le cas échéant, l'exploitation de la mine ne compromette pas l'existence du chemin de fer.

Les travaux de consolidation à faire dans l'intérieur de la mine, à raison de la traversée du chemin de fer, et tous les dommages résultant de cette traversée pour les concessionnaires de la mine, seront à la charge de la compagnie.

Art. 25. — Si le chemin de fer doit s'étendre sur des terrains renfermant des carrières, ou les traverser souterrainement, il ne pourra être livré à la circulation avant que les excavations qui pourraient en compromettre la solidité n'aient été remblayées ou consolidées. L'Administration déterminera la nature et l'étendue des travaux qu'il conviendra d'entreprendre à cet effet, et qui seront d'ailleurs exécutés par les soins et aux frais de la compagnie.

Art. 26. — Pour l'exécution des travaux, la compagnie se soumettra aux décisions ministérielles concernant l'interdiction du travail les dimanches et jours fériés.

Art. 27. — Les travaux seront exécutés sous le contrôle et la surveillance de l'Administration. Les travaux devront être adjugés par lots ou sur série de prix, soit avec publicité et concurrence, soit sur soumissions cachetées entre entrepreneurs agréés à l'avance ; toutefois, si le Conseil d'Administration juge convenable, pour une entreprise ou une fourniture déterminée, de procéder par voie de régie ou de traité direct, il devra, préalablement à toute exécution, obtenir de l'Assemblée Générale des actionnaires, l'approbation soit de la régie, soit du traité.

Tout marché à forfait, avec ou sans série de prix, passé avec un même entrepreneur, soit pour l'exécution des terrassements ou ouvrages d'art, soit pour l'ensemble du chemin de fer, soit pour la construction d'une ou plusieurs sections de ce chemin, est, dans tous les cas, formellement interdit.

Le contrôle et la surveillance de l'Administration auront pour objet d'empêcher la compagnie de s'écarter des dispositions prescrites par le présent cahier des charges et spécialement par le présent article, et de celles qui résulteront des projets approuvés.

Art. 28. — A mesure que les travaux seront terminés sur des parties de chemin de fer susceptibles d'être livrées utilement à la circulation, il sera procédé, sur la demande de la compagnie, à la reconnaissance et, s'il y a lieu, à la réception provisoire de ces travaux, par un ou plusieurs commissaires que l'Administration désignera.

Sur le vu du procès-verbal de cette reconnaissance, l'Administration autorisera, s'il y a lieu, la mise en exploitation des parties dont il s'agit ; après cette autorisation, la compagnie pourra mettre lesdites parties en service et y percevoir les taxes ci-après déterminées. Toutefois, ces réceptions partielles ne deviendront définitives que par la réception générale et définitive du chemin de fer.

Art. 29. — Après l'achèvement total des travaux et dans le délai qui sera fixé par l'Administration, la compagnie fera faire, à ses frais, un bornage contradictoire et un plan cadastral du chemin de fer et de ses dépendances. Elle fera dresser, également à ses frais et contradictoirement avec l'Administration, un état descriptif de tous les ouvrages d'art qui auront été exécutés, ledit état accompagné d'un atlas contenant les dessins cotés de tous lesdits ouvrages.

Une expédition, dûment certifiée, des procès-verbaux de bornage, du plan cadastral, de l'état descriptif et de l'atlas, sera dressée aux frais de la compagnie et déposée dans les archives du Ministère.

Les terrains acquis par la compagnie, postérieurement au bornage général, en vue de satisfaire aux besoins de l'exploitation, et qui, par cela même, deviendront partie intégrante du chemin de fer, donneront lieu, au fur et à mesure de leur acquisition, à des bornages supplémentaires, et seront ajoutés sur le plan cadastral ; addition sera également faite sur l'atlas de tous les ouvrages d'art exécutés postérieurement à sa rédaction.

TITRE II

ENTRETIEN ET EXPLOITATION

Art. 30. — Le chemin de fer et toutes ses dépendances seront constamment entretenus en bon état, de manière que la circulation y soit toujours facile et sûre.

Les frais d'entretien et ceux auxquels donneront lieu les réparations ordinaires et extraordinaires seront entièrement à la charge de la compagnie.

Si le chemin de fer une fois achevé n'est pas constamment entretenu en bon état, il y sera pourvu d'office, à la diligence de l'Administration et aux frais de la compagnie, sans préjudice, s'il y a lieu, de l'application des dispositions indiquées ci après dans l'article 40.

Le montant des avances faites sera recouvré au moyen de rôles que le Préfet rendra exécutoires.

Art. 31. — La compagnie sera tenue d'établir, à ses frais, partout où besoin sera, des gardiens en nombre suffisant pour assurer la sécurité du passage des trains sur la voie, et celle de la circulation ordinaire sur les points où le chemin de fer sera traversé à niveau par des routes ou chemins.

Art. 32. — Les machines locomotives seront construites sur les meilleurs modèles ; elles devront consumer leur fumée et satisfaire d'ailleurs à toutes les conditions prescrites ou à prescrire par l'Administration pour la mise en service de ce genre de machines.

Les voitures de voyageurs devront également être faites d'après les meilleurs modèles et satisfaire à toutes les conditions réglées ou à régler pour les voitures servant au transport des voyageurs sur les chemins de fer. Elles seront suspendues sur ressorts et garnies de banquettes.

Il y en aura de trois classes au moins ;

1° Les voitures, de première classe seront couvertes, garnies, fermées à glaces ; munies de rideaux ;

2° Celles de deuxième classe seront couvertes, fermées à glaces, munies de rideaux et auront des banquettes rembourrées ;

3° Celles de troisième classe seront couvertes, fermées à glaces munies soit de rideaux, soit de persiennes, et auront des banquettes à dossier. Les dossiers et les banquettes devront être inclinés, et les dossiers seront élevés à la hauteur de la tête des voyageurs.

L'intérieur de chacun des compartiments de toute classe contiendra l'indication du nombre des places de ce compartiment.

L'Administration pourra exiger qu'un compartiment de chaque classe soit réservé dans les trains de voyageurs aux femmes voyageant seules.

Les voitures de voyageurs, les wagons destinés au transport des marchandises, des chaises de poste, des chevaux ou des bestiaux. les plates-formes et, en général, toutes les parties du matériel roulant, seront de bonne et solide construction.

La compagnie sera tenue, pour la mise en service de se soumettre à tous les règlements sur la matière.

Les machines locomotives, tenders, voitures, wagons de toute espèce, plates-formes, composant le matériel roulant, seront constamment entretenus en bon état.

Art. 33. — Des règlements d'Administration publique, rendus après que la compagnie aura été entendue, détermineront les mesures et les dispositions nécessaires pour assurer la police et l'exploitation du chemin de fer, ainsi que la conservation des ouvrages qui en dépendent.

Toutes les dépenses qu'entraînera l'exécution des mesures prescrites en vertu de ces règlements seront à la charge de la compagnie.

La compagnie sera tenue de soumettre à l'approbation de l'Administration les règlements relatifs au service et à l'exploitation du chemin de fer.

Les règlements dont il s'agit dans les deux paragraphes précédents seront obligatoires non seulement pour la compagnie concessionnaire, mais encore pour toutes celles qui obtiendraient ultérieurement l'autorisation d'établir des lignes de chemins de fer d'embranchement ou de prolongement, et, en général, pour toutes les personnes qui emprunteraient l'usage du chemin de fer.

Le Ministre déterminera, sur la proposition de la compagnie, le minimum et le maximum de vitesse des convois de voyageurs et de marchandises, et des convois spéciaux des Postes, ainsi que la durée du trajet.

Art. 34. — Pour tout ce qui concerne l'entretien et les réparations du chemin de fer et de ses dépendances, l'entretien du matériel et le service de l'exploitation, la compagnie sera soumise au contrôle et à la surveillance de l'Administration.

Outre la surveillance ordinaire, l'Administration déléguera, aussi souvent qu'elle le jugera utile, un ou plusieurs commissaires pour reconnaître et constater l'état du chemin de fer, de ses dépendances et du matériel.

TITRE III.

DURÉE, RACHAT ET DÉCHÉANCE DE LA CONCESSION.

Art. 35. — La durée de la concession, pour la ligne mentionnée à l'article premier du présent cahier des charges, commencera à courir à partir de la date de la loi de concession. Elle prendra fin le 31 Décembre 1958.

Art. 36. — A l'époque fixée pour l'expiration de la concession et par le seul fait de cette expiration, le Gouvernement sera subrogé à tous les droits de la compagnie sur le chemin de fer et ses dépendances, et il entrera immédiatement en jouissance de tous ses produits.

La Compagnie sera tenue de lui remettre, en bon état d'entretien, le chemin de fer et tous les immeubles qui en dépendent, quelle qu'en soit l'origine, tels que les bâtiments des gares et stations, les remises, ateliers et dépôts, les maisons de gardes, etc. Il en sera de même de tous les objets immobiliers dépendant également dudit chemin, tels que les barrières et clôtures, les voies et changements de voies, plaques tournantes, réservoirs d'eau, grues hydrauliques, machines fixes, etc.

Dans les cinq dernières années qui précéderont le terme de la concession, le Gouvernement aura le droit de saisir les revenus du chemin de fer et de les employer à rétablir en bon état le chemin de fer et ses dépendances, si la compagnie ne se mettait pas en mesure de satisfaire pleinement et entièrement à cette obligation.

En ce qui concerne les objets mobiliers, tels que le matériel roulant, les matériaux, combustibles et approvisionnements de tous genres le mobilier des stations, l'outillage des ateliers et des gares, l'Etat sera tenu, si la compagnie le requiert, de reprendre tous ces objets sur l'estimation qui en sera faite à dire d'experts, et réciproquement, si l'Etat le requiert, la compagnie sera tenue de les céder de la même manière.

Toutefois, l'Etat ne pourra être tenu de reprendre que les approvisionnements nécessaires à l'exploitation du chemin pendant six mois.

Art. 37. — A toute époque, après l'expiration des quinze premières années de la concession, le Gouvernement aura la faculté de racheter la concession entière du chemin de fer.

Pour régler le prix du rachat, on relèvera les produits nets annuels obtenus par la compagnie pendant les sept années qui auront précédé celle où le rachat sera effectué ; on en déduira les produits nets des deux plus faibles années, et l'on établira le produit net moyen des cinq autres années.

Ce produit net moyen formera le montant d'une annuité, qui sera due et payée à la compagnie pendant chacune des années restant à courir sur la durée de la concession.

Dans aucun cas, le montant de l'annuité ne sera inférieur au produit net de la dernière des sept années prises pour terme de comparaison.

La compagnie recevra, en outre, dans les trois mois qui suivront le rachat, les remboursements auxquels elle aurait droit à l'expiration de la concession, suivant l'article 36 ci-dessus.

Dans tous les cas où il serait fait concession à la compagnie de nouvelles lignes de chemin de fer, si le Gouvernement use du droit qui lui est réservé par le présent article de racheter la concession entière, la compagnie pourra demander que les lignes dont la concession remonte à moins de quinze ans soient évaluées, non d'après leurs produits nets, mais d'après leur prix réel de premier établissement.

Art. 38. — Si la compagnie n'a pas commencé les travaux dans le délai fixé par l'article 2, elle sera déchue de plein droit, sans qu'il y ait lieu à aucune notification accusée ou mise en demeure préalable.

Dans ce cas, la somme de 670000 fr. qui aura été déposée, ainsi qu'il sera dit à l'article 68, à titre de cautionnement, deviendra la propriété de l'Etat et restera acquise au Trésor Public.

Art. 39. — Faute par la compagnie d'avoir terminé les travaux dans le délai fixé par l'article 2, faute aussi par elle d'avoir rempli les diverses obligations qui lui sont imposées par le présent cahier des charges, elle encourra la déchéance, et il sera pourvu tant à la continuation et à l'achèvement des travaux qu'à l'exécution des autres engagements contractés par la compagnie au moyen d'une adjudication que l'on ouvrira sur une mise à prix des ouvrages exécutés, des matériaux approvisionnés et des parties du chemin de fer déjà livrées à l'exploitation.

Les soumissions pourront être inférieures à la mise à prix.

La nouvelle compagnie sera soumise aux clauses du présent cahier des charges, et la compagnie évincée recevra d'elle le prix que la nouvelle adjudication aura fixé.

La partie du cautionnement qui n'aura pas encore été restituée deviendra la propriété de l'Etat.

Si l'adjudication ouverte n'amène aucun résultat, une seconde adjudication sera tentée sur les mêmes bases, après un délai de trois mois; si cette seconde tentative reste également sans résultat, la compagnie sera définitivement déchue de tous droits, et alors les ouvrages exécutés, les matériaux approvisionnés et les parties de chemin de fer déjà livrées à l'exploitation appartiendront à l'Etat.

Art. 40. — Si l'exploitation du chemin de fer vient à être interrompue en totalité ou en partie, l'Administration prendra immédiatement, aux frais et risques de la compagnie, les mesures nécessaires pour assurer provisoirement le service.

Si, dans les trois mois de l'organisation du service provisoire, la compagnie n'a pas valablement justifié qu'elle est en état de reprendre et de continuer l'exploitation, et si elle ne l'a pas effectivement reprise, la déchéance pourra être prononcée par le Ministre. Cette déchéance prononcée, le chemin de fer et toutes ses dépendances seront mis en adjudication, et il sera procédé ainsi qu'il est dit à l'article précédent.

Art. 41. — Les dispositions des trois articles qui précèdent cesseraient d'être applicables, et la déchéance ne serait pas encourue, dans le cas où le concessionnaire n'aurait pu remplir ses obligations par suite de circonstances de force majeure dûment constatées.

TITRE IV

TAXES ET CONDITIONS RELATIVES AU TRANSPORT DES VOYAGEURS ET DES MARCHANDISES

Art. 42. — Pour indemniser la compagnie des travaux et dépenses qu'elle s'engage à faire par le présent cahier des charges, et sous la condition expresse qu'elle en remplira exactement toutes les obligations, le Gouvernement lui accorde l'autorisation de percevoir, pendant toute la durée de la concession, les droits de péage et les prix de transports ci-après déterminés :

TARIF	PRIX de péage	PRIX de transport	PRIX Totaux
	fr. c.	fr. c.	fr. c.
1° — PAR TÊTE ET PAR KILOMÈTRE			
Grande Vitesse			
Voyageurs { Voitures couvertes, garnies et fermées à glaces (1re classe).........	0.067	0.033	0.10
Voyageurs { Voitures couvertes, fermées à glaces, et banquettes rembourées (2e classe)	0.050	0.025	0.075
Voyageurs { Voitures couvertes et fermées à vitres (2e classe).................	0.037	0.018	0.055
Enfants { Au-dessous de trois ans, les enfants ne payent rien, à la condition d'être portés sur les genoux des personnes qui les accompagnent. De trois à sept ans, ils payent demi-place et ont droit à une place distincte; toutefois, dans un même compartiment, deux enfants ne pourront occuper que la place d'un voyageur. Au-dessus de sept ans, ils payent place entière.			
Chiens transportés dans les trains de voyageurs (sans que la perception puisse être inférieure à 0f.30).	0.01	0.005	0.015
Petite Vitesse			
Bœufs, vaches, taureaux, chevaux, mulets, bêtes de trait..........................	0.07	0.03	0.10
Veaux et porcs..........................	0.025	0.015	0.04
Moutons, brebis, agneaux, chèvres............	0.01	0.01	0.02
Lorsque les animaux ci-dessus dénommés seront, sur la demande des expéditeurs, transportés à la vitesse des trains de voyageurs, les prix seront doublés.			
2° — PAR TONNE ET PAR KILOMÈTRE			
Marchandises transportées à grande vitesse			
Huîtres. — Poissons frais. — Denrées. — Exédents de bagages et marchandises de toute classe transportées à la vitesse des trains de voyageurs...........	0.20	0.16	0.36
Marchandises transportées à petite vitesse			
1re classe { Spiritueux. — Huiles. — Bois de menuiserie, de teintures et autres bois exotiques. — Produits chimiques non dénommés. — Oeufs. — Viande fraîche. — Gibier. — Sucre. — Café. — Drogues. — Epiceries. — Tissus. — Denrées coloniales. — Objets manufacturés. — Armes....	0.09	0.07	0.16

TARIF			PRIX de péage	PRIX de transport	PRIX Totaux
2e classe	Blés. — Grains. — Farines. — Légumes farineux. — Riz, Maïs, Châtaignes et autres denrées alimentaires non dénommées. — Chaux et plâtre Charbon de bois. — Bois à brûler dit de corde - Perches. - Chevrons. - Planches. — Madriers. — Bois de charpente. — Marbre en blocs. — Albâtre. — Bitume. - Cotons. - Laines - Vins. — Vinaigres. — Boissons. — Bières.-Levûre sèche. — Coke - Fer. — Cuivre. — Plomb et autres métaux ouvrés ou non. — Fontes moulées.		0.08	0.06	0.14
3e classe	Pierres de taille et produits de carrières - Minerais autres que ceux du fer. — Fonte brute. — Sel. — Moëllons. — Meulière. — Argiles. — Briques. — Ardoises.		0.06	0.04	0.10
4e classe	Houille. - Marne. — Cendres. - Fumiers et engrais. - Pierres à chaux et à plâtre. — Pavés et matériaux pour la construction et la réparation des routes - Minerais de fer. - Cailloux et sables.	Pour les parcours de 0 à 100 kil., sans que la taxe puisse être supérieure à 5 f.	0.05	0.03	0.08
		Pour les parcours de 101 à 300 kil., sans que la taxe puisse dépasser 12 francs.	0.03	0.02	0.05
		Au delà de 300 kil.	0.025	0.015	0.04

3° VOITURES ET MATÉRIEL ROULANT TRANSPORTÉS A PETITE VITESSE

Par pièce et par kilomètre

	de péage	de transport	Totaux
Wagon ou chariot pouvant porter de 3 à 6 tonnes.	0.09	0.06	0.15
Wagon ou chariot pouvant porter plus de 6 tonnes.	0.12	0.08	0.20
Locomotive pesant de 12 à 18 tonnes (ne trainant pas de convoi)	1.80	1.20	3.00
Locomotive pesant plus de 18 tonnes (ne trainant pas de convoi)	2.25	1.50	3.75
Tender de 7 à 10 tonnes	0.90	0.60	1.50
Tender de plus de 10 tonnes	1.35	0.90	2.25

Les machines locomotives seront considérées comme ne traînant pas de convoi, lorsque le convoi remorqué soit de voyageurs, soit de marchandises, ne comportera pas un péage au moins égal à celui qui serait

TARIF	PRIX de péage	PRIX de transport	PRIX Totaux
perçu sur la locomotive, avec son tender, marchant sans rien traîner.			
Le prix à payer pour un wagon chargé ne pourra jamais être inférieur à celui qui serait dû pour un wagon marchant à vide.			
Voiture à deux ou à quatre roues, à un fond et à une seule banquette dans l'intérieur	0.15	0.10	0.25
Voitures à quatre roues, à deux fonds et à deux banquettes dans l'intérieur, omnibus, diligences, etc.	0.18	0.14	0.32
Lorsque, sur la demande des expéditeurs, les transports auront lieu à la vitesse des trains de voyageurs, les prix ci dessus seront doublés			
Dans ce cas, deux personnes pourront, sans supplément de prix, voyager dans les voitures à une banquette, et trois dans les voitures à deux banquettes, omnibus, diligences, etc. Les voyageurs excédant ce nombre payeront le prix des places de deuxième classe.			
Voiture de déménagement à deux ou quatre roues, à vide..	0.12	0.08	0.20
Ces voitures, lorsqu'elles seront chargées, payeront en sus des prix ci-dessus, par tonne de chargement et par kilomètre.......	0.08	0.06	0.14
4° SERVICE DES POMPES FUNÈBRES ET TRANSPORT DES CERCUEILS			
Grande vitesse			
Une voiture des pompes funèbres, renfermant un ou plusieurs cercueils sera transportée aux mêmes prix et conditions qu'une voiture à quatre roues, à deux fonds et à deux banquettes.......	0.36	0.28	0.64
Chaque cercueil confié à l'administration du chemin de fer sera transporté, pour les trains ordinaires dans un compartiment isolé, au prix de..................	0.18	0.12	0.30
Et pour les trains express dans une voiture spéciale, au prix de	0.60	0.40	1.00

Les prix déterminés ci-dessus pour les transports à grande vitesse ne comprennent pas l'impôt dû à l'Etat.

Il est expressément entendu que les prix de transport ne seront dus à la compagnie qu'autant qu'elle effectuerait elle-même ces transports à ses frais et par ses propres moyens ; dans le cas contraire, elle n'aura droit qu'aux prix fixés pour le péage.

La perception aura lieu d'après le nombre de kilomètres parcourue. Tout kilomètre entamé sera payé comme s'il avait été parcouru en entier.

Si la distance parcourue est inférieure à 6 kilomètres, elle sera comptée pour 6 kilomètres.

Le poids de la tonne est de 1000 kilogrammes.

Les fractions de poids ne seront comptées, tant pour la grande que pour la petite vitesse, que par centième de tonne ou par 10 kilogrammes.

Ainsi, tout poids compris entre 0 et 10 kilogrammes payera comme 10 kilogrammes ; entre 10 et 20 kilogrammes, comme 20 kilogrammes, etc.

Toutefois, pour les excédents de bagages et marchandises à grande vitesse, les coupures seront établies : 1° de 0 à 5 kilogrammes ; 2° au-dessus de 5 jusqu'à 10 kilogrammes ; 3° au-dessus de 10 kilogrammes, par fraction indivisible de 10 kilogrammes.

Quelle que soit la distance parcourue, le prix d'une expédition quelconque, soit en grande, soit en petite vitesse, ne pourra être moindre de 40 centimes.

Dans le cas où le prix de l'hectolitre de blé s'élèverait, sur le marché régulateur de Paris à 20 francs ou au-dessus, le Gouvernement pourra exiger de la compagnie que le tarif du transport des blés, grains, riz, maïs, farines et légumes farineux, péage compris, ne puisse s'élever, au maximum, qu'à 0 f. 07 par tonne et par kilomètre.

Art. 43. — A moins d'une autorisation spéciale et révocable de l'Administration, tout train régulier de voyageurs devra contenir des voitures de toute classe en nombre suffisant pour toutes les personnes qui se présenteraient au bureau du chemin de fer.

Dans chaque train de voyageurs, la compagnie aura la faculté de placer des voitures à compartiments spéciaux, pour lesquelles il sera établi des prix particuliers, que l'Administration fixera sur la proposition de la compagnie ; mais le nombre des places à donner dans ces compartiments ne pourra dépasser le cinquième du nombre total des places du train.

Art. 44. — Tout voyageur dont le bagage ne pèsera pas plus de 30 kilogrammes n'aura à payer, pour le port de ce bagage, aucun supplément du prix de sa place.

Cette franchise ne s'appliquera pas aux enfants transportés gratuitement, et elle sera réduite à 20 kilogrammes pour les enfants transportés à moitié prix.

Art. 45. — Les animaux, denrées, marchandises, effets et autres objets non désignés dans le tarif, seront rangés pour les droits à percevoir, dans les classes avec lesquelles ils auront le plus d'analogie, sans que jamais, sauf les exceptions formulées aux articles 46 et 47 ci-après, aucune marchandise non dénommée puisse être soumise à une taxe supérieure à celle de la première classe du tarif ci-dessus.

Les assimilations de classe pourront être être provisoirement réglées par la compagnie ; mais elles seront soumises immédiatement à l'Administration, qui prononcera définitivement.

Art. 46. — Les droits de péage et les prix de transport déterminés au tarif ne sont pas applicables à toute masse indivisible pesant plus de 3000 kilogrammes.

Néanmoins, la compagnie ne pourra se refuser à transporter les masses indivisibles pesant de 3000 à 5000 kilogrammes, mais les droits de péage et le prix de transport seront augmentés de moitié.

La compagnie ne pourra être contrainte à transporter les masses pesant plus de 5000 kilogrammes.

Si, nonobstant la disposition qui précède, la compagnie transporte des masses indivisibles pesant plus de 5000 kilogrammes, elle devra, pendant trois mois au moins, accorder les mêmes facilités à tous ceux qui en feraient la demande.

Dans ce cas, les prix de transport seront fixés par l'Administration, sur la proposition de la compagnie.

Art. 47. — Les prix de transport déterminés au tarif ne sont point applicables :

1° Aux denrées et objets qui ne sont pas nommément énoncés dans le tarif et qui ne pèseraient pas 200 kilogrammes sous le volume d'un mètre cube ;

2° Aux matières inflammables ou explosibles, aux animaux et objets dangereux pour lesquels des règlements de police prescriraient des précautions spéciales ;

3° Aux animaux dont la valeur déclarée excéderait 5000 francs ;

4° A l'or et à l'argent, soit en lingots, soit monnayés ou travaillés, au plaqué d'or ou d'argent, au mercure et au platine, ainsi qu'aux bijoux, dentelles, pierres précieuses, objet d'art et autres valeurs ;

5° Et, en général, à tous paquets, colis ou excédents de bagages, pesant isolément 40 kilogrammes et au-dessous.

Toutefois, les prix de transport déterminés au tarif sont applicables à tous paquets ou colis, quoique emballés à part, s'ils font partie d'envois, pesant ensemble plus de 40 kilogrammes, d'objets envoyés par une même personne à une même personne. Il en sera de même pour les excédents de bagage qui pèseraient ensemble ou isolément plus de 40 kilogrammes.

Le bénéfice de la disposition énoncée dans le paragraphe précédent, en ce qui concerne les paquets et colis, ne peut être invoqué par les entrepreneurs de messageries et de roulage et autres intermédiaires de transport, à moins que les articles par eux envoyés ne soient réunis en un seul colis.

Dans les cinq cas ci-dessus spécifiés, les prix de transport seront arrêtés annuellement par l'Administration, tant pour la grande que pour la petite vitesse, sur la proposition de la compagnie.

En ce qui concerne les paquets ou colis mentionnés au paragraphe 5 ci-dessus, les prix de transport devront être calculés de telle manière qu'en aucun cas un de ces paquets ou colis ne puisse payer un prix plus élevé qu'un article de même nature pesant 40 kilogrammes.

Art. 48. — Dans le cas où la compagnie jugerait convenable, soit pour le parcours total, soit pour les parcours partiels de la voie de fer, d'abaisser, avec ou sans conditions, au-dessous des limites déterminées par le tarif, les taxes qu'elle est autorisée à percevoir, les taxes abaissées ne pourront être relevées qu'après un délai de trois mois au moins pour les voyageurs, et d'un an pour les marchandises.

Toute modification de tarif proposée par la compagnie sera annoncée un mois d'avance par des affiches

La perception des tarifs modifiés ne pourra avoir lieu qu'avec l'homologation de l'Administration supérieure, conformément aux dispositions de l'ordonnance du 15 Novembre 1846.

La perception des taxes devra se faire indistinctement et sans aucune faveur.

Tout traité particulier qui aurait pour effet d'accorder à un ou plusieurs expéditeurs une réduction sur les tarifs approuvés demeure formellement interdit.

Toutefois, cette disposition n'est pas applicable aux traités qui pourraient intervenir entre le Gouvernement et la compagnie, dans l'intérêt des services publics, ni aux réductions ou remises qui seraient accordées par la compagnie aux indigents.

En cas d'abaissement des tarifs, la réduction portera proportionnellement sur le péage et sur le transport.

Art. 49. — La compagnie sera tenue d'effectuer constamment avec soin, exactitude et célérité, et sans tour de faveur, le transport des voyageurs, bestiaux, denrées, marchandises et objets quelconques qui lui seront confiés.

Les colis, bestiaux et objets quelconques seront inscrits, à la gare d'où ils partent et à la gare où ils arrivent, sur des registres spéciaux, au fur et à mesure de leur réception; mention sera faite, sur le registre de la gare de départ, du prix total dû pour leur transport.

Pour les marchandises ayant une même destination, les expéditions auront lieu suivant l'ordre de leur inscription à la gare de départ.

Toute expédition de marchandises sera constatée, si l'expéditeur le demande, par une lettre de voiture, dont un exemplaire restera aux mains de la compagnie et l'autre aux mains de l'expéditeur. Dans le cas où l'expéditeur ne demanderait pas de lettre de voiture, la compagnie sera tenue de lui délivrer un récépissé qui énoncera la nature et le poids du colis, le prix total du transport et le délai dans lequel ce transport devra être effectué.

Art. 50. — Les animaux, denrées, marchandises et objets quelconques seront expédiés et livrés de gare en gare, dans les délais résultant des conditions ci-après exprimées :

1° Les animaux, denrées, marchandises et objets quelconques, à grande vitesse, seront expédiés par le premier train de voyageurs comprenant des voitures de toutes classes et correspondant avec leur destination, pourvu qu'ils aient été présentés à l'enregistrement trois heures avant le départ de ce train.

Ils seront mis à la disposition des destinataires, à la gare, dans le délai de deux heures après l'arrivée du même train.

2° Les animaux, denrées, marchandises et objets quelconques, à petite vitesse, seront expédiés dans le jour qui suivra celui de la remise; toutefois, l'Administration supérieure pourra étendre ce délai à deux jours.

Le maximum de durée du trajet sera fixé par l'Administration, sur la proposition de la compagnie, sans que ce maximum puisse excéder vingt-quatre heures par fraction indivisible de 125 kilomètres.

Les colis seront mis à la disposition des destinataires dans le jour qui suivra celui de leur arrivée en gare.

Le délai total résultant des trois paragraphes ci-dessus sera seul obligatoire pour la compagnie.

Il pourra être établi un tarif réduit, approuvé par le Ministre, pour tout expéditeur qui acceptera des délais plus longs que ceux déterminés ci-dessus pour la petite vitesse.

Pour le transport des marchandises, il pourra être établi, sur la proposition de la compagnie, un délai moyen entre ceux de la grande et de la petite vitesse. Le prix correspondant à ce délai sera un prix intermédiaire entre ceux de la grande et de la petite vitesse.

L'Administration supérieure déterminera, par des règlements spéciaux, les heures d'ouverture et de fermeture des gares et stations, tant en hiver qu'en été, ainsi que les dispositions relatives aux denrées apportées par les trains de nuit et destinées à l'approvisionnement des marchés des villes.

Lorsque la marchandise devra passer d'une ligne sur une autre sans solution de continuité, les délais de livraison et d'expédition au point de jonction seront fixés par l'Administration, sur la proposition de la compagnie.

Art. 51. — Les frais accessoires non mentionnés dans les tarifs, tels que ceux d'enregistrement, de chargement, de déchargement et de magasinage dans les gares et magasins du chemin de fer, seront fixés annuellement par l'Administration, sur la proposition de la compagnie.

Art. 52. — La compagnie sera tenue de faire, soit par elle-même, soit par un intermédiaire dont elle répondra, le factage et le camionnage, pour la remise au domicile des destinataires de toutes les marchandises qui lui sont confiées.

Le factage et le camionnage ne seront point obligatoires en dehors du rayon de l'octroi, non plus que pour les gares qui desserviraient soit une population agglomérée de moins de cinq mille habitants, soit un centre de population de cinq mille habitants situé à plus de 5 kilomètres de la gare du chemin de fer.

Les tarifs à percevoir seront fixés par l'Administration, sur la proposition de la compagnie. Ils seront applicables à tout le monde, sans distinction.

Toutefois, les expéditeurs et destinataires resteront libres de faire eux-mêmes et à leurs frais le factage et le camionnage des marchandises.

Art. 53. — A moins d'une autorisation spéciale de l'Administration, il est interdit à la compagnie, conformément à l'article 14 de la loi du 15 Juillet 1845, de faire directement ou indirectement avec des entreprises de transport de voyageurs ou de marchandises par terre ou par eau, sous quelque dénomination ou forme que ce puisse être, des arrangements qui ne seraient pas consentis en faveur de toutes les entreprises desservant les mêmes voies de communication.

L'Administration, agissant en vertu de l'article 33 ci-dessus, prescrira les mesures à prendre pour assurer la plus complète égalité entre les diverses entreprises de transport, dans leurs rapports avec le chemin de fer.

TITRE V

Stipulations relatives a divers services publics

Art. 54. — Les militaires ou marins voyageant en corps, aussi bien que les militaires ou marins voyageant isolément pour cause de service, envoyés en congé limité ou en permission, ou rentrant dans leurs foyers après libération, ne seront assujettis, eux, leurs chevaux et leurs bagages, qu'au quart de la taxe du tarif fixé par le présent cahier des charges.

Si le Gouvernement avait besoin de diriger des troupes et un matériel militaire ou naval sur l'un des points desservis par le chemin de fer, la compagnie serait tenue de mettre immédiatement à sa disposition, pour la moitié de la taxe du même tarif, tous ses moyens de transport.

Art. 55. — Les fonctionnaires ou agents chargés de l'inspection, du contrôle et de la surveillance du chemin de fer, seront transportés gratuitement dans les voitures de la compagnie.

La même faculté est accordée aux agents des contributions indirectes et des douanes chargés de la surveillance des chemins de fer dans l'intérêt de la perception de l'impôt.

Art. 56. — Le service des lettres et dépêches sera fait comme il suit :

1° A chacun des trains de voyageurs et de marchandises circulant aux heures ordinaires de l'exploitation, la compagnie sera tenue de réserver, gratuitement, deux compartiments spéciaux d'une voiture de 2e classe, ou un espace équivalent, pour recevoir les lettres, les dépêches et les agents nécessaires au service des Postes, le surplus de la voiture restant à la disposition de la compagnie.

2° Si le volume des dépêches ou la nature du service rend insuffisante la capacité de deux compartiments à deux banquettes, de sorte qu'il y ait lieu de substituer une voiture spéciale aux wagons ordinaires, le transport de cette voiture sera également gratuit.

Lorsque la compagnie voudra changer les heures de départ de ses convois ordinaires, elle sera tenue d'en avertir l'administration des Postes quinze jours à l'avance.

3° Un train spécial régulier, dit *Train journalier de la poste*, sera mis gratuitement chaque jour, à l'aller et au retour, à la disposition du Ministre des Postes et des Télégraphes, pour le transport des dépêches sur toute l'étendue de la ligne.

4° L'étendue du parcours, les heures de départ et d'arrivée, soit de jour, soit de nuit, la marche et les stationnements de ce convoi, sont réglés par le Ministre des Travaux Publics et le Ministre des Postes et des Télégraphes, la compagnie entendue.

5° Indépendamment de ce train, il pourra y avoir tous les jours, à l'aller et au retour, un ou plusieurs convois spéciaux, dont la marche sera réglée comme il est dit ci-dessus. La rétribution payée à la compagnie, pour chaque convoi, ne pourra excéder 75 centimes par kilomètre parcouru pour la première voiture, et 25 centimes pour chaque voiture en sus de la première ;

6° La compagnie pourra placer dans les convois spéciaux de la Poste des voitures de toutes classes, pour le transport, à son profit, des voyageurs et des marchandises ;

7° La compagnie ne pourra être tenue d'établir des convois spéciaux ou de changer les heures de départ, la marche ou le stationnement de ces convois, qu'autant que l'Administration l'aura prévenue, par écrit, quinze jours à l'avance.

8° Néanmoins, toutes les fois qu'en dehors des services réguliers, l'Administration requerra l'expédition d'un convoi extraordinaire, soit de jour, soit de nuit, cette expédition devra être faite immédiatement, sauf l'observation des règlements de police. Le prix sera ultérieurement réglé, de gré à gré ou à dire d'experts, entre l'Administration et la Compagnie ;

9° L'Administration des Postes fera construire, à ses frais, les voitures qu'il pourra être nécessaire d'affecter spécialement au transport et à la manutention des dépêches. Elle règlera la forme et les dimensions de ces voitures, sauf l'approbation, par le Ministre des Travaux Publics des dispositions qui intéressent la régularité et la sécurité de la circulation. Elle seront montées sur châssis et sur roues. Leur poids ne dépassera pas 8000 kilogrammes, chargement compris. L'Administration des Postes fera entretenir, à ses frais, ses voitures spéciales ; toutefois, l'entretien des châssis et des roues sera à la charge de la compagnie ;

10° La compagnie ne pourra réclamer aucune augmentation des prix ci-dessus indiqués, lorsqu'il sera nécessaire d'employer des plates-formes au transport des malles-poste ou des voitures spéciales en réparation ;

11° La vitesse moyenne des convois spéciaux mis à la disposition de l'Administration des Postes ne pourra être moindre de 40 kilomètres à l'heure, temps d'arrêt compris ; l'Administration pourra consentir une vitesse moindre, soit à raison des pentes, soit à raison des courbes à parcourir, ou bien exiger une plus grande vitesse, dans le cas où la compagnie obtiendrait plus tard, dans la marche de son service, une vitesse supérieure ;

12° La compagnie sera tenu de transporter gratuitement, par tous les convois de voyageurs, tout agent des Postes chargé d'une mission ou d'un service accidentel et porteur d'un ordre de service régulier, délivré à Paris par le Directeur général des Postes. Il sera accordé à l'agent des Postes en mission une place de voiture de deuxième classe, ou de première classe si le convoi ne comporte pas de voitures de deuxième classe ;

13° La compagnie sera tenue de fournir à chacun des points extrêmes de la ligne, ainsi qu'aux principales stations intermédiaires qui seront désignées par l'Administration des Postes, un emplacement sur lequel l'Administration pourra faire construire des bureaux de poste ou d'entrepôt des dépêches, et des hangars pour le chargement et le déchargement des malles-poste. Les dimensions de cet emplacement seront, au maximum, de 64 mètres carrés dans les gares des départements et du double à Paris ;

14° La valeur locative du terrain ainsi fourni par la compagnie lui sera payée de gré à gré ou à dire d'experts ;

15° La position sera choisie de manière que les bâtiments qui y seront construits aux frais de l'Administration des Postes ne puissent entraver en rien le service de la compagnie.

16° L'Administration se réserve le droit d'établir, à ses frais, sans indemnité, mais aussi sans responsabilité pour la compagnie, tous poteaux ou appareils nécessaires à l'échange des dépêches sans arrêt de train, à la condition que ces appareils, par leur nature ou leur position, n'apportent pas d'entraves aux différents services de la ligne ou des stations;

17° Les employés chargés de la surveillance du service, les agents préposés à l'échange ou à l'entrepôt des dépêches, auront accès dans les gares ou stations pour l'exécution de leur service, en se conformant aux règlements de police intérieure de la compagnie.

Art. 57. — La compagnie sera tenu, à toute réquisition, de faire partir, par convoi ordinaire, les wagons ou voitures cellulaires employés au transport des prévenus, accusés ou condamnés.

Les wagons et les voitures employés au service dont il s'agit seront construits aux frais de l'Etat ou des départements; leurs formes et dimensions seront déterminées de concert par le Ministre de l'Intérieur et par le Ministre des Travaux Publics, la compagnie entendue.

Les employés de l'Administration, les gardiens et les prisonniers placés dans les wagons ou voitures cellulaires, ne seront assujettis qu'à la moitié de la taxe applicable aux places de troisième classe, telle qu'elle est fixée par le présent cahier des charges.

Les gendarmes placés dans les mêmes voitures ne payeront que le quart de la même taxe.

Le transport des wagons et des voitures sera gratuit.

Dans le cas où l'Administration voudrait, pour le transport des prisonniers, faire usage des voitures de la compagnie, celle-ci serait tenue de mettre à sa disposition un ou plusieurs compartiments spéciaux de voitures de deuxième classe à deux banquettes. Le prix de location en sera fixé à raison de 20 centimes par compartiment et par kilomètre.

Les dispositions qui précèdent seront applicables au transport des jeunes délinquants recueillis par l'Administration, pour être transférés dans les établissements d'éducation.

Art. 58. — Le Gouvernement se réserve la faculté de faire, le long des voies, toutes les constructions, de poser tous les appareils nécessaires à l'établissement d'une ligne télégraphique, sans nuire au service du chemin de fer.

Sur la demande de l'Administration des lignes télégraphiques, il sera réservé, dans les gares des villes et des localités qui seront désignées ultérieurement, le terrain nécessaire à l'établissement des maisonnettes destinées à recevoir le bureau télégraphique et son matériel.

La compagnie concessionnaire sera tenue de faire garder, par ses agents, les fils et les appareils des lignes électriques, de donner aux employés télégraphiques connaissance de tous les accidents qui pourraient survenir et de leur en faire connaître les causes. En cas de rupture du fil télégraphique, les employés de la compagnie auront à raccrocher provisoirement les bouts séparés, d'après les instructions qui leur seront données à cet effet.

Les agents de la Télégraphie voyageant pour le service de la ligne électrique, auront le droit de circuler gratuitement dans les voitures du chemin de fer.

En cas de rupture du fil télégraphique ou d'accidents graves, une locomotive sera mise immédiatement à la disposition de l'Inspecteur télégraphique de la ligne, pour le transporter sur le lieu de l'accident avec les hommes et les matériaux nécessaires à la réparation. Ce transport sera gratuit, et il devra être effectué dans des conditions telles, qu'il ne puisse entraver en rien la circulation publique.

Dans le cas où des déplacements de fils, appareils ou poteaux deviendraient nécessaires par suite de travaux exécutés sur le chemin, ces déplacements auront lieu, aux frais de la compagnie par les soins de l'administration des lignes télégraphiques.

La compagnie pourra être autorisée, et au besoin requise par le Ministre des Travaux Publics, agissant de concert avec le Ministre de l'Intérieur, d'établir, à ses frais, les fils et appareils télégraphiques destinés à transmettre les signaux nécessaires pour la sûreté et la régularité de son exploitation.

Elle pourra, avec l'autorisation du Ministre de l'Intérieur, se servir des poteaux de la ligne télégraphique de l'Etat, lorsqu'une semblable ligne existera sur la voie.

La compagnie sera tenue de se soumettre à tous les règlements d'administration publique concernant l'établissement et l'emploi de ces appareils, ainsi que l'organisation, aux frais de la compagnie, du contrôle de ce service par les agents de l'Etat.

TITRE VI

CLAUSES DIVERSES

Art. 59. — Dans le cas où le Gouvernement ordonnerait ou autoriserait la construction de routes nationales, départementales ou vicinales, de chemins de fer ou de canaux qui traverseraient la ligne, objet de la présente concession, la compagnie ne pourra s'opposer à ces travaux; mais toutes les dispositions nécessaires seront prises pour qu'il n'en résulte aucun obstacle à la construction ou au service du chemin de fer, ni aucuns frais pour la compagnie.

Art. 60. — Toute exécution ou autorisation ultérieure de route, de canal, de chemin de fer, de travaux de navigation dans la contrée où est situé le chemin de fer objet de la présente concession, ou dans toute autre contrée voisine ou éloignée, ne pourra donner ouverture à aucune demande d'indemnité de la part de la compagnie.

Art. 61. — Le Gouvernement se réserve expressément le droit d'accorder de nouvelles concessions de chemins de fer s'embranchant sur le chemin qui fait l'objet du présent cahier des charges, ou qui seraient établis en prolongement du même chemin.

La Compagnie ne pourra mettre aucun obstacle à ces embranchements, ni réclamer, à l'occasion de leur établissement, aucune indemnité quelconque, pourvu qu'il n'en résulte aucun obstacle à la circulation, ni aucuns frais particuliers à la compagnie.

Les compagnies concessionnaires de chemins de fer d'embranchement ou de prolongement auront la faculté moyennant les tarifs ci-dessus déterminés, et l'observation des règlements de police et de service établis ou à établir, de faire circuler leurs voitures, wagons et machines, sur le chemin de fer objet de la presente concession, pour lequel cette faculté sera réciproque à l'égard desdits embranchements et prolongements.

Dans ce cas, les dites compagnies ne payeront le prix de péage que pour le nombre de kilomètres réellement parcourus, un kilomètre entamé étant d'ailleurs considéré comme parcouru.

Dans le cas où les diverses compagnies ne pourraient s'entendre entre elles sur l'exercice de cette faculté, le Gouvernement statuerait sur les difficultés qui s'élèveraient entre elles à cet égard.

Dans le cas où une Compagnie d'embranchement ou de prolongement, joignant la ligne qui fait l'objet de la présente concession, n'useraient pas de la faculté de circuler sur cette ligne, comme aussi dans le cas où la compagnie concessionnaire de cette ligne ne voudrait pas circuler sur les prolongements et embranchements, les compagnies seraient tenues de s'arranger entre elles, de manière que le service du transport ne soit jamais interrompu aux points de jonction des diverses lignes.

Dans le cas où le service des chemins de fer d'embranchement devrait être établi dans les gares de la compagnie, la redevance à payer à ladite compagnie sera réglée d'un commun accord, entre les deux compagnies intéressées, et, en cas de dissentiment, par voie d'arbitrage.

En cas de désaccord sur le principe ou l'exercice de l'usage commun des dites gares, il sera statué par le Ministre, les deux compagnies entendues.

Celle des compagnies qui se servira d'un matériel qui ne serait pas sa propriété payera une indemnité en rapport avec l'usage et la détérioration de ce matériel. Dans le cas où les compagnies ne se mettraient pas d'accord sur la quotité de l'indemnité ou sur les moyens d'assurer la continuation du service sur toute la ligne, le Gouvernement y pourvoirait d'office et prescrirait toutes les mesures nécessaires.

La compagnie pourra être assujettie, par les décrets qui seront ultérieurement rendus pour l'exploitation des chemins de fer de prolongement ou d'embranchement, joignant ceux qui lui ont concédés à accorder aux compagnies de ces chemins une réduction de péage ainsi calculée :

1° Si le prolongement ou l'embranchement n'a pas plus de 100 kilomètres, 10 p. 100 du prix perçu par la compagnie :

2° Si le prolongement ou l'embranchement excède 100 kilomètres, 15 p. 100 ;

3° Si le prolongement ou l'embranchement excède 200 kilomètres, 20 p. 100,

4° Si le prolongement ou l'embranchement excède 300 kilomètres, 25 p. 100

La compagnie sera tenue, si l'administration le juge convenable de partager l'usage des stations établies à l'origine des chemins de fer d'embranchement avec les compagnies qui deviendraient ultérieurement concessionnaires desdits chemins. En cas de difficultés entre les compagnies pour l'application de cette clause, il sera statué par le Gouvernement.

Art. 62. — La compagnie sera tenue de s'entendre avec tout propriétaire de mines ou d'usines qui, offrant de se soumettre aux conditions prescrites ci-après, demanderait un embranchement ; à défaut d'accord, le Gouvernement statuera sur la demande, la compagnie entendue.

Les embranchements seront construits aux frais des propriétaires de mines et d'usines, et de manière à ce qu'il ne résulte de leur établissement aucune entrave à la circulation générale, aucune cause d'avarie pour le matériel, ni aucuns frais particuliers pour la compagnie.

Leur entretien devra être fait avec soin et aux frais de leurs propriétaires, et sous le contrôle de l'Administration. La compagnie aura le droit de faire surveiller par ses agents cet entretien, ainsi que l'emploi de son matériel sur les embranchements.

L'Administration pourra, à toutes époques, prescrire les modifications qui seraient jugées utiles dans la soudure, le tracé ou l'établissement de la voie desdits embranchements, et les changements seront opérés aux frais des propriétaires.

L'Administration pourra même, après avoir entendu les propriétaires, ordonner l'enlèvement temporaire des aiguilles de soudure, dans le cas où les établissements embranchés viendraient à suspendre, en tout ou en partie, leurs transports.

La compagnie sera tenue d'envoyer ses wagons sur tous les embranchements autorisés, destinés à faire communiquer des établissements de mines ou d'usines avec la ligne principale du chemin de fer.

La compagnie amènera ses wagons à l'entrée des embranchements.

Les expéditeurs ou destinataires feront conduire les wagons dans leurs établissements, pour les charger ou décharger, et les ramèneront au point de jonction avec la ligne principale, le tout à leurs frais. Les wagons ne pourront, d'ailleurs, être employés qu'au transport d'objets et marchandises destinés à la ligne principale du chemin de fer. Le temps pendant lequel les wagons séjourneront sur les embranchements particuliers ne pourra excéder six heures, lorsque l'embranchement n'aura pas plus d'un kilomètre. Le temps sera augmenté d'une demi-heure par kilomètre en sus du premier, non compris les heures de la nuit, depuis le coucher jusqu'au lever du soleil.

Dans le cas où les limites de temps seraient dépassées nonobstant l'avertissement spécial donné par la compagnie, elle pourra exiger une indemnité égale à la valeur du droit de loyer des wagons, pour chaque période de retard après l'avertissement.

Les traitements des gardiens d'aiguilles et des barrières des embranchements autorisés par l'Administration seront à la charge des propriétaires des embranchements. Ces gardiens seront nommés et payés par la compagnie, et les frais qui en résulteront lui seront remboursés par lesdits propriétaires

En cas de difficultés, il sera statué par l'Administration, la compagnie entendue.

Les propriétaires d'embranchements seront responsables des avaries que le matériel pourrait éprouver pendant son parcours ou son séjour sur ces lignes.

Dans le cas d'inexécution d'une ou de plusieurs des conditions énoncées ci-dessus, le Préfet pourra, sur la plainte de la compagnie et après avoir entendu le propriétaire de l'embranchement, ordonner, par un arrêté, la suspension du service, et faire supprimer la soudure, sauf recours à l'Administration supérieure et sans préjudice de tous dommages-intérêts que la compagnie serait en droit de répéter, pour la non-exécution de ces conditions.

Pour indemniser la compagnie de la fourniture et de l'envoi de son matériel sur les embranchements, elle est autorisée à percevoir un prix fixe de 0 f. 12 par tonne pour le premier kilomètre, et, en outre, 0 f. 04 par tonne et par kilomètre en sus du premier, lorsque la longueur de l'embranchement excédera 1 kilomètre.

Tout kilomètre entamé sera payé comme s'il avait été parcouru en entier.

Le chargement et le déchargement sur les embranchements s'opéreront aux frais des expéditeurs ou destinataires, soit qu'ils les fassent eux-mêmes, soit que la compagnie du chemin de fer consente à les opérer.

Dans ce dernier cas, ces frais seront l'objet d'un règlement arrêté par l'Administration supérieure, sur la proposition de la compagnie.

Tout wagon envoyé par la compagnie sur un embranchement devra être payé comme wagon complet, lors même qu'il ne serait pas complètement chargé.

La surcharge, s'il y en a, sera payée au prix du tarif légal et au prorata du poids réel. La compagnie sera en droit de refuser les chargements qui dépasseraient le maximum de 3500 kilogrammes, déterminé en raison des dimensions actuelles des wagons. Le maximum sera révisé par l'Administration, de manière à être toujours en rapport avec la capacité des wagons.

Les wagons seront posés à la station d'arrivée, par les soins et aux frais de la compagnie.

Art. 63. — La contribution foncière sera établie en raison de la surface des terrains occupés par le chemin de fer et ses dépendances; la cote en sera calculée, comme pour les canaux, conformément à la loi du 25 Avril 1803.

Les bâtiments et magasins dépendant de l'exploitation du chemin de fer seront assimilés aux propriétés bâties de la localité. Toutes les contributions auxquelles ces édifices pourront être soumis seront, aussi bien que la contribution foncière, à la charge de la compagnie.

Art. 64. — Les agents et gardes que la compagnie établira, soit pour la perception des droits, soit pour la surveillance et la police du chemin de fer et de ses dépendances, pourront être assermentés, et seront, dans ce cas, assimilés aux gardes champêtres.

Art. 65. — Un règlement d'Administration publique désignera, la compagnie entendue, les emplois dont la moitié devra être réservée aux anciens militaires des armées de terre et de mer libérés du service.

Art. 66. — Il sera institué, près de la compagnie, un ou plusieurs inspecteurs ou commissaires spécialement chargés de surveiller les opérations de la compagnie, pour tout ce qui ne rentre pas dans les attributions des ingénieurs de l'Etat.

Art. 67. — Les frais de visite, de surveillance et de réception des travaux, et les frais de contrôle de l'exploitation seront supportés par la compagnie. Ces frais comprendront le traitement des inspecteurs ou commissaires dont il a été question dans l'article précédent.

Afin de pourvoir à ces frais, la compagnie sera tenue de verser, chaque année, à la caisse centrale du Trésor Public une somme de 120 francs par chaque kilomètre de chemin de fer concédé. Toutefois, cette somme sera réduite à 50 francs par kilomètre pour les sections non encore livrées à l'exploitation.

Dans les dites sommes n'est pas comprise celle qui sera déterminée, en exécution de l'articles 58 ci-dessus, pour frais de contrôle du service télégraphique de la compagnie par les agents de l'Etat.

Si la compagnie ne verse pas les sommes ci-dessus réglées aux époques qui auront été fixées, le Préfet rendra un rôle exécutoire, et le montant en sera recouvré comme en matière de contributions publiques.

Art. 68. — Avant la promulgation de la loi de concession, le concessionnaire déposera au Trésor Public une somme de 670.000 f. en numéraire ou en rentes sur l'Etat, calculées conformément au décret du 31 Janvier 1872, ou en bons du Trésor ou autres effets publics, avec transfert, au profit de la Caisse des Dépôts et Consignations, de celles de ces valeurs qui seraient nominatives ou à ordre.

Cette somme formera le cautionnement de l'entreprise.

Elle sera rendue à la compagnie par cinquième et proportionnellement à l'avancement des travaux. Le dernier cinquième ne sera remboursé qu'après leur entier achèvement.

Art. 69. — La compagnie devra faire élection de domicile à Nîmes. Dans le cas où elle l'aurait pas fait, toute notification ou signification à elle adressée sera valable, lorsqu'elle sera faite au Secrétariat général de la Préfecture du Gard.

Art. 70. — Les contestations qui s'élèveraient entre la compagnie et l'Administration, au sujet de l'exécution et de l'interprétation des clauses du présent cahier des charges seront jugées administrativement par le Conseil de Préfecture du département du Gard sauf recours au Conseil d'Etat.

ANNEXE II

Règlement Uniforme

Homologué les 19 Février 1903 et 30 Décembre 1908

POUR LE TRANSPORT « INTERNATIONAL » DES MARCHANDISES PAR CHEMINS DE FER COMPRENANT :

1° La Convention internationale de Berne, ainsi que les Dispositions règlementaires pour son exécution ;
2° Les Conditions complémentaires.

Les transports internationaux entre la France, d'une part, et l'Allemagne, l'Autriche-Hongrie, la Belgique, le Danemark, l'Italie, les Pays-Bas, le Luxembourg, la Russie, la Suède, la Suisse et la Roumanie d'autre part, sont régis par la Convention internationale conclue à Berne le 14 Octobre 1890, par les dispositions règlementaires pour l'exécution de cette Convention et par la Convention additionnelle du 19 Septembre 1906.

Le texte de la Convention est reproduit ci-après en caractères ordinaires.

Les dispositions règlementaires pour l'exécution de cette Convention et les conditions complémentaires uniformes sont placées à la suite de chaque article, en caractères italiques.

En ce qui concerne les relations avec la Belgique, les Pays-Bas et le Luxembourg, voir l'arrangement international du 24 Octobre 1898.

Portée de la convention internationale

Article premier de la convention internationale.

(1) La présente convention internationale s'applique à tous les transports de marchandises qui sont exécutés, sur la base d'une lettre de voiture directe, du territoire de l'un des Etats contractants à destination du territoire d'un autre Etat contractant, par les lignes de chemin de fer qui sont indiquées dans la liste ci-annexée, sous réserve des modifications qui seront introduites dans cette liste conformément aux dispositions de l'article 58.

(2) Les dispositions règlementaires prises d'un commun accord entre les Etats contractants pour l'exécution de la présente Convention auront la même valeur que la Convention elle-même.

Protocole, chiffre 1 :

« Au sujet de l'article 1er, il est entendu que les transports dont le point de départ et le point d'arrivée sont situés sur le territoire d'un même Etat, et qui n'empruntent le territoire d'un autre Etat qu'en transit sur une ligne exploitée par une administration dépendant de l'Etat d'où part l'expédition, ne sont pas considérés comme transports internationaux.

« Si les lignes intermédiaires de transit ne sont pas exploitées par une administration de cet Etat, les gouvernements intéres-és peuvent néanmoins convenir, par des arrangements particuliers, de ne pas considérer comme internationaux les transports dont il s'agit.

« Il est de même entendu que les dispositions de la présente Convention ne sont pas applicables aux transports qui s'effectuent d'un point quelconque du territoire d'un Etat, en destination, soit de la gare frontière d'un Etat limitrophe où doivent s'accomplir les formalités de douane soit d'une station située entre cette gare et la frontière elle-même, à moins que l'expéditeur ne réclame l'application de la présente Convention. Il en est de même pour les transports effectués de la gare frontière ou de l'une des stations intermédiaires ci-dessus désignées à une gare de l'autre Etat ».

ARTICLE 2.

NON APPLICATION DES DISPOSITIONS DE LA CONVENTION INTERNATIONALE AU TRANSPORT DE CERTAINS OBJETS

Art. 2. de la Convention internationale

Les dispositions de la présente Convention ne sont pas applicables au transport des objets suivants :

1° Les objets dont le monopole est réservé à l'administration des postes, ne fût-ce que sur l'un des territoires à parcourir ;

2° Les objets qui, par leur dimension, leur poids ou leur conditionnement, ne se prêteraient pas au transport, à raison du matériel et des aménagements, même d'un seul des chemins de fer dont le concours est nécessaire pour l'exécution du transport ;

3° Les objets dont le transport serait interdit, par mesure d'ordre public, sur le territoire de l'un des Etats à traverser.

Condition complémentaire

1. Lorsque les objets acceptés au transport par chemin de fer tombent sous le monopole postal dans l'un des pays à traverser, la station frontière ou toute autre station de ce pays a le droit de les remettre directement à la poste contre paiement des frais dont ils sont grevés.

ARTICLE 3.

OBJETS EXCLUS DU TRANSPORT OU ADMIS SEULEMENT SOUS CERTAINES CONDITIONS

Article 3 de la Convention internationale.

Les dispositions règlementaires désigneront les objets qui, à raison de leur grande valeur, de leur nature ou des dangers qu'ils présenteraient pour la régularité et la sécurité de l'exploitation, seront exclus du transport international réglé par la présente Convention, ou ne seront admis à ce transport que sous certaines conditions.

§ I. — *Des dispositions règlementaires pour l'exécution de la convention internationale*

(1) Sont exclus du transport, lorsqu'ils ne satisfont pas aux conditions prescrites par l'Annexe I :

1° Tous les articles sujets à l'inflammation spontanée ou à l'explosion tels que :

a) La nitroglycérine (Sprengöl), la dynamite.

b) Les autres matières explosibles et les poudres de tir de tout genre.

c) Les armes de tir chargées.

d) Le fulminate de mercure, l'argent fulminant et l'or fulminant, ainsi que les produits préparés avec ces matières.

e) Les pièces d'artifice.

f) Le papier fulminant.

g) Les picrates.

2° Les produits répugnants ou de mauvaise odeur.

(2) Sont admis au transport sous certaines conditions :

Annexe I — 1° Les objets désignés dans l'annexe I, aux conditions y énumérées. Ils doivent en outre être accompagnés de lettres de voiture spéciales ne comprenant pas d'autres objets.

2° L'or et l'argent en lingots, le platine, les valeurs monnayées ou en papier, les papiers importants, les pierres précieuses, les perles fines, les bijoux et autres objets précieux, les objets d'art, tels que tableaux, statues, bronzes d'art, antiquités. Dans les objets précieux sont comprises, par exemple, les dentelles et broderies de grande valeur.

Ces objets seront admis au transport international, avec la lettre de voiture internationale en vertu, soit d'une entente entre les gouvernements des Etats intéressés, soit de tarifs élaborés par les Administrations de chemins de fer, à ce dûment autorisées, et approuvées par toutes les autorités compétentes.

3° Les transports funèbres.

Ils sont admis au transport international avec la lettre de voiture internationale, sous les conditions suivantes :

a) Le transport est effectué en grande vitesse.

b) Les frais de transport doivent obligatoirement être payés au départ.

c) Le transport ne peut s'effectuer que sous la garde d'une personne chargée de l'accompagner.

b) Les transports funèbres sont soumis aux lois et règlements de police spéciaux de chaque Etat, en tant que ces transports ne sont pas réglés par des conventions spéciales entre Etats.

(3) Deux ou plusieurs ou même la totalité des Etats contractants peuvent convenir, par des accords spéciaux, que certains objets exclus par la présente Convention du transport international y seront admis sous certaines conditions ou que les objets désignés dans l'Annexe I seront admis au transport sous des conditions moins rigoureuses. Ces accords pourront être conclus par correspondance ou résulter d'une conférence technique convoquée à cet effet. Dans tous les cas, on pourra avoir recours à l'intermédiaire de l'Office central des transports internationaux par chemins de fer à Berne. Les administrations de chemins de fer participantes pourront aussi,

au moyen de tarifs, admettre certains objets exclus du transport ou adopter des dispositions moins rigoureuses au sujet de ceux qui ne sont admis que conditionnellement, pourvu :

a) Que les règlements intérieurs admettent le transport des objets en question ou les conditions à appliquer à ce transport.

b) Que les tarifs élaborés par les administrations de chemins de fer soient approuvés par toutes les autorités compétentes.

Conditions complémentaires

1. Les objets d'art, tels que tableaux, statues, bronzes d'art, antiquités, sont admis au transport direct à grande et à petite vitesse. Ils doivent être expressément déclarés comme tels dans la lettre de voiture.

2. L'indemnité à payer éventuellement pour ces articles est basée sur le prix courant ou sur la valeur ordinaire et ne peut être supérieure à 150 francs par 100 kilogrammes. La déclaration d'un intérêt à la livraison n'est pas admise.

ARTICLE 4

Validité des prescriptions de tarif

Article 4 de la Convention internationale

En ce qui concerne les transports internationaux, seront valables les conditions des tarifs communs des associations ou unions de chemins de fer, de même que celles des tarifs particuliers de chaque chemin de fer, en tant qu'elles ne seront pas contraires à la Convention ; sinon elles seront considérées comme nulles et non avenues.

ARTICLE 5

Obligation pour le chemin de fer de transporter

Article 5 de la Convention internationale

(1) Tout chemin de fer désigné, comme il est à l'article 1er, est tenu d'effectuer, en se conformant aux clauses et conditions de la présente Convention, tout envoi de marchandises constituant un transport international, pourvu :

1o Que l'expéditeur se conforme aux prescriptions de la Convention;

2o Que le transport soit possible, eu égard aux moyens ordinaires de transport ;

3o Que des circonstances de force majeure ne s'opposent pas au transport.

(2) Les chemins de fer ne sont tenus d'accepter les expéditions qu'autant que le transport pourra en être effectué immédiatement. Les dispositions particulières, en vigueur pour la gare d'expédition, détermineront si cette gare sera tenue de prendre provisoirement en dépôt les marchandises dont le transport ne pourrait pas s'effectuer immédiatement.

(3) Les expéditions s'effectueront dans l'ordre de leur acceptation au transport, à moins que le chemin de fer ne puisse faire valoir un motif suffisant, fondé sur les nécessités du service de l'exploitation ou sur l'intérêt public.

(4) Toute contravention aux dispositions de cet article pourra donner lieu à une action en réparation du préjudice causé.

(5) La remise au transport et le chargement des marchandises sont réglés conformément aux lois et règlements en vigueur sur les lignes de l'Administration dont dépend la gare expéditrice.

Conditions complémentaires

1. Le chemin de fer n'est tenu d'accepter au transport les objets dont le chargement ou le déchargement exige l'emploi d'engins spéciaux qu'autant qu'il en existe à la station de départ et d'arrivée.

2. Le chemin de fer peut subordonner à des conditions particulières, à fixer pour chaque cas, l'acceptation des objets dont le chargement ou le transport présente, de l'avis de l'Administration de départ, des difficultés particulières.

3. Les locomotives, tenders, voitures à vapeur et autres véhicules de chemin de fer roulant sur leurs propres roues, ne sont acceptés au transport qu'autant qu'ils ont été visités par une administration de chemin de fer et admis à circuler, qu'ils portent une marque constatant cette visite ou qu'ils sont accompagnés d'un document attestant qu'elle a eu lieu. Ils ne peuvent être transportés sur un nombre d'essieux moindre que ne le comporte leur construction.

Les locomotives, tenders et voitures à vapeur doivent être accompagnés d'un agent compétent, fourni par l'expéditeur, pour assurer le graissage.

ARTICLE 6

TENEUR ET FORME DE LA LETTRE DE VOITURE

Art. 6 de la Convention internationale.

(1) Toute expédition internationale (art. 1) doit être accompagnée d'une lettre de voiture qui contiendra les mentions suivantes :

a) Le lieu et la date où la lettre de voiture a été créée.

b) La désignation de la gare d'expédition et de l'administration expéditrice.

c) La désignation de la gare de destination, le nom et le domicile du destinataire et le cas échéant, la mention que la marchandise est adressée bureau restant ou en gare.

d) La désignation de la nature de la marchandise, l'indication du poids ou un renseignement remplaçant cette indication conformément aux dispositions spéciales du chemin de fer expéditeur ; en outre, pour les marchandises par colis, le nombre, la description de l'emballage, les marques et numéros des colis.

e) La demande faite par l'expéditeur de l'application des tarifs spéciaux aux conditions autorisées aux articles 14 et 35.

f) La déclaration, s'il y a lieu, de la somme représentant l'intérêt à la livraison (art. 38 et 40).

g) La mention si l'expédition doit être faite en grande ou en petite vitesse.

h) L'énumération détaillée des papiers requis par les douanes, octrois et autorités de police qui doivent accompagner la marchandise et, éventuellement, les indications prévues à l'article 10 (alinéa 4).

i) La mention de l'expédition en port payé, s'il y a lieu, soit que l'expéditeur ait soldé le montant réel des frais de transport, soit qu'il ait fait un dépôt destiné à couvrir ces frais de transport (art. 12, alinéa 3).

k) Le remboursement grevant la marchandise et les débours qui auraient été acceptés par le chemin de fer (art. 13).

l) La mention de la voie à suivre avec indication des stations où doivent être faites les opérations de douane, ainsi que les vérifications de police qui pourraient être nécessaires.

A défaut de cette mention, le chemin de fer doit choisir la voie qui lui paraît la plus avantageuse pour l'expéditeur. Le chemin de fer n'est responsable des conséquences résultant de ce choix que s'il y a eu faute grave de sa part.

Si l'expéditeur a indiqué la voie à suivre, le chemin de fer ne pourra, pour effectuer le transport, utiliser une autre voie que sous les conditions suivantes :

1° Les opérations de douane et d'octroi, ainsi que les vérifications de police qui pourraient être nécessaires, auront toujours lieu aux stations désignées par l'expéditeur.

2° Il ne sera pas réclamé une taxe de transport supérieure à celle qui aurait été perçue, si le chemin de fer s'était conformé à l'itinéraire choisi par l'expéditeur.

3° La marchandise sera livrée dans un délai ne dépassant pas celui qui résulterait de l'itinéraire indiqué dans la lettre de voiture.

Si la gare d'expédition a choisi une autre voie, elle doit en aviser l'expéditeur.

m) Le nom ou la raison commerciale de l'expéditeur, constaté par sa signature, ainsi que l'indication de son adresse. La signature pourra être imprimée ou remplacée par le timbre de l'expéditeur, si les lois ou règlements du lieu de l'expédition le permettent.

(2) Les prescriptions de détail concernant la rédaction et le contenu de la lettre de voiture, et, notamment, le formulaire à appliquer, sont renvoyées aux dispositions pour l'exécution de la convention.

(3) Il est interdit d'insérer dans la lettre de voiture d'autres déclarations, de remplacer cette lettre par d'autres pièces, ou d'y ajouter quelques documents autres que ceux autorisés par la présente convention.

(4) Toutefois, lorsque les lois et règlements du lieu de l'expédition l'ordonneront, le chemin de fer pourra exiger de l'expéditeur, outre la lettre de voiture, une pièce destinée à rester entre les mains de l'administration pour lui servir de preuve du contrat de transport.

(5) L'administration du chemin de fer pourra également créer, pour les besoins de son service intérieur, une souche destinée à rester à la gare expéditrice et portant le même numéro que la lettre de voiture et le duplicata.

§ 2. — *Des dispositions règlementaires pour l'exécution de la convention internationale.*

(1) Sont obligatoires pour les lettres de voiture internationales les formulaires prescrits par l'annexe 2. Ces formulaires doivent être imprimés pour la petite vitesse sur papier blanc, pour la grande vitesse sur papier blanc avec une bande rouge au bord supérieur et au bord inférieur, au recto et au verso. Les lettres de voiture sont certifiées conformes aux prescriptions de la présente Convention par l'apposition du timbre d'un chemin de fer ou d'un groupe de chemins de fer du pays expéditeur.

Les bandes rouges des lettres de voiture pour la grande vitesse doivent avoir une largeur minimum de 1 centimètre.

Cette disposition ne deviendra toutefois obligatoire qu'après un délai maximum d'une année, à dater de l'entrée en vigueur de la Convention modifiée.

(2) La lettre de voiture devra être rédigée, tant pour la partie imprimée que pour la partie écrite à la main, dans l'une des deux langues française ou allemande.

(3) Si la langue officielle du pays de la station expéditrice n'est ni l'allemand ni le français, la lettre de voiture pourra être rédigée dans la langue officielle de ce pays, à charge de contenir une traduction exacte en français ou en allemand.

(4) Les parties du formulaire encadrées de lignes grasses doivent être remplies par les chemins de fer, les autres par l'expéditeur. Lors de la remise au transport de marchandises dont le chargement incombe à l'expéditeur, celui-ci doit inscrire à la place prescrite le numéro et les marques de propriété du wagon.

(5) Lorsqu'il existe dans une même localité des gares appartenant à des administrations différentes ou qu'il existe des localités portant le même nom ou des noms peu différents, l'expéditeur est obligé de remplir dans la lettre de voiture la rubrique : « chemin de fer destinataire ».

(6) Plusieurs objets ne pourront être incrits dans la même lettre de voiture que lorsque leur nature permettra de les charger sans inconvénients avec d'autres marchandises, et que rien ne s'y oppose en ce qui concerne les prescriptions fiscales ou de police.

(7) Les marchandises dont le chargement et le déchargement, selon les règlements en vigueur, sont effectués par l'expéditeur et le destinataire, doivent être accompagnées de lettres de voiture spéciales ne comprenant pas d'autres objets.

(8) Le bureau expéditeur pourra exiger qu'il soit dressé une lettre de voiture spéciale pour chaque wagon complet.

(9) Il est permis d'insérer dans la lettre de voiture, mais à titre de simple information et sans qu'il en résulte ni obligation ni responsabilité pour le chemin de fer, les mentions suivantes :

Envoi de N. N.

Par ordre de N. N.

A la disposition de N. N.

Pour être réexpédié à N. N.

Assuré auprès de N. N.

(10) Ces mentions ne peuvent s'appliquer qu'à l'ensemble de l'expédition et doivent être insérées au bas du verso de la lettre de voiture.

Conditions complémentaires

1. La désignation de la gare d'expédition a lieu par l'apposition sur la lettre de voiture du timbre à date du bureau de départ.

2. Il ne peut être indiqué comme gare de destination, que la gare où doit se terminer le transport par chemin de fer.

3. Si l'envoi est effectué « bureau restant » ou « en gare », mention doit en être faite sur la lettre de voiture dans la case réservée à l'adresse par les mots « bureau restant » ou « en gare », en écriture bien apparente.

4. La lettre de voiture ne peut indiquer comme expéditeur ou destinataire qu'une seule personne, firme ou raison commerciale.

5. Les lettres de voiture désignant comme destinataire le bureau même de la gare d'arrivée (bureau d'expédition, chef de station, etc) peuvent être refusées à moins que le contraire ne soit stipulé expressément dans les tarifs.

Les adresses anonymes telles que « à l'ordre de » ou « au porteur du duplicata de la lettre de voiture » ne sont pas admises.

6. La désignation des marchandises à expédier doit être faite de la manière suivante dans la lettre de voiture :

a) Les marchandises énumérées dans l'annexe 1 doivent être désignées sous les dénominations figurant dans cette annexe.

b) Les articles repris nommément dans la classification des marchandises et dans les tarifs doivent être désignés sous la dénomination qui leur y est donnée.

c) Les marchandises non comprises dans les alinéas *a*) et *b*) doivent être, autant que possible, désignées sous les dénominations usitées dans le commerce.

7. Si l'espace réservé sur la lettre de voiture pour la spécification des marchandises est insuffisant, la désignation des articles doit être faite sur des feuilles spéciales attachées à la lettre de voiture ; ces feuilles doivent être signées par l'expéditeur et avoir le même format que la lettre de voiture, laquelle doit renvoyer aux indications des annexes en question. Dans ce cas on doit indiquer, dans les colonnes imprimées de la lettre de voiture, le poids total de l'envoi et éventuellement le poids ainsi que la nature des marchandises rangées dans chacune des classes des tarifs. Le timbre à date du bureau de départ doit être apposé sur les feuilles-annexes comme sur la lettre de voiture.

8. L'inscription d'une déclaration de l'intérêt à la livraison, d'un débours ou d'un remboursement, en chiffres seulement ou à une place autre que celle réservée à cet effet sur la lettre de voiture, n'engage pas la responsabilité du chemin de fer.

9. L'emploi du formulaire de lettre de voiture blanc ou à bande rouge indique si la marchandise doit être transportée à petite vitesse ou à grande vitesse ; aucune autre indication à ce sujet n'est nécessaire dans la lettre de voiture.

10. La prescription que la marchandise doit être transportée en grande vitesse sur une partie du parcours et en petite vitesse sur le surplus du parcours n'est pas admise.

11. La mention relative à l'affranchissement doit être consignée dans la lettre de voiture à l'endroit à ce réservé et indiquer ;

a) Si l'expéditeur prend à sa charge les frais de transport y compris les taxes supplémentaires, pour déclaration de l'intérêt à la livraison, éventuellement à percevoir, ainsi que tous les autres frais accessoires qui, d'après le règlement et le tarif peuvent être mis en compte par le bureau de départ par les mots « *Franco de port seulement* ».

b) S'il prend à sa charge les droits et frais de douane, par les mots « *Franco de douane seulement* ».

c) S'il prend à sa charge les frais indiqués sous *a*) et *b*), par les mots « *Franco port et douane* ».

d) S'il prend à sa charge les frais de toute nature par les mots « *Franco de tous frais* ».

12. L'indication dans la lettre de voiture de la station où les formalités en douane sont à remplir, doit être faite par la mention « à dédouaner à................ (Nom de la station en cause) » dans la colonne « déclaration pour l'accomplissement des formalités en douane, octroi, police, etc. ». Si l'indication du bureau de dédouanement ne figure que sur les documents de douane, elle n'engage pas la responsabilité du chemin de fer (Voir aussi la condition complémentaire 6 à l'article 10).

13. L'expéditeur doit oblitérer au moyen d'une barre sur la lettre de voiture et sur le duplicata, les cadres qu'il lui appartient de remplir et qu'il laisse en blanc.

14. Le chemin de fer n'est pas tenu de respecter les clauses particulières relatives au mode de chargement et de transport consignées dans la lettre de voiture, telles que par exemple « tonneaux à mettre debout », ou « marchandises à mettre à l'abri du soleil », ni les prescriptions tendant à faire décharger la marchandise, ou à faire décharger le wagon à une station située avant celle de destination mentionnée sur la lettre de voiture, à faire décharger la marchandise avant l'expédition de l'avis d'arrivée, ou à retarder le déchargement, ni toute autre déclaration qui n'est pas expressément admise par les règlements et tarifs.

15. Les indications et déclarations à faire par l'expéditeur sur la lettre de voiture peuvent être écrites à l'encre ou être imprimées en caractères différant de ceux du formulaire prescrit de la lettre de voiture.

Il pourra être exigé que les indications et déclarations à porter sur la lettre de voiture par l'expéditeur soient faites en caractères romains.

16. Les lettres de voitures sur lesquelles on a collé des morceaux de papier ou qui ont été surchargées ou grattées ne sont pas admises. L'expéditeur doit approuver par sa signature les autres modifications faites aux indications de la lettre de voiture, en inscrivant, s'il s'agit du poids ou du nombre des colis, les nouveaux nombres en toutes lettres.

17. Une même lettre de voiture ne peut comprendre que le chargement d'un seul wagon, à moins qu'il ne s'agisse d'envois indivisibles, tels que les bois qui, à cause de leur longueur, exigent plus d'un wagon, ou qu'il n'existe pour certains trafics des prescriptions particulières.

ARTICLE 7.

Responsabilités pour les indications et déclarations contenues dans la lettre de voiture. — Vérification par le chemin de fer. — Surtaxe.

Article 7 de la Convention internationale.

(1) L'expéditeur est responsable de l'exactitude des indications et déclarations contenues dans la lettre de voiture ; il supporte toutes les

conséquences résultant de déclarations irrégulières, inexactes ou incomplètes.

(2) Le Chemin de fer a toujours le droit de vérifier si le contenu des colis répond aux énonciations de la lettre de voiture. La vérification sera faite conformément aux lois et règlements du territoire où elle aura lieu. L'ayant droit sera dûment appelé à assister à cette vérification, sauf le cas où elle sera faite en vertu de mesures de police que chaque gouvernement à le droit de prendre dans l'intérêt de la sécurité et de l'ordre public.

(3) Les lois et règlements de chaque Etat règleront également ce qui concerne le droit et l'obligation de constater et de contrôler le poids de la marchandise ou le nombre des colis.

(4) Les dispositions règlementaires fixeront la surtaxe qui, en cas de déclaration inexacte du contenu ou d'indication d'un poids inférieur au poids réel, ainsi qu'en cas de surcharge d'un wagon chargé par l'expéditeur devra être payée aux chemins de fer ayant pris part au transport, sans préjudice, s'il y a lieu, du paiement complémentaire de la différence des frais de transport et de toute indemnité pour le dommage qui en résulterait, ainsi que de la peine encourue en vertu des dispositions pénales ou des règlements de police.

(5) La surtaxe n'est pas due :

a) En cas d'indication inexacte du poids, lorsque le pesage par le chemin de fer est obligatoire d'après les prescriptions en vigueur à la station expéditrice.

b) En cas d'indication inexacte du poids ou de surcharge d'un wagon, lorsque l'expéditeur a demandé dans la lettre de voiture que le pesage soit effectué par le chemin de fer.

c) En cas de surcharge occasionnée, au cours du transport, par des influences atmosphériques, si l'expéditeur prouve qu'il s'est conformé, en chargeant le wagon, aux prescriptions en vigueur à la station expéditrice.

d) En cas d'augmentation de poids survenue pendant le transport et n'occasionnant pas de surcharge, en tant que l'expéditeur prouve qu'elle doit être attribuée aux influences atmosphériques.

(6) L'action en payement ou remboursement de surtaxes (§ 3, alinéas (1) à (5) et § 9, alinéa (2) des (Dispositions règlementaires) est prescrite par un an, lorsqu'il n'est pas intervenu entre les parties une reconnaissance de la dette, une transaction ou un jugement. La prescription court, pour les actions en payement de surtaxes, du jour du paiement du prix de transport, ou, dans le cas où il n'y aurait pas eu de frais de transport à payer, du jour de la remise des marchandises au transport ; pour les actions en remboursement de surtaxes, elle court du jour du payement de la surtaxe. Les dispositions de l'article 45, alinéas (3) et (4), sont applicables à la prescription mentionnée ci-dessus. La disposition de l'article 44, alinéa (1), ne s'applique pas dans ce cas.

§ 3. *Des dispositions règlementaires pour l'exécution de la convention internationale.*

(1) Lorsque des marchandises désignées à l'alinéa (1) du paragraphe 1er et dans l'annexe 1 auront été remises au transport avec une déclaration inexacte ou incomplète, ou que les prescriptions de sûreté indiquées dans l'annexe 1 n'auront pas été observées, la surtaxe sera de 15 francs par kilogramme du poids brut du colis entier.

(2) Dans tous les autres cas, la surtaxe prévue par l'article 7 de la Convention pour déclaration inexacte du contenu d'une expédition sera de 1 franc par lettre de voiture, lorsque cette déclaration ne sera pas de nature à entraîner une réduction du prix de transport ; sinon, elle sera du double de la différence entre le prix de transport du contenu déclaré et celui du contenu constaté, calculé du point d'expédition au point de destination, et en tout cas elle sera au minimum de 1 franc.

(3) En cas d'indication d'un poids inférieur au poids réel d'une expédition, la surtaxe sera le double de la différence entre le prix de transport du poids déclaré et celui du poids constaté, depuis le point d'expédition jusqu'au point de destination.

(4) En cas de surcharge d'un wagon chargé par l'expéditeur, la surtaxe sera de six fois le prix applicable au transport entre la station expéditrice et la station destinataire du poids qui dépassera la plus élevée des deux limites de chargement visées dans l'alinéa (5). Lorsqu'il y aura en même temps indication d'un poids inférieur au poids réel et surcharge, la surtaxe pour indication d'un poids inférieur au poids réel et la surtaxe afférente à la surcharge seront perçues cumulativement.

(5) La surtaxe pour surcharge (alinéa 4) est perçue :

a) En cas d'emploi de wagons qui ne portent qu'une seule inscription indiquant le poids du chargement qu'ils peuvent recevoir, lorsque le poids normal de chargement ou la capacité de chargement indiqué est dépassé de plus de 5 % lors du chargement.

b) En cas d'emploi de wagons portant deux inscriptions, dont l'une se rapporte au poids normal de chargement (Ladegewicht), et l'autre au poids maximum de chargement (Tragfahigheit), lorsque la surcharge dépasse d'une manière quelconque le poids maximum de chargement.

Conditions complémentaires.

1. Le chemin de fer n'assume aucune responsabilité quant aux préjudices pouvant résulter de l'insuffisance ou de l'inexactitude des adresses notamment de la désignation inexacte de la station de destination ou de la gare de livraison, et de l'absence de l'indication de domicile.

2. Si, à la demande de l'expéditeur, les agents du chemin de fer dressent des lettres de voiture ou font des traductions de l'allemand ou du français, ceux-ci sont considérés comme agissant pour le compte de l'expéditeur. Les règlements du chemin de fer de départ déterminent la suite à donner à de semblables demandes.

3. En cas de pesage de charges complètes sur un pont à peser, on base la détermination du poids en tenant compte de la tare inscrite sur le wagon à moins qu'un autre poids n'ait été trouvé par un pesage spécial du wagon, auquel le chemin de fer aurait consenti.

4. La surtaxe prévue au 1er alinéa du § 3 des Dispositions règlementaires pour l'exécution de la Convention internationale est perçue, le cas échéant, également pour les objets pour lesquels, par application du § 1er, alinéa (3),

des Dispositions d'exécution, des dispositions, moins rigoureuses ont été convenues entre deux ou plusieurs Etats contractants.

5. Les surtaxes du chef de la déclaration inexacte du contenu ou du poids d'un envoi ou du chef de la surcharge d'un wagon chargé par l'expéditeur sont perçues en conformité du § 3 des Dispositions règlementaires, que la constatation ait eu lieu à la station de départ, à une station intermédiaire ou à celle de destination.

6. Lorsque la surcharge d'un wagon a été constatée on procède — sans préjudice de la perception de la surtaxe prévue par les alinéas (4) et (5) du § 3 des Dispositions règlementaires pour l'exécution de la Convention internationale — de la manière suivante :

a) Quand la surchage d'un wagon (§ 3, alinéa (5) des dispositions règlementaires pour l'exécution de la Convention internationale) est constatée par la station de départ ou par une station intermédiaire, l'excédent de charge est retiré du wagon, même quand il n'y a pas lieu de percevoir de supplément de taxe (Art. 7, Conv. internat., al. (5), lit. b et c). L'expéditeur doit être avisé sans retard et cela par l'entremise de la station de départ lorsque l'excédent de charge a été découvert par une station intermédiaire.

L'excédent de charge retiré à la gare intermédiaire est taxé proportionnellement jusqu'à cette gare sur la base des prix de transport appliqués au charment principal.

b) Pour le déchargement d'une surcharge l'administration qui l'effectue perçoit les frais de manutention fixés par son tarif de frais accessoires.

c) Si la surcharge, restée dans une gare intermédiaire, doit, d'après les instructions de l'expéditeur, être renvoyée ou réexpédiée, elle est traitée comme un envoi distinct.

7. Les suppléments de taxe sont à la charge de l'envoi.

ARTICLE 8

Conclusion du contrat de transport. — Duplicata de la lettre de voiture

Article 8 de la Convention internationale.

(1) Le contrat de transport est conclu dès que la gare expéditrice a accepté au transport la marchandise avec la lettre de voiture. La gare expéditrice constate l'acceptation en apposant sur la lettre de voiture son timbre portant la date de l'acceptation.

(2) L'apposition du timbre doit avoir lieu immédiatement après la livraison complète de la marchandise désignée dans une même lettre de voiture. L'expéditeur peut demander que ladite apposition soit faite en sa présence.

(3) Après l'apposition du timbre, la lettre de voiture fait preuve du contrat de transport.

(4) Toutefois, en ce qui concerne les marchandises qui, conformément aux prescriptions des tarifs ou des conventions spéciales, en tant que de telles conventions sont autorisées sur le territoire de l'Etat où elles sont appliquées, sont chargées par l'expéditeur, les énonciations de la lettre de voiture relatives soit au poids, soit au nombre des colis, ne feront preuve contre le chemin de fer qu'autant que la vérification de ce poids et du nombre des colis aura été faite par le chemin de fer et constatée sur la lettre de voiture.

(5) Le chemin de fer est tenu de certifier la réception de la marchandise et la date de la remise au transport, sur un duplicata de la lettre de voiture qui devra lui être présenté par l'expéditeur en même temps que la lettre de voiture.

(6) Ce duplicata n'a la valeur ni de la lettre de voiture accompagnant l'envoi, ni d'un connaissement.

ARTICLE 9

EMBALLAGE DE LA MARCHANDISE

Article 9 de la Convention internationale.

(1) Lorsque la nature de la marchandise nécessite un emballage pour la préserver de pertes et avaries en cours de transport, le soin en incombe à l'expéditeur.

(2) Si l'expéditeur n'a pas rempli ce devoir, le chemin de fer, à moins qu'il ne refuse la marchandise, sera en droit de demander que l'expéditeur reconnaisse, sous une mention spéciale dans la lettre de voiture, soit le manque absolu d'emballage, soit son conditionnement défectueux, et, qu'en outre, il remette à la gare expéditrice une déclaration spéciale conforme au modèle qui sera déterminé dans les Dispositions réglementaires.

(3) L'expéditeur est responsable des conséquences des défauts ainsi constatés, de même que les vices non apparents de l'emballage. Tous les dommages résultant de ces défectuosités d'emballage sont à la charge de l'expéditeur qui, le cas échéant, devra indemniser le chemin de fer. S'il n'y a pas eu de déclaration, l'expéditeur ne sera responsable des défauts apparents de l'emballage que lorsqu'il sera coupable de dol.

§ 4. — Des dispositions règlementaires pour l'expédition de la convention internationale

(1) Pour la déclaration prévue dans l'article 9, on se servira du formulaire ci-annexé (Annexe 3).

(2) Lorsqu'un expéditeur a l'habitude d'expédier, à la même station, des marchandises de même nature nécessitant un emballage et que ces marchandises sont remises sans emballage ou avec un emballage présentant toujours les mêmes défauts il peut, à la place de la déclaration spéciale à chaque expédition, se servir, une fois pour toutes, du formulaire de déclaration générale prévu à l'annexe 3 *a*. Dans ce cas, la lettre de voiture doit contenir, en sus de la reconnaissance prévue à l'alinéa (2) de l'article 9, la mention de la déclaration générale remise à la station expéditrice.

Conditions complémentaires

1. L'expéditeur est tenu de munir les colis composant une charge incomplète, à l'extérieur, d'une manière durable, claire et excluant toute possibilité de confusion, de marques concordant parfaitement avec celles indiquées à la lettre de voiture, à moins que des expéditions ne soient stipulées dans les tarifs.

2. Ne sont pas transportés par charges incomplètes, sauf prescription contraire dans les tarifs, les objets fragiles tels que la verrerie, la porcelaine, la poterie, les articles qui s'éparpilleraient dans les wagons, tels que les noix, les fruits, les herbages, les pierres, ainsi que les marchandises qui pourraient salir les autres colis, telles que le charbon, la chaux, la cendre, les terres ordinaires, les terres à couleurs à moins que ces marchandises ne soient emballées ou ficelées de manière qu'elles ne puissent se briser, se perdre ou détériorer d'autres colis.

ARTICLE 10

FORMALITÉS DE DOUANE, D'OCTROI ET DE POLICE

Article 10 de la Convention internationale.

(1) L'expéditeur est tenu de joindre à la lettre de voiture les papiers qui, avant la remise de la marchandise au destinataire, sont nécessaires à l'accomplissement des formalités de douane, d'octroi ou de police. L'expéditeur est responsable envers le chemin de fer de tous les dommages qui pourraient résulter de l'absence, de l'insuffisance ou de l'irrégularité de ces pièces, sauf le cas de faute de la part du chemin de fer.

(2) Le Chemin de fer n'est pas tenu d'examiner si les papiers sont exacts et suffisants.

(3) Les formalités de douane, d'octroi et de police seront remplies en cours de route par le chemin de fer. Celui-ci sera libre, sous sa propre responsabilité, de confier ce soin à un commissionnaire ou de s'en charger lui-même. Dans l'un et l'autre cas, le Chemin de fer aura les obligations d'un commissionnaire.

(4) Toutefois l'ayant droit à la marchandise pourra, soit par lui-même, soit par un mandataire désigné dans la lettre de voiture, assister aux opérations de douane pour donner tous les renseignements nécessaires concernant la tarification de la marchandise et présenter ses observations. Cette faculté donnée à l'ayant droit n'emporte ni le droit de prendre possession de la marchandise, ni le droit de procéder aux opérations de douane.

(5) A l'arrivée de la marchandise à destination, le destinataire a le droit d'accomplir les formalités de douane et d'octroi, à moins d'indication contraire dans la lettre de voiture. Au cas où ces formalités ne sont accomplies ni par le destinataire ni par un tiers désigné par l'expéditeur dans la lettre de voiture, le chemin de fer est tenu de les accomplir.

Conditions complémentaires

1. Les documents de douane, d'octroi et de police à fournir par l'expéditeur ne peuvent comprendre que les marchandises faisant l'objet d'une seule lettre de voiture en tant que des exceptions ne sont pas admises par les prescriptions administratives ou par les tarifs.

2. Les colis dont la fermeture douanière est endommagée ou défectueuse, ne sont pas admis au transport.

3. Si des marchandises chargées sur des wagons découverts doivent être transportées sous fermeture douanière, il incombe à l'expéditeur de les bâcher de façon à satisfaire aux exigences de la douane. Au cas où l'expéditeur aurait omis de se conformer à cette condition, le chemin de fer a le droit de bâcher les marchandises aux frais de l'expéditeur.

4. Si l'expéditeur a prescrit, pour l'accomplissement des formalités de douane ou d'octroi un mode de procéder qui ne peut être admis pour son envoi, le chemin de fer choisira la marche à suivre qui lui paraît la plus favorable aux intérêts de l'expéditeur ; ce dernier doit en être informé.

5. Lorsque l'expéditeur désigne pour le dédouanement une station intermédiaire où le bureau de douane ne se trouve pas dans la gare, mais à une certaine distance de celle-ci, le chemin de fer décide si la marchandise doit être transférée au bureau de douane ou bien si le dédouanement doit avoir lieu à la gare. Les frais suivent à la charge de la marchandise.

6. Lorsque l'expéditeur désire assister, soit par lui-même, soit par un mandataire qu'il désigne, au dédouanement en cours de route, il doit en faire mention dans la lettre de voiture sous la rubrique : « Déclaration pour l'accomplissement des formalités en douane, octroi, police, etc. », en indiquant la station où le dédouanement doit avoir lieu.

7. Au même endroit doit aussi être inscrite la déclaration suivant laquelle les formalités de douane, d'octroi et de police doivent être remplies au lieu de destination non par le destinataire, mais par une tierce personne.

ARTICLE 11

BASES POUR LE CALCUL DES PRIX DES TRANSPORTS

Article 11 de la Convention internationale.

(1) Les prix de transport seront calculés conformément aux tarifs légalement en vigueur et dûment publiés. Tout traité particulier, qui aurait pour effet d'accorder à un ou plusieurs expéditeurs une réduction de prix sur les tarifs, est formellement interdit et nul de plein droit. Toutefois sont autorisées les réductions de prix dûment publiées et également accessibles à tous aux mêmes conditions.

(2) Il ne sera perçu, au profit des chemins de fer, en sus des taxes de transport et des frais accessoires ou spéciaux prévus par les tarifs, aucune autre somme que les dépenses faites par les chemins de fer, — tels que droits de sortie, d'entrée et de transit, frais de camionnage d'une gare à l'autre non indiqués par le tarif, frais de réparations nécessités par le conditionnement extérieur ou intérieur des marchandises pour en assurer la conservation. Ces dépenses devront être dûment constatées et seront mentionnées sur la lettre de voiture qui sera accompagnée des pièces justificatives.

Condition complémentaire

Les pièces justificatives concernant les dépenses dont le remboursement incombe à l'expéditeur, ne seront pas livrées au destinataire avec la lettre de voiture, mais elles seront remises à l'expéditeur en même temps que le compte de frais (voir cond. compl. 1 à l'article 12 de la Convent. internat.).

ARTICLE 12

PAYEMENT DES FRAIS DE TRANSPORT

Article 12 de la Convention internationale.

(1) Si les frais de transport n'ont pas été payés lors de la remise de la marchandise au transport, ils seront considérés comme mis à la charge du destinataire. Il est permis de payer une partie quelconque des frais de transport à titre d'affranchissement.

(2) Le chemin de fer expéditeur peut exiger l'avance des frais de transport lorsqu'il s'agit de marchandises qui, d'après son appréciation, sont sujettes à une prompte détérioration ou qui, à cause de leur valeur minime, ne lui garantissent pas suffisamment les frais de transport.

(3) Si, en cas de transport en port payé, le montant des frais ne peut pas être fixé exactement au moment de l'expédition, le chemin de fer pourra exiger le dépôt d'une somme représentant approximativement ces frais.

(4) En cas d'application irrégulière du tarif ou d'erreurs de calcul dans la fixation des frais de transport et des frais accessoires, la différence en plus ou en moins devra être remboursée et l'ayant droit devra en être avisé le plus tôt possible. L'action en rectification est prescrite par un an à partir du jour du payement, lorsqu'il n'est pas intervenu entre les parties une reconnaissance de la dette, une transaction ou un jugement. Les dispositions contenues dans l'article 45, alinéas (3) et (4), sont applicables à la prescription mentionnée ci-dessus. La disposition de l'alinéa (1) de l'article 44 ne s'applique pas dans ce cas.

§. 5. — *Des dispositions règlementaires pour l'exécution de la convention internationale.*

(1) La station expéditrice devra spécifier, dans le duplicata de la lettre de voiture, les frais perçus en port payé inscrits par elle dans la lettre de voiture.

(2) La production du duplicata de la lettre de voiture suffit pour introduire la réclamation prévue à l'article 12, alinéa (4) de la Convention, lorsque les frais de transport ont été liquidés au moment de la remise de la marchandise au transport.

Conditions complémentaires.

1. Pour les envois affranchis à destination de localités non tarifées directement avec la station de départ, ou qui, pour d'autres motifs, n'ont pu être effectués directement, ainsi que pour les envois à affranchir des droits de douane, l'expéditeur doit, à la demande du chemin de fer, déposer contre reçu, à titre d'arrhes, la somme approximativement nécessaire pour l'affranchissement.

Le décompte se fera après que le montant de l'affranchissement aura été définitivement arrêté et le reçu sera alors remplacé par un compte de frais.

2. Les demandes de détaxe doivent toujours être présentées par écrit.

Le droit de demander la détaxe appartient à l'expéditeur ou au destinataire selon que l'un ou l'autre a payé au chemin de fer la surtaxe réclamée. Les demandes de détaxe doivent toujours être adressées au chemin de fer à qui le payement a été effectué. Les demandes de détaxe présentées par des tiers ne sont prises en considération que si elles sont appuyées d'une déclaration par laquelle l'ayant droit consent au payement de la surtaxe entre les mains du réclamant. Cette déclaration dont la signature devra être légalisée si le chemin de fer le demande, sera conservée par celui-ci.

Les demandes de détaxe doivent être motivées et accompagnées des lettres de voiture ou, lorsqu'il s'agit d'un envoi en port payé, du duplicata de la lettre de voiture ainsi que de tous autres documents de nature à justifier les réclamations.

ARTICLE 13

Remboursements

Article 13 de la Convention internationle.

(1) L'expéditeur pourra grever la marchandise d'un remboursement jusqu'à concurrence de sa valeur.

(2) L'envoi contre remboursement donnera lieu à la perception d'une taxe à déterminer par les tarifs.

(3) Le chemin de fer ne sera tenu de payer le remboursement à l'expéditeur que du moment où le montant en aura été soldé par le destinataire. Le chemin de fer n'est pas tenu de payer d'avance les débours faits avant la consignation de la marchandise.

(4) Si la marchandise a été délivrée au destinataire sans encaissement préalable du remboursement, le chemin de fer sera responsable du dommage et sera tenu de payer immédiatement à l'expéditeur le montant de ce dommage jusqu'à concurrence du montant du remboursement, sauf son recours contre le destinataire.

(5) Les débours ne sont admis que d'après les dispositions en vigueur pour le chemin de fer expéditeur.

Conditions complémentaires

1. Les tarifs indiquent en quelle monnaie les remboursements doivent être exprimés.

2. La taxe pour remboursement prévue par le tarif est perçue alors même que, par voie de disposition ultérieure, le remboursement est annulé ou réduit par l'expéditeur.

3. La station de départ avise sans retard l'expéditeur de l'encaissement du remboursement et lui paye le montant de celui-ci.

(Voir aussi les conditions complémentaires de l'article 15).

ARTICLE 14

Délai de livraison

Article 14 de la Convention internationale.

(1) Les dispositions réglementaires établiront des prescriptions générales concernant les délais maxima de livraison, le calcul, le point de départ, l'interruption et l'expiration des délais de livraison.

(2) Lorsque, d'après les lois et règlements d'un pays, il peut être créé des tarifs spéciaux à prix réduits et à délais allongés, les Administrations de chemin de fer de ce pays pourront aussi appliquer ces tarifs à délais allongés dans le trafic international.

(3) Les délais de livraison sont d'ailleurs fixés par les dispositions des tarifs applicables dans chaque cas spécial.

§ 6. — *Des dispositions règlementaires pour l'exécution de la convention internationale.*

(1) Les délais de livraison ne pourront pas dépasser les délais maxima suivants :

a. Pour la grande vitesse :

1° Délai d'expédition . . . . 1 jour

2° Délai de transport, par fraction indivisible de 250 kilomètres 1 »

b. Pour la petite vitesse :

1° Délai d'expédition . . . . 2 jours

2° Délai de transport, par fraction indivisible de 250 kilomètres 2 »

(2) Lorsque les marchandises passent d'un réseau à un réseau voisin, les délais de transport sont calculés sur la distance totale entre le point de départ et le lieu de destination, tandis que les délais d'expédition n'entrent en compte qu'une seule fois, quel que soit le nombre des réseaux différents parcourus.

(3) Les lois et règlements des Etats contractants déterminent dans quelle mesure les administrations de chemins de fer soumises à leur autorité, ont la faculté de fixer des délais supplémentaires dans les cas suivants :

1° Les jours de foire.

2° Les époques de trafic extraordinaire.

3° Lorsque la marchandise doit traverser un cours d'eau, dont les deux rives ne sont pas reliées par un pont, ou parcourir une ligne de ceinture reliant entre elles les lignes appelées à concourir au transport.

4° Pour les lignes secondaires ainsi que pour celles dont les rails n'ont pas l'écartement normal.

(4) Lorsqu'un chemin de fer sera dans l'obligation d'user de l'un des délais supplémentaires facultativement autorisés par les Etats dans les quatre cas ci-dessus, il devra, en apposant sur la lettre de voiture le timbre de la date de transmission au chemin de fer suivant, y inscrire la cause et la durée de l'augmentation du délai dont il aura profité.

(5) Le délai de livraison prend cours à partir de l'heure de minuit après l'acceptation de la marchandise et de la lettre de voiture. Le délai est observé lorsque, avant qu'il ne soit expiré, la marchandise est remise ou l'arrivée en est notifiée au destinataire ou à la personne autorisée à la recevoir en conformité des règlements du chemin de fer chargé de la livraison.

(6) Ces mêmes règlements déterminent les formes dans lesquelles la remise de la lettre d'avis sera constatée. Pour les marchandises qui ne font pas l'objet d'un avis d'arrivée et pour celles qui ne sont pas livrées à domicile par le chemin de fer, le délai de livraison est observé si, avant son expiration, la marchandise est mise à la disposition du destinataire à la gare de destination.

(7) Les délais de livraison cessent de courir pendant la durée des formalités fiscales ou de police, ainsi que pendant toute interruption du trafic empêchant temporairement de commercer ou de continuer le transport par voie ferrée, et ne résultant pas d'une faute imputable au chemin de fer.

(8) Lorsque le jour qui suit celui de la remise en gare de départ est un dimanche, le délai commence à courir 24 heures plus tard.

(9) De même, lorsque le dernier jour du délai de livraison est un dimanche, le délai n'expire que le jour qui suit immédiatement.

(10) Ces deux exceptions ne sont pas applicables aux marchandises à grande vitesse.

(11) Dans le cas où l'un des Etats aurait introduit dans sa législation ou inséré dans les règlements homologués des chemins de fer une clause concernant l'interruption du transport des marchandises pendant le dimanche et certains jours fériés, les délais de transport seraient augmentés à proportion.

Conditions complémentaires

1. Les maxima fixés ci-dessus, augmentés éventuellement des délais supplémentaires publiés, sont adoptés comme délais de livraison, à moins qu'il n'existe des délais spéciaux plus réduits.

2. Pour le transport des animaux vivants, les délais de livraison cessent de courir, pendant la durée du séjour de ces animaux dans les stations-abreuvoirs, les arrêts occasionnés ensuite d'une mesure de police, ainsi que pendant la durée de la visite du vétérinaire.

ARTICLE 15

Dispositions ultérieures

Article 15 de la Convention internationale.

(1) L'expéditeur a seul le droit de disposer de la marchandise : soit en la retirant à la gare de départ ; soit en l'arrêtant en cours de route ; soit en la faisant délivrer au lieu de destination ou en cours de route, ou encore à une station située soit au delà du point de destination, ou en cours de route, ou encore à une station située soit au delà du point de destination, soit sur un embranchement, à une personne autre que celle du destinataire indiqué sur la lettre de voiture ; soit en ordonnant son retour à la gare de départ. Le chemin de fer peut à son gré, à la demande de l'expéditeur ; accepter les dispositions ultérieures tendant à l'établissement, à l'augmentation, à la diminution ou au retrait de remboursements, ou bien à l'affranchissement des envois. Des dispositions ultérieures autres que celles indiquées ci-dessus ne sont pas admises.

(2) Toutefois l'expéditeur ne peut exercer ce droit qu'autant qu'il produit le duplicata de la lettre de voiture. Le chemin de fer qui se sera conformé aux ordres de l'expéditeur sans exiger la présentation de ce duplicata, sera responsable du préjudice causé par ce fait vis-à-vis du destinataire auquel ce duplicata aura été remis par l'expéditeur.

(3) Le chemin de fer n'est tenu d'exécuter ces ordres de l'expéditeur que lorsqu'ils sont transmis par l'intermédiaire de la gare d'expédition.

(4) Le droit de l'expéditeur, même muni du duplicata, cesse lorsque la marchandise étant arrivée à destination, la lettre de voiture a été remise au destinataire, ou que celui-ci a intenté l'action mentionnée à l'article 16 en assignant le chemin de fer. A partir de ce

moment, le droit de disposer passe au destinataire, aux ordres duquel le chemin de fer doit se conformer sous peine d'être responsable envers lui de la marchandise.

(5) Le chemin de fer ne peut se refuser à l'exécution des ordres dont il est fait mention dans la première phrase de l'alinéa (1), ni apporter des retards ou des changements à ces ordres, qu'autant qu'il en résulterait un trouble dans le service régulier de l'exploitation.

(6) Les ordres mentionnés à l'alinéa (1) doivent être donnés au moyen d'une déclaration écrite, signée par l'expéditeur conformément au formulaire prescrit par les Dispositions réglementaires. Ladite déclaration doit être répétée sur le duplicata de la lettre de voiture, lequel sera présenté en même temps au chemin de fer et rendu par ce dernier à l'expéditeur.

(7) Toute disposition de l'expéditeur, donnée sous une autre forme, sera nulle et non avenue.

(8) Le chemin de fer aura droit au remboursement des frais résultant de l'exécution des ordres mentionnés à l'alinéa (1), à moins que l'ordre n'ait eu pour cause la faute du chemin de fer.

§ 7. — Des dispositions règlementaires pour l'exécution de la convention internationale

(1) Pour la déclaration prévue dans l'article 15, alinéa (6), l'expéditeur devra se servir du formulaire prescrit par l'annexe 4.

(2) Les instructions doivent être données conformément aux prescriptions du § 2, alinéas (2) et (3) concernant la rédaction de la lettre de voiture.

Conditions complémentaires

1. Les ordres donnés après coup par l'expéditeur de grever la marchandise d'un remboursement, d'augmenter, de diminuer ou d'annuler le remboursement, ainsi que les ordres relatifs à l'affranchissement, sont admis par le chemin de fer, sans aucune responsabilité pour leur exécution.

2. Quand il demande la diminution ou l'annulation d'un remboursement, l'expéditeur doit produire le titre qui lui a été primitivement délivré. En cas de diminution du remboursement, ce titre est, après rectification, rendu à l'intéressé ; en cas d'annulation de remboursement, il est retiré des mains de ce dernier.

3. Toute instruction émanant de l'expéditeur doit s'étendre à l'envoi entier.

4. Il n'est pas donné suite aux dispositions non appuyées du duplicata de la lettre de voiture, ni à celles qui ne sont pas formulées par l'intermédiaire de la station de départ.

5. La station de destination ou la station intermédiaire peut, sur la demande et aux frais de l'expéditeur, être prévenue aussi par télégramme collationné d'un ordre écrit parvenu à la station de départ.

Dans ce cas, la station de destination ou la station intermédiaire s'abstiendra soit de remettre la lette de voiture, soit de délivrer la marchandise au destinataire, soit enfin de procéder à la réinscription de l'envoi avant la réception de l'ordre écrit.

(Voir aussi les conditions complémentaires de l'article 13).

ARTICLE 16.

Livraison de la marchandise au lieu de destination

Article 16 de la Convention internationale.

(1) Le chemin de fer est tenu de délivrer, au lieu de destination, la lettre de voiture et la marchandise au destinataire, contre quittance et remboursement du montant des créances résultant de la lettre de voiture.

(2) Après l'arrivée de la marchandise au lieu de destination, le destinataire est autorisé, soit qu'il agisse dans son propre intérêt, soit dans l'intérêt d'autrui, à faire valoir en son propre nom, vis-à-vis du chemin de fer, les droits résultants du contrat de transport moyennant l'exécution des obligations que ce contrat lui impose. Il pourra, notamment, demander au chemin de fer la remise de la lettre de voiture et la délivrance de la marchandise. Ce droit s'éteint quand l'expéditeur, muni du duplicata, a donné au chemin de fer, en vertu de l'article 15, un ordre contraire.

(3) La station destinataire désignée par l'expéditeur est considérée comme lieu de livraison.

ARTICLE 17.

Obligations du destinataire a la réception de la marchandise

Article 17 de la Convention internationale.

La réception de la marchandise et de la lettre de voiture oblige le destinataire à payer au chemin de fer le montant des créances résultant de la lettre de voiture.

ARTICLE 18.

Empêchements au transport

Article 18 de la Convention internationale.

(1) Si le transport est empêché ou interrompu par force majeure ou par un cas fortuit quelconque et que la marchandise ne puisse pas être transportée par une autre route, le chemin de fer demandera de nouvelles instructions à l'expéditeur.

(2) L'expéditeur pourra résilier le contrat, à charge par lui de payer au chemin de fer le montant des frais préparatoires au transport, ceux de déchargement et ceux de transport proportionnellement à la distance déjà parcourue, à moins que le chemin de fer ne soit en faute.

(3) Lorsqu'en cas d'interruption le transport peut être effectué par une autre route, le chemin de fer aura le droit de décider, s'il est de l'intérêt de l'expéditeur, soit de faire continuer la marchandise par cette autre route, soit de l'arrêter en demandant des instructions à l'expéditeur.

Au cas où la marchandise est acheminée sur la gare de destination par une autre route, le chemin de fer est fondé à exiger le payement des frais supplémentaires.

(4) Si l'expéditeur n'est pas en possession du duplicata de la lettre de voiture, les instructions qu'il donnera, dans les cas prévus par le présent article, ne pourront pas modifier la désignation du destinataire ni le lieu de destination.

Conditions complémentaires

1. Il n'est pas donné suite aux intructions non adressées par l'intermédiaire de la station de départ.

2. Le montant des frais préparatoires au transport, les frais de transport proportionnels à la distance déjà parcourue et, éventuellement ceux de déchargement, que l'expéditeur doit payer au chemin de fer en cas de résiliation du contrat, sont indiqués dans les tarifs.

3. Il n'est donné suite à la demande de renvoi que si la valeur de la marchandise couvre, selon toute prévision, les frais de la réexpédition, ou bien si le montant du transport est payé ou déposé immédiatement.

4. Si l'interruption de service vient à cesser avant l'arrivée des instructions de l'expéditeur, la marchandise est dirigée vers sa destination sans attendre ces instructions et l'expéditeur en est prévenu dans le plus court délai possible.

ARTICLE 19

RÈGLES A SUIVRE LORS DE LA LIVRAISON DES MARCHANDISES.

Article 19 de la Convention internationale.

La livraison des marchandises, ainsi que l'obligation éventuelle du chemin de fer de remettre la marchandise au domicile d'un destinataire non domicilié à la station de destination, sont réglés conformément aux lois et règlements en vigueur et applicables au chemin de fer chargé de la livraison.

ARTICLE 20

DROITS ET OBLIGATIONS DU CHEMIN DE FER DERNIER TRANSPORTEUR

Art. 20. de la Convention internationale.

Le chemin de fer dernier transporteur est tenu d'opérer, lors de la livraison, le recouvrement de la totalité des créances résultant de la lettre de voiture, notamment des frais de transport, des frais accessoires, de ceux de douane et autres débours nécessités par l'exécution du transport, des remboursements et autres sommes qui pourraient grever la marchandise. Il opère ces recouvrements tant pour son compte que pour celui des chemins de fer précédents ou des autres intéressés.

ARTICLE 21

DROIT DE GAGE ACCORDÉ AU CHEMIN DE FER

Article 21 de la Convention internationale.

Le chemin de fer a sur la marchandise les droits d'un créancier gagiste pour la totalité des créances indiquées dans l'article 20. Ces droits subsistent aussi longtemps que la marchandise se trouve entre les mains du chemin de fer ou d'un tiers qui la détient pour lui.

ARTICLE 22

Effets du droit de gage

Article 22 de la Convention internationale.

Les effets du droit de gage seront réglés d'après les lois du pays où s'effectue la livraison.

ARTICLE 23

Collectivité du transport

Article 23 de la Convention internationale.

(1) Chaque chemin de fer est tenu après encaissement, soit au départ, soit à l'arrivée, des frais de transport et autres créances résultant du contrat de transport, de payer aux chemins de fer intéressés la part leur revenant sur ces frais et créances.

(2) Le chemin de fer dernier transporteur est responsable du payement de la lettre de voiture, s'il délivre la marchandise sans recouvrer le montant dû par le destinataire, sous réserve des droits du chemin de fer contre le destinataire.

(3) La remise de la marchandise par un transporteur au transporteur subséquent donne le droit au premier de débiter de suite en compte courant le transporteur subséquent du montant des frais et créances dont était grevée la lettre de voiture au moment de la remise de la marchandise, sous réserve du compte définitif à établir conformément à l'alinéa (1) du présent article.

(4) Les créances d'un chemin de fer contre un autre qui résultent d'un transport international, sont insaisissables, lorsque le chemin de fer débiteur a son siège dans un territoire autre que celui dont dépend le chemin de fer créancier. Il n'y a d'exception que dans le cas où la saisie est faite à raison d'un jugement rendu par l'autorité judiciaire de l'Etat auquel appartient le chemin de fer créancier.

(5) Le matériel roulant des chemins de fer, ainsi que les objets mobiliers généralement quelconques contenus dans ce matériel et qui appartiennent au chemin de fer, ne peuvent également faire objet d'aucune saisie sur un territoire autre que celui dont dépend le chemin de fer propriétaire, sauf le cas où la saisie est faite à raison d'un jugement rendu par l'autorité judiciaire de l'Etat auquel appartient le chemin de fer propriétaire.

ARTICLE 24

EMPÊCHEMENTS À LA LIVRAISON

Article 24 de la convention internationale

(1) Lorsqu'il se présente des empêchements à la livraison de la marchandise, la station chargée de la livraison doit en prévenir sans retard l'expéditeur par l'entremise de la gare d'expédition et demander ses instructions. Quand la demande en a été faite dans la lettre de voiture, cet avis doit être donné immédiatement par télégraphe.

Les frais de cet avis sont à la charge de la marchandise. Si le destinataire refuse la marchandise, l'expéditeur a le droit d'en disposer, même s'il ne veut pas produire le duplicata de la lettre de voiture. En aucun cas, la marchandise ne peut être retournée sans le consentemement exprès de l'expéditeur.

(2) Du reste, et sauf les dispositions de l'article suivant, le mode de procéder dans les cas d'empêchement à la livraison est déterminé par les lois et règlements en vigueur applicables au chemin de fer chargé de la livraison.

Conditions complémentaires

Lorsqu'un envoi a été refusé ou est laissé en souffrance, il est délivré au destinataire qui se présente après coup pour en prendre livraison, à moins que la station de destination n'ait reçu entre temps des instructions contraires de l'expéditeur. Avis de la livraion effectuée après coup doit être donné immédiatement à la station de départ afin que l'expéditeur en soit informé.

ARTICLE 25

CONSTATATION DE LA PERTE TOTALE OU PARTIELLE ET DE L'AVARIE DE LA MARCHANDISE

Article 25 de la convention internationale.

(1) Dans tous les cas de perte totale ou partielle et d'avarie, les administrations de chemins de fer sont tenues de faire immédiatement des recherches, d'en constater le résultat par écrit et le communiquer aux intéressés sur leur demande, et en tous cas à la gare d'expédition.

(2) Si le chemin de fer découvre ou suppose une perte partielle ou une avarie de la marchandise, ou si l'ayant droit en allègue l'existence, il sera immédiatement dressé un procès-verbal par le chemin de fer pour constater l'état de la marchandise, le montant du dommage, et autant que possible la cause de la perte partielle et de l'avarie, et l'époque à laquelle elles remontent. En cas de perte totale de la marchandise, il sera également dressé un procès-verbal.

(3) La vérification devra être faite conformément aux lois et règlements du pays où elle a lieu.

(4) En outre, tout intéressé sera en droit de demander la constatation judiciaire de l'état de la marchandise.

ARTICLE 26

DROIT D'ACTION CONTRE LE CHEMIN DE FER

Article 26 de la convention internationale.

(1) Les actions contre les chemins de fer qui naissent du contrat de transport international n'appartiennent qu'à celui qui a le droit de disposer de la marchandise.

Conditions complémentaires

1. La réclamation exercée du chef de perte totale ou partielle ou d'avarie d'une marchandise ou de retard dans la livraison doit être appuyée de la lettre de voiture, si celle-ci a été remise au destinataire par le chemin de fer. Les actions exercées du chef de perte totale ou partielle ou d'avarie d'une marchandise doivent, en outre, être appuyées d'une pièce établissant la valeur de la marchandise (facture). (Pour les demandes de détaxe, voir l'article 12).

2. Aussi longtemps que la lettre de voiture n'a pas été remise au destinataire, le droit d'exercer une action en dehors de la voie judiciaire (réclamation) appartient à l'expéditeur, qui doit joindre à sa demande le duplicata de la lettre de voiture; si la lettre de voiture a été délivrée au destinataire, le droit de réclamation appartient à celui-ci.

3. Les demandes d'indemnité présentées par des tiers ne sont prises en considération que si elles sont appuyées d'une déclaration par laquelle l'ayant droit consent au payement de l'indemnité entre les mains du réclamant. Cette déclaration dont la signature devra être légalisée si le chemin de fer le demande, sera conservé par celui-ci.

4. Dans l'intérêt d'une prompte solution les réclamations doivent être adressées à l'Administration dont dépend le bureau de départ tant que la marchandise n'est pas parvenue à destination, dans les autres cas, les réclamations doivent être transmises à l'administration dont relève le bureau d'arrivée.

ARTICLE 27

RESPONSABILITÉ COLLECTIVE DES CHEMINS DE FER. — ACTION

Article 27 de la Convention internationale.

(1) Le chemin de fer qui a accepté au transport la marchandise avec la lettre de voiture est responsable de l'exécution du transport sur le parcours total jusqu'à la livraison.

(2) Chaque chemin de fer subséquent, par le fait même de la remise de la marchandise avec la lettre de voiture primitive, participe au contrat de transport conformément à la lettre de voiture, et accepté l'obligation d'exécuter le transport en vertu de cette lettre.

(3) L'action fondée sur contrat de transport international ne pourra, sauf recours des chemins de fer contre eux, être intentée que contre la première administration ou celle qui aura reçu en dernier lieu la marchandise avec la lettre de voiture, ou contre l'administration sur le réseau de laquelle le dommage aura été occasionné. Le demandeur aura le choix entre les susdites administrations.

(4) L'action ne sera intentée que devant un tribunal siégeant dans l'Etat où l'Administration actionnée aura son domicile, et qui sera compétent d'après les lois de cet Etat.

(5) Une fois l'action intentée, le droit d'option entre les chemins de fer mentionnés à l'alinéa (3) est éteint.

ARTICLE 28

DEMANDES RECONVENTIONNELLES OU EXCEPTIONS

Article 28 de la Convention internationale.

Les réclamations fondées sur le contrat de transport international pourront être formées contre une autre administration que celles désignées dans l'article 27, alinéa (3), lorsqu'elles se présentent sous la forme de demandes reconventionnelles ou d'exceptions et que la demande principale soit fondée sur le même contrat de transport.

ARTICLE 29

Responsabilité du chemin de fer pour les agents attachés a son service.

Article 29 de la Convention internationale.

Le chemin de fer est responsable des agents attachés à son service et des autres personnes qu'il emploie pour l'exécution du transport dont il s'est chargé.

ARTICLE 30

Responsabilité du chemin de fer pour perte totale ou partielle, ou pour avarie.

Article 30 de la Convention internationale.

(1) Le chemin de fer est responsable, sauf les dispositions contenues dans les articles ci-après, du dommage résultant de la perte (totale ou partielle) ou de l'avarie de la marchandise, à partir de l'acceptation au transport jusqu'à la livraison. Il sera déchargé de cette responsabilité s'il prouve que le dommage a eu pour cause une faute de l'ayant droit, un ordre de celui-ci ne résultant pas d'une faute du chemin de fer, un vice propre de la marchandise (détérioration intérieure, déchet, coulage ordinaire etc.) ou un cas de force majeure.

(2) Au cas où la lettre de voiture désigne un lieu de destination qui n'est pas une station de chemin de fer, la responsabilité du chemin de fer, basée sur la présente Convention, cesse à la dernière gare. Le transport ultérieur est régi par l'article 19.

ARTICLE 31

Restriction de la responsabilité du chemin de fer en cas de certains dangers

Article 31 de la Convention internationale.

(1) Le chemin de fer n'est pas responsable :

1° De l'avarie survenue aux marchandises qui, en vertu des prescriptions des tarifs ou des conventions passées avec l'expéditeur et mentionnées dans la lettre de voiture, sont transportées en wagons découverts,

en tant que l'avarie sera résultée du danger inhérent à ce mode de transport ;

2° De l'avarie survenue aux marchandises qui, suivant la déclaration de l'expéditeur dans la lettre de voiture (art. 9), sont remises en vrac ou avec un emballage défectueux, quoique, par leur nature et pour être à l'abri des pertes et avaries, elles exigent un emballage,

en tant que l'avarie sera résultée du manque ou de l'état défectueux de l'emballage;

3° De l'avarie survenue aux marchandises qui, en vertu des prescriptions des tarifs ou des conventions passées avec l'expéditeur et mentionnées dans la lettre de voiture, en tant que de telles conventions sont autorisées sur le territoire de l'Etat où elles sont appliquées, ont été chargées par l'expéditeur ou déchargées par le destinataire,

en tant que l'avarie sera résultée du danger inhérent à l'opération du chargement ou du déchargement ou d'un chargement défectueux ;

4° De l'avarie survenue aux marchandises qui, pour des causes inhérentes à leur nature, sont exposées au danger particulier de se perdre, en tout ou en partie, ou d'être avariées, notamment à la suite des bris, rouille, détérioration intérieure et spontanée, coulage extraordinaire, dessiccation et déperdition,

en tant que l'avarie est résultée de ce danger ;

5° De l'avarie survenue aux animaux vivants,

en tant que l'avarie est résultée du danger particulier que le transport de ces animaux entraîne pour eux ;

6° De l'avarie survenue aux marchandises et bestiaux dont le transport, aux termes des tarifs ou des conventions passées avec l'expéditeur et mentionnées dans la lettre de voiture, ne s'effectue que sous escorte,

en tant que l'avarie est résultée du danger que l'escorte a pour but d'écarter.

(2) Si, eu égard aux circonstances de fait, l'avarie a pu résulter de l'une des causes susmentionnées, il y aura présomption que l'avarie résulte de l'une de ces causes, à moins que l'ayant droit n'établisse le contraire.

Conditions complémentaires.

Lorsque, à la demande expresse de l'expéditeur, le chemin de fer fournit des bâches en location, il n'assume d'autre responsabilité que celle lui incombant pour le transport en wagons découverts non bâchés, même s'il s'agit de marchandises qui, selon les prescriptions des tarifs, ne peuvent être transportées en wagons découverts non bâchés.

ARTICLE 32

Restriction de la responsabilité en cas de déchet de poids

Article 32 de la Convention internationale.

(1) En ce qui concerne les marchandises qui, en raison de leur nature particulière, subissent en règle générale, par le fait seul du transport, un déchet de poids, le chemin de fer ne répond de ces manquants qu'autant qu'ils dépassent la tolérance déterminée par les dispositions réglementaires.

(2) Dans le cas où plusieurs colis sont transportés avec une seule lettre de voiture, la tolérance sera calculée séparément pour chaque colis lorsque le poids des colis isolés est indiqué sur la lettre de voiture ou peut être constaté d'une autre manière.

(3) Cette restriction de responsabilité ne peut pas toutefois être invoquée lorsqu'il aura été prouvé que la perte, selon les circonstances du fait, ne résulte pas de la nature de la marchandise, ou que la tolérance fixée ne peut pas s'appliquer à raison de la nature de la marchandise ou des circonstances dans lesquelles s'est produit le manquant.

(4) En cas de perte totale de la marchandise, il ne pourra être fait aucune déduction résultant du déchet de route.

§ 8. — *Des dispositions règlementaires pour l'exécution de la convention internationale*

(1) Une tolérance de 2 °/₀ du poids est accordée pour déchets de route sur le poids des marchandises liquides ou remises à l'état humide, et sur le poids des marchandises sèches désignées ci-après :

Bois de teinture râpés et moulus, écorces, racines, bois de réglisse, tabac haché, graisses, savons et huiles fermes, fruits frais, feuilles de tabac fraîches, laines, peaux, fourrures, cuirs, fruits séchés ou cuits, tendons d'animaux, cornes, onglons, os (entiers et moulus), poissons séchés, houblon, mastic frais, soies de porc, crins, sel.

(2) Pour toutes les autres marchandises sèches de l'espèce désignée à l'article 32 de la Convention, cette tolérance est réduite à 1 °/₀.

Condition complémentaire

1. Les prescriptions du paragraphe qui précède ne constituent aucune restriction à une exonération éventuellement plus étendue de la responsabilité en vertu de l'article 31.

ARTICLE 33

Présomption de la perte de la marchandise

Article 33 de la Convention internationale.

Si la livraison n'a pas eu lieu dans les trente jours qui suivent l'expiration du délai fixé pour la livraison (art. 14), l'ayant droit peut, sans avoir à fournir d'autre preuve, considérer la marchandise comme perdue.

ARTICLE 34

Indemnité en cas de perte totale ou partielle de la marchandise

Article 34 de la Convention internationale.

Si, en vertu des articles précédents, l'indemnité pour perte totale ou partielle de la marchandise est mise à la charge du chemin de fer, l'indemnité sera calculée d'après le prix courant des marchandises de même nature et qualité, au lieu et à l'époque où la marchandise a été acceptée au transport. A défaut de prix courant, l'indemnité sera calculée d'après la valeur ordinaire de la marchandise évaluée sur les mêmes bases. Il sera alloué en outre les droits de douane, de transport et autres frais qui auraient pu être déboursés.

ARTICLE 35

LIMITATION DE L'INDEMNITÉ EN CAS D'APPLICATION DE TARIFS SPÉCIAUX

Article 35 de la Convention internationale.

Les chemins de fer auront la faculté d'offrir au public des conditions spéciales (tarifs spéciaux) dans lesquelles sera fixé le maximum de l'indemnité à payer en cas de perte ou d'avarie, à la condition que ces tarifs spéciaux correspondent à une réduction sur le prix de transport total calculé d'après les tarifs respectifs ordinaires de chaque chemin de fer, et que le même maximum de l'indemnité soit applicable à tout le parcours.

ARTICLE 36

MARCHANDISE RETROUVÉE

Article 36 de la Convention internationale.

(1) L'ayant droit, en recevant le payement de l'indemnité pour la marchandise perdue, peut, dans la quittance, faire une réserve d'après laquelle, si la marchandise est retrouvée dans les quatre mois de l'expiration du délai de livraison, il en soit avisé immédiatement par le chemin de fer. Il sera donné acte par écrit de cette réserve.

(2) Dans ce cas, l'ayant droit pourra, dans le délai de trente jours depuis le jour où il aura été avisé, exiger que la marchandise lui soit délivrée sans frais, à son choix, à la gare de départ ou à la gare de destination désignée dans la lettre de voiture et moyennant la restitution de l'indemnité qu'il a reçue.

(3) Si la réserve dont il est question à l'alinéa (1) ci-dessus n'a pas été faite, ou si l'ayant droit n'a pas donné d'instructions dans le délai de trente jours mentionné à l'alinéa (2) ci-dessus, ou encore, si la marchandise a été retrouvée postérieurement au délai de quatre mois, le chemin de fer disposera de la marchandise retrouvée, conformément aux lois de son pays.

ARTICLE 37

INDEMNITÉ EN CAS D'AVARIE DE LA MARCHANDISE

Article 37 de la Convention internationale

En cas d'avarie, le chemin de fer aura à payer le montant intégral de la dépréciation subie par la marchandise. Si l'expédition a eu lieu sous le régime d'un tarif spécial conformément à l'article 35, l'indemnité à allouer sera proportionnellement réduite.

ARTICLE 38.

DÉCLARATION D'INTÉRÊT A LA LIVRAISON

Article 38 de la Convention internationale.

(1) S'il y a une déclaration d'intérêt à la livraison, il pourra être alloué, en cas de perte totale ou partielle, en outre de l'indemnité fixée par l'article 34 et, en cas d'avarie, en outre de l'indemnité fixée

d'après l'article 37, des dommages intérêts qui ne pourront pas dépasser la somme fixée par la déclaration, à charge par l'ayant-droit d'établir l'existence et le montant du dommage.

(2) Les dispositions règlementaires fixeront le maximum de la taxe supplémentaire qui devra être payée en cas de déclaration de la somme représentant l'intérêt à la livraison.

§ 9. — *Des dispositions réglementaires pour l'exécution de la convention internationale*

(1) La valeur représentant l'intérêt à la livraison devra être inscrite, en toutes lettres, à la place réservée à cet effet sur la lettre de voiture.

(2) Dans ce cas, il est permis de percevoir une taxe supplémentaire de 0 fr. 025 par fraction indivisible de 10 francs et de 10 kilomètres. Le montant total de cette taxe pourra être arrondi aux cinq centimes supérieurs.

(3) Le minimum de la perception est fixé à 0 fr. 50 pour le parcours total.

Conditions complémentaires

1. Les tarifs indiquent en quelle monnaie la déclaration de l'intérêt à la livraison peut être exprimée.

2. La taxe supplémentaire sera arrondie aux 5 centimes supérieurs et perçue comme les autres frais, c'est-à-dire encaissée de l'expéditeur pour les expéditions en port payé, et du destinataire pour les expéditions en port dû.

ARTICLE 39.

RESPONSABILITÉ EN CAS DE RETARD DANS LA LIVRAISON

Article 39 de la Convention internationale.

(1) Le chemin de fer est responsable du dommage occasionné par l'inobservation des délais de livraison (article 14), à moins qu'il ne prouve que le retard provient d'une circonstance indépendante de sa volonté et de son fait.

Condition complémentaire

Les délais de livraison s'appliquent toujours au parcours entier; dès lors, les réclamations concernant le délai afférent à des parcours partiels sont inadmissibles, si le délai total n'a pas été dépassé.

ARTICLE 40

INDEMNITÉ EN CAS DE RETARD DANS LA LIVRAISON

Article 40 de la Convention internationale.

(1) En cas de retard dans la livraison, il pourra être réclamé, sans qu'il y ait à prouver qu'un dommage soit résulté de ce retard :

1/10	du prix de transport pour un retard égal ou inférieur à	1/10	du délai de livraison ;
2/10	—	2/10	—
3/10	—	3/10	—
4/10	—	4/10	—
5/10	du prix de transport pour tout retard supérieur à	4/10	—

(2) Si ladite preuve est fournie, il pourra être alloué, à titre de dommages-intérêts, une somme qui ne devra pas toutefois dépasser le prix du transport.

(3) S'il y a eu déclaration de l'intérêt à la livraison, il pourra être réclamé, sans qu'il y ait à prouver qu'un dommage soit résulté de ce retard :

2/10	du prix de transport pour un retard égal ou inférieur à	1/10 du délai de livraison ;	
4/10	—	2/10	—
6/10	—	3/10	—
8/10	—	4/10	—
10/10	du prix de transport pour tout retard supérieur à	4/10	—

(4) Si la preuve est fournie qu'un dommage est résulté de ce retard, il pourra être alloué le montant de ce dommage. Dans l'un et l'autre cas, le montant de l'indemnité ne pourra pas dépasser la somme déclarée. Toutefois, si la somme déclarée est inférieure au prix de transport qui pourrait être restitué dans le cas de l'alinéa (2) s'il n'y avait pas eu déclaration d'intérêt, le montant de l'indemnité pourra atteindre le prix de transport.

ARTICLE 41

Indemnité en cas de dol ou de faute grave

Article 41 de la Convention internationale.

Le payement de l'indemnité pleine et entière, comprenant les dommages et intérêts, pourra être demandé dans tous les cas où le dommage aurait pour cause un dol ou une faute grave de la part du chemin de fer.

ARTICLE 42

Intérêts de la somme fixée comme indemnité

Article 42 de la Convention internationale.

L'ayant droit pourra demander des intérêts à raison de 6 % de la somme fixée comme indemnité. Ces intérêts commencent à courir à partir du jour de la demande.

ARTICLE 43

Exclusion de la responsabilité pour les tranpsorts interdits ou admis seulement sous certaines conditions

Article 43 de la Convention internationale.

La responsabilité telle qu'elle résulte du contrat de transport ne s'applique pas aux objets qui, bien qu'exclus du transport ou admis seulement sous certaines conditions, auraient été néanmoins expédiés sous une déclaration incorrecte ou inexacte, et pour lesquels l'expéditeur n'aurait pas rempli les mesures de sûreté prescrites.

ARTICLE 44

Extinction des actions contre le chemin de fer

Article 44 de la Convention internationale.

(1) Le payement du prix de transport et des autres frais à la charge de la marchandise, et la réception de la marchandise, éteignent, contre le chemin de fer, toute action provenant du contrat de transport.

(2) Toutefois, l'action n'est pas éteinte :

1° Si l'ayant droit peut fournir la preuve que le dommage a pour cause un dol ou une faute grave du chemin de fer ;

2° En cas de réclamation pour cause de retard, lorsqu'elle est faite à l'une des administrations désignées comme responsables par l'article 27, alinéa (3), dans un délai ne dépassant pas quatorze jours, non compris celui de la réception ;

3° En cas de réclamation pour défauts constatés conformément à l'article 25, avant l'acceptation de la marchandise par le destinataire, ou dont la constatation aurait dû être faite conformément à l'article 25 et n'a été omise que par la faute du chemin de fer ;

4° En cas de réclamation pour dommages non apparents extérieurement, dont l'existence est constatée après la réception, mais seulement aux conditions suivantes :

a) La demande en constatation faite au chemin de fer ou au tribunal compétent conformément à l'article 25, doit avoir lieu immédiatement après la découverte du dommage, et au plus tard dans les sept jours à partir de la réception de la marchandise ;

b) L'ayant droit doit prouver que le dommage s'est produit dans l'intervalle écoulé entre la remise au transport et la livraison.

Si toutefois la vérification de la marchandise par le destinataire a été possible à la gare de destination et si elle a été offerte par le chemin de fer, il n'y a plus lieu d'appliquer la disposition contenue au 4°.

(3) Le destinataire sera libre de refuser la réception de la marchandise même après réception de la lettre de voiture et payement des frais de transport, aussi longtemps que le dommage dont il soutient l'existence n'aura pas été constaté conformément à sa réquisition. Les réserves faites lors de la réception de la marchandise ne sont d'aucun effet, à moins qu'elles ne soient consenties par le chemin de fer.

(4) Si l'un ou l'autre des objets désignés dans la lettre de voiture venait à manquer lors de la livraison, le destinataire pourra exclure dans la quittance (art. 16) les colis non livrés, en les désignant spécialement.

(5) Les réclamations mentionnées au présent article doivent être faites par écrit.

ARTICLE 45

Prescription des actions contre le chemin de fer

Article 45 de la Convention internationale.

(1) Les actions en indemnité pour perte totale ou partielle, avarie de la marchandise ou retard dans sa livraison, sont prescrites par un an, lorsque l'indemnité n'a pas été fixée par une reconnaissance de chemin de fer, par transaction ou par un jugement. La prescription est de trois ans s'il s'agit d'une action dommages-intérêts prévue à l'article 44, alinéa (2), 1°.

(2) En cas d'avarie ou de perte partielle de la marchandise, la prescription court à partir du jour de la livraison; en cas de perte totale de la marchandise ou de retard dans la livraison, la prescription court du jour où expire le délai de livraison.

(3) L'interruption de la prescription est régie par les lois du pays où l'action est intentée.

(4) En cas de réclamation écrite, adressée au Chemin de fer par l'ayant droit, la prescription cesse de courir tant que la réclamation est en suspens. Si la réclamation est repoussée, la prescription reprend son cours à partir du jour où le chemin de fer a notifié par écrit sa réponse au réclamant et restitué les pièces justificatives qui auraient été jointes à la réclamation. La preuve de la réception de la réclamation ou de la réponse et celle de la restitution des pièces sont à la charge de celui qui invoque ce fait. Les réclamations ultérieures adressées au chemin de fer ou aux autorités supérieures ne suspendent pas la prescription.

ARTICLE 46

Inadmissibilité de la reprise des réclamations éteintes ou prescrites

Article 46 de la Convention internationale.

Les réclamations éteintes ou prescrites conformément aux dispositions des articles 44 et 45 ne peuvent être reprises ni sous la forme d'une demande reconventionnelle ni sous celle d'une exception.

ARTICLE 47

Droit de recours des chemins de fer entre eux

Article 47 de la Convention internationale.

(1) Le chemin de fer qui a payé une indemnité, en vertu des dispositions de la présente convention, aura le droit d'exercer un recours contre les chemins de fer qui ont concouru au transport, conformément aux dispositions suivantes :

1° Le chemin de fer par la faute duquel le dommage a été causé en est seul responsable ;

2° Lorsque le dommage a été causé par le fait de plusieurs chemins de fer, chacun d'eux répond du dommage causé par sa propre faute. Si, dans l'espèce, une telle distinction est impossible selon les circonstances du fait, la répartition de l'indemnité aura lieu entre les chemins de fer ayant commis la faute, d'après les principes énoncés au 3°.

3° S'il ne peut être prouvé que le dommage a été causé par la faute d'un ou de plusieurs chemins de fer, tous les chemins de fer intéressés au transport, à l'exception de ceux qui prouveront que le dommage n'a pas été occasionné sur leurs lignes, répondront du dommage proportionnellement au prix de transport que chacun d'eux aurait perçu conformément au tarif en cas de l'exécution régulière du transport.

(2) Dans le cas d'insolvabilité de l'un des chemins de fer mentionnés au présent article, le dommage qui en résulterait pour le chemin de fer qui a payé l'indemnité sera réparti entre tous les chemins de fer qui ont pris part au transport proportionnellement au prix de transport revenant à chacun d'eux.

ARTICLE 48

Recours des chemins de fer entre eux en cas de retard dans la livraison

Article 48 de la Convention internationale.

(1) Les règles énoncées dans l'article 47 seront appliquées en cas de retard. Si le retard a eu pour cause une faute collective de plusieurs chemins de fer, l'indemnité sera mise à la charge des dits chemins de fer proportionnellement à la durée du retard sur leurs réseaux respectifs.

(2) A défaut de conventions spéciales, les Dispositions réglementaires déterminent la manière dont le délai de livraison doit être réparti entre les divers chemins de fer qui participent au transport.

§ 10. — *Des dispositions règlementaires pour l'exécution de la convention internationale.*

(1) A défaut de conventions spéciales, les délais de livraison déterminés par l'article 14 de la Convention et le § 6 des présentes Dispositions règlementaires, seront partagés entre les différents chemins de fer qui auront pris part au transport de la manière suivante :

1. Entre deux chemins de fer voisins :

a) Le délai de l'expédition, en deux parties égales.

b) Le délai de transport, en raison des distances d'application parcourues sur chacun des chemins de fer.

2. Entre trois chemins de fer ou plus :

a) Le premier et le dernier reçoivent d'abord chacun 12 heures de délai d'expédition pour la petite vitesse, et 6 heures pour la grande vitesse

b) Le reste du délai d'expédition et un tiers du délai de transport sont partagés par parts égales entre les chemins de fer parcourus.

c) Les deux autres tiers du délai de transport sont partagés en raison des distances d'application parcourues sur chacun de ces chemins de fer.

(2) Les délais règlementaires auxquels un chemin de fer aurait droit, en vertu des dispositions spéciales de son règlement d'exploitation, seront attribués à ce chemin de fer.

(3) L'intervalle entre le moment où la marchandise est remise au premier chemin de fer, et celui auquel le délai commence à courir, reste exclusivement à la disposition de ce chemin de fer.

(4) Le partage dont il est question ci-dessus n'est pas pris en considération, si le délai total de la livraison est observé.

ARTICLE 49

NON-SOLIDARITÉ DES CHEMINS DE FER EN CAS DE RECOURS

Article 49 de la Convention internationale.

En cas de recours, il n'y aura pas de solidarité entre plusieurs chemins de fer intéressés au transport.

ARTICLE 50

EFFET DE LA DÉCISION DÉFINITIVE RENDUE AU PROCÈS PRINCIPAL CONTRE LE CHEMIN DE FER EXERÇANT LE RECOURS EN INDEMNITÉ

Article 50 de la Convention internationale.

La demande en recours des chemins de fer entre eux a pour base, in quali et quanto, la décision définitive rendue au procès principal contre le chemin de fer exerçant le recours en indemnité, pourvu que l'assignation ait été dûment signifiée aux chemins de fer à actionner par voie de recours et que ceux-ci aient été à même d'intervenir dans le procès. Le juge saisi de l'action principale fixera, selon les circonstances du fait, les délais strictement nécessaires pour l'exercice de ce droit.

ARTICLE 51

UNITÉ DE L'INSTANCE ET CAS DE RECOURS

Article 51 de la Convention internationale.

(1) Le chemin de fer qui veut exercer son recours doit former sa demande dans une seule et même instance contre tous les chemins de fer intéressés avec lesquels il n'a pas transigé, sous peine de perdre son recours contre les chemins de fer non actionnés.

(2) Le juge doit statuer par un seul et même jugement. Les chemins de fer actionnés ne pourront pas exercer un recours ultérieur.

ARTICLE 52

DÉFENSE D'INTRODUIRE LE RECOURS EN GARANTIE DANS L'INSTANCE RELATIVE A LA DEMANDE EN INDEMNITÉ

Article 52 de la Convention internationale.

Il ne sera pas permis d'introduire le recours en garantie dans l'instance relative à la demande principale en indemnité.

ARTICLE 53

FORME POUR LES ACTIONS EN RECOURS

Article 53 de la Convention internationale.

(1) Le juge du domicile du chemin de fer contre lequel le recours s'exerce est exclusivement compétent pour toutes les actions en recours.

(2) Lorsque l'action devra être intentée contre plusieurs chemins de fer, le chemin de fer demandeur aura le droit de choisir, entre les juges reconnus compétents en vertu de l'alinéa (1) du présent article, le juge devant lequel il portera sa demande.

ARTICLE 54

DROIT DES CHEMINS DE FER DE CONCLURE ENTRE EUX DES CONVENTIONS PARTICULIÈRES CONCERNANT LES RECOURS

Article 54 de la Convention internationale

Sont réservées les conventions particulières que les chemins de fer peuvent, soit d'avance, soit dans chaque cas spécial, contracter entre eux concernant les recours.

ARTICLE 55

CARACTÈRE OBLIGATOIRE DE LA PROCÉDURE DU JUGE COMPÉTENT

Article 55 de la Convention internationale.

Sauf les dispositions contraires contenues dans la présente Convention, la procédure à suivre sera celle du juge compétent.

ARTICLE 56

EXCEPTION DES JUGEMENTS ET CAUTION A FOURNIR POUR ASSURER LE PAYEMENT DES DÉPENS

Article 56 de la Convention internationale.

(1) Les jugements prononcés contradictoirement ou par défaut par le juge compétent en vertu des dispositions de la présente convention, seront, lorsqu'ils sont devenus exécutoires en vertu des lois appliquées par ce juge compétent, déclarés exécutoires dans les Etats signataires de la Convention par l'autorité compétente, sous les conditions et suivant les formes établies par la législation de cet Etat, mais sans revision du fond de l'affaire. Cette disposition ne s'applique pas aux jugements qui ne sont exécutoires que provisoirement, non plus qu'aux condamnations en dommages-intérêts qui seraient prononcées, en sus des dépens, contre un demandeur à raison du rejet de sa demande.

(2) La caution à fournir pour assurer le payement des dépens (cautio judicatum solvi) ne pourra être exigée à l'occasion des actes judiciaires fondées sur le contrat de transport international.

ARTICLE 57

INSTITUTION D'UN OFFICE CENTRAL

Article 57 de la Convention internationale.

(1) Pour faciliter et assurer l'exécution de la présente Convention, il sera organisé un Office central des transports internationaux, chargé :

1° De recevoir les communications de chacun des Etats contractants et de chacune des Administrations de chemins de fer intéressées et de les notifier aux autres Etats et Administrations.

2° De recueillir, coordonner et publier les renseignements de toute nature qui intéressent le service des transports internationaux.

3° De prononcer, à la demande des parties, des sentences sur les litiges qui pourraient s'élever entre les chemins de fer.

4° D'instruire les demandes en modification de la présente Convention et, en tout cas, quand il y aura lieu, de proposer aux divers Etats la réunion d'une nouvelle conférence.

5° Enfin de faciliter entre les diverses Administrations les relations financières nécessitées par le service des transports internationaux et le recouvrement des créances restées en souffrance, et d'assurer, à ce point de vue, la sécurité des rapports des chemins de fer entre eux.

(2) Un règlement spécial déterminera le siège, la composition et l'organisation de cet Office, ainsi que ses moyens d'action.

ARTICLE 58

LISTE DES CHEMINS DE FER

Article 58 de la Convention internationale.

(1) L'Office central prévu à l'article 57 est chargé de recevoir les notifications des Etats concernant l'inscription ou la radiation d'un chemin de fer sur la liste dressée en conformité de l'article premier.

(2) L'entrée effective d'un chemin de fer nouveau dans le service des transports internationaux n'aura lieu qu'un mois après la date de la lettre de l'Office notifiant la présentation aux autres Etats.

(3) La radiation d'un chemin de fer sera faite par l'Office central aussitôt qu'il aura reçu de l'un des Etats contractants la notification que celui-ci a constaté que, pour une raion financière ou pour un empêchement matériel, un chemin de fer dépendant de cet Etat et porté sur la liste par lui dressée ne se trouve plus dans la condition de satisfaire aux obligations qui lui sont imposées par la Convention.

(4) La simple réception de l'avis émanant de l'Office donnera immédiatement à chaque Administration le droit de cesser, avec le chemin de fer dénoncé, toutes relations de transport international, sauf ce qui concerne les transports en cours, qui devront être continués jusqu'à destination.

ARTICLE 59

CONFÉRENCES DE REVISION

Article 59 de la Convention internationale.

(1) Tous les cinq ans au moins, après la mise en vigueur des modifications adoptées à la dernière Conférence de revision, une nouvelle Conférence de délégués des Etats participant à la Convention sera réunie, afin d'apporter à la Convention les modifications et améliorations jugées nécessaires.

(2) Toutefois, des Conférences pourront avoir lieu avant cette époque sur la demande du quart au moins des Etats intéressés.

ARTICLE 60

APPLICATION OBLIGATOIRE ET DUREÉ DE LA CONVENTION INTERNATIONALE

Article 60 de la Convention internationale.

La présente Convention engagera chaque Etat signataire pour la durée de trois ans, à partir du jour où elle entrera en vigueur. Chaque Etat qui voudra se retirer à l'expiration de ce délai devra prévenir les autres Etats une année d'avance. A défaut de notification, l'engagement sera censé prorogé pour une nouvelle période de trois ans.

ARTICLE 61.

MONNAIES

Article 61 de la Convention internationale.

§ 11. — *Des dispositions règlementaires pour l'exécution de la convention internationale*

Dans ceux des Etats contractants où le franc n'est pas employé comme unité monétaire, les sommes indiquées en francs dans les présentes Dispositions réglementaires seront exprimées d'après l'unité monétaire de ces Etats.

ANNEXE N° 1

Prescriptions relatives aux objets admis au transport sous certaines conditions.

I. — (1) Les pétards pour signaux d'arrêt sur les chemins de fer doivent être solidement emballés dans des rognures de papier, de la sciure de bois ou du plâtre, ou enfin de toute autre manière, de façon à être assez espacés et assez solidement fixés pour que les boîtes en fer-blanc ne puissent pas se toucher l'une l'autre, ni toucher un autre corps étranger. Les caisses dans lesquelles l'emballage est fait doivent être en fortes planches, épaisses de 26 millimètres au moins, assemblées avec rainures et tenues par des vis en bois ; ces caisses seront placées dans une seconde caisse aussi solide que la première ; la caisse extérieure n'aura pas un volume de plus de 60 décimètres cubes.

(2) Les pétards ne sont admis au transport que si les lettres de voiture sont révêtues d'un certificat de l'autorité constatant qu'ils sont emballés suivant les prescriptions.

II. — Les capsules pour armes à feu, les pastilles fulminantes pour munitions d'armes portatives, les amorces non détonantes pour projectiles et les douilles amorcées doivent être emballées avec soin dans des caisses ou des tonneaux solides ; sur chaque colis doit se trouver une étiquette portant, suivant son contenu, la désignation de « capsules », « pastilles fulminantes », etc.

III. — (1) Les allumettes chimiques et autres allumettes à friction (telles que les allumettes-bougies, allumettes d'amadou, etc) doivent être emballées avec soin dans des récipients de forte tôle ou de bois très solide de 1 mètre cube 200 décimètres au plus, de manière qu'il ne reste aucun vide dans les récipients ; les récipients en bois porteront distinctement à l'extérieur la marque de leur contenu.

(2) La masse inflammable des allumettes chimiques de phosphore jaune et de chlorate de potasse ne doit pas contenir, à l'état sec plus de 10 % de phosphore et de 40 % de chlorate de potasse. Les envois doivent être accompagnés d'une déclaration du fabricant certifiant que ces limites n'ont pas été dépassées.

IV. — Les mèches de sûreté, c'est-à-dire les mèches qui consistent en un boyau mince et serré, dans lequel est contenue une quantité relativement faible de poudre à tirer, sont soumises aux prescriptions données sous le N° 111, alinéa (1)

V. — Les boîtes extincteurs Bucher dans des douilles en fer-blanc ne sont admises au transport que dans des caisses contenant 10 kilos au plus, revêtues à l'intérieur de papier collé contre les parois et renfermées elles-mêmes dans des caisses plus grandes revêtues également de papier collé.

VI. — (1) Le phosphore ordinaire (blanc ou jaune) doit être entouré d'eau dans des boites en fer-blanc soudées contenant 30 kilos au plus et solidement emballées dans de fortes caisses. En outre, il faut que les caisses soient munies de deux poignées solides, qu'elles ne pèsent pas plus de 100 kilos et qu'elles portent à l'extérieur l'indication de « phosphore jaune (blanc) ordinaire » et celle de « haut».

(2) Le phosphore amorphe (rouge) doit être emballé dans des boîtes en fer-blanc bien soudées, étanches et placées avec de la sciure de bois dans de fortes caisses. Ces caisses ne pèseront pas plus de 90 kilos et elles porteront à l'extérieur l'indication « phosphore rouge ».

(3) Le phosphure de calcium est accepté au transport aux mêmes conditions. Les caisses doivent porter la suscription « phosphure de calcium ».

(4) Les mélanges de phosphore amorphe avec des résines ou des graisses dont le point de fusion est supérieur à 35° centigrade (Celcius) sont admis au transport s'ils ont été obtenus en fondant ensemble leurs composants. Ils doivent être emballés dans des caisses ne permettant aucune fuite, ou être fondus dans des projectiles non chargés.

(5) Le sesquisulfure de phosphore doit être renfermé dans des cylindres métalliques étanches, contenus eux-mêmes dans des caisses en bois faites de planches bien jointes.

VII. — (1) Le sulfure de sodium brut, non cristallisé, n'est admis à l'expédition qu'emballé dans des récipients en tôle hermétiquement clos; le sulfure de sodium raffiné, cristallisé, n'est admis qu'emballé en tonneaux ou autres récipients impénétrables à l'eau.

(2) 1° La matière ayant servi à épurer le gaz d'éclairage et contenant du fer ou du manganèse n'est expédiée que dans des wagons en tôle, à moins que cet article ne soit emballé dans d'épaisses caisses de tôle. Si lesdits wagons ne sont pas munis de couvercles en tôle, fermant bien, le chargement devra être parfaitement couvert avec des bâches préparées de telle manière qu'elles ne soient pas inflammables par le contact direct et la flamme. Le chargement et le déchargement se feront par l'expéditeur et le destinataire; c'est à l'expéditeur que, à la demande de l'Administration du chemin de fer, incombe également le soin de fournir les bâches.

2° Si la matière ayant servi à épurer le gaz d'éclairage dont il est parlé au 1° est oxydée et que ce fait soit expressément confirmé par l'expéditeur dans la lettre de voiture, cette matière sera acceptée au transport comme colis isolé, avec un emballage quelconque; au cas où elle serait remise par chargement complet, le transport sera effectué dans des wagons découverts, non munis de bâches.

(3) Sont acceptés au transport, aux mêmes conditions que le sulfure de sodium brut non cristallisé, les cokes à base de soude (produits accessoires obtenus dans la fabrication des huiles de goudron).

VIII. — La celloïdine, produit de l'évaporation imparfaite de l'alcool contenu dans le collodion, ayant l'apparence de savon et consistant essentiellement en coton à collodion, n'est pas admise au transport à moins que les lames isolées de celloïdine ne soient emballées de façon à empêcher complètement toute dessiccation.

IX. — (1) L'éther sulfurique et les solutions de nitrocellulose dans l'éther sulfurique (collodion), dans l'alcool méthylique, dans l'alcool éthylique, dans l'alcool amylique, dans l'éther acétique, dans l'acétate d'amyle, dans l'acétone, dans le nitrobenzol ou dans des mélanges de ces liquides, ainsi que les autres liquides qui contiennent de l'éther sulfurique en grande quantité (comme les gouttes d'Hoffmann), ne peuvent être expédiés que :

soit

1° Dans des vases étanches de forte tôle de fer, bien rivés ou soudés ou assujettis par des rainures, contenant au maximum 500 kilos.

ou

2° Dans des vases hermétiquement fermés en métal ou en verre, d'un poids brut de 60 kilos au maximum, et emballés conformément aux prescriptions suivantes :

a) Quand plusieurs vases sont remis en un colis, ils doivent être emballés solidement dans de fortes caisses en bois garnies de paille, foin, sciure de bois, terre d'infusoires ou d'autres substances meubles.

b) Quand les vases sont emballés isolément, l'envoi est admis dans des paniers ou cuveaux solides, munis de couvercles bien assujettis et de poignées, et garnis d'une quantité suffisante de matière d'emballage ; le couvercle consistant en paille, jonc, roseau ou matières analogues doit être imprégné de lait d'argile ou de chaux ou d'une autre substance équivalente, mélangé avec du verre soluble.

(2) Pour les vases en tôle ou en métal, le maximum de contenance ne doit pas dépasser, à la température de 15° centigrade (Celsius), les neuf dixièmes de la capacité du récipient.

(3) Le transport peut avoir lieu en wagons découverts non bâchés. Lorsqu'il est effectué dans des wagons fermés on doit ménager par des ouvertures latérales, volets ou jalousies, un courant d'air suffisant pour entraîner les vapeurs qui se dégageraient à l'intérieur.

(4) Les solutions de nitrocellulose dans l'acide acétique ne doivent être expédiées que dans des vases étanches, bien fermés, en terre ou en verre, par quantités ne dépassant pas 90 kilos de poids brut. Sont applicables pour l'emballage des vases les prescriptions édictées à l'alinéa (1), 2° *a* et *b*).

(5) En ce qui concerne l'emballage avec d'autres objets, voir le n° XXXV.

(6) Les dispositions de l'alinéa (1), 2° et de l'alinéa (5) sont aussi applicables au zinc-éthyle ; toutefois aucune matière inflammable ne doit être employée pour l'emballage.

X. — (1) Le sulfure de carbone est transporté exclusivement dans des wagons découverts et non bâchés, et seulement dans les conditions suivantes :

soit

1° En vases étanches de forte tôle bien rivée, ne contenant pas plus de 500 kilos.

ou

2° En vases de tôle de 75 kilos brut au plus, renforcés, à la partie supérieure et à la partie inférieure, avec des cercles de fer. Ces vases seront, soit renfermés dans des paniers ou cuveaux, soit emballés dans des caisses garnies de paille, foin, son, sciure de bois, terre d'infusoires, ou autres substances meubles,

ou

3° en vases de verre renfermés dans de fortes caisses garnies de paille, foin, son, sciure de bois, terre d'infusoires, ou autres substances meubles.

(2) Pour les vases en tôle, la contenance ne doit pas dépasser 1 kilo de liquide par 825 millimètres de capacité du récipient.

(3) Le sulfure de carbone, livré au transport par quantité de 2 kilos au plus, peut être réuni en un colis avec d'autres objets admis au transport sans conditions, pourvu qu'il soit renfermé dans des récipients en tôle hermétiquement fermés, emballés avec les autres objets dans une caisse garnie de paille, de foin, de son, de sciure de bois ou de toute autre substance meuble. Les colis doivent être transportés exclusivement dans des wagons découverts sans bâches et la lettre de voiture doit indiquer qu'ils contiennent du sulfure de carbone.

XI. — (1) L'esprit de bois à l'état brut ou rectifié et l'acétone — à moins qu'ils ne soient dans des wagons spécialement construits à cet effet (wagons-réservoirs) ou en tonneaux — ne sont admis au transport que dans des vases de métal ou de verre. Ces vases doivent être emballés de la manière indiquée au N° XV, 1°.

(2) En ce qui concerne l'emballage avec d'autres objets, voir N° XXXV.

XII. — La chaux d'épuration du gaz (chaux verte) n'est transportée que dans des wagons découverts.

XIII. — Le chlorate de potasse et les autres chlorates doivent être emballés soigneusement dans des caisses ou tonneaux hermétiquement clos, revêtus intérieurement de papier collé contre les parois.

XIV. — (1) L'acide picrique n'est expédié que sur l'attestation d'un chimiste connu de l'administration du chemin de fer, apposée sur la lettre de voiture, constatant que l'acide picrique peut être transporté sans danger.

(2) Le plomb devra être exclu de l'emballage de l'acide picrique et ne pas être transporté réuni avec cet acide dans le même wagon. Les wagons doublés ou couverts de plomb ne devront pas être employés à ce transport.

XV. — Les acides minéraux liquides de toute nature, particulièrement sulfurique, l'esprit de vitriol, l'acide muriatique, l'acide nitrique (eau forte) d'un poids spécifique inférieur à 1.48 (48.8 Baumé) (au sujet des acides concentrés, voir N° XVII), ainsi que le chlorure de soufre, sont soumis aux prescriptions suivantes :

1° Quand ces produits sont expédiés en touries, bouteilles ou cruches, les récipients doivent être hermétiquement fermés, bien emballés et renfermés dans des caisses spéciales ou des bannettes munies de poignées solides pour en faciliter le maniement. Au lieu de bannettes, on peut employer des paniers en métal ; dans ce cas, la matière d'emballage entre le récipient et le panier de métal doit être de nature empêcher le récipient d'être brisé et à ne s'enflammer ni au contact avec le contenu du récipient ni par des étincelles.

Quand ces produits sont expédiés dans des récipients de métal, de bois ou de caoutchouc, ces récipients doivent être parfaitement étanches et pourvus de bonnes fermetures.

Pour l'acide nitrique, la lettre de voiture doit indiquer le poids spécifique pour une température de 15° centigrade (Celsius). A défaut de cette indication dans la lettre de voiture, l'acide est considéré comme concentré.

2° Ces produits doivent toujours, sous la réserve des dispositions n° XXXV, être chargés séparément et ne peuvent notamment pas être placés dans le même wagon avec d'autres produits chimiques.

3° Les prescriptions du 1° et du 2° s'appliquent aussi aux vases dans lesquels les dites matières ont été transportées. Ces vases doivent toujours être déclarés comme ayant servi à ce transport.

4° Le chargement des envois parmi lesquels il se trouverait, ne fût-ce qu'un seul colis dont le poids dépasserait 75 kilos, incombe à l'expéditeur et le déchargement au destinataire.

5° Si le déchargement et l'enlèvement de ces envois ne sont pas effectués dans les trois jours qui suivent l'arrivée de la marchandise à la gare de destination, ou dans les trois jours après expédition de l'avis d'arrivée, l'administration du chemin de fer est autorisée, à la condition d'observer les dispositions règlementaires y relatives, à déposer ces envois dans un entrepôt ou à les confier à un commissionnaire. Si cela est impossible, elle peut les vendre sans autre formalité.

XV *a.* — Les résidus d'acide sulfurique provenant de la fabrication de la nitroglycérine ne sont admis à l'expédition que si la lettre de voiture porte une attestation du fabricant certifiant qu'ils ont été complètement dénitrifiés. Pour le reste, les dispositions du N° XV sont applicables.

XV *b.* — Les accumulateurs électriques montés avec liquide, chargés ou non chargés, sont acceptés au transport aux conditions suivantes :

1° Les accumulateurs doivent être calés dans une caisse de batterie correspondant à leurs dimensions, de manière que les bacs ne puissent se déplacer à l'intérieur.

2° La caisse de batterie sera placée dans une caisse de transport et les espaces vides alentour seront remplis de terre d'infusoires, de sciure de bois, de poudre de charbon, de sable, ou d'une autre matière absorbante analogue.

3° Les pôles doivent être protégés contre un court circuit.

4° Les caisses doivent être munies et les couvercles porteront lisiblement écrites les mentions « Accumulateurs électriques » et « Haut ».

XVI. — (1) La lessive caustique (lessive de soudre caustique, lessive de soudre, lessive de potasse caustique, lessive de potasse), le résidu d'huile (de raffinerie d'huile) sont soumis aux prescriptions spécifiées sous le N° XV, 1°, 3° (à l'exception de la disposition du 2° citée au 3°), 4° et 5°.

Les mêmes dispositions s'appliquent au brome, sauf que celui-ci est expédié seulement en wagons découverts, et que les ballons de verre qui le contiennent doivent être renfermés dans des caisses solides en bois ou en métal, et entourés jusqu'au col de cendre, de sable ou de terre d'infusoires.

(2) En ce qui concerne l'emballage avec d'autres objets, voir n° XXXV.

XVII. — Sont applicables au transport d'acide nitrique concentré d'un poids spécifique de 1,48 (46°, 8 Baumé) et au-dessus, ainsi que d'acide nitrique rouge fumant, les prescriptions consignées au N° XV, en ce sens que les touries et bouteilles doivent être entourées dans des récipients d'un volume au moins égal à leur contenu de terre d'infusoires ou d'autres substances terreuses sèches appropriées, à moins que les touries et bouteilles ne soient placées dans des récipients de fer les enveloppant complètement et calées par de bons ressorts recouverts d'amiante, de telle façon qu'elles ne puissent se déplacer dans les récipients. Les enveloppes métalliques doivent être conditionnées de telle manière que le contenu des touries et bouteilles, en cas de bris, ne puisse se répandre au dehors.

XVIII. — (1) L'acide sulfurique anhydre (anhydrite, huile fixe) ne peut être transporté que :

1° Dans des boites en tôle, fortes, étamées et bien soudées ;

ou

2° Dans de fortes bouteilles de fer ou de cuivre dont l'ouverture est hermétiquement bouchée, mastiquée et revêtue d'une enveloppe d'argile.

Les boîtes et bouteilles doivent être entourées d'une substance inorganique fine, telle que laine minérale, terre d'infusoires, cendre ou autre, et solidement emballées dans de fortes caisses de bois.

(2) Pour le reste, les dispositions du n° XV, 2° à 5° sont applicables.

XIX. — (1) Pour les vernis, les couleurs préparées avec du vernis, les huiles éthérées et grasses, ainsi que pour toutes les espèces d'essence, à l'exception de l'éther sulfurique (voir n° IX) et de l'essence de pétrole (voir n° XXII), pour l'alcool absolu, l'esprit de vin (spiritus), l'esprit et les autres spiritueux non dénommés sous le N° XI, de même que pour l'acétate d'amyle, on appliquera, lorsqu'ils sont transportés en touries, bouteilles ou cruches, les prescriptions du n° XV, 1° alinéa 1.

(2) En ce qui concerne l'emballage avec d'autres objets, voir n° XXXV.

XX. — Le pétrole à l'état brut et rectifié, s'il a un poids spécifique d'au moins 0,780 à une température de 17° 5 centigrade (Celsius), ou s'il n'émet pas de vapeurs inflammables à une température de moins de 21° du thermomètre centigrade de l'appareil Abel et à une hauteur du baromètre de 760 millimètres rapportée au niveau de la mer (pétrole de test) ;

Les huiles préparées avec le goudron de lignite, les huiles de tourbe et de schiste, l'asphalte-naphte et les produits de leur distillation si ces liquides ont au moins le poids spécifique ci-dessus indiqué (huile solaire, photogène, etc.) ;

Les huiles préparées avec le goudron de houille qui, à une température de 17°5 centigrade (Celcius), ont un poids spécifique de moins de 1,00 (benzol, toluol, sylol, cumol, etc.) ainsi que l'essence de mirbane (nitro-benzine) ;

Les hydrocarbures d'autre provenance qui ont un poids spécifique d'au moins 0,830 à une température de 17° 5 centigrade (Celcius), sont soumis aux dispositions suivantes ;

1° Ces matières, à moins que des wagons spécialement construits à cet effet (wagons réservoirs) ne soient employés, ne peuvent être transportées que :

a) Dans des tonneaux particulièrement bons et solides,

ou

b) Dans des vases en métal étanches et capables de résister,

ou

c) Dans des vases en verre ou en grès ; en ce cas toutefois en observant les prescriptions ci-dessous indiquées :

aa) Quand plusieurs vases sont réunis en un colis, ils doivent être emballés solidement dans de fortes caisses de bois garnies de paille, de foin, de son, de sciure de bois, de terre d'infusoires ou autres substances meubles ;

bb) Quand les vases sont emballés isolément, l'envoi est admis dans des paniers ou cuveaux solides munis de couvercles bien assujettis et de poignées, et garnis d'une quantité suffisante de matières d'emballage ; le couvercle, consistant en paille, jonc, roseau ou matières analogues, doit être imprégné de lait d'argile ou de chaux ou d'une autre substance équivalente, mélangé avec du verre soluble. Le poids brut du colis isolé ne doit pas dépasser 60 kilos pour les vases en verre et 75 kilos pour les vases en grès ;

2° Les vases qui se détérioreront pendant le transport seront immédiatement déchargés et vendus, avec le contenu qui y sera resté, au mieux des intérêts de l'expéditeur ;

3° Le transport n'a lieu que sur des wagons découverts. Si les opérations du passage en douane exigeaient des wagons munis de bâches plombées, le transport ne serait pas accepté ;

4° Les dispositions du 3° qui précèdent sont aussi applicables aux tonneaux et autres récipients dans lesquels ces matières ont été transportées. Ces récipients doivent toujours être déclarés comme ayant servi à ce transport ;

5° En ce qui concerne l'emballage avec d'autres objets, voir n° XXXV ;

6° Il doit être indiqué sur la lettre de voiture que les matières désignées aux alinéas (1) et (2) du présent numéro ont un poids spécifique d'au moins 0,780, ou que le pétrole a la qualité indiquée dans le premier alinéa du présent numéro à l'égard du point d'inflammation. Si cette indication ne se trouve pas dans la lettre de voiture, on appliquera les conditions de transport du n° XXII (concernant l'essence de pétrole, etc.).

XXI. — Le pétrole à l'état brut et rectifié, les huiles préparées avec le goudron de lignite, les huiles de tourbe et de schiste, l'asphaltenaphte et les produits de leur distillation, lorsque ces matières ne tombent pas sous l'application des dispositions du n° XX et qu'elles ont un poids spécifique inférieur à 0,780 et supérieur à 0,680 à la température de 17°5 centigrade (Celsius);

Le pétrole-naphte et les produits de la distillation du pétrole et du pétrole-naphte (benzine, ligroïne, essence pour nettoyage, etc.) ainsi que les solutions de caoutchouc ou de gutta-percha, composées essentiellement de pétrole-naphte, lorsque ces matières ont un poids spécifique supérieur à 0,680 à la température de 17°5 centigrade (Celsius), sont soumis aux dispositions suivantes:

1° Ces matières, à moins que des wagons spécialement construits à cet effet (wagons-réservoirs) ne soient employés, ne peuvent être transportées que :

a) Dans des tonneaux particulièrement bons et solides.

ou

b) Dans des vases en métal étanches et capables de résister,

ou

c) Dans des vases en verre ou en grès, en ce cas toutefois en observant les prescriptions ci-dessous indiquées:

aa) Quand plusieurs vases sont réunis en un colis, ils doivent être emballés solidement dans de fortes caisses de bois garnies de paille, de foin, de son, de sciure de bois, de terre d'infusoires ou autres substances meubles ;

bb) Quand les vases sont emballés isolément, l'envoi est admis dans des paniers ou cuveaux solides, munis de couvercles bien assujettis et de poignées, et garnis d'une quantité suffisante de matières d'emballage: le couvercle consistant en paille, jonc, roseau ou matière analogue, doit être imprégné de lait d'argile ou de chaux ou d'une autre substance équivalente, mélangé avec du verre soluble. Le poids brut du colis isolé ne doit pas dépasser 40 kilos ;

2° Les vases qui se détérioreront pendant le transport seront immédiatement déchargés et vendus avec le contenu qui y sera resté, au mieux des intérêts de l'expéditeur ;

3° Le transport n'a lieu que sur des wagons découverts. Si les opérations du passage en douane exigeaient des wagons munis de bâches plombées, le transport ne serait pas accepté ;

4° Les dispositions du 3° qui précèdent sont aussi applicables aux tonneaux et autres récipients dans lesquels ces matières ont été transportées. Ces récipients doivent toujours être déclarés comme ayant servi à ce transport ;

5° En ce qui concerne l'emballage avec d'autres objets voir n° XXXV ;

6° Au chargement et au déchargement, les paniers ou cuveaux contenant des ballons en verre ne doivent pas être transportés sur des camions, ni portés sur les épaules ou sur le dos, mais seulement par les poignées ;

7° Dans les wagons, les paniers et cuveaux doivent être solidement assujettis et attachés aux parois du wagon. Les colis ne doivent pas être chargés l'un sur l'autre, mais l'un à côté de l'autre et sans superposition ;

8° Chaque colis isolé doit porter sur une étiquette apparente le mot « inflammable » imprimé sur fond rouge. Les paniers ou cuveaux renfermant des vases en verre ou en grès doivent en outre être munis de l'inscription : « à porter à la main ». Les wagons doivent être munis d'une étiquette rouge portant l'inscription: « à manœuvrer avec précaution ».

9° Il doit être indiqué sur la lettre de voiture que les objets désignés dans le premier alinéa du présent numéro ont un poids spécifique de moins de 0.780 et de 0.680 à une température de 17°5 centigrade (Celsius). Si cette indication ne se trouve pas dans la lettre de voiture, l'on appliquera les conditions de transport du n° XXII (concernant l'essence de pétrole, etc.).

XXII. — L'essence de pétrole (gazoline, néoline, etc.) et les autres produits facilement inflammables préparés avec du pétrole naphte ou du goudron de lignite, lorsque ces matières ont un poids spécifique de 0,680 ou moins à une température de 17°5 centigrade (Celsius), sont soumis aux conditions suivantes :

1° Ces matières ne peuvent être transportées que :

a) Dans des vases en métal étanches et capables de résister,

ou

b) Dans des vases en verre ou en grès; en ce cas toutefois en observant les prescriptions ci-dessous indiquées :

aa) Quand plusieurs vases sont réunis en un colis ils doivent être emballés solidement dans de fortes caisses de bois garnies de paille, de foin, de son, de sciure de bois, de terre d'infusoires ou autres substances meubles ;

bb) Quand les vases sont emballés isolément, l'envoi est admis dans les paniers ou cuveaux solides, munis de couvercles bien assujettis et de poignées, et garnis d'une quantité suffisante de matières d'emballage; le couvercle consistant en paille, jonc, roseau ou matières analogues, doit être imprégné de lait d'argile ou de chaux ou d'une autre substance équivalente, mélangé avec du verre soluble. Le poids brut du colis isolé ne doit pas dépasser 40 kilos ;

c) Dans des wagons-réservoirs parfaitement étanches :

2° Les vases qui se détérioreront pendant le transport seront immédiatement déchargés et vendus, avec le contenu qui y sera resté, au mieux des intérêts de l'expéditeur ;

3° Le transport n'a lieu que sur des wagons découverts. Si les opérations du passage en douane exigeaient des wagons munis de bâches plombées, le transport ne serait pas accepté ;

4° Les dispositions du 3° qui précèdent sont aussi applicables aux récipients dans lesquels ces matières ont été transportées. Ces récipients doivent toujours être déclarés comme ayant servi à ce transport ;

5° En ce qui concerne l'emballage avec d'autres objets, voir n° XXXV ;

6° Au chargement et au déchargement, les paniers ou cuveaux contenant des ballons en verre ne doivent pas être transportés sur des camions, ni portés sur les épaules ou sur le dos, mais seulement par les poignées ;

7° Dans les wagons, les paniers et cuveaux doivent être solidement assujettis et attachés aux parois du wagon. Les colis ne doivent pas être chargés les uns sur les autres, mais l'un à côté de l'autre et sans superposition ;

8° Chaque colis isolé doit porter sur une étiquette apparente le mot « inflammable » imprimé sur fond rouge. Les paniers ou cuveaux renfermant des vases en verre ou en grès doivent en outre porter l'inscription : « à porter à la main ». Les wagons doivent être munis d'une étiquette rouge portant l'inscription : « à manœuvrer avec précaution » ;

9° En outre, les dispositions du n° XV, 4° et 5°, sont applicables.

XXIII. — (1) Le transport d'essence de térébenthine et autres huiles de mauvaise odeur, ainsi que de la pyridine et des produits à base de pyridine, de l'ammoniaque, du poison contre la schizoneure (mélange de savon mou, d'huile phéniquée et d'huile pyrogénée) de la solution de formaldéhyde et de la formaline (désinfectant qui renferme de la formaldéhyde et de l'acide formique), n'est fait que dans des wagons découverts.

(2) Cette disposition s'applique aussi aux tonneaux et aux autres récipients dans lesquels ces matières ont été transportées. Ces récipients doivent toujours être déclarés comme ayant servi à ce transport.

(3) En ce qui concerne l'emballage avec d'autres objets, voir n° XXXV.

XXIV. — Les substances arsenicales non liquides, notamment l'acide arsénieux (fumée arsenicale coagulée), l'arsenic jaune (sulfure d'arsenic, orpiment), l'arsenic rouge (réalgar), l'arsenic natif (cobalt arsenical écailleux ou pierre à mouches), etc., ne sont admis au transport que :

1° Si sur chaque colis se trouve en caractères lisibles et avec de la couleur noire à l'huile l'inscription « arsenic (poison) » et

2° Si l'emballage est fait de la manière suivante :

soit

a) En tonneaux ou caisses doubles, les fonds des tonneaux consolidés au moyen de cercles et les couvercles des caisses au moyen de cercles ou de bandes de fer, les tonneaux ou caisses intérieurs étant faits de bois fort et sec et garnis au dedans de toile serrée ou autre tissu serré de même genre,

ou

b) En sacs de toile goudronnée, emballée dans des tonneaux simples de bois fort et sec,

ou

c) En cylindres de fer-blanc soudés, revêtus d'un manteau de bois solide, dont les fonds sont consolidés au moyen de cercles.

XXV. — Les substances arsenicales liquides, particulièrement les acides arsénieux, sont soumis aux dispositions spécifiées au n° XXIV, 1°, et au n° XV, 1°, 3° (à l'exception de la disposition du 2° citée au 3°), 4° et 5°.

XXVI. — (1) Les autres produits métalliques vénéneux (couleurs et sels à base métallique, etc.) particulièrement les produits mercuriels, tels que sublimé, calomel, précipité blanc et rouge, cinabre; les sels et couleurs à base de cuivre, tels que vert-de-gris, pigments de cuivre vert et bleu ; les préparations de plomb, telles que litharge (massicot), minium, sucre de Saturne et autres sels de plomb, céruse et autres couleurs à base de plomb ; la poussière de zinc, les cendres de zinc et d'antimoine, ainsi que les cendres de plomb, crasses de plomb, scories de plomb et autres déchets de plomb, ne peuvent être remis au Chemin de fer pour le transport que dans des tonneaux ou caisses bien joints, faits de bois sec et solide, les fonds des tonneaux et les caisses étant consolidés au moyen de cercles ou de bandes. Ces cercles ou bandes doivent être tels que, malgré les secousses et les chocs inévitables lors du transport, ces matières ne fuient pas par les fentes.

(2) Toutefois, pour le sulfate de cuivre, pour les mélanges de sulfate de cuivre avec la chaux, la soude et autres substances analogues (poudre pour bouillie bordelaise, etc.) il suffit d'un emballage en sacs assez solides pour ne pas laisser tamiser le contenu.

XXVI a. — 1° (1) Le cyanure de potassium et le cyanure de sodium à l'état solide doivent être emballés :

a) Dans de forts tonneaux de fer à couvercle vissé et munis de cercle de roulement,

ou

b) Dans des tonneaux doubles, bien joints, faits de bois sec et solide, consolidés au moyen de cercles ou dans des caisses doubles construites de la même manière et entourées de bandes. Les récipients intérieurs doivent être revêtus d'un tissu serré et constitué de manière que, malgré les secousses et chocs inévitables en cours de route, aucune poussière du contenu ne puisse s'échapper. Les récipients intérieurs en bois peuvent être aussi remplacés par des récipients métalliques soudés. L'emploi de vases en verre ou en grès hermétiquement fermés, au lieu de récipients intérieurs en bois, est admis, à la condition que ces vases soient solidement emballés dans de fortes caisses en bois, remplies de foin, de paille ou d'une autre matière d'emballage analogue.

(2) La réunion en un seul colis de plusieurs vases est également admise, sous observation des conditions stipulées ci-dessus à l'alinéa (1), (b).

2° (1) La lessive de cyanure de potassium et la lessive de cyanure de sodium ne sont admises au transport que :

a) Dans des vases en fer étanches, munis de bonnes fermetures et emballés dans des caisses en bois ou en métal solides garnis de terre d'infusoires, de sciure de bois ou d'autres substances meubles,

ou

b) Dans des wagons-réservoirs spécialement aménagés pour ce transport. Les réservoirs doivent être à double paroi et d'une étanchiété parfaite ; aucune ouverture (robinets, soupapes, etc), ne doit se trouver à leur partie inférieure. Les ouvertures que portent les réservoirs doivent être rendues étanches, fermées et protégées par des chapes métalliques vissées.

(2) Le chargement et le déchargement des colis renfermant les lessives, ainsi que le remplissage et la vidange des réservoirs incombent à l'expéditeur et au destinataire. Il ne sera pas donné suite à la demande qui serait adressée au chemin de fer en vue d'obtenir le concours de ses agents pour l'accomplissement de l'une ou de l'autre de ces opérations.

(3) Le poids brut d'un colis renfermant des lessives ne doit pas dépasser 75 kilos. Le transport n'est permis qu'en wagons découverts.

3° Prescriptions communes aux 1° et 2° ;

a) Les colis et les wagons réservoirs doivent porter en caractères nets, bien apparents et durables, la mention « Poison » ainsi que l'indication du contenu « cyanure de potassium », « cyanure de sodium », « lessive de cyanure de potassium », etc.

b) Les colis ne peuvent être emballés avec des acides, des acétates, des denrées et boissons alimentaires, des médicaments ou articles analogues. Dans les trains, les wagons-réservoirs doivent être séparés, par un véhicule au moins, des wagons chargés d'acides liquides.

4° Les prescriptions édictées aux 1°, 2° et 3° sont applicables également par analogie aux vases et wagons-réservoirs ayant servi au transport du cyanure de potassium et du cyanure de sodium. Les vases de cette espèce doivent toujours être déclarés comme ayant servi à ce transport.

XXVII. — (1) La levure, liquide ou solide, devra être transportée dans des vases non fermés hermétiquement. Si le chemin de fer consent néanmoins à accepter ce produit dans des récipients entièrement clos, il peut exiger de l'expéditeur l'engagement :

1° De renoncer à toute réclamation dans le cas où les envois de l'espèce ne seraient pas acceptés sur les lignes des chemins de fer correspondants ;

2° De prendre à sa charge tous dommages occasionnés à d'autres marchandises ou au matériel du chemin de fer par suite de ce mode de transport, et ce, sur la simple présentation de la note des frais, note dont l'exactitude aura été reconnue une fois pour toutes et préalablement par l'expéditeur ;

3° De renoncer à toute indemnité pour avaries et pertes soit des récipients, soit de leur contenu, résultant du transport dans des récipients fermés hermétiquement.

(2) Ces restrictions ne sont pas applicables au transport de la levure comprimée.

XXVIII. — (1) Le noir de fumée et autres espèces de suie ne sont admis à l'expédition que dans des emballages offrant toute garantie contre le tamisage (sacs, tonneaux, caisse, etc).

(2) Si la suie est fraîchement calcinée, on emploiera pour l'emballage des vases ou de petits tonneaux placés dans de solides paniers et garnis intérieurement de papier, de toile ou d'une autre matière analogue collés solidement sur les parois.

(3) La lettre de voiture doit mentionner si la suie est fraîchement calcinée ou non. A défaut de cette indication dans la lettre de voiture, la suie sera considérée comme fraîchement calcinée.

XXIX. — (1) Le charbon de bois en poudre ou en grains n'est admis au transport que s'il est emballé.

(2) S'il est fraîchement éteint, on emploiera pour l'emballage,
soit

a) Des boites de forte tôle hermétiquement fermées,
ou

b) Des tonneaux (dits tonneaux américains) hermétiquement fermés, construits de plusieurs épaisseurs de carton verni, très fort et très ferme, tonneaux dont les deux extrémités sont munies de cercles de fer, dont les fonds en bois fort, coupés au moyen du tour, sont vissés aux cercles de fer au moyen de vis à bois en fer, et dont les joints sont soigneusement collés avec des bandes de papier ou de toile.

(3) Quand du charbon de bois en poudre ou en grains est remis au chemin de fer pour être transporté, il doit être indiqué sur la lettre de voiture si le charbon est fraîchement éteint ou non. A défaut de cette indication dans la lettre de voiture, le charbon sera considéré comme fraîchement éteint et ne sera accepté pour le transport que dans l'emballage ci-dessus prescrit.

(4) Le charbon de bois entier (non moulu) n'est admis au transport que si la lettre de voiture déclare qu'il est refroidi depuis 48 heures au moins.

XXIX *a*. — Le noir minéral n'est admis au transport que s'il est emballé dans des caisses en bois ou dans des tonneaux fortement cloués, hermétiquement fermés et entièrement remplis.

XXX. — (1) Le cordonnet de soie, la soie souple, la bourre de soie et la soie chape, fortement chargés et en écheveaux, ne sont admis au transport qu'en caisses. Quand les caisses ont plus de 12 centimètres de hauteur intérieure, les couches de soie qui y sont placées seront séparées entre elles par des espaces vides de 2 centimètres de hauteur. Ces espaces vides sont formés au moyen de grilles de bois composées de lattes carrées de 2 centimètres de côté, espacées entre elles de 2 centimètres et reliées aux extrémités par deux minces baguettes. Des trous d'un centimètre d'ouverture au moins seront pratiqués dans les parois latérales des caisses ; ces trous s'ouvriront sur les espaces vides entre les lattes, de manière qu'il soit possible de traverser la caisse avec une tringle. Afin que ces trous des caisses ne puissent être couverts et devenir inefficaces on clouera extérieurement deux baguettes au bord de chaque paroi latérale.

(2) Quand de la soie est remise au chemin de fer pour être expédiée, la lettre de voiture doit indiquer si cette soie appartient ou non aux espèces désignées ci-dessus. A défaut de cette indication dans la lettre de voiture, la marchandise sera considérée comme se trouvant dans les conditions de l'un de ces articles et sera assujettie aux mêmes prescriptions d'emballage.

XXXI. — (1) La laine, les poils, la laine artificielle, le coton, la soie, le lin, le chanvre, le jute, à l'état brut, sous forme de déchets provenant de la filature ou du tissage, à l'état de chiffons ou d'étoupes ; les cordages, les courroies de coton et de chauvre les cordelettes et ficelles diverses (pour la laine ayant servi au nettoyage, voir alinéa (3)) ne doivent être transportés s'ils sont imprégnés de graisse et vernis, que dans des wagons couverts ou dans des wagons découverts munis de bâches. Sous réserve des dispositions de l'alinéa (4), ces objets ne peuvent être remis au transport qu'à l'état sec, et les déchets provenant de la filature ou du tissage ne doivent pas être pressés en balles.

(2) La lettre de voiture doit indiquer si lesdits objets ne sont pas imprégnés de graisse ou de vernis ; en cas de non-indication, ils seront considérés comme imprégnés de graisse ou de vernis.

(3) La laine ayant servi au nettoyage n'est admise au transport que dans des fûts, caisses ou autres récipients solides et hermétiquement fermés.

(4) Les chiffons gras ou imprégnés de vernis sont admis au transport même mouillés ou humides, lorsqu'ils sont emballés dans les conditions indiquées à l'alinéa (3).

XXXII. — Les déchets d'animaux sujets à putréfaction tels que les peaux fraîches non salées, les graisses, les tendons, les os, les cornes, les onglons ou sabots, les retailles de peaux fraîches servant à fabriquer la colle, non chaulées, ainsi que tous autres objets nauséabonds et répugnants, à l'exception toutefois de ceux qui sont mentionnés aux Nos LII et LIII, sont acceptés aux conditions suivantes :

1° Les os suffisamment nettoyés et séchés, le suif comprimé, les cornes sans l'appendice corné de l'os frontal à l'état sec, les onglons, c'est-à-dire les sabots des ruminants et des porcs, sans os ni matières molles, sont admis au transport par expéditions partielles, lorsqu'ils sont remis emballés dans des sacs solides ;

2° Les expéditions partielles des objets de cette catégorie, non dénommés ci-dessus au 1° ne sont admises qu'emballées dans des tonneaux, cuveaux ou caisses solides et hermétiquement clos. Toutefois, les expéditions partielles de peaux fraîches non salées sont, pendant les mois de novembre, décembre, janvier et février, admises aussi dans des sacs solidement fermés, en bon état, d'un tissu fort et épais à la condition que les sacs soient passés à l'acide phénique pour que la mauvaise odeur du contenu ne puisse se faire sentir. Les lettres de voitures doivent indiquer la dénomination exacte des objets emballés dans les tonneaux, cuveaux, caisses ou sacs. Le transport ne pourra avoir lieu que dans des wagons découverts ;

3° Les tendons frais, les retailles et peaux fraîches servant à la fabrication de la colle, non chaulées, ainsi que les déchets de ces deux sortes de matières ; en outre, les peaux fraîches non salées et les os non nettoyés, garnis encore de fibres musculaires et de peau, remis par wagons complets, ne peuvent être transportés qu'aux conditions suivantes :

a) Du 1er Mars au 31 Octobre, ces matières doivent être emballées dans des sacs solides en bon état. Ces sacs devront être passés à l'acide phénique, de telle sorte que l'odeur méphitique des matières qu'ils contiennent ne puisse se faire sentir. Tout envoi de ce genre doit être recouvert d'une bâche en un tissu très fort (appelé toile à houblon) imprégné d'une solution d'acide phénique. Cette bâche doit elle-même être entièrement recouverte d'une grande bâche imperméable, non goudronnée. Les bâches doivent être fournies par l'expéditeur ;

b) Pendant les mois de novembre, décembre, janvier et février, l'emballage en sacs n'est pas nécessaire. Cependant, les envois doivent être couverts également d'une bâche en tissu très fort (toile à houblon) et cette bâche doit être elle-même recouverte d'une grande bâche imperméable non goudronnée. La première bâche doit au besoin être passée à l'acide phénique, de telle sorte qu'aucune odeur méphitique ne puisse se faire sentir. Les bâches doivent être fournies par l'expéditeur.

c) Si l'acide phénique ne suffit pas pour empêcher les odeurs méphitiques, les envois doivent être emballés dans des tonneaux ou cuveaux solides et bien clos, de telle sorte que l'odeur du contenu du récipient ne puisse se faire sentir ;

4° Les résidus secs ou comprimés à l'état humide, provenant de la fabrication de la colle de peau (résidus calcaires, résidus du chaulage des retailles de peau, ou résidus utilisés comme engrais) doivent être recouverts entièrement de deux grandes bâches superposées imperméables et non goudronnées. La bâche intérieure doit être passée à l'acide phénique dilué, de telle sorte qu'aucune odeur méphitique ne puisse se faire sentir. Entre les bâches, qui doivent être fournies par l'expéditeur, il sera répandu une couche de chaux sèche, éteinte, de poussière de tourbe ou de tan ayant déjà servi.

Les résidus de cette nature, non comprimés ou à l'état humide, doivent être emballés dans des tonneaux ou cuveaux solides et bien clos, de telle sorte que l'odeur du contenu du récipient ne puisse se faire sentir ;

5° Le transport par charge complète des matières non dénommées aux 3° et 4° ci-dessus, mais analogues à celles qui y sont indiquées, doit être effectué par wagons découverts munis de bâches. L'expéditeur doit fournir les bâches.

6° Le chemin de fer peut se faire payer d'avance le prix du transport ;

7o Les sacs, récipients et bâches dans lesquels et sous lesquels des matières de ce genre ont été transportées, ne sont admis au transport que sous condition d'avoir été absolument désinfectés par l'acide phénique ;

8o Les frais de désinfection, s'il y a lieu, sont à la charge de l'expéditeur ou du destinataire ;

9o Les peaux sèches ne sont admises que si elles sont remises en paquets et ficelées.

XXXIII. — Le souffre n'est transporté que par wagons couverts ou par wagons découverts bâchés.

XXXIV. — Les objets auxquels le feu peut facilement être communiqué par des étincelles de la locomotive, tels que foin, paille (y compris la paille de maïs, de riz et de lin) joncs (à l'exception du jonc d'Espagne), écorce d'arbres, tourbe (à l'exception de la tourbe mécanique comprimée), charbon de bois entier (non moulu) (voir no XXIX), matières à filer végétales et leurs déchets, les rognures de papier, la sciure de bois, les pâtes de bois, les copeaux de bois, etc., ainsi que les marchandises fabriquées au moyen d'un mélange de résidus de pétrole, de résine et d'autres objets semblables avec des corps poreux inflammables, de même le plâtre, les cendres lessivées de chaux et le trass, dans le cas où ils ne seraient pas emballés, ne seront reçus que s'ils sont complètement couverts et à la condition que l'expéditeur et le destinataire opèrent eux-mêmes le chargement et le déchargement. A la demande de l'administration, l'expéditeur doit aussi fournir lui-même les bâches nécessaires pour couvrir ces objets.

XXXV. — Quand les produits chimiques spécifiés sous les Nos IX, XI, XV, XVI, XIX à XXIII inclus, ainsi que le No L, sont livrés au transport en quantité ne dépassant pas 10 kilos par espèce, il est permis de réunir en un colis, tant entre eux qu'avec d'autres objets admis au transport sans conditions, les corps spécifiés sous les Nos IX, XI, XVI (à l'exception du brome), XIX à XXIII inclus, ainsi que le No L, d'une part, et ceux qui sont spécifiés sous le No XV (y compris le brome jusqu'au poids de 100 grammes) d'autre part. Ces corps doivent être renfermés dans des récipients de verre ou de fer-blanc étanches hermétiquement clos, emballés solidement par couches au moyen de paille, foin, son, sciure de bois, terre d'infusoires ou autres substances meubles, et être désignés nominativement dans la lettre de voiture.

XXXVI. — Les cartouches pour armes à feu chargées de poudre noire ou d'autres poudres de tir, en tant que ces dernières sont admises dans les États participant au transport par chemin de fer, soit :

1o Les cartouches métalliques dont les douilles sont entièrement en métal,

et

2o Les cartouches en carton garnies d'un revêtement métallique,

Sont transportées aux conditions suivantes :

a) Pour les cartouches métalliques, les projectiles doivent être adaptés à la douille métallique de façon qu'ils ne puissent ni s'en détacher ni permettre le tamisage de la poudre. Pour les cartouches en carton munies d'un renfort métallique intérieur ou extérieur, la charge entière de poudre contenue dans le renfort métallique doit être fermée hermétiquement par une bourre serrante. Le carton de la douille doit être de quantité suffisante pour qu'elle ne puisse se briser en cours de transport.

b) Les cartouches doivent être parfaitement assujetties dans des récipients en fer-blanc, dans de petites caisses en bois ou dans des cartons solides, de façon qu'aucun déplacement ne puisse se produire. Ces récipients, etc, doivent être placés les uns à côté des autres et par rangées superposées dans des caisses en bois solides et bien conditionnées, dont les parois devront avoir au moins 15 millimètres d'épaisseur ; les espaces vides doivent, le cas échéant, être remplis de carton, de déchets de papier, d'étoupe ou de tontisse ligneuse — le tout absolument sec de manière à éviter un déplacement ou un mouvement des récipients durant le transport. Pour les caisses garnies de fer-blanc intérieurement, l'épaisseur des parois de bois peut être de 10 millimètres.

c) Le poids d'une caisse remplie de cartouches ne peut dépasser 100 kilos.

Les caisses pesant brut plus de 10 kilos seront munies de poignées ou de liteaux pour en faciliter la manutention.

d) Les caisses ne peuvent être fermées au moyen de clous en fer ; elles doivent porter une inscription indiquant d'une manière apparente la nature du contenu, et être munies de plombs ou d'un cachet apposé sur la tête de deux vis du couvercle, ou de la marque de fabrique collée à la fois sur le couvercle et sur les côtés de la caisse.

e) Les lettres de voiture doivent être accompagnées d'une attestation signée de l'expéditeur et reproduisant la marque des plombs, les cachets ou la marque de fabrique apposés sur les caisses. Cette attestation doit être conçue ainsi qu'il suit :

« Le soussigné certifie que l'envoi mentionné dans la lettre de voiture ci-jointe, envoi cacheté avec la marque.... est conforme, en ce qui concerne le conditionnement et l'emballage, aux dispositions arrêtées sous le N° XXXVI de l'annexe 1 de la Convention internationale sur le transport de marchandises par chemin de fer ».

XXXVII. — (1) Cartouches Flobert à balles et à petits plombs.

1° Les cartouches à balles doivent être emballées dans des boîtes en fer-blanc, des petites caisses en bois, ou des sacs de toile forte.

2° Les cartouches à petits plombs doivent être emballées dans des récipients en fer-blancs, des petites caisses en bois, ou dans des cartons solides, de manière qu'aucun déplacement ne puisse avoir lieu.

(2) Tout récipient contenant des cartouches Flobert doit être soigneusement emballé dans une forte caisse ou dans un tonneau solide et chaque colis doit porter, suivant son contenu, l'inscription : « Car-

touches Flobert à balles » ou « Cartouches Flobert à petits plombs ». Le poids de la caisse ou du tonneau ne peut dépasser 100 kilos.

(3) Les amorces Flobert sont soumises aux mêmes conditions d'emballage que les cartouches Flobert à petits plombs.

XXXVIII. — Les pièces d'artifice fabriquées avec de la poudre en poussière comprimée et d'autres matières analogues sont transportées aux conditions suivantes :

1° Elles ne doivent contenir ni mélanges de chlorate, de soufre et de nitrate, ni mélanges de chlorates de potasse et de ferrocyanure de potassium ; elles ne doivent également contenir ni sublimé corrosif, ni sels ammoniacaux de quelque espèce que ce soit, ni poussière de zinc, ni poudre de magnésium, ni en général aucune matière capable de s'enflammer aisément par friction, compression ou percussion, ou dont l'inflammation spontanée pourrait être à craindre. Elles doivent se composer exclusivement de poudre en poussière comprimée ou de matières analogues, telles que mélange de salpêtre, de soufre et de charbon, également à l'état comprimé. Chaque pièce isolée ne peut contenir plus de 30 grammes de poudre en grains.

2° Le poids total des matières inflammables contenues dans les pièces d'artifice réunies en un même colis ne peut dépasser 20 kilos, et celui de la poudre en grains qui entre dans leur composition : 2 kilos 500.

3° Les pièces d'artifice doivent être emballées, chacune isolément, soit dans des cartons entourés de fort papier, soit dans du carton ou dans du papier d'emballage solide ; l'amorce de chaque pièce doit être revêtue de papier ou d'étoffe, de telle sorte que le tamisage ne puisse se produire. Les caisses servant au transport doivent être complètement remplies et les espaces vides, s'il y en a, soigneusement comblés avec de la paille, du foin, de l'étoupe, des déchets de papier ou des matières analogues, de telle sorte que, même en cas de secousse, aucun déplacement des paquets ne puisse avoir lieu. Les matières employées pour combler les espaces vides doivent être très propres et absolument sèches ; pour cette raison, l'emploi de foin frais ou d'étoupe grasse, par exemple, est prohibé. Il est également interdit d'emballer dans la même caisse des pièces d'artifice et d'autres objets.

4° Les caisses doivent être faites avec de fortes planches d'une épaisseur de 22 millimètres au moins ; leurs côtés doivent être ajustés au moyen de dents s'engrenant les unes dans les autres, et le fond et le couvercle avec des vis d'une longueur suffisante. L'intérieur des caisses doit être entièrement tapissé de papier fort et résistant. Il ne doit rester sur l'extérieur des caisses, ni trace ni résidu des matières contenues dans les pièces d'artifice. Le volume de la caisse ne doit pas dépasser 1 mètre cube 200 décimètres cubes, son poids brut ne peut être supérieur à 75 kilos. Les caisses doivent porter, d'une manière apparente, l'inscription : « Pièces d'artifice de poudre en poussière » ainsi que le nom de l'expéditeur. Chaque envoi doit, en outre, être accompagné d'une déclaration indiquant l'espèce des pièces d'artifice qu'il contient et spécifiant notamment si ce sont des fusées, des roues, des pièces d'artifice pour salon, etc.

5° Chaque envoi doit être accompagné d'une déclaration de l'expéditeur attestant que les prescriptions énoncées aux 1° à 4° ont été observées ; la signature devra être dûment certifiée.

XXXIX. — Le fulmi-coton comprimé contenant au moins 15°/° d'eau est admis au transport aux conditions suivantes :

1° Il doit être soigneusement emballé dans des récipients étanches, résistants, aux parois solides. Ces récipients doivent porter, d'une manière apparente, l'inscription : « Fulmi-coton mouillé, comprimé». Le poids maximum de chaque colis isolé peut être de plus de 90 kilos.

2° Cette matière ne doit être admise ni au transport par grande vitesse, ni au transport par trains de voyageurs ; le transport par trains mixtes n'est autorisé que pour les lignes sur lesquelles ne circulent pas de trains de marchandises.

3° L'expéditeur doit déclarer dans la lettre de voiture que la nature du fulmi-coton et l'emballage sont conformes aux prescriptions ci-dessus énoncées ; sa signature doit être dûment certifiée.

4° Le fulmi-coton ne peut être transporté avec d'autres marchandises, dans un même wagon que si celles-ci ne sont pas facilement inflammables.

5° La réunion dans le même wagon de cartouches pour armes à feu, pièces d'artifice, mèches ou amorces explosibles et de fulmi-coton est interdite.

6° Les wagons découverts employés au transport du fulmi-coton doivent être bâchés.

XL. — (1) Le fulmi-coton sous forme d'ouate et le fulmi-coton (coton nitré) pour collodion sont acceptés au transport dans des récipients parfaitement étanches, solidement emballés dans de fortes caisses en bois, à la condition qu'ils contiendront au moins 35 °/° d'eau.

(2) La lettre de voiture doit contenir une déclaration revêtue de la signature de l'expéditeur et de celle d'un chimiste connu du chemin de fer, attestant que la nature de la marchandise et l'emballage sont conformes aux prescriptions ci-dessus énoncées. Les signatures doivent être dûment certifiées.

(3) Les prescriptions de l'alinéa (1) relatives à l'emballage, de même que les prescriptions de l'alinéa (2), sont aussi applicables au fulmi-coton pour collodion qui contient au moins 35 °/° d'alcool.

XLI. — Les bonbons dits bonbons fulminants sont admis au transport à la condition qu'ils soient renfermés par nombre de 6 à 12 dans des cartons soient emballés dans des caisses en bois.

XLII. — Les feux de Bengale préparés à la laque (feux de Bengale de salon) sans amorce, les papiers nitrés, bougies fulminantes, lances fulminantes, allumettes munies d'un feu de Bengale et autres objets analogues doivent être emballés dans des récipients en forte tôle ou en bois solidement assemblé, dont le volume ne devra pas dépasser 1 mètre cube 200 décimètres cubes. L'emballage doit être fait solidement et de telle sorte que les récipients ne contiennent pas d'espaces vides. Les caisses doivent porter une inscription indiquant leur contenu.

XLII a. — Les mèches et amorces explosibles sont soumises aux conditions suivantes :

1o Elles seront emballées dans des boîtes en carton qui ne devront pas en contenir plus de 100 à la fois. L'ensemble ne devra pas former une masse explosible de plus de 75 centigrammes. Les paquets ne pourront comprendre plus de 12 rangées de boîtes et chaque rangée plus de 12 boîtes. Ils seront solidement enveloppés dans du papier ;

2o Les paquets doivent être emballés dans des caisses en fer-blanc ou en bois très solide, d'un volume de 1 mètre cube 200 décimètres au maximum, sans adjonction d'autres objets, en ménageant entre les parois de la caisse et son contenu un espace d'au moins 30 millimètres que l'on remplit de copeaux, de paille, d'étoupe, ou d'autres matières analogues, de manière à empêcher tout mouvement ou tout déplacement des paquets, même en cas de secousse ;

3o Les caisses doivent porter, d'une manière apparente, l'indication des matières qu'elles contiennent, le nom de l'expéditeur et celui de la fabrique d'origine ;

4o Chaque envoi doit être accompagné d'une déclaration du fabricant et de celle d'un chimiste connu du chemin de fer, attestant que les prescriptions énumérées ci-dessus aux 1o, 2o et 3o ont été observées.

XLIII. — Les poids fulminants sont admis aux conditions suivantes :

1o Ils doivent être emballés, par nombre de 1.000 pièces au plus, dans des boîtes de carton garnies de sciure de bois et enveloppées elles-mêmes dans du papier. Ces poids fulminants ne doivent pas contenir, en totalité, plus de 50 centigrammes de fulminate d'argent ;

2o Les boîtes doivent être placées dans des récipients en forte tôle ou de solides caisses en bois, d'un volume de 500 décimètres cubes au plus ; un espace vide de 30 millimètres au moins doit exister entre les parois de la caisse et son contenu. Cet espace vide doit être rempli de sciure de bois, de paille, d'étoupe, ou de toute autre matière analogue ; de telle sorte que, même en cas de secousses aucun mouvement de déplacement des paquets ne puisse se produire : ces paquets ne peuvent être emballés avec d'autres objets ;

3o Les récipients et les caisses doivent porter d'une manière apparente l'indication du contenu, le nom de l'expéditeur et celui de la fabrique ;

4o Chaque envoi doit être accompagné d'une déclaration revêtue de la signature du fabricant et de celle d'un chimiste connu du Chemin de fer, attestant que les prescriptions énumérées ci-dessus aux 1o à 3o ont été observées.

XLIV. — Les gaz liquéfiés (acide carbonique, protoxyde d'azote, ammoniaque chlore, acide sulfureux anhydre et phosgène (oxychlorure de carbone) ne sont admis au transport qu'aux conditions suivantes :

1° Ces produits doivent être renfermés dans des récipients de fer forgé, de fer fondu ou d'acier fondu ; toutefois, le phosgène peut aussi être renfermé dans des récipients en cuivre. Ces récipients doivent :

a) Avoir supporté à l'épreuve officielle une pression dont la valeur est indiquée ci-après au 2° sans avoir subi une déformation persistante ou des fissures. Cette épreuve doit être renouvelée tous les trois ans pour les récipients destinés au transport de l'acide carbonique, du protoxyde d'azote et de l'ammoniaque, et tous les ans pour ceux qui servent au transport du chlore, de l'acide sulfureux et du phosgène.

b) Porter une marque officielle, placée solidement à un endroit bien apparent, indiquant le poids du récipient vide (y compris la soupape avec la chape ou le bouchon), la charge en kilos qu'il peut contenir aux termes des prescriptions du 2°, ainsi que la date de la dernière épreuve ;

c) Etre munis de soupapes protégées par des chapes du même métal que les récipients et vissées aux récipients.

Les récipients de cuivre pour le transport du phosgène peuvent être pourvus de chapes en fer forgé.

Les récipients doivent être pourvus d'une garniture extérieure qui les empêche de rouler.

Les récipients destinés au transport du phosgène peuvent être fermés aussi au moyen de bouchons de vis sans chape, au lieu de soupapes. Ces bouchons doivent fermer le récipient de telle sorte que l'odeur du contenu ne puisse se faire sentir.

Si les récipients sont emballés dans des caisses, il n'est pas nécessaire de protéger les soupapes par des chapes, ni de pourvoir les récipients d'une garniture extérieure qui les empêche de rouler ;

2° La pression intérieure à faire supporter par les récipients à chaque épreuve et le maximum de charge admissible sont fixés ainsi qu'il suit :

a) Pour l'acide carbonique et le protoxyde d'azote; à 250 atmosphères et 1 kilo de liquide pour 1 litre 34 centilitres de capacité du récipient. Par exemple, un récipient de la capacité de 13 litres 40 centilitres ne peut contenir plus de 10 kilos d'acide carbonique ou de protoxyde d'azote liquides ;

b) Pour l'ammoniaque, à 100 atmosphères et 1 kilo de liquide pour 1 litre 86 centilitres de capacité du récipient ;

c) Pour le chlore, à 50 atmosphères et 1 kilogramme de liquide pour 90 centilitres de capacité ;

d) Pour l'acide sulfureux et le phosgène, à 30 atmosphères et 1 kilogramme de liquide pour 80 centilitres de capacité ;

3° Les récipients contenant des gaz liquéfiés ne peuvent être jetés, ni exposés aux rayons du soleil ou à la chaleur du feu ;

4° Le transport de ces produits ne peut avoir lieu que dans des wagons fermés ou bien dans des wagons-réservoirs spécialement aménagés à cet effet et dont le récipient doit être revêtu, le cas échéant, d'une caisse en bois ;

5° Les gaz liquéfiés peuvent également être transportés en petites quantités, dans des tubes de verre solidement fondus, savoir l'acide carbonique et le protoxyde d'azote jusqu'à 3 grammes au maximum, l'ammoniaque et le chlore jusqu'à 20 grammes au maximum, l'acide sulfureux anhydre et l'oxychlorure de carbone (phosgène), jusqu'à 100 grammes au maximum, aux conditions ci-après : « Les tubes de verre ne doivent être remplis qu'à moitié pour l'acide carbonique et le protoxyde d'azote, qu'aux deux tiers pour l'ammoniaque et le chlore et qu'aux trois quarts pour l'acide sulfureux et l'oxychlorure de carbone (phosgène).

Chaque tube de verre doit être placé dans une capsule en fer-blanc remplie de terre d'infusoires et emballée dans une caisse en bois solide. Il est permis d'emballer plusieurs capsules de fer-blanc dans une même caisse, mais les tubes contenant de l'ammoniaque ne doivent pas être placés dans une même caisse avec des tubes contenant du chlore.

L'acide carbonique liquéfié peut encore être transporté en récipients métalliques (sodor, sparklets) contenant 25 grammes au plus de liquide. L'acide carbonique doit être pur de tout résidu d'air. Les récipients doivent être chargés au maximum de 1 gramme de liquide pour un centimètre cube 340 millimètres cubes de capacité.

XLIV. *a.* — (1) L'air liquide est admis au transport dans des bouteilles en verre à double paroi, empêchant la conductibilité et le rayonnement de la chaleur, entourées de feutre et fermées par un bouchon de feutre permettant l'échappement des gaz sans produire à l'intérieur une forte pression, mais empêchant l'écoulement du liquide. Ce bouchon de feutre doit être fixé de manière que la bouteille ne puisse se déboucher si elle perd l'équilibre ou est renversée. Chaque bouteille ou plusieurs bouteilles réunies doivent être protégées contre les chocs par une corbeille en fil de fer ou un autre récipient analogue reposant d'aplomb sur le sol. Le transport de ces corbeilles ou récipients doit être effectué soit dans des coffres métalliques, ouverts en haut, ou garantis à leur partie supérieure par un treillis en fil de fer, un couvercle perforé ou tout autre mode de protection analogue, soit dans des caisses en bois portant les inscriptions : « Air liquide », « Haut », « Bas », « Très fragile ». Ces récipients ne renfermeront aucune matière d'emballage facilement inflammable, telle que : sciure de bois, tontisse ligneuse, tourbe, paille, foin. Les coffres et les caisses doivent être complètement étanches dans la partie inférieure jusqu'à une hauteur suffisante pour que, en cas de rupture des bouteilles, le liquide ne puisse se répandre à l'extérieur. Les coffres et les caisses doivent être placés dans les wagons de manière à ne pouvoir ni tomber ni se renverser, et de telle sorte que les bouteilles restent debout et ne puissent pas être endommagées par d'autres colis. Aucune matière facilement inflammable en petits morceaux ou à l'état liquide ne doit être chargée à proximité immédiate de l'air liquide.

(2) Au lieu de bouteilles en verre à double paroi, entourées de feutre, on peut employer d'autres récipients, à la condition toutefois

de les protéger contre l'échauffement, de manière qu'ils ne puissent se couvrir de rosée ni de givre. Si ces récipients sont assez résistants et se tiennent d'aplomb, ils n'ont pas besoin d'être entourés de corbeilles en fil de fer ou d'autres moyens de protection. Sont applicables du reste par analogie les dispositions de l'alinéa (1).

XLIV *b*. — L'acide carbonique sous forme de gaz et le protocarbure d'hydrogène (gaz des marais) ne sont acceptés au transport que si leur pression ne dépasse pas 20 atmosphères et s'ils sont renfermés dans des récipients de fer soudé, de fer fondu ou d'acier fondu, ayant, dans les quatre dernières années avant la remise au transport, supporté à l'épreuve officielle, sans avoir subi une déformation persistante, une pression égale à 1 fois 1/2 au moins celle que produit l'acide carbonique ou le protocarbure d'hydrogène au moment de la remise au chemin de fer. Chaque récipient doit être pourvu d'une ouverture permettant de voir l'intérieur, d'une soupape de sûreté, d'un robinet, d'une soupape permettant de le remplir ou de le vider, ainsi que d'un manomètre. L'épreuve officielle doit être renouvelée tous les quatre ans. Le récipient doit porter, d'une manière apparente, l'indication de la date et du résultat de la dernière épreuve. L'expéditeur doit déclarer dans la lettre de voiture que, même dans le cas où la température s'élèverait jusqu'à 40° centigrade (Celsius), la pression de l'acide carbonique ou du protocarbure d'hydrogène expédié ne dépassera pas 20 atmosphères. La station de départ doit vérifier si les prescriptions ci-dessus énoncées ont été observées. Elle comparera notamment l'élévation du manomètre avec le résultat de la dernière épreuve officielle inscrite sur les récipients, afin de s'assurer que la résistance desdits récipients est suffisante.

XLV. — L'oxygène, l'hydrogène et le gaz d'éclairage comprimés sont transportés aux conditions suivantes :

1o Ces produits ne peuvent être soumis à une pression supérieure à 200 atmosphères ; ils doivent être transportés dans des cylindres d'une seule pièce en acier ou en fer forgé, d'une longueur maximum de 2 mètres et d'un diamètre intérieur maximum de 21 centimètres. Ces récipients doivent :

a) Avoir supporté à l'épreuve officielle une pression égale au double de celle des gaz qu'ils contiennent au moment de la remise au chemin de fer, sans avoir subi une déformation persistante ou des fissures. Cette épreuve doit être renouvelée tous les trois ans;

b) Porter une marque officielle placée solidement à un endroit bien apparent, indiquant la valeur de la pression autorisée et la date de la dernière épreuve ;

c) Etre munis de soupapes qui doivent être protégées.

Si ces soupapes se trouvent dans l'intérieur du goulot, par un bouchon en métal, d'une hauteur d'au moins 25 millimètres, vissé dans le goulot mais n'en dépassant pas latéralement l'orifice ;

Si les soupapes se trouvent en dehors du goulot et si les récipients sont livrés au transport sans emballage, par des chapes d'acier, de fer forgé ou de fonte vissées solidement au récipient.

d) S'ils sont livrés par wagons complets sans emballage, être chargés de manière qu'ils ne puissent pas rouler. Les récipients livrés par charges partielles doivent être pourvus d'une garniture extérieure qui les empêche de rouler.

Si la remise a lieu en caisses, celles-ci doivent porter l'inscription suivante énoncée clairement « Oxygène comprimé » ou « Hydrogène comprimé » ou « Gaz d'éclairage comprimé ».

2° Les envois ne peuvent être remis que par des personnes possédant un manomètre réglé et en connaissant le maniement. Ces personnes doivent, chaque fois qu'elles en seront requises, adapter le manomètre au récipient, pour que l'agent qui accepte la remise puisse vérifier si la plus haute pression prescrite n'est pas dépassée. Le résultat de la vérification doit être mentionné brièvement dans la lettre de voiture par ledit agent.

3° Les récipients contenant des gaz comprimés ne doivent pas être jetés ni exposés aux rayons du soleil ou de la chaleur du feu.

4° Le transport de ces produits ne peut avoir lieu que par wagons fermés. Le chargement dans des wagons découverts n'est autorisé qu'à la condition que la remise ait lieu par voitures spécialement aménagées pour le transport par terre et que ces voitures soient couvertes de bâches.

XLVI. — Le chlorure de méthyle et de chlorure d'éthyle ne peuvent être transportés que dans des récipients en métal solides, parfaitement étanches, hermétiquement fermés et chargés sur des wagons découverts. Pendant les mois d'Avril à Octobre inclusivement, les envois doivent être recouverts de bâches fournies par l'expéditeur, à moins que les récipients ne soient enfermés dans des caisses en bois.

XLVII.— Le trichlorure de phosphore, l'oxychlorure de phosphore et le chlorure d'acétyle ne sont admis que s'ils sont présentés au transport:

1° Dans des récipients de fer forgé, de fer fondu, d'acier fondu, de plomb ou de cuivre, absolument étanches et hermétiquement clos,

ou

2° Dans des récipients en verre; en ce dernier cas, les perscriptions suivantes doivent être observées:

a) L'expédition ne peut avoir lieu qu'en bouteilles de verre solide, bouchées à l'émeri. Les bouchons de verre doivent être enduits de paraffine, et pour protéger cet enduit, le goulot des bouteilles doit être recouvert d'une enveloppe en parchemin.

b) Les bouteilles dont le contenu pèse plus de 2 kilogrammes doivent être placées dans des récipients en métal pourvus de poignées; un espace vide de 30 millimètres doit exister entre les bouteilles et les parois des récipients ; les espaces vides doivent être soigneusement comblés avec de la terre d'infusoires, de façon qu'aucun mouvement des bouteilles ne puisse se produire ;

c) Les bouteilles contenant 2 kilogrammes au plus doivent être admises au transport dans des caisses de bois solides, pourvus de poignées et divisées intérieurement en autant de compartiments qu'il y aura de bouteilles à expédier. Chaque caisse ne peut renfermer plus de quatre bouteilles. Celles-ci doivent être placées de telle sorte qu'il subsiste un espace vide de 30 millimètres entre elles et les parois de la caisse ; cet espace vide sera soigneusement comblé avec de la terre d'infusoires, de façon qu'aucun mouvement des bouteilles ne puisse se produire. On peut employer dans l'emballage des bouteilles de chlorure d'acétyle (b et c) de la sciure de bois au lieu de terre d'infusoires.

d) Le couvercle des récipients dont il est parlé en b) et c) doit porter, à côté de la mention du contenu, les signes convenus pour le transport du verre.

XLVIII. — Le pentachlorure de phosphore (superchlorure de phosphore) est soumis aux prescriptions du n° XLVII ; toutefois, l'emballage prescrit au chiffre 2° b) n'est exigé pour ce produit que lorsque les bouteilles contiennent plus de 5 kilogrammes. Pour les bouteilles de 5 kilogrammes et au-dessous, l'emballage indiqué au 2° c) est suffisant.

XLVIII *a*). — Le sodium et le potassium doivent être remis au transport dans des récipients en fer-blanc solides, à couvercles soudés, ou dans des bouteilles en verre, solides, hermétiquement bouchées, qui doivent être complètement secs ou remplis avec du pétrole. Les bouteilles en verre doivent être placées dans de la terre d'infusoires ou de la sciure de bois. Les récipients en fer-blanc ou les bouteilles doivent être emballés dans des caisses en bois. Lorsqu'il est fait usage de bouteilles, ces caisses doivent être revêtues intérieurement d'une enveloppe de tôle à couvercle bien soudé.

XLIX. — (1) Le bioxyde d'hydrogène doit être remis au transport dans des récipients non hermétiquement fermés et ne peut être transporté qu'en wagons fermés ou en wagons découverts revêtus de bâches.

(2) Si l'expédition a lieu en touries, bouteilles ou cruchons, ces récipients doivent être bien emballés et placés dans des caisses en bois ou dans des paniers solides, pourvus, les uns et les autres, de poignées.

XLIX *a*. — Le peroxyde de sodium et le bioxyde de baryum (oxylithe) doivent être remis au transport dans des récipients en fer-blanc solides, complètement étanches, emballés dans une forte caisse en bois revêtue intérieurement d'une caisse de tôle à couvercle soudé.

XLIX *b*). — Le carbure de calcium doit être emballé dans des récipients en fer étanches et suffisamment résistants. Ces récipients ne doivent renfermer aucune autre matière. Le transport ne peut être effectué que dans des wagons couverts.

L. — Les préparations telles que les vernis et les siccatifs, formées d'un mélange d'essence de térébenthine, d'alcool, de pétrole naphte ou d'autres liquides facilement inflammables avec des résines, sont soumises aux prescriptions suivantes :

1° Lorsque ces préparations sont expédiées en touries, bouteilles ou cruchons, les récipients doivent être fermés hermétiquement et bien emballés dans des caisses ou des paniers munis les uns et les autres de poignées solides et commodes.

Si les récipients sont en métal, en bois et en caoutchouc, ils doivent être parfaitement étanches et hermétiquement clos.

2o Les préparations composées d'essence de térébenthine ou de pétrole-naphte et de résine, qui répandent une mauvaise odeur, ne peuvent être transportées que sur des wagons découverts.

3o En ce qui concerne l'emballage avec d'autres marchandises, voir no XXXV.

L *a*). — (1) La limaille de fer ou d'acier grasse (provenant des tours ou des machines à forer, etc.) et les résidus de la réduction du nitrobenzol des fabriques d'aniline qui ne sont pas présentés au transport dans des récipients en forte tôle et hermétiquement fermés, ne peuvent être transportés que dans des wagons en fer munis de couvercles ou revêtus de bâches.

(2) La lettre de voiture doit indiquer si la limaille de fer ou d'acier est grasse ou non ; en cas de non-indication, elle sera considérée comme grasse.

LI. — Le papier graissé ou huilé et les fuseaux faits de ce papier ne peuvent être expédiés qu'en wagons couverts ou en wagons découverts revêtus de bâches.

(2) La lettre de voiture accompagnant les envois de fuseaux de cette nature doit contenir une déclaration de l'expéditeur certifiant qu'ils ont été chauffés après avoir été imbibés d'huiles et ensuite refroidis complètement dans l'eau.

LII. — Le fumier et les matières fécales, y compris celles qui proviennent des fosses d'aisances, ne sont admis que par wagons complets et aux conditions suivantes :

1o Le chargement et le déchargement sont opérés par l'expéditeur et par le destinataire, qui doivent, en outre, procéder au nettoyage prescrit par les règlements de l'administration.

2o Le fumier sec non comprimé est expédié dans des wagons découverts, revêtus de bâches à fournir par l'expéditeur.

3o Les autres matières fécales, y compris celles qui proviennent des fosses d'aisances, dans le cas où il n'existe pas d'autres moyens de transport appropriés, ne peuvent être expédiées que dans des récipients très solides, hermétiquement fermés, bien étanches et chargés sur des wagons découverts, ainsi que dans des wagons-réservoirs. Dans tous les cas, les mesures nécessaires doivent être prises pour éviter, en cours de transport et lors du chargement, l'échappement des matières et des liquides, ainsi que le dégagement d'odeur méphitique.

4o Ces matières ne peuvent être chargées avec d'autres marchandises.

5o Le Chemin de fer est en droit d'exiger le payement du prix de transport au moment de la remise à l'expédition.

6o Les frais de désinfection éventuelle sont à la charge de l'expéditeur ou du destinataire.

7o Ces transports restent d'ailleurs soumis aux prescriptions de police de chaque Etat.

LIII. — (1) Les caillettes de veau fraîches ne sont admises au transport que dans des récipients étanches et aux conditions suivantes :

1° Elles doivent être débarassées de tout reste d'aliments et salées de telle sorte qu'il soit employé de 15 à 20 grammes de sel de cuisine par caillette.

2° Une couche de sel d'environ un centimètre d'épaisseur doit être répandue, en outre, au fond des récipients servant d'emballage, ainsi que sur la couche supérieure des caillettes.

3° La lettre de voiture doit contenir une déclaration de l'expéditeur spécifiant que les prescriptions des 1° et 2° ont été observées.

4° Le chemin de fer peut exiger le payement du prix de transport au moment de la remise à l'expédition.

5° Les frais de désinfection éventuelle du wagon sont à la charge de l'expéditeur ou du destinataire.

(2) Pendant les mois d'Octobre, Novembre, Décembre, Janvier, Février et Mars, les caillettes de veau fraîches non salées, débarassées de tout reste d'aliments, sont admises aussi au transport dans des tonneaux ou cuveaux bien clos, et aux conditions énumérées aux 4° et 5° ci-dessus. Les couvercles de ces récipients doivent être fixés au moyen d'une bande de fer.

TABLE DES MATIÈRES

Pages

Avertissement 3

Première Partie — Législation des chemins de fer :

Actes organiques 4

Domaine Public — Grande Voirie 5

Loi du 11 Juin 1842 sur l'établissement des grandes lignes de chemin de fer 6

Loi du 15 Juillet 1845 sur la police des chemins de fer 6

Loi du 26 Mars 1897 ayant pour objet d'autoriser des dérogations à l'article 4 de la loi du 15 Juillet 1845 en ce qui concerne les clôtures et barrières de chemin de fer 12

Décret du 23 Décembre 1908 rendant applicable en Indochine la loi du 15 Juillet 1845 13

Ordonnance du 15 Novembre 1846 portant règlement sur la police, la sûreté et l'exploitation des chemins de fer .. 14

Décret du 1er Mars 1901 modifiant l'ordonnance du 15 Novembre 1846 32

Décret du 21 Avril 1912 modifiant le décret du 1er Mars 1901 46

Cahier des charges 47

Chemins de fer d'intérêt local — Chemins de fer industriels-tramways 48

Actes spéciaux 49

Tarifs 50

Règlements généraux 51

Décret du 9 Mars 1889 sur les trains légers 52

Loi du 10 Février 1896 autorisant le protectorat de l'Annam-Tonkin à contracter un emprunt de 80 millions 52

Loi du 25 Décembre 1898 sur les chemins de fer de l'Indochine 54

Arrêté du 6 Janvier 1903 ouvrant la ligne de chemin de fer de Hanoi à Ninh-Binh au service complet de la grande et de la petite vitesse et portant que les voyageurs sur réquisitions des services publics devront être munis de titres distincts pour chacune des lignes qu'ils auront à emprunter 56

Arrêté du 15 Janvier 1903 portant nouvelle réorganisation du domaine 56

Arrêté du 15 Janvier 1903 fixant la part contributive du service des Travaux publics dans la construction des lignes télégraphiques à établir pour desservir les chemins de fer en Indochine 63

Arrêté du 22 Juin 1903 sur la délivrance des réquisitions et bons de chemins de fer 64

Arrêté du 18 Février 1904 portant règlement sur la police, la sûreté et l'exploitation des chemins de fer de l'Indochine 65

Pages

Arrêté du 28 Juin 1904 fixant le taux de conversion de la piastre pour le paiement des factures présentées par l'exploitation des chemins de fer de l'Indochine et imputables au budget de l'état 82

Arrêté du 20 Juillet 1905 modifiant l'article 51 de l'arrêté du 18 Février 1904 sur la police, la sûreté et l'exploitation des chemins de fer en Indochine 82

Arrêté du 16 Février 1907 conférant au Directeur général des finances et de la comptabilité les attributions, en matière domaniale, dévolues par les règlements en vigueur au Secrétaire général de l'Indochine 83

Arrêté du 19 Février 1907 divisant le service des Travaux Publics en Circonscriptions territoriales et en Circonscriptions spéciales et instituant des directions des chemins de fer, des Routes et de la navigation 83

Arrêté du 28 Mai 1907 règlementant les conditions d'établissement et d'exploitation des embranchements particuliers sur les lignes des chemins de fer de l'Indochine .. 85

Arrêté du 1er Juillet 1907 relatif à la gestion des caisses des recettes de l'exploitation des chemins de fer de l'Indochine 88

Arrêté du 8 Janvier 1908 relatif au passage sur les quais des gares des lignes de chemins de fer de l'Indochine ... 90

Arrêté du 21 Janvier 1908 autorisant l'admission des wagons de toute catégorie appartenant à des particuliers ou à des administrations dans les trains des chemins de fer de l'Indochine 91

Arrêté du 31 Janvier 1907 modifiant l'article 4 de l'arrêté du 16 décembre 1904, créant une caisse centrale à la circonscription d'exploitation des chemins de fer 94

Arrêté du 10 Février 1908 rapportant celui du 21 Août 1905 autorisant le Directeur général des Travaux Publics à délivrer à certains fonctionnaires et agents des cartes de circulation gratuite sur le réseau ferré de la colonie. 94

Arrêté du 10 Mars 1908 règlementant la création et la modification des tarifs des chemins de fer de l'Indochine 96

Arrêté du 16 Avril 1908 autorisant les ingénieurs en chef des circonscriptions des chemins de fer à accorder et à faire payer sur les recettes du trafic des indemnités pour accidents, pertes, vols et avaries 97

Arrêté du 12 Mai 1908 portant réorganisation du service du contrôle des chemins de fer et des tramways 98

Arrêté du 25 Mai 1908 modifiant en ce qui concerne l'administration des postes et télégraphes, le tableau annexé à l'arrêté du 10 Février 1908 relatif à la délivrance, à titre onéreux, des cartes de circulation sur le réseau ferré de la colonie, à certains fonctionnaires et agents des divers services de l'Indochine 100

Arrêté du 5 Novembre 1908 autorisant la délivrance des cartes de circulation gratuite sur les chemins de fer aux directeurs des différents journaux 100

Arrêté du 16 Novembre 1908 supprimant la direction des Routes et de la navigation et modifiant les tableaux A et B annexés à l'arrêté du 4 mai 1907 101

Décret du 31 Décembre 1908 portant application en Indochine de la loi du 17 Juillet 1908 établissant en cas d'accident la responsabilité des conducteurs de véhicules de tout ordre 102

Pages

Arrêté du 14 Avril 1909 désignant les fonctionnaires auxquels doivent être adressées les propositions faites par les compagnies et administrations exploitantes de voies ferrées et relatives aux mesures spéciales à prendre pour l'expédition et la marche des trains extraordinaires. 102
Arrêté du 28 Novembre 1909 ramenant à trois le nombre de Circonscriptions de chemins de fer et supprimant la Circonscription du Contrôle de construction........ 103
Arrêté du 1er Mars 1910 règlementant le mode d'établissement et de taxation des cartes d'abonnement au chemin de fer à délivrer aux fonctionnaires des diverses administrations de l'Indochine et aux journalistes......... 104
Arrêté du 29 Décembre 1910 modifiant l'article 8 de l'arrêté du 1er Juillet 1907 relatif à la gestion des caisses de recettes de l'exploitation des chemins de fer de l'Indochine.. 104
Décrets du 20 Décembre 1911 relatifs : 1° à la réquisition des chemins de fer et tramways en Indochine ; 2° à l'organisation du service militaire des chemins de fer en Indochine ; 3° à l'organisation d'une section de chemins de fer de campagne en Indochine.................. 105
Arrêté du 2 Février 1912 complétant celui du 28 Mai 1907 fixant les conditions d'établissement d'embranchements industriels, se raccordant aux voies ferrées de l'Indochine.. 111
Arrêté du 15 février 1912 modifiant le 5e alinéa de l'article 4 de l'arrêté du 1er Juillet 1907 relatif à la gestion des caisses des recettes de l'exploitation des chemins de fer.. 112
Arrêté du 4 Mars 1912 modifiant le No 1 de l'article 8 de l'arrêté du 15 Janvier 1903 portant règlementation du domaine en Indochine............................ 112
Arrêté du 30 Mars 1912 autorisant le Directeur des Finances à approuver par délégation du Gouverneur général et sans l'intervention de la commission Permanente du Conseil de Gouvernement certaines dépenses dont le montant est inférieur ou égal à 5000 p. ou 12.500 francs.... 112
Arrêté du 11 Avril 1912 chargeant les chefs des administrations locales d'assurer dans l'étendue du pays qu'ils administrent, l'application des règlements concernant la police des chemins de fer.............................. 113
Arrêté du 3 Mai 1912 créant trois commissions régionales militaires des chemins de fer......................... 113
Arrêté du 18 Mai 1912 modifiant les articles 7 et 8 de l'arrêté du 1er Juillet 1907, modifié lui-même par celui du 29 décembre 1910 sur la gestion des caisses centrales de l'exploitation des chemins de fer.................. 114
Arrêté du 3 Juillet 1912 portant fixation de la consistance de la grande voirie en Indochine..................... 115
Arrêté du 3 Juillet 1912 sur la répression des infractions intéressant la police des voies ferrées en Indochine.... 115
Arrêté du 3 Juillet 1912 relatif à l'établissement des passages à niveau.. 117
Loi du 26 Décembre 1912 autorisant le Gouvernement de l'Indochine à contracter un emprunt.................. 119
Deuxième Partie — **Droit commun des transports. — Du contrat de transport. — Tribunaux compétents :**
Droit commun des transports............. 123
Code civil.. 123

Pages

Code de commerce.. 124

Du contrat de transport.................... 128

Définitions — Nature et preuve du contrat de transport.... 128

Du transport des choses.................................... 129

Des obligations des expéditeurs et des destinataires....... 129
Des obligations des expéditeurs.............................. 129
Des obligations du destinataire 130
Des obligations du commissionnaire de transport et du voiturier — De leur responsabilité.............................. 131
Pertes et avaries. — Causes d'exonération pour le voiturier de sa responsabilité.. 132
Des dommages — intérêts pour perte et avarie............ 136
De la preuve qui incombe au voiturier......................... 136
Du déchet de route... 138
Des risques de la marchandise 141
De l'expertise judiciaire.. 143
Vérifications amiables ou officieuses............................ 146
Laissé pour compte.. 147
Vente des marchandises.. 150
Dépôt des objets égarés et vente des épaves............... 152
De la revendication et de la saisie-arrêt.................... 153
Du retard.. 155
Evaluation du dommage.. 155
De l'action en responsabilité.................................. 162
Réserves — Fin de non-recevoir............................... 164
De la prescription... 169

Du transport des personnes................................. 171

Obligations du voiturier.. 171
Responsabilité du voiturier..................................... 171

Tribunaux compétents........................ 172

Cahier des charges — Tarifs.................................. 172
Marchandises G. V. et P. V..................................... 175
Voyageur — Retard ; accident — 178
Bagages.. 180
Police.. 181

Troisième Partie — Jurisprudence en sommaires : (voir table alphabétique page XI...)

Fin de non-recevoir — Article 105 du Code de commerce. Lettre non recommandée 182
Voyageur — Correspondance manquée........................ 182
Fin de non-recevoir — Réserves — Prescription — Art. 108 c. com — Fraude 182
Fourniture de wagons — Absence de wagons au jour indiqué. 183
Bâchage — Chargement 183
Chargement — Bâchage — Loi du 17 mars 1905............ 184
Voyageur de commerce — Echantillons — Bagages — Messageries — Objets précieux — Perte 184
Avaries — Emballage... 185
Demandes de wagons — Embranchements particuliers...... 185
Délais — Retard — Constatations nécessaires............. 186
Délais-Renonciation 186
Délais — Retard — Cour de Cassation — Grande Vitesse — Trains obligatoires.. 187
Expédition empruntant plusieurs réseaux — Tarif le plus réduit — Calcul au poids, sur le 1er réseau, au wagon, sur le 2e — Chargement par l'expéditeur...................... 187

Pages

Force majeure — Pluies — Encombrement................ 188
Livraison des marchandises aux destinataires — Tour de faveur — Egalité de traitement — Tarif commun — Compagnie intermédiaire — Déchargement des marchandises en cours de route.................................. 188
Gares — Accident — Envahissement des gares par une foule trop nombreuse — Absence d'employés — Faute......... 190
Marchandises livrables en gare............................. 191
Réserves — Refus — Faute.................................. 191
Avaries — Vice propre de la marchandise................. 191
Voyageurs — Correspondance manquée — Horaire portant que la correspondance n'est pas assurée................. 192
Marchandises — Classification — Assimilation — Tarif général. — Taxe de transport................................ 192
Vente des marchandises — Art. 106 du code de Commerce — Produit de la vente...................................... 192
Délais — Renonciation — Pluralité de compagnies — Contrat de transport unique; successifs.................. 192
Wagon d'un type déterminé — Mise à la disposition de l'expéditeur à jour fixe.................................. 193
Attaques — Voies de fait — Rebellion — Art. 25 de la loi du 15 Juillet 1845 — Affichage des jugements — Dommages — intérêts.. 194
Autorité municipale — Ordonnance de police applicable sur le domaine public du chemin de fer................... 195
Responsabilité — Perte des marchandises — Avaries — Vice propre — Faute de l'expéditeur — Non responsabilité — Loi du 17 mars 1905 — Bestiaux non accompagnés...... 196
Délais — Retard — Tarif commun — Constatations nécessaires. 197
Chargement — Bâchage — Loi du 17 mars 1905........... 197
Tiers propriétaire mais non désigné sur le récépissé — Récépissé — Titre nominatif — Clause à ordre au porteur... 198
Enfant âgé de moins de trois ans........................... 199
Cassation — Tarif militaire — Officier en congé de trois ans sans solde... 200
Loi étrangère — Contrat de transport conclue en pays étranger — Clause de non-responsabilité.................. 201
Action en justice — Destinataire — Société anonyme destinataire.. 202
Horaire des trains — Trains réservés aux voyageurs munis de billets de 1re classe.................................. 202
Wagon complet — Sens de ces mots......................... 202
Commissionnaire chargeur — Avaries — Responsabilité — Wagon plombé — Vérification............................ 203
Ordre public — Qualification donnée aux marchandises...... 203
Agent assermenté — Lettre contenant injonction........... 204
Accident — Boîte de secours.................................. 204
Demande reconventionnelle — Degré de juridiction — Demande en dommages intérêts fondée exclusivement sur la demande principale.. 205
Expropriation pour cause d'utilité publique — Domaine public.. 205
Délais — Livraison en gare — Heure règlementaire de l'arrivée du train.. 206
Avaries — Vice propre — Acceptation des marchandises sans réserves — Emballage................................. 206
Tribunal de commerce — Voyageur commerçant — Loi du 12 Juillet 1905... 207
Retard — Livraison en gare — Lettre d'avis — Délais.... 208
Délais — Renseignements inexacts — Livrets — Affiches... 209

Pages

Délais — Livraison en gare — Retard — Constatations nécessaires........ 209
Tarif — Itinéraire légal........ 210
Chargement — Bâchage — Wagon d'un modèle déterminé........ 210
Vente des marchandises — Article 106 du code de commerce. 211
Bois en grume — Longueur excédent 6 m 50 — Emploi d'un seul wagon — Minimum de perception........ 212
Avaries — Vice propre de la chose........ 212
Dommages-Intérêts — Objets groupés en un seul colis. — Destinataire unique — Action en justice — Prise de livraison par le destinataire........ 212
Souffrance des marchandises — Réserves inacceptables formulées par le destinataire — Avis à donner à l'Expéditeur — Douanes — Wagon complet........ 213
Chef de gare — Constat — Perte — Article 1953 C. civ. — Bagages — Objets taxés « Ad Valorem » — Consigne.... 214
Vérification des marchandises à l'arrivée — Droit du destinataire — Magasinage........ 215
Force majeure — Encombrement des gares — Immobilisation du matériel — Demandes de wagon........ 215
Privilège........ 217
Expédition contre remboursement — Retard dans la remise des fonds à l'expéditeur........ 218
Tarif spécial — Minimum de poids — Chargement complet — Wagon d'un type déterminé........ 218
Avaries — Poids — Mise en cause de l'expéditeur par le destinataire........ 219
Retard — Carte d'abonnement........ 219
Animal — Chargement par l'expéditeur — Déchargement par la compagnie........ 220
Chef de gare — Gare étrangère au contrat de transport et à son exécution — Compétence — Service de contrôle et de surveillance........ 220
Avaries — Vice propre — Faute de l'expéditeur — Acceptation des marchandises sans réserves — Vérification de l'état du chargement........ 221
Avaries — Réexpédition des marchandises — Magasinage... 222
Retard — Correspondance manquée........ 222
Clause de non-responsabilité — Limitation de la responsabilité — Faute lourde........ 223
Horloges — Heure inexacte........ 223
Bagages — Enregistrement........ 223
Accident — Voyageur........ 223
Bagages — Bulletin de dépôt — Remise à une personne qui ne représente pas le bulletin de dépôt........ 224
Retard — Préjudice........ 225
Avis de souffrance........ 225
Carte d'abonnement non produite........ 226
Prescriptions — Avaries........ 226
Camionnage à domicile — Factage à domicile — Livraison en gare — Délais — Retard........ 226
Bagages — Enregistrement antérieur à la prise du billet de place........ 227
Itinéraire — Voie la plus courte........ 227
Retard — Force majeure — Fourniture de wagons — Chargement — Bâchage........ 227
Agents assermentés — Ministère de service public — Constatation d'un vol........ 229
Degré de juridiction — Magasinage — Demande indéterminée — Appel........ 229

Pages

Retard — Marchandises livrables en gare - Obligations pour le destinataire de les réclamer — Avaries — Faute — Preuve. 229
Délais. — Grande. vitesse — Livraison en gare.......... 230
Trains de voyageurs — Insuffisance de wagons — Accidents — Responsabilité.. 230
Dommages. prévus. — Dommages que la compagnie n'a pu prévoir — Défaut de fourniture de wagons............. 230
Passage à niveau — Eclairage insuffisant — Faute — Responsabilité.. 231
Avaries — Absence de réserves................................ 231
Fourniture de wagons — Demande — Avis de mise à disposition — Taxe d'affranchissement........................ 232
Bagages — Allégations mensongères. — Remise volontaire du bulletin d'enregistrement — Escroquerie............ 232
Délais — Retard — Défaut de pesage à la gare de départ — Pesage en cours de route — Poids porté sur la déclaration d'expédition et sur le récépissé.................... 232
Action du destinataire — Stipulation par l'expéditeur — Opposabilité au destinataire — Responsabilité — Chargement — Bâchage...................................... 233
Pesage supplémentaire — Droits dûs à la compagnie.... 235
Bagages. — Perte. — Evaluation du contenu................ 235
Force majeure. — Afflux extraordinaire de marchandises.... 236
Fin de non-recevoir — Article 105 du code de commerce Impossibilité de vérification — Réserves................ 236
Fin de non-recevoir — Art. 105 du Code de Commerce — Refus — Tiers propriétaire de la marchandise........... 237
Degré de juridiction — Frais d'audience — Demande reconventionnelle — Demandes de wagons irrégulières.... 238
Responsabilité — Présomption contre le voiturier — Dispense pour le juge de rechercher si la compagnie a pris toutes les précautions qu'imposait le contrat de transport — Expertise — Autorité légale — Formalités............. 239
Bagages — Cercueils — Urnes funéraires................ 240
Délais — Retard-Marchandises livrables en gare — Mise à la disposition des destinataires....................... 240
Force majeure — Rupture d'une pièce de locomotive — Correspondances manquées — Contrat de transport prenant fin avant le point de correspondance.............. 241
Responsabilité — Clause relative au nombre ou au poids des colis — Comptage des colis 242
Témoins — Employés des compagnies — Avaries — Vice propre — Faute de l'expéditeur........................ 242
Bâchage — Chargement — Matériel d'exploitation — Sens de ces mots — Bâches.............................. 243
Fourniture de wagons — Demande de wagons d'un type spécial — Indication d'un jour fixe — Demande non obligatoire pour les compagnies............................... 243
Demande de wagons — Nécessité d'un écrit — Demande irrégulière non obligatoire — Promesse de la gare inopérante — Règles applicables aux expéditions provenant d'embranchements particuliers............................ 244
Fourniture de matériel — Demande de wagons d'un type déterminé non obligatoire. — Tarifs. — Clause du minimum de perception par wagon — Interprétation 244
Fourniture de matériel.. 245
Délais de transport — Transport mixte — Emploi d'un train de messageries — Délais de l'arrêté ministériel du 12 Juin 1866 obligatoires 246
Expédition par wagon complet — Déclaration d'expédition — Inscription du numéro du wagon par un agent de la gare.

Pages

— Erreur de numéro — Non responsabilité du chemin de fer 247
Places des voyageurs 247
Plombs de Douanes — Rupture des plombs apposés sur les wagons à marchandises par le service de la douane 248
Lettre d'avis 248
Transport de marchandises — Tarif à clause, sans comptage Validité de cette clause — Ses effets au point de vue du contrat de transport 248
Article 105 du Code de commerce — Nécessité d'une acceptation des réseaux — Transport de marchandises sans comptage — Non responsabilité pour le manquant en nombre 250
Transport de marchandises — Souffrance — Demande en enlèvement contre paiement de tous les frais — Caractère indéterminé — Recevabilité de l'appel 250
Retard dans l'expédition et la délivrance d'un colis — Laisser pour compte prétendu — Droit à indemnité — Mise à disposition du destinataire — Refus de prise de livraison — Faute — Obligation de l'enlever sous réserves — Frais de magasinage 251
Marchandises livrables en gare 251
Marchandises — Livraison au représentant de l'expéditeur — Emploi de manœuvres frauduleuses — Réclamation par l'expéditeur — Non responsabilité de la compagnie... 252
Transport de marchandises — Retard — Livraison au destinataire sous réserves — Action de l'expéditeur — Rejet.. 252
Marchandises — Perte partielle — Prise de livraison par le destinataire avec réserves — Action de l'expéditeur — Irrecevabilité 252
Marchandises livrables en gare — Avis d'arrivée non obligatoire — Prétendu retard — Réclamation de la marchandise non justifiée — Rejet de la demande 253
Avaries — Vice-propre — Faute de l'expéditeur 253
Acceptation des marchandises sans réserves — Vérification de l'état du chargement 253
Avaries — Emballage 253
Avaries — Fragilité de l'objet — Emballage — Vice-propre — Dépens — Droits d'enregistrement 254
Transport de marchandises — Avaries — Défectuosité de l'emballage — Non responsabilité des transporteurs...... 254
Transport de marchandises — Avaries occultes antérieures à l'expédition — Acceptation par la Cie sans réserve — Non responsabilité 254
Transport d'objets précieux — Expédition au tarif ordinaire — Perte — Responsabilité de la compagnie limitée 255
Transport d'un cheval — Chute au cours de la manœuvre pour amener le wagon à quai — Tarif spécial — Obligations incombant au destinataire — Non responsabilité de la compagnie 255
Objets délaissés dans un compartiment et trouvés par un nettoyeur — Remise à la compagnie — Action du nettoyeur en restitution — Rejet de la demande 256
Bagages à la main remis à un porteur — Perte — Demande d'indemnité — Rejet 257
Retard de trains — Inondations — Force majeure — Non responsabilité de la compagnie 257
Transport de voyageurs — Retard 257
Voyageur — Accident — Point d'arrêt — Dispense d'installations spéciales — Défectuosité des installations existantes — Imprudence du voyageur — Non-responsabilité de la compagnie 258

Pages

Marchandises — Petite vitesse — Magasinage — Voiture chargée séjournant en gare avant le transport — Taxe — Conditions d'application des tarifs généraux — Art. 16 et 29. 258
Magasinage au départ ... 259
P. V. constatant une infraction à la police des chemins de fer — Affirmation — Nullité — Point de départ du délai dans lequel doit être affirmé le dit P. V. — Rédaction du P. V. — Voyage sans billet — Permis spécial de circulation délivré à un conducteur de bestiaux — Intention frauduleuse — Matérialité des faits — Infraction aux tarifs homologués ... 259
Retard de train — Responsabilité de la compagnie — Préjudice moral — Réparation ... 260

Quatrième Partie — **Notions de droit pénal et d'Instruction Criminelle :**

Notions de droit pénal ... 261
Des peines en matière criminelle et correctionnelle et de leurs effets ... 263
Auteurs — Coauteurs — Complices ... 271
Connexité ... 272
Des faux commis dans les passe-ports, feuilles de route et certificats ... 273
Dispositions communes à toutes les espèces de faux ... 275
Rébellion ... 276
Outrages et violences envers les dépositaires de l'autorité et de la force publique ... 277
Dégradation de monuments ... 279
Vagabondage et mendicité ... 279
Délits commis par voie d'écrits, images ou gravures ... 281
Meurtres ... 282
Menaces ... 282
Blessures et coups volontaires ... 283
Homicides, blessures et coups involontaires ; homicides, blessures et coups qui ne sont ni crimes ni délits ... 285
Attentats aux mœurs ... 286
Arrestations illégales et séquestrations de personnes ... 287
Faux témoignages ... 288
Calomnies ... 289
Injures ... 289
Vols ... 291
Escroquerie ... 296
Abus de confiance ... 297
Fraudes ... 298
Infractions commises par les expéditeurs et les voyageurs ... 299
Destructions, Dégradations, Dommages ... 303
Peines de police ... 307
Contraventions ... 308

Notions d'instruction criminelle ... 314

Action publique et action civile ... 314
Délits commis sur le territoire et hors du territoire ... 314
Police judiciaire ... 315
Officiers de police judiciaire ... 316
Moyens d'informations. — Procès-Verbaux. — Constatations. 319
Instruction dans les cas ordinaires ou dans les cas de crimes ou délits flagrants ... 320
Attributions et devoirs des commissaires de surveillance administrative, considérés comme officiers de police judiciaire ... 322
Attributions des commissaires spéciaux de police ... 325

Pages

Cinquième Partie — **Principes généraux d'organisation judiciaire :**

Des différentes juridictions 331
Tribunaux de l'ordre Constitutionnel 331
Haute Cour 331
Tribunaux de l'ordre administratif 331
Tribunal des conflits 331
Conseil d'Etat 332
Conseil de Préfecture 337
Tribunaux administratifs des colonies 342
Cour des comptes 343
Tribunaux de l'ordre judiciaire 343
Tribunaux d'arrondissement 343
Justices de Paix 346
Cours d'appel 348
Tribunaux de simple police 350
Tribunaux correctionnels 351
Cour d'Assises 351

Cour de Cassation 351

Juridictions spéciales :

Tribunaux de commerce 353
Conseils de prud'hommes 356
Tribunaux militaires 356
Tribunaux maritimes 356
Eléments concourant à l'œuvre de la justice 357
Des juges 357
Du ministère public 361
Des officiers Ministériels 364
Greffiers 365
Avoués 367
Avocats au Conseil d'Etat et à la cour de cassation 368
Huissiers 369
Agréés 370
Des avocats 371

Annexe I Cahier des charges de concession du chemin de fer d'Alais au Rhône joint à la loi du 4 Décembre 1875 375

Annexe II Règlement uniforme pour le transport « international » des marchandises par chemin de fer comprenant :
1° La convention internationale de Berne ; 2° les conditions complémentaires 402
Annexe N° 1 au règlement international 440

TABLE ALPHABÉTIQUE

de la IIIe Partie

Article 105 du Code de Commerce........ 182-236-237-250
Article 108 du Code de Commerce........ 182
Absence de wagons au jour indiqué........ 183
Avaries........ 185-191-196-203-206-212-221-222-226-229-231-242-253-254
Accident........ 190-204-223-230-258
Absence d'employés........ 190
Assimilation........ 192
Article 106 du Code de Commerce........ 192-211
Attaques........ 194
Article 25 de la loi du 15 Juillet 1845........ 194
Affichage des jugements........ 194
Autorité municipale........ 195
Action en justice........ 202-212
Agent assermenté........ 204-229
Acceptation des marchandises, sans réserves........ 206-221-253-254
Affiches........ 209
Avis à donner à l'expéditeur........ 213
Article 1953 C. Civ........ 214
Animal........ 220
Avis de souffrance........ 225
Appel........ 229
Absence de réserves........ 231
Allégations mensongères........ 232
Action du destinataire........ 233
Afflux extraordinaire de marchandises........ 236
Action de l'expéditeur........ 252
Avis d'arrivée non obligatoire........ 253
Affirmation (P. V.)........ 259

B

Bâchage........ 183-184-197-210-227-233-243
Bagages........ 184-214-223-224-227-232-235-240
Bestiaux non accompagnés........ 196
Boîte de secours........ 204
Bois en grume (longueur excédant 6m50 emploi d'un seul wagon) minimum de perception........ 212

Bulletin de dépôt.. 224
Bâches.. 243
Bagages à la main remis à un porteur.. 257

C

Correspondance manquée.. 182-192-222
Chargement.. 183-184-197-210-227-233-243
Constatations nécessaires (retard).. 186-197
Cour de Cassation.. 187
Calcul au poids sur le 1er réseau, au wagon sur le 2e.. 187
Chargement par l'expéditeur.. 187-220
Compagnie intermédiaire.. 188
Classification.. 192
Contrat de transport.. 192-201-241
Cassation.. 200
Clause de non-responsabilité.. 201-223
Commissionnaire chargeur.. 203
Constatations nécessaires.. 209
Chef de Gare.. 214-220
Constat.. 214
Consigne.. 214
Chargement complet.. 218
Carte d'abonnement.. 219-226
Compétence.. 220
Camionnage à domicile.. 226
Constatation d'un vol.. 229
Cercueils.. 240
Correspondance manquée.. 241
Clause relative au nombre ou au poids des colis.. 242
Comptage des colis.. 242
Chute d'un cheval au cours de la manœuvre pour amener le wagon à quai.. 255

D

Demandes de wagons.. 185-215-232-238-243-244
Délais.. 186-187-192-197-206-208-209-226-230-232-240-246
Déchargement des marchandises en cours de route.. 188
Dommages-intérêts.. 194-212
Destinataire (Société Anonyme).. 202
Demande reconventionnelle.. 205-238
Degré de juridiction.. 205-229-238

Demande en dommages-intérêts fondée exclusivement sur la demande principale 205
Domaine Public 205
Denrées destinées à l'approvisionnement des marchés 212
Destinataire unique 212
Douanes 213
Droit du destinataire 215
Déchargement par la Cie 220
Demande indéterminée 229
Dommages prévus 230
Dommages que la Cie n'a pu prévoir 230
Défaut de fourniture de wagons 230
Droits dûs à la compagnie (pesage supplémentaire) 235
Dispense pour le juge de rechercher si la Cie a pris toutes les précautions qu'imposait le contrat de transport 239
Déclaration d'expédition (wagon complet) 247
Demande en enlèvement de marchandises contre paiement de tous les frais 250
Dépens 254
Droits d'enregistrement 254
Défectuosité de l'emballage 254
Demande d'indemnité pour perte de bagages à la main remis à un porteur 257
Dispense d'installation spéciale (point d'arrêt) 258

E

Echantillons 184
Emballage 185-206-253-254
Embranchements particuliers 185
Expédition empruntant plusieurs réseaux 187
Encombrement 188
Egalité de traitement 188
Envahissement des gares par une foule trop nombreuse 190
Enfant âgé de moins de trois ans 199
Expropriation pour cause d'utilité publique 205
Emploi d'un seul wagon (bois en grume longueur excédant 6m50) 212
Encombrement des gares 215
Expédition contre remboursement 218
Enregistrement 223-227
Eclairage insuffisant (P à N) 231
Escroquerie 232
Evaluation du contenu des bagages 235
Expertise-Autorité légale-Formalités 239
Employés des compagnies (témoins) 242

Expéditions provenant d'embranchements particuliers (Règles applicables aux) 244
Emploi d'un train de messageries (transport mixte) 246
Expédition par wagon complet (déclaration d'expédition erreur de n°) 247
Emploi de manœuvres frauduleuses 252
Expédition d'objets précieux au tarif ordinaire 255

F

Fin de non-recevoir 182-236-237
Fraude 182
Fourniture de wagons 183-227-232-243
Force majeure 188-215-227-236-241-257
Faute 190-191-229-231-251
Faute de l'expéditeur 196-221-242-253
Faute lourde 223
Factage à domicile 226
Frais d'audience 233
Fourniture de matériel 244-245
Frais de magasinage 251
Fragilité de l'objet 254

G

Grande vitesse 187-230
Gares 190
Gare étrangère au contrat de transport et à son exécution. 220

H

Horaire portant que la correspondance n'est pas assurée... 192
Horaire des trains 202
Heure règlementaire de l'arrivée du train 206
Horloge-Heure inexacte 232

I

Itinéraire 210-227
Immobilisation du matériel 215
Insuffisance de wagons 230
Impossibilité de vérification 236
Indication d'un jour fixe (demande de wagon) 243

Inscription du numéro du wagon par un agent de la gare (wagon complet-déclaration d'expédition) 247
Irrécevabilité (action de l'expéditeur) 252
Inondations 257
Imprudence du voyageur 258
Infraction aux tarifs homologués 259

L

Lettre non recommandée 182
Loi du 17 Mars 1905 184-196-197
Livraison des marchandises aux destinataires 188
Loi étrangère 201
Lettre contenant injonction 204
Livraison en gare 206-208-209-226-230-253
Loi du 12 Juillet 1905 207
Lettre d'avis 208-248
Livrets 209
Longeur excédant $6^{m}50$ (bois en grume) 212
Limitation de la responsabilité 223
Laisser pour compte. Droit à indemnité 251
Livraison des marchandises au représentant de l'expéditeur 252
Livraison au destinataire sous réserves 252

M

Messageries 184
Marchandises livrables en gare 191-229-240-251
Marchandises 192-258
Mise à la disposition de l'expéditeur à jour fixe 193-232
Minimum de perception (bois en grume-longueur excédant $6^{m}50$. emploi d'un seul wagon 212
Magasinage 215-222-29-258-259
Minimum de poids 218
Mise en cause de l'expéditeur par le distinataire 219
Ministère de service public 229
Mise à la disposition des destinataires 240-251
Matériel d'exploitation (sens de ces mots) 243

N

Non responsabilité 196-247-252-254-255-257-258
Nécessité d'une acceptation des réseaux 250
Non responsabilité pour le manquant en nombre 250
Nullité (Procès-Verbal) 529

O

Objets précieux........................ 184-255
Ordonnance de police applicable sur le domaine public du chemin de fer........................ 195
Officier en congé de trois ans sans solde........... 200
Ordre public........................ 203
Objets groupés en un seul colis................ 212
Objets taxés « ad valorem »................ 214
Obligations pour le destinataire de réclamer les marchandises livrables en gare................ 229
Obligation d'enlever le colis sous réserves........... 251
Obligation incombant au destinataire (transport d'un cheval). 255
Objets délaissés dans un compartiment et trouvés par un nettoyeur........................ 256

P

Prescription........................ 182
Perte........................ 184-214-235-255-257
Pluies........................ 188
Produit de la vente........................ 192
Pluralité de Compagnies................ 192
Perte des marchandises................ 196.252
Prise de livraison par le destinataire........... 212
Privilège........................ 217
Poids........................ 219-232
Préjudice........................ 225-260
Prescriptions........................ 226
Preuve........................ 229
Passage à niveau........................ 234
Pesage (défaut de) à la gare de départ........... 232
Pesage en cours de route................ 232
Pesage supplémentaire — Droits dûs à la compagnie...... 235
Présomption contre le voiturier................ 239
Promesse de la gare inopérante (demande de wagons)..... 244
Places des voyageurs................ 247
Plombs de douane................ 248
Prise de livraison par le destinataire avec réserves........ 252
Point d'arrêt (dispense d'installations spéciales) (défectuosité des installations existantes)................ 258
Procès-verbal constatant une infraction à la police des chemins de fer................ 259
Permis spécial de circulation délivré à un conducteur de bestiaux........................ 259

Q

Qualification donnée aux marchandises 203

R

Réserves 182-191-236
Retard 186-187-197-208-209-219-222-224-226-227-229-232-240-257-260
Renonciation 186-192
Refus 191-237
Rébellion 194
Responsabilité 196-203-230-231-233-239-242-255-260
Récépissé (titre nominatif-clause à ordre au porteur) 198
Renseignements inexacts 209
Réserves inacceptables formulées par le destinataire 213
Retard dans la remise des fonds à l'expéditeur 218
Réexpédition des marchandises 222
Remise à une personne qui ne représente pas le bulletin de dépôt 224
Remise volontaire du bulletin d'enregistrement 232
Rupture d'une pièce de locomotive 241
Rupture des plombs apposés sur les wagons à marchandises par le service de la douane 248
Retard dans l'expédition et la délivrance d'un colis 251
Refus de prise de livraison 251
Réclamation par l'expéditeur 252
Retard dans la livraison au destinataire 252
Rejet (action de l'expéditeur) 252
Retard prétendu — Réclamation de la marchandise non justifiée — Rejet 253
Rejet (demande d'indemnité pour perte de bagages à la main remis à un porteur) 257
Réparation d'un préjudice moral occasionné par le retard d'un train 260

S

Société anonyme destinataire 202
Souffrance des marchandises 213-250
Service de Contrôle et de surveillance 220
Stipulation par l'expéditeur-Opposabilité au destinataire... 233

Certifié conforme au tirage s'élevant à trois cents exemplaires
Bucarest 5 Avril 1913
[illegible]

T

Trains obligatoires 187
Tarif le plus réduit 187
Tour de faveur 188
Tarif commun 188-197
Tarif général 192
Taxe de transport 192
Tiers propriétaire mais non désigné sur le récépissé 198-237
Tarif militaire 200
Trains réservés aux voyageurs munis de billets de 1re classe. 202
Tribunal de commerce 207
Tarif 210
Tarif spécial 218 255
Trains de voyageurs 230
Taxe d'affranchissement 232
Témoins 242
Tarifs-Clause du minimum de perception par wagon — Interprétation 244
Transport mixte 246
Tarif à clause sans comptage — Validité de cette clause . . 248
Transport de marchandise sans comptage 248-250
Transport d'un cheval 255

U

Urnes funéraires 240

V

Voyageur 182-192-223-258
Voyageur de Commerce 184-207
Vice propre 191-196-206-212-221-242-253-254
Vente des marchandises 192-210
Voies de fait 194
Vérification 203
Vérification des marchandises à l'arrivée 215
Vérification de l'état du chargement 221-253
Voie la plus courte 227
Voiture chargée séjournant en gare avant le transport 258
Voyage sans billet 259

W

Wagon d'un type déterminé 193-210-218
Wagon complet (sens de ces mots) 202
Wagon plombé 283
Wagon complet 213